POLITIK ALS WISSENSCHAFT	1
DEMOKRATIE IN DEUTSCHLAND	2
WIRTSCHAFTSPOLITIK IN DER SOZIALEN MARKTWIRTSCHAFT	3
GESELLSCHAFT IM WANDEL	4
INTERNATIONALE POLITIK	5
EUROPÄISCHE INTEGRATION	6
GLOBALISIERUNG UND ENTWICKLUNG	7
ANHANG	A

Halbfett gesetzte Texte sind im **Register** zu finden.

Mit diesem Zeichen in der Randspalte sind zusätzliche **Informationen** gekennzeichnet, zu den blauen Textteilen gibt es auf der DVD ausführliche Artikel.

In der Reihe „Basiswissen Schule" sind erschienen:

5. bis 10. Klasse

Biologie (376 Seiten)
ISBN 978-3-411-71483-4

Chemie (320 Seiten)
ISBN 978-3-411-71473-5

Deutsch (288 Seiten)
ISBN 978-3-411-71592-3

Englisch (320 Seiten)
ISBN 978-3-411-71961-7

Mathematik (392 Seiten)
ISBN 978-3-411-71503-9

Physik (360 Seiten)
ISBN 978-3-411-71463-6

7. Klasse bis Abitur

Astronomie (272 Seiten)
ISBN 978-3-411-71491-9

Geografie (416 Seiten)
ISBN 978-3-411-71612-8

Geschichte (464 Seiten)
ISBN 978-3-411-71582-4

Kunst (400 Seiten)
ISBN 978-3-411-71971-6

Literatur (464 Seiten)
ISBN 978-3-411-71602-9

Musik (352 Seiten)
ISBN 978-3-411-71981-5

Politik (464 Seiten)
ISBN 978-3-411-04702-4

Technik (264 Seiten)
ISBN 978-3-411-71522-0

Wirtschaft (288 Seiten)
ISBN 978-3-411-71533-6

11. Klasse bis Abitur

Biologie Abitur (464 Seiten)
ISBN 978-3-411-04612-6

Chemie Abitur (464 Seiten)
ISBN 978-3-411-04592-1

Englisch Abitur (360 Seiten)
ISBN 978-3-411-71951-8

Mathematik Abitur
(464 Seiten)
ISBN 978-3-411-71742-2

Physik Abitur (464 Seiten)
ISBN 978-3-411-71752-1

Die GPI e.V. hat die Reihe „Basiswissen Schule" von 2002 bis 2006 jährlich mit der Comenius Medaille für exemplarische Bildungsmedien ausgezeichnet.

Der Software-Preis GIGA-MAUS der Zeitschrift „Eltern for family" wird verliehen für empfehlenswerte Familiensoftware und Onlineangebote.

Der deutsche Bildungssoftware-Preis „digita" wird verliehen für E-Learning-Produkte, die didaktisch und technisch herausragend sind.

Das Internetportal von „Basiswissen Schule" www.schuelerlexikon.de erhielt 2004 das Pädi-Gütesiegel als empfehlenswertes Internetangebot für Jugendliche.

Detaillierte Informationen zu den einzelnen Bänden unter **www.schuelerlexikon.de**

Duden
Basiswissen Schule

Politik

2., aktualisierte Auflage

Duden Schulbuchverlag
Berlin · Mannheim · Leipzig · Wien · Zürich

Herausgeber
Prof. Dr. Ralf Rytlewski
Dr. sc. Carola Wuttke

Autoren
Dr. Angela Borgwardt
Heinz Gerhardt
Dr. Manfred Granzow†
Volker Hanefeld
Matthias Lindner
Prof. Dr. Helmut Mardek
Prof. Dr. Siegfried Prokop

Prof. Dr. Ralf Rytlewski
Dr. Dietmar Schiller
Dr. Jakob Schissler
Dr. Renate Schmidt
Prof. Dr. Burkhard Utecht
Dr. sc. Carola Wuttke

Die Autoren der Inhalte der beigefügten DVD sind im elektronischen Impressum auf der DVD aufgeführt.

Bibliografische Information der Deutschen Nationalbibliothek
Die Deutsche Nationalbibliothek verzeichnet diese Publikation in der Deutschen Nationalbibliografie; detaillierte bibliografische Daten sind im Internet über http://dnb.ddb.de abrufbar.

Der Reihentitel **Basiswissen Schule** ist für die Verlage Bibliographisches Institut AG und DUDEN PAETEC GmbH geschützt.
Das Wort **Duden** ist für den Verlag Bibliographisches Institut AG als Marke geschützt.

Alle Rechte vorbehalten.
Nachdruck, auch auszugsweise, vorbehaltlich der Rechte, die sich aus den Schranken des UrhG ergeben, nicht gestattet.

Für die Nutzung des kostenlosen Internetangebots zum Buch gelten die Allgemeinen Geschäftsbedingungen (AGB) des Internetportals www.schuelerlexikon.de, die jederzeit unter dem entsprechenden Eintrag abgerufen werden können.

© 2008 Bibliographisches Institut AG, Mannheim,
und DUDEN PAETEC GmbH, Berlin; Nachdruk 2010

Redaktion Dr. sc. Carola Wuttke, Mathias Münter-Elfner
Reihengestaltung Britta Scharffenberg
Umschlaggestaltung Hans Helfersdorfer
Umschlagabbildung ImagePoint, Zürich
Layout Dieter Ruhmke
Grafiken, Karten Manuela Liesenberg, Dieter Ruhmke
Druck und Bindung Těšínská tiskárna, Český Těšín
Printed in Czech Republic

F E D C B

ISBN 978-3-89818-096-2 (Duden Schulbuchverlag)
ISBN 978-3-411-04702-4 (Dudenverlag)

Inhaltsverzeichnis

1	**Politik als Wissenschaft**	**7**
1.1	Politik: Begriff, Wissenschaft, Methoden	8
1.1.1	Politikverständnis in Geschichte und Gegenwart	8
1.1.2	Politikwissenschaft	18
1.1.3	Politikwissenschaftliche Denk- und Arbeitsweisen	22
1.2	Zeitgenössische Strömungen des politischen Denkens	35
1.2.1	Grundbegriffe	35
1.2.2	Politische Grundströmungen	39
1.2.3	Politische Theorien	46
1.3	Herrschaftsformen in Geschichte und Gegenwart	52
1.3.1	Historische Grundmodelle	53
1.3.2	Herrschaftsformen der Gegenwart	55
1.3.3	Demokratieformen	57
1.3.4	Diktaturformen	64

2	**Demokratie in Deutschland**	**69**
2.1	Grundgesetz und Verfassungsprinzipien	70
2.1.1	Entstehung und Entwicklung des Grundgesetzes	70
2.1.2	Verfassungskern und Grundprinzipien	73
2.1.3	Grundrechte	76
2.2	Staatsaufbau	79
2.2.1	Gemeinden und Staat	80
2.2.2	Bund und Länder	83
2.3	Politische Meinungs- und Willensbildung	87
2.3.1	Bürger	87
2.3.2	Politische Kultur und politische Sozialisation	91
2.3.3	Partizipation und Repräsentation	94
2.3.4	Politische Elite und politische Rekrutierung	98
2.3.5	Meinungsbildung und Massenmedien	101
2.3.6	Interessenorganisationen	104
2.3.7	Parteien und Parteiendemokratie	107
2.3.8	Wahlen und Wähler	113
2.3.9	Antidemokratische Strömungen	117
2.3.10	Entwicklung der Demokratie	120
2.4	Parlament und Regierung	123
2.4.1	Gewaltenteilung und -verschränkung	123
2.4.2	Bundestag	126
2.4.3	Bundesregierung	131
2.4.4	Bundesrat	135
2.4.5	Bundespräsident	136
2.4.6	Verwaltung	138
2.4.7	Europäisierung der Politik	140
2.5	Recht und Rechtsprechung	141
2.5.1	Rechtsordnung der Bundesrepublik Deutschland	141
2.5.2	Rechtsprechung, Gerichte	146
2.5.3	Bundesverfassungsgericht	149

3	**Wirtschaftspolitik in der sozialen Marktwirtschaft**	**151**
3.1	Wirtschaftsordnungen und wirtschaftspolitische Ziele	152

3.1.1	Wirtschaftsordnungen und Wirtschaftstheorien	152
3.1.2	Zielsetzungen der sozialen Marktwirtschaft	160
3.1.3	Grundprobleme und Grenzen der Wirtschaftspolitik	163
3.2	**Soziale Marktwirtschaft in Deutschland**	**165**
3.2.1	Normative und rechtliche Grundlagen	166
3.2.2	Akteure von Wirtschaft und Wirtschaftspolitik	168
3.2.3	Tarifautonomie – Arbeitgeberverbände und Gewerkschaften	174
3.2.4	Betriebliche Mitbestimmung	177
3.3	**Wirtschaftsstandort Deutschland**	**182**
3.3.1	Strukturwandel in Deutschland	182
3.3.2	Globalisierung der Weltwirtschaft	192
3.4	**Ökologie und Marktwirtschaft**	**199**
3.4.1	Umweltprobleme und Wachstumsgrenzen	199
3.4.2	Ökologische Nachhaltigkeit	202
3.4.3	Instrumente staatlicher Umweltpolitik	204
4	**Gesellschaft im Wandel**	**211**
4.1	**Gesellschaftsmodelle und Leitlinien**	**212**
4.1.1	Gesellschaftsmodelle	213
4.1.2	Leitlinien gesellschaftlicher Entwicklung	217
4.2	**Gesellschaftsstrukturen**	**219**
4.2.1	Bevölkerung	219
4.2.2	Sozialstruktur	223
4.2.3	Sozialisation	230
4.3	**Sozialer Wandel**	**233**
4.3.1	Wandel in der Arbeitswelt	234
4.3.2	Wandel der Werte und der politischen Kultur	238
4.3.3	Wandel im Geschlechterverhältnis	241
4.3.4	Lebensformen und Familie im Wandel	246
4.4	**Spannungsfelder sozialer Ungleichheit**	**249**
4.4.1	Armut und Reichtum	250
4.4.2	Generationenkonflikt	253
4.4.3	Migration und Integration	255
4.5	**Gesellschaftspolitik**	**259**
4.5.1	Sozialpolitik	259
4.5.2	Gesundheitspolitik	262
4.5.3	Familienpolitik	264
4.5.4	Gleichstellungs- und Geschlechterpolitik	265
4.5.5	Ausländerpolitik	267
5	**Internationale Politik**	**269**
5.1	**Grundlagen und Akteure internationaler Politik**	**270**
5.1.1	Inhalt und Ziele internationaler Politik	270
5.1.2	Akteure und Aktionsformen auf internationaler Ebene	274
5.1.3	Deutsche Außenpolitik	276
5.2	**Konzepte und Politik der Friedenssicherung**	**280**
5.2.1	Gewalt und Frieden	280
5.2.2	Krieg, Konflikt, Konfliktlösung	284
5.2.3	Zivilisierungsprozess und Konzepte der Friedenssicherung	291

5.2.4	Abrüstung und Rüstungskontrolle	295
5.3	**Weltpolitische Konflikte**	**299**
5.3.1	Ursachen und Hintergründe von Konflikten und Kriegen	300
5.3.2	Entwicklung und Aufhebung des Ost-West-Konflikts	303
5.3.3	Struktur und Perspektiven des Nord-Süd-Konflikts	308
5.3.4	Krieg im ehemaligen Jugoslawien	313
5.3.5	Konfliktherd Nahost	318
5.3.6	Kriege neuer Art	323
5.3.7	Transnationaler Terrorismus	328
5.4	**Organisationen und Instrumente kollektiver Sicherheit**	**333**
5.4.1	Vereinte Nationen und Weltfriedensordnung	334
5.4.2	OSZE – Sicherheit und Zusammenarbeit für Europa	339
5.4.3	Internationale Nichtregierungsorganisationen	341
5.4.4	NATO und Bundeswehr	343

6	**Europäische Integration**	**347**
6.1	**Entwicklung zur Europäischen Union**	**348**
6.1.1	Europäische Union	348
6.1.2	Erweiterung und Vertiefung als Wege der Integration	351
6.1.3	Osterweiterung der Europäischen Union	357
6.2	**Politisches System der Europäischen Union**	**359**
6.2.1	Entscheidungsverfahren und Verhandlungen	359
6.2.2	Wichtige Organe der EU und ihre Aufgaben	362
6.3	**Felder europäischer Politik**	**372**
6.3.1	Europäische Gemeinschaften	372
6.3.2	Gemeinsame Außen- und Sicherheitspolitik	380
6.3.3	Polizeiliche und justizielle Zusammenarbeit	381
6.4	**Ausgestaltung der Europäischen Integration**	**383**
6.4.1	Deutschland in Europa nach dem Ost-West-Konflikt	383
6.4.2	Die „endgültige" Gestalt der EU	385

7	**Globalisierung und Entwicklung**	**389**
7.1	**Globalisierung, Kulturkreise und Menschenrechte**	**390**
7.1.1	Globalisierungsprozess	390
7.1.2	Kulturkreise und Weltethos	394
7.1.3	Globalisierung und Menschenrechte	399
7.2	**Globale Probleme und Herausforderungen**	**403**
7.2.1	Nord-Süd-Gefälle	403
7.2.2	Ressourcenknappheit	407
7.2.3	Migration und Bevölkerungswachstum	410
7.2.4	Globale Naturzerstörungen und Umweltrisiken	416
7.2.5	Schuldenkrise der Länder der Peripherie	419
7.2.6	Konflikte und humanitäre Katastrophen	422
7.3	**Global Governance und Entwicklungspolitik**	**427**
7.3.1	Global Governance	427
7.3.2	Trägerinstitutionen der Global Governance	431
7.3.3	Grundzüge von Entwicklungsmodellen	438
7.3.4	Entwicklungsländer im Welthandel	442
7.3.5	Entwicklungspolitik als globale Strukturpolitik	445
7.3.6	Deutsche Entwicklungspolitik	448

8	**Anhang** 453
	Register 454
	Bildquellenverzeichnis 464

POLITIK ALS WISSENSCHAFT | 1

1.1 Politik: Begriff, Wissenschaft, Methoden

1.1.1 Politikverständnis in Geschichte und Gegenwart

Politik handelt von Krieg und Frieden, von Unterwerfung und Befreiung, von Steuern und Gebühren, von Ordnung und Recht, von der gesellschaftlichen und wirtschaftlichen Entwicklung einer Bevölkerung. Ohne Politik ist modernes Leben nicht denkbar. Dennoch halten viele Menschen Politik für etwas Fragwürdiges. Sie sehen darin ein großes oder gar schmutziges „Geschäft", das Politiker und Bürokraten fern vom Leben der Bürger in einem „Raumschiff Politik" vereint.

Auf solchem Alltagsverständnis von Politik kann eine wissenschaftliche Betrachtung nicht aufbauen. Sie hat sich der Politik vorurteilsfrei und mit überprüfbaren Tatsachenaussagen und Argumenten zu nähern. Am **Politikverständnis** einer bestimmten Epoche wirken viele mit:
- Bürger mit ihren politischen Erfahrungen, Interessen und Meinungen,
- Praktiker der Politik mit dem Insiderblick,
- Wissenschaftler mit ihren Untersuchungsergebnissen und Theorien.

Bilder:
- *Bundestagssitzung im Reichstagsgebäude*
- *Losung demonstrierender DDR-Bürger im Herbst 1989*
- *Wissenschaftszentrum Berlin für Sozialforschung (WZB)*

Die Definition des Politischen kann selbst zum Politikum werden. Gesellschaftliche Auseinandersetzungen über Grundlagen und Grundzüge von Politik hängen in starkem Maße von der Art des politischen Systems ab, vor allem von der Frage, ob es sich um eine Demokratie oder Diktatur handelt.

> Bei allen Differenzen nach Ländern und politischen Systemen ist festzuhalten, dass **Politik** einen notwendigen Bereich einer Gesellschaft mit einer spezifischen Aufgabe und Funktionsweise darstellt.

Politisches System: Gesamtheit der staatlichen und nichtstaatlichen Akteure sowie der Normen, Regeln und Verfahren, die an der Politikformulierung und -umsetzung beteiligt sind.

In der Geschichte veränderte sich das **Verständnis von Politik** entlang der großen Krisen, Umbrüche und Revolutionen.

 Die bürgerlichen Revolutionen in den Niederlanden (16. Jh.), England (17. Jh.), Nordamerika und Frankreich (18. Jh.) setzten die Rechtsgleichheit des Bürgertums als „dritten Standes" neben Adel und Klerus durch. Sie vollzogen macht- und verfassungspolitisch den **Wechsel der politischen Ordnung** von der absoluten Monarchie zur Republik. Politik änderte ihre Letztbegründung: Nicht mehr Monarchen waren die Träger der höchsten und allumfassenden Hoheitsgewalt (monarchische Souveränität), sondern alle höchste Gewalt beanspruchte nun das Volk (Volkssouveränität). Deren Repräsentanten forderten – in ehemaligen britischen Kolonien in Amerika 1776 und im revolutionären Frankreich 1789 – **Menschenrechte,** damit die unbedingte Anerkennung eines jeden einzelnen Menschen als Träger gleicher Freiheit.

An die Stelle der Nationalitätenstaaten bisheriger europäischer Reiche traten zunehmend **Nationalstaaten,** deren Bevölkerung jeweils ganz oder überwiegend derselben Nation angehörte. Durch das Ende der europäischen Kolonialreiche und die vielfältigen Staatsumbrüche während und nach den beiden Weltkriegen im 20. Jh. erhöhte sich zwar die Zahl der Nationalstaaten auf der Welt, zugleich wurde aber die Politik der nationalstaatlichen Unabhängigkeit infrage gestellt. Seit 1945 hat die Staatenwelt zunehmend nationalstaatliche Souveränitätsanteile auf internationale Einrichtungen wie die Vereinten Nationen mit ihren Unterorganisationen oder regionale Bündnisse wie die Europäische Union übertragen.

Absolute Monarchie (17./18. Jh.): Der Monarch herrscht unbeschränkt, bleibt aber an die Gebote der Religion, an das Naturrecht und die Staatsgrundgesetze gebunden.
Republik: Idealtypisch ist jeder Staat, bei dem das Staatsvolk Träger der Staatsgewalt (Volkssouveränität) ist; Gegensatz: Monarchie.
Souveränität: Nicht abgeleitete, höchste, allumfassende und nach innen und außen unbeschränkte Hoheitsgewalt; souveräne Staaten sind voneinander unabhängig.

Politik

Historisch geht Politik auf das griechische Wort **polis** für Stadt und die Gemeinschaft der Bürger zurück. Im Laufe der Jahrhunderte weitete sich sein Inhalt auf alle Gebiete der **öffentlich leitenden Tätigkeit** aus:
- Politik der Städte und Gemeinden,
- Regionalpolitik,
- Staatspolitik,
- Politik der Reiche, Imperien, zwischenstaatlichen Bündnisse,
- Weltpolitik.

Zugleich verzweigte sich Politik in spezielle Fachpolitiken, in Ressorts der beiden Grundrichtungen **Innen- und Außenpolitik.**

In der Gegenwart werden unter **Politik** unterschiedliche Formen von Willensbildung, Regierung und Herrschaft, unterschiedliches Handeln von Männern und Frauen zur Erreichung **öffentlicher Zwecke** verstanden.

Öffentliche Zwecke hängen jeweils von inneren und äußeren Umständen des Landes, dem Geist der Epoche und den Generationen ab.

Nach den Katastrophen des Ersten und Zweiten Weltkriegs gingen die Deutschen in großer Mehrzahl davon aus, dass Politik in erster Linie der Friedenssicherung zu dienen hat.

Mit Blick auf Geschichte und Gegenwart geht es in der Politik im Minimum um **drei öffentliche Zwecke:**
- Friedenssicherung,
- Rechtsgarantie (Gerechtigkeit),
- Schutz der Schwachen (Lebensschutz).

Politische Wirklichkeit

Politik als alltägliche Wirklichkeit der Gegenwart geht weit über die drei Minimalzwecke hinaus.

Grund- und Menschenrechte sind im Grundgesetz normiert. Sie binden direkt Gesetzgebung, vollziehende Gewalt und Rechtsprechung. Das Recht auf allgemeine Handlungsfreiheit ist leitend.

Als Grundnorm der deutschen Politik gilt Art. 1 des Grundgesetzes (GG): „Die Würde des Menschen ist unantastbar." Um sie zu achten und zu schützen, ist der Politik aufgegeben, vom allgemeinen Recht jedes Menschen auf freie Entfaltung bis zum speziellen Recht, Petitionen an Regierungen und Parlament zu richten, nicht weniger als 16 Grund- und Menschenrechte zur Wirkung zu bringen.

> Alltägliche **politische Wirklichkeit** ergibt sich aus dem politischen Selbstverständnis der Deutschen als Demokratie, Rechtsstaat, Sozialstaat, Kulturstaat, Bundesstaat und der daraus abgeleiteten sozialen und marktwirtschaftlichen Ordnung.

In der Gegenwart ist eine **Politisierung** nahezu aller Lebensbereiche zu beobachten. Das bedeutet, dass alle auch dann von Politik betroffen sind, wenn sie sich dessen subjektiv nicht bewusst sind. Prozesse wie die internationale Verflechtung oder wissenschaftlich-technische Neuerungen haben deutlichen Einfluss auf die politische Wirklichkeit.

Ressort bezeichnet den Aufgaben- und Geschäftsbereich eines Ministeriums. Klassische Ressorts sind das Auswärtige Amt und die Ministerien der Finanzen, des Innern, der Verteidigung und der Justiz. Hinzu kommen heute weitere 10 bis 15 Fachministerien.

Wissenschaftliche und technische Neuentwicklungen, die sich gegenwärtig besonders
– in den Biowissenschaften (Gentechnik in der Medizin und in der landwirtschaftlichen Produktion) oder
– in angewandten Zweigen der Informations- und Datentechnik (elektronische Medien, militärische Nutzung) vollziehen,
stellen die **Ressorts** der Energie-, Umwelt-, Gesundheits-, Ernährungs- und Medienpolitik vor neue Regelungsaufgaben. Und sie greifen in die Formen des Zusammenlebens der Menschen ein.
Gravierend ist besonders der Einfluss der neuen **Massenmedien**. Sie erweitern das bisher übliche zweiseitige Verhältnis zwischen Bürger und Politik zu einem Dreiecksverhältnis zwischen Bürger, Medien und Politik.
Die elektronischen Kommunikationsmöglichkeiten des Internets eröffnen der Politik neue Arenen, beispielsweise im Wahlkampf.

In der Gegenwart werden **klassische Politikbereiche** ebenso wie viele Fragen des gesellschaftlichen Lebens auf **neue Art** politisch. Bisher übliche Abgrenzungen verschieben sich, so zwischen Staat, internationaler Politik und internationaler Ökonomie sowie zwischen Staat und Gesellschaft, zwischen öffentlichem und privatem Bereich.

Es sind vor allem solche Fragen, die **politisches Handeln** und Gestalten in neuer Weise fordern:
– die Überwindung der Grenzen des Nationalstaats durch weltweite wissenschaftlich-technische, ökonomische und kulturelle Verflechtung (Globalisierung),

- die genaue Abgrenzung von Leben und Tod angesichts neuer medizinischer Techniken der Reproduktion wie der Lebenserhaltung,
- die Beherrschung der ökologischen Folgen wirtschaftlichen Handelns,
- der Einfluss elektronischer Medien im und auf das Alltagsleben,
- das Leben in einer Gesellschaft mit verschiedenen Bevölkerungsgruppen (Ethnien).

Die **Entgrenzung der nationalstaatlichen Politik** hat Rückwirkungen auf die politischen Identitätsempfindungen der Bevölkerung. Die Menschen vollziehen eine schwierige Balance zwischen politischer Loyalität und zivilbürgerlichem Engagement einerseits und skeptischen bis politiker- und politikverdrossenen Einstellungen andererseits.

Drei Politikbegriffe

> Politikbegriffe werden nach verschiedenen **Inhalten** (Politikziele, Politikausübung), nach **Dimensionen** und **Reichweiten** unterschieden.

Da praktische Politik und Politikbegriffe dem historischen Wandel unterliegen, haben sich unterschiedliche Begriffsinhalte herausgebildet. Verbreitet sind **drei Politikbegriffe**:
- der älteren normativ-ontologische Begriff,
- der realistische Begriff,
- der empirisch-analytische bzw. systemtheoretische Begriff.

Diese Begriffe werden nebeneinander, miteinander konkurrierend und auch als Begriffskombinationen verwendet.

Die ältere philosophische Denkweise orientierte sich vorrangig an Ziel und Zweck des Politischen, wobei Politik und Ethik ineinandergreifen. Die **neuzeitlichen Denkrichtungen** fragen nach
- Art und Ursache der Machtausübung,
- Entscheidungsfindung,
- konkreten Erscheinungsformen der Politik.

Sie interessieren sich für die Kernfrage „Who gets what, when, and how" (HARALD LASSWELL, 1936). Entsprechend werden empirische, quantifizierende Methoden bevorzugt.

Als **vierte Denkrichtung** war der historisch-dialektische Politikbegriff mit dem Aufstieg und Niedergang der kommunistischen Herrschaftsordnung der Sowjetunion eng verknüpft. Politik im marxistischen Sinne wurde in Abhängigkeit von den Produktionsverhältnissen als „Kampf zwischen den Klassen" begriffen.

normativ-ontologischer Politikbegriff	realistischer Politikbegriff	empirisch-analytischer Politikbegriff
Politik als praktische Philosophie handelt vom **angemessenen, rechten Verhalten und Handeln** und den politischen und sozialen Ordnungen als wesentliche Voraussetzung des tugendhaften „guten Lebens" der Menschen.	Politik ist das **Streben nach Anteil an der Macht** innerhalb und zwischen Staaten oder nach Beeinflussung der Machtverteilung – entweder zur Erreichung ideeller oder egoistischer Ziele.	Politik umfasst alle die **Entscheidungen und Handlungen,** mit denen das gesellschaftliche Verhalten geregelt und gesteuert wird. Aufgabe des politischen Systems ist es, die Verteilung von begehrten Werten und Gütern autoritativ für die Gesamtgesellschaft zu entscheiden.
Auffassung zum Menschenbild und zum Politikzentrum		
• Mensch als zum Guten fähiges Wesen • gute Ordnung	• Mensch als egoistisches Wesen • Macht	• Mensch als wert- und interessenorientiertes Wesen • allgemein verbindliche Regelung

WILHELM HENNIS (Politikwissenschaftler, geb. 1923) erneuerte die politikwissenschaftliche Tradition der praktischen politischen Philosophie mit den Akzenten auf Praxis, Telos (Zweck) und dem Verfahren der Topik Ähnlich: ERIC VOEGELIN DOLF STERNBERGER Ältere Schule: PLATON ARISTOTELES	**MAX WEBER** (Nationalökonom und Soziologe, 1864–1920) entwickelte eine neue politische Wissenschaft auf soziologischer Grundlage; er nahm erheblichen Einfluss auf den Verfassungstext der Weimarer Republik OTTO STAMMER Ältere Schule: NICCOLÒ MACHIAVELLI THOMAS HOBBES	**DAVID EASTON** (amerikanischer Politikwissenschaftler, geb. 1917) wendet die allgemeine Systemtheorie auf die Politik an; im Mittelpunkt seiner Politiktheorie steht ein Prozessmodell mit Ansprüchen („demands") und Unterstützung („support") der Bevölkerung als zentralen Kategorien GABRIEL A. ALMOND JÜRGEN W. FALTER HANS-DIETER KLINGEMANN

Enger und weiter Politikbegriff

> Mit der Herausbildung eines modernen Politikverständnisses haben Politik und Politikbegriff ihre **Reichweiten** ausgedehnt.

War Politik zunächst auf das Handeln der Institutionen und Akteure des Staates begrenzt (enger Begriff), umfasst sie seit Mitte des 19. Jh.s den Handlungsrahmen des politischen Systems. Damit werden Parteien, Verbände und Medien ebenfalls als legitime politische Akteure anerkannt und einbezogen (weiter Begriff).

Üblich ist heute dieser **weite Politikbegriff**, der
- die grundlegenden gesellschaftlichen, ökonomischen und kulturellen Konflikte berücksichtigt,
- weltanschauliche Positionen beachtet,
- Ziele und Mittel unterscheidet,
- die verschiedenen politikwissenschaftlichen Denkrichtungen – insbesondere die machtanalytischen und die systemtheoretischen Perspektiven – vereint.

Angesichts der großen Weltkonflikte in der Gegenwart gewinnt zudem das teleologische Denken der alteuropäischen praktischen Philosophie – der Bezug auf ein Gemeinwohl, auf ein öffentliches Wohl – erneut an Bedeutung.

Das moderne **Politikverständnis** verdrängte das bis zur Wende vom 18. zum 19. Jh. vorherrschende Verständnis von Politik als praktischer Philosophie.

Teleologie ist die Lehre von der Zielgerichtetheit und Zielstrebigkeit jeder Entwicklung im Universum und in seinen Teilbereichen.

> Politik bezeichnet das **Streben** von Individuen und Gruppen **nach Machtanteil und Machtbeeinflussung** sowie ihr **zielgerichtetes Handeln** in den Institutionen und Verfahrensweisen des politischen Systems, mit dem gesellschaftliche Konflikte über begehrte Werte und Güter geregelt werden.

Drei Dimensionen der Politik

In Anlehnung an den englischen Sprachgebrauch, der für das umfassende deutsche Wort Politik die drei Bezeichnungen **policy, politics und polity** vorsieht, wird Politik in drei Dimensionen gegliedert:

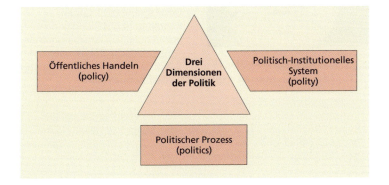

Politik befasst sich mit vier zentralen Konfliktfeldern:
- Krieg und Frieden,
- Armut und Reichtum,
- Mensch und Natur,
- Mann und Frau.

Die ersten **Fachplanungen** wurden in den 1950er-Jahren in den Verkehrs- und Verteidigungsressorts betrieben. Heute werden gebündelte Planungen, die Veränderungen von Teilsystemen anstreben, häufig Reform genannt, z. B. Bildungsreform und Arbeitsmarktreform.

Zwang in der Politik:
- physisch (Polizei-, Militärgewalt)
- wirtschaftlich (Mittel zum Lebensunterhalt werden vorenthalten)
- psychisch (autoritäre Führung, manipulierte Informationen)

Verhandlung: Vorschläge und Gegenvorschläge werden unterbreitet, jede Seite muss Zugeständnisse machen, setzt Verhandlungsgeschick, Machtmittel und Autorität voraus.

In der Politik geht es stets um bestimmte **Inhalte (policy)**. Sie ergeben sich aus den Interessen, Werten und Weltanschauungen einzelner Gruppen oder Schichten der Gesellschaft.

Zwischen den Gruppen bestehen häufig Interessen- und Zielkonflikte, die politisch geregelt werden müssen. Einzelne Inhalte werden zu konkreten Politikprogrammen (policies) auf Politikfeldern (policy areas) zusammengefasst, die meistens den Geschäftsbereichen der Ministerien entsprechen.

So entstehen beispielsweise die **Politikprogramme** der Haushalts-, Gesundheits-, Europapolitik. Sie sind ablesbar in den Fachplanungen der Legislative und Exekutive sowie in der politischen Sprache der Parteien und ihrer Kandidaten insbesondere in Wahlkampfzeiten.

Politische Prozesse (politics) bzw. Handlungen, in denen zu politischen Fragen oder Themen verbindliche Regelungen gefunden werden, folgen bestimmten **Verfahren:**
- Willensbildungsprozesse (Entscheidung über die Themen, die auf die politische Tagesordnung kommen und geregelt werden sollen),
- Entscheidungsprozesse (Regelsetzung),
- Implementationsprozesse (Umsetzung von Entscheidungen in Ausführungsbestimmungen und Verwaltungsmaßnahmen).

Politische Prozesse dienen der Konfliktaustragung mittels der Grundverfahren der Machtentscheidung oder der Konsenslösung. Während Macht ausüben bedeutet, auch Zwangsmittel einzusetzen, strebt der Konsens die freiwillige Übereinstimmung an.

In Deutschland ist der **Konsens** der meistens eingeschlagene Weg der Konfliktregelung. Wichtige politische Prozesse sind durch Verfahrensregelungen festgelegt:
- Gesetzgebungsverfahren,
- Kandidatenaufstellung und -wahl,
- Bewilligung von Haushaltsmitteln,
- sozialpolitische Zuteilungen.

Der Suche nach Konsens dienen auch Bündnisrunden (↗ Bild: „Bündnis für Arbeit"), Kommissionen, Expertenräte und Kungelrunden.

Institutionen und Organisationen der Parteien und Verbände, Parlamente, Regierungen und internationale Bündnisse gewährleisten, durch formelles und informelles Handeln zu Regelungen zu gelangen. Sie bilden die **politischen Strukturen** eines Landes **(polity)**.

Politische Strukturen sind „geronnene" Politik. Sie werden durch politische Prozesse hervorgebracht, geändert und zerstört.

 Die grundlegenden **Strukturen der deutschen Politik** werden durch die Verfassung, zunehmend auch durch internationale Übereinkünfte und Vereinigungen wie die Europäische Union festgelegt. Es handelt sich um Grundstrukturen
- der Machtbalance (Legislative, Exekutive, Jurisdiktion),
- der Legitimation von Herrschaft (Wahlen),
- des Verhältnisses zwischen Herrschenden und Beherrschten (Partizipation, politische Öffentlichkeit, Medien),
- des staatlichen Aufbaus (Föderalismus),
- der Mitwirkung an der internationalen und globalen Politik (internationale Organisationen, Global Governance).

Die politischen Strukturen ermöglichen und behindern Handlungschancen, die die **Handlungskorridore** für politische Entscheidungen und Regelungen mehr oder weniger eng bestimmen. Die gegebene Struktur der Institutionen und Organisationen lenkt mithin die beiden anderen Dimensionen der Politik – **Inhalt** und **Prozess** – in bestimmte Bahnen.

Bereiche	Erscheinungsform	Merkmale	Bezeichnung
Politische Struktur (Form)	• Verfassung • Normen/Gesetze • Institutionen	• Verfahrensregelung • Ordnung • Handlungskorridore	**polity**
Öffentliches Handeln (Inhalt)	• Aufgaben und Ziele • Probleme • Werte	• Problemlösung • Aufgabenerfüllung • Wert- und Zielorientierung • Gestaltung	**policy**
Politischer Prozess (Prozess)	• Interessen • Konflikte • Kampf	• Macht • Konsens • Durchsetzung	**politics**

Die drei **Dimensionen der Politik** hängen eng zusammen. Werden nicht alle Seiten des Dreiecks aus politischen Inhalten, Prozessen und Strukturen beobachtet und analysiert, was in der Wissenschaft und der Öffentlichkeit immer wieder vorkommt, dann wird Politik einseitig und irreal gekennzeichnet.

 So trifft es die politische Wirklichkeit wenig, nur die Langsamkeit oder die geringe inhaltliche Veränderung einer Reform herauszustellen und zu kritisieren, beispielsweise der Gesundheitspolitik. Hier ist zu berücksichtigen, dass der Handlungskorridor der Gesundheitspolitik schon durch die Verfassungsordnung – durch die Berufsfreiheit in der Medizin – eng gezogen ist und sowohl durch die nötige Zustimmung der Bundesländer im Bundesrat wie auch durch den mit den Interessengruppen herzustellenden Konsens noch schmaler wird.

Analyse politischer Wirklichkeit

> Die **Analyse von Politik** ist an Bedingungen gebunden. Sie hat von einem Politikbegriff auszugehen, der die politische Komplexität angemessen einfängt.

Generell für Handelnde und soziale Systeme gilt das von TALCOTT PARSONS *(1902–1979) entworfene* AGIL-Schema *mit vier Grundaufgaben:*
– Anpassung,
– Zielerreichung,
– Zusammenhalt,
– Bestandssicherung.

In Deutschland hat sich seit den 1980er-Jahren – wie ähnlich in den USA seit den 1950er-Jahren – eine empirische Sichtweise durchgesetzt. Mit dem **empirisch-analytischen Begriff** wird die Frage gestellt, welche Funktion Politik in einer Gesellschaft wahrnimmt. In erster Linie geht es um die Analyse von Politik. In zweiter Linie sollen ihre Resultate zu praktischen Lösungen von politischen Aufgaben und insgesamt zur Festigung der demokratischen Entwicklung beitragen. Der empirisch-analytische Begriff betrachtet den Menschen als ein Wesen, das wert- und interessenorientiert handelt. Seine politischen Handlungen beziehen sich stets auf die Handlungen anderer Menschen.

Die Politikanalyse hat Begriffe und Theorien klar und nachvollziehbar zu definieren.	Was meint politische Macht, was Partizipation oder Reform? Wie bestimmen sich die einzelnen Politikfelder wie Bildung und Gesundheit? Hierzu gibt es viele Antworten, die sich auch widersprechen können.
Die Analyse der Politik fußt auf allgemeinen praktischen Denk- und Arbeitsweisen (↗ Kap. 1.1.3) sowie auf Untersuchungskonzepten zu speziellen Themen.	Untersuchungskonzepte befassen sich vorrangig • mit einzelnen Politikdimensionen (z. B. Politikfeldanalyse, politische Prozessanalyse, Politiksimulation), • mit der Gesamtheit eines politischen Sachverhaltes (Fallbeispiel), • mit den Akteuren der Politik (Wahl-, Parteien- und Verbändeforschung, Regierungslehre, Partizipationsforschung, Netzwerkanalyse), • mit Institutionen (Handlungs- und Kommunikationsanalyse, Vergleich politischer Ordnungen und Systeme).
Die Politikanalyse hat ihre Vorgehensweise übersichtlich zu strukturieren.	Dazu werden verschiedene Grundschemata benutzt.

mikrós, griech. = klein;
makrós, griech. = groß

– Ein Grundschema stellt die drei sachlichen Dimensionen des Politischen dar (↗ S. 13). Insbesondere bei historischen Themen ist es nötig, auch nach der **Reichweite des Politischen** zu fragen (enger und weiter Politikbegriff).
– Die Untersuchung einzelner politischer Akteure und kleiner Gruppen ist als **Mikroanalyse** von einer Betrachtung der zentralen politischen Institutionen des politischen Systems und seiner Umwelt **(Makroanalyse)** zu unterscheiden.

– Ein weiteres Grundschema fragt nach den charakteristischen Zusammenhängen, die sich in allen politischen Handlungen nachweisen lassen. Der Politikwissenschaftler WERNER J. PATZELT (geb. 1953) hat vier Grundphänomene identifiziert und aufeinander bezogen: **M**acht, **I**deologie, **N**ormen und **K**ommunikation. Daraus ist das **MINK-Schema** gebildet worden.

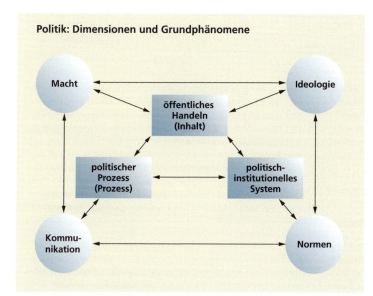

In der politischen Wirklichkeit stehen die Grundphänomene Macht, Ideologie, Normen und Kommunikation in vielfältigen Wechselbeziehungen.

Macht

bezeichnet eine asymmetrische Beziehung. Sie wird verstanden als Chance, in einer sozialen Beziehung den eigenen Willen auch gegen Widerstand durchzusetzen.

Die Chance kann sich gründen auf
- persönliche Eigenschaften (Charisma, Lebensalter),
- wirtschaftliche, militärische, kulturelle Ressourcen,
- soziale Eigenschaften (Kontakte).

Politische Macht äußert sich dort, wo eine Entscheidung gegen Widerstreben durchgesetzt wird, aber auch dort, wo politische Entscheidungen verhindert bzw. verschleppt werden oder wo über die Agenda der öffentlichen Themen entschieden wird. (Macht tritt nicht nur in der Politik auf.)

Strukturelle politische Macht wird dann ausgeübt, wenn Machtunterworfene ihre Situation aufgrund von Manipulationen der Machtinhaber oder durch Selbsttäuschung nicht erkennen können. So neigen Diktaturen dazu, ihre Bevölkerung durch rigorose Abschottung daran zu hindern, selbstständig die Lage ihres Landes zu erkennen und zu bedenken.

Ideologie	
bezeichnet politische Ideen und Ideenströmungen, Weltbilder, Weltanschauungen, im marxistischen Sinn auch „falsches Bewusstsein" als notwendige Selbsttäuschung und Antikritik.	In der Gegenwart wird davon ausgegangen, dass Ideologien im Sinne von Weltanschauungen allgegenwärtig sind, wenngleich unterschiedlich direkt und reflektiert auftreten. Da Menschen in der Politik nur über unvollständige Informationen verfügen, wird die selektive und also unvollständige Wahrnehmung politischer Situationen und Sachverhalte erheblich durch Ideologien gesteuert.
Normen	
sind entweder in Verfassung, Gesetzen, Geschäftsordnungen verankerte rechtliche Vorschriften oder politisch-soziale Regeln, die auch gewohnheitsrechtlich gesetzt sein können.	Die Wirkung findet sich in allen drei Dimensionen der Politik. Neben den **formellen** sind die **informell** entstandenen und akzeptierten Normen der vielfältigen Routinen von besonderem Gewicht bei der Regelung des politischen Alltags. So vermag Verwaltung nicht nur förmlich gemäß den Regeln anzuordnen, sondern muss sich auch auf Verhandlungen und Vereinbarungen mit Privatpersonen einlassen. (Informell wirken Politik und Verwaltung in Form von Kungelrunden, Männerbünden, Filz und Korruption.)
Kommunikation	
entsteht aus dem Austausch von Informationen und Sinndeutungen im Gespräch und über Medien (Presse, Hörfunk, Fernsehen, Internet). Politische Prozesse sind zugleich Kommunikationsprozesse, angefangen von der öffentlichen Meinungsbildung über die Begründung politischer Entscheidungen, deren Vermittlung und Wahrnehmung bei den Bürgern.	Politische Auseinandersetzungen über Wörter, Sinndeutungen und Situationsbeschreibungen ergeben sich regelmäßig bei der Gesetzgebung und Regierungsarbeit.  In Wahlkämpfen und darüber hinaus ist Politik bestrebt, Wörter im Meinungsstreit mit bestimmtem, meist weltanschaulich begründetem Sinn zu „besetzen" („Kampf um die Wörter"). Die **politische Sprache** nimmt Einfluss auch auf die politische Kultur und die Art und Weise der politischen Erinnerung (politische Symbole, nationale Rituale, Denkmäler).

1.1.2 Politikwissenschaft

Politikwissenschaft ist in Deutschland eine junge Wissenschaftsdisziplin, die sich erst nach dem Zweiten Weltkrieg als Universitätsfach etablierte. Zugleich ist die Politikwissenschaft ein altes Fach, das als praktische Phi-

Politik: Begriff, Wissenschaft, Methoden

losophie bis zur Antike zurückreicht, insbesondere zu PLATON und zu ARISTOTELES. Von ihnen übernahm die Politikwissenschaft die Frage nach der „guten", dem Menschen und seiner sozialen Lebensweise gemäßen „politischen Ordnung".

Das neuzeitliche Denken und insbesondere das politische Trauma von 1806, als die alte europäische Ordnung sich den Truppen und der neuartigen Regierungsweise NAPOLEONS nicht erwehren konnte, verdrängten die Politikwissenschaft als praktische Politik.
Ein Neubeginn der Politikwissenschaft vollzog sich im 19. Jh. in den angelsächsischen Ländern und Frankreich als Sozialwissenschaft, in Deutschland als Staatswissenschaft. Die politische Wirklichkeit wurde vom Staat her, nicht von der Gesellschaft her erklärt. Die Kriege und Revolutionen des 20. Jh.s gaben dem Fach entscheidende Impulse.
Der Politikwissenschaft ging es stets um die Analyse und Veränderung von politischer Herrschaft. Doch auch zur Herrschaftsstabilisierung trug sie bei.

PLATON (427–347 v. Chr.) und ARISTOTELES (384–322 v. Chr.) verstanden das Fach als Krisenwissenschaft. Sie wollten mit ihren Schriften dem Niedergang des Stadtstaats entgegenwirken.
Als Krisenwissenschaftler trat auch NICCOLÒ MACHIAVELLI (1469–1527) auf.

> **Politikwissenschaft** und **Politik** sind grundsätzlich voneinander unabhängig. Weder soll die Wissenschaft politisiert, noch die Politik verwissenschaftlicht werden.

In der Bundesrepublik Deutschland versteht sich die Politikwissenschaft nach dem Ende der totalitären Herrschaft der Nationalsozialisten vor allem als **Demokratiewissenschaft.** Politikwissenschaft wollte und will die demokratische Entwicklung des Landes fördern. Parallel zum Aufbau der Politikwissenschaft als Universitätsfach wurde Politik ein Unterrichtsfach in den Schulen, zunächst als Sozial- oder Gemeinschaftskunde, in jüngster Zeit auch als politisch-ökonomische Bildung.

In Deutschland studierten 2005 rund 29 000 Studenten bei 347 Professoren der Politikwissenschaft.

Der studentische Jugendprotest in westlichen Demokratien Ende der 1960er-Jahre bewirkte, Politikwissenschaft auch als Oppositionswissenschaft aufzufassen. Sie wandte sich auf marxistischer bzw. neomarxistischer Grundlage gegen bürgerlich-kapitalistische Strukturen. Seit dem Ende des Ost-West-Konflikts werden verstärkt internationale Konflikte und globale Probleme untersucht. Erneut geht es darum, demokratisch-friedliche Entwicklungen innerhalb und zwischen Staaten nicht nur zu analysieren, sondern auch zu befördern.

Wie die unterschiedlichen Politikbegriffe (↗ S. 12) differieren verschiedene Schulen je nach Bestimmung der politischen Aufgabenstellung, des zugrunde gelegten Menschenbildes und der bevorzugten Arbeits- und Denkweisen.

Die Geschichte der Politikwissenschaft wirkt in verschiedenen **Schulen der politischen Theorie** nach:
– der normativ-ontologischen Schule,
– der historisch-dialektischen Schule,
– der empirisch-analytischen Schule.
Der noch in den 1970er-Jahren verbreitete „Schulenstreit" ist inzwischen einem losen Miteinander gewichen.

> Über 60 v. H. der meisten universitären Politikwissenschaftler zählten sich Mitte der 1990er-Jahre zur empirisch-analytischen Schule, über 10 v. H. jeweils zu den anderen Richtungen.

Drei Schulen der Politikwissenschaft

normativ-ontologische Schule	historisch-dialektische Schule	empirisch-analytische Schule
Sie orientiert sich an der klassisch-antiken politischen Theorie. Sie sucht deren Prinzipien und Kriterien im Interesse einer „kritischen Ordnungswissenschaft" (ERIC VOEGELIN) für die Zeitdiagnostik einzusetzen oder mittels topischer Verfahren für die Analyse aktueller Regierungsprobleme (WILHELM HENNIS).	Sie gründet auf den gesellschaftsphilosophischen und -theoretischen Lehren des 19. Jh.s von GEORG WILHELM FRIEDRICH HEGEL und KARL MARX. Ab den 1970er-Jahren hat sie für anderthalb Jahrzehnte größeren Einfluss auf die Theorie- und Methodenbildung ausgeübt.	Sie folgt vorwiegend der Erkenntnistheorie und Methodologie des Kritischen Rationalismus, vor allem geprägt von KARL R. POPPER (↗ S. 47). Wissenschaftliche Aussagen müssen auf nachprüfbaren Tatsachen beruhen. Deshalb werden Methoden der empirischen Sozialforschung, insbesondere quantitative Verfahren, angewendet.
Aus der internationalen Politik werden vorzugsweise Themen und Modelle der klassischen Außenpolitik aufgegriffen. Besonders erfolgreich ist die Schule in der staatsbürgerlichen politischen Bildung.	Das zentrale Arbeitsziel ist auf die Rahmenbedingungen politischer Institutionen und Prozesse gerichtet, vor allem auf Kräfte und Faktoren spätkapitalistischer Krisen und die ökonomisch-politische Abhängigkeit von Entwicklungsländern (Dependencia). Eine Variante dieser Richtung stellt die Kritische Theorie der Frankfurter Schule um MAX HORKHEIMER, THEODOR W. ADORNO und JÜRGEN HABERMAS dar (↗ S. 49).	Besondere Erfolge wurden erzielt bei der Erforschung • des individuellen und kollektiven Verhaltens (Wahlen, Einstellungen und Orientierungen der politischen Kultur, öffentliche Meinungsbildung), • der Prozesse in einzelnen Politikfeldern (Politikimplementationen), • von Interaktionsgeflechten in der Außenpolitik und den internationalen Beziehungen, • der politischen Systeme verschiedener Länder.

Teilgebiete der Politikwissenschaft

Bei der Neugründung der Politikwissenschaft waren zunächst verschiedene **Fachbezeichnungen** im Umlauf: Wissenschaft von der Politik, Wissenschaftliche Politik, Politische Wissenschaft, Politologie, Politikwissenschaft. Der Gegenstand des Faches wurde jedoch gleich unterteilt:
– Politische Ideengeschichte und Theorie,
– Innenpolitik,
– Außenpolitik.
Inzwischen weitete sich nicht nur das Fach aus, auch sein Hauptgegenstand, die deutsche Politik, veränderte sich. Deutschland ist wiedervereinigt, so auch die seit 1961 geteilte Hauptstadt Berlin. Wichtige Souveränitätsrechte werden auf die Europäische Union übertragen. Auf die grundlegende Änderung der äußeren Bedingungen der Politik reagierte

das Fach, indem sich in den 1990er-Jahren die **vergleichende Politik (Komparatistik)** als eigenes Teilgebiet von der bisherigen Trias abhob. Neben der Komparatistik sind zudem mehrere Themenkomplexe aus der Innenpolitik hervorgetreten – auch dies aufgrund der steigenden Komplexität und Differenzierung der praktischen Politik.

Politikwissenschaft und ihre Teilgebiete			
politische Theorie, politische Philosophie und Ideengeschichte	Innenpolitik und politisches System Deutschlands	vergleichende Politikwissenschaft	Außenpolitik und internationale Beziehungen
• Wissenschaftstheorie • Methoden der Politikwissenschaft	• politische Soziologie/ politisches Verhalten • Politikfeldforschung (Policy-Analyse) • politische Ökonomie • Verwaltungswissenschaft • politische Kulturforschung • politische Kommunikation	• vergleichende Regierungslehre • Wohlfahrtsstaatsvergleich • Länderstudien (Area Studies)	• Europastudien • Friedens- und Konfliktforschung • Global Governance

Die Verbindungen der Politikwissenschaft zu anderen Wissenschafts- oder Fachgebieten ist eng, besonders eng zur Geschichtswissenschaft, zur Ökonomie und zur Rechtswissenschaft. Die **politikwissenschaftlichen Teilgebiete** pflegen spezifische Fächerverbindungen, insbesondere zur Philosophie, zur Ethnologie und Sozialpsychologie. Zusammenfassend wirkt insbesondere die Institutionenanalyse.

An einigen Universitäten gibt es eigene zeithistorische, politökonomische und rechtswissenschaftliche Arbeitsstellen, die in das Fach Politikwissenschaft integriert sind.

Die **Politikwissenschaft** ist durch eine sehr hohe, größtenteils systematisch verknüpfte Interdisziplinarität charakterisiert.

Auf dem Wege einerseits der Spezialisierung und andererseits der fachinternen wie -externen Zusammenarbeit der Teilgebiete entfaltet die Politikwissenschaft ihre besondere Kompetenz als **Gegenwartswissenschaft**, die die Themen der Zeit aufgreift. In der aktuellen Forschung werden vorrangig folgende Themenfelder untersucht:
– politische Konsequenzen der Globalisierungsprozesse,
– Gestaltung der Europäischen Union,
– „scheiternde" Staaten,
– Transformationen von Diktaturen zu Demokratien,
– politische Folgen des gesellschaftlichen und technologischen Wandels.

Frauen- bzw. Genderstudien werden inzwischen in allen Fachgebieten durchgeführt.

1.1.3 Politikwissenschaftliche Denk- und Arbeitsweisen

Die Gewinnung von Erkenntnissen über politische Erscheinungen, Prozesse und Zusammenhänge ist an die Anwendung spezieller Denk- und Arbeitsweisen gebunden. Je nach Erkenntnisziel und -gegenstand werden dabei die Methoden der Politikwissenschaft, aber auch die Arbeitsweisen und Verfahren anderer für das Verständnis von Politik wichtiger Bezugswissenschaften (↗ S. 21) genutzt.

In der empirischen Sozialforschung werden **Methoden der Datengewinnung** und der Datenanalyse unterschieden.

Hermeneutik, griech. hermeneutikós = auf die Erklärung, Interpretation bezüglich; hermeneúein = deuten, auslegen (Hermes ist der Götterbote, der den Willen der Götter den Sterblichen in der ihnen eigenen Sprache übermittelt.)

Zu den wichtigsten **politikwissenschaftlichen Methoden** gehören die Quellen- und Dokumentanalyse, Interviews und Umfragen, die Auswertung und Interpretation von empirischen Daten und die Konfliktanalyse.

Hermeneutik: Anleitung zum Textverstehen

Historische, sozialwissenschaftliche oder politische Texte sind oft nicht leicht zu erschließen und auszuwerten. Deshalb ist ein sorgfältiges, mehrphasiges Lesen erforderlich, wofür die Hermeneutik Instrumente bereithält.

Die **Hermeneutik** ist ein wissenschaftliches Verfahren der Auslegung und Erklärung eines Textes. Dabei geht es darum, Vorwissen und neu erworbene Kenntnisse in mehreren Arbeitsphasen so einzusetzen und zu erweitern, bis ein Sachverhalt ausreichend interpretiert werden kann.

Es werden verschiedene Phasen des Verstehens von Texten unterschieden, die auch als Arbeitsorientierungen verstanden werden können:

	Bedeutung	Leistungen/Ziele
unmittelbares Verstehen	Aufnahme eines Textes auf der Grundlage der vorhandenen Lesefähigkeit, Gewinnen eines Vorverständnisses	• Erfassen eines Textes (Thema, Aussage) in Grundzügen • Erkennen der Textsorte (z. B. Aufsatz, Bericht, Biografie)
analysierendes Verstehen	Konkretisierung und Vertiefung des unmittelbaren Verstehens durch Fachwissen und besondere Verfahren der Texterfassung (z. B. Gliederung in Sinnabschnitte, Auflisten von Kernbegriffen)	• Erfassen der inhaltlich strukturierenden und sprachlichen Gestaltungselemente • Erkennen des Funktionszusammenhangs von Inhalt, Aussage, Form und Wirkung
erweitertes Verstehen	Einbeziehung von zusätzlichen textexternen Informationen zur Einordnung und Beurteilung der Textaussagen	• Klären der Entstehungsbedingungen des Textes, z. B. durch Einbeziehung der Biografie des Autors
selbstreflexives Verstehen	Bewusstmachen der Phasen des Textverständnisses und der neuen Erkenntnisse	• Analyse des Vorgehens bei der Texterfassung (Vorwissen, Interessen der Leser/Adressaten usw.)

Besonders in der Phase des analysierenden Verstehens können verschiedene **Verfahren der Texterfassung** genutzt werden.
Dazu gehören:
– das intensive **Lesen mit „Bleistift oder Marker"**; dabei sollten wichtige Aussagen unterstrichen, Fragliches angemerkt, Eindrücke notiert werden,
– die **W-Fragen-Methode**; sie zielt darauf, einen Text mithilfe der Interrogativpronomen **wer, was, wann, wo, warum** zu erschließen,
– die **Gliederung** eines Textes in Sinnabschnitte; dabei geht es darum, jene inhaltlichen Elemente oder Aussagen, die zusammengehören und sich unter einem Oberbegriff zusammenfassen lassen, zu strukturieren; wenn ein Text bereits inhaltlich klar strukturiert ist, können die Sinnabschnitte in Form einer hierarchischen Textgliederung dargestellt werden,

Mögliche **Unterstreichungen** im Text:
rot = Kernbegriffe
blau = Kernaussagen

Mögliche **Markierungen** am Rand:
! = Zustimmung
?! = Zweifel
? = Unklarheit
D = Definition
N = Nachlesen und Klären

Kernbegriffe sind einzelne Wörter oder Fügungen, die für das Textverständnis unerlässlich sind, die den inhaltlichen Textzusammenhang herstellen und Brückenfunktion für das Textganze besitzen.

– das **Auflisten von Kernbegriffen**; die sinntragenden Begriffe werden zunächst im Text markiert und dann in Form einer Tabelle aufgelistet; in die Tabelle können zudem noch Anmerkungen zu den Kernbegriffen notiert werden.

Diese Verfahren können auch kombiniert angewendet werden.

Markieren und Auflisten der **Kernbegriffe** und der **Kernaussagen**
Textabschnitt aus: JEAN-JACQUES ROUSSEAU:
Der Gesellschaftsvertrag (1762)

„Wenn der *Staat* (…) nur eine moralische Person ist, deren Leben in der *Einheit ihrer Glieder* besteht, und wenn die wichtigste ihrer Sorgen die *Selbsterhaltung* ist, *bedarf sie einer allumfassenden, zwingenden Kraft,* um jedes Teil auf die für das Ganze vorteilhafteste Art zu bewegen und auszurichten. Wie die Natur jedem Menschen eine unumschränkte Gewalt über alle seine Glieder gegeben hat, so gibt der **Gesellschaftsvertrag** der politischen Körperschaft eine *unumschränkte Gewalt* über all die ihren, und ebendiese Gewalt ist es, die (…) vom *Gemeinwillen* geleitet und den Namen **Souveränität** trägt. (…)
Von welcher Seite aus man sich dem Ursprung nähert, man gelangt immer zu der gleichen Folgerung; dass nämlich der Gesellschaftsvertrag unter den Bürgern eine **Gleichheit** von der Art schafft, dass sie sich unter den *gleichen Bedingungen* verpflichten und sich der *gleichen Rechte* erfreuen dürfen (…)"

Kernbegriffe	Kernaussagen	Anmerkungen
Staat	Einheit seiner Glieder, Selbsterhaltung, bedarf einer allumfassenden, zwingenden Kraft	
Gesellschaftsvertrag	gibt politischer Körperschaft unumschränkte Gewalt	
Souveränität	Gewalt, vom Gemeinwillen geleitet	Definition: Herrschaftsgewalt eines Staates, Hoheitsgewalt, auch Unabhängigkeit
Gleichheit	gleiche Bedingungen, gleiche Rechte	Frage: gleiche Bedingungen, aber unterschiedliche Stellung Einzelner in der Gesellschaft?

Interview

> Das **Interview** ist eine der wichtigsten Methoden zur Datenerhebung. Es wird angewendet, um durch gezieltes Befragen von ausgewählten Personen statistisch abgesicherte Aussagen über soziale Sachverhalte, politische Prozesse oder zeithistorische Ereignisse zu erhalten.

Interview, engl. interview, frz. entrevue = verabredete Zusammenkunft

Man unterscheidet quantitative und qualitative Interviews.
Das **quantitative Interview** wird auf der Grundlage eines ausgearbeiteten Fragebogens durchgeführt, wobei die Antwortmöglichkeiten vorgegeben sind. Es ist vor allem auf die Überprüfung (Konkretisierung) von bereits entdeckten Zusammenhängen oder Sachverhalten gerichtet.

Quantitative Interviews werden auch als standardisierte Interviews bezeichnet, **qualitative Interviews** als ungelenkte oder als freie, unstrukturierte Interviews bzw. als Expertengespräche.

Das **qualitative Interview** ist dem natürlichen Alltagsgespräch angenähert. Es wird auf der Grundlage eines vorher festgelegten thematischen Leitfadens durchgeführt, wobei sowohl die Reihenfolge wie auch die Gestaltung der Fragen flexibel bleiben. Die Antwortmöglichkeiten der Gesprächspartner werden nicht beschränkt. Der **Leitfaden** dient vor allem den Zwecken, dass
– Interviewer und Befragte das Gesprächsziel nicht aus dem Auge verlieren;
– im Interview möglichst alle relevanten Aspekte und Themen angesprochen werden;
– eine Vergleichbarkeit der Antworten verschiedener Befragter ermöglicht wird.

> **Qualitative Interviews** werden vor allem angewendet, wenn eine differenzierte und ausführliche Beschreibung individueller Meinungen und Eindrücke benötigt wird, um gesellschaftliche Tatbestände oder Entwicklungen zu erfassen.

So sind **Untersuchungen**

- zu bestimmten **Sozialisationsprozessen,**
  beispielsweise zur Integration von Aussiedlern in Deutschland,
- zu spezifischen **Wertvorstellungen,**
  beispielsweise von ost- und westdeutschen Frauen zu Familie und Beruf,
- zu **Handlungsweisen** unter konkreten historischen Bedingungen, beispielsweise des aktiven Widerstands gegen das NS-Regime,

nur durch Befragen von Betroffenen zu ihren persönlichen Erfahrungen und Erlebnissen, zu ihren Lebensumständen und Motivationen möglich.

Interviews zu **Biografien** und Lebensgeschichten sind besonders aufschlussreich. Das liegt zum einen darin begründet, dass soziale Prozesse und Gegebenheiten stets durch Erfahrungen der Individuen geprägt sind. Zum anderen ist die Biografie gleichsam ein Konzept, das Zugänge zu aktuellen sozialen Problemen und damit zur Politik eröffnet.

Bei der **Durchführung qualitativer Interviews** sollten vor allem folgende Grundregeln beachtet werden:

Dauer des Interviews	Sie ist abhängig von der Komplexität der Thematik und liegt zwischen 30 Minuten und mehreren Stunden.
Stichprobengröße	Vorstellungen von einer geeigneten Stichprobengröße (Auswahl von Personen aus einer infrage kommenden Gesamtheit) bewegen sich zwischen 20 und 200 Personen; in Abhängigkeit von der untersuchten Fragestellung wird zumeist ab einer bestimmten Anzahl von Interviews eine „Sättigung" (kein bedeutender Zugewinn an neuen Erkenntnissen) festgestellt.
Stichprobenzusammensetzung	Geplante Stichproben sollten den theoretischen Überlegungen und der Fragestellung angepasst werden, heterogen zusammengesetzt sein und möglichst typische Vertreter enthalten.
Interviewer	Höhere Anforderungen als im quantitativen Interview: Der Interviewer sollte eine offene, gesprächsanregende Atmosphäre schaffen, sich selbst aber sehr zurücknehmen und trotzdem das Gespräch im Sinne der Fragestellung „führen".
Protokollierung	Eine Aufzeichnung des Interviews auf Tonband oder Video ist zu empfehlen, um den Interviewer zu entlasten; für die Auswertung des Interviews sollten die Aufzeichnungen in eine schriftliche Form übertragen werden.

Umfrage, Arbeit mit Fragebogen

Umfragen finden in der Politikforschung, der Sozialforschung, der Regionalforschung, der Gesundheitsforschung und besonders häufig in der Markt- und Wahlforschung Anwendung.

> Die **Umfrage** ist eine klassische Methode der Datenerhebung. Sie wird dann angewendet, wenn ein zuverlässiges Bild über Meinungen, Bewertungen und Denkweisen zu interessierenden Sachverhalten gewonnen werden soll.

In der **wissenschaftlichen Arbeit** werden Totalerhebung und repräsentative Umfrage unterschieden.

Eine **Totalerhebung** ist auf das Erfassen der Gesamtheit einer überschaubaren Personengruppe gerichtet, beispielsweise aller Bewohner eines Stadtviertels oder einer Gemeinde.

Eine **repräsentative Umfrage** zielt auf die Befragung von Personen, die in einer bestimmten Stichprobengröße und nach dem **Zufallsprinzip** ausgewählt wurden. Die **Stichprobengröße** wird nach der jeweiligen Befragungsgesamtheit (z. B. aller Angestellten in einem Betrieb) festgelegt, und es muss gewährleistet sein, dass jeder davon in die Auswahl kommen könnte.

Als Anhalt für **Stichprobengrößen** können folgende Relationen dienen: etwa 30 zu Befragende bei einer Gesamtheit von 300, etwa 70 bei 1 000, etwa 400 bei 10 000.

Der Erfolg einer Umfrage hängt wesentlich vom zugrunde gelegten **Fragebogen**, insbesondere von der Art der Fragen ab.

Verfahren bei der **Anwendung des Zufallsprinzips** sind die Auswahl per Los oder das Abzählen jeder x-ten Telefonnummer (↗ Fragebogen, S. 28).

Bei der Erarbeitung eines Fragebogens können offene und geschlossene Fragen formuliert werden.

Offene Fragen enthalten keine vorgegebenen Antwortkategorien. Die Befragten müssen ihre Antwort selbstständig formulieren:

„Wie beurteilen Sie die Jugendarbeit in Ihrer Stadt während der letzten zwei Jahre?"

Die Bereitschaft, offene Fragen zu beantworten, ist bei Befragten oft weniger ausgeprägt.

Geschlossene Fragen sind dadurch gekennzeichnet, dass dem Befragten die jeweils relevanten Antworten zur Auswahl vorgelegt werden.

Geschlossene Fragen		
Alternativfragen	enthalten Antwortmöglichkeiten, die sich ausschließen	„Sind Sie für den Einsatz der Bundeswehr in Krisenregionen?"
Auswahlfragen	bieten stets mehrere Antworten zur Auswahl an	„Wenn am nächsten Sonntag Wahl wäre, welcher Partei würden Sie dann ihre Stimme geben?"
• **Einstellungsfragen**	werden beantwortet mit „stimme zu" oder „lehne ab"	„Sollte jeder, der in Deutschland Steuern zahlt, auch wählen dürfen?"
• **Bilanzfragen**	sollen aufdecken, ob die Befragten mit einer bestimmten Politik/Situation zufrieden sind oder nicht	„Sind Sie mit den Ergebnissen der Bezirksreform in Berlin zufrieden?"
Skalenfragen	sind auf die Messung der Intensität oder Häufigkeit von Werten, Meinungen, Handlungen gerichtet; einer formulierten Frage wird jeweils eine Antwortskala zugeordnet	„Wie stark interessieren Sie sich für Politik?" „sehr stark", „stark", „mittel", „wenig", „überhaupt nicht"

Aus einem Fragebogen zur Bundestagswahl

Interviewer: _____ ,
Zeitpunkt Beginn: _____ ,
Guten Tag, mein Name ist

_____ ,
Ich bin Schüler/in der

_____ (Schule).
Wie Sie vielleicht in der Zeitung gelesen haben, führen wir im Rahmen des Politikunterrichts eine Wählerumfrage in (_____) durch. Wir haben Ihre Nummer zufällig aus dem Telefonbuch ausgewählt. Ihr Name ist mir nicht bekannt. Ich möchte Sie fragen, ob Sie so freundlich sind, an dieser Umfrage teilzunehmen. Ihre Angaben bleiben selbstverständlich anonym.

Wenn ja: Sind Sie oder jemand anders in Ihrem Haushalt in (_____) wahlberechtigt?
Wenn nein: Dann kann ich Sie leider nicht weiter befragen.
Vielen Dank! (Interview beenden)

Wenn ja: Kann ich die wahlberechtigte Person aus Ihrem Haushalt sprechen, die als letzte Geburtstag hatte? Um eine Zufallsauswahl zu gewährleisten, ist diese Vorgehensweise für uns wichtig.
(Evtl. neuen Telefontermin vereinbaren.)
(Bei Nachfragen: „Das Interview wird nur wenige Minuten dauern." – „Rückfragen sind in meiner Schule möglich." (Tel.: _____) oder eigene Telefonnummer angeben.

1. Nr. des Wahlkreises
   (ist für jeden Wahlkreis identisch; wird vorher eingetragen)
   _____

■ = Kriterien für Zufallsauswahl

2. Wenn am nächsten Sonntag Bundestagswahl wäre, würden Sie zur Wahl gehen?
   a ☐ ja   b ☐ nein   c ☐ weiß nicht

3. Wenn Sie zur Wahl gehen würden, welcher Partei würden Sie dann Ihre Stimme geben?
   a ☐ CDU   d ☐ B 90/Grüne
   b ☐ SPD   e ☐ Die Linke
   c ☐ FDP   f ☐ Andere

(...)

Bei den folgenden Aussagen handelt es sich um Meinungen über Politik. Ich lese Ihnen zwei Aussagen vor. Bitte sagen Sie mir anhand eines Zahlenwertes von 1 bis 5, was Sie davon halten.

15. „Leute wie ich haben so oder so keinen Einfluss darauf, was die Regierung tut."
    1 ☐ stimmt absolut
    2 ☐ stimmt im Großen und Ganzen
    3 ☐ teils/teils
    4 ☐ stimmt weniger
    5 ☐ stimmt überhaupt nicht

16. „Die Parteien sollten sich nicht wundern, wenn sie bald keiner mehr wählt."
    1 ☐ stimmt absolut
    2 ☐ stimmt im Großen und Ganzen
    3 ☐ teils/teils
    4 ☐ stimmt weniger
    5 ☐ stimmt überhaupt nicht

(nach einem Fragebogen der Bundeszentrale für politische Bildung)

■ = Alternativfrage
■ = Auswahlfrage
■ = Skalenfragen

Bei der **Erarbeitung eines Fragebogens** sollte beachtet werden:
– Ein Fragebogen darf nicht überfrachtet werden. Bei mehr als zwanzig Fragen wächst die Gefahr, dass Befragte die Geduld verlieren.
– Die ersten Fragen sollten so formuliert sein, dass sie nicht das Antwortverhalten bei späteren Fragen beeinflussen.
– Die Fragetechnik und die Art der Antwortvorgaben sollen variieren. Insgesamt sollen mehr geschlossene als offene Fragen formuliert werden.
– Fragen sollen möglichst kurz und präzise formuliert werden, sie sollen keine Wertungen beinhalten.

> Für die **Wahlforschung** sind eine Reihe spezieller Umfragemethoden entwickelt worden. Generell zielt die Wahlforschung darauf, individuelles Wählerverhalten und die daraus resultierende Machtverteilung zwischen den politischen Parteien zu erklären.

Meinungsforschungsinstitute ermitteln Wahlabsichten im Vorfeld von Wahlen, sie geben Prognosen am Wahlabend und nehmen Hochrechnungen zum tatsächlichen Abstimmungsverhalten vor.
- **Umfrageergebnisse vor den Wahlen** beruhen zumeist auf 800 bis 2 000 repräsentativ ausgewählten Befragten. Deren Auswahl erfolgt nach dem **Zufallsprinzip** (↗ S. 27) oder nach der **Quotenauswahl**. Die Umfragen werden entweder telefonisch, persönlich („face to face") oder schriftlich (per Anschreiben) durchgeführt. Die Ergebnisse unterliegen den statistischen Gesetzen der Wahrscheinlichkeitsrechnung. Die Fehlertoleranz beträgt je nach Umfang und Methode der Erhebung etwa zwischen zwei und vier Prozent.

- **Wahlprognosen,** die mit der Schließung der Wahllokale im Fernsehen verkündet werden, beruhen auf Befragungen, die während des gesamten Wahltags vor Wahllokalen durchgeführt werden. Wähler werden gebeten, ihre Wahlentscheidung zu nennen. Und es werden solche sozialstatistischen Merkmale wie Geschlecht, Alter, Beruf und Konfession erfasst. Hierbei wird eine wesentlich größere Anzahl von Personen befragt als bei Umfragen vor einer Wahl.

- **Hochrechnungen** von Wahlergebnissen beruhen auf tatsächlichem Wählerverhalten. Die Ergebnisse repräsentativ ausgewählter Stimmbezirke werden hochgerechnet. Die Stimmbezirke werden dabei so ausgewählt, dass sie in ihrer Gesamtheit das vorangehende Wahlergebnis abbilden.

Auswertung und Interpretation von Statistiken

Empirische Daten sind heute in der Außen-, Wirtschafts- und Sozialpolitik ebenso wenig wegzudenken wie in der Kommunikation zwischen allen Teilnehmern des politischen Lebens. Sie enthalten Informationen über gesellschaftliche oder wirtschaftliche Trends und Entwicklungen. Und sie dienen dazu, kausale Zusammenhänge zwischen zwei oder mehreren Größen aufzuzeigen. Meistens sind die Daten in Form von Statistiken aufbereitet.

> **Statistik** ist die Lehre von der Erhebung, Messung und Auswertung quantitativer Daten.

Die **statistische Verfahrensweise** vollzieht sich in zwei Schritten:
1. Es werden Einzeldaten anhand bestimmter Kriterien und Kategorien erhoben.
2. Das erhaltene Material wird mithilfe von statistischen Verfahren aufbereitet und analysiert.

In Deutschland gibt es fünf große **Meinungsforschungsinstitute:** die Forschungsgruppe Wahlen, Infratest dimap, das Institut für Demoskopie in Allensbach, Emnid und das Forsa Institut.

Quotenauswahl: nicht zufallsgesteuertes Auswahlverfahren; freie Zusammenstellung von Personen nach bestimmten Merkmalen

Telefonumfrage

Das **Endprodukt dieses Verfahrens** wird selbst auch als eine Statistik bezeichnet.

Daten können in Grafiken oder in Tabellen dargestellt werden.

Tortendiagramm

In **Grafiken** werden die Größenverhältnisse der dargestellten Zahlen zusätzlich durch grafische Elemente veranschaulicht. Je nachdem gibt es Punktdiagramme, Kurvendiagramme, Säulendiagramme, Kreisdiagramme, Flächendiagramme, Figurendiagramme, Piktogramme.
Grafiken sind meist leichter lesbar als Tabellen. Allerdings ist auch belegt, dass statistische Daten durch die **grafische Umsetzung** „über- bzw. verzeichnet" werden können. Das verdeutlichen folgende grafische Darstellungen zur selben Umsatzentwicklung.

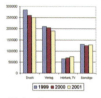
Säulendiagramm

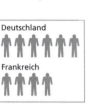
Figurendiagramm

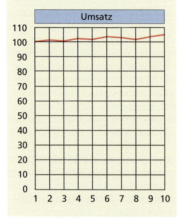

Wie die Kurvendiagramme zeigen, kann bei der **Verzeichnung der Daten** zur Umsatzentwicklung leicht aus einer „zahmen Ziege" ein „Raging Bull" werden.

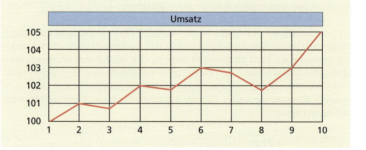

Tabellen enthalten zumeist eine Fülle von Zahlen. Wenn sie interpretiert werden sollen, ist es wichtig, sich alle Angaben und Daten genau anzusehen.
Erste Auswertungshilfen bzw. Informationen geben bereits die **Tabellenüberschrift** in Verbindung mit Kopfleiste und Randspalte. Die **Quellenangabe** gibt Auskünfte über den Erheber, über die Aktualität der Statistik und damit auch über deren Glaubwürdigkeit.

Prüfung der tabellarischen Daten unter der Fragestellung: **Angebot und Nachfrage auf dem Ausbildungsmarkt**

Berichts-jahr	Bestand an unbesetzten Ausbildungsstellen	gemeldete Ausbildungsstellen	Bestand an noch nicht vermittelten Bewerbern	gemeldete Bewerber
1999/2000	25.690	625.442	23.642	770.348
2000/2001	24.535	631.048	20.462	737.797
2001/2002	18.005	586.144	23.383	711.393
2002/2003	14.840	546.660	35.015	719.571
2003/2004	13.394	519.794	44.576	740.165
2004/2005	12.636	471.516	40.504	740.961
2005/2006	15.401	459.202	49.487	736.097

Quelle: Bundesagentur für Arbeit, Bundesinstitut für Berufsbildung (Statistik: Kurzübersicht)

Bei der Prüfung dieser Tabelle ist beispielsweise Folgendes zu beachten:
- Das Berichtsjahr der Bundesagentur für Arbeit ist der Zeitraum 01.10. bis 30.09.
- Der Bestand an unbesetzten Ausbildungsstellen wie auch der Bestand an noch nicht vermittelten Bewerbern ist jeweils die Summe vom 30.09. Die Angaben zu gemeldeten Ausbildungsstellen und gemeldeten Bewerbern sind die Summen der Daten aus dem Zeitraum 01.10. bis 30.09.
- Die Tabelle gibt zwar Einblick in die Entwicklung auf dem Ausbildungsmarkt, aber die genannten Zahlen an unbesetzten Ausbildungsstellen bzw. Ausbildungsplatzsuchenden können nur bedingt genutzt werden. Es sind keine verwertbaren absoluten Zahlen, denn weder die Unternehmen noch die Ausbildungsplatzsuchenden sind verpflichtet, Ausbildungsstellen bzw. ihre Ausbildungsplatzsuche dem Arbeitsamt zu melden.
- Die Anzahl an Ausbildungsstellen und die Anzahl der Bewerber darf nicht einfach gegengerechnet werden. So wird ein Ausbildungsplatzsuchender, der eine Ausbildungsstelle als Koch in Mecklenburg-Vorpommern sucht, sicher keine Ausbildungsstelle als Bankangestellter in Bayern annehmen.

Bei der **Auswertung und Interpretation von Statistiken** sollte bestimmten Arbeitsschritten gefolgt werden:
1. Feststellen des Themas der Tabelle oder Grafik
2. Bestimmen der Darstellungsform (Tabelle, Kreisdiagramm usw.) und Analyse der Darstellung unter folgenden Fragestellungen:
   • Welches sind die Bezugsgrößen?
   • Wie sind die Begriffe, zu denen Aussagen gemacht werden, definiert?
   • Welche Zahlenarten (absolute Zahlen, Prozentzahlen, Indexzahlen) werden verwendet?
   • Wie wurden die Daten gewonnen? Wie aktuell sind sie? Lassen sich die Daten mithilfe des Internets aktualisieren?

3. Inhaltliche Auswertung in Abhängigkeit vom Erkenntnisinteresse bzw. dem Ziel, mit dem man sich dem Material zuwendet; dabei können solche Fragen zugrunde gelegt werden:
   - Welche Entwicklungen oder Trends sind erkennbar?
   - Welche Auffälligkeiten sind feststellbar?
   - Welche Bezüge lassen sich herstellen?
   - Welche Thesen werden gestützt oder infrage gestellt?
4. Einordnung in den Zusammenhang mithilfe solcher Fragen:
   - Sind die Ergebnisse aussagekräftig oder erfordern sie eine Ergänzung?
   - Wo liegen die Grenzen der getroffenen statistischen Aussagen?

Internetrecherche: Konfliktanalyse

> **Konfliktanalyse** ist eine auf Leitfragen gestützte Arbeitsweise zur Untersuchung von Kriegen und Konfliktsituationen vor allem auf internationaler Ebene.

Dieses methodische Vorgehen gründet sich auf Erkenntnisse der **Friedens- und Konfliktforschung** und zielt darauf, eine friedliche bzw. gerechte Lösung von Konflikten aufzuzeigen.
Im Regelfall werden aktuelle Konflikte, die politisch noch nicht entschieden sind, analysiert. Eine solche Analyse schließt die systematische Befragung und Auswertung aller öffentlich zugänglichen Informationen und Diskussionen ein. Vor allem im **Internet** gibt es Angebote, die es ermöglichen,
– umfassende Informationen zu erhalten, da auch auf die Homepages der jeweils direkt betroffenen Konfliktparteien, der beteiligten Regierungen, politischen Gruppen und internationalen Organisationen zugegriffen werden kann,
– unterschiedliche Blickwinkel (z. B. Standpunkte, Bewertungen) in die Konfliktbetrachtung einzubeziehen,
– weiterführende Links zu nutzen, um sich vertiefende Sachkenntnisse anzueignen oder notwendige Erklärungen zu finden.

> Eine Recherche im Internet, die auf die Analyse eines Krieges oder Konfliktes gerichtet ist, kann am sichersten mit Angeboten von einschlägigen Friedens- und Konflikteinrichtungen beginnen, z. B. mit www.friedenspaedagogik.de.

Die aufgerufenen **Internetangebote** sollten geprüft und bewertet werden. Das kann unter folgenden Gesichtspunkten erfolgen:
– Impressum,
– Inhalt (Themen, Argumente u. a.),
– Übersichtlichkeit (Zugriff, Aufbau der Grafiken),
– Funktion von Fotos und Bildern,
– Aktualität der Informationen und Darstellungen,
– Quellenverweise und weiterführende Links.

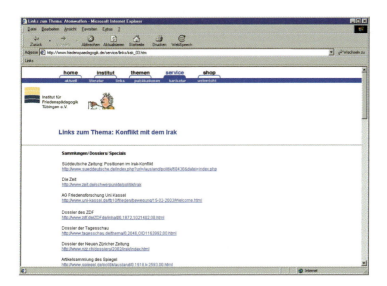

Die Übersicht über die Angebote sowie ihre Auswertung sind eine wichtige Grundlage für die systematische Bearbeitung eines aktuellen Konflikts. Die aufgenommenen Informationen sollten so geordnet und gegebenenfalls durch eine Nachrecherche ergänzt werden, dass die **Leitfragen einer Konfliktanalyse** beantwortet werden können.
Grundlegend sollte die Analyse eines Konflikts in bestimmten **Arbeitsschritten** erfolgen, denen die Leitfragen zugeordnet sind.

Schritte	Leitfragen	Beispiel Krieg um das Kosovo
1. Konflikt- beschreibung	• Worum geht es bei dem Konflikt? • Um welche Art von Konflikt handelt es sich? (wertorientierter, interessenorientierter, machtorientierter Konflikt oder Identitätskonflikt)	Es geht um den rechtlichen Status des Kosovo und um das Selbstbestimmungsrecht der dort lebenden Kosovo-Albaner; sie wehren sich gegen Entrechtung und Unterdrückung durch serbische Politik und Gewalt. politisch-ethnischer Konflikt (Identitätskonflikt)

2. Konflikt-geschichte	• Welche Vorgeschichte und Geschichte hat der Konflikt?	lange *Vorgeschichte* (bis in das 12. Jh. zurückreichend): Kosovo ist heilige Erde für die Serben; … im Referendum 1991 sprechen sich 90 % der Kosovo-Albaner für ihre Unabhängigkeit aus; … zunehmende Gewalt zwischen Albanern und Serben, ab 1998 kriegerische Auseinandersetzungen …
	• Auf welche strukturelle und aktuelle Ursachen ist er zurückzuführen?	*strukturelle Ursachen*: ökonomische und soziale Probleme, verstärkt durch Umbruchprozesse in Jugoslawien und nationalistisch geprägte Auseinandersetzungen seit 1989/90; verschiedene Nationalitäten auf gleichem Territorium lebend; *aktuelle Ursache*: Sondereinheiten der serbischen Polizei töten 87 Albaner – überwiegend Zivilisten – im März 1998
3. Konflikt-parteien	• Wer sind die beteiligten Konfliktparteien? a) direkt betroffene Personen und/oder Gruppen b) indirekt Betroffene c) interessierte dritte Parteien	die um ihre Unabhängigkeit kämpfenden Kosovo-Albaner (Unabhängigkeitsbewegung UCK) und Serben (Präsident S. MILOSEVIC); *direkt betroffen* sind die im Kosovo lebenden Albaner, Roma und Serben; sie vor allem sind die Opfer der Vertreibungen, Massaker und Luftangriffe; *indirekt betroffen* sind die Menschen in den Nachbarstaaten und Regionen, Asylbewerber und Flüchtlinge, die im Ausland leben; als Außenstehende unmittelbar betroffen sind die Soldaten der NATO, Mitarbeiter von Hilfsorganisationen
4. Konflikt-regelung	• Mit welchen Mitteln wird der Konflikt ausgetragen? • Welche Regelungen wurden bisher gefunden?	Vertreibungen, Massaker an der Zivilbevölkerung; Lufteinsätze und Bombardements der NATO; Verhandlungen (in Rambouillet) unter Führung einer NATO-Kontaktgruppe; humanitäre Interventionen
5. Prognose	• Welche Lösungsmöglichkeiten gibt es? • Welche präventiven Maßnahmen sollten entwickelt werden?	Treffen von Maßnahmen der Friedenskonsolidierung (Demilitarisierung, ökonomischer und sozialer Wiederaufbau) – Hilfe durch Staatengemeinschaft, Internationale Organisationen, Wirtschaftsunternehmen, Gruppen und Einzelpersonen; Konsolidierung der politischen Verhältnisse unter Einflussnahme der UNO; Unabhängigkeit im Konsens oder streitig

1.2 Zeitgenössische Strömungen des politischen Denkens

Politisches Denken steht in philosophisch-theoretischen Traditionen und schöpft aus einem großen Reservoir politischer Ideen der Vergangenheit. Es analysiert die politischen und gesellschaftlichen Verhältnisse und wirkt verändernd auf sie ein.

Gravierende **Veränderungen politischer Vorstellungen** sind meist mit gesellschaftlichen Krisenerfahrungen und Umbruchsituationen verbunden, wenn das bis dahin gültige Welt- und Menschenbild durch neue Vorstellungen abgelöst wird.

> **Politisches Denken** befasst sich mit den Herrschaftsverhältnissen in Gesellschaften und den Prinzipien politischer Ordnungen.

Die geistige Grundlage für die moderne, rechtsstaatliche Demokratie wurde im 17./18. Jh. gelegt. In dieser Zeit vollzogen sich in Europa tief greifende Veränderungen in Politik, Wirtschaft und Gesellschaft durch
- die geistesgeschichtliche Strömung der Aufklärung,
- die historischen Erfahrungen der Revolutionen in England, Amerika und Frankreich,
- die Ausbreitung der kapitalistischen Produktionsweise im Zuge der Industrialisierung.

Die damit verbundene gesellschaftliche Modernisierung revolutionierte nicht nur die Lebens- und Arbeitsbedingungen der Menschen, sondern auch das politische Denken.

1.2.1 Grundbegriffe

Begriffe sind unerlässlich, um Realität und Ideen beschreiben zu können und miteinander zu kommunizieren. Gerade politische Begriffe sind aber häufig mehrdeutig.

Begriffe wie „Demokratie", „Freiheit" oder „Gerechtigkeit" haben sehr verschiedene Bedeutungen, je nachdem, in welchem historischen Zusammenhang sie verwendet werden oder auf welche politische Theorie sie sich beziehen.

> **Politische Begriffe** sind erst in konkreten Zusammenhängen verständlich. Sie transportieren auch Bewertungen, die Ausdruck subjektiver Ansichten und politischer Interessen sein können.

 In politischen Auseinandersetzungen spielt der Streit um Begriffe eine große Rolle, da über die Sprache Einfluss auf die Interpretation von Wirklichkeit ausgeübt werden kann.

Individuum – Gesellschaft – Staat

Individuum, lat. = das Unteilbare; der einzelne Mensch in Gegenüberstellung zu Gesellschaft und Staat

> Das **Individuum** – der einzelne Mensch – unterscheidet sich von anderen durch bestimmte persönliche Eigenarten, spezifische Bedürfnisse und Interessen.

Die vormoderne politische Philosophie sah den Menschen als Teil sozialer Gemeinschaften (Familie, Clan, Stamm) innerhalb einer gegebenen (göttlichen) Ordnung. Der freien Entfaltung des Individuums waren durch – meist religiös begründete – traditionelle Werte und Regeln enge Grenzen gesetzt.

Im Zuge der europäischen Aufklärung wurden diese Vorstellungen grundsätzlich infrage gestellt und durch ein **modernes Welt- und Menschenbild** ersetzt. Es wurde zur geistigen Grundlage der westlichen Demokratien der Gegenwart. Mit dem Bedeutungsverlust der christlichen Religion erschien die Welt nicht länger als Ausdruck einer statischen Ordnung und verbindlicher religiöser Werte, sondern als Objekt, das mithilfe der Wissenschaften erklärt und verändert werden kann (Empirismus, Rationalismus). Im Zentrum steht seitdem das Prinzip der menschlichen **Vernunft,** die das Individuum zu Autonomie, Kritik, Freiheit und Selbstbestimmung befähigen soll.

Die geistesgeschichtliche Strömung der **Aufklärung** war verbunden mit dem Kampf des aufstrebenden Bürgertums gegen die feudalen Strukturen der Ständegesellschaft und die Willkür der absolutistischen Herrscher. Die Bürger lehnten jegliche Form der geistigen und politischen Bevormundung ab und forderten freie wirtschaftliche Betätigung und politische Mitwirkungsrechte.

„Aufklärung ist der Ausgang des Menschen aus seiner selbst verschuldeten Unmündigkeit. Unmündigkeit ist das Unvermögen, sich seines Verstandes ohne Leitung eines anderen zu bedienen. (…) Sapere aude! Habe Mut, dich deines eigenen Verstandes zu bedienen!, ist also der Wahlspruch der Aufklärung" (IMMANUEL KANT, 1724–1804, deutscher Philosoph).

Da sich die Menschen nur in einem sozialen und kulturellen Zusammenhang entwickeln und entfalten können, bilden sie relativ dauerhaft **Gesellschaften**.

Für den griechischen Philosophen ARISTOTELES (384–322 v. Chr.) war der Mensch ein „zoon politikon" – ein soziales Wesen, das erst in der Gesellschaft anderer Menschen seine Existenz sichern und seine Interessen verwirklichen kann.

Aufgrund der unterschiedlichen Interessen und Bedürfnisse der Individuen muss das gesellschaftliche Zusammenleben nach bestimmten Regeln und verbindlichen Normen organisiert werden, wenn Frieden, Sicherheit und Wohlstand für alle erreicht werden sollen. Diese Ordnungs-, Sicherheits- und Leistungsfunktionen übernimmt der Staat. Er verfügt über die Macht, diese Regeln notfalls mit Zwang durchzusetzen.

Der Soziologe MAX WEBER (1864–1920) charakterisierte den Staat als „ein auf das Mittel der legitimen (physischen) Gewaltsamkeit gestütztes Herrschaftsverhältnis von Menschen über Menschen".

Staat bezeichnet die Vereinigung vieler Menschen auf einem abgegrenzten Gebiet unter einer souveränen Herrschaftsgewalt. Zum Staat gehören das Staatsgebiet, das Staatsvolk und die Staatsgewalt. Zur Durchsetzung seiner Entscheidungen verfügt der Staat über das Gewaltmonopol im Innern des Landes und über Souveränität gegenüber anderen Staaten.

Politische Ordnung – Legitimität

> Die **politische Ordnung** legt als gesamtgesellschaftliche Organisation die Herrschaftsform fest und bestimmt somit, **wie** in einem Staat Herrschaft ausgeübt wird.

Nach der Art der Herrschaftsausübung werden die politischen Grundordnungen **Demokratie** und **Diktatur** als gegensätzliche Modelle unterschieden (↗ S. 55).

Der moderne Staat folgt in seinem Aufbau den Regeln der Vernunft, nicht mehr den Normen von Religion und Theologie (Säkularisierung). Er basiert auf eigenen Normensystemen (Recht, Ethik), denen sich die Institution der Kirche zu unterwerfen hat (Trennung Staat – Kirche). Neben der staatlichen Gewährleistung von Schutz und Sicherheit spielt die Suche nach der „guten" und „gerechten" Ordnung eine große Rolle, die allen Bürgern „irdisches Glück" ermöglichen soll.

Eine zentrale Frage moderner Staatstheorie ist, wie eine politische Ordnung aufgebaut sein muss, damit alle gleiche Rechte und Chancen haben und die Interessen des Einzelnen und das Wohl der Allgemeinheit zum Ausgleich gebracht werden können.

Entscheidend für die Stabilität einer politischen Ordnung ist die **Legitimation**.

> **Legitimität** ergibt sich aus der freiwilligen Anerkennung der politischen Ordnung durch die von ihr Betroffenen. Anerkennung bedeutet, von den grundsätzlichen Wertvorstellungen und der Rechtmäßigkeit der Herrschaftsform überzeugt zu sein.

Legitimation: (Rechtfertigungs-) Gründe für die Ausübung von Herrschaft, um bei den Gesellschaftsmitgliedern Akzeptanz zu finden

Legitimität: Anerkennung der Rechtfertigungsgründe

Politische Ordnungen sind nur dann funktionsfähig und langfristig stabil, wenn die Bevölkerungsmehrheit die Ordnung freiwillig und dauerhaft anerkennt und sich den verbindlichen Regeln und Gesetzen beugt.

Politische Ordnungen mit keiner oder schwacher Legitimität müssen Anerkennung durch Gewalt erzwingen. Sie sind langfristig krisenanfällig, da sie einen großen Teil ihrer politischen Mittel für die Überwachung und Unterdrückung der Bevölkerung aufwenden müssen (Diktatur, Tyrannei).

Auch die Herrschaft in einem undemokratischen Staat kann legitimiert sein, z. B. durch allgemein akzeptierte religiöse Überzeugungen („Gottesstaat"/Theokratie). In Gesellschaften anderer Kulturen übernimmt die Religion eine zentrale Rolle bei der Legitimation von Herrschaft (gottgegebene Macht, göttliche Ordnung).

In der Geschichte spielte Legitimitätsverlust eine große Rolle beim Zusammenbruch politischer Systeme, z. B. 1989/1990 in der DDR.

Demokratische Grundordnungen legitimieren sich aus dem Grundsatz, dass sie vom freien Willen und der Zustimmung des Volkes getragen sind (Gedanke der Volkssouveränität). In den modernen westlichen Demokratien hat sich die **rationale Legitimation** der politischen Ordnung durchgesetzt, und die Staatenbildung wird als Ergebnis menschlichen Willens interpretiert.

Die politischen Ideen der Aufklärungsphilosophen bestimmen den Aufbau des modernen Staates bis in die Gegenwart. THOMAS HOBBES, JOHN LOCKE und JEAN-JACQUES ROUSSEAU sind die **Vordenker moderner Gesellschafts- und Staatstheorie** in Europa. Zugleich gelten sie als die geistigen Ahnherren der drei großen politischen Strömungen, die den Streit der politischen Weltanschauungen und Parteien bis heute prägen.

	THOMAS HOBBES (1588–1679)	JOHN LOCKE (1632–1704)	JEAN-JACQUES ROUSSEAU (1712–1778)
Gesellschafts-/ Staatstheorie	„aufgeklärt" – autoritär (Staatssouveränität)	liberal (Parlamentssouveränität)	demokratisch (Volkssouveränität)
gedachter Naturzustand (Vorstellung)	Anarchie, Kampf aller gegen alle	Zustand individueller Freiheit und Gleichheit	Mensch lebt mit anderen frei, gleich und friedlich zusammen
Menschenbild	Mensch ist von Natur aus egoistisch und (universell) „böse"	alle Menschen haben gleiche „natürliche" Grundrechte (Freiheit, Leben, Eigentum)	Mensch ist von Natur aus „gut"; erst Eigentum bringt Herrschaft und Konflikt hervor
Hauptaufgabe des Staates	Ordnung und Sicherheit durch starken Staat	Garantie der individuellen Grundrechte	Verpflichtung auf Gemeinwohl und die kollektiven Grundwerte
Verhältnis Individuum – Staat	Versagen des Staates – Pflicht zur Unterwerfung endet	Versagen des Staates – Entzug des politischen Auftrags	kein individuelles Widerstandsrecht gegen staatliche Herrschaft
Denkströmung	Konservatismus	Liberalismus	Sozialismus

Diese **politischen Denkmodelle** werden bis heute unterschiedlich interpretiert:
- Manche sehen in HOBBES wegen der geforderten Unterwerfung unter eine absolute Staatsgewalt einen Anwalt autoritärer Herrschaft. Andere widersprechen dem, da nur ein starker Staat seine Aufgaben erfüllen könne und der Einzelne bei staatlichem Versagen von seiner vertraglichen Gehorsamspflicht entbunden sei.
- ROUSSEAU gilt vielen als Mitbegründer der heutigen Demokratie. Kritiker sehen in ihm jedoch einen Wegbereiter totalitärer (insbesondere

sozialistischer) Systeme, da er die unumschränkte Staatsgewalt mit der Berufung auf ein nicht hinterfragbares Gemeinwohl legitimiert und kein Widerstandsrecht gegen staatliches Handeln zuließ.

> Zentral für den Charakter eines politischen Ordnungsmodells ist die zugrunde gelegte Vorstellung vom Menschen (**Menschenbild**), die das Verhältnis von Individuum, Staat und Gesellschaft sowie die Herrschaftsform näher bestimmt.

Der Vergleich von östlichem und westlichem Kulturkreis zeigt, dass im Westen seit der Aufklärung die Vorstellung des selbstbestimmten Individuums im Mittelpunkt steht, während z. B. im Denken des östlichen Kulturkreises der Einzelne stärker in seinen Bezügen zu Tradition und Religion und in seiner Einbindung in die Gemeinschaft gesehen wird.

Das „Bild" vom Menschen variiert in den historischen Epochen und nach den verschiedenen Kulturkreisen. Aber auch innerhalb einer Gesellschaft oder Kultur kann sich das Menschenbild unterscheiden – je nach religiöser, philosophischer oder ideologischer Überzeugung.

1.2.2 Politische Grundströmungen

> Im Europa des 19. Jh.s bildeten sich drei Grundströmungen politischen Denkens heraus, die bis heute die politische Theorie und Praxis bestimmen: **Liberalismus**, **Konservatismus** und **Sozialismus**.

Liberalismus, Konservatismus und Sozialismus sind breite politische Strömungen, die einen Kernbestand politischer Ideen haben, aber für umfassende Ideenrichtungen stehen. Im 20. Jh. wurden alle drei Grundströmungen als Neoliberalismus, Neokonservatismus und Neomarxismus kritisch weiterentwickelt.

Besonders in der Entstehungsphase gab es bei allen Strömungen eine enge Verbindung zwischen politischer Theorie und **sozialen Bewegungen** (z. B. Sozialismus und Arbeiterbewegung), aus denen die **Parteien** moderner Prägung hervorgingen. Bis heute verbinden sich politische Denkströmungen mit den Interessen gesellschaftlicher Gruppen, die Macht erringen, erhalten oder ausbauen wollen.

Liberalismus

> Im Zentrum des **Liberalismus** steht die Freiheit des Individuums.

Der Wert der Freiheit umfasst politische Freiheitsrechte der Bürger (Meinungs-, Rede-, Versammlungsfreiheit) sowie die ungehinderte wirtschaftliche Betätigung ohne staatliche Eingriffe. Grundannahme ist, dass nur durch die freie Entfaltung jedes Individuums nach seinen persönli-

Liberalismus, lat. libertas = Freiheit

chen Interessen und Fähigkeiten ein optimaler Zustand gesellschaftlicher Harmonie erreicht werden kann.

Liberale Ideen waren Ausdruck der ökonomischen Interessen und politischen Machtansprüche des aufstrebenden Bürgertums, das sich im Europa des 18. Jh.s vor dem Hintergrund einer sich entwickelnden Marktwirtschaft aus den Beschränkungen des feudalen Ständestaates und der absolutistischen Herrschaft zu befreien begann.

In der Bundesrepublik Deutschland beruft sich insbesondere die 1948 gegründete Freie Demokratische Partei (FDP) auf liberale Grundwerte.

Die politischen Vorstellungen des Liberalismus übten im 19. und 20. Jh. großen Einfluss auf den Aufbau der Staaten in Europa und den USA aus (Wahlrecht, Parlamente, Rechts- und Verfassungsstaaten, Gewaltenteilung). In westlichen Demokratien ist der Liberalismus insofern zur einflussreichsten politischen Strömung geworden, als alle heutigen demokratischen Parteiprogramme liberale Elemente enthalten.

Kernidee	**Freiheit des Einzelnen** (Individualismus)
Abgrenzung	gegen äußere Beschränkungen und geistige Bevormundungen
zentrale Werte	Freiheit und rechtliche Gleichheit
Menschenbild	Mensch als eigenständiges, vernünftiges Wesen mit natürlichen Grundrechten (Recht auf Freiheit, Leben, Eigentum)
Gesellschaftsbild	freie Entfaltung aller Individuen erzeugt maximalen Wohlstand und Fortschritt für die Gesamtgesellschaft
Wirtschaftsform	Privateigentum, Kapitalismus als freie Marktwirtschaft (Selbstregulierung durch Markt und Wettbewerb)
Rolle des Staates	Ordnungsrahmen zur Gewähr von wirtschaftlicher und politischer Freiheit, Rechtssicherheit für das Individuum
Individuum – Gesellschaft – Staat	Rechte des Einzelnen haben Vorrang gegenüber Staat und Gesellschaft (Rechtsstaatlichkeit, Verfassung)
Herrschaft	rational legitimiert; Prinzip der Machtteilung und -kontrolle

In der deutschen Variante des **Ordoliberalismus** soll der Staat auch soziale Sicherheit gewährleisten (Sozialstaat, soziale Marktwirtschaft).

Der **Neoliberalismus** wird von einer marktradikalen, ökonomischen Variante dominiert, die auf die Selbststeuerungskräfte des Marktes setzt. Der Staat soll lediglich Rechtssicherheit und allgemeine Rahmenbedingungen für den freien Markt gewährleisten (Abkehr vom Sozialstaat). Daneben gibt es eine politische neoliberale Strömung, die dem Staat eine aktive Gestaltungsaufgabe überträgt.

Geistige Väter des politischen Liberalismus sind u. a. IMMANUEL KANT (1724–1804), JOHN LOCKE (1632–1704), JEREMY BENTHAM (1748–1832), ADAM SMITH (1723–1790). Haupttheoretiker eines marktradikalen Neoliberalismus sind FRIEDRICH AUGUST VON HAYEK (1899–1992) und MILTON FRIEDMAN (1912–2006). Als Begründer des Ordoliberalismus gelten WALTER EUCKEN (1891–1950) und ALFRED MÜLLER-ARMACK (1901–1978).

Zu den wichtigsten Denkern des politischen Neoliberalismus gehören JOHN RAWLS (1921–2002) und RALF DAHRENDORF (geb. 1929).

Konservatismus

> Im Zentrum des **Konservatismus** steht das Bewahren von traditionellen Werten, Strukturen und Institutionen.

 Konservatismus, lat. conservare = erhalten, bewahren

Die politische Lehre des Konservatismus (auch Konservativismus) zielt darauf, die bestehende politische, wirtschaftliche und soziale Ordnung im Grundsatz zu erhalten. Reformen und Neuerungen sind in Maßen denkbar, aber revolutionäre Veränderungen werden strikt abgelehnt.

In der Bundesrepublik Deutschland vertreten vor allem die Christlich-Demokratische Union (CDU) und die Christlich-Soziale Union (CSU) konservative politische Ideen.

 Der Konservatismus als politische Strömung entwickelte sich im 19. Jh. als Gegenbewegung zu liberalen und demokratischen Ideen, insbesondere gegen ihre Radikalisierung in der Französischen Revolution. Getragen wurde er vor allem von Adel und Kirche, die ihre politische und geistige Machtposition bedroht sahen.

Kernidee	Bewahren von traditionellen Werten, bewährten Praktiken und historisch gewachsenen Institutionen (Traditionalismus)
Abgrenzung	gegen Individualismus, Kollektivismus, revolutionäre Veränderungen
zentrale Werte	Religion, Familie, Erfahrung, Geschichte, Tradition, Sicherheit
Menschenbild	„natürliche" Ungleichheit der Menschen: Jeder hat seinen Platz in einer (göttlich gewollten) Ordnung.
Gesellschaftsbild	historisch gewachsene Einheit des Gemeinwesens mit natürlichen Hierarchien; Zusammenhalt durch Autoritäten, Staat und „ewige" Werte
Wirtschaftsform	auf Privateigentum gegründete Marktwirtschaft (staatliche Kontrolle)
Rolle des Staates	Schutz- und Ordnungsfunktion des starken Staates
Individuum – Gesellschaft – Staat	Mensch entfaltet sich innerhalb der vorgegebenen, staatlich gesicherten Gesellschaftsordnung; soziale Eingebundenheit der Individuen
Herrschaft	traditionell/religiös legitimiert; personales Prinzip

Denker des **Neokonservatismus** kombinieren Prinzipien des Konservatismus (Verbindlichkeit traditioneller Werte und Moralvorstellungen) mit den Anforderungen einer ausdifferenzierten, kapitalistischen Industriegesellschaft wie Anpassungsbereitschaft, Leistungs- und Effizienzdenken, Konkurrenzprinzip (technokratischer Konservatismus).

 Eine antiliberale Variante des Konservatismus mit ethnisch-nationalistischen Elementen ist die sogenannte „Neue Rechte".

 Bedeutende Theoretiker des Konservatismus sind EDMUND BURKE (1729–1797), ADAM MÜLLER (1779–1829), FRIEDRICH VON HARDENBERG (1772–1801). Den Neokonservatismus vertreten u. a. HELMUT SCHELSKY (1912–1984), DANIEL BELL (geb. 1919), SAMUEL HUNTINGTON (geb. 1927).

Sozialismus

Sozialismus, lat. socialis = gesellschaftlich

Der **Sozialismus** strebt eine gerechte, auf Gleichheit beruhende Gesellschaftsordnung an.

FERDINAND LASSALLE (1825–1864) wollte den Arbeitern – als größter Bevölkerungsgruppe – über das allgemeine Wahlrecht die politische Macht zur Umgestaltung der Gesellschaft verschaffen.

Die politische Lehre des Sozialismus zielt auf eine Veränderung der gesellschaftlichen Verhältnisse, um soziale Gleichheit und Gerechtigkeit zu verwirklichen. Betont werden die Solidarität der Menschen untereinander und soziale Sicherheit. Alle Menschen sollen die gleichen Rechte und Chancen haben.

Der Sozialismus entstand im frühen 19. Jh. in Europa mit dem Ziel, die bürgerlich-kapitalistische Gesellschaft umzugestalten. Sozialistische Ideen manifestierten sich politisch in der **Arbeiterbewegung**, die für bessere Lebensbedingungen und gerechte Teilhabe der Arbeiter am gesellschaftlich produzierten Reichtum kämpfte.

Kernidee	Vision einer politisch und sozial gerechten Gesellschaft
Abgrenzung	gegen Privateigentum an Produktionsmitteln (Kapitalismus), gegen Ungleichheit aufgrund von Besitz oder traditioneller Privilegien
zentrale Werte	Freiheit, Gleichheit, Brüderlichkeit (Solidarität)
Menschenbild	der Mensch ist von Natur aus gut – Konflikte ergeben sich aus unterschiedlichen Interessen von Besitzenden und Besitzlosen
Gesellschaftsbild	Veränderung der Gesellschaft: Gemeinwohl als gesellschaftliches Ziel
Wirtschaftsform	Vergesellschaftung (Gemeineigentum an den Produktionsmitteln) bis zu totaler staatlicher Kontrolle (sozialistische Planwirtschaft)
Rolle des Staates	Staat ist befugt, soziale und politische Gleichheit herzustellen
Individuum – Gesellschaft – Staat	Betonung von Gemeinschaft und gegenseitiger Solidarität (Kollektivismus)
Herrschaft	sozial legitimiert; demokratisches Prinzip („Herrschaft des Volkes")

Unterschiedliche Auffassungen über das Verhältnis von Freiheit, Gleichheit und Demokratie sowie über den „richtigen Weg" zur Verwirklichung der politischen Ziele (Reform oder Revolution) trennen zwei grundsätzlich verschiedene **Denkrichtungen des Sozialismus**:
- Für Theoretiker des orthodoxen Marxismus ist eine sozial gerechte, herrschaftsfreie Gesellschaft nur durch eine radikale Beseitigung des bürgerlich-kapitalistischen Staates – über eine Revolution – zu verwirklichen.
- Für Denker des demokratischen Sozialismus/der Sozialdemokratie kann soziale Gerechtigkeit in humaner Weise nur durch eine schrittweise Umgestaltung des bürgerlichen Staates – über Reformen – erreicht werden (Rechts- und Sozialstaatlichkeit, Demokratie).

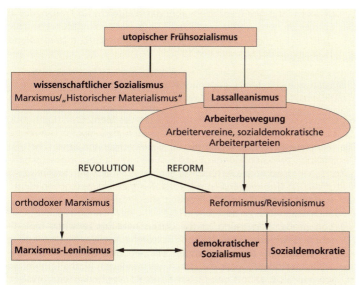

Der **Marxismus-Leninismus** wurde im 20. Jh. zur ideologischen Grundlage sozialistischer Diktaturen, beispielsweise auch in der DDR. Die Ideen des **demokratischen Sozialismus** wurden zum Kernbestand aller sozialistischen und sozialdemokratischen Parteien in den Demokratien Europas und Nordamerikas.

Seit den 1990er-Jahren wird angesichts der Krisenerscheinungen wohlfahrtsstaatlicher Industriegesellschaften wieder verstärkt ein **dritter Weg** zur Erneuerung der Sozialdemokratie diskutiert.

In der Bundesrepublik Deutschland bekennt sich die Sozialdemokratische Partei Deutschlands (SPD) zur sozialen Demokratie. Die Partei Die Linke, die zum Teil aus der Sozialistischen Einheitspartei Deutschlands (SED) hervorging, versteht sich als Vertreterin des demokratischen Sozialismus.

Wichtige Denker des Frühsozialismus waren CLAUDE HENRI DE SAINT-SIMON (1760–1825) und CHARLES FOURIER (1772–1837). KARL MARX (1818–1883) und FRIEDRICH ENGELS (1820–1895) begründeten den sogenannten wissenschaftlichen Sozialismus, der von W. I. LENIN (1870–1924) zum Marxismus-Leninismus ausgebaut und von ROSA LUXEMBURG (1871–1919) kritisch weiterentwickelt wurde. Für den demokratischen Sozialismus/die Sozialdemokratie waren KARL KAUTSKY (1854–1938) und AUGUST BEBEL (1840–1913) einflussreich, für den dritten Weg ANTHONY GIDDENS (geb. 1938).

Frauenbewegung und Feminismus

Die **Frauenbewegung** vereint zahlreiche Initiativen und Organisationen, die sich in emanzipatorischer Absicht für die Interessen von Frauen in der Gesellschaft einsetzen.

Emanzipation: Befreiung von Diskriminierung und Überwindung sozialer Abhängigkeiten und rechtlicher Ungleichheiten

Im Zentrum steht die Forderung nach politischer und sozialer Gleichberechtigung der Frauen in allen Lebensbereichen (Gleichstellung von Mann und Frau). Daneben ist der Anspruch auf Anerkennung frauenspezifischer Interessen und Sichtweisen getreten.

Die Frauenbewegung entwickelte sich ab Ende des 18. Jh.s aus Protest gegen die großen sozialen und politischen Ungleichheiten zwischen den Geschlechtern. Gefordert wurde das Recht auf Bildung

und Berufstätigkeit, vor allem aber das **Wahlrecht für Frauen,** das in Europa zu sehr unterschiedlichen Zeitpunkten eingeführt wurde: zuerst in Finnland 1906 (als allgemeines Wahlrecht), in Deutschland 1918 und in der Schweiz erst 1971.

> **Feminismus** ist jene theoretische Richtung der Frauenbewegung, die Individuum und Gesellschaft aus der Perspektive des Geschlechterverhältnisses analysiert.

In der Bundesrepublik Deutschland wurde die Publizistin ALICE SCHWARZER zu einer wichtigen Identifikationsfigur der Frauenbewegung mit dem Buch „Der kleine Unterschied und seine großen Folgen" (1975).

Die feministische Herrschaftskritik am Geschlechterverhältnis führt die Ungleichheit zwischen Männern und Frauen auf die gesamtgesellschaftlichen (Unterdrückungs-)Verhältnisse in einer männlich-patriarchalischen Kultur zurück. Grundlegend ist die Vorstellung einer „weiblichen Identität" und die gemeinsame Betroffenheit aller Frauen.

Von großer Bedeutung ist die Unterscheidung zwischen biologischem Geschlecht (engl. **sex**) und kultureller/sozialer Rollenprägung (engl. **gender**). Die bestehenden Männer- und Frauenbilder („Geschlechterrollen") und die damit verbundenen Verhaltensweisen werden als Ergebnis gesellschaftlicher Konventionen interpretiert: „Man kommt nicht als Frau zur Welt, man wird es" (SIMONE DE BEAUVOIR).

Fotos (von links nach rechts):
CLARA ZETKIN
SIMONE DE BEAUVOIR
ALICE SCHWARZER

Gendermainstreaming ist ein neues Konzept praktizierter Gleichstellungspolitik; es zielt darauf, bei allen gesellschaftlichen Vorhaben die geschlechtsspezifischen Lebenssituationen, Interessen und Perspektiven von Frauen und Männern systematisch zu berücksichtigen.

Neuere feministische Theorien sehen die Diskriminierung von Frauen verknüpft mit solchen Faktoren wie Hautfarbe, Armut, Migration oder sexueller Orientierung.

Zur Analyse der bis heute weltweit bestehenden sozialen, rechtlichen und politischen Benachteiligungen von Frauen wurde der interdisziplinäre Ansatz der **Geschlechterforschung** (Gender Studies) entwickelt, der die soziale Beziehung zwischen Männern und Frauen ins Zentrum stellt.

> Hauptvertreterinnen der Frauenbewegung und des Feminismus sind OLYMPE DES GOUGES (1748–1793), HEDWIG DOHM (1831–1919), CLARA ZETKIN (1857–1933), SIMONE DE BEAUVOIR (1908–1986), BETTY FRIEDAN (1921–2006), MARGARET MEAD (1901–1978), KATE MILLET (geb. 1934), ALICE SCHWARZER (geb. 1942), JUDITH BUTLER (geb. 1956).

Neue Soziale Bewegungen

> **Neue Soziale Bewegungen** sind Protestbewegungen, die sich mit unterschiedlichen Schwerpunkten gegen soziale, ökonomische und politische Missstände in Gegenwartsgesellschaften richten.

Ihr Wirken ist darauf gerichtet, durch öffentliche **Protest- und Aktionsformen** gesellschaftliches Problembewusstsein zu wecken und sozialen Wandel über grundlegende Reformen zu erreichen.

	Zentrale Ziele
Frauenbewegung	politische und soziale Gleichberechtigung von Männern und Frauen
Umweltschutzbewegung Anti-AKW-Bewegung	Erhaltung der natürlichen Lebensgrundlagen und Ressourcen (u. a. Umweltschutz, Konsumkritik, ökologisches Gleichgewicht); Stopp der Nutzung „ziviler Atomkraft", Protest gegen die existenziellen Risiken moderner Großtechnologien
Alternativbewegung	alternative Lebens- und Arbeitspraxis (neue Geschlechterrollen, Familienmodelle, Werte) als Gegenentwurf zur bürgerlichen Gesellschaft
Friedensbewegung	friedliches Zusammenleben der Völker, globale militärische Abrüstung (gegen Krieg als Mittel der Politik, für alternative militärische Sicherheitsstrategien und zivile Konfliktlösungen)
Menschen- und Bürgerrechtsbewegung	Verwirklichung der Menschen- und Bürgerrechte (national, international), Demokratisierung, politische Freiheiten
Dritte-Welt-/Eine-Welt-Bewegung	Aufhebung der ökonomischen Abhängigkeit („Ausbeutung") der unterentwickelten Länder von den Industrieländern
Antiglobalisierungsbewegung	gegen Folgen der Globalisierung (politische/ökonomische/soziale Ungerechtigkeiten)

Die Neuen Sozialen Bewegungen haben die politische Kultur und Praxis in den westlichen Industriestaaten deutlich verändert und eine Theorieströmung befördert, die das außerparlamentarische politische Engagement von Bürgern unter dem Begriff der Bürger- oder **Zivilgesellschaft** diskutiert.
Teile von ihnen haben sich in die etablierten politischen Strukturen integriert, wie z. B. die neu entstandenen grün-alternativen Parteien in Europa. In der Bundesrepublik Deutschland wurde 1980 die Partei „Die Grünen" mit ökologisch-sozialer und basisdemokratischer Ausrichtung gegründet.

Zivilgesellschaft: Gemeinschaft selbstständiger, politisch und sozial engagierter Bürger, die zwischen Politik und Staat, Wirtschaft und Privatsphäre agieren. Ihr Handeln ist durch Eigenaktivität, Selbstorganisation und Verantwortung für das Gemeinwohl gekennzeichnet.

Wichtige Vordenker der Neuen Sozialen Bewegungen sind u. a. HANS JONAS (1903–1993), ROBERT JUNGK (1913–1994), HORST-EBERHARD RICHTER (geb. 1923), RUDOLF BAHRO (1935–1997).

1.2.3 Politische Theorien

Theorien werden als abstrakte Denkmodelle entwickelt, um vergangene und gegenwärtige Phänomene zu erklären oder künftige Entwicklungen voraussagen und steuern zu können. Die Bedeutung einer Theorie kann sich im Lauf der Geschichte wandeln: Sie kann gültig bleiben, weiterentwickelt werden, aber auch an Gewicht verlieren.

Unter einer **Theorie** (griech. = Betrachtung, Anschauung) versteht man eine systematische, d. h. nach bestimmten Prinzipien geordnete Aussage über Sachverhalte, Gegenstände, Vorgänge. Theorien sind umfassende Ordnungskonzepte, die grundsätzliche Zusammenhänge darlegen.

Politische Theorien befassen sich mit den Inhalten, dem Sinn und der Aufgabe von Politik. **Gesellschaftstheorien** gehen vor allem der Frage nach, wie das menschliche Zusammenleben unter welchen Bedingungen funktioniert und wie es sich verändert.

Politische Theorien können danach unterschieden werden, ob sie Antworten auf Ist- oder Soll-Fragen geben.

Frageart	Was ist? (empirisch = beobachtbar, messbar)	Was soll sein? (normativ = allgemeingültige Werte setzend)
Schwerpunkt	gegebene politische Institutionen, Akteure	politische Normen
Vorgehensweise	Beschreibung, Erklärung und Prognose von Ereignissen	Vergleich: Normen – Wirklichkeit; konkrete Handlungsanweisungen
Ziel	gesellschaftliche Weiterentwicklung durch besseres Realitätsverständnis	gesellschaftliche Umgestaltung zur Durchsetzung des Gewünschten („gute" Ordnung)

Pluralismus

Die Bundesrepublik Deutschland hat eine freiheitliche, repräsentativ-parlamentarische sowie bundes-, rechts- und sozialstaatliche Gesellschaftsordnung. Ihr tragendes Strukturelement ist der demokratische Pluralismus.

Pluralismus ist im Idealfall das gleichberechtigte Nebeneinander verschiedener Standpunkte und Sichtweisen auf der Basis von weltanschaulicher Toleranz.

Die **Pluralismustheorien** nach dem Zweiten Weltkrieg entstanden als liberale Gegenmodelle zu den totalitären Diktaturen im nationalsozialistischen Deutschland und in der stalinistischen Sowjetunion.
Pluralismus ist die Basis einer freiheitlich-demokratischen Gesellschaftsordnung. Das Konzept der „pluralistischen, freiheitlichen Demokratie" umschließt politisch-weltanschauliche Vielfalt, die Autonomie und freie

Entfaltung des Individuums und zugleich sein Recht auf aktive Mitwirkung an politischen Willensbildungsprozessen.

Kennzeichen des Pluralismus als Gegenbild zum Monismus (Einheitslehre)					
Zahlreiche autonome, frei gebildete Gruppen und Parteien können am politischen Prozess teilnehmen (politischer Pluralismus).	Vielfältige Interessen, Auffassungen und Werte konkurrieren um Einfluss (sozialer, kultureller und ethnischer Pluralismus).	Es besteht ein Grundkonsens über bestimmte rechtliche Normen und Werte (Verfassung/Gesetze).	Das Gemeinwohl ergibt sich aus der Auseinandersetzung pluraler Kräfte nach anerkannten Regeln (Konflikt und Kompromiss).	Der Staat übernimmt Ordnungsfunktionen im Wettbewerb der organisierten Interessen.

Der Pluralismus bildet die Grundlage für die empirische Wissenschaftsauffassung des **Kritischen Rationalismus**. Demnach gibt es keine letztgültigen Wahrheiten, sondern immer nur eine Annäherung an die Wahrheit über eine bestimmte Methode (Hypothese – kritische Überprüfung durch Beobachtung oder Experiment – Erkenntnisfortschritt). Daran anschließend entwickelt der Kritische Pluralismus ein methodisches Prinzip „kritischer Rationalität" als Modell gesellschaftlicher Weiterentwicklung durch die Kraft verbessernder Vernunft (Kritik). **Kritik** ist dabei das Infragestellen von Ansichten, Handlungen, Normen und ihren Begründungen.

KARL R. POPPER entwarf seine pluralistische **Theorie der „offenen Gesellschaft"** aus einer Kritik an der „totalen" Beherrschung des Menschen in totalitären Systemen: „Offen" ist eine Gesellschaft dann, wenn sie ihre Verhältnisse ständig infrage stellen und korrigieren lässt. Fortschritt wird schrittweise durch Kritik und Reformen erzielt.

In pluralistischen **Konflikttheorien** sind soziale Konflikte kein zu vermeidendes Übel, sondern schöpferische Kraft gesellschaftlicher Weiterentwicklung als Ausdruck der Vielfalt in offenen Gesellschaften.

Marxistische Konflikttheorien gehen von einem unversöhnlichen Klassenkonflikt zwischen Kapital und Arbeit (in bürgerlich-kapitalistischen Gesellschaften) aus.

Vordenker der Pluralismustheorie sind u. a. WILLIAM JAMES (1842–1910) und HAROLD J. LASKI (1893–1950).
Den Neopluralismus begründeten ERNST FRAENKEL (1898–1975) und KARL R. POPPER (1902–1994), der auch Hauptvertreter des Kritischen Rationalismus ist.
Konflikttheorien gehen auf LEWIS A. COSER (1913–2003) und RALF DAHRENDORF (geb. 1929) zurück.

Marxismus

> **Marxismus** bezeichnet theoretische Ansätze und Erklärungsmodelle, die sich auf die politisch-philosophische und ökonomische Lehre von KARL MARX und FRIEDRICH ENGELS berufen.

Als Grundlegung des Marxismus gilt „Das Kommunistische Manifest" (1848) von KARL MARX und FRIEDRICH ENGELS. Theoretisches Hauptwerk ist „Das Kapital. Kritik der politischen Ökonomie" (1867–1894) von KARL MARX.

Kernstück ist der „historische Materialismus". Nach ihm ist das politische, geistige und kulturelle Leben der Gesellschaft von den ökonomischen Verhältnissen (Besitz an Produktionsmitteln) bestimmt. Ökonomische Ungleichheit führt zu sozialer Ungleichheit und Unterdrückung und wird deshalb als Ausgangspunkt für Gesellschaftsveränderungen betrachtet.
Im **marxistischen Modell** wird bei der Umgestaltung der Gesellschaft zwischen verschiedenen Entwicklungsphasen unterschieden.

Marxistisches Modell der Gesellschaftsveränderung

Kapitalismus →	Sozialismus →	Kommunismus
Klassengesellschaft (Besitzer – Besitzlose)	Übergangsphase („Diktatur des Proletariats")	idealer Endzustand
ökonomische und soziale Ungleichheit: Konflikt Kapital ↔ Arbeit	Prozess gesellschaftlicher Umgestaltung: Abschaffung des Privateigentums an Produktionsmitteln	klassenlose, deshalb herrschaftsfreie, sozial gerechte Gesellschaft
Ausbeutung und Unterdrückung der Arbeiterklasse	Arbeiterklasse als revolutionäre Kraft („proletarische Revolution")	Freiheit und Gleichheit für alle Menschen
Staat als Herrschafts- und Unterdrückungsinstrument	Staat als Mittel zur Umgestaltung	Staat verliert seine Funktion als Herrschaftsapparat

Innerhalb der marxistischen Denkrichtung wurde die Frage, wie dieser Umgestaltungsprozess umgesetzt werden sollte (Verhältnis von Reform und Revolution), sehr unterschiedlich diskutiert.
Der Weg der **Revolution** wird in Denkmodellen des orthodoxen Marxismus vertreten (z. B. Marxismus-Leninismus, Maoismus). In Ablehnung des orthodoxen Marxismus und seiner praktischen Umsetzung im „realen Sozialismus" entwickelten sich Reformströmungen, die Demokratie und Freiheit sowie Menschen- und Bürgerrechte betonen. Dazu zählen Denker des demokratischen Sozialismus und der Sozialdemokratie sowie Ver-

treter des Reformkommunismus, aber auch Anhänger unterschiedlicher Varianten des **Neomarxismus,** die den Marxismus angesichts veränderter gesellschaftlicher Verhältnisse im 20. Jh. kritisch weiterentwickeln:

- Die **Kritische Theorie** der sogenannten Frankfurter Schule zielt auf die Aufdeckung der subtilen Unterdrückungsmechanismen in bürgerlich-kapitalistischen Systemen. Die Gesellschaft soll über emanzipatorische Aufklärung (Herrschafts- und Ideologiekritik) und die Erkenntnismöglichkeiten verschiedener Disziplinen (z. B. der Psychoanalyse) verändert werden.
- In Modellen marxistischer **Imperialismustheorien** produziert der Kapitalismus nicht nur Unterdrückung im Innern eines Landes, sondern auch gegenüber anderen Staaten durch imperiale Politik. Aktuelle Theorien konstatieren die „Ausbeutung" der Entwicklungsländer durch die kapitalistischen Industrieländer (z. B. durch Raubbau an Rohstoffen und das Nutzen billiger Arbeitskräfte). Die „strukturelle Abhängigkeit" des Südens vom Norden verhindert eine eigenständige wirtschaftliche und gesellschaftliche Entwicklung in der Dritten Welt und verschlechtert die Lebensbedingungen der Bevölkerung (Dependenztheorien).
- PIERRE BOURDIEU (1930–2002) entwickelte den marxistischen Kapitalbegriff kritisch weiter, indem er in seinem Ansatz ökonomisches, kulturelles, soziales und symbolisches Kapital unterschied. Die Verfügung über diese vier Kapitalsorten entscheidet über den sozialen Status und die Macht des Einzelnen in der Gesellschaft.

In der „Dialektik der Aufklärung" (1944), einem Hauptwerk der Kritischen Theorie, beschreiben T. W. ADORNO und MAX HORKHEIMER (beide auf dem Bild mit HERBERT MARCUSE) den Kapitalismus als raffiniertes Unterdrückungssystem, in dem die herrschende bürgerliche Klasse die Vernunft für ihre Machtinteressen und ihren Profit instrumentalisiert.

Imperialismus ist das Herrschaftsstreben eines Staates, seinen Einfluss über die Staatsgrenzen hinaus auszuweiten, indem fremde Länder mit politischen, wirtschaftlichen, kulturellen und ideologischen Mitteln abhängig gemacht, beherrscht und ausgebeutet werden.

> Hauptvertreter des Marxismus sind KARL MARX (1818–1883) und FRIEDRICH ENGELS (1820–1895). Zum orthodoxen Marxismus gehören Marxismus-Leninismus, Stalinismus, Trotzkismus und Maoismus, die auf ihre Namensgeber W. I. LENIN (1870–1924), J. W. STALIN (1879–1953), LEO TROTZKI (1879–1940) und MAO ZEDONG (1893–1976) zurückgehen. Den Reformkommunismus vertreten z. B. OTA ŠIK (1919–2004), LESZEK KOŁAKOWSKI (geb. 1927), AGNES HELLER (geb. 1929).
> Wichtige Vertreter des Neomarxismus sind GEORG LUKÁCS (1885–1971), ERNST BLOCH (1885–1977), ANTONIO GRAMSCI (1891–1937), aber auch Denker der Kritischen Theorie wie MAX HORKHEIMER (1895–1973), THEODOR W. ADORNO (1903–1969), HERBERT MARCUSE (1898–1979). Aktuelle Imperialismustheorien werden u.a. von ANDRÉ G. FRANK (1929–2005), JOHAN GALTUNG (geb. 1930) und DIETER SENGHAAS (geb. 1940) vertreten.

Auf die Kritische Theorie der Frankfurter Schule beziehen sich in neuerer Zeit JÜRGEN HABERMAS (geb. 1929), CLAUS OFFE (geb. 1940) und AXEL HONNETH (geb. 1949).

Neuere Theorien

In der Gegenwart existiert eine Vielzahl von Theorien, die mit unterschiedlichen Grundannahmen Politik und Gesellschaft analysieren oder Modelle

„guter" Gesellschaftsordnungen entwerfen. Politische Denker geben in ihren Theorien auch Antworten auf zentrale Fragen, die sich in den modernen Industriegesellschaften der westlichen Demokratien stellen:
- Wie können die politischen, sozialen, ökonomischen und kulturellen Wechselwirkungen innerhalb von Gesellschaften und zwischen ihnen angemessen beschrieben, analysiert und beeinflusst werden (**Systemtheorie**)?
- Wie können die Prinzipien einer emanzipatorischen Vernunft stärker wirksam werden und dadurch zu mehr Demokratie und politischer Legitimität führen (**Deliberative Demokratietheorie**)?
- Wie kann angesichts der Überforderung des Wohlfahrtsstaates ein neues Gleichgewicht von individueller Freiheit und sozialer Gerechtigkeit begründet werden (**Neue Vertragstheorien**)?
- Wie könnte angesichts der Gefahren einer streng individualisierten Gesellschaft ein neues Verantwortungsverhältnis zwischen Individuum, Gesellschaft und Staat aussehen, um eine ausgewogene Balance zwischen individuellen Rechten und Gemeinwohlorientierung zu erreichen (**Theorien des Kommunitarismus**)?

	Systemtheorie
Ansatz	Kritik an herkömmlichen Gesellschaftstheorien (Defizite bei der Beschreibung und Erklärung moderner, ausdifferenzierter Industriegesellschaften)
Tradition	naturwissenschaftliche Modelle, Kybernetik, Biologie
Ziel	Entwurf einer umfassenden Theorie sozialer Ordnung, um die Komplexität der sozialen Prozesse in modernen Gesellschaften analysieren zu können
Denkfigur	Gesellschaft ist ein soziales System, das aus verschiedenen Teilsystemen (Politik, Religion, Ökonomie, Kultur, Wissenschaft …) besteht, die sich jeweils durch bestimmte Funktionen auszeichnen; im politischen System werden allgemein verbindliche Entscheidungen für die Gesellschaft hergestellt.
Denker	NIKLAS LUHMANN (1927–1998), DAVID EASTON (geb. 1917), GABRIEL ALMOND (1911–2002), TALCOTT PARSONS (1902–1979)
Beispiel	NIKLAS LUHMANN kommt zu dem Ergebnis, dass in modernen, ausdifferenzierten Industriegesellschaften die Steuerungsmöglichkeiten des politischen Systems gegenüber anderen gesellschaftlichen Teilsystemen äußerst begrenzt sind.

	Deliberative Demokratietheorie
Ansatz	Kritik an Demokratie- und Legitimitätsdefiziten im Spätkapitalismus
Tradition	Aufklärungsphilosophie (Vernunft, Emanzipation), Kritische Theorie
Denkfigur	In der (idealen) freiheitlich-rechtsstaatlichen Demokratie sind alle Bürger gleichberechtigt an der politischen Willensbildung im öffentlichen Raum beteiligt. Über den Austausch von rationalen Argumenten – Kritik und Begründung – wird in einem (herrschaftsfreien) Diskurs Einverständnis erzielt.

	Deliberative Demokratietheorie
Ziel	Modell einer pluralen, demokratischen Gesellschaft auf der Basis rationaler Kommunikation und öffentlicher Beratung (Deliberation)
Denker	JÜRGEN HABERMAS (geb. 1929), JOHN S. DRYZEK (geb. 1953), Rainer SCHMALZ-BRUNS (geb. 1954)
Beispiel	JÜRGEN HABERMAS plädiert für verständigungsorientiertes, kommunikatives Handeln als Basis rechtsstaatlicher Demokratien. Betont wird die aktive Mitwirkung aller Bürger am öffentlichen Diskurs über politische Themen, die im allgemeinen Interesse geregelt werden können.

	Neue Vertragstheorien
Ansatz	Kritik an Ausweitung staatlicher Tätigkeiten (Regelungen, Steuerung, Kontrolle)
Tradition	Liberalismus, Konstrukt des Gesellschaftsvertrags (Aufklärungsphilosophie)
Ziel	Modell einer freiheitlichen, gerechten Gesellschaftsordnung, die auf liberalen Grundideen basiert
Denkfigur	Legitime politische Ordnung, die auf freiwilligem Konsens aller Gesellschaftsmitglieder beruht: Bürger richten den Staat ein, um ihre Interessen bestmöglich verfolgen zu können (Vertragsbeziehung mit gegenseitigen Rechten und Pflichten, Aufgabe des Staates: Schutz individueller Rechte und Freiheiten)
Denker	JAMES M. BUCHANAN (geb. 1919), JOHN RAWLS (1921–2002)
Beispiel	JOHN RAWLS entwirft das Modell eines liberalen, demokratischen Rechtsstaats, in dem individuelle Freiheiten mit sozialer und politischer Gerechtigkeit auf *faire Weise* kombiniert werden sollen.

	Theorien des Kommunitarismus (community, engl. = Gemeinschaft)
Ansatz	Kritik an Individualismus und Mangel an sozialer Verantwortung in modernen Gesellschaften: Gefahr für das Allgemeinwohl, Entsolidarisierung
Tradition	Konservatismus, Liberalismus, Sozialismus
Ziel	Modell einer freiheitlich-demokratischen Ordnung, die auf der Gemeinschaft der Bürger und gemeinsamen Werten basiert
Denkfigur	keine Rechte ohne Pflichten, individuelle Freiheit muss mit sozialer Verantwortung gekoppelt sein
Denker	CHARLES TAYLOR (geb. 1931), MICHAEL WALZER (geb. 1935), BENJAMIN R. BARBER (geb. 1939), AMITAI ETZIONI (geb. 1929)
Beispiel	Nach CHARLES TAYLOR soll das Mehr an sozialer Verantwortung mit erweiterten politischen Beteiligungsmöglichkeiten für das Individuum verbunden werden.

1.3 Herrschaftsformen in Geschichte und Gegenwart

Zweck der Politik ist es, allgemein verbindliche Regelungen und Entscheidungen herbeizuführen und im praktischen Leben durchzusetzen. Politische Entscheidungen werden von den Staatsbürgern aber nicht gleichermaßen anerkannt und freiwillig befolgt. Deshalb verfügt Politik über die Macht, sich auch gegen Widerstreben zur Geltung zu bringen.

> Wer von Politik spricht, muss von Herrschaft reden.

Im allgemeinen Sinn ist **Herrschaft** als Zivilisierung des menschlichen Zusammenlebens und somit als Alternative zur rohen Gewalt zu verstehen. Herrschaft äußert sich als **legitime Macht**. Jedoch auch die illegitime Gewaltherrschaft ist Herrschaft.

Legitime Macht: von den Betroffenen anerkannte Macht in den Beziehungen der Menschen untereinander

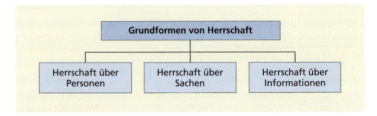

Grundformen von Herrschaft
- Herrschaft über Personen
- Herrschaft über Sachen
- Herrschaft über Informationen

Bild:
Der Maler APPELLES verherrlichte in einem Gemälde in Ephesos ALEXANDER DEN GROßEN (356 v. Chr.–323 v. Chr.) in der Pose des Göttervaters Zeus. Mit ALEXANDER DEM GROßEN endete die demokratische Tradition in Griechenland.

Die übliche Erscheinungsform der Herrschaft ist die **Über- und Unterordnung.** Dabei ist wesentlich, ob Herrschende und Beherrschte eine gemeinsame Wert- und Rechtsordnung anerkennen. Auch als Beziehung der Gleichen – in der „Identität von Herrschenden und Beherrschten" gipfelnd – ist Herrschaft denkbar, aber schwierig zu organisieren. Philosophen haben immer wieder nach den Bedingungen der Abschaffung jeglicher Herrschaft gefragt und Visionen herrschaftsfreien Soziallebens entworfen.

In der mit Zeugnissen belegten Geschichte fand sich bisher keine Gesellschaft ohne Herrschaftsstrukturen. Solange dieser Befund anhält, kann **Herrschaft** als ein **universelles Phänomen** gelten, das von geschichtlichem Wandel unberührt bleibt.

Die Geschichte öffnet aber auch den Blick dafür, dass Herrschaft nicht gleichmäßig, sondern in unterschiedlicher Dichte und Ausdehnung auftritt:
– Herrschaft weitet sich aus, wenn das Tempo des sozialen und wirtschaftlichen Wandels steigt, und fällt zurück in den Zeiten, die ruhig und wandlungsarm verlaufen.

- Am herrschaftsintensivsten tritt jene Macht auf, die als **Revolution** bisherige Normen und Regelungen zerstört und neue setzt. Demgegenüber führt die **traditionale oder konservative Herrschaft** zu einer Machtverkürzung. Politik erscheint nicht als einschneidende Normsetzung, sondern beschränkt auf die Anwendung schon gegebener Regelungen.
- Der moderne Verfassungsstaat tritt als **gemäßigte Herrschaft** auf, da er Macht auf verschiedene Gewalten verteilt. Zudem sorgt er durch vorgegebene Verfahren – der Gesetzgebung, der Normkontrolle – für langsame, geprüfte und möglichst breit akzeptierte politische Entscheidungen.
- In westlichen Demokratien ist es gegenwärtig verbreitet, geringere Herrschaftsintensität durch mehr Selbstregulierung der Privatpersonen sowie staatlich-private Projekte zu erreichen.

In **Genossenschaften** wird beispielsweise eine Machtminderung angestrebt, indem durch gemeinschaftlichen Geschäftsbetrieb ungleiche Machtverteilungen verhindert werden.

1.3.1 Historische Grundmodelle

Jeder Vergleich, auch der der Herrschaftsformen, bedarf bestimmter **Vergleichskriterien**. Bereits die Philosophen und Praktiker der griechischen Antike beurteilten Herrschaft unter den Aspekten der Normbindung und der Machtteilung. Damit wurde ein Weg des systematischen Vergleichs politischer Ordnungen eröffnet.

Auf ARISTOTELES geht die berühmteste aller **Typologien von Herrschaftsformen** zurück.

Typologie: Ein Gegenstandsbereich wird nach mindestens zwei Kriterien verglichen und in Typen eingeteilt – im Unterschied zur Klassifikation, die ein Kriterium verwendet.

ARISTOTELES verglich die ihm bekannten griechischen Stadtstaaten seinerzeit – es sollen 158 Verfassungsbeschreibungen gewesen sein – nach zwei Kriterien:
- nach der Anzahl der Herrschenden,
- nach der ethischen Orientierung.

Aus den Ergebnissen bestimmte er die generell bis heute gültigen Merkmale der **Grundformen der Herrschaft**.

Anzahl der Herrschenden ethische Orientierung	ein Herrschender	mehrere Herrschende	viele Herrschende
an vernünftigen, am Gemeinwohl orientierten Gesetzen	Basilie/Monarchie	Aristokratie	Politie/Volksherrschaft
von Begehren und Unwissenheit bestimmt (Eigennutz)	Tyrannis	Oligarchie	Demokratie

Die am Gemeinwohl orientierten Herrschaftstypen wurden als die „wahren", die am Eigennutz orientierten als die „pervertierten" Formen bezeichnet. ARISTOTELES´ Begriffe wurden für das Abendland richtungweisend.

Stärker gewandelt hat sich der **Demokratiebegriff**. Er meint heute Volksherrschaft und nicht die abweichende Form als „Vorteilnahme einzelner Gruppen, Zügellosigkeit, Pöbelherrschaft".

> Auf die praktische Philosophie Athens und anderer Stadtstaaten gehen wichtige **Regeln guter Staatsführung** zurück.

Sie orientieren darauf,
- Macht zu mäßigen und zu kontrollieren, indem sie in verschiedene Hände gelegt wird,
- Macht zu mäßigen und zu stabilisieren durch gemischte Verfassungen. Eine gemischte Verfassung kann sich – wie in der altrömischen Verfassung – als „maßvolle Mischung der drei Urformen" (CICERO) ergeben, der Urformen **Monarchie, Aristokratie, Demokratie**. Gemischte Verfassungen weisen auch die gegenwärtigen Demokratien auf, die Elemente der repräsentativen und der direkt demokratischen, der einheitsstaatlichen und der föderalen Ordnungen mischen (S. 57 ff.).

NICCOLÒ MACHIAVELLI (1469–1527) Diplomat und Schriftsteller; Hauptwerke: „Der Fürst; Discorsi. Gedanken über Politik und Staatsführung"

MACHIAVELLI: Der Übergang zur Republik

Der Herrscher bzw. Fürst (principe) und die Herrschaften (principati), wie sie MACHIAVELLI darstellte, trugen zwar noch Züge der antiken Herrschaft, bedeuteten jedoch den Übergang zur modernen Republik.

> **Republik** wurde der bis heute gültige Gegenbegriff zur Monarchie.

Republik geht zurück auf **res publica** (lat. = öffentliche Sache); Staat ist der Inbegriff der gemeinsamen Interessen und Rechte im Unterschied zu den Sonderinteressen der Bürger (res privatae); Merkmale sind:
- Amt und Amtsführung gemeinwohlorientiert,
- politische Tugend (virtus) im Dienste des Landes (patria).

Die Republik MACHIAVELLIS kann demokratisch oder aristokratisch geführt werden. Angesichts des Zerfalls der ehemals mächtigen italienischen Stadtstaaten setzte MACHIAVELLI auf eine tüchtige und kluge Herrscherpersönlichkeit mit Machtwillen, die eine Republik zu gründen und zu ordnen vermag. Mit MACHIAVELLI beginnt der politische Realismus:

- Die Republik beruht nicht auf Gerechtigkeit wie in der Antike, sondern auf Macht. In Notzeiten rangiert das Staatswohl vor den sittlichen Geboten.
- Das politische Leben orientiert sich am Ist-, nicht am Soll-Zustand wie in der Antike.
- Das Gemeinwohl bedarf guter Gesetze und eines guten Heeres.
- Der Mensch wird als ein Wesen gesehen, von dem „nur Schlechtes erwartet werden kann, wenn man es nicht zum Guten zwingt".
- Die Politik muss sich „zwischen Seelenheil und Vaterland" entscheiden. Notwendigkeit, Energie und Glück (necessità, virtù und fortuna) bestimmen die Politik.

Tocqueville: Der Beginn der Massendemokratie

Mit TOCQUEVILLE wurde erstmals die demokratische Herrschaft im modernen Massenstaat zum Thema. Bis in das 19. Jh. hinein hatten sich die politischen Philosophen am Kleinstaat ausgerichtet, so die einflussreiche Genfer Lehre ROUSSEAUS, so HEGEL und MARX (Pariser Kommune von 1871). TOCQUEVILLE war Demokrat aus religiöser Einsicht und stark beeinflusst von MONTESQUIEU. Ihm galt die „demokratische Revolution" als unaufhaltsame Überwindung der monarchischen und feudalen Herrschaft, da sie eine „Gleichheit der gesellschaftlichen Bedingungen" begründen konnte:
– politische Gleichheit anstelle ständischer Ungleichheiten,
– Gleichheit aller vor dem Gesetz.

TOCQUEVILLE analysierte die junge amerikanische Demokratie und die revolutionäre Bewegung in Frankreich, um allgemeine Züge demokratischer Gesellschaften und Tendenzen zu einer demokratischen Weltordnung zu erfassen. Er erkannte, dass der erzielten größeren Gerechtigkeit und höheren Wohlfahrt der egalitären **amerikanischen Demokratie** reale Gefahren gegenüberstanden:
– Die „Liebe zur Gleichheit" sei stärker als jene zur Freiheit.
– Mehrheitsdemokratie und öffentliche Meinung begünstigen einen Konformismus des Mittelmaßes, in dem der Einzelne verschwindet, vereinsamt und der Gemeinsinn sinkt.
– Die Zentralisierung von Politik und Verwaltung erleichtert die Bevormundung von oben (Konflikt zwischen Zentralisation und Volkssouveränität).

ALEXIS DE TOCQUEVILLE (1805–1859) französischer Politiker und Schriftsteller; Hauptwerk: „Über die Demokratie in Amerika"

„Der Gang der Politik gleicht dem Fluge eines Drachen, dessen Bahn von dem Winde, der ihn treibt, und der Schnur, die ihn hält, abhängig ist" (TOCQUEVILLE).

CHARLES DE MONTESQUIEU (1689–1755) französischer Schriftsteller und Philosoph, der den Niedergang des römischen Großstaats studierte und das Prinzip der Gewaltenteilung entwickelte; Hauptwerk: „Vom Geist der Gesetze"

> Gegen Freiheitsverlust und Verwaltungsdespotismus setzte TOCQUEVILLE die Werte der Individualität.

1.3.2 Herrschaftsformen der Gegenwart

Die in der Gegenwart bestehenden Herrschaftsformen können nach zwei Grundtypen unterschieden werden.

konstitutionelle Demokratie (demokratischer Verfassungsstaat)	Autokratie/Diktatur (Einzelherrschaft)

– unmittelbare Demokratie
– Parlamentarismus
  (Versammlungsregierung)
  • parlamentarische Demokratie
  • präsidentielle Demokratie
  • semipräsidentielle Demokratie
  • direktorial-plebiszitäre Demokratie
	– autoritäre Diktatur
	  • absolute Monarchie
	  • autoritärer Präsidentialismus
	  • Theokratie
	  • Parteidiktatur
	  • Militärdiktatur
	– totalitäre Diktatur

Politik als Wissenschaft

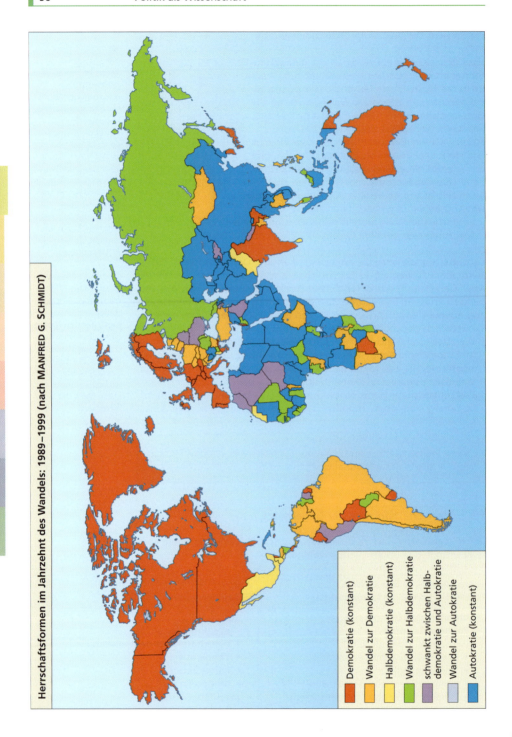

Die Unterscheidung von Herrschaftsformen erfolgt anhand bestimmter Kriterien. Sie werden auch angewendet bei der Beobachtung der Veränderungen, die sich im Leistungsprofil der Herrschaftsformen nach Ländern und Jahren vollziehen. Diese Veränderungen zu erfassen ist das Ziel einiger internationaler Projekte der **Herrschaftsmessung**.

Um **Herrschaftsformen** zu unterscheiden, wird zumeist historisch-empirisch nach den Strukturen der Institutionen, Verfahren und Normen gefragt (**Strukturtypologie**). Die Pluralismustheoretiker ERNST FRAENKEL und WINFRIED STEFFANI legen sieben Kriterien zugrunde:

Das älteste ist das der Nichtregierungsorganisation „freedom house", New York, die seit 1972 jährlich Listen aller Staaten hinsichtlich ihrer Einhaltung von politischen Rechten und bürgerlichen Freiheiten veröffentlicht.
In dem Maße, wie Staaten diese entweder voll, halbwegs oder gar nicht gewährleisten, gelten sie als „frei", „teilweise frei" oder „unfrei" bzw. als „Demokratie", „Halbdemokratie" oder „Diktatur". Auf dieser Grundlage hat der Politikwissenschaftler MANFRED G. SCHMIDT für das Jahrzehnt 1989 bis 1999 den Bestand und die Umwandlungen zwischen den Herrschaftsformen berechnet (↗ S. 56).

1. Geltung der Menschenrechte,
2. Wahl und Legitimation von Legislative und Exekutive,
3. Auflösbarkeit des Parlaments,
4. Absetzbarkeit der Exekutive,
5. Vereinbarkeit von öffentlichem Amt und politischem Mandat,
6. Mandat und Fraktionsdisziplin,
7. Gewaltenteilung.

Nach 1989 lief die bisher stärkste Demokratisierungswelle. Die **Demokratie** ist der Gewinner im politischen Systemwettbewerb zwischen Ost und West. Sie tritt vor allem in den Industrieländern auf (OECD-Länder). Ihre Zahl erhöhte sich in zehn Jahren von 62 auf 88, während die Zahl der Diktaturen erheblich sank.
Diktaturen finden sich vor allem in Afrika, Nahost und Asien. Insgesamt 67 Diktaturen wandelten sich entweder in Demokratien (22) wie Polen oder Ungarn oder in Halbdemokratien wie Russland. Umgekehrt entstanden auch neue Autokratien wie in Algerien, Niger oder Peru.
Ungewiss ist besonders die Entwicklung der zahlreichen „defekten" **Halbdemokratien**.

1.3.3 Demokratieformen

Erst im 20. Jh. hat sich die Demokratie als Wert an sich und als positiver Begriff durchgesetzt.

> Das **moderne Verständnis von Demokratie** formte sich im Laufe ihrer Entwicklung als „demokratischer Verfassungsstaat" des europäisch-nordamerikanischen Kulturkreises.

Die englische Revolution des 17. Jh.s, die amerikanische und Französische des 18. Jh.s, die politischen Emanzipationsbewegungen 1848 und Anfang des 20. Jh.s fanden im Verfassungsstaat ihren Niederschlag.

„Die drei Ideale der Französischen Revolution prägen sich immer klarer aus: Freiheit des Geistes, Gleichheit im Recht, Brüderlichkeit im Wirtschaftsleben" (MARTIN KRIELE).

> **Demokratie** ist eine Institutionenordnung von Staaten, in denen die Herrschaft auf der Grundlage politischer Gleichheit und politischer Beteiligungsrechte der Erwachsenenbevölkerung mittel- oder unmittelbar aus dem Volk hervorgeht. Sie wird im Interesse der Gesamtheit oder der Mehrheit im Rahmen verfassungs- und gewohnheitsrechtlicher Begrenzungen ausgeübt.

Demokratie enthält bestimmte Kernelemente und ist auf fünf Kernziele gerichtet.

Demokratie schließt einen Mindestkonsens der Stimmberechtigten zu den fünf Kernzielen ein.

demokratische Kernelemente	demokratische Kernziele
• Grund- und Menschenrechte • politische Beteiligung, Minderheitenschutz • politischer Wettbewerb • Kontrolle der Regierung durch das Parlament	• Freiheit • Gleichheit • Gerechtigkeit • Sicherheit • Wohlfahrt

Demokratien sind hochkomplex. Schon die Kernziele sind untereinander nicht widerspruchsfrei. Vor allem die Ziele Freiheit und Gleichheit stehen in einem dauernden Spannungsverhältnis. Demokratie stellt ein Ideal dar. Zur besseren Veranschaulichung von konkreten Demokratieformen werden diese Kernziele üblicherweise als **Gegensatzpaare** bezeichnet. Diese geben die Grundformen ab, an denen sich konkrete Herrschaftssysteme „messen" lassen.

Am verbreitetsten ist die Unterscheidung in **parlamentarische** und **präsidentielle Demokratie**. Sie rückt die Frage der Machtverteilung in den Mittelpunkt.

Gegensatzpaare	Hauptkriterium des Vergleichs
parlamentarische und präsidentielle Demokratie	Machtverteilung (Gewaltenteilung bzw.-verschränkung)
Konkurrenz- und Konkordanzdemokratie (Gerhard Lehmbruch)	Entscheidungsregel (Mehrheits- bzw. Verhältnisregel)
Mehrheits- und Konsensdemokratie (Arend Lijphart)	institutioneller Pluralismus
Polyarchie und Oligarchie (Robert A. Dahl)	Bürgerrechte

Die häufig anzutreffende Einteilung in direkte und indirekte bzw. plebiszitäre und repräsentative Demokratie führt in die Irre, da Erstere nur bei kleiner Bevölkerungszahl möglich ist.

Die verschiedenen Gegensatzpaare sind untereinander **nicht austauschbar**. Alle Demokratien des westlichen Kulturkreises sind repräsentative Demokratien. Direkte Demokratien, wie in der Schweiz und in einzelnen nordamerikanischen Bundesstaaten, sind institutionalisierte Beteiligungsformen. Selten initiieren sie politische Entscheidungen, sondern wirken als Veto- und Blockademacht.

Parlamentarismus

Unter dem Oberbegriff **Parlamentarismus** versammeln sich verschiedene Demokratieformen.
Gemeinsam ist ihnen allen ein Parlament, das nicht herrschaftskaschierend arbeitet, wie häufig in modernen Diktaturen. Ein Parlament muss aus freien Wahlen hervorgehen und über eigenständige, substanzielle Rechte verfügen (Gesetzgebung, Regierungskontrolle u. a.).

Parlamentarismus			
Gewaltenverschränkung			Gewaltenteilung/ Checks and Balance
	Mischformen		
parlamentarische Demokratie	direktorial-plebiszitäre Demokratie	semipräsidentielle Demokratie	präsidentielle Demokratie
Monarchie: Großbritannien / Republik Deutschland	Schweiz	Frankreich	Vereinigte Staaten von Amerika

Parlamentarische Demokratie: Vereinigtes Königreich von Großbritannien und Nordirland

Seit der Glorious Revolution von 1688 entwickelte sich Großbritannien zu einer konstitutionellen Monarchie (Erbmonarchie Haus Windsor) und zur parlamentarischen Demokratie.

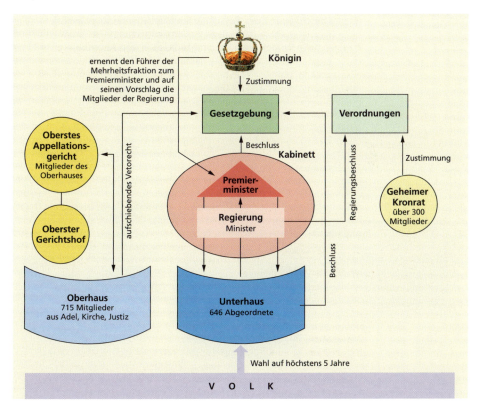

ELISABETH II.
(geb. 1926)

Großbritannien: vier Nationen im Einheitsstaat: England (50,2 Mio. Einwohner im Jahr 2005), Wales (2,9 Mio.), Schottland (5,0 Mio.), Nordirland (1,6 Mio.); Staatsangehörigkeit: britisch

Die **Gesetzgebung** liegt bei einem asymmetrischen Zweikammer-Parlament. Das Unterhaus (House of Commons) wird nach dem Mehrheitswahlrecht vom Volk gewählt, das Oberhaus (House of Lords) besteht aus erblichem Hochadel, lebenszeitlich geadelten Experten (Life Peers), Bischöfen und obersten Richtern (Law Lords). Das **Unterhaus** ist vor allem Redeparlament, die Debattierkammer für Regierungsmehrheit und Opposition in der Regie des neutralen Speakers (Club Government). Opposition ist Regierung auf Abruf, in parlamentarische Entscheidungen und Verantwortung nicht eingebunden. Neu eingeführte Regionalparlamente für Schottland und Wales arbeiten treuhänderisch für das Unterhaus.

Die **Exekutive** teilt sich in Krone, Premierminister und Kabinett sowie Verwaltung. Formal regiert die Queen im Parlament. Entscheidend ist ihre Wirkung als neutrale Instanz über dem Wettstreit der Parteien und den Widersprüchen der Regionen und Gruppen.

Der **Premierminister** ist zugleich auch Partei- und Fraktionsführer. Seine Macht ist im Medienzeitalter weiter gestiegen.

Die **britische Demokratie** setzt auf hohe Gewaltenverschränkung zwischen Legislative und Exekutive, vor allem auf die Herrschaft starker, direkt gewählter und über das einfache Mehrheitswahlrecht auch leicht abrufbarer Mehrheiten. Das Parlament ist berechtigt, jedes beliebige Gesetz zu beschließen oder abzuschaffen (Parlamentssouveränität).

Präsidentielle Demokratie: Vereinigte Staaten von Amerika

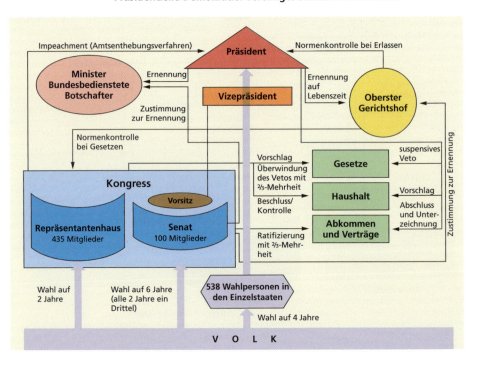

Im Rahmen der Unabhängigkeitserklärung von 1776 entstanden aus 13 aufständischen nordamerikanischen Kolonien des britischen Weltreichs 13 Staaten. Ein Staatenkonvent verabschiedete 1787 in Philadelphia eine bis heute gültige Verfassung der Vereinigten Staaten als Republik und Bundesstaat. Im Zuge einer westwärts gerichteten Expansion gerieten durch Erwerb, Annexion und Krieg weitere Staaten zur Föderation, die inzwischen 50 Staaten sowie die Bundeshauptstadt Washington umfasst.

> Die **Gesetzgebung** des Bundes liegt beim Parlament (Kongress), das aus dem Repräsentantenhaus (House of Representatives) und dem Senat (Senate) als der „Staatenkammer" besteht. Die Bevölkerungen der Bundesstaaten sind im Repräsentantenhaus im Verhältnis ihrer Anzahl vertreten, so im Senat mit je zwei Stimmen.
> Der **Kongress** ist ein Arbeitsparlament. Rund 30 000 Mitarbeiter setzen das vergleichsweise kleine Parlament in die Lage, Gesetzgebung, Regierungskontrolle und öffentliche Debatte unabhängig vom Fachwissen der Regierung und Verwaltung durchführen zu können. Arbeitsfähig bleiben die Häuser auch dadurch, dass sie regelmäßig vereinfachte Geschäftsordnungen vereinbaren. Nur offiziell präsidiert der Vizepräsident dem Senat. Beide Häuser werden von der jeweiligen Mehrheitsfraktion geleitet.
> Die **Exekutive** der Republik liegt beim Präsidenten, der zugleich Staatsoberhaupt, Regierungschef und Oberbefehlshaber ist, und bei der Verwaltung des Bundes. Präsident und Vizepräsident werden von 541 Delegierten der Staaten (Kollegium der Wahlmänner und -frauen) gewählt. Der Präsident kann die Zustimmung zu den Gesetzen des Kongresses verweigern; sein Veto können beide Häuser mit Zweidrittelmehrheit überstimmen, was selten gelingt. In der praktischen Politik ist der Präsident vor allem von den Budgetgenehmigungen des Parlaments abhängig.

> Die **Verwaltung** besteht aus rund einem Dutzend Behörden (Departments) unter verantwortlicher Leitung von Staatssekretären, z. B. das State Department (auswärtige Angelegenheiten).

Die **Demokratie der USA** sieht die Machtteilung zwischen Legislative und Exekutive und deren Machtgleichheit vor. Die USA neigen zu einem „schwachen Washington". Der Bund erhielt die Zuständigkeit nur für Außenpolitik, Verteidigung und Außenhandel, inzwischen auch für allgemeine Wirtschafts- und Sozialfragen.

Semipräsidentielle Demokratie: Frankreich

Seit der Französischen Revolution von 1789 und dem Sturz der Monarchie haben sich teilweise in krassen Schüben und Brüchen Versammlungsregierung, bonapartistischer Cäsarismus, Kaisertum, Monarchie, Pariser Kommune, Volksfront-Regierung, parlamentarische Regierungssysteme unterschiedlicher Art abgewechselt.

CHARLES DE GAULLE
(1890–1970)

Die 1958 maßgeblich von General DE GAULLE gestaltete Republik bereicherte die gemischten Herrschaftssysteme um den Typus der semipräsidentiellen Demokratie.

Herrschaft und Verfassung sind zwar parlamentarisch, denn die Regierung bedarf der Zustimmung des Parlaments und kann von diesem abberufen werden. Gleichzeitig verfügt der Präsident jedoch über mehr Macht, als es in der parlamentarischen Demokratie üblich ist.

Das **französische Herrschaftssystem** verbindet das Prinzip der Direktwahl der amerikanischen Demokratie mit der starken Exekutive der britischen Demokratie.

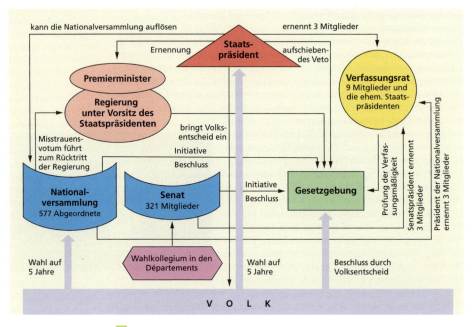

Die **Legislative** besteht aus zwei Kammern: der Nationalversammlung als Repräsentation des Wahlvolks und dem Senat als Vertretung der Departments und Gemeinden. In der Gesetzgebung sind beide gleichberechtigt, jedoch unterschiedlich stark legitimiert. Stützt sich die Nationalversammlung auf ein Volksvotum nach absoluter Mehrheitsregel, so der Senat nur auf das Votum der ca. 240 000 lokalen Amtsträger Frankreichs.

Die Legislative wird von der Exekutive dominiert. Die Tagesordnung beherrscht ein Regierungsmitglied (Parlamentsminister), die Zahl ihrer Sitzungstage wie die ihrer Ausschüsse ist eng begrenzt.

Die **Exekutive** teilen sich der Präsident, die Regierung des Premierministers und die Verwaltung. Der **Präsident** kann Gesetze zum Volksentscheid stellen, ist Oberbefehlshaber und entscheidet die grundlegenden außen- und innenpolitischen Fragen. Die laufende Politik besorgen Premier und Regierung.

Direktorial-plebiszitäre Demokratie: Schweizerische Eidgenossenschaft

Seit dem 13. Jh. entwickelte sich aus Bündnissen von Kommunen und Städten als zusammenhängendes Staatensystem die Schweizerische Eidgenossenschaft. Aus der Konföderation selbstständiger Stadtkantone ging 1848 der demokratische Bundesstaat hervor, heute bestehend aus 20 Kantonen und 6 Halbkantonen.

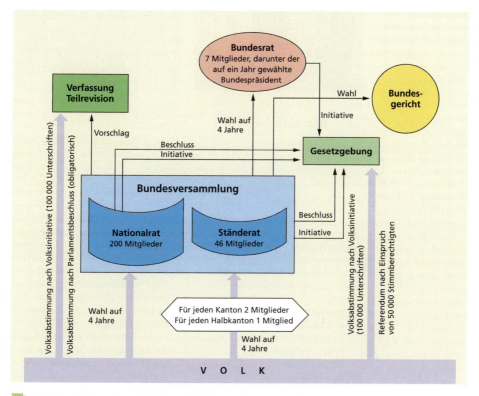

Die **Legislative** liegt bei den gleichberechtigten Parlamentskammern (National- und Ständerat) sowie den plebiszitären Verfahren. Der Nationalrat wird nach dem Verhältniswahlrecht gewählt.
Volksabstimmungen und Verfassungsinitiativen ersetzen nicht die repräsentativ-parlamentarischen Entscheidungsverfahren. Sie kontrollieren – anstelle des sonst üblichen Parteienwettbewerbs – Parlament und Regierung und gewährleisten durch Mitentscheidung die strikte Beachtung des Bevölkerungswillens. Schweizer Bürger werden im Durchschnitt viermal jährlich zu gebündelten Volksbegehren und -abstimmungen gerufen; die Beteiligung ist gering.
Die **Exekutive** besteht aus dem gleichberechtigten Kollegium der Regierung (7 Bundesräte), das 7 Verwaltungsdepartments leitet. Es ist zugleich Regierung, Regierungschef und Staatsoberhaupt. Die Regierung verfügt nicht nur faktisch, sondern auch formell über die

Gesetzesinitiative. Ihre starke Stellung findet in den Plebisziten ein Gegengewicht. Amt und Mandat sind unvereinbar. Mitglieder der Exekutive in den Kantonen und Gemeinden werden durch die Bevölkerung direkt gewählt.

Bild: Volksabstimmung über das Schweizer Rassismus-Gesetz

Die Schweiz bildet eine einzigartige Mischform aus parlamentarischer, präsidentieller und plebiszitärer Demokratie. Das Räte- und Versammlungssystem betont die Gleichberechtigung der Akteure, „flache Hierarchien" und begünstigt Entscheidungen als Kompromiss und im Proporz.

1.3.4 Diktaturformen

Diktatur, lat. dictare = wiederholt sagen; bezeichnete im römischen Staatsrecht die befristete Herrschaft des Diktators zur Krisenbewältigung.

> **Diktatur** ist eine Herrschaftsform, bei der die Macht von einem Einzelnen oder einer Gruppe ausgeübt wird.

Zu unterscheiden sind autoritäre und totalitäre Diktaturen (↗ S. 55).

Den autoritären Diktaturen ist gemeinsam:	Demgegenüber charakterisiert die totalitäre Diktatur:
• die Macht ist nicht auf verschiedene, sich wechselseitig kontrollierende Gewalten verteilt, sondern konzentriert (Macheinheit und -monopol); • Herrschaftssicherung als zentrales politisches Ziel; • Verbot öffentlich geäußerter Herrschaftskritik; • eingeschränktes Wahlrecht, manipulierte Wahlen (Verbot missliebiger Parteien und Kandidaten, Zählmanipulationen); • Missachtung individueller Freiheitsrechte, eingeschränkter Pluralismus.	• eine einzige, durch Wahlen nicht legitimierte Partei, die den Volkswillen nach ihren eigenen Vorstellungen prägen will; Grundlage ist eine religionsähnliche Weltanschauung, die beansprucht, gesellschaftliche Entwicklung erkennen und gestalten zu können; • aktive Unterstützung der Weltanschauung durch die Bevölkerung entweder freiwillig oder erzwungenermaßen; • lebensverachtender Einsatz von Terrormaßnahmen (Arbeits- und Konzentrationslager, Säuberungen, Schauprozesse).

„Berufe" des Einzelherrschers können sein: absoluter Monarch, autoritärer Präsident, Geistlicher, Parteiführer, Militär.

Der **Einzelherrscher** kann, indem er unterschiedliche „Berufe" ausübt, die Besonderheit einer Diktatur aufzeigen:
– Die von Lenin geprägte **Einparteiendiktatur** der Sowjets war für die Herrschaft im sowjetisch-russischen Einflussbereich kennzeichnend, so

auch für die Deutsche Demokratische Republik (1949–1990). Indem alle Staatsämter mit Parteimitgliedern besetzt werden, Partei und Staat verschmelzen, kann sich die Partei auf das staatliche Machtmonopol (Staats- und Militärapparat) stützen.
- **Militärdiktaturen** entstanden vermehrt nach Aufgabe der europäischen Kolonien. Wegen des Monopols an schweren Waffen und der Verpflichtung auf die nationale Einheit kann das Militär im Staatsstreich Macht übernehmen.
- In islamischen Ländern gewinnt seit den 1990er-Jahren die **Theokratie** größere Unterstützung, vor allem im Iran. Staatliche und religiöse Ordnung sollen eine Einheit bilden.

Theokratie, griech. = Gottesherrschaft

> Die **totalitäre Diktatur** ist nicht nur radikaler, sondern prinzipiell verschieden von den bekannten Formen politischer Unterdrückung (Despotie, Tyrannis, bisherige Diktatur).

Antiparlamentarische Bewegungen gründeten sich nach dem Ersten Weltkrieg in Mittel-, Süd- und Osteuropa. Nur in den bevölkerungsstarken Ländern Deutschland und Russland führten sie unter den Diktatoren ADOLF HITLER (1898–1945) und JOSEF STALIN (1879–1953) zur totalitären Herrschaft – in Deutschland mit Kriegsbeginn 1939, in der Sowjetunion ab 1928 (Fünfjahrplan). Es bildeten sich gemeinsame **Merkmale** heraus:
- Zerschlagung der Klassen- und Gruppensolidarität, um leichter mit den bisher Macht- und Sprachlosen die politische Macht zu erringen,
- die Zentralen von politischer Macht und Bewegung halten sich fern vom Staatsapparat; Letzterer hat der Bevölkerung Vertrauen einzuflößen und das Ausland zu täuschen,
- Terror, der den Menschen den eigenen Lebens- und Rechtsraum nimmt und sie zu einem „einzigen Wesen" formt,
- das neue Gesamtkollektiv, das in den Dienst historisch argumentierender Ideologien vom „Kampf der Rassen" bzw. „Kampf der Klassen" um die Weltherrschaft gerät.

BENITO MUSSOLINI (1883–1945) prägte den Begriff „totaler Staat" (stato totalitario) für den italienischen Faschismus, der jedoch eine Einparteiendiktatur blieb.

Totalitäre Diktatur: Demokratische Volksrepublik Korea (Nordkorea)

Nordkorea entstand im Ergebnis des Zweiten Weltkriegs und des vom Norden entfachten Bürgerkriegs (1950–1953).

Unter dem Einfluss der Sowjetunion und koreanischer Kommunisten entwickelte sich Nordkorea nach stalinistischem Muster als „proletarische Diktatur" auf zentralplanwirtschaftlicher Grundlage zur **Einparteiendiktatur** der Kommunistischen Partei und weitergehend zur **Einpersonen-Diktatur** von KIM IL SUNG.
Die Diktatur sah sich im Kampf gegen Konterrevolution, weltweiten Imperialismus und den koreanischen Süden.
Der „Große Führer" KIM IL SUNG (1912–1994) konzentrierte alle Führungsgewalt auf seine

Nach Japans Kapitulation 1945 geriet Korea im Norden unter sowjetische und im Süden unter amerikanische Besatzung. Hieraus gingen 1948 die Republik Südkorea und die Demokratische Republik Nordkorea hervor.

Politik als Wissenschaft

KIM IL SUNGS Personenkult war traditionell konfuzianischer Familienkult und beabsichtigte die Gleichsetzung von Führer, Staat (Partei) und Nation.

Person. Seit 1998 verfügt der Sohn KIM JONG IL (1942) als „Großer Führer" über alle Machtmittel.

Die nordkoreanische Variante des Marxismus-Leninismus, in die auch konfuzianische Traditionen einflossen (Kimismus), fordert die allseitige Selbstständigkeit und Selbstversorgung des Landes (Juche-Prinzip). Danach bedürfen die führungsbereite Masse und Kommunistische Partei der ständigen Unterweisung und Kontrolle durch den Diktator, um als politische Bewegung nicht zu erstarren.

Hauptstützen der Macht sind das Militär (1,1 Mio. Streitkräfte), paramilitärische Kräfte (1,6 Mio.) und die Geheimpolizei (Staatssicherheitsdienst). Schon 1963 begannen die allgemeine Bewaffnung der Bevölkerung und die Errichtung umfassender Befestigungsbauten. Militärische Kommandostrukturen erfassen die Fabriken, Dörfer, Wohngebiete. Die Militarisierung des Landes wurde 1995 mit der politischen Strategie „Zuerst das Militär" erneuert.

Die Geheimpolizei kontrolliert das politische Verhalten aller – auch der Führungskader – und unterhält politische Lager (über 0,2 Mio. Häftlinge 1997). Die Polizei ist daran beteiligt.

Zur politischen **Lenkung der Bevölkerung** wird diese in die Kerngruppe der loyalen (28 % im Jahr 1997), die unsichere (45 %) und die feindliche Gruppe (27 %) eingeteilt. Andauernde Aufsicht und Erziehung liegen bei den Parteiorganisationen, dem Ministerium für öffentliche Sicherheit, jugendlichen Revolutionsgarden und einem System, nach dem jeweils fünf Haushalte ihre ideologische Schulung gemeinsam abhalten.

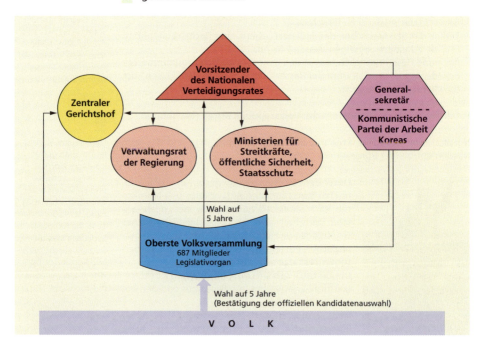

Parteidiktaturen: Volksrepublik China, Deutsche Demokratische Republik

Die Volksrepublik China ist ebenso wie ehedem die Deutsche Demokratische Republik (DDR) eine **autoritäre Diktatur**. Totalitäre Merkmale traten in China in der Zeit des Maoismus, in der DDR in der Aufbauphase des Landes auf.

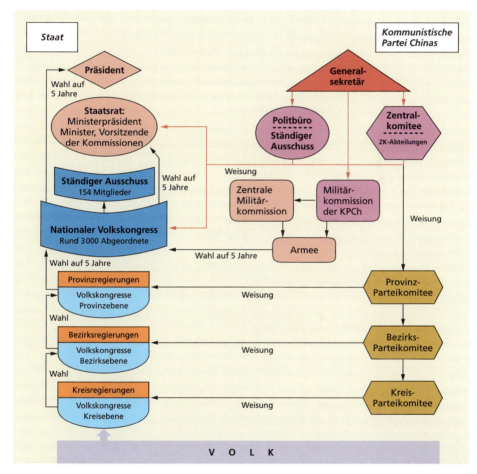

Die 1949 unter MAO ZEDONG (1893–1976) gegründete Volksrepublik bedeutete die radikale Umgestaltung von Gesellschaft, Wirtschaft und Politik nach sowjetischem und chinesisch-konfuzianischem Leitbild. Die **Einparteiendiktatur** stützt sich seit den 1990er-Jahren insbesondere auf
- Modernisierung und anhaltendes Wirtschaftswachstum,
- den Zusammenhalt der politischen Führung,
- die Armee und die Furcht vor einem Ordnungszusammenbruch (wie in der „Kulturrevolution" 1966–1976).

Politik als Wissenschaft

MAO ZEDONG begründete den **Maoismus** mit den Elementen Klassenkampf, Massenkampagnen, Gleichheit der Menschen. Der Reformer DENG XIAOPING (1904–1997) begründete den wirtschaftlichen Aufstieg durch marktwirtschaftliche Prinzipien und den Schutz des Privateigentums.

> Charakteristisch ist das von der Kommunistischen Partei geführte Zusammenwirken von Partei, Militär und Staat (**Gewalteneinheit**).

Nicht das Volk, die **Partei** ist souverän.

Von den etwa 58 Mio. Parteimitgliedern können sich schätzungsweise 80 000 an politischen Entscheidungen beteiligen, vor allem Parteisekretäre und Regierungschefs. Im Politbüro (24 Mitglieder) werden vornehmlich die tagespolitischen Entscheidungen getroffen, im Ständigen Ausschuss (7 Mitglieder) die strategisch wichtigen. Die formal höchsten **Staatsorgane** sind der indirekt gewählte Nationale Volkskongress (rund 3 000 Abgeordnete) als Volksvertretung und der Staatsrat (rund 50 Mitglieder) als Regierung.
Ausschlaggebender Faktor der Innenpolitik war wiederholt die **Volksbefreiungsarmee**.

Deutsche Demokratische Republik	Merkmale
• Sozialistische Einheitspartei Deutschlands (SED) übte Diktatur des Proletariats aus • Einheit von Beschlussfassung, Durchführung und Kontrolle • Parteisteuerung von Staat, Gesellschaft, Wirtschaft	Machteinheit und Machtmonopol
• Parteidisziplin und Führungshierarchie von oben nach unten (Prinzip des demokratischen Zentralismus) • Staatssicherheitsdienst • Militarisierung (Volksarmee, Kampfgruppen der Arbeiterklasse)	Herrschaftssicherung als zentrales Prinzip
• öffentliche Meinungsbildung und Kritik nur auf dem Boden der SED-Herrschaft	Kritikverbot
• Wahlen zur Selbstbestätigung der Politik • Kandidatenaufstellung von oben, keine Auswahlmöglichkeit	eingeschränkte, manipulierte Wahlen
• keine naturrechtlich begründeten Freiheitsrechte • Dominanz des Kollektivs • Integration politikferner Gruppen (Selbstständige, Bauern, Christen) über „Bündnis"-Parteien • Zuteilung von Chancen (Ausbildung, Beruf) und Sozialleistungen über Massenorganisationen	Freiheitseinschränkung, begrenzter Pluralismus

Bilder:
Parade am 1. Mai 1959

VIII. Parteitag der SED 1971

DEMOKRATIE IN DEUTSCHLAND 2

2.1 Grundgesetz und Verfassungsprinzipien

2.1.1 Entstehung und Entwicklung des Grundgesetzes

Drei Jahre nach dem Ende des Zweiten Weltkrieges und dem Beginn der Besatzung Deutschlands waren die politischen Differenzen zwischen den drei westlichen Siegermächten USA, Großbritannien, Frankreich und der Sowjetunion so tief greifend geworden, dass ein Konsens über die zukünftige Entwicklung Deutschlands ausgeschlossen war. Die westlichen Alliierten legten entsprechend ihrer gemeinsamen Deutschlandpolitik fest, dass auf dem Gebiet der drei westlichen Besatzungszonen ein föderaler, freiheitlich-demokratischer Rechtsstaat entstehen sollte. Es wurde eine Verfassung ausgearbeitet – in den Grundzügen durch einen Sachverständigenausschuss, in der Endfassung durch den Parlamentarischen Rat.

Der Parlamentarische Rat tagte von September 1948 bis Mai 1949 in Bonn und bestand aus 65 stimmberechtigten Abgeordneten aller Parteien, die von den Landtagen der 11 westdeutschen Länder entsandt worden waren, sowie fünf Abgeordneten aus West-Berlin mit beratender Stimme. Der CDU-Politiker KONRAD ADENAUER wurde zum Präsidenten des Rates gewählt.

> Die **Verfassung** eines Staates regelt die Grundzüge der politischen Ordnung. Sie enthält Festlegungen über die Organisation, Funktionen und Ziele des Staates sowie die Rechte des Einzelnen.

Die Verfassung der **Bundesrepublik Deutschland** wird als **Grundgesetz** (GG) bezeichnet.

Bild: Unterzeichnung des Grundgesetzes

Vor dem Hintergrund der deutschen Teilung wurde die Verfassung als Zwischenlösung bis zur Wiedervereinigung mit dem östlichen Teil aufgefasst. Um den provisorischen Charakter zu verdeutlichen, wurde statt des staatsrechtlichen Begriffs „Verfassung" die Bezeichnung „Grundgesetz" gewählt.
Am 23. Mai 1949 wurde das Grundgesetz als Verfassung verkündet und damit die Bundesrepublik Deutschland gegründet.

Bild: Unterzeichnung des deutschen Einigungsvertrages

Nach der Errichtung der Bundesrepublik Deutschland folgte am 7. Oktober 1949 die Gründung der Deutschen Demokratischen Republik (DDR) in der Sowjetischen Besatzungszone.
Durch den Abschluss des Einigungsvertrages zwischen den beiden deutschen Staaten am 31. August 1990 gilt das Grundgesetz seit dem 3. Oktober 1990 für ganz Deutschland.
Die politische, wirtschaftliche und soziale Einheit wurde nicht durch die Ausarbeitung einer neuen Verfassung vollzogen (nach Art. 146), sondern

durch den Beitritt der ostdeutschen Bundesländer zum Geltungsbereich des Grundgesetzes (nach Art. 23).

Bedeutung und Aufbau des Grundgesetzes

> Das **Grundgesetz** hat als Verfassungsgesetz Vorrang vor allen anderen Gesetzen. Es ist die oberste Richtschnur politischen Handelns.

Das Grundgesetz der Bundesrepublik ist in 14 Abschnitte gegliedert, denen eine Präambel (Vorspruch) vorangestellt ist.

Eine Gemeinsame Verfassungskommission von Bundestag und Bundesländern erarbeitete 1992/1993 umfassende Vorschläge für Verfassungsänderungen, die 1994 aber nur zum Teil verabschiedet wurden.

Abschnitt	Artikel	Regelungen betreffen
I	Art. 1–19	Menschenwürde, Grundrechte
II	Art. 20–37	Staatsaufbau, Verhältnis von Bund und Ländern
III–VI	Art. 38–69	Verfassungsorgane: Bundestag, Bundesrat, Gemeinsamer Ausschuss, Bundespräsident und Bundesregierung
VII	Art. 70–82	Gesetzgebung des Bundes
VIII + VIIIa	Art. 83–91b	Ausführung der Bundesgesetze, Bundesverwaltung und Gemeinschaftsaufgaben
IX	Art. 92–104	Rechtsprechung
X	Art. 104a–115	Finanzwesen
Xa	Art. 115a–115l	Verteidigungsfall
XI	Art. 116–146	Übergangs- und Schlussbestimmungen

Das **Grundgesetz der Bundesrepublik Deutschland** ist in schriftlicher Form in einer Verfassungsurkunde niedergelegt.

Die Kernaufgabe des Staates ist der **Schutz der Grundrechte**, die auch nicht durch eine Verfassungsänderung beseitigt werden können.

Lehren aus historisch-politischen Erfahrungen

Das Grundgesetz von 1949 zieht Konsequenzen aus historisch-politischen Erfahrungen:

Scheitern der ersten deutschen Demokratie („Weimarer Republik") und ihrer Verfassung von 1919	Erfahrung der totalitären Diktatur des Nationalsozialismus und ihrer Missachtung der Rechte des Individuums	Erfahrung des geteilten Deutschlands und der kommunistischen Diktaturen in der Sowjetunion und den Staaten Ost- und Mitteleuropas

Bei der Ausarbeitung einer neuen Verfassung spielte die historische Erfahrung der ersten deutschen Demokratie – der **Weimarer Republik** –

Aus der **Weimarer Republik** (1919–1933) als einem demokratischen Staat war direkt eine totalitäre Diktatur hervorgegangen. Die Verfassung hatte nicht verhindern können, dass die Nationalsozialisten auf legalem Wege die Macht übernahmen und ihr verbrecherisches Regime errichteten.

eine besondere Rolle. In der Verfassung der Weimarer Republik waren bereits wesentliche Elemente eines demokratischen, rechtsstaatlichen Systems vorhanden, so der Grundsatz der Volkssouveränität, die Prinzipien von Gewaltenteilung und unabhängiger Rechtsprechung, Parteienvielfalt, Wahlen und ein Grundrechtskatalog.

Die **Weimarer Verfassung** beinhaltete aber keine institutionellen Sicherungen gegen die Feinde der Demokratie und konnte von ihren Gegnern (legal) missbraucht werden. Deshalb sollten im Grundgesetz die wesentlichen Aspekte einer freiheitlichen Demokratie klar und verbindlich als wirkungsvolle Basis für ein stabiles demokratisches System definiert werden. Die Lehren aus dem Scheitern der „Weimarer Republik" wurden deshalb direkt in die Verfassung von 1949 eingearbeitet.

Der Sturz des Bundeskanzlers bei gleichzeitiger Neuwahl eines Nachfolgers wird als konstruktives Misstrauensvotum bezeichnet.

Weimarer Verfassung	Verfassung der Bundesrepublik
parlamentarisch-autoritäres Präsidialsystem	parlamentarisch-repräsentative Demokratie
weit reichende Verfassungsänderungen und Grundrechtsaufhebungen durch Notverordnungen möglich	unveränderliche Kernprinzipien; feste Verankerung von institutionellen Sicherungen gegen die Feinde der Demokratie
Machtfülle des Reichspräsidenten (direkt vom Volk gewählt) mit umfassenden Kompetenzen	beschränkte Befugnisse des Bundespräsidenten mit überwiegend repräsentativer Funktion (nicht direkt von der Bevölkerung gewählt)
schwache Position des Reichskanzlers – absetzbar durch einfache Mehrheit	starke Stellung des Bundeskanzlers – Sturz nur bei gleichzeitiger Neuwahl eines Nachfolgers
schwaches Parlament – kann vom Präsidenten „übergangen" werden	starkes Parlament – Regierung ist dem Bundestag rechenschaftspflichtig
reines Verhältniswahlrecht (zahlreiche Splitterparteien im Parlament)	Verhältniswahl (über Landeslisten), verbunden mit direkter Personenwahl und Fünf-Prozent-Hürde
Verfahren direkter Demokratie (Volksbegehren und -entscheide)	keine plebiszitären Elemente wie beispielsweise Volksentscheide auf Bundesebene

Verfassungsänderungen

Das Grundgesetz hat Vorrang vor allen anderen Rechtsnormen. Veränderungen bedürfen deshalb eines Gesetzes, das den Wortlaut des Grundgesetzes *ausdrücklich* ändert oder ergänzt (Art. 79 Abs. 1).

Um auf politischen, wirtschaftlichen und sozialen Wandel reagieren zu können, sieht das Grundgesetz die **Möglichkeit der Verfassungsänderung** vor (Art. 79 Abs. 2).

Wissenschaftlich-technische, gesellschaftliche und politische Entwicklungen (z. B. Datenschutz, Gentechnik, Terrorismus, internationale organisierte Kriminalität, europäische Integration) führen auch zu Ergänzungen des Grundgesetzes.

Im Unterschied zur einfachen Gesetzgebung gelten bei **verfassungsändernden Gesetzen** erschwerte Bedingungen. Sie brauchen jeweils die Zustimmung einer Zweidrittelmehrheit sowohl im Bundestag wie auch im Bundesrat. Die Grundrechte dürfen nicht „in ihrem Wesensgehalt angetastet" werden (Art. 19 Abs. 29).
Die elementaren Verfassungsgrundsätze (Art. 1 und Art. 20) können prinzipiell nicht geändert werden (nach Art. 79 Abs. 3).

Offenheit des Grundgesetzes

Das Grundgesetz ist bindend für die Staatsgewalt, will aber nicht alle Themen bis ins Detail regeln.

Bei der Auslegung der Gesetze bestehen Spielräume für den konkreten politischen Prozess und die gesellschaftliche Entwicklung. Das wird als **Offenheit des Grundgesetzes** bezeichnet.

In Bezug auf die wirtschaftliche Ordnung ist das Grundgesetz „offen", da es keine bestimmte Wirtschaftsform festlegt. Das trifft aber nicht auf die Grundrechte und Ziele des Grundgesetzes – Freiheit, Eigentumsrechte und Gleichheit – zu.

Das Uneindeutige des Verfassungstextes ist über **Interpretationen** zu bestimmen: Die Verfassung wird anhand eines konkreten Falles ausgelegt. Das Grundgesetz kann (rechts-)wissenschaftlich interpretiert werden, z. B. über Verfassungskommentare. Rechtlich bindend sind aber nur Auslegungen des Gesetzgebers – durch Gesetze – oder der Rechtsprechung – durch Urteile. Oberste Instanz ist das **Bundesverfassungsgericht**, das die Interpretation des Grundgesetzes verbindlich vorgibt.

2.1.2 Verfassungskern und Grundprinzipien

Das Grundgesetz beinhaltet mit Art. 79 Abs. 3 eine **„Ewigkeitsklausel"**, die Veränderungen der grundlegenden Werte und Prinzipien der freiheitlich-demokratischen Grundordnung ausschließt. Damit sollen die Selbstabschaffung der Demokratie sowie die Verletzung von Menschen- und Freiheitsrechten verhindert werden.

Zum unveränderlichen **Verfassungskern** gehören:
- die Unantastbarkeit der Menschenwürde (Art. 1) und die daraus abgeleiteten Grundrechte,
- die Prinzipien von Republik und Demokratie, Rechts-, Bundes- und Sozialstaat (Art. 20).

1994 wurde das Grundgesetz um das Staatsziel „Schutz der natürlichen Lebensgrundlagen" (Art. 20a) erweitert, das ebenfalls der Veränderung entzogen ist.

Grundprinzipien der Verfassung	
Unantastbarkeit der Menschenwürde	Die Menschenwürde ist die **Fundamentalnorm** des Grundgesetzes. Sie ist das Leitprinzip der Verfassung und verkörpert den obersten Wert. „Die Würde des Menschen ist unantastbar. Sie zu achten und zu schützen ist Verpflichtung aller staatlichen Gewalt." (Art. 1 Abs. 1 GG) Als höchster Rechtswert bindet die Menschenwürde alle staatlichen Gewalten und begründet die Ordnung der Bundesrepublik Deutschland.
Republik	Im Unterschied zur Monarchie steht in der Republik ein Staatsoberhaupt an der Spitze, der Bundespräsident. Er wird vom Volk indirekt gewählt, sein Mandat ist zeitlich begrenzt. Das Grundgesetz bestimmt die republikanische Staatsform für den Bund (Art. 20 Abs. 1) und die Länder (Art. 28 Abs. 1 Satz 1).
Demokratie	Nach dem demokratischen Prinzip der **Volkssouveränität** muss jede (legitime) staatliche Handlung auf den Willen und die Zustimmung des Volkes zurückzuführen sein. „Alle Staatsgewalt geht vom Volke aus." (Art. 20 Abs. 2 Satz 1 GG) Volkssouveränität wird im Grundgesetz verwirklicht über • das Prinzip der **Repräsentation** (Staatsgewalt wird stellvertretend von Regierung, Parlament, Gerichten für das Volk ausgeübt), • den **Parlamentarismus** (Parlament ist politische Vertretung des Volkes, wird direkt vom Volk gewählt; verabschiedet Gesetze, wählt den Bundeskanzler), • **Wahlen** (müssen allgemein, unmittelbar, frei, gleich und geheim sein und regelmäßig durchgeführt werden; personalisierte Verhältniswahl für Bundestag), • das **Mehrheitsprinzip** (Mehrheitsentscheidungen, begrenzt durch Minderheitenschutz), • den **Pluralismus** (freier Wettbewerb konkurrierender politischer Kräfte, politische Gleichberechtigung und gleiche Chancen politischer Mitwirkung für alle Bürger, Möglichkeit zur Bildung und Ausübung von Opposition), • das Prinzip der **„wehrhaften" Demokratie** (Ahndung von Verletzungen der freiheitlich-demokratischen Grundordnung).
Rechtsstaat	Rechtsstaatlichkeit bindet den Staat bei allen seinen Handlungen an **Recht und Gesetz**. Dadurch ist staatliche Macht begrenzt und individuelle Rechte und Freiheiten werden geschützt. Oberstes Ziel ist die Gewährleistung von Freiheit, Sicherheit und Gerechtigkeit. Rechtsstaatlichkeit wird im Grundgesetz verwirklicht über • den **Vorrang der Verfassung** (Verfassung steht über allen Gesetzen und bindet Gesetzgebung sowie alle staatlichen Organe), • die **Priorität der Grundrechte** (Grundrechte sind unmittelbar geltendes Recht, dürfen in ihrem Wesensgehalt nicht angetastet werden; schließen Widerstandsrecht des Einzelnen gegen verfassungswidrig ausgeübte Gewalt des Staates ein),

Grundgesetz und Verfassungsprinzipien

Rechtsstaat	- **Rechtssicherheit** (Berechenbarkeit und Vorhersehbarkeit staatlicher Maßnahmen, z. B. durch Verbot rückwirkender Gesetze), - **Gewaltenteilung** und unabhängige Rechtsprechung (wechselseitige Hemmung und Kontrolle der unterschiedlichen Staatsorgane; Bändigung staatlicher Macht; Schutz individueller Rechte; besondere Bedeutung des Bundesverfassungsgerichtes), - den Grundsatz der **Verhältnismäßigkeit** (Schutz des Bürgers vor zulässigen, aber unnötigen Eingriffen staatlicher Gewalt; der Staat muss seine Mittel angemessen anwenden und auf gesetzlicher Grundlage handeln – „Gesetzesvorbehalt"), - **Rechtsweggarantie** (Recht jedes Bürgers, sich gegen Akte staatlicher Gewalt zu wehren und ein unabhängiges Gericht zur Klärung eines Sachverhalts anzurufen – „Gerichtsschutz"), - **Rechtsgleichheit** (alle Gesetze gelten für alle gleichermaßen – allerdings ist nur Gleiches auch gleich zu behandeln).
Bundesstaat	Ein Bundesstaat ist die Verbindung mehrerer Teilstaaten zu einem übergeordneten Zentralstaat. Das politische Gestaltungsprinzip dieses Zusammenschlusses nennt man **Föderalismus**. Die staatlichen Aufgaben und Kompetenzen sind zwischen dem Gesamtstaat (Bund) und seinen Gliedstaaten (Bundesländern) geteilt. Bundesstaat wird im Grundgesetz verwirklicht über - das Prinzip der **Machtbalance** (Verteilung der Staatsgewalt zwischen Gliedstaaten und Gesamtstaat soll ein annäherndes Macht-Gleichgewicht herstellen – mehr Machtkontrolle und Bürgernähe), - den **Föderalismus** (der föderale Bundesstaat ist völker- und staatsrechtlich souverän mit einheitlichem Staatsgebiet, Staatsgewalt und Staatsvolk), - **Teilstaaten** mit eigener Teil-Hoheitsmacht (Bundesländer haben einen eigenen, allerdings beschränkten politischen Gestaltungsraum in Gesetzgebung, vollziehender Gewalt und Rechtsprechung; keine Hoheitsmacht in Außen- und Verteidigungspolitik), - **Bundes- und Landesrecht** (Landesverfassungen müssen dem Grundgesetz folgen und in der Regel dem Bundesrecht Vorrang einräumen; spezifische Länderregelungen gibt es in Kultur- und Bildungspolitik, kommunaler Selbstverwaltung, Polizei- und Ordnungsrecht), - **Gesetzgebung** der Länder und des Bundes (Länder haben das Recht der Gesetzgebung, solange der Bund keine Gesetzgebungsbefugnis hat; im Fall der Bundesgesetzgebung haben die Bundesländer über den Bundesrat ein abgestuftes Mitwirkungsrecht), - das Prinzip der **Kooperation** (Zusammenarbeit der Länder mit dem Bund bei Gemeinschaftsaufgaben – Bildungs-, Wirtschafts-, Forschungsförderung – und in Bereichen der staatlichen Verwaltung, Rechtsprechung und im Finanzwesen), - **Länderfinanzausgleich** (die unterschiedliche Finanzkraft der Länder muss angemessen ausgeglichen werden; der Bund kann leistungsschwachen Ländern Finanzhilfen gewähren). Zudem hat sich in der Praxis der **„horizontale Föderalismus"**, die Kooperation der Länder miteinander, herausgebildet (z. B. Kultusministerkonferenz).

Sozialstaat	Sozialstaatlichkeit bezeichnet die Pflicht des Staates, für den Ausgleich der sozialen Gegensätze zu sorgen und seinen Bürgern **soziale Sicherheit** zu gewährleisten. Ziel ist die Verwirklichung einer gerechten, menschenwürdigen Gesellschaftsordnung.

Sozialstaatlichkeit wird im Grundgesetz verwirklicht über
- das Prinzip **sozialer Gerechtigkeit** (der Staat hat die Aufgabe, soziale Ungerechtigkeiten abzubauen und die Gleichheit der Chancen aller Bürger herzustellen – „Sozialstaatsklausel"),
- individuellen **Fürsorgeanspruch** und staatliche **Daseinsvorsorge** (in Verbindung mit dem Grundrecht der Menschenwürde hat der Bürger im Falle von Bedürftigkeit Anspruch auf staatliche Sicherung seines Existenzminimums – Fürsorgeanspruch; der Staat hat zudem im weiten Bereich der Daseinsvorsorge – z. B. Versorgung mit Strom, Wasser, Bildung, öffentlichem Verkehr – für den einzelnen Bürger Leistungen zu gewähren und soziale Errungenschaften wie Sozialversicherungs- und Sozialhilferecht zu schützen),
- relative „**Offenheit**" in Bezug auf sozialwirtschaftliche Ordnung (ist an die Wahrung der Grundrechte gebunden; in der Bundesrepublik wird die „soziale Marktwirtschaft" – ohne Verfassungsrang – mit Ausgleich von sozialen und ökonomischen Interessen verfolgt).

2.1.3 Grundrechte

Das Grundgesetz enthält eine weit reichende Garantie von Grundrechten **(Grundrechtskatalog)**. Menschen- und Bürgerrechte sind gesondert benannt.

Laut Vertrag der Europäischen Gemeinschaft können EU-Bürger teilweise auch Bürgerrechte wie deutsche Staatsangehörige (z. B. Berufsfreiheit) in Anspruch nehmen.

Hinsichtlich ihrer Geltung werden Grundrechte in Menschen- und Bürgerrechte unterschieden:
- **Menschenrechte** sind allgemeine Rechte, die jedem Menschen ungeachtet seiner Staatsangehörigkeit zukommen, z. B. Menschenwürde, allgemeine Persönlichkeitsrechte, Meinungs-, Bekenntnis-, Glaubens- und Gewissensfreiheit.
- **Bürgerrechte** sind Rechte der Angehörigen des deutschen Staates, z. B. Berufsfreiheit, Freizügigkeit, Vereinigungs- und Versammlungsfreiheit, Wahlrecht.

Grundgesetz und Verfassungsprinzipien

Die **Grundrechte** haben Doppelcharakter, eine subjektive und eine objektive Dimension.

subjektive Dimension	objektive Dimension
Schutz der individuellen Rechte (Menschenwürde, Freiheit und Gleichheit) gegenüber staatlicher Gewalt	Definition der ethischen Grundsätze des Staates und der Leitprinzipien der Gesellschaft
Freiheitsrechte als Abwehrrechte und Mitwirkungs- bzw. Teilhaberechte	Festlegung der Kompetenzen des Staates und der Elemente der Rechtsordnung
Grundrechte können vom Bürger auf dem Rechtsweg eingeklagt werden	Verpflichtung aller staatlichen Gewalt auf bestimmte Grundwerte (Grundrechte als unmittelbar geltendes Recht)

Grundrechte können in **Freiheits- und Gleichheitsrechte** unterschieden werden. Zwischen ihnen besteht eine innere Spannung.

Freiheitsrechte

Freiheitsrechte begrenzen den staatlichen Zugriff auf bestimmte Bereiche des menschlichen Lebens **(Abwehrrechte)** und geben dem Bürger das Recht auf gesellschaftliche Teilhabe **(Mitwirkungsrechte)**.

Freiheit von	Freiheit zur
• unrechtmäßiger Gewalt des Staates • Zwängen und Beschränkungen, insbesondere willkürlicher staatlicher Autorität	• persönlichen Lebensgestaltung • gesellschaftlichen Mitgestaltung
Abwehrrechte	**Mitwirkungsrechte**
schützen den Menschen und seine persönlichen Freiheitsräume vor staatlichem Zugriff, z. B. Widerstandsrecht, Unverletzlichkeit der Wohnung, Glaubensfreiheit, Pressefreiheit	zielen auf politische und soziale Teilhabe des Einzelnen, z. B. Versammlungsfreiheit, Vereinigungs- und Koalitionsfreiheit

Das **Grundrecht auf Freiheit** wird aus den Menschenrechten abgeleitet und geht damit der staatlichen Ordnung voraus. Die Freiheitsrechte werden vom Staat nicht gewährt, sondern sind durch ihn aktiv zu schützen.

Das **Grundrecht der freien Meinungsäußerung** (Art. 5 GG) umfasst z. B. ein Abwehrrecht gegenüber staatlichen Machtansprüchen wie auch ein Mitwirkungsrecht am politischen Willensbildungsprozess.

Freiheit als Grundrecht wird im Grundgesetz z. B. verwirklicht über
– das Recht auf freie Entfaltung der Persönlichkeit (Art. 2 Abs. 1),
– das Recht auf Leben und körperliche Unversehrtheit (Art. 2 Abs. 2),
– die Freiheit der Person (Art. 2 Abs. 2 Satz 2, Art. 104),
– die Glaubens-, Gewissens- und Bekenntnisfreiheit (Art. 4 Abs. 1, 2),
– die Freiheit der Meinungsäußerung und Informationsfreiheit (Art. 5 Abs. 1).

Gleichheitsrechte und Gleichheitsgrundsatz

> Die **Gleichheitsrechte** sollen die Chancengleichheit der Individuen und ihre rechtliche Gleichheit gegenüber dem Staat sichern.

Chancengleichheit	Gleichheit vor dem Gesetz
gleiche Möglichkeiten für alle Bürger	gleiche Rechte und Pflichten für alle Bürger
auf freie Entfaltung der Persönlichkeit und Beteiligung am politischen, wirtschaftlichen, gesellschaftlichen und kulturellen Leben	als Rechtsanspruch für jeden Bürger

Die Gleichheitssätze der Grundrechte zielen nicht auf soziale Gleichheit im Sinne einer gleichmäßigen Verteilung aller Güter an alle Menschen.

Der allgemeine Gleichheitsgrundsatz beinhaltet ein staatliches Willkürverbot und ist als **Gleichbehandlungsgebot** zu verstehen – z. B. sind alle Bürger steuerpflichtig, aber nicht jeder hat den gleichen, sondern einen einkommensabhängigen Steuerbetrag zu entrichten.

Gleichheit als Grundrecht ist im Grundgesetz verwirklicht über
– Gleichheit aller Menschen vor dem Gesetz (Art. 3 Abs. 1),
– Diskriminierungsverbote: keine Benachteiligung aufgrund von Geschlecht, Abstammung, Rasse, Sprache, Heimat und Herkunft, Glauben, religiöser oder politischer Anschauungen, Behinderung (Art. 3 Abs. 2 und 3) oder unehelicher Geburt (Art. 6 Abs. 5),
– Gleichheit in staatsbürgerlichen Rechten und Pflichten (Art. 33),
– Wahlrechtsgleichheit (Art. 38).

Der Geltungsbereich der Grundrechte wird durch ihre Auslegung bestimmt. Grundrechte unterliegen durch Rechtsprechung und Verfassungsänderungen einem historischen Wandel und zeitgemäßer Interpretation. Zudem gibt es zahlreiche einschränkende und spezifizierende Gesetze, die die Auslegung der Grundrechte bestimmen.

Grundwerte als Basis der Grundrechte

In der Bundesrepublik Deutschland verbindet das Grundgesetz die demokratische Grundordnung mit dem Wert der Freiheit und dem übergeordneten Prinzip der Menschenwürde, ergänzt durch die Werte von Gleichheit, Solidarität, Frieden und den Schutz des Lebens. Die Grundwerte bedingen einander und schränken sich zugleich gegenseitig ein. Aber nur zusammen ergeben sie eine **humane Werteordnung**.
Freiheit ohne rechtliche Gleichheit führt zum Recht des Stärkeren und damit für die Schwächeren zu einem Leben in Angst. Absolute Gleichheit hingegen kann nur durch Unterdrückung der Freiheit erreicht werden. Eine Gesellschaft freier und gleicher Bürger ohne Solidarität missachtet die **Menschenwürde** der sozial Schwachen. Der Schutz des Lebens bildet die Basis aller anderen Werte, die ohne ihn bedeutungslos sind. Und schließlich können sich wiederum nur im **Frieden** alle Grundwerte im Zusammenleben der Menschen entfalten.

Die historisch abhängige Auslegung der Grundrechte zeigt sich z. B. im Fall des Grundrechts auf körperliche Unversehrtheit. Ursprünglich als Schutz vor Mord oder Körperverletzung angelegt, kommen in modernen Industriegesellschaften weitere Bedeutungen wie der Schutz der Gesundheit hinzu – im Zusammenhang mit Umweltverschmutzung oder gentechnischen Entwicklungen.

2.2 Staatsaufbau

> Der **Staatsaufbau der Bundesrepublik Deutschland** ist durch das Grundgesetz geregelt und folgt den Prinzipien der Gewaltenteilung, des Bundesstaats und der kommunalen Selbstverwaltung.

Die **Gewaltenteilung** ist Grundelement des Rechtsstaats.
Der **Bundesstaat** ist eine Staatenverbindung von Gesamtstaat (Bund) und Gliedstaaten (Länder).
Die Länder sind Staaten mit eigenen Rechten und Zuständigkeiten. Örtliche Belange werden in **kommunaler Selbstverwaltung** wahrgenommen. Auf jeder der drei Staatsebenen Gemeinde, Land und Bund sind die drei Gewalten Gesetzgebung, Regierung und Verwaltung sowie Rechtsprechung anzutreffen. Die großen Flächenländer weisen als vierte Ebene Regierungsbezirke auf.

Staatsaufbau

	Gesetzgebung (Legislative)	Vollziehende Gewalt (Exekutive)	Rechtsprechung (Judikative)
Bund	Bundestag Bundesrat Ausschließliche Gesetzgebung (Art. 71, 73 GG) Konkurrierende Gesetzgebung (Art. 72, 74 GG)	Bundesregierung Bundesverwaltung (Art. 86–87b, 87d–89 GG)	Gerichte des Bundes (Art. 93–96 GG) Bundesverfassungsgericht Oberste Gerichtshöfe des Bundes
Länder	Parlamente der Länder Gesetzgebung der Länder Konkurrierende Gesetzgebung (Art. 72, 74 GG)	Länderregierungen Länderverwaltungen Ländereigene Verwaltung Ausführung der Bundesgesetze – als eigene Angelegenheit (Art. 83, 84 GG) – im Auftrage des Bundes (Art. 85, 87c GG)	Gerichte der Länder z. B. Oberlandesgericht, Landesgericht, Amtsgericht; Landesarbeitsgericht, Arbeitsgericht
Kommunen	Kreistage/ Gemeindevertretungen/ Stadtverordnetenversammlungen/ Gemeinde-, Stadträte Kommunale Selbstverwaltung (Art. 28 GG)	Landräte/Oberkreisdirektoren/Kreisausschüsse – (Ober-)Bürgermeister/ (Ober-)Stadtdirektoren/ Gemeindevorstände/ Magistrate Verwaltung im Rahmen der Gesetze und der Kommunalverfassung	Gerichte der Länder sind zuständig

2.2.1 Gemeinden und Staat

> **Gemeinden** sind die untersten politischen Gemeinwesen im Staat. Sie umfassen ländliche und städtische, bevölkerungsreiche und -arme Gemeinden, Neugründungen und historische Orte.

Nach dem Ende der nationalsozialistischen Gewaltherrschaft in Deutschland am 8. Mai 1945 lag die öffentliche Gewalt in den Händen der vier Alliierten. Sie gaben die öffentliche Gewalt schrittweise und in den Besatzungszonen unterschiedlich an deutsche Organe zurück, zuerst in Gemeinden und Kreisen, dann auf Länder- und gesamtstaatlicher Ebene.

Die Einwohnerzahl der Gemeinden reicht von weniger als 500 bis über 1 Mio. 117 Städte, einschließlich der drei Stadtstaaten, sind kreisfrei.

Die Zahl der westdeutschen Kommunen sank aufgrund von Zusammenlegungen und Gebietsreformen in den 1970er-Jahren von 24 501 (1950) auf 8 506 (2002), die der ostdeutschen Gemeinden von 9 758 (1955) durch Gebietsreform in den 1990er-Jahren auf 4 642 (2002). Ende 2004 gibt es noch 12 429 Gemeinden.

Kommune, lat. communes = gemeinsam, Gemeinde (auch alternative Lebens- und Wohngemeinschaft)

> **Kommunen** sind Gebietskörperschaften mit dem Recht auf kommunale Selbstverwaltung aller „Angelegenheiten der örtlichen Gemeinschaft" (Art. 28 GG).
> Selbstverwaltung ermöglicht auch die Interessenwahrnehmung gegenüber Bund und Land. Sie erfolgt „im Rahmen der Gesetze".

Die Gemeinden haben eine Doppelnatur. Einerseits bilden sie eine politische Ebene mit gewählten Vertretungen der Bevölkerung, andererseits wirken sie als Verwaltungsinstanz nicht nur für die Kommune, sondern auch für Bund und Länder (Bundes- und Ländergesetze).

Selbstverwaltung und Auftragsangelegenheiten

Kommunale Interessenvertreter sind:
– der Deutsche Städtetag, Köln, für mittlere und größere Städte,
– der Deutsche Städte- und Gemeindebund, Düsseldorf, für Gemeinden und kleinere Städte,
– der Deutsche Landkreistag, Berlin.

Ursprünglich konnte deutlich zwischen den Selbstverwaltungsaufgaben (eigener Wirkungskreis) und den übertragenen staatlichen Auftragsangelegenheiten (übertragener Wirkungskreis) unterschieden werden. Das ist durch die immer engere Verflechtung mit Land, Bund und Europäischer Union schwieriger geworden.

Zu den **Selbstverwaltungsaufgaben** im Sinne des eigenen Wirkungskreises der Gemeinden gehören:
– Versorgung mit Wasser, Gas, Strom,
– Unterhalt der Gemeindestraßen und -einrichtungen, Bauverwaltung,
– Abfall- und Abwasserbeseitigung,
– örtliche Kultur-, Jugend-, Wohlfahrts- und Gesundheitspflege,
– Verwaltung des Gemeindevermögens.

Zu den **Auftragsangelegenheiten**, also zum übertragenen Wirkungskreis zählen:
– Meldewesen (Einwohnermeldeamt, Standesamt),
– Gesundheitsamt,
– Gewerbeamt.

Staatsaufbau

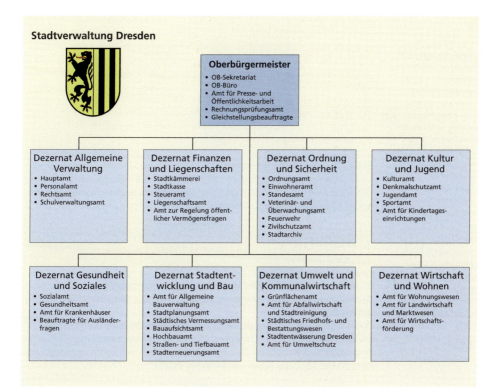

Die deutlich zugenommene, mehr oder weniger enge **Verflechtung der Selbstverwaltungsaufgaben** mit überregionalen Entscheidungsebenen von Land, Bund und Europäischer Union zeigt sich vor allem darin,
- dass bestimmte Standards vorgegeben werden, z. B. der bundesgesetzliche Rechtsanspruch auf einen Kindergartenplatz,
- dass die Zuständigkeit zwischen Land und Gemeinde geteilt wird, z. B. in der Schulpolitik,
- dass Fachplanungen und Förderprogramme zentralisiert werden, z. B. zur Verkehrs- und Tourismusentwicklung, und daraus Mischfinanzierungen entstehen.

Die Verzahnung aller Aufgabenarten und Kompetenzebenen führt zu einer **Schwächung der kommunalen Selbstverwaltung.** Sie tendiert zur allgemeinen Verwaltung. Die Kommunen sind immer weniger Ordnungsgewalt als mehr und mehr sozialstaatliche Serviceeinrichtung, die Hilfe und Unterhalt gewährt.

Der Tendenz zur Überregulierung steht das verfassungspolitische Gebot entgegen, den „Wesensgehalt" der kommunalen Selbstverwaltung nicht anzutasten. Entsprechend soll sie vor allem dahin wirken, Satzungen (z. B. Bebauungspläne) zu beschließen und Ermessensfreiräume in der Verwaltung zu nutzen. Die Kommunen geben mehr Geld aus als sie einnehmen, sie sind auf staatliche – häufig zweckgebundene – Finanzzuschüsse angewiesen.

Schätzungsweise 70–80 % aller ausführungsbedürftigen Gesetze von Land und Bund (einschliesslich EU) führen die Kommunen aus.

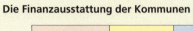

Die Finanzausstattung der Kommunen

| ca. 30 % Steuereinnahmen | ca. 25 % Zuweisungen | ca. 23 % Gebühren und Beiträge | ca. 22 % sonstige Einnahmen |

Gemeinden erheben eigene Steuern, z. B. Gewerbe- und Grundsteuer, sowie Gebühren. Sie erhalten Steueranteile und Zuweisungen aus Bundes- und Landesmitteln. Ein großer Teil der Ausgaben betrifft die Sozialhilfe.

Gemeindeordnung

Im Bundesstaat folgt die kommunale Politik und Verwaltung keiner einheitlichen Ordnung. Es gelten die jeweiligen Gemeindeordnungen der Länder. In deren Grenzen legen die Gemeinden als kommunale Gesetzgeber ihre Organisation in einer Hauptsatzung fest.

> Jede **Gemeindeordnung** steht vor der Aufgabe, zugleich kommunale Demokratie und eine effiziente Verwaltung zu ermöglichen.

Die **Grundtypen einer Kommunalverfassung** haben sich aufgrund regionaler Traditionen, Auflagen der Besatzungsmächte 1945 und der unterschiedlichen Ländergesetzgebung herausgebildet.

Es wurden vier Grundtypen einer **Kommunalverfassung** entwickelt, von denen sich die **Bürgermeisterverfassung** und die **Magistratsverfassung** durchgesetzt haben.
Das oberste beschließende Organ ist die gewählte Vertretung der Gemeindebürger. Seine Verfahren ähneln den parlamentarischen Abläufen (Ausschüsse, Fraktionen). Der Bürgermeister hat in beiden Verfassungen eine starke Stellung (Chef der Verwaltung).

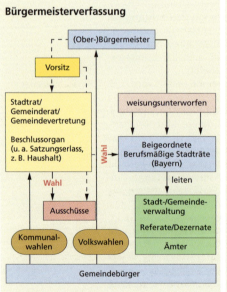
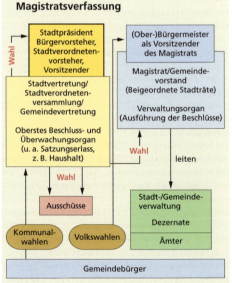

Die **Kommunalverfassungen** weisen gemeinsame Merkmale auf:
- Sie gleichen strukturell den anderen Staatsebenen (Homogenitätsgebot).
- Die Gemeindevertretung ist im Sinne der repräsentativen Demokratie höchstes und beschließendes Organ, jedoch kein Parlament. Die Gemeindevertreter arbeiten generell ehrenamtlich und sind an Weisungen nicht gebunden.
- Mit der Direktwahl der Bürgermeister und der möglichen Mitentscheidung über Bürgerantrag, -begehren und -entscheid wurden direktdemokratische Elemente ausgeweitet.
- Die Gemeindevertretungen sind den Verwaltungen übergeordnet, ausgenommen übertragene Verwaltungsangelegenheiten.
- Aufgrund der stärkeren Verflechtung in den Gesamtstaat stieg der kommunalpolitische Einfluss der Parteien zu Lasten des ungebundenen Ehrenamts und bürgerschaftlichen Engagements.

Durch die Übertragung von Verwaltungsaufgaben und Förderprogramme „von oben" sowie durch die Konzentration des kommunalen Geschehens innerhalb neu zugeschnittener Gemeinden (Gemeindegebietsreform) stieg der Parteieinfluss auf die Kommunen.

2.2.2 Bund und Länder

> Politische Aufgaben und staatliche Gewalt sind zwischen dem Bund und den Ländern nach Funktionsbereichen verteilt.

Was im allgemeinen Interesse einheitlich geordnet und geregelt werden muss, weist das Grundgesetz dem **Bund** zu (Art. 70–74 GG), so vor allem die Außen- und Verteidigungspolitik, die Währungspolitik, das Verkehrs- und Postwesen, ferner Bereiche für Grundsatzregelungen. In allen anderen Angelegenheiten sind grundsätzlich die **Länder** zuständig.
Kommt dem Bund das Schwergewicht bei der **Gesetzgebung** zu, dann liegt die **Verwaltung** bei den Ländern, einschließlich der Gemeinden und Kreise.

Bundesländer

Die alliierten Militärregierungen errichteten aus dem Land Preußen, das endgültig 1947 aufgelöst wurde, und den anderen überkommenen Territorien **neue Länder**. Ein gemeinsames alliiertes Gründungskonzept gab es nicht.
Ungleich groß nach Bevölkerungszahl, Fläche und wirtschaftlicher Kraft sind die Länder bis heute geblieben. Lediglich aus Württemberg-Baden, Württemberg-Hohenzollern und Baden entstand 1952 Baden-Württemberg. Das von der französischen Militärregierung losgelöste kleine Saarland blieb nach der Rückgliederung an die Bundesrepublik 1957 selbstständiges Bundesland. Auch bei der Einrichtung von neuen Bundesländern in der DDR 1990 wurden weitgehend die alten Grenzen der Länder genommen, die die Sowjetische Militäradministration in der Nachkriegszeit auf der Grundlage preußischer Provinzen und der Territorien Mecklenburg, Anhalt, Thüringen und Sachsen gebildet hatte. Die Stadtstaaten Berlin, Bremen und Hamburg sind zugleich Land und Gemeinde. Wiederholt wurden Pläne zu einer gleichmäßigen Gliederung des Bundes entworfen, zuletzt bei der deutschen Vereinigung 1990.

In den drei Westzonen blieben nur Hamburg, Bremen und Bayern weitgehend in ihren alten Grenzen.

„Manche dieser Staaten sind weniger originär als originell in der Art, wie sie geworden sind."
(THEODOR HEUSS)

Demokratie in Deutschland

Kooperativer Föderalismus

Die Ländergründungen 1946/47 gingen der Staatenverbindung zur „Bundesrepublik" voraus. Das erleichterte, an die deutsche Tradition des „Exekutivföderalismus" anzuschließen. Entsprechend wurde die zweite Kammer – neben dem Bundestag – eine Vertretung der Landesregierungen (Bundesrat) und nicht ein von den Bevölkerungen gewählter Senat.

 Bis heute findet der Föderalismus ein starkes Fundament in den Verwaltungstraditionen früherer Territorialstaaten und Residenzstädte.

> **Föderalismus** verbindet Vielheit zur Einheit. Er bezeichnet die freie Einigung von grundsätzlich gleichberechtigten Teilstaaten, in einem bundesmäßigen Zusammenschluss zusammenzuwirken.

In Deutschland besteht kein loser Staatenbund (Konföderation), sondern ein **Bundesstaat** (Föderation). In ihm ist ein gewisses Maß an Übereinstimmung sowohl der Länder untereinander als auch der Länder mit dem Bund notwendig. Dazu tragen die weitgehend bundeseinheitlichen Regelungen des Rechts, des Wirtschafts- und Finanzsystems sowie des Öffentlichen Dienstes erheblich bei. Der deutsche Bundesstaat ist kooperativ angelegt – im Unterschied beispielsweise zum dualistischen Föderalismus der USA, der nur geringe Zusammenarbeit vorsieht (Trennföderalismus). Vielfältig **verschränkte Kompetenzen** zwingen zur Zusammenarbeit. Durch den Bundesrat – einem Organ des Bundes – „wirken die Länder bei der Gesetzgebung und Verwaltung des Bundes und in Angelegenheiten der Europäischen Union mit" (Art. 50 GG). Dies wird erreicht durch
- die allgemeinen Normen der „Bundestreue" der Länder und der „länderfreundlichen Politik" des Bundes,
- eine gemeinsame Finanzverfassung von Bund, Ländern und Gemeinden, die die unterschiedliche Finanz- und Steuerkraft von Ländern durch Finanzumverteilung zwischen ihnen und mit dem Bund (horizontaler und (vertikaler Finanzausgleich) weitgehend angleicht,

 Der Gegensatz zum Föderalismus ist der Einheitsstaat (Unitarismus). Hier fehlen regionale Untergliederungen mit politischer Selbstständigkeit.

 Der deutsche Bundesstaat soll regionale Traditionen und kulturelle Besonderheiten bewahren helfen. Zugleich ist der **kooperative Föderalismus** aber auf das generelle, im Grundgesetz verankerte politische Ziel festgelegt, ausgleichend und umverteilend dazu beizutragen, dass alle Deutschen in allen Ländern gleiche Lebensverhältnisse erwarten können.

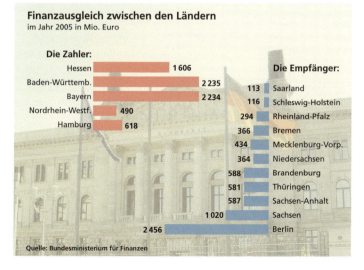

Finanzausgleich zwischen den Ländern
im Jahr 2005 in Mio. Euro

Die Zahler:
- Hessen: 1 606
- Baden-Württemb.: 2 235
- Bayern: 2 234
- Nordrhein-Westf.: 490
- Hamburg: 618

Die Empfänger:
- Saarland: 113
- Schleswig-Holstein: 116
- Rheinland-Pfalz: 294
- Bremen: 366
- Mecklenburg-Vorp.: 434
- Niedersachsen: 364
- Brandenburg: 588
- Thüringen: 581
- Sachsen-Anhalt: 587
- Sachsen: 1 020
- Berlin: 2 456

Quelle: Bundesministerium für Finanzen

- den Verbund der Steuern von Bund, Ländern und Gemeinden (der Gegensatz dazu ist das Trennsystem),
- Kompetenzabgrenzungen in ausschließliche und konkurrierende Gesetzgebung (Art. 70–74 GG) und zugleich Kompetenzverschränkung bei Gemeinschaftsaufgaben der Länder (Art. 91a, 91b GG) .

Der **bundesdeutsche Föderalismus** ist ein Kompromiss. Es gab bereits Streitfragen vor der konstitutionellen Neuordnung 1948/49 zwischen Länderregierungen, Parteien, Militärregierungen und Wissenschaftlern.

Die Streitpunkte in den Jahren bis zur konstitutionellen Neuordnung 1948/49 bezogen sich auf zwei Grundfragen des Bundesstaats:
- auf die Zusammensetzung und die Befugnisse der zweiten Kammer (Bundesrat) und
- auf die Verfassung und den Ausgleich der Finanzen.

Wenngleich der Föderalismus nach seiner Konstituierung zur demokratischen Entwicklung der Bundesrepublik Deutschland positiv beigetragen hat, blieb Kritik an undurchsichtigen Verfahren und Verantwortlichkeiten der Aufgabenteilung. Mit einer deutlicheren Aufgabentrennung befasst sich die **Förderalismusreform** seit 2003.

Themen der Reformdiskussion sind:
- Anzahl und Größe der Bundesländer,
- finanzielle Beziehungen zwischen Bund und Ländern,
- Kompetenzverteilung zwischen Bund und Ländern.

Zur Reform der undurchsichtigen Kompetenzverteilung hatte 2004 eine Modernisierungskommission des Bundestages und des Bundesrats eine stärkere Aufgabentrennung vorgeschlagen, die 2006 Gesetz wurde (Föderalismusreform).

Pro ——— kooperativer Föderalismus ——— Kontra	
Gestärkt werden Gewaltenteilung und demokratische Stabilität.	Resultat sind verwischte Zuständigkeiten, schwerfällige, undurchschaubare und wenig effiziente Entscheidungen.
Gefördert wird die Demokratie, denn Föderalismus ermöglicht den Bewohnern mehr Wahl-, Beteiligungs- und Einflussmöglichkeiten.	Für einen Bundesstaat besteht keine historische, ethnische oder weltanschauliche Notwendigkeit. Die erweiterte Beteiligung läuft leer, da sich die politischen Entscheidungen auf den Bund und die EU verlagern.
Der Bundesrat stärkt die Länderregierungen und deren Chefs (Exekutivföderalismus).	Direktwahl durch die Bevölkerung ist der Demokratie angemessener.
Die Re-Föderalisierung der DDR 1990 schafft historische Kontinuität und Vertrauen.	Die Re-Föderalisierung ergab sozioökonomisch kaum existenzfähige Länder.
Der Steuerverbund ermöglicht die ausgleichende Förderung entwicklungsschwacher Gebiete.	Der Steuerverbund macht den Zentralstaat zum Herren der Teilstaaten.
Der Finanzausgleich sichert gleiche Lebensverhältnisse im gesamten Land.	Der Finanzausgleich behindert den Wettbewerb und die kulturellen Unterschiede zwischen den Ländern.
Der Finanzausgleich stabilisiert alle Länder, unabhängig von Größe und Wirtschaftskraft.	Die „ausgleichsberechtigten" Länder werden abhängig von Geberländern und verlieren die politische Autonomie.

2.3 Politische Meinungs- und Willensbildung

Die Lebensfähigkeit der parlamentarischen Demokratie basiert auf Öffentlichkeit und der Beteiligung der Staatsbürger an der politischen Meinungs- und Willensbildung. Ihre Legitimation (Rechtfertigung) leitet sie von der Zustimmung ihrer Bürger zu den Grundwerten und der Grundstruktur des politischen Systems ab.

> Staatsbürger sind „mündig", wenn sie ihre politischen Ziele und Interessen sowie die politischen Mittel, sie umzusetzen, kennen.

Im günstigen Fall entsteht **öffentliche Meinung** im selbsttätigen Dialog der Bürger innerhalb und zwischen Organisationen und Institutionen. Im ungünstigen Fall stehen sich private Meinungen und „veröffentlichte" Meinungen von Parteien, Interessenorganisationen, staatlichen Organisationen, Massenmedien unvermittelt gegenüber.

Zur öffentlichen Meinung zu gelangen, meint, bestimmte Themen in meist kontroversen Diskussionen in den Vordergrund der gesellschaftlichen und politischen Beachtung zu rücken.

2.3.1 Bürger

> Staat, Nation und Volk bestehen aus Mitgliedschaften von Menschen, die wechselseitige Verantwortung tragen.

Die Mitgliedschaften vereinen in landestypischer Weise objektive Merkmale wie Territorium, Herrschaft, Religion, Abstammung mit subjektivem Gemeinschaftsgefühl (Wir-Gefühl, National-Gefühl). Ihren politischen Ausdruck finden sie in den Bürgerrechten.

Die Gesamtheit aller in Deutschland lebenden Personen wird als Einwohner, Bewohner oder Bevölkerung bezeichnet.

Deutsche	sind Angehörige des deutschen Volkes; im Sinne des Grundgesetzes ist Deutscher, „wer die deutsche Staatsangehörigkeit besitzt oder als Flüchtling oder Vertriebener deutscher Volkszugehörigkeit oder als dessen Ehegatte oder Abkömmling in das Gebiet des Deutschen Reiches nach dem Stande vom 31.12.1937 Aufnahme gefunden hat" (Art. 116 GG)
Volk	verschiedene Bedeutungen: – ideelle Einheit einer Gemeinschaft auf der Basis von gemeinsamer Herkunft, Sprache, Kultur, z. T. auch Religion (auch als Ethnie bezeichnet) sowie politisch-staatlicher Wertvorstellungen (auch als Nation bezeichnet) – „breite Masse" der Gesellschaft
Staatsvolk	in einer Demokratie: Inhaber der Souveränität (Volkssouveränität)

Bürger – Staatsbürger

> **Bürger** und **Bürgertum** umfassen ökonomische, politische und kulturelle Merkmale.

Bürger, abgeleitet von lat. burgus = mittelalterliche Vorburg, in der Kaufleute siedelten

In den Stadtstaaten Hamburg und Bremen bilden die gewählten Abgeordneten heute noch die „Bürgerschaft" (Stadtparlament).

Citoyen, abgeleitet von lat. civis = Bürger

Bürger waren früher zumeist nur die freien, vollberechtigten Stadteinwohner, ihre Bürgerrechte erwerb- und verleihbar. In den Städten des 15. und 16. Jh.s entwickelte sich das unternehmerische Bürgertum (Frühkapitalismus) mit „bürgerlicher Weltanschauung" und „bürgerlichen Tugenden" wie Fleiß und Sparsamkeit. Politische Freiheiten waren gegen Feudalismus und Obrigkeitsstaat durchzusetzen.
Mit der Französischen Revolution verbreitete sich die römisch-republikanische **Bürgertradition** des Citoyens. Im Bourgeois wurde der Kapitaleigner gesehen. Bürgerrechte sollten im Sinne von Menschenrechten nunmehr für jedermann gelten.

Der deutsche Sprachgebrauch ist seitdem uneinheitlich. Es gilt
– ein umfassender Bürgerbegriff, der z. B. für Bürgerbewegungen und -initiativen steht und
– die französische Unterscheidung, die den konkurrierenden Bezeichnungen Zivil- oder Bürgergesellschaft zugrundeliegt.

In der BRD und der DDR gab es bis 1967 eine einheitliche Staatsangehörigkeit auf der Gesetzesgrundlage von 1913, die seit 1990 erneut in ganz Deutschland gilt.

In der Reichstagsdebatte am 28. Mai 1913 ging es um die „Erhaltung des Deutschtums im Ausland" und um ein Bollwerk gegen die befürchtete „Flut aus dem Osten".

> **Staatsangehörige** bzw. **-bürger** sind Mitglieder des Staates. Ihr rechtlich-politisches Verhältnis zum Staat regelt die Staatsbürgerschaft.

Die **Staatsbürgerschaft** kann durch Geburt oder Einbürgerung (Naturalisierung) erworben werden. Ihr Erwerb folgt entweder dem Abstammungsprinzip (ius sanguinis) oder dem Territorialprinzip (ius soli), also mit vorrangigem Bezug entweder zum Staatsvolk oder zum Staatsgebiet. Die Einbürgerung von Ausländern kann unterschiedlichen Kriterien folgen, z. B. Aufenthaltsdauer, Sprachkenntnisse, Zuwanderungsbedarf.

> Europäische Staaten, in denen vorrangig das **ius-sanguinis-Prinzip** gilt, sind Deutschland, Österreich, Polen und die skandinavischen Länder. **Mischformen** beider Prinzipien praktizieren Großbritannien, Irland, die Niederlande, Italien.
> Im klassischen Einwanderungsland Frankreich gilt das **ius-soli-Prinzip**.

Zur mehrfachen Staatsangehörigkeit kommt es, wenn jemand die Voraussetzungen in mehreren Ländern erfüllt. Erfüllt er sie in keinem Land, ist er Staatenloser. Die Staatsbürgerschaft ist nicht viel älter als 200 Jahre. Bis dahin waren die Menschen Untertanen des Herrschers, auf dessen Gebiet sie lebten. In Deutschland gilt gemäß dem Staatsangehörigengesetz von 1913 die Abstammung als Hauptkriterium, ergänzt 1999 um Territorialaspekte. Danach werden Kinder von Ausländern bei Geburt deutsche Staatsbürger, wenn sich ein Elternteil seit acht Jahren in Deutschland aufhält. Doppelte Staatsbürgerschaft ist bis zur Volljährigkeit zulässig.

Rechte und Pflichten von Einwohnern und Bürgern in Gemeinden			
Gruppe	**Voraussetzungen**	**Rechte**	**Pflichten**
Einwohner	• Wohnsitz in der Gemeinde • unabhängig von Haupt- oder Nebenwohnsitz • unabhängig von Staatsangehörigkeit	• Benutzung öffentlicher Einrichtungen der Gemeinde (Schulen, Bäder, Bibliotheken u. a.) im Rahmen der Benutzungsregelungen • Beschwerderecht • Petitionsrecht • Teilnahme an Bürger- bzw. Einwohnerversammlungen • Teilnahme an Bürgeraktivitäten • Wahlrecht für EU-Bürger	• Steuerpflicht • Gebühren- und Beitragspflicht • Duldung des Anschluss- und Benutzungszwangs für bestimmte kommunale Einrichtungen (z. B. Wasser-, Abwasserversorgung) • Anliegerpflichten • Übernahme ehrenamtlicher Tätigkeiten
Bürger	• Wohnsitz in der Gemeinde • deutsche Staatsangehörigkeit • Mindestalter von 18 Jahren • Mindestwohndauer am Ort von 3 bis 6 Monaten	• Wahlrecht, aktiv und passiv • Übernahme ehrenamtlicher Tätigkeit • Beteiligung an Bürgerversammlungen, -begehren, -entscheid (soweit vorgesehen) • sonstige Rechte wie Einwohner	• Übernahme ehrenamtlicher Tätigkeiten (z. B. Schöffenamt) • sonstige Pflichten wie Einwohner
Nichteinwohner	• Personen mit Grundbesitz oder Gewerbebetrieb in der Gemeinde	• Benutzung der öffentlichen Einrichtungen, die für Grundbesitz und Gewerbebetrieb von Bedeutung sind • Beschwerde- und Petitionsrecht	• Übernahme der sich aus Grundeigentum bzw. Gewerbebetrieb ergebenden Lasten und Pflichten (z. B. Steuerpflicht, Anliegerpflichten)

Im Mittelpunkt der Staatsbürgerschaft stehen **politische Rechte und Pflichten,** nicht aber Klassen-, Berufs- oder Religionszugehörigkeit.

Rechte	Pflichten
• Wahlrecht • Aufnahme in den öffentlichen Dienst • Mindestsicherung im Inland • diplomatischer Schutz im Ausland • Recht auf Rückkehr aus dem Ausland • Bildung politischer Parteien	• Wehrpflicht (Männer) • öffentliche Ehrenämter (Schöffen) • Steuer- und Abgabepflichten sowie Schulpflicht (beziehen sich auf den Wohnsitz)

Ende 2000 lebten 7,3 Mio. **Ausländer in Deutschland** (8,9 % der Gesamtbevölkerung). Das sind etwa 2,3 Mio. mehr als Ende 1989. Bis 2005 sank ihre Zahl auf 7,2 Mio. (8,7 % der Gesamtbevölkerung).

In Deutschland leben **Inländer** (Deutsche) und **Ausländer.** Ausländer umfassen drei Gruppen:
– EU-Ausländer (Staatsangehörige eines Mitgliedslandes der EU),
– Arbeitsmigranten,
– Flüchtlinge.
Als **Flüchtlinge** gelten Asylsuchende und politisch Verfolgte, Kriegs- und Bürgerkriegsflüchtlinge, Konventionsflüchtlinge nach der Genfer Flüchtlingskonvention, Kontingentflüchtlinge im Rahmen humanitärer Hilfsaktionen.

Nationale Identität

Nationale Identität meint dauerhafte Orientierungen, Verhaltensweisen und Selbstdeutungen einer (staatlich verfassten) Gesellschaft.

Die Grenzziehung zwischen In- und Ausländern ist eine der Quellen der deutschen Identität. Wie schon die Staatsbürgerschaft die völkische Abstammung betont, wird die **Nation** als ethnisch-kulturelle Gemeinschaft verstanden. Dagegen stehen verschiedene Ansichten.

> So wird die Nation auf der Basis der Verfassung als politische Gemeinschaft gesehen (Verfassungspatriotismus). „Im republikanischen Verfassungsstaat gibt es keinen ‚nationalen' Geschmack, keine ‚nationale' Kunst oder Religion." (JÜRGEN HABERMAS, 1994)
> Eine zweite Strömung sieht Nation als liberale multikulturelle (Einwanderungs-) Gesellschaft mit einer „Kombination von Identität und Vielfalt, die das Herzstück von zivilisierter Gesellschaft ausmachen" (RALF DAHRENDORF, 1995).

Multiple Identität ist im Sinne von Identität als europäischer und international verflochtener Nationalstaat zu verstehen.

Mit voranschreitender europäischer Integration und weltweiter Globalisierung bilden sich oberhalb und unterhalb der nationalstaatlichen Ebene neue Identitäten, die die Bevölkerung in eine geschichtete, **multiple Identität** versetzen. Darin dominiert die nationale Identität weiterhin.

nationale Identität	oder	multiple Identität
• Nur über die deutsche Staatsbürgerschaft ist es möglich, sich an der politischen Willensbildung und Entscheidung und damit an der Volkssouveränität zu beteiligen. • Die verantwortliche Rolle Deutschlands in zwei Weltkriegen und für den Holocaust des vergangenen Jahrhunderts bestärkt die „nationale Schicksalsgemeinschaft" auch für nachfolgende Generationen.		• Als Vorstufe einer sich ausbreitenden europäischen Identität nimmt die Bevölkerung seit den 1990er-Jahren ihre europäischen Nachbarn kaum noch als die „anderen" wahr. • Die Europäische Union errichtet eine Unionsbürgerschaft für die Bevölkerungen der Mitgliedsländer. • Neue internationale Orientierungen nach der Ost-West-Konfrontation hin zur multilateralen Friedenspolitik, zur Global Governance im Rahmen der Vereinten Nationen zeichnen sich ab. Das wird von Trends zur stärkeren lokalen und regionalen Identitätsbildung („lokal und global") begleitet.

Weltstadt ist die im 19. Jh. aufgekommene Wortprägung für den bevorzugten Ort von **Weltbürgern** (Kosmopoliten). Ihrer Anschauung nach sind alle Menschen gleichberechtigte Bürger einer weltumfassenden Gemeinschaft.

2.3.2 Politische Kultur und politische Sozialisation

Die **politische Kultur** besteht aus der subjektiven Seite von Politik, aus den Werten, Orientierungen und Verhaltensweisen der Bevölkerung – einschließlich der Politiker – in der Politik.

Werte	beziehen sich auf grundlegende normative Aspekte, z. B. die Betonung von mehr individueller Freiheit oder mehr sozialer Gerechtigkeit
Orientierungen	steuern den Umgang mit der politischen Realität; sie setzen sich aus den Interessen und dem Wissen der Bürger zusammen, ihren Bewertungen, Sympathien, Antipathien und Verhaltensabsichten
Verhalten	meint sowohl, sich politisch zu beteiligen, z. B. bei Wahlen oder Bürgerinitiativen, als auch an Gesprächen und Massenkommunikation teilzunehmen; Verhaltensweisen äußern sich zudem im Umgang mit den öffentlichen Regeln und Rechtsetzungen, wie Straf- oder Steuerrecht

Einbezogen ist auch der Umgang mit politisch-historischen, kulturellen und religiösen **Symbolen**, z. B. Landesfahne, Denkmäler oder das Kreuz der Christen.

Demokratische politische Systeme können nur überstehen, wenn ihre Grundstrukturen mit den Orientierungen und dem Verhalten der Bürger prinzipiell übereinstimmen. Über das **Mindestmaß** an Bevölkerungsakzeptanz und politischer Beteiligung – etwa bei Wahlen – gehen die Meinungen auseinander.

Typisch für die **politische Kultur eines Landes** ist, wie welche Werte, Orientierungen und Verhaltensweisen in der Bevölkerung verteilt sind und wie hoch dabei die Unterstützung für das politische System und die praktische Politik ausfällt.

Demokratie in Deutschland

Politische Kultur verbindet die Ebenen des Individuums, der Gruppen und der Gesellschaft (Mikro-, Meso- und Makro-Ebene). Angesichts der zahlreichen, unterschiedlichen Elemente von politischer Kultur gibt es kein sozialwissenschaftliches Verfahren, sie umfassend zu bestimmen. Es gibt aber vereinfachende Typologien.

Die Politologen G. A. ALMOND und S. VERBA haben den Deutschen der Bundesrepublik in den 1950er-Jahren bescheinigt, sich noch stark an Autoritäten zu orientieren („Untertanenkultur"). Seit den 1970er-Jahren dominieren staatsbürgerliche Orientierungen („Staatsbürgerkultur", „Zivilkultur"). Für die Deutschen in der DDR galt seit den 1970er-Jahren die typologische Unterscheidung in offiziell-marxistische, traditionelle und alternative politische Kultur.

Bis in die Gegenwart haben sich miteinander vermischte Faktoren als Bestimmungsgrößen politischer Kultur herausgestellt. Das sind
– die individuelle politische Sozialisation in Familie, Schule, Gruppen Gleichaltriger, Vereinen – beeinflusst den Erwerb von Werten, Normen und Praktiken,
– der soziale Ort, die soziale und politische Integration im Lebensverlauf; darüber informieren Alter, Familienstand, soziopolitische Netzwerke und der Wohnort,
– der sozioökonomische Status – gemessen am Beruf, an Bildung und Einkommen und der entsprechenden Interessenlage,
– kollektive historische und generationstypische Erfahrungen wie Krieg, Flucht, Teilung der Landes und Systemumbruch.

Politisches Interesse und politische Kompetenz

> **Politische Orientierungen** äußern sich einerseits als politisches Interesse und Selbstverständnis, andererseits als Einstellung gegenüber dem politischen System und der politischen Elite.

Das politische Interesse der Deutschen ist im internationalen Vergleich bemerkenswert hoch. Etwa 30 % von ihnen interessieren sich stark oder sehr stark für Politik (Westdeutsche) vor und nach den politikbewegten Jahren der Vereinigung. Geringer interessiert sind Jugendliche, insbesondere in Ostdeutschland. Allerdings rangiert Politik hinter den Bereichen Familie, Beruf, Freunde und Freizeit.

Bildung erleichtert die Ausprägung politischer Interessen. Sie befördert das Selbstverständnis und die Kompetenz der Bürger, politische Vorgänge zu verstehen und durch eigenes Engagement beeinflussen zu können, z. B. durch Wahlen, Demonstrationen oder Parteimitgliedschaft.

Subjektives politisches Interesse nach Geschlecht und Bildung 1996–1998 (in Prozent)					
	Geschlecht		Bildung*		
Interesse	Frauen	Männer	niedrig	mittel	hoch
gar nicht/kaum	20	10	21	14	6
etwas	49	39	50	47	33
stark/sehr stark	31	51	29	38	60

In ihren politischen Werthaltungen, Orientierungen und in ihrem Verhalten sind die Deutschen den europäischen Nachbarn vergleichbar.
Das politische System und besonders seine politischen Werte finden breite Akzeptanz. Auch sein Funktionieren wird mehrheitlich positiv gesehen. Die Bewohner der neuen Länder sind skeptischer gegenüber nahezu allen Institutionen und fühlen sich in der Politik weniger vertreten. **Nationalstolz** bekunden die Deutschen anders als ihre Nachbarländer nur schwach. In der politischen Massenkommunikation hat das Fernsehen an Bedeutung gewonnen, neu herausgefordert vom Internet. Die Bevölkerung nutzt die konventionellen und unkonventionellen Formen der politischen Beteiligung in hohem Maße, allerdings seit Jahren mit abnehmender Tendenz (z. B. Rückgang der Parteibindung). Nach einem historischen Vertrauensschub anlässlich der friedlichen Revolution in der DDR und der deutschen Vereinigung schätzen die meisten Deutschen ihre Einflussmöglichkeiten wieder skeptischer ein.

Zahlenangaben in der Tabelle nach: O. NIEDERMAYER, Bürger und Politik, 2001 (* Bildung: niedrig = höchstens Hauptschulabschluss, mittel = höchstens Mittelschulabschluss, hoch = mindestens Abitur)

Sozialstaatsorientierungen

Der Sozialstaat als eine Art historischer Kompromiss zwischen Kapitalismus und Sozialismus liegt im Zentrum der Vorstellungen von staatlicher Leistungspolitik. Besonders die Frage, wie viele Aufgaben sozialstaatlich beantwortet werden sollen, ist umstritten. Nach Umfang des Sozialstaats lassen sich vier Modelle unterscheiden, die in Ost und West in den 1990er-Jahren unterschiedliche Zustimmung fanden.

Modelle	West 1990	Ost	West 1996	Ost
kein Sozialstaat	2	3	2	1
christdemokratisch	14	1	15	4
sozialdemokratisch	56	20	57	27
sozialistisch	29	76	26	68

Die Unterscheidung nach vier Sozialstaatsmodellen geht auf Befunde der Politikwissenschaftlerin E. ROLLER zurück (ISSP-Studie 2000). Hier sind auch die in der Tabelle enthaltenen Zahlenangaben zur **Zustimmung zu den Sozialstaatsmodellen** (in Prozent) entnommen.

Da über die Sozialisationsvorgänge und ihre Wirkungen bisher keine wissenschaftliche Klarheit besteht, ist der Begriff für viele ein „bequemes Etikett" (R. BOUDON).

> **Politische Sozialisation** bezeichnet den Lernprozess, innerhalb dessen sich Menschenkenntnisse, Orientierungen und Werte aneignen, die ihr politisches Handeln lenken.

Eine erste Prägung erfolgt während der frühkindlichen und schulischen Sozialisation. Wichtige **Sozialisationsagenturen** sind Familie, Schule, Gruppen Gleichaltriger, Massenmedien, Beruf, Vereine und politische Organisationen. Aus Sicht des politischen Systems soll Sozialisation erreichen, dass allgemein akzeptierte politische Normen und Verhaltensweisen von einer Generation auf die andere übertragen werden. Konflikte entstehen dadurch, dass unterschiedliche Gruppen der politischen Sozialisation unterschiedliche inhaltliche Richtungen geben.

2.3.3 Partizipation und Repräsentation

J. J. ROUSSEAU, ein wichtiger Theoretiker der direkten Demokratie, empfahl eine gemischte Verfassung.

In modernen Massendemokratien kann es nicht um die Einführung direkter anstelle der üblichen repräsentativen Demokratie gehen. In der **direkten Demokratie** läge die politische Entscheidungskompetenz vollständig, direkt und ohne Beauftragte beim Volk, gleich, ob in Volks- oder Stadtteilversammlungen, in Basisgruppen in Betrieben oder am Wohnort organisiert. Im Rahmen einer gemischten Verfassung bietet auch die **repräsentative Demokratie** Deutschlands Raum für mehr politische Partizipation. Neben den Wahlen als der wichtigsten Beteiligungsform in der repräsentativen Demokratie umfasst Partizipation eine Fülle weiterer konventioneller und unkonventioneller Beteiligungsformen, insbesondere **direktdemokratische Verfahren**.

konventionelle Formen politischer Aktivität	unkonventionelle Formen
• Wahlen in Kommunen, Ländern, im Bund und in der Europäischen Union • Mitgliedschaft in Parteien, Verbänden, Vereinen, Bürgerbewegungen, Bürgerinitiativen • Petitionen an Parlamente, Regierungen, das Staatsoberhaupt • Verfassungsbeschwerde beim Bundesverfassungsgericht • politische Informationen aus Zeitungen, Zeitschriften, Büchern, Radio, Fernsehen, Internet • politische Reaktion auf Massenmedien (Leserbriefe, Hörertelefon u. a.) • politische Diskussion mit Freunden und im Internet • Teilnahme an lokalen Bürgeraktivitäten • Teilnahme an politischen Demonstrationen oder Treffen • Kontakt zu Politikern • Wahlkampf für Kandidaten	• Boykott • Mieterstreik • wilder Streik • wilde Demonstration • Hausbesetzung • Verkehrsblockade • öffentliches Anbringen politischer Parolen • Zerstörung von Eigentum • Gewalt gegen Personen 

Direktdemokratische Verfahren versprechen
- mehr politische Beteiligung,
- verbindlichere Politikinitiativen der Bevölkerung,
- höhere Entscheidungstransparenz,
- gesteigerte Oppositionsmöglichkeiten.

Das vom **Prinzip der Repräsentation** beherrschte deutsche Verfassungsverständnis verhindert direkte Abstimmungen über den sehr weiten Bereich klassischer Parlamentszuständigkeit für Haushalt und Finanzen, Abgaben und Besoldungsfragen.

Der Ausschluss von Bereichen aus direkten Abstimmungen lautet in der seit 1995 gültigen **Verfassung von Berlin**:
„Alle Einwohner Berlins haben das Recht, das Abgeordnetenhaus im Rahmen seiner Entscheidungszuständigkeiten mit bestimmten Gegenständen der politischen Willensbildung, die Berlin betreffen, zu befassen. ... Initiativen zum Landeshaushalt, zu Dienst- und Versorgungsbezügen, Abgaben, Tarifen der öffentlichen Unternehmen sowie Personalentscheidungen sind unzulässig." (Art. 61 VvB).

Den Parlamenten bleibt es überlassen, im Vorfeld eines Volksentscheids einen eigenen Gesetzentwurf zur gleichzeitigen Abstimmung zu stellen. Diese Regelungen und das auch bei Abstimmungen geltende Mehrheitsprinzip unterstreichen die eigenständige Rolle direktdemokratischer Verfahren.

Direktdemokratische Verfahren in Ländern und Kommunen sind kein konkurrierendes Entscheidungssystem, sondern institutionalisierte Politikinstrumente innerhalb der repräsentativen Demokratie.

Volksgesetzgebung

Verfahren direkter Demokratie in der Weimarer Verfassung – so die Direktwahl des Reichspräsidenten – wurde vorgeworfen, am Niedergang der Republik mitgewirkt zu haben. Die Verfassungsgeber des Grundgesetzes hatten daraufhin eine konsequent antiplebiszitäre Haltung eingenommen. Volksabstimmungen über das Grundgesetz wurden 1949 und auch anlässlich der deutschen Vereinigung abgelehnt.

Im Übergang der DDR bis zu den Wahlen am 18. 03. 1990 verschafften sich neue Parteien, Kirchen und Bürgerbewegungen mit gemeinsamen Sitzungen am „Runden Tisch" öffentliche Aufwertung und informelle Machtteilnahme.

Auf der anderen Seite hat sich in Deutschland eine breite demokratische Alltagskultur (Zivilkultur) entfaltet, die Bürger und Politik verbindet. Neben Vereinen und Verbänden wirken **basisdemokratische Initiativen und Bewegungen** informell an der politischen Willensbildung mit. Auch in der DDR hatten selbstorganisierte Bürgerbewegungen 1989 für politischen Aufbruch und gesellschaftlichen Umbruch gesorgt.

Auf der **Bundesebene** werden direktdemokratische Mitbestimmungsverfahren weiterhin abgelehnt, obwohl ihnen die Verfassungsnorm, dass die Staatsgewalt „vom Volke in Wahlen und Abstimmungen" ausgeübt wird, nicht entgegensteht (Art. 20 Abs. 2 GG).

Volksabstimmung (lat. plebiszit = Volksbeschluss)	Abstimmung stimmberechtigter Staatsbürger in den Formen des Volksbegehrens und -entscheids; auf kommunaler Ebene als Bürgerbefragung, Bürgerbegehren, Bürgerentscheid.
Volksbegehren	Wahlbevölkerung bringt Gesetzesvorlage ein; vorgeschaltet sind manchmal **Volksinitiativen**
Volksentscheid	Wahlbevölkerung entscheidet durch Abstimmung; entweder über eine Vorlage des Parlaments oder der Regierung **(Referendum)** oder über volksinitiierte Gesetzentwürfe **(Volksgesetzgebung** beinhaltet Volksbegehren und Volksentscheid).

Direktdemokratische Verfahren können sich beziehen auf
– den unmittelbaren Entscheid in Sachfragen,
– die nachträgliche Abstimmung über bereits getroffene Parlaments- und Verwaltungsbeschlüsse (Referendum),
– Direktwahl und Rückruf (recall) von Führungspositionen der Exekutive.

Die in anderen Ländern üblichen Verfahren behandeln vor allem Verfassungs- und Territorialfragen sowie sozialmoralische Abstimmungen.

In **Frankreich** z. B. wurde über eine neue Verfassung, über Organkompetenzen und solche Territorialfragen wie EG-Mitgliedschaft und Gebietsveränderungen abgestimmt. In **Irland** fanden Volksabstimmungen z. B. über eine neue Verfassung, das Wahlrechtsalter, das Wahlrecht, über moralische Fragen wie Scheidung, Abtreibung, Kirche und Staat sowie über die EG-Mitgliedschaft statt.

In Deutschland ist strittig, in welchem Umfang **plebiszitäre Verfahren** das Repräsentativsystem ergänzen sollen. Die friedlich-revolutionären Veränderungen in der DDR und in Osteuropa verstärkten Forderungen nach mehr „unmittelbarer" Demokratie. Die Gemeinsame Verfassungskommission des Bundestags und des Bundesrats konnte sich dennoch 1992/93 nicht entschließen, Volksbegehren und -entscheid auf Bundesebene einzuführen.

Doch die neuen Bundesländer und nachziehend westdeutsche Länder führten direkte **Sachabstimmungen** ein. Auf kommunaler Ebene wurde durch Beschlüsse der Länderregierungen die Direktwahl der Bürgermeister und Landräte sowie meistens auch der Bürgerentscheid eingeführt. In den Kommunen werden direkte Verfahren häufiger als auf Landesebene angewandt.

Pro ——— direkte Demokratie auf Bundesebene ——— Kontra	
Wenn die Verfassung das Territorialplebiszit (Art. 29 GG) ermöglicht, lässt sich auch das Verfassungsplebiszit aus dem Prinzip der Volkssouveränität ableiten.	Nicht der empirische Volkswillen soll in grundlegenden Verfassungsfragen entscheiden, sondern derjenige gewählter und fachkundiger Berufspolitiker.
Abstimmungs- und Gesetzesinitiativen zeigen auf politische Probleme, für die das eingefahrene politische System keine Lösungen anbietet, z. B. in Zeiten eines Reformstaus.	Volksabstimmungen verleiten auch bei Sachthemen zum Ersatzwahlkampf und rücken das Vertrauen oder Misstrauen in die Regierung in den Vordergrund.
Volksabstimmungen in Personal- und Sachfragen stärken das politische System in Richtung einer aktiven Demokratie anstelle von passiver „Zuschauerdemokratie". Sie stärken das demokratische Selbstbewusstsein der Bürger.	Volksabstimmungen schwächen Parlamente und Parteien und unterbrechen die Verantwortung der Gewählten.
Direktdemokratische Entscheidungen mobilisieren brachliegende politische Initiativen der Bevölkerung.	Gut organisierte Gruppen können Sonderinteressen durchsetzen.

Volksgesetzgebung auf **Länder- und Kommunalebene:**
- In 12 von 16 Ländern sind Verfassungsänderungen möglich.
- In allen Ländern ist die einfache Gesetzgebung vorgesehen, bei hohen Quoten (Mindestzustimmung) und Ausschluss von Haushaltsthemen („Finanztabu").
- Auf kommunaler Ebene sind Bürgerbegehren und -entscheid mit ebenfalls recht hohen Quoten vorgesehen.

Erweiterte Wahlrechte

Das **Wahlrecht** und die **innerparteiliche Demokratie** bieten Ansätze für die erweiterte unmittelbare Entscheidungsbeteiligung.

Die **Parteilisten** zu Bundestagswahlen entstehen innerhalb der Parteien und damit ohne direkte Einwirkung der Wähler, die auch in der Wahl selbst die Reihenfolge der Kandidaten nicht verändern können. Kritiker sehen darin den geltenden Wahlgrundsatz einer unmittelbaren Wahl verletzt, da Parteifunktionäre und -delegierte als vorgeschaltete Wahlmänner wirken.

Es bietet sich an, die Listen zu flexibilisieren, indem Wähler
- mehrere Stimmen erhalten und auf einen Kandidaten häufen können (kumulieren),
- Kandidaten mehrerer Parteien wählen können (panaschieren),
- Kandidaten streichen können.

Innerhalb der Parteiorganisation lässt sich die **innerparteiliche Demokratie** steigern, wenn das Delegiertenprinzip als Grundnorm des Parteiaufbaus (§ 9 Parteigesetz) eingeschränkt wird. Es fördert oligarchische Strukturen, denn alle Entscheidungsmacht liegt bei den Delegierten.

Die Verfahren der unmittelbaren Entscheidung der Mitglieder sind bisher nicht obligatorisch und bedürfen jeweils der Beantragung.

Seit einigen Jahren experimentieren die Parteien mit **Verfahren der unmittelbaren Entscheidung** der Mitglieder bei der Personalauswahl:
Abstimmung über Parteivorsitz (SPD 1993), Satzungsöffnung für Mitgliederentscheid über Kanzlerkandidaten (SPD 1993), Mitgliederbefragung durch Bundesvorstand in Personalangelegenheiten (CDU 1995), Mitgliederentscheid (FDP 1995).
Wo solche Verfahren durchgeführt wurden, beteiligten sich die Mitglieder mit etwa 40–60 %, während Parteiveranstaltungen sonst von kaum mehr als 10 % der Mitglieder besucht wurden.

2.3.4 Politische Elite und politische Rekrutierung

> **Politische Elite** sind jene Personen, die als Inhaber von Herrschaftspositionen in den Institutionen und Organisationen des politischen Systems gesamtgesellschaftlich verbindliche Entscheidungen treffen.

Sinnähnliche Begriffe für **politische Elite** sind Führungsgruppen oder politische Klasse.

Politische Elite bildet sich heraus
– in Regierungsämtern (Kanzler, Bundesminister, Ministerpräsidenten, Landesminister, Parlamentarische Staatssekretäre),
– aus Mandatsträgern des Bundestages (insbesondere Präsidium, Ausschussvorsitz, Fraktionsvorstand),
– in Parteiführungen,
– in der obersten Ministerialbürokratie sowie aus Leitern staatlicher Betriebe und öffentlicher Körperschaften,
– in der Führung großer Interessenorganisationen.

Die **Definitionen von Elite** nach Leistungspositionen innerhalb des politischen Systems oder nach Wertschätzung (Reputation) der Personen können auseinanderfallen.

Jedoch nicht jede Person in solcher Position kann im Urteil der Fachleute und der Öffentlichkeit beanspruchen, zur Elite zu gehören.
Die sozialen und politischen Bedingungen, unter denen sich Eliten bilden, variieren im Zeitverlauf und von Staat zu Staat. Deshalb sind bei der Erklärung von Eliten hinsichtlich ihrer Rekrutierung, Eigenschaften und ihres Zusammenhalts die Merkmale des jeweiligen Gesamtsystems zu beachten.
In einer pluralistisch-demokratischen Gesellschaft besteht nicht die eine Elite, sondern ein **Zusammenhang verschiedener Eliten.** Neben der politischen Elite gibt es die kulturelle, wirtschaftliche – mit Arbeitgeber- und Arbeitnehmerfraktionen –, militärische, wissenschaftliche Elite. Der Zusammenhang kann sich über sozial anerkannte Werte, über Ausbildung oder durch Kommunikation und soziale Netze herstellen. Er schließt Rivalitäten zwischen Eliten und **Elitenfraktionen** nicht aus.
Anders als in Frankreich oder Großbritannien erneuern sich Eliten in Deutschland in erster Linie nicht über berühmte Universitäten, sondern über ausgewählte Universitätsfächer. Für die politische Elite spielen Rechts- und Sozialwissenschaften eine große Rolle.

Politische Meinungs- und Willensbildung

Die Elitenzusammensetzung in Deutschland wurde durch die Abtrennung der Landesteile jenseits von Oder und Neiße nach 1945 ebenso wie durch die Aufteilung Deutschlands in Besatzungszonen und nachfolgend in zwei Staaten beeinflusst.

Die westdeutsche Entwicklung brachte keine soziale Abspaltung einer „Elite" vom Rest einer „Nicht-Elite", wohl aber eine soziale Hierarchie, in der sich die Eliten vor allem aus den oberen sozialen Schichten rekrutierten und diesen ähneln.

Im Nachkriegsdeutschland formierten sich die Eliten offen im Zugang, doch untereinander und zur Gesellschaft hin eher defensiv und „versäult". Dem ging bei Kriegsende 1945 voraus, die NS-Elite aus den politischen und gesellschaftlichen Führungspositionen zu verbannen.

Profilmerkmale politischer Eliten

> Nach den Befunden der Elitenforschung stehen die **Parlamentarier** oberhalb der Mitte in der Sozialstruktur Deutschlands.

Im Zentrum der politische Elite sind Parlamentarier und Regierungsmitglieder bisher eingehender von der sozialwissenschaftlichen Forschung untersucht worden. Parlamentarier geben ohnehin jederzeit und in Parlamentshandbüchern veröffentlicht Auskunft über wichtige Lebensdaten. Ob diese auch Angaben zu Nebeneinkünften einschließen sollen, ist umstritten („gläserner Abgeordneter").

Merkmale eines Profils der Bundestagsabgeordneten (2002)	
Alter	Das Durchschnittsalter bei Beginn der Wahlperioden betrug knapp 50 Jahre. Die jüngste Fraktion stellen die Abgeordneten von Bündnis 90/Die Grünen. Der älteste Abgeordnete im 2002 gewählten Parlament wurde 1932 geboren (O. SCHILLY), die jüngste 1983 (A. LÜHRMANN).
Geschlecht	Der Frauenanteil stieg seit der 8. Wahlperiode auf knapp 33 % (198 Sitze), überdurchschnittlich auf die SPD und Bündnis 90/Die Grünen verteilt. Parlamentarierinnen kommen häufig aus dem Öffentlichen Dienst.
Bildung	Der Anteil der Abgeordneten mit Hoch- und Fachschulbildung verdoppelte sich und liegt nunmehr bei 80 % (Trend der Akademisierung). Hauptstudienfächer waren Rechts- und Staatswissenschaften (123), Lehramt/Pädagogik (67), Wirtschafts- und Sozialwissenschaften (43), Ingenieurwesen (38), Politikwissenschaft (37).
Konfession	Rund je ein Drittel der Abgeordneten sind evangelischer oder katholischer Konfession, zwei (2002) islamisch.
Beruf	Die Abgeordneten übten vordem mehrheitlich andere Berufe aus, ein Teil von ihnen gelangte direkt nach der Ausbildung in politische Positionen und dann in den Bundestag. In der ersten Wahlperiode 1949 dominierte die Berufsgruppe der Angestellten von politischen und gesellschaftlichen Organisationen, gefolgt von der Gruppe der Freiberufler und Selbstständigen. Inzwischen sind die Berufe des Öffentlichen Dienstes am stärksten vertreten – von insgesamt 603 Abgeordneten sind es 256, darunter als größte Gruppen (je 56) Lehrer und Verwaltungsbeamte (Tendenz der Verbeamtung).

Die Angaben in der Tabelle sind entnommen aus dem „Datenhandbuch zur Geschichte des Deutschen Bundestages" von P. SCHINDLER.

Politik als Beruf

> Politik ist zu einem **Beruf** (Profession) geworden, der in der Regel hauptamtlich ausgeübt wird.

Die Ausübung von Politik als **Beruf** begann bereits in der Monarchie. Beruf wird dabei aufgefasst im Sinne spezieller Tätigkeiten, die den Lebensunterhalt sichern oder auf die Ausübung eines Amtes durch Berufung gerichtet sind.

Die Realität, politische Wahlämter mit Berufspolitikern und im Rahmen professioneller Karrieren zu besetzen, steht im Grunde in einem Widerspruch zur verbreiteten demokratischen Norm, der Zugang zu den Wahlämtern müsse allen Staatsbürgern gleichermaßen – Laien wie Berufsqualifizierten – geöffnet sein. Die Professionalisierung der Politik ist Teil der gesellschaftlichen Entwicklung, Tätigkeiten zu spezialisieren und zu verfachlichen. Die **Professionalisierung** äußert sich in veränderten Bedingungen für Politik:

– Politiker verfügen über verlässliches Einkommen, seitdem in den 1970er-Jahren von Tagegeld und Einzelzuschüssen auf Grundvergütungen, Pauschalzuschüsse und Pensionen umgestellt wurde. Hinzu kommt die Ausstattung mit Mitarbeiterstellen, bei Bundestagsabgeordneten drei bis vier Stellen.
– Politik bietet relativ gesicherte Karrieren entweder durch Wiederwahl oder durch ein Netz verwandter Berufe für den Fall der Abwahl.
– Politik bietet Aufstiegschancen über die fünf Ebenen der Kommunen, der Länder, des Bundes, der EU bis zu den internationalen Organisationen. Die Aufstiegswege verlaufen innerhalb oder zumindest in Verbindung mit Parteien. Quereinsteiger sind selten erfolgreich.
– Demokratisierung und Politisierung weiterer Lebensbereiche von Gesellschaft und Wirtschaft verlangen erhöhte Fachkenntnisse, insbesondere hinsichtlich der Regulierung des modernen Sozial- und Bundesstaats. Politik als Beruf muss bezahlt werden – von staatlicher oder privater Hand –, oder sie bleibt Begüterten und Pensionären überlassen.

Als erster deutscher Sozialwissenschaftler erkannte MAX WEBER den Trend zur Verberuflichung. Aus den „Hilfskräften" der Fürsten für finanzielle, militärische und juristische Angelegenheiten entwickelten sich die Berufe des Beamten und des Politikers. WEBER unterschied den kurzfristigen Gelegenheitspolitiker vom Gewohnheitspolitiker. Der Typ des **hauptamtlichen Politikers** verdrängt die lange Zeit in der Politik dominierenden Aristokraten und bürgerlichen Honoratioren.

Die Professionalisierung erfasst Personen, Institutionen und das politische System insgesamt. Der **Typ des Berufspolitikers** beginnt mit dem „Parteibeamten", der im Rückgriff auf die Partei über genügend materielle und ideelle Mittel verfügt, um statt der herkömmlichen Mitberatung nun politische Mitentscheidung einzufordern. Obwohl hauptamtliche Politiker längst üblich wurden, werden die vielfältigen Folgen für die Demokratie in der politischen Öffentlichkeit kaum beachtet. Das erleichterte die Herausbildung einer **politischen Klasse**. Sie umfasst die politische Elite als neuartige Berufsgruppe.

Die politische Klasse ist in der Lage, eigene Regeln für ihre personelle Erneuerung zu entwickeln und selbst über die Aufnahme neuer Mitglieder zu entscheiden, z. B. durch die Kandidatenaufstellung bei Wahlen. Darin liegt die Gefahr der sozialen Abschottung und Distanz gegenüber der Bevölkerung.

2.3.5 Meinungsbildung und Massenmedien

> Demokratie ist mehr als jede andere Herrschaftsform auf **Kommunikation** angewiesen.

Kommunikation, lat. communicatio = Unterredung, Mitteilung; Informationsaustausch und wechselseitige Vermittlung von Bedeutung entweder unmittelbar oder mittels technischer Medien zwischen Personen bzw. Gruppen

Die parlamentarische Demokratie in Deutschland gründet auf der wechselseitigen Kommunikation zwischen politischer Führung und Bevölkerung. Das beruht darauf, dass politische Macht zeitlich begrenzt an Volksvertreter delegiert wird und diese an Wählerinteressen gebunden sind. Der öffentliche Austausch von Informationen, Argumenten und Symbolen findet in der Regel vermittelt durch Massenmedien statt. Die Techniken und Verfahren der **Medien** erlauben es, Informationen und Meinungen in großen Mengen zu sammeln, zu verarbeiten und zu verbreiten.

Medien nehmen für die Bevölkerung die Aufgabe der „stellvertretenden Augenzeugenschaft" wahr.

Von den Kommunikationsinhalten her gesehen sind durch Medien vermittelte Informationen von Interessen zu unterscheiden, die durch Interessengruppen, Parteien und Regierungen vermittelt werden. Praktisch kommt es zwischen Informationen und Interessen zu Überschneidungen, indem einzelne Medien bestimmte Interessen systematisch unterstützen. Medien haben eine besondere Bedeutung dafür, dass die **Staatsbürger** ihre politischen Ziele und Interessen wie auch die politischen Mittel der Umsetzung kennen. Die Abhängigkeit der Bürger von der Vermittlung wahrer Informationen über das Geschehen auf lokaler, nationaler und globaler Ebene begründet einen hohen verfassungspolitischen Rang der Medien, die deshalb auch als „vierte Gewalt" bezeichnet werden. Das gilt für öffentlich-rechtliche wie für privat organisierte Medien.

> **Meinungsbildung** umfasst zum einen die individuelle Aufnahme von Informationen. Zum anderen ist sie ein kollektiver Prozess, in dem sich Individuen zu Gruppen mit bestimmten Zielen konstituieren.

Der selbsttätige Dialog innerhalb sowie zwischen Gruppen, Institutionen wird durch die neuen Informations- und Kommunikationstechniken, insbesondere das Internet, erleichtert.

Öffentlichkeit

Öffentlichkeit entsteht, wenn nicht geheim und privat, sondern für alle zugänglich und zwanglos informiert, debattiert und verhandelt wird. Öffentlichkeit unterliegt dem historischen Wandel. Schon in der griechischen Stadt-Demokratie schränkten Recht und Macht die Öffentlichkeit auf männliche, wehrfähige Bürger ein. Im Unterschied zum aristotelischen Modell der Antike hat die moderne Öffentlichkeit die Aufgabe der Entscheidungsfindung aus der Debatte der vielen herausgenommen und in einen Prozess der **öffentlichen Meinungs- und Willensbildung** gewandelt. Die Entscheidung wird in die Parlamente verlegt. Gesellschaftstheoretisch geht es in der Öffentlichkeit statt um Beratung und Beschlussfas-

Die Agora als Versammlungsort, Feier- und Marktplatz der griechischen Polis stellt die europäische **Urform** des Kommunikationsforums dar.

sung nunmehr um Wahrheitsfindung durch den öffentlichen Gebrauch der Vernunft und die Konkurrenz der Gedanken.
Die Lage der öffentlichen Meinungs- und Willensbildung ist abhängig
– vom Freiheitsverständnis der Verfassung,
– vom Pluralismus der Parteien, Verbände, Medien und Bevölkerungsgruppen,
– den sich öffentlich äußernden Einzelnen,
– den beruflichen Standards und der Ökonomie der Medien,
– den politischen Institutionen.

Wem es gelingt, Probleme zu Themen der öffentlichen Debatte zu machen, und wer zudem dafür seine eigene Problemlösung darstellen kann, erlangt politische Macht im Sinne von „Definitionsmacht".

> **Definitionsmacht** verbindet öffentliche Meinungsbildung und politische Entscheidung.

Eine wichtige Voraussetzung für Definitionsmacht ist ein günstiger Zugang zur Öffentlichkeit, z. B. durch den Einsatz von Agenturen für Öffentlichkeitsarbeit.

Definitionsmacht kann bei Politikern, Publikumsgruppen oder Medien liegen. Nur für Themen wie Krieg und Katastrophen gibt es eine nationale oder internationale Öffentlichkeit. In modernen Gesellschaften sind stattdessen Teil-Öffentlichkeiten üblich, deren Themen, Teilnehmergruppen und Diskussionszeit begrenzt sind. **Informationsaustausch und Meinungskonkurrenz** können drei Wege nehmen.

Kommunikationswege		
der Austausch zwischen anwesenden Menschen, z. B. am Arbeitsplatz **(interpersonale Kommunikation)**	**öffentliche Versammlungen** und Veranstaltungen, die generell für alle Themen und alle Teilnehmer offen sind (je mehr Teilnehmer, desto weniger Sprechmöglichkeiten)	**massenmediale Kommunikation,** deren Themenwahl stärker von Medien beeinflusst wird; sie verläuft weitgehend geregelt und macht klare Unterschiede zwischen Sprechern, Vermittlern und dem Publikum

Bild: Videokonferenz

Meinungsfreiheit

Das Grundgesetz schützt die Meinungs-, Informations- und Pressefreiheit.

Die staatliche Überwachung von Veröffentlichungen – die **Zensur** – ist in freiheitlich-demokratischen Staaten verboten. Sie wird in Kriegszeiten versucht.

„Jeder hat das Recht, seine Meinung in Wort, Schrift und Bild frei zu äußern und zu verbreiten und sich aus allgemein zugänglichen Quellen ungehindert zu unterrichten. Die Pressefreiheit und die Freiheit der Berichterstattung durch Rundfunk und Film werden gewährleistet. Eine Zensur findet nicht statt." (Art.5 Abs.1 GG)

Damit wird Schutz vor staatlichen Eingriffen gewährleistet. Meinungsäußerungen sind nicht strafbar. Journalisten brauchen ihre Informanten nicht bekannt zu geben. Die Verfassung schützt den Einzelnen auch vor Medienmacht.

Beleidigungen und Verleumdungen sind strafbar. Zwischen dem Recht an der eigenen Persönlichkeit (Ehre, Privatsphäre, eigenes Bild) und der Freiheit der Berichterstattung ist die Abwägung oft schwierig.

„Diese Rechte finden ihre Schranken in den Vorschriften der allgemeinen Gesetze, den gesetzlichen Bestimmungen zum Schutz der Jugend und in dem Recht der persönlichen Ehre." (Art. 5 Abs. 2 GG)

Den rechtlichen Rahmen für die **massenmediale Kommunikation** und indirekt auch für die interpersonale Kommunikation bilden neben der Verfassung
- die Pressegesetze der Länder,
- der Rundfunkstaatsvertrag der Länder von 1994 (öffentlich-rechtlicher Hörfunk/Fernsehen),
- die Mediengesetze der Länder (privater Hörfunk/Fernsehen).

Die Presse hat sich eine Institution der Selbstkontrolle geschaffen, den **Deutschen Presserat**, und einen Presse-Kodex vereinbart.

„Achtung vor der Wahrheit und wahrhaftige Unterrichtung der Öffentlichkeit sind oberste Gebote der Presse." (§ 1 Presse-Kodex)

Massenmedien

> Die **Massenmedien** machen die **Massendemokratie** erst möglich.

Öffentliche Meinung und politische Willensbildung werden entscheidend von der „veröffentlichten Meinung" von Presse, Funk, Fernsehen und Internet beeinflusst. Während sich die Presse nahezu vollständig in Privatbesitz befindet, sind Hörfunk und Fernsehen teils öffentlich-rechtlich, teils privat organisiert (duales System).

2002 erschienen 380 Zeitungen mit einer Auflage von 29 Mio. Exemplaren je Erscheinungstag, weiterhin Publikumszeitschriften (Illustrierte, Programmzeitschriften u.a.) mit einer Auflage von 17 Mio.

Eine meinungsführende Rolle nehmen neben dem Fernsehen die überregionalen Tageszeitungen sowie die großen Wochenzeitungen und Nachrichtenmagazine ein. Sie werden von politisch stärker Interessierten gelesen, die Einfluss auf ihr soziales Umfeld haben („Meinungsführer"). Andere Journalisten und Medien orientieren sich an ihnen.

Die nach 1949 errichteten selbstständigen **Rundfunkanstalten des öffentlichen Rechts** sind seit 1950 in der Arbeitsgemeinschaft der öffentlich-rechtlichen Rundfunkanstalten Deutschlands (ARD) zusammengeschlossen. Seit der deutschen Vereinigung sind es elf Länderanstalten, die das Programm „Erstes Deutsches Fernsehen" sowie jeweils eigene „Dritte Programme" ausstrahlen. Die Länder gründeten 1961 zusätzlich die bundesweite Fernsehanstalt „Zweites Deutsches Fernsehen" (ZDF).

Tägliche Mediennutzung (Bevölkerungsanteil in %)		
Medium	1999	2005
Fernsehen	80	86
Radio	74	79
Zeitung	65	58
Internet	9	40
Buch	23	26
Zeitschrift	25	24

Quelle: Sevenonemedia Forsa

Fernseh-Einschaltquoten 2007	
(Zuschauer-Anteile in %)	
RTL	12,4
ARD	13,4
ZDF	12,9
ARD-Dritte	13,5
SAT 1	9,6
Pro 7	6,5

Quelle: AGF/GFK Fernsehforschung

Öffentlich-rechtlicher Hörfunk und Fernsehen übernehmen im dualen System die Grundversorgung der Bevölkerung für Meinungs- und Willensbildung, Unterhaltung, Information und Kultur. Um die Anstalten von politisch-staatlichen und wirtschaftlichen Interessen freizuhalten, finanzieren sie sich aus Gebühren der Hörer und Zuschauer. Dennoch unterliegt die Auswahl des Führungspersonals dem Parteieinfluss („Parteiproporz"). Inzwischen erzielen die öffentlich-rechtlichen Anstalten auch Einnahmen aus Werbeeinblendungen. Die privaten Sender finanzieren sich durch Werbeeinnahmen oder Gebühren (pay-tv).

Obwohl das Politikinteresse zusammen mit der Fernsehexpansion langfristig gestiegen ist und gute Kenntnisse der politischen Institutionen verbreitet sind, scheint sich die Lage der politischen Information in Deutschland zu verschlechtern.

Die **Mediennutzung** verändert sich ständig. Die Nutzungsdauer insgesamt steigt längerfristig, wobei das Internet erheblich stärker genutzt wird. Die Zeitung dagegen verliert Leser – insbesondere unter Jugendlichen und der ostdeutschen Bevölkerung. Die informationsarmen privaten Fernsehsender drängen politische Inhalte aus ihren Programmen. Einer oberflächlichen, an Krisen orientierten Masseninformation stehen die differenzierte Information und die Debatte weniger gegenüber.

2.3.6 Interessenorganisationen

Interessenorganisationen (Verbände) wirken nach den Parteien als wichtigste Vermittlungsinstanz zwischen Bevölkerung und Staat.

Das Grundgesetz erwähnt sie im Unterschied zu den Parteien (Art. 21 GG) nicht als Teilnehmer an der politischen Willensbildung. Real nehmen **Verbände** jedoch nicht nur Einfluss auf die politische Willensbildung zugunsten der Verbandsmitglieder. Sie sind selbst Bestandteil des politischen Systems. Verbände entstehen auf Grundlage des Bürgerrechts aller

Politische Meinungs- und Willensbildung

Deutschen, „Vereine und Gesellschaften zu gründen" (Art. 9 GG). Sie sind freiwillige, privatrechtlich nach dem Vereinsrecht des BGB organisierte Zusammenschlüsse, um
- Interessen der Mitglieder zusammenzufassen, zu organisieren und nach außen zu vertreten,
- dabei auf politische Entscheidungen Einfluss zu nehmen.

In Deutschland galten Interessenorganisationen bis 1918 als reine gesellschaftliche Kräfte außerhalb des Staates. Die Weimarer Republik suchte sie – wenig erfolgreich – in einem „Reichswirtschaftsrat" zusammenzufassen. Die NS-Diktatur wandelte sie in öffentliche Zwangsorganisationen, z. B. die „Deutsche Arbeitsfront".
Im politischen System der Bundesrepublik kann jedermann mit allen gesetzlichen Mitteln auf politische Entscheidungen Einfluss nehmen.

Interessen sind subjektiv empfundene und das Verhalten orientierende Ziele und Bedürfnisse von Einzelnen und Gruppen.

Als Tarifparteien bilden Gewerkschaften und Arbeitgeberverbände „Vereinigungen zur Wahrung und Förderung der Arbeits- und Wirtschaftsbedingungen" (Art. 9 Abs. 3 GG).

In Deutschland gibt es schätzungsweise etwa 200 000 Verbände. Besonders einflussreich treten **Gewerkschaften** auf. Über den direkten Zugang zum Bundestag verfügen mehr als 1 500 Verbände, die sich zuvor in einer öffentlichen Liste registrieren ließen. Interessenorganisationen sind auf allen Politikfeldern aktiv, vorzugsweise in Wirtschafts- und Finanzfragen, aber auch auf sozial-, kultur- und umweltpolitischen Gebieten.

Interessenorganisationen in Deutschland	
Wirtschafts- und Arbeitsbereich	• Unternehmens- und Selbstständigenorganisationen (z. B. Bundesverband der Deutschen Industrie, Bundesvereinigung der Deutschen Arbeitgeberverbände, Hauptgemeinschaft des Deutschen Einzelhandels, Deutscher Bauernverband) • Arbeitnehmerorganisationen (Deutscher Gewerkschaftsbund mit acht Mitgliedsgwerkschaften, Deutscher Beamtenbund) • Berufsverbände (Verein Deutscher Ingenieure, Deutscher Sekretärinnen-Verband, Bundeswehrverband) • Branchenverbände (Bundesverband der Deutschen Ziegelindustrie, Verein Deutscher Werkzeugmaschinenfabriken, Bundesverband freier Sachverständiger, Industrievereinigung Chemiefaser) • Verbraucherverbände
Sozialbereich	• Wohlfahrtsverbände (Deutsches Rotes Kreuz, Deutscher Caritasverband, Diakonisches Werk, Arbeiterwohlfahrt) • sonstige Organisationen (Deutscher Gehörlosen-Bund, Bundesverband der Sozialversicherten)
Freizeitbereich	• Freizeitorganisationen (Deutscher Alpenverein, Deutscher Schützenbund) • Sportorganisationen (Deutscher Sportbund)
Bildung und Kultur	• Bildungsorganisationen (Bund für deutsche Schrift und Sprache, Deutsche Vereinigung für Politische Bildung) • Kulturverbände (Deutscher Kulturrat, Bundesverband Bildender Künstler, Union Deutscher Jazz-Musiker)

Interessenorganisationen und Politik

Lobbying, amer. = Einflussnahme auf Abgeordnete, Mitglieder der Regierung, der Verwaltung und der Gerichte

Verbandsvertreter verstehen sich als „Agenten" der Mitgliederinteressen. In diesem Rahmen agieren sie als autonome Initiatoren und Makler. Lange wurde **Lobbying** einseitig als das Einfordern von günstigen politischen Entscheidungen verstanden. Jedoch ist das Verhältnis zur Politik keine Einbahn-, sondern eine Zweibahnstraße.

Tausch auf Gegenseitigkeit	
Interessenvertreter bieten:	**politische Entscheidungsträger bieten:**
• fachspezifische, praxisnahe Informationen zur Vorbereitung von Gesetzen und Verordnungen • politisches Wohlverhalten im Entscheidungsablauf (Loyalität) • Wahlunterstützung	• Informationen über Gesetzesvorhaben • sichere und erweiterte Vergünstigungen • Sicherung der gegebenen Wirkungsmöglichkeiten (status quo)

Die wichtigsten Kontakte knüpfen Interessenvertreter formell oder informell zu:
– Bundesministerien (Verwaltung),
– Bundestagsausschüssen (Abgeordnete),
– Medien,
– Landesministerien (Verwaltung),
– Bundestagsfraktionen der Regierungsparteien (Abgeordnete),
– Bundesminister (Minister),
– nachgeordnete Behörden (Verwaltung),
– Bundestagsfraktionen der Oppositionsparteien (Abgeordnete).

Die Knappheit der Informationen über die in der Regel sehr komplizierten Sachverhalte der Gesetzgebung bringen Interessenvertreter und politische Entscheidungsträger zusammen. Beiden geht es dann um den Austausch von Informationen, Förderung, Vergünstigung und Wohlverhalten. Verbandsinteresse und Gemeinwohl können dabei in Widerspruch geraten.

Die **Anhörungen** der Bundesministerien gelten als wichtigste Kontaktmethode. Sie finden in der Regel zu hausinternen Rohentwürfen von Gesetzen statt. Vor allem wegen der Öffentlichkeitswirkung sind auch die Anhörungen der parlamentarischen Ausschüsse bedeutsam.

§ 24 der Gemeinsamen Geschäftsordnung der Bundesministerien besagt: „Bei Vorbereitung von Gesetzen können die Vertretungen der beteiligten Fachkreise oder Verbände unterrichtet und um Überlassung von Unterlagen gebeten werden sowie Gelegenheit zur Stellungnahme erhalten."

Eine 1993 durchgeführte Befragung von Parlamentariern nach Verbandskontakten verwies auf die starke Rolle der **Religionsgemeinschaften**, die als solche nicht zu den klassischen Interessenorganisationen gerechnet werden. Auch **soziokulturelle Verbände** werden von Parlamentariern stark wahrgenommen. Abgeordnete mit besonderer Nähe zu einzelnen Interessenorganisationen vermitteln deutlich im Sozial- und Kulturbereich.

Staat und Parteien unterliegen nicht der „Herrschaft der Verbände" wie auch die Interessenorganisationen nicht einem politischen Diktat unterliegen. Beide Seiten befinden sich in verschränkter Machtlage im „kooperativen Staat". Für den demokratischen Verfassungsstaat entsteht allerdings dann ein Problem, wenn beide Seiten die **verfassungsförmigen Verfahrenswege** der Willensbildung und Gesetzgebung verlassen und über den Verhandlungsweg **Absprachen** an die Stelle von Gesetz und Verordnung treten lassen. Das Verhandlungsverfahren schließt Publikum und Opposition aus und entzieht sich damit der Öffentlichkeit und Nachprüfbarkeit.

Bekannt sind **Absprachen** z. B. in der Energiepolitik (Ausstieg aus der Atomenergie), Umweltpolitik (Begrenzung der Schadstoffbelastung) und der Ausbildungspolitik (Lehrstellenangebot).

2.3.7 Parteien und Parteiendemokratie

> **Parteien** agieren in allen Politikfeldern und von der Gemeinde bis zur Europäischen Union auf allen politischen Ebenen. Der **Parteienwettbewerb** ist der wichtigste Steuerungsmechanismus der Politik.

Anders als im Kaiserreich und der Weimarer Republik nehmen Parteien heute bei der politischen Willensbildung des Volkes eine in der Verfassung verankerte öffentliche Aufgabe wahr (Art. 21 GG). Gleichwohl sind Parteien gesellschaftliche **Vereinigungen der Bürger**. Ihre Gründung ist frei, ihre innere Ordnung muss demokratischen Grundsätzen entsprechen, über Finanzen und Vermögen müssen sie Rechenschaft ablegen.

Partei, lat. pars = Teil

Durch Parteienbündnisse wie die „Sozialistische Internationale" und durch parteinahe Stiftungen wie die Konrad-Adenauer-Stiftung sind Parteien auch im Ausland präsent.

Parteiaufgaben

Aus der generellen Aufgabe, an der Willensbildung des Volkes „mitzuwirken" (Art. 21 GG) wurden umfängliche einzelne Aufgaben abgeleitet, die im **Parteiengesetz** von 1967 verankert sind:
– Mitwirkung an öffentlicher Meinungs- und Willensbildung,
– Vertiefung der politischen Bildung,
– Aktivierung der Bürger,
– Aufstellung von Kandidaten,
– Beeinflussung der Parlamente und Regierungen,
– Verfolgung von politischen Zielen,
– Halten der Verbindung zwischen Volk und Staat.

Parteien verdichten verwandte Meinungen und Interessen zu politischen Programmen und werden dadurch für Wähler identifizierbar. Indem Parteien Führungspersonal und politische Programme zur Auswahl stellen und das Handeln von Parlament und Regierung beständig an gesellschaftlichen Bedürfnissen und Meinungen ausrichten, **vermitteln** sie zwischen Bevölkerung und Staat – in beiden Richtungen.

Parteien beschränken sich aber nicht auf die Mitwirkung an der **Volkswillensbildung** und als Organisationen zur Wahlvorbereitung.

Bund und Länder im Bundesrat stehen zunehmend unter Parteieinfluss. Themenbezogen entstehen große Koalitionen aller Parteien. Zugriffsmöglichkeiten auf die öffentlich-rechtlichen Medien und die Staatsverwaltung sowie hohe öffentliche Zuschüsse zur Parteienfinanzierung weisen ihren Aktionsradius aus.

> Parteien gestalten mit ihren Parlamentsabgeordneten auch die Bildung und Führung der Regierung mit **(Staatswillensbildung).**

Ihre Rolle ist abhängig von der Geltung der Prinzipien
– des demokratischen Wettbewerbs,
– der parlamentarischen Regierungsbildung und -verantwortung,
– des Föderalismus.

Organisation, Mitglieder und Finanzierung

In Mitgliederorganisationen wie den Parteien entscheidet die Binnenstruktur über Gelingen und Versagen der Demokratie.

> Parteien müssen über **Programm** und **Satzung** verfügen.

Grundregeln des demokratischen **Aufbaus von Parteien** sind:
– festgelegte Mitgliederrechte:
  • gleiches Stimmrecht,
  • geheime Wahl der Vorstände, Delegierten, Parlamentskandidaten,
  • Schutz vor willkürlichem Ausschluss und Eintrittsverweigerung;
– vertikaler Aufbau von unten nach oben und angelehnt an die regionale Gliederung in Gemeinden, Kreise, Länder und Bund (zukünftig auch der Europäischen Union);
– Kandidatenauswahl durch Delegierte;
– Verantwortung von oben nach unten;
– Offenlegung der Parteifinanzen.

Knapp drei Prozent der wahlberechtigten Bevölkerung sind in Parteien organisiert (1,6 Mio. 2005). Die Mitgliedschaft stieg mit der Vereinigung Deutschlands kurzfristig stark an. Seitdem fällt sie.

Mitgliedschaften sind weder Spiegelbild der Gesellschaft noch der Wählerschaft. Der Bildungsgrad liegt über dem der Bevölkerung.

Politische Meinungs- und Willensbildung

Die jüngeren Jahrgänge sind relativ schwach, die mittleren und älteren dafür stärker vertreten. Gänzlich unausgewogen ist die Verteilung zwischen Männern und Frauen – mit Ausnahme von Bündnis 90/Die Grünen und Die Linke. Überrepräsentiert sind die Berufe des öffentlichen Dienstes.

Die **Parteimitgliedschaft** ist freiwillig. Die Aktivitäten, die Mitglieder in der Praxis übernehmen, unterscheiden sich erheblich.
Geringe Beteiligung der Bevölkerung verringert das personelle Reservoir für Politikerneuerung. Die Parteibasis hat fast keinen Einfluss auf die Politik der Gesamtpartei. Unter den Parteiaktiven sind Angehörige des öffentlichen Dienstes und Freiberufler überrepräsentiert. Die Funktionäre gelten als die eigentlichen **Parteibürger.** Ihr Einfluss wird nach Mandat und Anzahl der Ämter gemessen (Ämterhäufung). Bedeutsam sind sie auf mittlerer Ebene, da hier über politische Karrieren entschieden wird. Auf oberster Ebene von Parteivorstand und Parlamentsfraktion können Abgeordnete als Experten für einzelne Politikfelder eine große Rolle spielen. **Parteiführungen** entscheiden mit Blick auf die Wahlen, die Sachlage („Sachzwänge") und die Parteimitglieder. Sie kontrollieren Personalauswahl und Ämterbesetzung.

Da sich Parteimitglieder an einer öffentlichen Aufgabe – der politischen Willensbildung – beteiligen, werden **Parteifinanzen** vom Staat bezuschusst. Die Eigenfinanzierung muss jedoch überwiegen. Zuschüsse erfolgen zu Wahlkampfkosten (je Wählerstimme) und zu Beiträgen und Spenden. 2000 umfassten die öffentlichen Mittel rund 33 % der Einnahmen.

Die Aktivitäten der Parteimitglieder unterscheiden sich folgendermaßen:
– Beitragszahler ohne weitere Aktivität (75–85 % der Mitglieder);
– ehrenamtliche Parteiaktive in lokalen Basisorganisationen (Parteibasis);
– hauptamtliche Parteiangestellte (Parteifunktionäre) auf Kreis-, Landes- und Bundesebene (bis zu 200 Angestellten bei großen Parteien);
– Mandatsträger (1994 rund 235 000 Kommunal-, 2 000 Landtags- und 672 Bundestagsmandate).

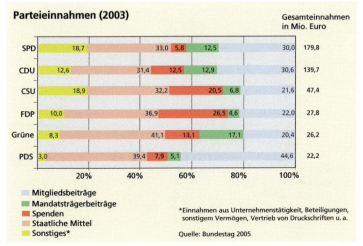

Die Parteienfinanzierungsaffäre der CDU 1999/2000 löste striktere Finanzierungsbedingungen im neuen **Parteiengesetz** von 2002 aus. Danach dürfen Barspenden die Höhe von 1 000 Euro nicht überschreiten und Spenden nicht vorsätzlich gestückelt werden, um die Veröffentlichung ab 10 000 Euro zu umgehen. Falsche Rechenschaftslegung ist nun strafbar.

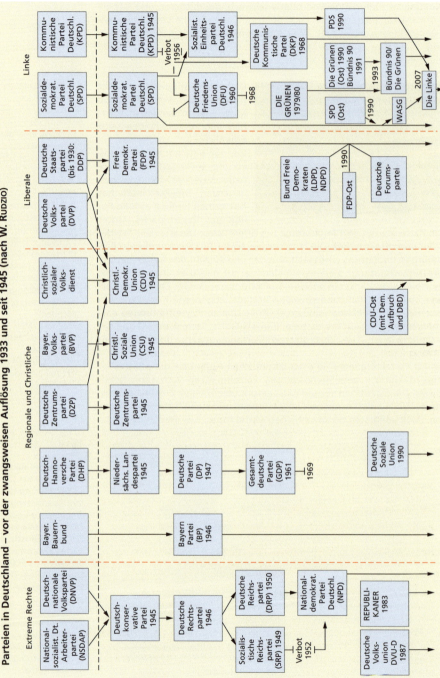

Parteien in Deutschland – vor der zwangsweisen Auflösung 1933 und seit 1945 (nach W. Rudzio)

Parteiarten, Parteiensystem

> Parteien haben zwei **historische Wurzeln**: die Entwicklung zum Parlamentarismus und die Konflikte der industriellen Gesellschaft.

Wenn Regierungen aus **Parlamenten** hervorgehen – wie zuerst in Großbritannien – bleiben sie von parlamentarischen Regierungsmehrheiten abhängig. Parteien wurden zum Hauptweg, politische Stabilität in Parlament und Regierung zu organisieren. Über den konkreten Weg entscheidet das jeweilige Wahlrecht (Mehrheits- oder Verhältniswahl).

Seit dem 19. Jh. entwickelten sich typische sozioökonomische und soziokulturelle **Konfliktlinien** (cleavages) aus Interessengegensätzen zwischen
- Produktionsmitteleigentum (Kapital) und Arbeit,
- Stadt und Land bzw. Industrie und Großagrariern,
- Staat bzw. Liberalismus und Kirche,
- nationalstaatlichem Zentrum und Peripherie bzw. Region,
- Wirtschaftswachstum und ökologischem Gleichgewicht.

Parteien bildeten sich entlang solcher Konflikte, für die sie Regelungen suchten.
Die gesellschaftlichen **Konflikte** zu mildern und zu regeln, gelang seit dem Zweiten Weltkrieg dem europäischen Sozialstaat. Als neuer Konflikt entstand der Ost-West-Gegensatz. Beides hatte weitreichende Auswirkungen auf das **deutsche Parteiensystem**.
In den Westzonen und der nachfolgenden Bundesrepublik verdrängten **Volksparteien** die bis dahin agierenden bürgerlichen Parteien (Patronage-, Honoratiorenparteien) und die Massenparteien (Weltanschauungs-, Klassenparteien).

Unter **Parteiensystem** werden die Anordnung und Wechselbeziehungen aller Parteien im politischen System verstanden. Bestimmungsgrößen sind: Parteianzahl, Größe, Binnenstruktur und Programm.

Volksparteien suchen die möglichst größte Wählerschaft (catch all party), nicht nur die Stimmen bestimmter sozialer Gruppen.

Als Erste ging die CDU diesen Weg, indem sie sich an Katholiken wie Protestanten, an Arbeiter wie Unternehmer wendete, ähnlich die CSU in Bayern (Landwirte wie Mittelständler), gefolgt schließlich seit dem Godesberger Parteitag 1958 von der SPD (alle Arbeitnehmer). In der Sowjetischen Besatzungszone/DDR trat zwischen 1947 und 1950 die SED mit dem sowjetischen Vorbild folgende Partei neuen Typs das Erbe linker Weltanschauungs- und Klassenparteien an. Die SED instrumentalisierte die bürgerlichen Parteien CDU, LDPD, DBD, NDPD im Block der Nationalen Front als vermittelnde Transmission ihrer Politik zur Bevölkerung.

In der DDR gab es neben der SED als der „führenden Partei" die Christlich-Demokratische Union (CDU), die Liberal-Demokratische Partei Deutschlands (LDPD), die Demokratische Bauernpartei Deutschlands (DBD) und die Nationaldemokratische Partei Deutschlands (NDPD).

Mit der Vereinigung beider Staaten ist das **Parteiensystem pluralistischer** geworden. Blockparteien und die neu gegründete SDP bzw. SPD sowie die politisch Aktiven der Bürgerbewegungen schlossen sich westdeutschen Parteien an.
Neben CDU/CSU und SPD als Volksparteien wirken drei kleinere Parteien: FDP, Bündnis 90/Die Grünen, Die Linke. Etliche Kleinstparteien treten bei Bundestagswahlen an, so 1998 27 „sonstige Parteien", die insgesamt 5,9 % der Stimmen erhielten. In Kommunen bildeten sich um ungelöste Probleme herum vermehrt „Rathausparteien", die als Wählervereinigungen oder Unabhängige auftreten.

Parteienstaat, Parteiendemokratie

> Deutschland ist ein demokratischer **Parteienstaat**.

Parteien übernehmen einen öffentlichen Auftrag (Art. 21 GG), wählen die Politiker aus und steuern inhaltlich Politik und Verwaltung in Kommunen und Ländern, im Bund und für die Europäische Union. Nicht nur das Bundesverfassungsgericht spricht deshalb von einem Parteienstaat.

> Deutschland ist eine **Parteiendemokratie**.

Andererseits sind Parteien gesellschaftliche Vereinigungen. Sie sind die entscheidenden Mittler zwischen Bevölkerung und politischer Führung des Landes, gehen aber nicht im Staat auf. Zum Umfang ihrer Zuständigkeit im öffentlichen Leben und zu den Grenzen ihres Wirkens werden allerdings verschiedene Auffassungen vertreten.

Pro — Parteiendemokratie — Kontra	
Parteien sind Interessengruppen in eigener Sache, die an politischen Führungsaufgaben interessierten Bürgern Karrierechancen eröffnen.	Karrieredruck und Machtexpansion lassen Parteien auch in der Justiz (Richterernennung) und den Medien Einfluss nehmen, die jedoch ihrer Kontrolle dienen.
Die Klausel, mindestens 5% der Wählerstimmen zu gewinnen, um in das Parlament gelangen zu können, fördert ein stabiles Parteiensystem mit nur wenigen Parteien.	Die Fünfprozentklausel erschwert Parteineugründungen und damit ein aufgelockertes, anpassungsfähiges Parteiensystem.
Volksparteien sind die Konsequenz einer sozial nicht mehr polarisierten Gesellschaft.	Volksparteien verschleiern die reale Konflikt- und Klassenlage.
Langjährig wieder gewählte Parteiführungen, hauptamtliche Funktionäre und ein gemäßigter Parteienwettbewerb sichern politische Kontinuität und Stabilität.	Parteiapparate befassen sich stark mit sich selbst, verkrusten und verlieren an Fähigkeit, rechtzeitig auf neue Themen und Generationen zu reagieren – sichtbar bei Natur- und Umweltschutz oder der Bildungsmisere.
Als Verfassungsorgan erfordert ihre innere Organisation wie sonst im demokratischen Staat die repräsentative Legitimation über Delegierte.	Als gesellschaftliche Organisation meint innerparteiliche Demokratie die engere Bindung der Führung an die Basis, z. B. durch Urwahl, Rückruf, Ämterrotation oder imperatives Mandat.
Vor allem ein genereller Informationsvorsprung der Parteielite gegenüber Mitgliedern und Wählern sichert die Parteiführung von oben.	Die neuen elektronischen Medien schmälern den Informationsvorsprung und machen es Parteien möglich, statt auf Mitgliederparteien stärker auf Netzwerke oder nur noch „Rahmenpartei" (J. Raschke) zu setzen.

2.3.8 Wahlen und Wähler

> In Demokratien ist der **Wähler** am Wahltag für mehrere Stunden der Souverän. Er verteilt die politische Macht und legitimiert sie.

Politische Macht kann friedlich auch durch Erbfolge (Monarchie), Los, Akklamation, Kooptation (Selbstergänzung einer Körperschaft) oder ex-officio-Bestellung (Aufnahme aufgrund eines anderen Amtes) zugeteilt werden. In Demokratien entscheidet das Volk durch Wahlen und gelegentlich durch Abstimmungen über zur Auswahl stehende Personen, Programme und Parteien **(kompetitive Wahlen)**.

Auch in Diktaturen wird gewählt, jedoch ohne auswählen zu können **(nicht-kompetitive Wahl)** oder nur mit begrenzter Auswahl (semi-kompetitive Wahl).

Das Wahlrecht und der Parlamentstyp sind die beiden zentralen Bestimmungsgrößen von Demokratien. Die Rolle der Wahlen lässt sich von zwei entgegengesetzten **Demokratietheorien** her begreifen.

Identitätstheorie	Ihr Begründer J. J.ROUSSEAU geht nicht von der Summe der subjektiven Einzelwillen der Menschen aus (volonté de tous), sondern von der sich darüber hinaus erhebenden „höheren Einsicht" als den homogenen objektiven Volkswillen (volonté générale). Wahlen haben den objektiven Willen nur noch umzusetzen.
Konkurrenz- und Pluralismustheorie	Ihre Vertreter gehen nicht von einem eindeutig bestimmbaren Gemeinwohl aus. Im offenen Prozess der politischen Willensbildung und zwischen unterschiedlichen Interessen und Meinungen werben Einzelne um ein Mandat der Wähler zur politischen Führung auf Zeit.

Von seinen Kritikern – z. B. von J. L. TALMON – wurde ROUSSEAU wegen seiner Auffassung als Stammvater der „totalitären Demokratie" bezeichnet.

Dem Pluralismustheoretiker JOSEPH A. SCHUMPETER ging es um die Methode, Wähler durch Personalauswahl entscheiden zu lassen. ERNST FRAENKEL u. a. fügten der Personalauswahl noch die Sachentscheidung hinzu.

Verfahren der Entscheidung und Beteiligung

> Die **Stimmabgabe bei Wahlen** ist die allgemeinste Form von politischer Entscheidung wie auch politischer Beteiligung in der repräsentativen Demokratie.

Wahlen sind für die Masse der Bevölkerung die einzige Form politischer Beteiligung.

Nur mittels Wahlen lassen sich in Massendemokratien Interessen und Meinungen so bündeln, dass verbindliche Entscheidungen getroffen werden können. Repräsentation ist grundlegend für das deutsche politische System. Volkssouveränität meint dann nicht die direkte Volksregierung, sondern Herrschaft durch auf Zeit gewählte Repräsentanten. Voraussetzung sind minimale Grundüberzeugungen:

Die Grundnormen der Verfassung darf auch eine Mehrheit (Tyrannei der Mehrheit) nicht außer Kraft setzen (Art. 20, Abs. 4 GG). Bei einem solchen Versuch haben die Deutschen das Recht zum Widerstand.

Viele sehen in plebiszitären Verfahren eine notwendige Ergänzung der repräsentativen Demokratie.

- die Anerkennung des Mehrheitsprinzips,
- die Einschränkung der Mehrheitsregel durch Minderheitenschutz,
- Grund- und Menschenrechte sowie Grundnormen der Verfassung (Art. 20 Abs. 1 GG).

„Alle Staatsgewalt geht vom Volke aus. Sie wird vom Volke in Wahlen und Abstimmungen und durch besondere Organe der Gesetzgebung, der vollziehenden Gewalt und der Rechtsprechung ausgeübt." (Art. 20 Abs. 2 GG)

Wahlsystem

Die Verfassung unterscheidet zwischen **Wahlen** und **Abstimmungen**. Gewählt wird regelmäßig zu den Vertretungen (Parlamenten) in Gemeinden und Kreisen, Ländern, im Bund und der EU. Abstimmungen in den Formen von Volksentscheid, -begehren und -befragung sind auf das Thema der Veränderung der Grenzen zwischen den Bundesländern (Art. 29 GG) eingeschränkt. Jedoch sind die **Abstimmungsmöglichkeiten** in den letzten Jahren auf Kommunal- und Landesebene erweitert worden.

Die Verfassung (Art. 28 und 38 GG) und nachfolgende **Wahlgesetze** des Bundes und der Länder legen die Wahlgrundsätze fest. Das Grundgesetz trifft aber keine Entscheidung für ein bestimmtes Wahlsystem. Zunächst lange umstritten, hat sich das **Wahlsystem** „einer mit der Personalwahl verbundenen Verhältniswahl" (§ 1a Abs. 1 Bundeswahlgesetz von 1956) inzwischen durchgesetzt.

Vor der ersten Wahl zum Deutschen Bundestag 1949 wollten CDU und CSU die relative Mehrheitswahl, die SPD und kleinere Parteien die Verhältniswahl einführen. Gewählt wurde 1949 nach der Verhältniswahl und einem Kompromiss der Verfahren der Listen- und der Personalwahl. Eine Sperrklausel wurde nicht eingesetzt.

Grundformen des Wählens	
Verhältniswahl (Proportional-, Listenwahl): gewählt werden Parteilisten mit Kandidaten	**Mehrheitswahl** (Persönlichkeitswahl): gewählt werden einzelne Kandidaten
reine Verhältniswahl: Mandate der Parteilisten entsprechend der Stimmenanteile der Listen	absolute Mehrheitswahl: gewählt ist, wer mindestens 50 % der abgegebenen Stimmen erhält
Verhältniswahl mit Sperrklausel: Zuteilung der Mandate nur an jene Listen, die einen Mindestanteil erreichen (in Deutschland 5 %)	relative Mehrheitswahl: gewählt ist, wer die meisten Stimmen erhält
Repräsentationsziel	
Verteilung der Mandate (und der Parteien) entsprechend den Stimmenanteilen	Mehrheitsbildung im Parlament

Politische Meinungs- und Willensbildung

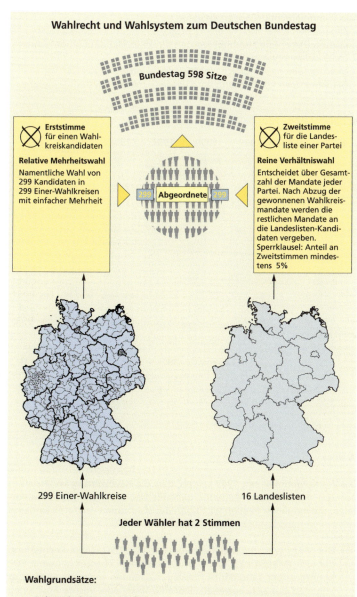

Das Wahlsystem ist keine Mischung zweier Verfahren, sondern **personalisierte Verhältniswahl** mit zwei Eigentümlichkeiten.
Zum einen schließt die Fünfprozentklausel jene Parteien aus, die bundesweit nicht mindestens 5 % der Zweitstimmen oder drei Direktmandate erhalten. Jeder Kandidat, der ein Direktmandat gewinnt, ist als Abgeordneter gewählt.
Zum anderen hat jeder Wähler zwei Stimmen: die erste für den Wahlkreiskandidaten, die zweite für die Parteiliste. Die zweite entscheidet über die Zahl der gewonnenen Mandate. Gewinnt eine Partei mehr Wahlkreis- als Listenmandate, erhält sie die Differenz als Überhangmandate zugesprochen (z. B. gingen 2005 aus der Wahl neun Überhangmandate für die SPD und sieben für die CDU/CSU hervor, was insgesamt 614 Mandate statt 598 ergab).

Alle Stimmberechtigten wählen in
- allgemeiner (alle sind wahlberechtigt),
- unmittelbarer (die Stimmen werden direkt in Mandate umgerechnet),
- freier (Wahl ohne jegliche Beeinflussung),
- gleicher (alle haben gleich viel Stimmen) und
- geheimer (die Abstimmung wird verdeckt) Wahl.

Wahlen zum Deutschen Bundestag 1980–2005

	1980		1983		1987		1990		1994		1998		2002		2005	
	%	Sitze	%	Sitze	%	Sitze	%	Sitze	%	Sitze	%	Sitze	%	Sitze	%	Sitze
Wahlbeteiligung	88,6	497	89,1	498	84,3	497	77,8	662	79,0	672	82,2	669	79,1	603	77,7	614
CDU/CSU	44,5	226	48,8	244	44,3	223	43,8	319	41,5	290	35,1	245	38,5	248	35,2	226
SPD	42,9	218	38,2	193	37,0	186	33,5	239	36,4	252	40,9	298	38,5	251	34,2	222
FDP	10,6	53	6,9	34	9,1	46	11,0	79	6,9	47	6,2	43	7,4	47	9,8	61
DKP	0,2	–	0,2	–	–	–	–	–	–	–	–	–	0,3	–	–	–
NPD	0,2	–	0,2	–	0,6	–	0,3	–	–	–	0,3	–	0,4	–	1,6	–
GRÜNE	1,5	–	5,6	27	8,3	42	3,8	–	–	–	–	–	–	–	–	–
B 90/Grüne	–	–	–	–	–	–	1,2	8	7,3	49	6,7	47	8,6	55	8,1	51
Die Linke/PDS*	–	–	–	–	–	–	2,4	17	4,4	30	5,1	36	4,0	2	8,7	54
Republikaner	–	–	–	–	–	–	2,1	–	1,9	–	1,8	–	0,6	–	0,6	–
Sonstige	0,1	–	0,1	–	2,2	–	–	–	2,6	–	3,9	–	2,2	–	1,6	–

(DKP – Deutsche Kommunistische Partei, NPD – Nationaldemokratische Partei Deutschlands, *1990 – 2002: PDS)

Da Wahlen geheim sind, bleibt der Wähler das „unbekannte Wesen". Die sozialwissenschaftliche **Wahlforschung** hat mittels Befragungen eine Fülle unterschiedlicher, auch gegensätzlicher Gründe für Wahlentscheidungen größerer Gruppen ermittelt.

Wähler

Die Wahlergebnisse seit 1949 zeigen, dass die Bevölkerung anders als in der Zeit der Weimarer Republik gewählt hat. Sie bevorzugt jene Parteien, die möglichst in allen wichtigen Berufsgruppen vertreten sind und sich zur weltanschaulichen Mitte bekennen.

Die Mitte wird repräsentiert von der CDU/CSU (Mitte-Rechts) und der SPD (Mitte-Links). Diese und die stärker klientelbezogene FDP konnten über Jahrzehnte hinweg zusammen mehr als 90 % aller Stimmen auf sich beziehen. Extreme linke oder rechte Positionen fanden bei Bundestagswahlen anders als bei Landtags- und örtlichen Wahlen kaum Gehör. Mit Bündnis 90/Die Grünen und Die Linke erweiterte sich das Spektrum zum 5-Parteien-System.

Die Wahlbeteiligung liegt in Deutschland – im internationalen Vergleich – noch immer hoch, von den Kommunal- über Landtags- zu den Bundestagswahlen ansteigend. Die „Partei der Nichtwähler" wächst.

2.3.9 Antidemokratische Strömungen

In der Weimarer Republik konnten antidemokratische Orientierungen dominierend werden – mit der Folge, den Aufstieg HITLERS zu begünstigen. In der Bundesrepublik haben antidemokratische Strömungen die grundlegende Zustimmung der Bevölkerung zu den Werten und Funktionsweisen der repräsentativen Demokratie nicht beeinträchtigen können.

Bonn und Berlin sind nicht Weimar. Die politische Kultur Deutschlands erwies sich bisher als „Stabilitätsreserve für das politische System" (K. SONTHEIMER).

> **Antidemokratische Strömungen** umfassen alle jene politischen Einstellungen und Verhaltensweisen von Individuen und Gruppen, die gegen die freiheitlich-demokratische Grundordnung als den Kernbestand des demokratischen Verfassungsstaats gerichtet sind.

Die **freiheitlich-demokratische Grundordnung** hat das Bundesverfassungsgericht in einem Urteil zum Verbot der Sozialistischen Reichspartei 1952 umschrieben.

> Sie ist eine Ordnung, „die unter Ausschluss jeglicher Gewalt- und Willkürherrschaft eine rechtsstaatliche Herrschaftsordnung auf der Grundlage der Selbstbestimmung des Volkes nach dem Willen der jeweiligen Mehrheit und der Freiheit und Gleichheit darstellt" (BVerfGE2, S. 12f.).

Sie umfasst danach die Prinzipien der Menschenrechte, der Volkssouveränität, der Gewaltenteilung, der Regierungsverantwortung, der Opposition, der gesetzlichen Verwaltung, der unabhängigen Gerichte, des Mehrparteiensystems und der Chancengleichheit für Parteien.

> **Antidemokratische Orientierungen und Verhaltensweisen** unterscheiden sich nach Motiven, Zielen und eingesetzten Mitteln.

Entsprechend unterschiedlich lauten die Bezeichnungen dafür. Durchgesetzt haben sich in Deutschland drei Sammelbegriffe:
- **Radikalismus:** das Verfolgen radikaler Ziele innerhalb des verfassungsmäßigen Rahmens und bis an dessen Grenzen gehend – gehört nicht zu den antidemokratischen Strömungen,
- **Extremismus:** verfassungsfeindliche Aktivitäten hinsichtlich der Ziele wie der Mittel mit den Hauptgruppen Links- und Rechtsextremismus – gemäß dem Links-Rechts-Schema der Parteiorientierungen,
- **Terrorismus:** politisch motivierte Gewaltkriminalität, wie Mord, Flugzeugentführung, Geiselnahme.

Die Bezeichnungen, die in Deutschland für verschiedene antidemokratische Orientierungen öffentlich verwendet werden, sind:
– Extremismus,
– Neo-Faschismus,
– Neo-Nazismus,
– Radikalismus,
– Totalitarismus,
– Nationalismus,
– Terrorismus,
– Kommunismus
– Anarchismus,
– Maoismus.

Linksextremismus

Den **Hauptgruppen des Linksextremismus** ist gemeinsam, in der kapitalistischen Klassengesellschaft die Wurzel allen politischen Übels zu sehen und den Extremismus als sozialrevolutionäre Antithese zur parlamentarischen Demokratie mit ihren Prinzipien der Rechtsstaatlichkeit und des gesellschaftlichen Pluralismus zu verstehen.

anarchistische Gruppen	lehnen die Formen repräsentativer und zentralisierter Organisation generell ab und bekämpfen sie
autonome Gruppen	geben sich ihre eigenen Gesetze und lehnen die staatliche Ordnung ab; treten ohne eigene theoretische Basis aktionistisch und extrem organisationsfeindlich auf, z. B. bei militanten Hausbesetzungen oder als „schwarzer Block" bei unfriedlichen Demonstrationen
kommunistische Gruppen	berufen sich in unterschiedlicher Weise auf MARX, ENGELS, LENIN, STALIN, TROTZKI oder MAO und streben eine revolutionäre Veränderung von Gesellschaft und Politik an; gegen die KPD beantragte die Bundesregierung 1951 ein Parteiverbot beim Bundesverfassungsgericht, das 1956 vom Gericht beschlossen wurde; während der 1970er-Jahre gewannen kommunistische Gruppen Einfluss in Teilen der westdeutschen Studentenschaft

Die 1968 gegründete DKP anerkannte die Verfassung. Auch die aus der SED 1990 hervorgegangene PDS – seit 2007 Die Linke – anerkannte das Grundgesetz, duldet jedoch eine „Kommunistische Plattform" als Parteigruppe.

Typische linksextremistische Aktionsformen sind:
- Straßenkrawalle, Verkehrblockaden,
- Brand- und Sprengstoffanschläge.

Potenzial des Linksextremismus in Deutschland (z. T. Schätzungen)

	2000		2006	
	Gruppen	Personen	Gruppen	Personen
Gewaltbereite Linksextremisten (Autonome, Anarchisten) [1]	61	7 000	69	6 000
Marxisten-Leninisten, Trotzkisten, andere revolutionäre Marxisten	43	27 000	40	25 000
Insgesamt	104	34 000	109	31 000

[1] In die Statistik sind nicht nur tatsächlich als Täter/Tatverdächtige festgestellte Personen einbezogen, sondern auch solche Linksextremisten, bei denen lediglich Anhaltspunkte für Gewaltbereitschaft gegeben sind. Erfasst sind nur Gruppen, die feste Strukturen aufweisen und über einen längeren Zeitraum aktiv waren.

Quelle: Verfassungsschutzberichte 2002, 2006

Rechtsextremismus

Den Rechtsextremismus eint das im Einzelnen widersprüchliche Leitbild, den demokratischen Verfassungsstaat auf Grundlage eines deutsch-völkischen Nationalismus in einen **autoritären Führerstaat** zu verwandeln. Politisch geht es um ein Großdeutsches Reich, gesellschaftlich um den Kampf gegen universelle Menschen- und Bürgerrechte sowie liberale und sozialistische Traditionen. Einige Gruppen orientieren sich hauptsächlich am Deutschnationalismus oder Nationalsozialismus („Alte Rechte", „Alter Nationalismus"), andere eher an den politischen Bedingungen der Gegenwart („Neue Rechte", „Neuer Nationalismus").

Potenzial des Rechtsextremismus in Deutschland (z. T. Schätzungen)

	2000		2006	
	Gruppen	Personen	Gruppen	Personen
Subkulturell geprägte und sonstige gewaltbereite Rechtsextremisten (Skinheads)[1]	2	9 700	2	10 400
Neonazis[2]	60	2 200	108	4 200
Parteien	3	36 500	3	
Die Republikaner (REP)[3]				6 000
Deutsche Volksunion (DVU)				8 500
Nationaldemokratische Partei Deutschlands (NPD)				7 000
Sonstige extremistische Organisationen	78	4 200	69	3 800
Insgesamt	143	52 600	182	39 900

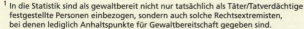

[1] In die Statistik sind als gewaltbereit nicht nur tatsächlich als Täter/Tatverdächtige festgestellte Personen einbezogen, sondern auch solche Rechtsextremisten, bei denen lediglich Anhaltspunkte für Gewaltbereitschaft gegeben sind.
[2] Gruppierungen und Kameradschaften, die ein gewisses Maß an Organisierung aufweisen.
[3] Es kann nicht davon ausgegangen werden, dass alle Mitglieder der REP rechtsextremistische Ziele verfolgen oder unterstützen.

Quelle: Verfassungsschutzberichte 2002, 2006

2006 waren von den 1 047 politisch rechtsmotivierten Gewalttaten mit extremistischem Hintergrund
– 484 Taten fremdenfeindlich,
– 302 gegen Linksextremisten,
– 91 gegen sonstige politische Gegner und
– 43 antisemitisch ausgerichtet.

Sozialwissenschaftliche Befragungen ergaben, dass für den Links- wie Rechtsextremismus ein relativ beständiges **Einstellungspotenzial in der Bevölkerung** gegeben ist. Die insgesamt schwachen Wahlresultate extremistischer Parteien geben kein vollständiges Bild ab. Im linken Spektrum muss von einer beträchtlichen Zahl grundsätzlicher Kritiker des politischen Systems („Systemkritiker") ausgegangen werden. Im rechten Spektrum wird mit einem festen rechtsextremen Weltbild bei 15 % der Bürger gerechnet. Krisen in der Ökonomie (z. B. Arbeitslosigkeit), der Gesellschaft (ungünstige Wohnverhältnisse) und der Politik (große Distanzen zu politischen Organisationen und Institutionen) verstärken individuelle Beweggründe des Extremismus (z. B. autoritäre Persönlichkeitsstruktur). Sie bewirken dann insgesamt erhöhte extremistische Aktivitäten und auch höhere Wähleranteile bei Kommunal- und Landtagswahlen.

Während der Rechtsextremismus in den alten Bundesländern stark organisiert auftritt (Parteien, Verbände, Jugendorganisationen, Verlage, Presse), herrscht in den neuen Ländern der eher spontane, gewaltförmige und subkulturelle Protest vor (Skinheads, Faschos, Hooligans, Jugendcliquen).

Terrorismus

Das extremistische Einstellungspotenzial in der Bevölkerung begünstigt auch **terroristische Gewaltkriminalität** mit Anschlägen auf Leib, Leben und Eigentum anderer Menschen. Ihre Aktionen werden von verdeckt arbeitenden Kommandos vorbereitet und durchgeführt.
Terroristische Aktionen sollen den Verfassungsstaat und das staatliche Gewaltmonopol als ohnmächtig vorführen bzw. staatliche Überreaktionen herausfordern.

Zugleich soll ein kritisches und abträgliches Meinungsklima gegenüber dem politischen System erzeugt werden.

Bild: Arbeitgeberpräsident HANNS MARTIN SCHLEYER als RAF-Geisel, 1977

Harter Kern des linksextremistischen Terrorismus in den alten Bundesländern war lange die Rote-Armee-Fraktion (RAF) mit zahlreichen Mord- und Terroranschlägen gegenüber prominenten Wirtschaftsführern und Politikern.
Als rechtsextremistischer Terrorismus formierten sich in den 1980er-Jahren neonazistische Gruppen (z. B. Aktionsfront Nationale Sozialisten, Wehrsportgruppe Hoffmann).

Islamistischer Extremismus und Terrorismus

Islamisten sind der Auffassung, dass sich Gesetzgebung und staatliches Handeln nicht auf den Willen des Volkes und Mehrheitsentscheidungen gründen, sondern allein von Gott hergeleitet werden können, dessen Wille sich im Koran als Wahrheit für alle Lebensbereiche offenbart habe. Bei diesem Absolutheitsanspruch sind Konflikte sowohl innerhalb islamischer Glaubensströmungen als auch im internationalen Umgang unvermeidlich.

Als eine Bedrohung der internationalen Staatengemeinschaft hat sich der islamistische Terrorismus entwickelt. Die Ziele, die Islamisten mit Propaganda und Anschlägen in Deutschland verfolgen, sind vor allem
– westlich orientierte Regime in ihren Herkunftsländern durch Staats- und Gesellschaftssysteme zu ersetzen, die auf der Scharia (islamisches Gesetz) gründen,
– den Hauptfeind USA und westliche Länder für kulturelle „Unmoral" zu bestrafen und ihr weltweites Vormachtstreben zu bekämpfen.
Das islamistische Potenzial in Deutschland wurde 2005 auf 28 Organisationen und ca. 32 000 Personen geschätzt (Verfassungsschutzbericht 2006).

Zu den bekanntesten Gruppen gehören:
– Arabische Mujahedin als internationales Netzwerk militanter Islamisten überwiegend arabischer Herkunft; dessen Kern bildet die von OSAMA BIN LADEN gegründete kleine Kaderorganisation Al-Quaida (↗ S. 330),
– Islamische Widerstandsbewegung (Hamas), deren Kampfbrigaden (Selbstmordattentate) gegen Israelis vorgehen und einen islamistischen Staat in Gesamtpalästina errichten wollen,
– Kalifatstaat unter Leitung von MARTIN KAPLAN; er propagierte den Jihad (Heiligen Krieg) gegen den laizistischen türkischen Staat.

2.3.10 Entwicklung der Demokratie

> Demokratie unterliegt in einer sich ändernden Welt Entwicklungsproblemen und steht vor neuen Herausforderungen.

Auch in der Bundesrepublik Deutschland zeichnen sich am Beginn des 21. Jh.s widersprüchliche Tendenzen ab, die konträr diskutiert werden.

Probleme der modernen Demokratie

Politische Repräsentation in der Krise	Das Prinzip „alle Macht geht vom Volke aus" erweckt Erwartungen an Herrschaftsbeteiligung, die in der repräsentativen Demokratie unerfüllbar bleiben. Das befördert Gefühle der Entfremdung und Machtlosigkeit. Skepsis und eine Tendenz zu einer „Misstrauensgesellschaft" spiegelt sich gegenwärtig zwar nicht in instabilen Einstellungen und Mentalitäten der Bevölkerung, wohl aber in gestiegenem Desinteresse an Politik. Auffällig ist, dass die einzelnen Gruppen keine öffentlichen Sprecher mehr haben. Die politische Führung vermeidet, konturenvoll aufzutreten und bevorzugt eine „neue Beliebigkeit" der öffentlichen Rede. 2000 glaubten nur 25 % der Wähler, dass Politik langfristig angelegt sei. 70 % sahen keinen Unterschied darin, ob CDU oder SPD die Bundesregierung bildet.
Konsensfalle	In der pluralistischen Gesellschaft erscheint es zweckmäßig, das Mehrheitsprinzip und damit eine klare Regierungsverantwortung einzuschränken. Politische Macht wird dann zusätzlich auf Bundesländer und Interessenorganisationen paritätisch oder anteilsmäßig aufgeteilt (Konkordanzdemokratie). Alle am Konsens zu beteiligen, bedeutet aber, dass Politik leicht zu intransparenten und in sich widersprüchlichen Ergebnissen gelangt.
Politik und Bürger in neuer Komunikationsdimension	 Neue Informationstechniken, neue Medien und Internet verändern das Verhältnis von Bevölkerung und politischer Führung sowie der Führungsgruppen untereinander. Der herkömmliche Führungsauftrag der Parteieliten gegenüber Parteimitgliedern und Bevölkerungsmassen gründete sich auf den Wissensvorsprung. Dieser ist neuerlich gefährdet, wenn politische Informationen allen zeitgleich zur Verfügung stehen, was über die neuen Informationstechniken möglich ist. Auch sind die neuen Medien den Abläufen der Politik so „nahe", dass von ihrer zeitgleichen Vermittlung an das große Medienpublikum ausgegangen werden kann. Aufseiten der Politik befördert es das Interesse, Politik mediengerecht darzustellen.
Globalisierung, Europäisierung	Indem Demokratie in der Regel dann entsteht, wenn ein Volk zur politischen Souveränität gelangt, bleibt sie inhaltlich und formal auf den Nationalstaat bezogen. Es steht nunmehr an, die Bedingungen und Möglichkeiten europäischer und globaler Demokratie zu klären.

Bürger gründen Vereine, die sich für mehr Beteiligungsformen einsetzen, so die Bürgeraktion „Mehr Demokratie" e. V.
Nach erfolgreichem Volksbegehren zur Einführung des kommunalen Bürgerentscheids 1995 in Bayern strebt er die Volksgesetzgebung auch für die Bundesebene an.

Entwicklungstendenzen

In den ersten Jahrzehnten nach 1945 ging man davon aus, alle politische Partizipation der Bürger sei wahlbezogen (Wahlkampf, Kandidatenkontakte, Wahlen). In den 1960er-Jahren erweiterte sich das Spektrum um Inhalte und Formen problembezogener Partizipation (Demonstrationen, Protestaktionen, Bürgerinitiativen). In Verbindung mit demokratietheoretisch fundierten Forderungen, Demokratie auch außerhalb der staatlichen Sphäre gelten zu lassen, wurde damit ein Prozess der Politisierung befördert, der bis heute anhält.

Verantwortlich dafür ist das gestiegene Bildungsniveau, die stärkere Beachtung postmaterialistischer Werte und die umfassende Medialisierung von Politik insbesondere durch das Fernsehen und das Internet.

> Über das demokratische System hinausgehend organisieren sich auch andere Bereiche teilweise nach demokratischen Prinzipien (**expansive Demokratie**).

Die Folge sind Ansätze zur demokratischen Gestaltung von Verwaltung, Schulen und Universitäten, Familien, Medien und der Wirtschaft.
Vor dem Hintergrund der expansiven Demokratie ergeben sich **neue Entwicklungspfade** zur Konfliktregulierung und Konsensbildung in den zentralen Politikfeldern:
- eine Änderung des traditionellen, auf politische Repräsentanz und Interessenvertretung gerichteten Politikstils der politischen Elite in Richtung auf das gewachsene partizipative, kommunikative und konsumorientierte Politikverständnis der Bevölkerung,
- ein neues Regulierungsmodell insbesondere im sozialstaatlichen und infrastrukturellen Bereich, das den gestiegenen Erwartungen der Bevölkerung an Entbürokratisierung und bürgerschaftliches Engagement entgegenkommt,
- die netzwerkartige politische Selbstorganisation zivilgesellschaftlicher Gruppen in einzelnen Politikfeldern, z. B. der Gesundheitspolitik oder Schulpolitik, wird durch die neuen Kommunikationstechniken erleichtert,
- die Revitalisierung der Parteiendemokratie durch eine Reform des Wahlsystems, der Binnenorganisation und politischen Kommunikation der Parteien sowie ihre stärkere Öffnung für die demokratische Kompetenz und Erwartung der Bürger.

Ideenagenturen für Politik und Öffentlichkeit verbreiten sich seit den 1980er-Jahren in der jungen Generation in Form von Netzwerken oder kleineren Think Tanks (Denk- und Ideenorte). Beispielsweise bringt der Verein BerlinPolis (so auch Hamburg-, Köln-, MünchenPolis) junge Experten zusammen, deren Vorschläge und Interessen an die Politik gerichtet werden.

2.4 Parlament und Regierung

> Das parlamentarische Regierungssystem mit dem Wechselspiel von **Parlament** und **Regierung** steht im Zentrum des politischen Systems Deutschlands.

 Die Bezeichnung **politisch-administratives System** betont das Zusammenwirken von Regierung und Verwaltung.

Die Regierung geht aus dem Parlament hervor und ist vom Vertrauen des Parlaments bzw. dessen Mehrheit abhängig. Die **Parlamentsmehrheit** trägt die besondere Verantwortung für die Stabilität der Regierung. Das erfordert eine hohe Fraktions- und Koalitionsdisziplin der Abgeordneten, die in Widerspruch zur Unabhängigkeit der „an Aufträge und Weisungen nicht gebundenen" Parlamentarier treten kann (Art. 38 Abs. 1 GG).

 Bilder:
Das Parlament im Reichstagsgebäude in Berlin

Bundeskanzleramt in Berlin

Die parlamentarischen Aufgaben der **Regierungskontrolle** und -kritik verlagern sich auf die Opposition (parlamentarische Minderheit). Die unterschiedlichen Rollen und der Wettbewerb zwischen Parlamentsmehrheit und Opposition sind dabei Teil des Parteienwettbewerbs.
In deutschen Parlamenten haben Minister in der Regel zwei Sitze: Einen auf der Regierungsbank und einen unter ihren Fraktionskollegen, worin sich eine hohe **Gewaltenverschränkung** ausdrückt. Historisch gesehen ist das parlamentarische Regierungssystem ein Teil des demokratischen Nationalstaats. Der deutsche Staat hat sich in der Nachkriegszeit auf ein „vereintes Europa" (Präambel GG) als ein Staatsziel festgelegt.

 Seit der Gründung des deutschen Staates ist die Europäisierung der deutschen Politik und des politischen Systems weit fortgeschritten.

2.4.1 Gewaltenteilung und -verschränkung

> **Gewaltenteilung** ist die Aufteilung politisch-staatlicher Gewalt auf verschiedene Träger, um durch gegenseitige Kontrolle und Kritik Machtmissbrauch zu vermeiden.

 Als konstitutionelle Gewaltenteilung und in parlamentarischer Form ist die Aufteilung der Gewalten ein Grundprinzip der Bundesrepublik Deutschland.

Das Prinzip, dem Machtmissbrauch durch eine Aufteilung der Gewalten zu begegnen, ist schon im europäischen Mittelalter vorgebildet worden
– in der dualistischen Funktionsgliederung und -teilung von Staat und Kirche,
– in der ständigen Aufgabengliederung zwischen König, Klerus, Adel und Städten.

Demokratie in Deutschland

Gewaltenteilung erfolgt horizontal und vertikal.

horizontale Gewaltenteilung	funktionale Aufteilung in Gesetzgebung, vollziehende Gewalt sowie Rechtsprechung und deren Zuordnung zu jeweils einem Träger: Parlament, Regierung und Verwaltung, Gerichte
vertikale Gewaltenteilung	funktionale Aufteilung in Bund und Bundesländer, einschließlich der Gemeinden

Die Gewaltenteilung folgt dem **Grundsatz der Unvereinbarkeit** bzw. Inkompatibilität: Jeder Träger soll nicht zugleich Funktionen einer anderen Gewalt ausüben. So können Bundesverfassungsrichter oder der Bundespräsident nicht zugleich der Regierung oder dem Parlament angehören. Dem Prinzip der Gewaltenteilung steht das Prinzip der Gewaltenverschränkung entgegen.

Gewaltenverschränkung entsteht aus der Ausübung politisch-staatlicher Funktionen von verschiedenen, sich gegenseitig kontrollierenden Institutionen.

An der Gesetzgebung sind z. B. sowohl der Bundestag als auch der Bundesrat beteiligt, an der Verwaltung sowohl der Bund als auch die Länder.

Das **Parlament** liegt im Zentrum der Gewaltenverschränkung. Es wirkt in vielfältiger und dabei auch kontrollierender Weise auf die Regierung ein, mittels Gesetzgebung, gegebenenfalls Regierungssturz durch konstruktives Misstrauensvotum, Haushaltskontrolle, Untersuchungsausschüsse. Umgekehrt wirkt die **Regierung** durch Gesetzesinitiativen und Gesetzesmitsprache auf das Parlament ein. Auch nimmt der Bundestag durch die Wahl der Richter und durch Gesetzgebung auf die **Judikative**, die dritte Gewalt, Einfluss. Diese wiederum wirkt auf das Parlament, in dem sie die Verfassungsmäßigkeit von Gesetzen überprüft.
Durch das Ineinandergreifen von Gewaltenteilung und Gewaltenverschränkung sollen Effizienz und **Machtbalance des politischen Handelns** erreicht werden. Wie die Praxis zeigt, ist das Interesse der Regierungsfraktion, die Regierung zu kontrollieren und zu kritisieren, im Unterschied zur Opposition nicht sonderlich stark. Kontrolle und Kritik liegen bei der **Opposition**. Seit einiger Zeit spricht man deshalb anstelle der klassischen Gewaltenteilung in Gesetzgebung, Regierung und Verwaltung sowie Rechtsprechung von der **neuen Gewaltenteilung** in politische Führung (umfassend Regierung, Verwaltung und parlamentarische Regierungsfraktion), parlamentarische Opposition und Rechtsprechung.
Die neue Gewaltenteilung drückt die politische Praxis aus. Die **klassische Gewaltenteilungslehre** ist Bestandteil der Demokratietheorie.

„Um den Missbrauch der Macht zu verhindern, muss die Macht der Macht Schranken setzen." (CHARLES DE MONTESQUIEU)

Der Begründer der Gewaltenteilungslehre MONTESQUIEU (1689–1755) unterschied die von JOHN LOCKE (1632–1704) noch vernachlässigte Judikative, die Legislative und Exekutive. Wert legte er auf das Gegen- und Miteinander verschiedener „Machtzentren". Daraus entwickelten die Amerikaner ALEXANDER HAMILTON (1755–1804) und JAMES MADISON (1751–1836) das System der „checks and balances" zwischen Regierung und Parlament.

Parlament und Regierung

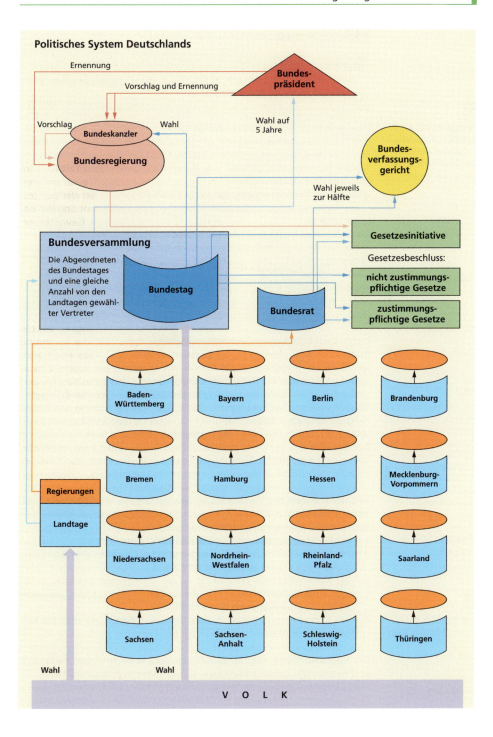

2.4.2 Bundestag

> Der **Bundestag** liegt im Zentrum, im institutionellen Kern des politischen Systems Deutschlands. Er ist das einzige Verfassungsorgan, das direkt vom Volk gewählt wird.

Parlament, lat. parabolare, ital. parlare, frz. parler = einen Gegenstand besprechen oder beraten

Das verleiht dem **Parlament** als Institution und den Parlamentsmitgliedern eine besondere Legitimation. Denn das Volk übt seine politische Macht nicht direkt aus, sondern überträgt sie in Wahlen auf Volksvertretungen auf den drei Ebenen von Bundestag, Länderparlamenten und kommunalen Vertretungen.
Die übrigen **Verfassungsorgane** werden vom Parlament gewählt:
– der Bundespräsident (gewählt zusammen mit Vertretern der Länderparlamente),
– der Bundeskanzler (auf Länderebene die Ministerpräsidenten),
– die Richter des Bundesverfassungsgerichts (zusammen mit dem Bundesrat).

> Der **institutionelle Kern** aus Parlament und Regierung entscheidet über die Leistungsfähigkeit des politischen Systems.

Die Formel von der „Handlungseinheit" der politischen Führung sagt noch nichts über die reale Machtverteilung und den Einfluss der Ministerialverwaltung, der Interessenorganisationen und der Öffentlichkeit (Medien) auf die politische Führung aus.

In ihm wird entschieden, welchen Aufgaben sich die Politik stellt, welche materiellen und ideellen Kräfte (Steuern, Abgaben, Loyalität) sie in Anspruch nehmen und wie sie die Ressourcen einsetzen will.
Dabei unterliegen die Aufgaben des Parlaments den gesellschaftlichen und politischen Einflüssen der Zeit. Die politische **Gesamtleitung des Staates** liegt aus verfassungspolitischer Sicht bei Parlament und Regierung gemeinsam – mit Vorrang des Parlaments, das die Regierung einsetzt und letztlich über die Gesetzgebung entscheidet. In der praktischen Konsequenz des parlamentarischen Regierungssystems liegt es jedoch, dass sich die politische Führung auf den Regierungschef, das Kabinett und die Mehrheitsfraktionen des Parlaments konzentriert.

Die Bestimmung der **Parlamentsaufgaben** schließt an den von dem Briten WALTER BAGEHOT (1826–1877) entwickelten Funktionenkatalog an.

Seit der Frühzeit des Parlaments in Großbritannien wird über die typischen **Parlamentsaufgaben** nachgedacht. Anschließend an einen ehedem entwickelten Katalog werden sie gesehen in
1. der Gesetzgebung (einschließlich Haushaltsbewilligung),
2. der Wahlfunktion (Wahl der Regierung und anderer Verfassungsorgane, Auswahl des politischen Personals),
3. der Kommunikation (Teilnahme an der öffentlichen Debatte, politische Artikulation öffentlicher Meinungen und Interessen, politischstaatliche Informationen und Programme),
4. der Kontrolle und Initiative (Kontrolle von Regierung und Verwaltung, Politikinitiativen und -konzepte).

Der **Kern der Politik** liegt im Zusammen- und Widerspiel von Parlament und Regierung. Typische Merkmale des Parlaments sind von daher
– das Nebeneinander von Mehrheits- und Minderheitsfraktionen und
– die politische Verbindung von Parlamentsmehrheit und Regierung.

Gesetzgebung

> **Gesetze** sind die wichtigsten Mittel der Steuerung und Gestaltung des demokratischen Rechts- und Sozialstaats.

Für die Verwaltung stellen Gesetze Handlungsaufforderungen dar.

Dem Bundestag obliegt die Gesetzgebung des Bundes. Daran sind andere Verfassungsorgane initiierend und mitentscheidend beteiligt, so insbesondere der Bundesrat. Bundesgesetze gelten im gesamten Territorium, Landesgesetze nur im jeweiligen Bundesland.
Die Zuständigkeit regelt ausführlich das Grundgesetz. Es unterscheidet die **ausschließliche Zuständigkeit des Bundes** (Art. 71, 73 GG) von der des Landes und nennt die Themengebiete der **konkurrierenden Gesetzgebung** (Art. 72, 74 GG). Bei dieser Gesetzgebung sind die Länder zur Gesetzgebung befugt, solange und soweit der Bund keinen Gebrauch von seiner vorrangigen legislativen Zuständigkeit macht. Der Bund kann ferner bei einigen Länderkompetenzen dann gesetzgeberisch wirken, wenn diese Aufgaben als **Gemeinschaftsaufgaben** (Art. 91a, 91b GG) gesamtgesellschaftlich bedeutsam sind.

Geteilte Zuständigkeiten der Gesetzgebung

Bund	Bund/Land	Land
Ausschließliche Gesetzgebung (Art. 71, 73)	**Konkurriende Gesetzgebung (Art. 72, 74 GG)**	**Ausschließliche Gesetzgebung**
• Auswärtige Angelegenheiten • Staatsangehörigkeit • Pass- und Meldewesen • Währungs- und Geldwesen • Zölle und Außenhandel • Luft- und Eisenbahnverkehr • Post und Telekommunikation • Gewerblicher Rechtsschutz • Urheber- und Verlagsrecht • Abwehr des internationalen Terrorismus • Waffen- und Sprengstoffrecht • Erzeugung und Nutzung der Kernenergie • Schutz des deutschen Kulturguts	• Bürgerliches Recht und Strafrecht • Personenstandswesen • Vereinsrecht • Aufenthalts- und Niederlassungsrecht für Ausländer • Gesundheitswesen • Wirtschaftsrecht • Arbeitsrecht • Lebensmittelrecht • Straßenverkehr • Abfallwirtschaft • Bodenrecht • Jagdwesen, Naturschutz und Landschaftspflege **Gemeinschaftsaufgaben (Art. 91a, 91b GG)** • Regionale Wirtschaftsstruktur • Agrarstruktur, Küstenschutz • Bildungsplanung, Forschung	• Kultur • Polizeiwesen • Schul- und Bildungswesen • Presse • Hörfunk, Fernsehen • Kommunalwesen • Strafvollzug • Versammlungsrecht • Ladenschluss

Gesetze sind nicht nur Umsetzung von Partei- und Regierungsprogrammen. Sie können auch von Interessenorganisationen, durch Petitionen und von einzelnen Bürgern, zudem von Untersuchungsausschüssen, Expertenkommissionen, wissenschaftlichen Beiräten, vom Bundesverfas-

128 Demokratie in Deutschland

In den 14 Legislaturperioden von 1949 bis 2002 verabschiedete der Bundestag rund 6 000 Gesetze. Auf die Regierung gingen 57 % der verabschiedeten Gesetze zurück, auf Initiativen von Bundestagsabgeordneten 35 % und auf den Bundesrat 8 %.

sungsgericht und insbesondere auch von der Europäischen Union ausgehen.
Im Unterschied zu einfachen Gesetzen **(Einspruchsgesetze)** bedürfen **Zustimmungsgesetze** der Zustimmung des Bundesrats. Das ist nötig bei Verfassungsänderungen und bei Gesetzen, die entweder die Länderfinanzen berühren oder aber von den Landesverwaltungen auszuführen sind, und sei es nur bei einem einzigen Gesetzesparagrafen. Etwa drei Viertel aller Zustimmungsgesetze sind von den Länderverwaltungen auszuführen. Der Bundesrat konnte über diese Regelung weitgehende Mitwirkungsrechte bei der Gesetzgebung erreichen. Als Folge dessen wird er seitdem stark in den primär parlamentarischen Parteienwettbewerb einbezogen. Ein langwieriger **Gang der Gesetzgebung** soll vor unüberlegten und schlecht beratenen Gesetzen bewahren.

Gegenwärtig umfasst der Gang der Gesetzgebung nicht weniger als acht Stationen:
1. Referentenentwurf,
2. Kabinettsvorlage,
3. erster Durchgang im Bundesrat,
4. erste Lesung im Bundestag,
5. Ausschussberatung,
6. zweite Lesung im Bundestag,
7. dritte Lesung im Bundestag,
8. zweiter Durchgang im Bundesrat.

Kommt ein Gesetz wegen politischer Differenzen zwischen Parlament, Regierung und Ländervertretung nicht zur Verabschiedung, kann der Vermittlungsausschuss angerufen werden.
In ihm treffen 16 Vertreter der 16 Länder auf 16 Bundestagsmitglieder.

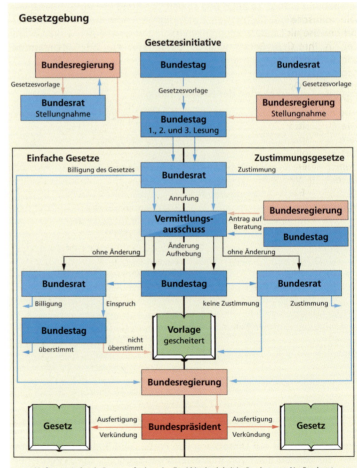

Politische Führung

In der Gewalten verschränkenden Demokratie ist das **Parlament** Teil der gesamtpolitischen Führung.

Der **Führungsanspruch des Bundestags** äußert sich
- als Regierungsbildung (Kanzlerwahl),
- bei der Programmfestlegung (Regierungs- bzw. Koalitionsprogramm),
- bei der Mittelbeschaffung (Haushalt),
- in der öffentlichen Debatte und Kommunikation der Führungsthemen (Plenum, Massenmedien),
- als Mitwirkung am politischen Entscheidungsprozess (Gesetzgebung),
- in der Kontrolle von Regierung und Verwaltung.

Das **Haushaltsrecht** ist das stärkste Kontrollrecht des Parlaments. Es kann es dafür nutzen, die von der Regierung vorgeschlagenen Steuern und Ausgaben niedrig zu halten. Der Haushaltsentwurf ist das „Regierungsprogramm in Zahlen".

Die **politische Führung** verläuft üblicherweise nicht spontan oder nur reaktiv. Ihre Grundlage ist ein fester Arbeitsrhythmus, der Bundestag und Bundesregierung, Regierung und Opposition, Bund und Länder in einen geregelten Zeit- und Arbeitszusammenhang bringt. Die **Opposition** übernimmt vor allem parlamentarische Aufgaben der Kontrolle und Kritik. Sie hält den Parteien- bzw. Fraktionenwettbewerb aufrecht. Wenngleich sie generell das Verhalten des ganzen Parlaments nicht bestimmen kann, wächst ihr Einfluss dann bemerkbar, wenn sie einen starken parteilichen Rückhalt in der Ländervertretung (Bundesrat) findet.

Bild:
Das Paul-Löbe-Haus (Haus der Abgeordneten) in Berlin

Politische Führung und Kontrolle bedienen sich verschiedener **Rechte:**
- der Interpellation (Große, Kleine und Mündliche Anfragen, Aktuelle Stunden),
- der Stellung von Missbilligungs- und Misstrauensanträgen,
- dem Petitionswesen („Grundrecht bürgerlicher Initiativen"),
- von Untersuchungsausschüssen und Enquete-Kommissionen, z. B. zur Abschätzung von Technologiefolgen,
- von Gesetzesentwürfen der Opposition.

Abgeordnete, Fraktionen

Die **Rolle der Abgeordneten** hat sich mit dem Wandel zur modernen Parteiendemokratie grundlegend gewandelt. In liberaldemokratischer Tradition genießen Abgeordnete heute Immunität (keine Strafverfolgung), ein Zeugnisverweigerungsrecht und eine umfassende Freiheitsgarantie für ihre Parlamentstätigkeit (Indemnität).

Das Parlament steht im Zentrum des **Informationsaustauschs** zwischen politischer Führung und Bevölkerung. Öffentliche Parlamentsdebatten übernehmen die Politikvermittlung, während die Arbeit der Ausschüsse wie auch die Gesetzestexte der breiten Öffentlichkeit unbekannt bleiben.

„Sie sind Vertreter des ganzen Volkes, an Aufträge und Weisungen nicht gebunden und nur ihrem Gewissen unterworfen." (Art. 38 Abs. 1 GG)

Gegensatz des freien Mandats ist das imperative Mandat. Das freie Mandat steht in einem Spannungsfeld zur verfassungspolitisch aufgewerteten Rolle der Parteien (Art. 21 GG).

Abgeordnete sind damit unabhängig von ihrer Wähler- und Parteibasis. Das **freie Mandat** bewahrt sie auch davor, in einem Konflikt mit der Fraktion das Parlamentsmandat zu verlieren.

Fraktionen als die Zusammenschlüsse der Abgeordneten nach Parteien machen den Bundestag arbeitsfähig. Die Mindeststärke einer Fraktion muss 5 % der Parlamentarier betragen. Der Abgeordnete orientiert sich in erster Linie an seiner Fraktion, die wiederum über seinen parlamentarischen Einsatz und Einfluss entscheidet. Die eingehende Gesetzesberatung findet in den Fraktionen, in ihren fachspezifellen Arbeitskreisen und -gruppen sowie in den **Parlamentsausschüssen** statt. Im Parlamentsplenum werden Gesetzesvorlagen meistens nur noch verabschiedet.

In der 16. Wahlperiode des Bundestages sind 22 ständige Parlamentsausschüsse tätig, darunter
– Ausschuss für Wahlprüfung, Immunität und Geschäftsordnung (13 Mitglieder),
– Petitionsausschuss (25 Mitglieder),
– Auswärtiger Ausschuss (36 Mitglieder),
– Innenausschuss (36 Mitglieder),
– Rechtsausschuss (31 Mitglieder),
– Finanzausschuss (36 Mitglieder),
– Haushaltsausschuss (41 Mitglieder),
– Ausschuss für Wirtschaft und Technologie (36 Mitglieder),
– Ausschuss für Bildung, Forschung und Technikfolgenabschätzung (31 Mitglieder).

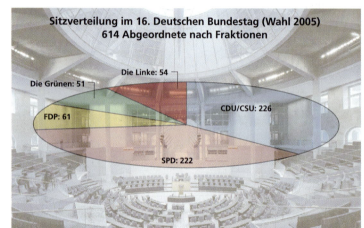

Abgeordnete sind **Berufspolitiker**, die Einkommen beziehen. Als Berufspolitiker sind sie an der Wiederwahl interessiert. Als Wiedergewählte bestimmen sie das Fraktionsklima und erhalten die wichtigeren Posten, z. B. Ausschuss- und Arbeitskreisvorsitze.

Bundestag als Rede- und Arbeitsparlament

Der Bundestag hat sich bisher nicht auf einen der Idealtypen Rede- oder Arbeitsparlament festgelegt, er bezieht sich auf beide Typen.

Redeparlament ——— Idealtypisch ——— Arbeitsparlament	
• strikte Gegenüberstellung von Parlament und Regierung • Plenardebatten anstelle intensiver Ausschussarbeit • Verzicht auf Führungswissen der Regierung	• Mitwirkung an der Regierungsarbeit • arbeitsteilige Organisation mit Spezialisten für einzelne Politikfelder • detaillierte Gesetzesberatung in (nicht öffentlichen) Ausschüssen

Pro Redeparlament —	Bundestag — Pro Arbeitsparlament
• betont politische Funktionen • Wendung an die Öffentlichkeit • ständiger Wettbewerb zwischen Mehrheit und Minderheit sowie zwischen den Parteien • Erstinformationen im Plenum • weniger Repräsentationsorgan, mehr Volksvertretung im Sinne politischer Auseinandersetzung	• betont Mitverantwortung für Regierung und Ausführung • will bei der Gesetzgebung die Konkurrenz mit dem Sachverstand der Regierung und Verwaltung bestehen • will die Opposition in die Ausschussarbeit einbeziehen • Effizienz der Konsensbildung in nicht öffentlichen Ausschüssen

2.4.3 Bundesregierung

Die **Regierung** in der Demokratie befasst sich einerseits mit der Leitung und Überwachung des Rechtsvollzugs, andererseits mit dem Entwurf und der Gestaltung der inneren und äußeren Verhältnisse des politischen Gemeinwesens.

Wurde früher unter Regierung jegliche Staatstätigkeit verstanden, brachte die Durchsetzung der Prinzipien der Demokratie und insbesondere der Gewaltenteilung eine Einschränkung ihrer Aufgaben.

Kennzeichnend ist die Gleichzeitigkeit von politischer Führung (Zukunftssicherung) und Verwaltungsführung (Bestandssicherung). Zu den **Regierungsfunktionen** zählen:
– Informationsbeschaffung (durch Verwaltung, externe Beratung),
– Vorbereitung und Planung von Entscheidungen in technischer und politischer Hinsicht,
– Entscheidung in Angelegenheiten allgemeiner innen- und außenpolitischer, wirtschaftlicher, finanzieller, sozialer und kultureller Bedeutung,
– Entscheidungsvollzug, dessen Leitung und Kontrolle.
Regieren als politische Führung bedeutet Herrschaft. Wer politisch führt, gibt die Ziele vor, bestimmt die Mittel, mit denen die Ziele erreicht werden sollen, und setzt sie ein.

Regierungsbildung und -auflösung

Die **Bundesregierung** besteht aus dem Bundeskanzler und den Bundesministern, die zusammen das Bundeskabinett bilden.

Der Weg ins Ministeramt führt üblicherweise über das Abgeordnetenmandat und über wichtige Fraktionsämter im Bund oder auch in Bundesländern.

Der **Kanzler** wird auf Vorschlag des Bundespräsidenten von der Mehrheit des Parlaments gewählt (Art. 63 Abs 1 GG). Der Kanzler schlägt dem Präsidenten die Bundesminister zur Ernennung vor (Art. 64 GG) und ernennt seinen Stellvertreter (Vizekanzler).
Von der legalen Regierungsbildung ist die faktische zu unterscheiden. Faktisch handelt es sich beim Kanzlervorschlag des Präsidenten in der Regel um den Wahlsieger der Mehrheitsfraktion und bei den Bundesministern um das Führungspersonal der jeweiligen Koalitionsparteien.

1982 sprach die Opposition gegen Kanzler H. SCHMIDT ein konstruktives Misstrauensvotum aus. Seine Regierung wurde gestürzt, H. KOHL zum Nachfolger gewählt.

Geraten Bundesregierung und Bundestag in einen schweren Konflikt, sieht die Verfassung zwei Lösungswege vor:
– Die Mehrheit des Bundestags spricht das Misstrauen aus und wählt im gleichen Zug einen neuen Kanzler, woraufhin der Bundespräsident den amtierenden Kanzler entlässt und den neuen ernennt (**konstruktives Misstrauensvotum,** Art. 67 GG).
– Die Mehrheit des Bundestags spricht dem Kanzler auf dessen Antrag das Vertrauen nicht aus. Dann kann der Bundespräsident auf Vorschlag des Kanzlers binnen 21 Tagen den Bundestag auflösen und Neuwahlen herbeiführen (Art. 68 GG).
1972 wurde erstmals ein konstruktives Misstrauensvotum gegen Bundeskanzler W. BRANDT versucht. Der Opposition von CDU/CSU fehlten jedoch zwei Stimmen zur Neuwahl.

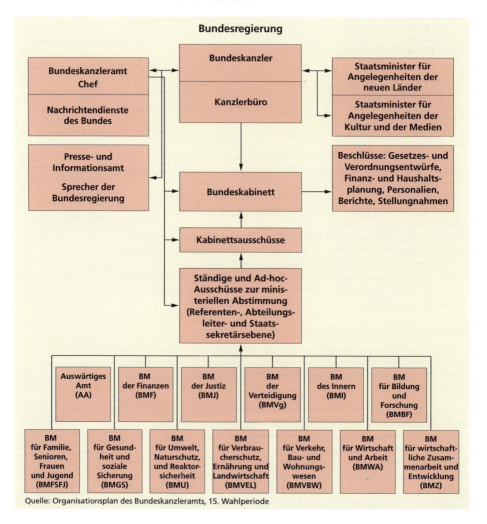

Quelle: Organisationsplan des Bundeskanzleramts, 15. Wahlperiode

Bundeskanzler

Die Bundesregierung ist ein selbstständiges oberstes Verfassungsorgan. Sie gibt sich eine eigene Geschäftsordnung, die vom Bundespräsidenten genehmigt werden muss.

Konrad Adenauer

> Der **Bundeskanzler** „bestimmt die Richtlinien der Politik" (Art. 65 GG), leitet die Geschäfte der Bundesregierung und trägt die Regierungsverantwortung gegenüber dem Parlament **(Kanzlerprinzip)**.

Helmut Kohl

Da in Deutschland aufgrund des Wahlsystems Mehrparteienregierungen üblich sind, spielen Koalitionsvereinbarungen eine nicht geringe Rolle beim Gebrauch der Richtlinienkompetenz. Die Bundesminister sind dem Kanzler gegenüber verantwortlich und über ihn indirekt auch dem Parlament, das sie nicht abwählen, aber missbilligen kann.
Zentrale Aufgaben des Kanzlers sind die Verteilung der ministeriellen Geschäftsbereiche (Zuständigkeitsverteilung) und die Koordination der Einzelpolitiken. Die in der Verfassung festgelegten **Führungskompetenzen** (Art. 65 GG) kombinieren Einzelführung und Kollegialsystem.
Im Rahmen der Richtlinien des Kanzlers **(Kanzlerprinzip)** leitet jeder Minister sein Ressort selbstständig und in eigener Verantwortung **(Ressortprinzip)**. Über Meinungsverschiedenheiten zwischen Ministern entscheidet die Bundesregierung **(Kollegial-** bzw. **Kabinettsprinzip)**.

Gerhard Schröder

> Konrad Adenauer hatte eine Kanzlerdemokratie durchgesetzt. Die folgenden Kanzler regierten stärker in kollegialer Führung.

Angela Merkel

Regierungszeiten bisheriger Bundeskanzler	
Konrad Adenauer (1876–1967)	1949–1963
Ludwig Erhard (1897–1977)	1963–1966
Kurt Georg Kiesinger (1904–1988)	1966–1969
Willy Brandt (1913–1992)	1969–1974
Helmut Schmidt (1918)	1974–1982
Helmut Kohl (1930)	1982–1998
Gerhard Schröder (1944)	1998–2005
Angela Merkel (1954)	2005–

Bundesministerien

> **Ministerien** sind die obersten Bundes- bzw. Landesbehörden, Minister die verantwortlichen Vorgesetzten aller Mitarbeiter, auch nachgeordneter Behörden.

Zwischen dem Minister und den Mitarbeitern stehen die politischen Beamten (Staatssekretäre, einzelne leitende Beamte). Parlamentarische Staatssekretäre halten Kontakt zum Parlament. Die Ressorts gliedern sich in die fünf **klassischen Ministerien** des Äußeren und Inneren, der Vertei-

Das Amt des Ministers ist von den Aufgaben der Berater und Gehilfen der Fürsten und der obersten Landesverwaltung hergeleitet.

Bilder:
Außenministerium der Bundesrepublik Deutschland

Bundesministerium der Finanzen in Berlin

Regierung und Parlament haben seit 1999 ihren Sitz in Berlin. Die Ministerien führen einen zweiten Dienstsitz in der Bundesstadt Bonn, wo insgesamt gut die Hälfte des ministeriellen Personals arbeitet.

digung, Finanzen und Justiz und in die vor allem aus dem Innenressort hervorgegangenen Ministerien für Kultur, Wirtschaft, Landwirtschaft und Soziales, ergänzt um Ministerien für moderne Aufgabenstellungen (Verkehr, Frauen, Forschung, Gesundheit, Umwelt, Entwicklung).

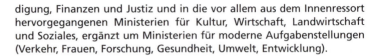

In Koalitionsregierungen übernimmt traditionellerweise der Führer der kleineren Partei das Auswärtige Amt und die Rolle des Vizekanzlers. Der Finanzminister hat eine herausgehobene Stellung, da er für den Haushalt und die Ausgaben der Regierung verantwortlich ist. Der Justiz- und der Innenminister prüfen jedes Gesetz auf seine Verfassungs- und Rechtsförmigkeit.

Kontrovers: Regierungsfähigkeit

In jüngerer Zeit wird wiederholt behauptet, Deutschland sei wie auch andere europäische Staaten nur noch eingeschränkt regierungsfähig. Das wird mit zwei Vorgängen begründet:
– Der moderne Sozialstaat habe bei den Bürgern die Erwartungen auf anhaltend steigende sozialstaatliche Leistungen geweckt, die jedoch real nicht erbracht werden können.
– Die neuen medialen Kommunikationsformen erschweren es der Regierung und insbesondere den Parteiführungen, langfristige, zielorientierte Vorhaben zu verfolgen. Den politischen Alltag bestimmen kurzfristige, taktische Reaktionen der Politik. Eine Folge ist deren stärkere Spaltung in Sachpolitik und medial dargestellte (inszenierte) Politik.

Die Frage, ob und inwieweit die **Regierungsfähigkeit** schwindet, lässt sich nicht eindeutig beantworten. Politikerschwernissen stehen erfolgreiche größere Reformprojekte wie die demokratische Transformation osteuropäischer Länder oder neue diskursive Politikformen mittels zivilgesellschaftlicher Foren und „Runder Tische" entgegen.

Im **Urteil der Wahlbevölkerung** schwindet Regierungsfähigkeit in dem Maße, wie eines oder mehrere von insgesamt vier Politikzielen über längere Zeit nicht erreicht werden:
1. innerer und äußerer Frieden sowie Eindämmung kollektiver Risiken (Sicherheit),
2. Rechtssicherheit (Recht),
3. Sicherung von Verfahren der politischen Entscheidungsbeteiligung (Partizipation),
4. wirtschaftliche Effizienz und Verteilungsgerechtigkeit (soziale Wohlfahrt).

2.4.4 Bundesrat

> Der **Bundesrat** nimmt die Interessen der Bundesländer in der Bundesrepublik wahr. Er ist Verfassungsorgan des Bundes.

„Durch den Bundesrat wirken die Länder bei der Gesetzgebung und Verwaltung des Bundes und in Angelegenheiten der Europäischen Union mit." (Art. 50 GG)
Bei der Mitwirkung an der Gesetzgebung (↗ S. 75) geht es vor allem darum, gemeinsame Länderinteressen zu vertreten, z.B. eine für die Länder günstige Verteilung der Steuern zwischen ihnen und dem Bund. Nahezu alle wichtigen Gesetze der Bundesregierung bedürfen inzwischen der Zustimmung des Bundesrates. Dadurch stieg seine Möglichkeit, die Bundesregierung zu kontrollieren. Zugleich stieg aber auch der politische und administrative Aufwand, Kompromisse zwischen unterschiedlichen Interessen von Bundesregierung und Bundesrat zu finden.

Wenn alle Verhandlungen scheitern, bleibt als letzte Möglichkeit, Differenzen im **Vermittlungsausschuss von Bundesrat und Bundestag** (je 16 Mitglieder) auszugleichen. Oppositionsmehrheiten im Bundesrat versuchen, wichtige Gesetze der Bundesregierung aufzuhalten, manchmal zu blockieren.

Die zahlreichen Rechtsverordnungen (z. B. zur Verkehrsregelung) und die Verwaltungsvorschriften (z. B. zur Durchführung der Steuererhebung) bedürfen der Zustimmung des Bundesrats. Auf diesem Weg können Erfahrungen und Sachverstand der Länderverwaltungen – aber auch ihre Ressortegoismen – in die Gesetzgebung des Bundes einfließen.

Wie im Bundestag vollzieht sich die Arbeit des Bundesrats vor allem in Ausschüssen, deren Arbeitsgebiete der ministeriellen Ressorteinteilung entsprechen.

Bild:
Der Bundesrat tagt seit 2000 im ehemaligen Preußischen Herrenhaus in Berlin, nachdem er zuvor rund 40 Jahre in der umgebauten Aula der Bonner Pädagogischen Akademie zusammenkam.

> Als **zweite Kammer** neben der ersten Kammer, dem Bundestag, ist der Bundesrat in der Welt einzigartig.

Er setzt sich aus Mitgliedern der **Landesregierungen** zusammen (Exekutivföderalismus), nicht aus direkt gewählten Vertretern der Landesbevölkerungen.
Der Bundesrat steht in deutscher Verfassungstradition. Seine Mitglieder müssen in einem Landeskabinett Sitz und Stimme haben. Neben den Ministerpräsidenten der 13 Flächenstaaten und den Bürgermeistern der drei Stadtstaaten und ihren Ministern oder Staatssekretären für Bundesangelegenheiten kommen als **Bundesratsmitglieder** die etwa 180 Regierungsmitglieder aller Länder in Betracht.

Die Reichsverfassung von 1871 sah einen „Bundesrath" als Vertretung der „verbündeten Regierungen" (Fürsten) vor. Er war oberstes Reichsorgan (Reichsregierung). Die Weimarer Verfassung schuf den Reichsrat, der zugleich Regierungskollegium und Teil der Gesetzgebung war (Zwitterstellung).

Demokratie in Deutschland

Die Einführung des gleichen Stimmrechts der Länder im Bundesrat scheiterte bei der Neubegründung des Bundesstaats 1948/49 an den bürgerlichen Parteien, die das Stimmengewicht entsprechend der Bevölkerungszahl forderten. Seitdem gilt ein Kompromiss.

Anlässlich der Deutschen Vereinigung legte man im Bundesrat folgende Sitz- und Stimmenzahl fest:
Jedes Land erhält mindestens drei Sitze und Stimmen,
– bei mehr als zwei Mio. Einwohnern vier Sitze und Stimmen,
– bei mehr als sechs Mio. Einwohnern fünf Sitze und Stimmen,
– bei über sieben Mio. Einwohnern sechs Sitze und Stimmen
(Art. 51 Abs. 2 GG).

Jede **Landesregierung** muss ihre Stimmen einheitlich abgeben.
Da Regierungs- und nicht Parlamentsmerkmale dominieren, wird vom Bundesrat auch als „zweiter Regierung" und weniger als „zweiter Kammer" gesprochen.
Die Landesregierungen sind mit eigenen Dienststellen, den Landesvertretungen und Bevollmächtigten, in Berlin am Sitz von Bundestag, Bundesregierung und Bundespräsident vertreten. Sie vermitteln Informationen und Interessen der Länder an die Verfassungsorgane des Bundes und übermitteln umgekehrt deren Äußerungen für ihre Landesregierungen.

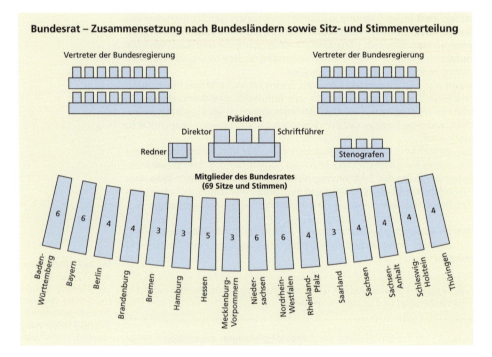

Bundesrat – Zusammensetzung nach Bundesländern sowie Sitz- und Stimmenverteilung

2.4.5 Bundespräsident

> Der Bundespräsident repräsentiert als Staatsoberhaupt der Bundesrepublik Deutschland die Einheit des Staates nach innen und außen.

Der **Repräsentation** nach innen dienen öffentliche Auftritte, Reden, Besuche in den Bundesländern und nach außen die Empfänge ausländischer Staatsgäste sowie eigene Staatsbesuche im Ausland. Der Bundespräsident vertritt die Bundesrepublik völkerrechtlich, so durch Vertragsunterzeichnungen sowie die Beglaubigung und den Empfang von Botschaftern und Gesandten.

Der Bundespräsident wirkt an der Regierung mit, allerdings im Vergleich zum Reichspräsidenten der Weimarer Republik nur mit geringen politischen Kompetenzen. Seine **Amtshandlungen** müssen vom Kanzler oder von Fachministern gegengezeichnet werden. Der Bundespräsident
- unterschreibt und verkündigt Gesetze, im gegebenen Fall den Gesetzgebungsnotstand und den Verteidigungsfall,
- hat das Recht, den Bundeskanzler zur Wahl vorzuschlagen,
- ernennt und entlässt den gewählten Kanzler, Bundesminister, Bundesrichter und -beamte, Offiziere und Unteroffiziere,
- entscheidet über Begnadigungen.

Der Bundespräsident erhält besonderes politisches Gewicht in Krisen zwischen Regierung und Parlament. Er kann dann auf Vorschlag des Bundeskanzlers den Bundestag auflösen (↗ S. 132)

Der Bundespräsident wird nicht direkt vom Volk, sondern von einer eigens dafür zusammentretenden **Bundesversammlung** für fünf Jahre gewählt.

Bei der Mitwirkung an der Regierung handelt der Bundespräsident nicht selbstständig und trägt keine direkte politisch-parlamentarische Verantwortung.

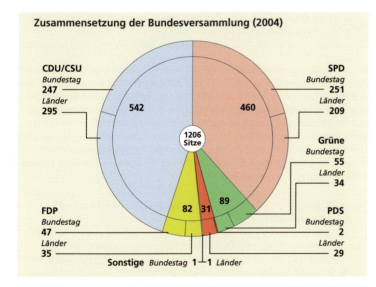

Die **Bundesversammlung** setzt sich aus den Mitgliedern des Bundestags und der gleichen Anzahl von Delegierten der Landesparlamente zusammen. In der Bundesversammlung ist jeder Deutsche über 40 Jahre vorschlagbar und wählbar. Faktisch liegt das Vorschlagsrecht bei den Parteien, die davon insbesondere koalitionspolitischen Gebrauch machen.

> Der Bundespräsident hat in der praktischen Politik keine gestaltende und leitende, sondern eine **pflegende Aufgabe**.

Er hat die Geltung der Verfassung insbesondere bei der Gesetzgebung, der Regierungsbildung und Parlamentsauflösung zu beachten, wirkt politisch-moralisch und mäßigend im Streit zwischen Verfassungsorganen.

THEODOR HEUSS

JOHANNES RAU

HORST KÖHLER

Auch in der Öffentlichkeit kann er Ratschläge oder Aufforderungen erteilen – wie der ehemalige Präsident ROMAN HERZOG zu einem „Ruck nach vorn" in seiner 1997 gehaltenen „Berliner Rede". Jeder der bisherigen Bundespräsidenten hat sein Amt in eigener Weise und mit eigenen Akzenten geführt. Einige, wie GUSTAV HEINEMANN und RICHARD VON WEIZSÄCKER, haben ihre politische Autorität durch öffentliche Reden gewonnen.

Bisherige Bundespräsidenten	
THEODOR HEUSS (1894–1963)	1949–1959
HEINRICH LÜBKE (1894–1972)	1959–1969
GUSTAV HEINEMANN (1899–1976)	1969–1974
WALTER SCHEEL (1919)	1974–1979
KARL CARSTENS (1914–1992)	1979–1984
RICHARD VON WEIZSÄCKER (1920)	1984–1994
ROMAN HERZOG (1934)	1994–1999
JOHANNES RAU (1931–2006)	1999–2004
HORST KÖHLER (1943)	2004–

2.4.6 Verwaltung

> Politische Entscheidungen erreichen den Bürger erst dann, wenn sie von der **Verwaltung** vollzogen werden.

Die Verwaltung vollzieht die Fülle öffentlicher Aufgaben und bestimmt damit in starkem Maße das Profil des politischen Gemeinwesens. In der pluralistischen Demokratie schließt das ein, zwischen unterschiedlichen gesellschaftlichen Interessen abzuwägen, Konflikte zu schlichten sowie administrative und politische Handlungsmöglichkeiten zu entwickeln. Verwaltung ist nach MAX WEBER zugleich Herrschaft im Alltag und Dienstleistung. Aus der in vorindustrieller Zeit dominierenden Ordnungsverwaltung haben sich seit Mitte des 19. Jh.s verschiedene **Verwaltungsaufgaben** herausgebildet.

Ordnungs-verwaltung	gesetzliche Ge- und Verbote werden konkretisiert und kontrolliert, z. B. im Meldewesen
Leistungs-verwaltung	Einrichtungen, Güter und Dienstleistungen werden bereitgestellt, die nicht privat produziert werden: Versorgung mit Infrastruktur (z. B. Straßen), Verkehrsmittel, Milderung sozialer Unterschiede (z. B. Sozialhilfe), Verbesserung der Lebensbedingungen, Schulen
Wirtschafts-verwaltung	Verwaltung der Betriebe, Vermögen, Einnahmen der öffentlichen Hand
politische Verwaltung	Entscheidungsvorbereitung, Planung und Steuerungshilfe für die politische Führung des Bundes und der Bundesländer

Verwaltungsorganisation

In Deutschland sind drei voneinander unabhängige Verwaltungsebenen zu unterscheiden: die des Bundes, der Länder und der Kommunen einschließlich der Gemeindeverbände. Es gibt keinen gemeinsamen Instanzenweg. Die **sachlichen Zuständigkeiten** sind über die drei Verwaltungsebenen verteilt.

Bund	Länder	Kommunen
• Auswärtiger Dienst • Finanzen, Steuern und Zölle • Wasserstraßen und Schifffahrt • Streitkräfte • Bundesgrenzschutz und Bundeskriminalamt (Bundespolizeien) • Nachrichtendienste	• öffentliche Schulen und Hochschulen • öffentliche Sicherheit und Ordnung (Polizei) • Rechtsschutz • Finanzen	• innere Verwaltung • soziale und Gesundheitsdienste, öffentliche Einrichtungen (Sportplätze, Bäder) • Wirtschaftsförderung und Verkehr • Versorgung mit Wasser, Elektrizität, Gas, Fernwärme • Abfallbeseitigung

Die Bundesverwaltung ist auf wenige Zuständigkeiten begrenzt, die Länderverwaltungen sind generell zuständig (Art. 83 GG). Die Länderverwaltungen vollziehen Verwaltungsaufgaben des Bundes sowie ländereigene Aufgaben. Unter Länderaufsicht sind daran entscheidend die Kommunen beteiligt.

Außerhalb der unmittelbaren öffentlichen Verwaltung erbringen **öffentlich-rechtliche Körperschaften** bzw. Anstalten als mittelbare öffentliche Verwaltung wichtige Dienste des modernen Staats:
– Träger der Rentenversicherung, der Arbeitsverwaltung (Bundesagentur für Arbeit, Nürnberg) und der gesetzlichen Kranken-, Pflege- und Unfallversicherung,
– Deutsche Bundesbank, Frankfurt am Main.

Ferner sind als **nicht öffentliche Einrichtungen** in freier, meistens kirchlicher und gemeinnütziger Trägerschaft an den Diensten des Sozialstaats beteiligt:
– Kindergärten, Jugendheime, Einrichtungen für Behinderte,
– Krankenhäuser,
– private Schulen und Hochschulen.

Im Aufbau ist Verwaltung traditionellerweise hierarchisch und nach Zuständigkeiten geordnet. Tendenzen der Bürokratisierung wird seit den 1990er-Jahren mit einer Verwaltungsmodernisierung durch Einführung von Managementmethoden und eGovernment begegnet.

Verwaltungspersonal

Die zentrale Ressource der Verwaltung ist das **Personal**, das auch über die Wirksamkeit des öffentlichen Dienstes entscheidet.

Im Vergleich zu anderen Organisationen erscheint die Verwaltung relativ transparent und berechenbar. Sie stützt sich auf eine gut 200-jährige Verwaltungstradition der deutschen Territorialstaaten und weist auch heute noch ländertypische Unterschiede auf. Mit dem sozialstaatlichen Ausbau erfolgte zwischen 1950 und 1980 ein historisch beispielloses Verwaltungswachstum. Das fand Ausdruck in stark ausgedehnter Bürokratie, gestiegener Spezialisierung sowie vielfältiger Verflechtung und Koordination.

2000 zählte die Verwaltung 4,8 Mio. Beschäftigte, darunter 2,5 Mio. Frauen. Damit üben 13 % aller Erwerbstätigen in Deutschland Verwal-

Verwaltungspersonal (2000):
- Bund: 502 000 (davon 187 000 Soldaten);
- mittelbarer öffentlicher Dienst: 488 000;
- Länder: 2 273 300;
- kommunaler Bereich: 1 572 000.

Hoheitsrechte umfassen jedwede Ausübung öffentlicher Gewalt (Gesetzgebung, Vollzug, Rechtsprechung).

Grade der Europäisierung
(Europäisierung auf einer Skala von 1 = nationale Autonomie bis 10 = europäischer Staat)

Bundesregierung: 4
Bundestag: 3
Bundesrat: 3
Länder: 6
Bundesverfassungsgericht: 7
Verbände: 7
Parteien: 3
Währungspolitik: 9
Agrarpolitik: 9
Umweltpolitik: 8
Regionalpolitik: 8
Justiz- und Innenpolitik: 7
(nach: R. STURM, H. PEHLE, 2001)

tungstätigkeiten aus, überwiegend als Fachpersonal, z. B. in Schulen, Krankenhäusern, Bauämtern oder im Forstdienst. Während die Personalausgaben des Bundes nur 10,8 % seiner Gesamtausgaben betragen (2000), kommen diese bei den Ländern auf einen Anteil von 37,6 % und bei den Gemeinden (ohne Eigenbetriebe und Unternehmen) auf 27 %.

2.4.7 Europäisierung der Politik

Die „Europäisierung" der Politik und des politischen Systems setzte bereits bei Gründung der Bundesrepublik ein.

> Entsprechend der grundlegenden Integrationsbereitschaft in ein vereintes Europa (Präambel des GG) können **Hoheitsrechte** per einfaches Bundesgesetz auf zwischenstaatliche Einrichtungen Europas übertragen werden (Art. 24 Abs. 1 GG).

Europäisierung bedeutet, neben der deutschen eine europäische Hoheitsgewalt in Deutschland zuzulassen. Dabei geht es um die Öffnung des nationalen politischen Systems für **europäisches Recht**. Dieses europäische Recht entsteht durch Mitwirkung der deutschen Politik in den Gremien der Europäischen Union. Eine Grenze für die Kompetenzübertragung nach Brüssel liegt dort, wo die Grundstruktur der Verfassung und der Schutz der Grundrechte (Art. 79, 20 GG) betroffen sind.

Inzwischen sind alle Bereiche des Politischen von der Europäisierung betroffen. Stark europäisiert sind insbesondere die Währungs- und die Agrarpolitik. Damit hängt zusammen, dass Interessenorganisationen in der Regel sowohl in Berlin als auch in Brüssel agieren. Der Europäische Gerichtshof hat sich inzwischen als ein Bestandteil des politischen Systems Deutschlands – wie auch der anderen EU-Mitgliedsländer – durchgesetzt.

Am wenigsten fortgeschritten ist die Europäisierung bei den zentralen politischen Institutionen Regierung, Parlament und Parteien:

- Die **Bundesregierungen** haben bisher darauf verzichtet, ein umfassendes Europa-Ministerium zu bilden. Die Zuständigkeiten sind stattdessen auf das Bundeskanzleramt, Auswärtige Amt, Wirtschafts- und Finanzressort sowie die jeweils betroffenen Fachressorts verteilt, ferner auf den Bundesrat und betroffene Länderregierungen. Von Europapolitikern wird kritisiert, dass dadurch die deutsche Position innerhalb der europäischen Willensbildung erst spät und zähflüssig entstehen kann und an politischem Gewicht verliert.
- **Bundestag** und **Bundesrat** haben seit den 1980er-Jahren verschieden gestaltete Europa-Ausschüsse praktiziert. Die zur EU verlagerten Zuständigkeiten bedeuten einen massiven Verlust an Gesetzgebungsaufgaben („Entparlamentarisierung"). Dem steht allerdings die gestiegene parlamentarische Auseinandersetzung mit den Regelungen der EU gegenüber.
- **Parteien** und auch die **Medien** sind weiterhin national orientiert.

Die Europäisierung der Politik vollzieht sich bisher weitgehend hinter dem Rücken der gesellschaftlichen und politischen Öffentlichkeit.

2.5 Recht und Rechtsprechung

Im gesellschaftlichen Zusammenleben müssen die Menschen ihr Verhalten an Regeln orientieren, damit individuelle Sicherheit, Frieden und eine stabile soziale Ordnung erreicht werden können. Werden Verhaltensvorschriften – **soziale Normen** – verletzt, können sich Nachteile für den Einzelnen ergeben, z. B. gesellschaftliche Ächtung.

Verhaltensvorschriften bzw. **soziale Normen** verändern sich im Lauf der Geschichte. Sie sind Ausdruck der jeweiligen Gesellschaft und abhängig von kulturellen und religiösen Traditionen.

> **Rechtsnormen** sind eine besondere Form sozialer Normen.

Im Unterschied zu anderen sozialen Normen sind rechtliche Regeln bzw. Rechtsnormen für alle Mitglieder einer Gesellschaft verbindlich. Der Staat kann – in geordneten Verfahren – über sein Gewaltmonopol die Einhaltung der **Rechtsnormen** erzwingen, indem er die Nichteinhaltung bestraft. Das geschieht durch negative Sanktionen.

- Bei Übertretung der Straßenverkehrsordnung droht z. B. ein Bußgeld oder der Entzug des Führerscheins, bei Diebstahl oder Mord eine Geld- oder Gefängnisstrafe.

Das traditionale Recht wurde aus überlieferten Denkvorstellungen und Verhaltensmustern hergeleitet. Die älteste überlieferte Sammlung rechtlicher Regeln ist das Gesetzbuch des babylonischen Königs HAMMURABI aus dem 17. Jh. v. Chr., in dem Vorschriften und Verbote sowie die Folgen bei Regelverletzung festgehalten sind.

> **Recht** ist ein System von verbindlichen Normen und Regelungen für die Organisation des gesellschaftlichen Lebens, gerichtet auf Sicherheit und Ordnung.

Im modernen **Rechtsstaat** wurden Instanzen mit besonderen Kompetenzen geschaffen (Verwaltungen, Polizei und Gerichte), die das Recht in geordneten Verfahren und notfalls auch mit Zwangsmitteln durchsetzen können.
Die **Rechtsordnung** legt praktische Gebote und Verbote sowie Formen und Methoden der Rechtsanwendung fest. Sie ist das Ergebnis politischer Entscheidungen, wird vom Staat gesetzt **(positives Recht)** und schriftlich in einer Verfassung fixiert.

Bild: Sitzungssaal des Bundesverwaltungsgerichts in Leipzig

„Positives" Recht ist nicht als Wertung zu verstehen, sondern bedeutet (abgeleitet von lat. ponere = setzen, stellen, legen) bewusst „gesetztes" Recht.

2.5.1 Rechtsordnung der Bundesrepublik Deutschland

Die Bundesrepublik ist ein **freiheitlich-demokratischer Rechtsstaat,** in dem alle wichtigen Bereiche des menschlichen Zusammenlebens über das Recht geregelt werden. Die Rechtsordnung basiert auf positivem Recht, stellt aber „vorstaatliche" Werte – die Würde des Menschen und die Menschenrechte – an den Anfang der Verfassung (↗ S. 74).
Die Geltung des Rechts wird mit dem demokratischen Prinzip begründet, also auf den Willen des Volkes zurückgeführt.

Die Rechtsordnung der Bundesrepublik Deutschland ist aus verschiedenen Rechtsquellen zusammengesetzt, die für unterschiedliche Aufgaben Normen und Regeln festlegen.

Verfassungsrecht

> Das **Grundgesetz,** die Verfassung der Bundesrepublik Deutschland, legt die rechtliche Grundordnung des politischen Gemeinwesens fest. Es setzt unmittelbar geltendes Recht und steht als **oberste Rechtsquelle** über allen anderen Gesetzen.

oberste staatliche Rechtsquelle	System höchstrangiger rechtlicher Normen, die die Ausgestaltung der gesamten übrigen Rechtsordnung bestimmen (Art. 1 und Art. 20 GG)
umfassender Vorrang der Verfassung	Bindung aller Staatsgewalten an die Rechtsgrundsätze der Verfassung; alle untergeordneten Rechtsnormen dürfen nicht gegen diese verstoßen und müssen in ihrem Sinn ausgelegt und angewendet werden
unveränderliche Grundentscheidungen	demokratisches, bundes-, rechts- und sozialstaatliches Prinzip; Grundsatz der Menschenwürde; Festlegung von bestimmten Organisations- und Verfahrensregeln (z. B. staatliche Gewaltenteilung, Wahlen)
Dauerhaftigkeit und Offenheit	auf Dauer angelegt, um Rechtssicherheit zu erreichen (Selbstschutz der Verfassung in Art. 79 GG), aber (unter erschwerten Bedingungen) veränderbar, um sich an den Wandel der gesellschaftlichen Lebensverhältnisse und den konkreten Einzelfall anpassen zu können
Prinzip des Rechtsstaates	Begrenzung und Kontrolle der Staatsmacht, rechtliche Sicherung von Freiheit und Gleichheit der Staatsbürger (Grundrechte), Ausübung der Staatsgewalt und Gesetzgebung nach gesetzlich festgelegten Formen

Gesetzesrecht

> **Gesetze** sind das wichtigste Mittel der staatlichen Rechtsetzung. Als allgemeingültige rechtliche Regeln ordnen sie bestimmte Bereiche im gesellschaftlichen Zusammenleben normativ.

Gesetze sind z. B. das Straßenverkehrsgesetz oder Gesetzessammlungen wie das Strafgesetzbuch oder das Bürgerliche Gesetzbuch.

In der parlamentarischen Demokratie sind Gesetze das Ergebnis von Mehrheitsentscheidungen im Parlament (Legislative), die nach bestimmten formalisierten **Gesetzgebungsverfahren** ablaufen. Manchen Gesetzen geht eine breite öffentliche Debatte voraus (z. B. Asylrecht).

Recht und Rechtsprechung

Allgemeingültigkeit und Abstraktheit	ein Gesetz gilt nicht nur für den Einzelfall, sondern für alle gleich oder ähnlich liegenden Fälle: bestimmte Lebenssituationen werden mit bestimmten Rechtsfolgen verknüpft (Gewährung von Rechtssicherheit)
Einzelfallregelung als Ausnahme	Maßnahmegesetze regeln konkrete Einzelfälle (z. B. gesetzliche Festlegung eines Wahltermins)
Gültigkeit durch geordnete Verfahren	ein Gesetz ist nur dann gültig, wenn es ordnungsgemäß in geregelten Verfahren vom Gesetzgeber (z. B. Bundestag) beschlossen, vom Bundespräsidenten unterzeichnet und veröffentlicht wurde
Eindeutigkeit und Flexibilität	Rechtssicherheit erfordert in vielen Bereichen die eindeutige Geltung strengen (förmlichen) Rechts; gleichzeitig sind nicht alle Lebenssituationen eindeutig rechtlich geregelt, um im konkreten Einzelfall eine flexible Anwendung des Rechts zu ermöglichen
Kontinuität und Wandel	Gesetze müssen Kontinuität (Rechtssicherheit) und Anpassung an die sich wandelnden Lebensverhältnisse ermöglichen: ein Gesetz kann förmlich abgeändert, ergänzt oder aufgehoben werden; viele Gesetze enthalten eine ausdrückliche Ermächtigung der Regierung, nähere Bestimmungen seiner Durchführung zu erlassen oder spezielle Regelungen über Rechtsverordnungen zu treffen
Prinzip der Auslegung	bestehende Gesetzeslücken und -unklarheiten werden in der Anwendung des Rechts (Rechtsprechung) über Auslegung (Interpretation) gefüllt und beseitigt; im Extremfall kann die Auslegung zu einer Umdeutung bis hin zur Schaffung neuen Rechts führen („Richterrecht")

Verordnungs- und Satzungsrecht

> **Rechtsverordnungen** sind konkrete Rechtsnormen, die Einzelaspekte von Gesetzen detaillierter regeln und von der Regierung (Exekutive) außerhalb des parlamentarischen Gesetzgebungsverfahrens erlassen werden.
> **Satzungen** werden von öffentlichen Körperschaften festgelegt, gelten aber nur für einen bestimmten Aufgabenbereich und Personenkreis.

Rechtsverordnungen sind z. B. spezielle Ausbildungsverordnungen auf der Basis des Berufsbildungsgesetzes.
Zum Satzungsrecht gehören z. B. die Satzung einer Gemeinde, die aufgrund der kommunalen Selbstverwaltung die Gebühren für die städtische Müllabfuhr festsetzen kann, oder die Satzung einer Universität.

Prinzipiell gilt, dass jede Rechtsnorm nur dann Geltung hat, wenn sie durch eine berechtigte Instanz in einem ordnungsgemäßen Verfahren „gesetzt" wurde. Ihre bindende Kraft erhält sie durch **Veröffentlichung**.

Demokratie in Deutschland

Rechtsquelle	Ort der Setzung	Voraussetzung für Geltung
Verfassung	verfassungsgebende Versammlung	Einhaltung der parlamentarisch-demokratischen Grundnormen
Gesetze	Parlament (Legislative)	Verabschiedung durch Gesetzgebungsorgane (Bundestag, Landtage), Einhaltung der parlamentarischen Gesetzgebungsverfahren und Übereinstimmung mit der Verfassung
Rechtsverordnungen	Regierungsinstitutionen (Exekutive)	Bundesminister, Bundes- oder Landesregierung müssen ausdrücklich durch ein Gesetz dazu ermächtigt sein, wobei Inhalt, Zweck und Ausmaß der Ermächtigung gesetzlich geregelt sein müssen
Satzungsrecht	öffentliche Körperschaften	Erlass im Rahmen gesetzlich eingeräumter Selbstverwaltung, Bedarf einer gesetzlichen Grundlage und eingeschränkte Geltung

Bilder:
Deutscher Bundestag (Legislative)

Bundesministerium der Justiz als Regierungsinstitution (Exekutive)

Normenhierarchie

Der **Vorrang der Verfassung** führt dazu, dass das Verfassungsrecht (Grundgesetz) rechtlicher Maßstab für alle anderen rechtlichen Regelungen „unterhalb" der Verfassung ist.

Die Rechtsordnung in der Bundesrepublik Deutschland ist nach dem **Prinzip der Normenhierarchie** aufgebaut. Die höherrangige Rechtsnorm hat grundsätzlich Vorrang vor der niederrangigeren.

Die **Verfassung** hat die oberste Rangstufe und ist rechtlicher Maßstab für alle anderen Regelungen. Widerspricht eine Rechtsnorm dem Grundgesetz, dann ist sie grundsätzlich verfassungswidrig bzw. „nichtig". Sie hat also keinen rechtlichen Geltungsanspruch.
Im föderalen Staat Bundesrepublik Deutschland gilt zudem der Grundsatz **Bundesrecht bricht Landesrecht** (Art. 31 GG). Das bedeutet, dass das Bundesrecht auf allen Ebenen Vorrang vor Landesrecht hat.
Andererseits sind im Grundgesetz bestimmte Rechtsgebiete der Regelung durch die Bundesländer vorbehalten, z. B. Kultur- und Bildungspolitik, Bauverordnungs- und Polizeirecht.

Recht und Rechtsprechung

Im Zuge der europäischen Integration gewinnt das **Europarecht** weiter an Bedeutung. Das hat dahingehend Auswirkungen, dass der Deutsche Bundestag in vielen Bereichen nicht mehr als souveräner Gesetzgeber, sondern als Vollzieher europäischer Rechtsetzung agiert.

2006 waren etwa 60 Prozent der Gesetze, die den Bundestag durchliefen, auf Richtlinien und Verordnungen der EU zurückzuführen.

Verfassung, Gesetze, Rechtsverordnungen und Satzungen sind Rechtsquellen der **förmlichen Rechtsetzung**. Von erheblich geringerer Bedeutung sind das Gewohnheitsrecht als überliefertes Recht sowie das sogenannte Richterrecht, das durch die Gesetzesauslegung der Richter bei der Entscheidung von Einzelfällen in der Rechtsprechung entsteht.
In jedem Rechtsgebiet stehen die verschiedenen Rechtsquellen in einem hierarchischen Verhältnis zueinander.

Das **Europarecht** regelt über „Richtlinien" und Verordnungen die Beziehungen zwischen den europäischen Staaten und die Gemeinschaftspolitik in einzelnen Politikbereichen. Bei nicht ordnungsgemäßer Umsetzung der EU-Richtlinien können Staaten von der Europäischen Kommission durch Klagen vor dem Europäischen Gerichtshof und die Androhung von Bußgeldern zur nationalen Anwendung von **europäischem Gemeinschaftsrecht** gezwungen werden.

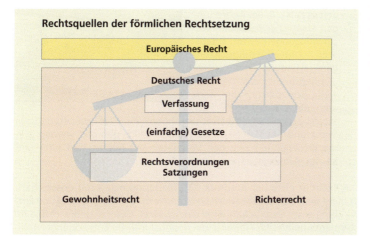

Mit der ordnungsgemäßen Verabschiedung eines Gesetzes ist eine Entscheidung getroffen, die für alle Gesellschaftsmitglieder verbindlich ist. Der **demokratische Rechtsstaat** funktioniert aber nur dann, wenn die Bürger die Rechtsnormen nicht vorrangig aus Zwang und Angst vor Bestrafung (wie im Unrechtsstaat) befolgen, sondern weil sie die staatliche Ordnung und staatliches Recht grundsätzlich akzeptieren (Legitimität).

Aufgaben des Rechts

Die wichtigsten **Aufgaben des Rechts** in der Bundesrepublik Deutschland sind Friedenssicherung, soziale Integration und Gerechtigkeit.

Friedenssicherung ist auf das friedliche Zusammenleben der Bürger in einer Gesellschaft gerichtet, **soziale Integration** auf gewaltfreie Konfliktlösung unterschiedlicher Interessen in einer pluralistischen Gesellschaft, **Gerechtigkeit** auf die Sicherung rechtlicher Gleichheit.

Recht und Gerechtigkeit können auseinanderklaffen. So kann eine Rechtsordnung oder ein Gesetz ungerecht sein (z. B. Rassengesetze im Nationalsozialismus) oder durch Überalterung nicht mehr gerecht sein (z. B. bestimmte Strafvorschriften).

Die zunehmende Komplexität der pluralistischen, ausdifferenzierten Gesellschaft hat zu einer Flut an neuen Gesetzen und Verordnungen, aber auch zahlreichen Änderungen und Ergänzungen bestehender Gesetze geführt. Die **Vielzahl und Kompliziertheit rechtlicher Regelungen** (z. B. Steuergesetzgebung) und vor allem auch die Unverständlichkeit vieler Gesetze (hoher Grad an Verallgemeinerung, unklare Rechtssprache) birgt die Gefahr der **Rechtsfremdheit** in der Bevölkerung, die Rechtsnachteile zur Folge haben kann. Auch für die staatlichen Institutionen, die Recht anwenden (Verwaltung, Rechtsprechung), erweist sich die Normenflut zunehmend als Problem.

In modernen, stark ausdifferenzierten Gesellschaften wie der Bundesrepublik Deutschland erfordern die verschiedenen gesellschaftlichen Teilbereiche besondere Regelungen (z. B. Bildung, Arbeit) sowie Regeln für das Zusammenspiel der Teilbereiche. Es haben sich verschiedene **Rechtsgebiete** herausgebildet, z. B. das Staatsrecht, Bürgerliches Recht, Arbeitsrecht, Sozialrecht.

Öffentliches Recht und Privatrecht sind die Hauptzweige des Rechts. Das **öffentliche Recht** regelt die Beziehungen des Staates zu den Staatsbürgern sowie jene der verschiedenen Träger öffentlicher Gewalt (z. B. zwischen Bund und Ländern), das **Privatrecht** die Beziehungen der Bürger, die sich gleichberechtigt gegenüberstehen.

Zum **öffentlichen Recht** gehören u. a. Verfassungs- und Staatsrecht, Verwaltungs- und Strafrecht. Im Einzelnen handelt es sich z. B. um Anordnungen staatlicher Instanzen wie „Bewilligungen" von staatlichen Unterstützungsleistungen, „Erhebung" von Steuern, „Einberufung" zur Bundeswehr, Schulpflicht, aber auch um die Grundrechte der Staatsbürger. Zum **Privatrecht** gehören vor allem das Bürgerliche Recht und das Handelsrecht. Privatrechtlich geregelt werden z. B. die Beziehungen zwischen Vermieter und Mieter, Verkäufer und Käufer, Arbeitgeber und Arbeitnehmer.

Das Recht ist nicht nur Ausdruck und Strukturprinzip einer Gesellschaft, es dient dem Gesetzgeber auch als Instrument, auf die Ordnung und Entwicklung einer Gesellschaft aktiv einzuwirken. Gesetze sind wichtige **Instrumente politischer Führung,** um gesellschaftliche Entwicklungen politisch zu gestalten, zu lenken und zu verändern. Ein Beispiel dafür sind gesetzliche Regelungen zur Verbesserung des Umweltschutzes durch steuerliche Begünstigung schadstoffarmer Autos.

2.5.2 Rechtsprechung, Gerichte

Entsprechend dem Prinzip der Gewaltenteilung ist die **Rechtsprechung** (Judikative) neben Gesetzgebung (Legislative) und Verwaltung (Exekutive) eine eigenständige, unabhängige Staatsgewalt. Sie wird vom Bundesverfassungsgericht, den Gerichten des Bundes und der Länder ausgeübt.

> Die **Recht sprechende Gewalt** hat die Aufgabe, bei Konflikten zwischen Staat und Bürger und in Streitfällen zwischen Bürgern „Recht zu sprechen". Das geschieht durch die Anwendung von Gesetzen auf einen konkreten Fall.

In Fällen bedrohten, bestrittenen oder verletzten Rechts entscheiden **Richter** verbindlich und unparteiisch in einem besonderen Verfahren bei Gericht, was Recht ist.

> Die Rechtsprechung ist „den Richtern anvertraut" (Art. 92 GG), die nur dem Gesetz unterworfen sind (Art. 97 GG).
> Richter sind persönlich und sachlich unabhängig, gegenüber den anderen Staatsgewalten nicht an Weisungen gebunden und während ihrer Amtszeit prinzipiell unabsetzbar und unversetzbar.

Der Freiheitsentzug einer Person ist nur aufgrund eines förmlichen Gesetzes und in gesetzlicher Form möglich. Nur ein Richter darf entscheiden, ob und wie lange der Freiheitsentzug zulässig ist.

Gerichtsbarkeiten

> In der Bundesrepublik ist die Rechtsprechung aufgrund der vielfältigen Aufgabenbereiche in fünf **selbstständige Gerichtsbarkeiten** untergliedert.

Neben den fünf Gerichtsbarkeiten gibt es **weitere Gerichte**, z. B. Wehrdienstgerichte (Bund), das Patentgericht (Bund), Disziplinargerichte (Bund und Länder).

Die Gerichtsbarkeiten sind jeweils für ein bestimmtes Rechtsgebiet zuständig (Art. 95 Abs. 1 GG):
– die Ordentliche Gerichtsbarkeit, aufgeteilt in Zivil- und Strafgerichte,
– die Allgemeine Verwaltungsgerichtsbarkeit
– die Finanz-, Sozial- und Arbeitsgerichtsbarkeit.
Die Zuständigkeit ergibt sich aus der Art der Streitigkeiten.

Gerichte	Zuständigkeit/Verfahren
Allgemeine Verwaltungsgerichte	Konflikte zwischen Bürgern und staatlicher Verwaltung; jeder Bürger kann ein Gericht anrufen, wenn er seine Rechte durch Maßnahmen der öffentlichen Verwaltung verletzt sieht (Rechtsschutzgarantie)
Finanzgerichte	Kritik des Bürgers an Verwaltungsakten der Finanzbehörden (Steuerbescheide); jeder Bürger kann das Gericht anrufen, wenn er die rechtmäßige Anwendung steuerrechtlicher Vorschriften durch das Finanzamt anzweifelt (Rechtsbehelf für den Bürger)
Sozialgerichte	Angelegenheiten der Sozialversicherung (z. B. Kranken-, Rentenversicherung); jeder Bürger kann das Gericht anrufen, wenn er seine Rechte im Bereich der Sozialversicherung verletzt sieht
Strafgerichte	die Staatsanwaltschaft kann Anklage gegen einen Bürger erheben, wenn dieser strafrechtliche Normen verletzt
Zivilgerichte	Streitigkeiten zwischen Bürgern (Kläger und Beklagte); jeder Bürger kann vor Gericht gegen einen anderen Bürger klagen, um eine rechtlich verbindliche Entscheidung in einer zivilen Streitsache zu erhalten
Arbeitsgerichte	Auseinandersetzungen zwischen Arbeitnehmern und Arbeitgebern und Tarifvertragsparteien (z. B. Gewerkschaften und Arbeitgeberverbände); Arbeitgeber oder Arbeitnehmer oder ihre Interessenverbände können in Streitfällen, die das Arbeitsverhältnis betreffen, ein Gericht anrufen (z. B. bei Konflikten um Kündigungen)

Bild: Bundesgerichtshof in Karlsruhe

Prinzipiell werden die Gerichte nicht von sich aus tätig, sondern nur auf Antrag (eines Bürgers oder Staatsanwalts).

Jede Gerichtsbarkeit hat eigene Verfahrensregeln und ist in mehrere Instanzen unterteilt, die sich hinsichtlich der Kompetenzen und der personellen Zusammensetzung unterscheiden (Zahl der Richter, Mitwirkung von Laienrichtern). Die **obersten Instanzen der Gerichtsbarkeiten** sind die obersten Gerichtshöfe des Bundes.

Eine übergeordnete Sonderstellung nimmt die **Verfassungsgerichtsbarkeit** ein, die die Geltung der Verfassung zu gewährleisten hat. Das Bundesverfassungsgericht kontrolliert – auf Antrag – das gesamte staatliche Handeln in Bezug auf die Normen des Grundgesetzes, die Verfassungsgerichte der Länder kontrollieren die Einhaltung der Landesverfassungen.

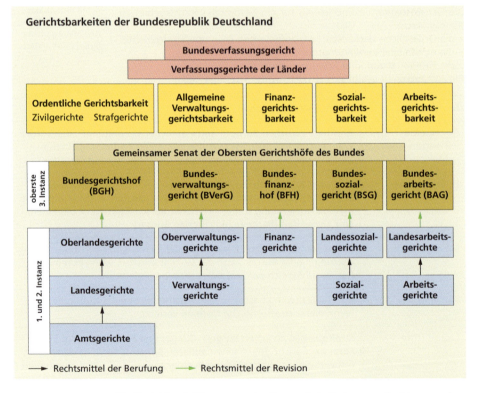

Ein Gerichtsurteil kann von den Prozessbeteiligten angefochten werden, um es durch ein Gericht der höheren Instanz überprüfen zu lassen (Einlegen von Rechtsmitteln). Die wichtigsten Rechtsmittel sind die **Berufung** (Tatsachen- und Rechtskontrolle bei der nächsthöheren Instanz) und die **Revision** (Rechtskontrolle durch die obersten Gerichtshöfe).

2.5.3 Bundesverfassungsgericht

> Das **Bundesverfassungsgericht** ist in Deutschland die übergeordnete Rechtsinstanz zum umfassenden Schutz des Rechtsstaates.

Es ist neben den anderen Staatsgewalten ein selbstständiges und unabhängiges Verfassungsorgan, das keiner anderen Behörde untersteht. Die grundlegenden **Aufgaben des Bundesverfassungsgerichts** sind Kontinuität (Schutz der Verfassung) und Innovation (Verfassungswandel).

Das Bundesverfassungsgericht hat schon eine Reihe von grundlegenden, teils spektakulären Entscheidungen gefällt, z. B. über Parteienfinanzierung, Kriegsdienstverweigerung, Datenschutz, die direkte oder indirekte politische Auswirkungen hatten.

Der oberste Gerichtshof hat eine weitgehende richterliche Kontrolle der Exekutive und Legislative zu gewährleisten. Er ist aber auch eine Instanz, die darüber wacht, dass die Grundrechte eingehalten werden und die Gesetze mit den Grundsätzen des Rechtsstaates und der Verfassung in Einklang stehen. Das Bundesverfassungsgericht hat die Aufgabe, Verstöße gegen das Grundgesetz zu unterbinden, Rechtsnormen festzulegen und weiterzuentwickeln. Die Entscheidungen dieser „Letztentscheidungsinstanz" sind für alle staatlichen Organe verbindlich.

Bild:
Erster Senat des Bundesverfassungsgerichts der Bundesrepublik Deutschland

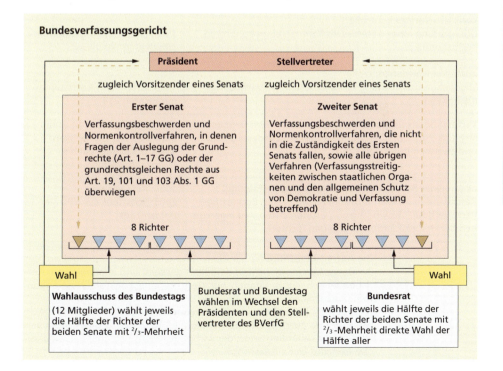

Die **Macht des Bundesverfassungsgerichts** ergibt sich aus der Fülle seiner Kompetenzen und ihrer politischen Bedeutung für den Regierungsprozess. Regierung und Parlament sind an die Verfassung gebunden und können von diesem obersten Gericht in die Schranken gewiesen werden (z. B. durch Nichtigkeitserklärungen von Rechtsnormen, Feststellung der Unvereinbarkeit einer Norm mit dem Grundgesetz).

Die Zahl der **Verfassungsbeschwerden** hängt von politischen und gesellschaftlichen Faktoren ab. So gab es von 1992 bis 1995 einen starken Anstieg, als durch die deutsche Wiedervereinigung viele Rechtsfragen gelöst werden mussten (z. B. Rückgaberegelungen).

Das Arbeitsvolumen des Bundesverfassungsgerichts hat sich seit 1954 verzehnfacht.

Verfassungsbeschwerden machen den größten Anteil an den Vorgängen aus – etwa 5 000 jährlich, wobei etwa 97 % als unzulässige oder unbegründete Beschwerden erst gar nicht zur Entscheidung angenommen werden. Normenkontrollverfahren stehen an zweiter Stelle der Bearbeitung.

Rechtsprechung des Bundesverfassungsgerichts

Die Rechtsprechung des Bundesverfassungsgerichts umfasst nach Art. 93 GG vier Bereiche.

Verfassungsbeschwerde: Schutz der Grundrechte der Bürger und verfassungsmäßig garantierten Rechts	1983: Volkszählungsurteil 1995: „Kruzifix"-Urteil
konkrete Normenkontrolle: Überprüfung eines Gesetzes im Rahmen eines konkreten Rechtskonflikts	1975: Urteil zum sogenannten „Radikalen-Beschluss"
abstrakte Normenkontrolle: allgemeine Überprüfung eines Gesetzes auf Verfassungsmäßigkeit	1975: Urteil zum Abtreibungsparagrafen 218
Verfassungsstreitigkeiten zwischen staatlichen Organen: Streitigkeiten zwischen Bundesorganen, Landesorganen und zwischen Bund und Land	1994: Urteil zu Out-of-area-Einsätzen der Bundeswehr 1999: Urteil zum Länderfinanzausgleich
allgemeiner Schutz von Demokratie und Verfassung: Beschwerden im Wahlprüfungsverfahren des Bundestags, Parteiverbote, Verwirkung von Grundrechten, Anklagen gegen Bundespräsidenten und gegen Richter	1956: KPD-Verbot 2003: Scheitern des NPD-Verbotsantrags

Die Antragsberechtigung auf Überprüfung bzw. Entscheidung durch das Bundesverfassungsgericht ist detailliert geregelt und abhängig vom Aufgabenbereich – z. B. können nur Gerichte eine konkrete Normenkontrolle beantragen.
Jeder Bürger kann **Verfassungsbeschwerde** einlegen (Art. 93 Abs. 1 GG), wenn er sich durch staatliche Handlungen in seinen Grundrechten verletzt glaubt. Allerdings muss der vorherige Rechtsweg über die zuständigen Gerichte erst ausgeschöpft sein.

WIRTSCHAFTSPOLITIK IN DER SOZIALEN MARKTWIRTSCHAFT | 3

3.1 Wirtschaftsordnungen und wirtschaftspolitische Ziele

> **Wirtschaftspolitik** ist die zielgerichtete Einflussnahme von Regierungen auf die volkswirtschaftlichen Rahmenbedingungen und die Wirtschaftsaktivitäten ihres Landes.

Was **„wirtschaftliche Wohlfahrt"** meint, lässt sich nicht allgemein, sondern nur im Zusammenhang mit den politischen Zielen eines Staates bestimmen.

Sie ist grundlegend auf die **wirtschaftliche Wohlfahrt** der Bürger gerichtet. Der Inhalt „wirtschaftlicher Wohlfahrt" wird dabei von den jeweiligen staatspolitischen Zielsetzungen eines Landes bestimmt. Solche Zielsetzungen können sein:

- die Verbesserung der Güterversorgung der Bürger,
- die Erhöhung des gesamtwirtschaftlichen Beschäftigungsgrades,
- die Verbesserung der internationalen Wettbewerbsfähigkeit der heimischen Wirtschaft,
- die Erreichung einer „gerechteren" Einkommensverteilung.

Wirtschaftsordnung: Gesamtheit der Rahmenbedingungen, innerhalb derer sich der Wirtschaftsprozess vollzieht; im Wirtschaftsprozess wirken Unternehmen, Staat und private Haushalte arbeitsteilig zusammen.

Ressourcen umfassen die Produktionsfaktoren Boden, Arbeit und Kapital.

Umfang und Instrumente der von einem Staat betriebenen **Wirtschaftspolitik** hängen wesentlich von der jeweiligen Wirtschaftsordnung (dem „Wirtschaftssystem") des Landes ab. Die Wahl der vorherrschenden Wirtschaftsordnung stellt bereits selbst eine wirtschaftspolitische Entscheidung dar. Grundlegend kann zwischen (kapitalistischen) Marktwirtschaften und (sozialistischen) Zentralverwaltungswirtschaften unterschieden werden.

3.1.1 Wirtschaftsordnungen und Wirtschaftstheorien

> Unabhängig von der spezifischen Wirtschaftsordnung weisen alle Volkswirtschaften bestimmte Grundtatbestände auf.

beschränkte Ressourcen	Arbeitsteilung	Gütertausch
Die wirtschaftlichen Mittel sind, gemessen an den Bedürfnissen, begrenzt. Infolgedessen müssen Wahlentscheidungen über den Ressourceneinsatz getroffen werden.	Der wirtschaftliche Produktionsprozess erfolgt arbeitsteilig, d. h. die Güterproduzenten produzieren nicht (nur) für den Eigenbedarf, sondern vornehmlich für den Bedarf anderer Wirtschaftssubjekte.	Die Verteilung des Güterangebots erfolgt über Tauschvorgänge, d. h. über den An- und Verkauf der Güter. Dabei fungiert das Geld als universelles Tauschmittel (Tausch in Form von „Ware gegen Geld").

Die arbeitsteilige industrielle Produktionsweise ist eine wesentliche technologische Voraussetzung für eine effiziente Ausnutzung des gesamtwirtschaftlichen Produktionspotenzials. Sie birgt jedoch gleichzeitig ein grundlegendes **Koordinationsproblem**:
Der Charakter der arbeitsteiligen Produktionsweise als Grundlage der gesamtgesellschaftlichen Güterversorgung (und nicht nur der Güterversorgung des einzelnen Produzenten) erfordert institutionelle Rahmenbedingungen, welche auf eine möglichst gute Abstimmung der Produktionsentscheidungen in ihrer Gesamtheit mit den gesellschaftlichen Bedürfnissen (den Präferenzen der Güternachfrager) hinwirken. Es müssen zum einen **Anreize** dafür existieren, dass die Produzenten ihre Wirtschaftsaktivitäten an den Bedürfnissen der Nachfrager ausrichten. Zum anderen müssen **Signale** zur Verfügung stehen, welche den Produzenten diese Bedürfnisse offenbaren.
Marktwirtschaften und Zentralverwaltungswirtschaften lösen dieses Koordinationsproblem in sehr unterschiedlicher Weise.

Die Tauschvorgänge in der Volkswirtschaft lassen sich als **zweistromiger Kreislauf** interpretieren: Zwischen den Tauschpartnern fließen Güterströme, denen umgekehrt Geldströme gegenüberstehen.

Marktwirtschaft und Zentralverwaltungswirtschaft

> **Marktwirtschaften** sind dadurch gekennzeichnet, dass sich die wirtschaftlichen Produktionsmittel (weitestgehend) in Privateigentum befinden und die wirtschaftliche Koordination dezentral erfolgt.
> In **Zentralverwaltungswirtschaften** sind die Produktionsmittel (weitestgehend) Staatseigentum. Produktion, Verteilung und Verwendung der Güter unterliegen einer zentralen Planung.

Die beiden Grundtypen von Wirtschaftsordnungen sind in ihrer Beschreibung theoretische Modelle. Die realen Wirtschaftsordnungen der europäischen Länder sind zumeist Mischsysteme.

Modellhafte Klassifikation von Wirtschaftsordnungen

Hauptunterscheidungselemente	Idealtypische Wirtschaftssysteme	
	Zentralverwaltungswirtschaft	Marktwirtschaft
Koordination der Wirtschaftseinheiten	Einplanwirtschaft und staatliche Steuerung („zentral gesteuerte Wirtschaft")	Mehrplanwirtschaft und Wettbewerbssteuerung („freie Verkehrswirtschaft")
Subordination der Wirtschaftseinheiten	Gebote (Plansoll-Vorgaben)	Verbote (staatlicher Ordnungsrahmen)
Eigentumsordnung	Staatseigentum („Sozialismus")	Privateigentum („Kapitalismus")
Interdependenz mit der politischen Ordnung	Diktatur	Demokratie

Durch die Kombination von Privateigentum und freier Preisbildung liefert das **marktwirtschaftliche System** wirksame Anreize dafür, die ver-

Der britische Nationalökonom ADAM SMITH (1723 –1790) entwickelte in seinem Hauptwerk „Untersuchung über die Natur und die Ursachen des Reichtums der Nationen" (1776) als Erster eine geschlossene Theorie über die wohlfahrtsfördernden Wirkungen der freien Marktwirtschaft.

fügbaren Produktivkräfte zum wechselseitigen Nutzen der Marktteilnehmer einzusetzen. Die Marktwirtschaft erreicht damit – gewissermaßen als „Nebeneffekt" des eigennützigen Wirtschaftens der Privaten – eine Anhebung der gesamtgesellschaftlichen Wohlfahrt.

Dieser Zusammenhang wurde bereits durch **ADAM SMITH** mit dem Begriff der „unsichtbaren Hand" umschrieben, welche die privatwirtschaftlichen Aktivitäten zur Wohlfahrtserhöhung aller Marktteilnehmer ordnet. Der Preisbildungsmechanismus wird dabei umso effizienter im Hinblick auf die Güterversorgung der Konsumenten (der Güternachfrager) wirken, je stärker der **Wettbewerb** zwischen den Anbietern auf den Märkten ist. Bei eingeschränktem Wettbewerb verfügen einzelne Anbieter über eine spürbare Marktmacht und werden diese zur Durchsetzung höherer Preise bei gleichzeitiger Reduzierung des Güterangebots (und damit der Güterversorgung der Bürger) nutzen. Ein funktionsfähiger Wettbewerb schränkt dagegen den Preissetzungsspielraum der Anbieter ein (verstärkter Preiswettbewerb) und schafft einen zusätzlichen Anreiz für die Unternehmen, ihre Produkte zu verbessern und kostengünstigere Produktionsverfahren zu entwickeln. Das Gewinnerzielungsinteresse der Unternehmen im Wettbewerb um die begrenzten Budgets der Güternachfrager ist damit zusätzlich ein Motor für die Entwicklung der volkswirtschaftlichen Produktivkräfte in der Marktwirtschaft.

Die **Zentralverwaltungswirtschaft** ist eine Wirtschaftsordnung, die in der marxistischen Kapitalismuskritik fußt. Zentrale, bis in die einzelnen Betriebe hineinreichende Planung des volkswirtschaftlichen Produktionsprozesses bedeutet dabei: der Staat entscheidet, welche Güterarten in welchen Mengen (bei Einschätzung der tatsächlichen Möglichkeiten) produziert, wie diese Produktionsziele erreicht und zu welchen Preisen die Güter auf den jeweiligen Absatzmärkten verkauft werden sollen. Dieses wirtschaftliche Ordnungsprinzip ist aus der Kritik von **KARL MARX** am Kapitalismus entwickelt worden. MARX ging davon aus, dass die der kapitalistischen Produktionsweise eigenen Widersprüche nur durch Abschaffung des Privateigentums, also durch Vergesellschaftung der Produktionsmittel, gelöst werden können.

Der deutsche Philosoph und Nationalökonom KARL MARX (1818–1883) entwickelte zusammen mit dem deutschen Industriellen FRIEDRICH ENGELS (1820 –1895) die Grundlagen der marxistischen Wirtschaftstheorie. Das theoretische Hauptwerk von KARL MARX ist „Das Kapital. Zur Kritik der politischen Ökonomie" (1867–1894).

Grundwiderspruch zwischen Arbeit und Kapital	Widerspruch zwischen den Profitinteressen der Kapitalisten und den gesellschaftlichen Versorgungsbedürfnissen	Widerspruch zwischen den Profitinteressen der Kapitalisten und der langfristigen Entfaltung der Produktivkräfte
Ausbeutung der Arbeiter über die Mehrwertabschöpfung dauerhafte Ungerechtigkeit der Einkommens- und Vermögensverteilung	Güterproduktion nur im Interesse zahlungsfähiger Kundschaft Krisenanfälligkeit des Produktionsprozesses	sinkende Anreize für die Kapitalisten zu weiterer Kapitalakkumulation aufgrund langfristig abnehmender Profitrate (= Gewinn pro Kapitaleinheit)

Wirtschaftsordnungen und wirtschaftspolitische Ziele

Mit der Abschaffung des Privateigentums an Produktionsmitteln entfällt in der zentralen Planwirtschaft für die einzelnen Wirtschaftssubjekte der individuelle **Anreiz** zu einem effizienten Einsatz der im Verfügungsbereich liegenden Ressourcen, wie er in der Marktwirtschaft existiert.

Die planwirtschaftlich orientierten Staaten versuchten diesem Problem durch die Setzung von verbindlichen Soll- oder Normvorgaben sowie durch Gewährung individueller wirtschaftlicher Vorteile bei Normübererfüllung zu begegnen („sozialistischer Wettbewerb"). Die Effektivität solcher Maßnahmen war jedoch sehr begrenzt. Für die Beschäftigten der einzelnen Betriebseinheiten entstanden oft gegenläufige volkswirtschaftliche Anreize, z. B. durch Fehlinformationen über die realen Leistungsmöglichkeiten, niedrige Sollvorgaben zu erhalten.

In den historischen Zentralverwaltungswirtschaften traten allgemein schwerwiegende Effizienzmängel auf. Sie führten letztlich zu einem Niedergang dieser Wirtschaftsordnung in der letzten Dekade des 20. Jh.s In der Gegenwart gibt es nur noch wenige Länder, die grundlegend planwirtschaftlich organisiert sind. Das betrifft weitestgehend die Volksrepublik China, Nordkorea und Kuba. (China betreibt seit den 1980er-Jahren eine Politik der begrenzten Öffnung gegenüber marktwirtschaftlichen Strukturen.)

Da der freie **Preisbildungsmechanismus** in der Zentralverwaltungswirtschaft abgeschafft ist, haben die Preise ihre Signalfunktion im Hinblick auf die relative Knappheit der Güter verloren. Alle bisherigen Versuche, mittels aufwendiger Methoden der staatlichen Informationserfassung die Signalfunktion des freien Preisbildungsmechanismus zu ersetzen, sind weitestgehend gescheitert.

In einem Marktsystem mit funktionsfähigem Wettbewerb werden die Informationen über vorhandene Ressourcen, über verfügbare Produktionsverfahren und Präferenzen der Konsumenten über die freie Preisbildung signalisiert.

Im Idealfall wird durch die freie Preisbildung ein **Marktgleichgewicht** geschaffen: die Gleichheit von Angebot und Nachfrage.

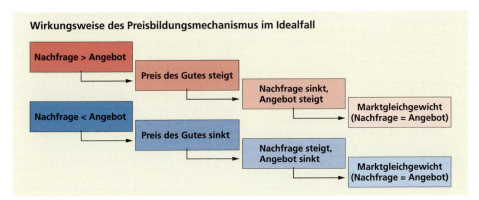

Wirtschaftsliberalismus: Freiheit in Produktion, Handel und Wettbewerb; Entfaltung der Marktkräfte ohne staatliche Eingriffe

Freie Marktwirtschaft

Viele klassische Nationalökonomen des 18. und 19. Jh.s – so z. B. ADAM SMITH (1723–1790), DAVID RICARDO (1772–1823) und JOHN STUART MILL (1806–1873) – vertraten die Ansicht, dass die größten Wohlfahrtseffekte für die Gesellschaft in einer **„freien Marktwirtschaft"** erreicht werden können. Damit meinten sie, dass sich die Marktkräfte vollkommen ungehindert von staatlichen Eingriffen entfalten und dass sich die Wirtschaftspolitik darauf beschränken muss, für entsprechende Rahmenbedingungen zu sorgen. Die wirtschaftspolitischen Aufgaben des Staates werden lediglich in der Gewährung der grundlegenden wirtschaftlichen Freiheitsrechte für alle Bürger, in der Wahrung des freien Wettbewerbs und in der Schaffung von Rechtssicherheit für die Marktteilnehmer gesehen. In allen modernen Volkswirtschaften greift die Wirtschaftspolitik jedoch viel weitreichender in die Marktprozesse ein (wenn auch in international unterschiedlichen Ausmaßen), denn die freie Marktwirtschaft weist auch Defizite auf, welche nicht über den Markt und seinen Preismechanismus zu beseitigen sind. Man spricht in diesem Zusammenhang auch von unterschiedlichen **Formen des Marktversagens**.

Unterversorgung mit öffentlichen Gütern	Öffentliche Güter können von allen Wirtschaftssubjekten genutzt werden, **ohne** dafür eine direkte Zahlung zu leisten. Für die privaten Unternehmen entfällt deshalb der Anreiz, solche Güter für den freien Markt zu produzieren. Ihre Bereitstellung muss daher durch den Staat gesichert werden, der die damit verbundenen Kosten über **Steuern oder andere Zwangsabgaben** gegenfinanziert.	Volkswirtschaftlich wichtige öffentliche Güter sind z. B. eine gut ausgebaute wirtschaftliche Infrastruktur (z. B. Verkehrseinrichtungen) oder auch ein leistungsfähiges öffentliches Bildungswesen.
ineffiziente Ressourcenverschwendung (Fehlallokation) infolge externer Effekte	Nicht alle **sozialen Kosten und Gewinne,** die aus den individuellen Wirtschaftsaktivitäten herrühren, gehen in die Preisbildung ein. Aus marktwirtschaftlichen Tauschvorgängen können wohlfahrtsmäßige Auswirkungen gegenüber Dritten entstehen (sogenannte **externe Effekte),** welche keinen marktmäßigen Anspruch auf einen finanziellen Ausgleich zwischen Betroffenen und Verursachern begründen. Ohne staatliche Eingriffe werden Güter mit negativen externen Effekten insgesamt zu viel, Güter mit positiven externen Effekten insgesamt zu wenig nachgefragt. Der Staat kann solche Fehlentwicklungen korrigieren, indem er durch Setzung geeigneter Rahmenbedingungen (z. B. über steuerliche Maßnahmen) die Akteure zu einer angemessenen Änderung ihrer Wirtschaftsaktivitäten anreizt.	Negative externe Effekte sind z. B. die Luftverschmutzung infolge der industriellen Produktion oder der Nutzung von Verbrennungsmotoren im Straßenverkehr. Da keine Eigentumsrechte der betroffenen Bürger an der Luft, die sie atmen, existieren, kommt es über den Markt auch nicht zu Entschädigungszahlungen für entstandene Schäden seitens der Verursacher.

Gefährdung des Wettbewerbs durch Konzentrationsprozesse	In marktwirtschaftlich orientierten Ländern zeichnet sich eine anhaltende Tendenz zur **Unternehmenskonzentration** in Form von Zusammenschlüssen, Übernahmen, strategischen Allianzen o. Ä. ab. Solche Konzentrationsprozesse sind gesamtwirtschaftlich sinnvoll, wenn hierdurch **technologische Verbesserungen** erreicht werden, die letztlich eine höhere Güterversorgung der Gesellschaft ermöglichen. Damit solche Verbesserungen (Kostenersparnisse) über einen niedrigeren Preis an die Güternachfrager weitergegeben werden, muss weiterhin ein **funktionsfähiger Wettbewerb** existieren, der die Unternehmen dazu zwingt. Das ist ohne staatliche Regulierung gefährdet. Der Staat muss einerseits ungerechtfertigte, lediglich auf die Beseitigung des Wettbewerbs ausgerichtete Unternehmenskonzentrationen verhindern und andererseits solche Konzentrationen zulassen, welche für die Leistungsfähigkeit der Volkswirtschaft bzw. die Güterversorgung ihrer Bürger vorteilhaft sind.	Sinnvolle **Konzentrationsprozesse** sind solche, wenn durch die Zusammenlegung von Produktionskapazitäten die Durchschnittskosten der Produktion gesenkt werden können (sogenannte Economies of Scale).
sozial unerwünschte Verteilungswirkungen	Die Verteilung des gesellschaftlichen Wohlstands hängt in der freien Marktwirtschaft allein von der **Ausgangsverteilung der Vermögen** und der im Rahmen der Tauschvorgänge erwirtschafteten Einkommen ab. Den Eigentümern des im Produktionsprozess eingesetzten Sachkapitals fließen Einkommen in Form von Zinsen, Dividenden oder anderen Formen der Gewinnausschüttung zu, den Eigentümern des eingesetzten Humankapitals (des „Produktionsfaktors Arbeit") Arbeitseinkommen in Form von Löhnen und Gehältern. Die hieraus entstehende Verteilung der Einkommen **(primäre Einkommensverteilung)** ist dabei umso ungleicher, je ungleicher das volkswirtschaftliche Vermögen verteilt ist. Die Korrektur von Missverhältnissen in der Einkommensverteilung erfordert staatliche Umverteilungsmaßnahmen **(sekundäre Einkommensverteilung),** beispielsweise durch staatliche Sozialtransfers, die über Steuern und andere Zwangsabgaben finanziert werden.	Den Angaben des 2. Armuts- und Reichtumsberichts der Bundesregierung 2005 zufolge sind die Privatvermögen in Deutschland sehr ungleich verteilt. Während die untere Hälfte der Haushalte 2003 nur über etwas weniger als 4 % des gesamten Nettovermögens verfügte, entfielen fast 47 % auf die obersten 10 %.

Einkommens- und Beschäftigungstheorien

In der Realität erweist sich die Marktwirtschaft als krisenanfällig. Historisch betrachtet ist die wirtschaftliche Entwicklung aller industrialisierten Marktwirtschaften zumindest durch zeitweise, sehr häufig auch durch andauernde Phasen hoher **Unterbeschäftigung** gekennzeichnet.

Von **Unterbeschäftigung** spricht man, wenn Arbeitssuchende nicht in dem Maße Beschäftigung finden können, wie sie es selbst zu den gegebenen Marktpreisen anstreben (unfreiwillige Arbeitslosigkeit).

Grundsätzlich ist dabei zwischen konjunkturellen und strukturellen Beschäftigungskrisen zu unterscheiden:
– Zum einen unterliegt der marktwirtschaftliche Wachstumsprozess konjunkturellen Zyklen, wobei die zeitliche Länge dieser Zyklen variiert und im Regelfall zwischen fünf und acht Jahren ausmacht.
– Zum anderen sind heute alle modernen Marktwirtschaften mit dem Problem einer zyklenübergreifenden und dauerhaften Sockelarbeitslosigkeit konfrontiert (strukturelle Beschäftigungskrisen). Höhe und Entwicklung dieser Sockelarbeitslosigkeit fallen allerdings zwischen den einzelnen Wirtschaftsnationen sehr unterschiedlich aus.

Im Hinblick auf die grundlegenden Ursachen für die Anfälligkeit der Marktwirtschaft gegenüber Beschäftigungskrisen existieren in der volkswirtschaftlichen Theorie unterschiedliche Erklärungsansätze **(Theorieschulen)**.

> Die **nachfrageorientierte Einkommens- und Beschäftigungstheorie** sieht als zentrale Krisenursache eine unzureichende Entwicklung der gesamtwirtschaftlichen Güternachfrage und insbesondere der privaten Investitionen.

Die nachfrageorientierte Einkommens- und Beschäftigungstheorie geht auf die Lehren des britischen Nationalökonomen JOHN MAYNARD KEYNES (1883–1946) zurück. Er entwickelte seine Theorie vor dem Hintergrund der Weltwirtschaftskrise 1929–1932/33, die, ausgehend vom New Yorker Börsenkrach am 25. 10. 1929, zu einem Zusammenbruch des Welthandels und weltweit hoher Arbeitslosigkeit führte.

Da der freie Preisbildungsmechanismus auf den Märkten nicht in der Lage ist, eine ausreichende, mit Vollbeschäftigung vereinbare Güternachfrage zu schaffen, muss der Staat durch geeignete Maßnahmen eine ausreichende Güternachfrage herbeiführen, z. B. durch öffentliche Investitionen, durch Bereitstellung zinsverbilligter Kredite oder durch Maßnahmen der Einkommensumverteilung, welche in ihrer Wirkung Haushalte mit überdurchschnittlich hoher Konsumquote begünstigen („Umverteilung von oben nach unten").

> Die **angebotsorientierte Einkommens- und Beschäftigungstheorie** sieht vor allem die reale Kostensituation der Unternehmen im Verhältnis zu ihrer Produktivität als die zentrale Bestimmungsgröße für die gesamtwirtschaftliche Beschäftigungshöhe an.

Je höher die realen Lohnkosten bei gegebener wirtschaftlicher Leistungsfähigkeit der Unternehmen ausfallen, umso geringer wird aus angebotstheoretischer Sicht die Nachfrage der Unternehmen nach dem Produktionsfaktor Arbeit sein. Die Ökonomie strebe zu einem „natürli-

chen" Niveau der Arbeitslosigkeit, das durch die institutionellen Rahmenbedingungen der Märkte und ihre Auswirkungen auf die Kostenlage der Unternehmen bestimmt sei und sowohl aus „freiwilliger" wie auch „unfreiwilliger" Arbeitslosigkeit bestehe. **Unfreiwillige Arbeitslosigkeit** wird vor allem auf zwei Gründe zurückgeführt:
– Arbeitssuchenden mangele es z. T. an fachlichen Qualifikationen oder ausreichender räumlicher Mobilität, um vermittelt werden zu können (Mismatch-Arbeitslosigkeit).
– Ein unvollkommener Wettbewerb auf dem Arbeitsmarkt könne zu Lohnabschlüssen führen, welche eine Reintegration der Arbeitslosen in den Produktionsprozess für die Unternehmen aus Kostengesichtspunkten unwirtschaftlich machen.

Die konjunkturellen Schwankungen der Beschäftigung werden von den Angebotstheoretikern als Abweichungen vom „natürlichen" Beschäftigungsniveau interpretiert, welche im Wesentlichen aus Fehlerwartungen der Wirtschaftssubjekte im Hinblick auf die allgemeine Preisentwicklung herrühren, sodass es zu fehlerhaften Preisbildungen auf den Märkten kommt.

Dabei wird die Entwicklung der in Umlauf befindlichen Geldmenge als zentrale Determinante der allgemeinen Preisentwicklung angesehen. Der Begründer des **Monetarismus** MILTON FRIEDMAN leitete daraus die konjunkturpolitische Forderung ab, der Staat bzw. die Zentralbank solle für eine mit konstanter Rate wachsende Geldmenge (Geldbasis) sorgen, um so den Wirtschaftssubjekten die Erwartungsbildung in Bezug auf die weitere allgemeine Preisentwicklung zu erleichtern.

Der amerikanische Nationalökonom MILTON FRIEDMAN (1912–2006) entwickelte das theoretische Konzept der „natürlichen" Arbeitslosigkeit Anfang der 1960er-Jahre („Chicagoer Schule").

Soziale Marktwirtschaft

Als Reaktion auf die Defizite der freien Marktwirtschaft stellen heute alle marktwirtschaftlich orientierten Industriestaaten öffentliche Güter bereit, führen Regulierungen bei externen Effekten durch und betreiben Wettbewerbs-, Verteilungs- und Stabilisierungspolitiken. In der Bundesrepublik Deutschland findet dies seine institutionelle Grundlage in der sozialen Marktwirtschaft als herrschender Wirtschaftsordnung.

Soziale Marktwirtschaft in Deutschland, S. 165

> **Soziale Marktwirtschaft** zielt auf die Verknüpfung von individueller wirtschaftlicher Freiheit und sozialem Ausgleich.

Ihre geistigen Väter LUDWIG ERHARD (1897–1977) und ALFRED MÜLLER-ARMACK (1901–1978) verstanden sich dabei selbst als **Ordoliberale** im Sinne der von WALTER EUCKEN (1891–1950) gegründeten Freiburger Schule. Die Eingriffe des Staates sollten sich möglichst auf marktkonforme Mittel beschränken – durch Setzung geeigneter Rechtsnormen sollte der marktwirtschaftliche Prozess selbst die gewünschten sozialen Ergebnisse hervorbringen. Vor allem im Hinblick auf die Konjunktur- und Beschäftigungspolitik ist dieser streng ordoliberale Politikansatz allerdings spätestens seit dem Stabilitäts- und Wachstumsgesetz 1967 einem mehr **interventionistischen Politikverständnis** gewichen. Demnach soll der Staat in der sozialen Marktwirtschaft durch seine Ausgaben- und Einnahmenpolitik zielgerichtet Einfluss auf die Stabilität des Wirtschaftsprozesses nehmen.

3.1.2 Zielsetzungen der sozialen Marktwirtschaft

> Die wichtigsten **wirtschaftspolitischen Zielsetzungen** der Bundesrepublik Deutschland sind Stabilisierung des Wirtschaftsprozesses, soziale Absicherung der Bürger und Sicherung eines funktionsfähigen Wettbewerbs.

Hauptziele	Unterziele
Stabilisierung des Wirtschaftsprozesses	• Stabilität des Preisniveaus • hoher Beschäftigungsgrad • außenwirtschaftliches Gleichgewicht • stetiges und angemessenes Wirtschaftswachstum • Umweltverträglichkeit
soziale Sicherung	• sozial angemessene Einkommens-, Vermögens- und Lastenverteilung • Schutz der Arbeitnehmer vor wirtschaftlicher Willkür durch die Arbeitgeber
Wettbewerbssicherung	• Verhinderung von Kartellen • Verhinderung von Marktbeherrschung • Verhinderung von Marktmachtmissbrauch

Stabilisierung des Wirtschaftsprozesses

Das 1967 verabschiedete Gesetz zur Förderung der Stabilität und des Wachstums der Wirtschaft (**„Stabilitätsgesetz"**, StabG) verpflichtet den Bund und die Länder zu einer an den „Erfordernissen des gesamtwirtschaftlichen Gleichgewichts" orientierten Wirtschafts- und Finanzpolitik:

> „Bund und Länder haben bei ihren wirtschafts- und finanzpolitischen Maßnahmen die Erfordernisse des gesamtwirtschaftlichen Gleichgewichts zu beachten. Die Maßnahmen sind so zu treffen, dass sie im Rahmen der marktwirtschaftlichen Ordnung gleichzeitig zur Stabilität des Preisniveaus, zu einem hohen Beschäftigungsgrad und außenwirtschaftlichen Gleichgewicht bei stetigem und angemessenem Wirtschaftswachstum beitragen." (§ 1 des StabG)

Wirtschaftsordnungen und wirtschaftspolitische Ziele

Die im Stabilitätsgesetz formulierten Ziele werden auch als **„magisches Viereck"** bezeichnet. Zwischen den einzelnen Stabilitätszielen bestehen wechselseitige Abhängigkeiten und Zielkonflikte, die eine gleichzeitige vollständige Erfüllbarkeit aller Ziele unter Umständen verhindern.

Hoher Beschäftigungsgrad	**Preisniveaustabilität**
Wirtschaftspolitische Bedeutung:	*Wirtschaftspolitische Bedeutung:*
• Ausschöpfung des gesamtwirtschaftlichen Produktionspotenzials zum Zwecke der allgemeinen Güterversorgung • Vermeidung sozialer Härten infolge unfreiwilliger Arbeits- und Erwerbslosigkeit	• Erleichterung der Erwartungsbildung der Wirtschaftssubjekte bezüglich der allgemeinen Preisentwicklung • Förderung der Koordinationsfähigkeit des freien Preisbildungsmechanismus
Stetiges und angemessenes Wirtschaftswachstum	**Außenwirtschaftliches Gleichgewicht**
Wirtschaftspolitische Bedeutung:	*Wirtschaftspolitische Bedeutung:*
• der Stetigkeit: Vermeidung oder Dämpfung der konjunkturellen Schwankungen von Wachstum und Beschäftigung • der Angemessenheit: Notwendigkeit eines ausreichenden Wachstums für die Erreichung eines hohen Beschäftigungsgrades in der Zukunft	• Erreichung einer langfristig ausgeglichenen Zahlungsbilanz (Devisenzuflüsse = Devisenabflüsse) • Vermeidung eines dauerhaften Netto-Abflusses inländischer Ressourcen ins Ausland, Vermeidung einer dauerhaft ansteigenden Nettoverschuldung des Inlands gegenüber dem Ausland

Das Ziel der **Preisniveaustabilität** (im Sinne einer gesamtwirtschaftlichen Inflationsrate von unter 2 %) ist in der Bundesrepublik zumeist erreicht worden. Als „Messlatte" für einen **hohen Beschäftigungsgrad** wurden bei Inkrafttreten des Stabilitätsgesetzes 1967 niedrige Arbeitslosenquoten von 1 bis 2 % und darunter angesehen, wie sie in der ersten Hälfte der 1960er-Jahre in der Bundesrepublik erreicht werden konnten. Seit 1974 ist die bundesdeutsche Beschäftigungsentwicklung jedoch von einem anhaltenden **Trend zu wachsenden Arbeitslosenquoten** gekennzeichnet (auf über 10 % im Jahr 2006; 2007/08 sank die Quote allerdings wieder auf deutlich unter 10 %). Vollbeschäftigung wird daher wohl noch als ideelles, jedoch nicht mehr als kurz- und mittelfristig erreichbares Ziel der Stabilitätspolitik angesehen.

Bis in die 1980er-Jahre kam das Stabilitätsgesetz in der wirtschaftspolitischen Praxis im Wesentlichen in Form einer antizyklischen Fiskalpolitik des Bundes und der Länder zur Anwendung (Globalsteuerung). **Fiskalpolitik** ist grundlegend auf die „Steuerung" der gesamtwirtschaftlichen Güternachfrage durch staatliche ausgaben- und einnahmenpolitische Maßnahmen gerichtet.
Im Sinne einer antizyklischen Fiskalpolitik versuchte der Staat, konjunkturellen Abschwüngen durch eine Erhöhung seiner Ausgaben für Güter und Dienstleistungen bei gleichzeitiger Verringerung seiner steuerlichen Einnahmen entgegenzuwirken bzw. konjunkturelle Überhitzungen durch Verringerung seiner Ausgaben und Erhöhung der Steuereinnahmen zu bekämpfen. Dennoch war die Globalsteuerung im Hinblick auf die Erreichung ihres stabilitätspolitischen Beschäftigungszieles wenig erfolgreich. Zunehmende öffentliche Verschuldung und daraus resultierende Zinsverpflichtungen engten die ausgabenpolitischen Handlungsspielräume der verschiedenen Gebietskörperschaften (Bund, Länder und Gemeinden) spürbar ein.
Durch den Stabilitäts- und Wachstumspakt der Europäischen Wirtschafts- und Währungsunion (EWWU) haben sich diese Handlungsspielräume zusätzlich verengt: Danach darf – als eines der Konvergenzkriterien (↗ S. 350) – die jährliche staatliche Nettoneuverschuldung im Grundsatz 3 % des Bruttoinlandsprodukts nicht überschreiten, andernfalls drohen empfindliche finanzielle Sanktionen.

1970 entfielen nur etwa 3 % der Ausgaben des Bundeshaushaltes auf Zinszahlungen, 2007 waren es etwa 15 %.

1994 wurde der **Umweltschutz** als Staatsziel in das Grundgesetz (Art. 20a) aufgenommen. Seitdem gilt die Umweltverträglichkeit des Wirtschaftsprozesses als weiteres Stabilitätsziel der sozialen Marktwirtschaft („magisches Fünfeck").

Umweltschutz als wirtschaftspolitische Aufgabe
↗ Kap. 3.4

Umweltschutz als wirtschaftspolitische Aufgabe sowohl in der Bundesrepublik wie auch in anderen Industriestaaten geht davon aus, dass die aus dem Wirtschaftsprozess herrührenden Umweltschäden in Form externer Effekte entstehen, welche über den Markt nicht sanktioniert werden. Deshalb muss die Regulierung dieser Effekte über staatliche Maßnahmen erfolgen.

Soziale Sicherung

> Die soziale Marktwirtschaft in der Bundesrepublik ist auf eine angemessene Beteiligung aller Bürger am gesellschaftlichen Wohlstand gerichtet.

Nach der Rechtsprechung des Bundesverfassungsgerichts muss ein **soziokulturelles Existenzminimum** gesichert werden, welches den einzelnen Unterstützungsempfängern neben der Befriedigung der wirtschaftlichen Grundbedürfnisse (Essen, Kleidung, Wohnen) eine angemessene Beteiligung am kulturellen Leben ermöglicht.

Das **Sozialstaatspostulat** des Grundgesetzes (Art. 20 Abs. 1 GG) stellt den Staat in die sozialpolitische Pflicht, jedem Bürger, der selbst nicht in der Lage ist, durch eigene Anstrengungen seine Existenz zu sichern, staatliche Unterstützung zu gewähren. Dabei soll ein soziokulturelles Existenzminimum gewährleistet sein. Die Zielsetzungen der sozialen Sicherung beschränken sich dabei nicht auf die reine Daseinsvorsorge. Es wird vielmehr eine Korrektur der sich über den Markt ergebenden „Verteilungsungerechtigkeiten" hinsichtlich der Einkommens- und Vermögensverhältnisse zugunsten der wirtschaftlich schwachen Marktteilnehmer angestrebt.

> In der Bundesrepublik wird diese Zielsetzung vor allem in der **Ausgaben- und Einnahmenpolitik** umgesetzt. Einkommensschwache Haushalte erhalten staatliche Transferzahlungen. Die Finanzierung der gesetzlichen Sozialversicherungen erfolgt im Grundsatz zur Hälfte über Beiträge der Arbeitnehmer und zur anderen Hälfte über Arbeitgeberbeiträge. Durch einen progressiv wirkenden Einkommensteuertarif nimmt die durchschnittliche Einkommensteuerbelastung (bezogen auf das zu versteuernde Einkommen) mit der individuellen Einkommenshöhe zu. Bestimmte Güter, wie öffentliche Bildungseinrichtungen, dienen der Verbesserung der Bildungs- und Erwerbsmöglichkeiten insbesondere der wirtschaftlich schwächeren Bevölkerungsschichten. 2007 entfielen etwa 50 Prozent der Ausgaben des Bundes auf den Bereich der sozialen Sicherung und stellten den größten Ausgabenposten im Haushalt dar. Der Anteil der insgesamt gewährten Sozialleistungen betrug im selben Jahr etwa ein Drittel des Bruttoinlandsprodukts.

Grundlegend ist allerdings zu beachten, dass die Umsetzung des Sozialprinzips nicht zu einer faktischen Aufhebung des marktwirtschaftlichen Leistungsprinzips führen darf.

Wettbewerbssicherung

Das Ziel der bundesdeutschen Wirtschaftspolitik, einen funktionsfähigen Wettbewerb zu sichern, bedeutet vor allem, wettbewerbsbedrohenden Unternehmenskonzentrationen entgegenzuwirken.

So verbietet das Gesetz gegen Wettbewerbsbeschränkungen (GWB) im Grundsatz **Kartelle**, d. h. „Vereinbarungen zwischen miteinander im Wettbewerb stehenden Unternehmen, Beschlüsse von Unternehmensvereinigungen und aufeinander abgestimmte Verhaltensweisen, die eine Verhinderung, Einschränkung oder Verfälschung des Wettbewerbs bezwecken oder bewirken"(§ 1). Durch die Kartellbehörde (Bundeskartellamt) ist ein Unternehmenszusammenschluss zu untersagen, wenn von diesem „zu erwarten ist, dass er eine marktbeherrschende Stellung begründet oder verstärkt, ... es sei denn, die beteiligten Unternehmen weisen nach, dass durch den Zusammenschluss auch Verbesserungen der Wettbewerbsbedingungen eintreten und dass diese Verbesserungen die Nachteile der Marktbeherrschung überwiegen" (§ 36, Abs. 1). Zudem ist die „missbräuchliche Ausnutzung einer marktbeherrschenden Stellung durch ein oder mehrere Unternehmen" verboten (§ 9 Abs. 1).

Der Bundeswirtschaftsminister kann vom Bundeskartellamt untersagte Zusammenschlüsse erlauben, wenn dies aus Gründen der Gesamtwirtschaft und des Gemeinwohls als notwendig erscheint (§ 8 Abs. 1 GWB).

Formen des Missbrauchs einer marktbeherrschenden Stellung im Sinne des GWB (§ 9 Abs. 4)				
Erhebliche und sachlich nicht gerechtfertigte Beeinträchtigung der Wettbewerbsmöglichkeiten anderer Unternehmen auf dem Markt	Weigerung, einem anderen Unternehmen gegen Entgelt Zugang zu eigenen Infrastruktureinrichtungen zu gewähren, wenn das Unternehmen sonst nicht auf den vor- oder nachgelagerten Märkten als Wettbewerber tätig werden kann	Geschäftsbedingungen, die von denjenigen abweichen, die sich bei wirksamem Wettbewerb mit hoher Wahrscheinlichkeit ergeben würden	Geschäftsbedingungen, die ohne sachlichen Grund ungünstiger als die sind, die das Unternehmen selbst auf vergleichbaren Märkten gleichartigen Abnehmern auferlegt	

3.1.3 Grundprobleme und Grenzen der Wirtschaftspolitik

Wirtschaftspolitik, die auf die Verwirklichung der genannten Zielsetzungen orientiert, ist mit einer Vielzahl von Problemen konfrontiert. Sie muss nicht nur jeweils geeignete wirtschaftspolitische Mittel festlegen, was korrekte Ursachen- und Wirkungsanalysen voraussetzt. Sie muss vor allem auch die **Zielkonflikte**, die zwischen den einzelnen wirtschaftspolitischen Zielsetzungen auftreten können, beherrschen. Die Förderung einer staatlichen Zielsetzung kann zum Abbau einer anderen führen.

Preisniveaustabilität versus hoher Beschäftigungsgrad	Soziale Sicherung versus hoher Beschäftigungsgrad	Umweltschutz versus hoher Beschäftigungsgrad
Eine Erhöhung der staatlichen Güternachfrage kann gegebenenfalls positiv auf die Beschäftigung wirken, birgt jedoch gleichzeitig die Gefahr höherer Inflation.	Hohe Sozialstandards dienen der sozialen Sicherung, können jedoch die Leistungsbereitschaft der Begünstigten und der durch die Gegenfinanzierung der Sozialausgaben belasteten Marktteilnehmer senken.	Hohe Umweltstandards dienen der Erhaltung der natürlichen Lebensgrundlagen, können jedoch die Wettbewerbsfähigkeit der betroffenen Unternehmen gefährden.

Höhere **Beschäftigung durch Abbau des Sozialstaats** ist angesichts der seit Jahren gleichbleibend hohen Arbeitslosigkeit in der Bundesrepublik eine entscheidende Diskussionsfrage. Sie wird sehr unterschiedlich beantwortet.

Zu den Ursachen der hohen Arbeitslosigkeit und zu den Maßnahmen ihrer Bekämpfung gibt es weder innerhalb der Wirtschaftswissenschaft noch innerhalb der bundesdeutschen Wirtschaftspolitik eine einheitliche Sichtweise.

Angebotsorientierte Wirtschaftstheoretiker	Nachfrageorientierte Wirtschaftstheoretiker
Ursache hoher Arbeitslosigkeit: • mangelnde Flexibilität des deutschen Arbeitmarktes (zu starre Arbeits- und Wirtschaftsgesetze, zu großzügiges Sozialsystem, das die Bereitschaft der Arbeitsaufnahme zu marktfähigen Löhnen bei einem Teil der Arbeitslosen verhindert und dessen Finanzierung die Leistungsfähigkeit der Wirtschaft überfordert) **Maßnahmen zur Bekämpfung:** • Deregulierung des Arbeitsmarktes (u. a. durch Lockerung des Kündigungsschutzes, Reduzierung der betrieblichen Mitbestimmung) • Reduzierung der staatlichen Sozialleistungen • Reduzierung der Steuer-, Abgaben- und Beitragsbelastung über eine generelle Verminderung der staatlichen Ausgaben	**Ursache** der hohen Arbeitslosigkeit: • unzureichende Entwicklung der gesamtwirtschaftlichen Güternachfrage **Maßnahme zur Bekämpfung:** • Der Staat muss durch seine Ausgaben- und Umverteilungspolitik auf eine Stärkung der Binnennachfrage hinwirken. • Eine Deregulierung des Arbeitsmarktes wird aufgrund der mangelnden Nachfrage kaum positive Beschäftigungseffekte bringen. • Eine Reduzierung der staatlichen Ausgaben – einschließlich der Sozialtransfers – würde die Nachfrageprobleme nur verschärfen.

Die Wirtschaftsentwicklung eines Landes ist darüber hinaus von weltwirtschaftlichen Rahmenbedingungen geprägt, die außerhalb der nationalen Wirtschaftspolitik liegen.

3.2 Soziale Marktwirtschaft in Deutschland

Soziale Marktwirtschaft ist die in der Bundesrepublik Deutschland nach dem Zweiten Weltkrieg aufgebaute Wirtschaftsordnung. Sie zielt darauf, soziale Sicherheit und Gerechtigkeit zu gewährleisten durch wirtschaftspolitische Eingriffe und Maßnahmen, die die Nachteile einer freien unkontrollierten Marktwirtschaft weitestgehend ausschließen.
Die **theoretischen Vorarbeiten** aus Sicht des Liberalismus und der christlichen Soziallehre wurden vor allem von WALTER EUCKEN, ALEXANDER RÜSTOW, ALFRED MÜLLER-ARMACK, LUDWIG ERHARD, WILHELM RÖPKE geleistet. Diese Ökonomen waren von den Erfahrungen des Nationalsozialismus mitgeprägt. Insbesondere die starke Zentralisierung und Monopolisierung der Unternehmen diente ihnen als abschreckendes Beispiel.

ALFRED MÜLLER-ARMACK (1901–1978)

> ALFRED MÜLLER-ARMACK, der sich seit den 1930er-Jahren mit Fragen der Wirtschaftsordnung und Wirtschaftspolitik beschäftigte, prägte den Begriff der „Sozialen Marktwirtschaft". Die soziale Zentrierung marktwirtschaftlicher Politik war das Hauptanliegen von MÜLLER-ARMACK.
> LUDWIG ERHARD führte als Wirtschaftsminister in der Bundesrepublik (von 1949 bis 1963) die soziale Marktwirtschaft ein. 1957 erschien sein Buch „Wohlstand für Alle" und 1962 „Deutsche Wirtschaftspolitik". Von 1963 bis 1966 war er Bundeskanzler.

LUDWIG ERHARD (1897–1977)

Der Aufbau der Wirtschaftsordnung in Deutschland war auch von Vorgaben und Interventionen der alliierten Besatzungsmächte geprägt.
Seit Einführung der sozialen Marktwirtschaft hat sich die Wirtschaftspolitik erheblich verändert. Eine durchgängig einheitliche deutsche Wirtschaftsordnung wurde nicht verfolgt.
In der Rückschau auf die 1950er- bis 1970er-Jahre wird vielfach vom **„Modell Deutschland"** gesprochen. Damit ist eine Kombination von Lohnzurückhaltung der Gewerkschaften und damit möglicher geringer Inflation, hohem Beschäftigungsstand und relativer Arbeitsplatzsicherheit sowie währungspolitisch ermöglichter Exportüberschüsse gemeint. Die Orientierung „geringe Löhne gegen Arbeitsplätze" unter Aufsicht des Staates unterscheidet sich von einer sozialen Marktwirtschaft, die auf „hohes Wachstum durch Marktwirtschaft bei sozialer Fürsorge für die VerliererInnen des Systems" setzt.

> Die **soziale Marktwirtschaft** verbindet das Prinzip der Freiheit auf dem Markt mit dem Prinzip des sozialen Ausgleichs.

Die **Kernaufgaben** sind:
- Gewährleistung einer freiheitlichen Wettbewerbsordnung (Kartell- und Monopolverbot),
- soziale Ausrichtung und Konstanz der Wirtschaftspolitik,
- Einkommens- und Vermögensverteilung,
- Garantie von Privateigentum,
- Vertragsfreiheit.

3.2.1 Normative und rechtliche Grundlagen

Soziale Marktwirtschaft basiert auf den **wissenschaftlichen Grundlagen** der Wirtschaftstheorie, der Wirtschaftspolitik und der Finanzwissenschaften.

Wirtschaftstheorie	Wirtschaftspolitik	Finanzwissenschaften
• Mikroökonomie • Makroökonomie • Außenwirtschaftstheorie	• Geldpolitik • Wettbewerbspolitik • Sozialpolitik • Fiskalpolitik	• Steuerpolitik • Investitionspolitik • Subventionspolitik

Die konkrete Gestaltung der sozialen Marktwirtschaft erfolgt auf der Grundlage der Gesetzgebung und Funktionsweise des Staates. Richtungweisend ist das **Grundgesetz**.

„Die Bundesrepublik Deutschland ist ein demokratischer und sozialer Bundesstaat" (Art. 20 Abs. 1 GG).
Freiheiten der wirtschaftlichen Betätigung und der Persönlichkeitsentfaltung, Koalitionsbildung, Freizügigkeit und Berufswahl (Art. 2, 9, 11 und 12 GG).
„Eigentum verpflichtet. Sein Gebrauch soll zugleich dem Wohle der Allgemeinheit dienen." (Art. 14 Abs. 2 GG)

Die Marktwirtschaft ist nicht an sich sozial. Der Staat muss entsprechende Rahmenbedingungen schaffen. Dafür stehen ihm verschiedene Steuerungsinstrumente zur Verfügung.

Marktregulierungen

In Deutschland sind Regulierungen weit verbreitet, z. B. Ladenöffnungszeiten, Mindestpreise, Subventionen. Sie sollen das unternehmerische Verhalten in drei Gebieten beeinflussen.

Strukturregulierung	Die Marktstruktur entscheidet über das Ausmaß des Wettbewerbs in den Märkten.
Preis- und Qualitätsregulierung	Preis- und Qualitätsregulierung soll verhindern, dass ein Missbrauch von Marktmacht durch marktbeherrschende Unternehmen stattfinden kann.
Wettbewerbsförderung	Der Wettbewerb der Märkte soll durch die Unterstützung bestimmter Wirtschaftszweige oder Produktionstechniken gefördert werden.

Mit seiner regulierenden Einflussnahme versucht der Staat, Funktionslücken und Fehlleistungen des Wirtschaftssystems auszugleichen und sozial abzufedern. Seit den 1990er-Jahren werden **Deregulierungen** durchgeführt, z. B. im Post- und Verkehrswesen.

Die **Grenzen der staatlichen Eingriffe** liegen bei der privatautonomen Verfügung über die Produktionsmittel, da die Investitionsfreiheit der Unternehmensleitungen nicht eingeschränkt werden soll. Der Staat ist auf die Unternehmen angewiesen. Diese unterliegen aber wirtschaftlichen Zwängen.

Restriktive Maßnahmen des Staates (mögliche Eingriffe in die Einkommens- und Vermögensstruktur, Qualitätsvorschriften, Umweltauflagen) können von den Unternehmen mit „Investitionsstreiks" beantwortet werden. Verschlechtert sich das Investitionsklima, droht die Gefahr höherer Arbeitslosigkeit. Der Staat kann also nur innerhalb gewisser Grenzen intervenieren.

 Der österreichische Nationalökonom JOSEPH A. SCHUMPETER, auf den sich verschiedene Wirtschaftstheoretiker und -politiker berufen, verwies bereits auf die formale Analogie zwischen ökonomischem Wettbewerb und politischem Wettbewerb: In Wahlzeiten wird Wirtschaftspolitik auch in den Dienst des Wettbewerbs um Stimmen gestellt. Mit Blick auf die Dynamik der Wirtschaftsentwicklung sprach SCHUMPETER von **schöpferischer Zerstörung:** Zerstörung plus Neuschöpfung sind untrennbar mit der wirtschaftlichen Entwicklung verbunden. Triebfeder dieser Dynamik sind die Innovationen von Unternehmern.

Auf JOSEPH A. SCHUMPETER (1883–1950) berufen sich sowohl neuere Schulen der Wirtschaftstheorie (z. B. die sogenannte Evolutionäre Ökonomik) wie auch angebotsorientierte Wirtschaftspolitiker.

Der Staat steht zudem im Geflecht der **internationalen Konkurrenz** der Unternehmen. Auf den Geld-, Kapital- und Devisenmärkten wird oft wesentlich mehr verdient als mit Investitionen im Bereich von Gütern und Dienstleistungen. Das wirkt sich auf die staatlichen Auflagen an die Unternehmen aus. Die Steuerungsfähigkeit des einzelnen Nationalstaates wird durch die zunehmende Dynamik des internationalen und transnationalen Kräftefeldes eingeschränkt.

Die Grenzen, die den Staatsinterventionen gesetzt sind, bewirken, dass die Eingriffe des Staates zumeist nicht auf die Behebung der Krisenursachen, sondern nur auf ihre Symptome gerichtet sind. Deshalb wird vielfach gefordert, dass sich der Staat aus der Wirtschaftspolitik zurückziehen und den Markt dem freien Spiel der Kräfte überlassen soll.

Sozialstaatsprinzip

Nach dem **Grundgesetz** ist die Bundesrepublik Deutschland ein demokratischer und sozialer Bundesstaat.

Dem Staat ist damit auf der Ebene von Kommunen, Ländern und Bund auferlegt, soziale Gerechtigkeit und soziale Sicherheit zu gewährleisten:
– **soziale Gerechtigkeit** im Sinne einer gerechten Sozialordnung,
– **soziale Sicherheit** im Sinne einer umfassenden Daseinsvorsorge durch staatliche Sozial-, Gesundheits-, Bildungs-, Wohnungs-, Steuer-, Einkommens- und Vermögenspolitik. Daseinsvorsorge ist das Anliegen, für alle Bürger erschwingliche Dienstleistungen und damit Solidarität und Gleichbehandlung zu gewährleisten.

Die Idee des Sozialstaates besteht darin, soziale Sicherheit, soziale Gerechtigkeit und soziale Integration weitestgehend zu realisieren.

Diese allgemeinen Verfassungsziele sind im Grundgesetz durch verpflichtende, sozial orientierende **Grundrechte** ergänzt.

Grundgesetz	Grundrechte
Artikel 3	Gleichheit vor dem Gesetz, Gleichberechtigung von Männern und Frauen, Verbot der Diskriminierung
Artikel 6	Ehe, Familie und nichteheliche Kinder stehen unter dem Schutz der staatlichen Ordnung.
Artikel 14	Der Gebrauch des Eigentums soll zugleich dem Wohle der Allgemeinheit dienen.

Die allgemein gehaltene Formulierung des Sozialstaatsprinzips hängt damit zusammen, dass der Sozialstaat kein Gefüge von Institutionen ist, sondern als Prozess verstanden werden muss, der inhaltlich konkret zu gestalten ist. Er muss insofern offen bleiben für ökonomischen und sozialen Wandel.

Soziale Sicherheit

Subsidiarität ist ein Grundsatz der Sozialordnung, nach dem eine gesellschaftliche oder staatliche Aufgabe so weit als möglich von der jeweils unteren (kleineren) Einheit wahrgenommen wird.

Soziale Sicherung beruht auf den Prinzipien der Solidarität und Subsidiarität.

Gemeinschaft und Staat übernehmen dort Verantwortung, wo Handlungsgrenzen für Individuen und gesellschaftliche Gruppen liegen. Durch die soziale Sicherung werden gemeinschaftlich Risiken abgesichert, die der Einzelne nicht bewältigen kann. Dem Einzelnen wird das Recht auf Sicherheit gewährt. Es schließt Solidarität im Sinne der Verantwortung auch gegenüber den künftigen Generationen ein.

Nach Art und Umfang der versicherten Risiken (wie Krankheit, Invalidität, Pflegebedürftigkeit, Alter, Tod, Arbeitslosigkeit), nach der Anzahl der geschützten Personen (über 90 % der Bevölkerung) sowie nach ihrem Leistungsvolumen ist die **Sozialversicherung** in der Bundesrepublik die bedeutendste Sicherungsinstitution.
Die Sozialversicherung wird überwiegend aus Beiträgen der Arbeitnehmer und Arbeitgeber finanziert – zu gleichen Teilen.

3.2.2 Akteure von Wirtschaft und Wirtschaftspolitik

Die **Akteure der produzierenden Wirtschaft** sind Unternehmer auf der einen Seite und die Beschäftigten auf der anderen Seite. Hinzu kommen private Haushalte als Akteure der konsumierenden Wirtschaft und öffentliche Haushalte des Staates.

Unternehmer und Arbeitnehmer können sich zu Vereinigungen zusammenschließen, um ihre Interessen zu vertreten. Aufseiten der Unternehmen und Betriebe geschieht das in Arbeitgeberverbänden, z. B. in der

Bundesvereinigung der Deutschen Arbeitgeberverbände (BDA) oder im Bundesverband der deutschen Industrie (BDI). Arbeitnehmer organisieren sich in Gewerkschaften oder Berufsverbänden.
Darüber hinaus wirken auch Verbände, Kammern und Parteien als Akteure der Wirtschaftspolitik.

Bild links:
Haus der Wirtschaft in Berlin, Sitz des BDA und des BDI

Bild rechts:
Bundesverwaltung der Gewerkschaft ver.di in Berlin

Unternehmen und Betriebe

Bei den Unternehmen und Betrieben gibt es verschiedene **Rechtsformen**. Ausschlaggebend für die Wahl der Rechtsform eines privaten Unternehmens sind Fragen der Haftung, Steuerbelastung, Gewinn- und Verlustbeteiligung, Finanzierung und Leitungsbefugnisse.

Im Privatrecht für Unternehmen wird nach verschiedenen Typen unterschieden. Je nach Unternehmens- oder Betriebstyp gelten unterschiedliche Gesetze oder gesetzliche Regelungen. Gesellschaften werden in Personengesellschaften und Kapitalgesellschaften unterteilt.

	Personengesellschaft	Körperschaften (Kapitalgesellschaften)
Verbandsstruktur	• kleine Mitgliederzahl • Person steht im Vordergrund • Selbstorganschaft • keine eigene Rechtsfähigkeit (keine juristische Person)	• große Mitgliederzahl • Verband steht im Vordergrund • Drittorganschaft (angestelltes Management) • eigene Rechtsfähigkeit (juristische Person)
Haftung	• jeder haftet persönlich • Gesellschaft steht und fällt mit Gesellschaftern	• nur Verband haftet • Bestand der Gesellschaft unabhängig von Gesellschaftern
Abstimmung	Einstimmigkeitsprinzip	Mehrheitsprinzip
Grundmodelle	• Gesellschaft bürgerlichen Rechts (GbR oder BGB-Gesellschaft) • Offene Handelsgesellschaft (OHG) • Kommanditgesellschaft (KG)	• Aktiengesellschaft (AG) • Eingetragener Verein (e.V.) • Gesellschaft mit beschränkter Haftung (GmbH) • Kommanditgesellschaft auf Aktien (KGaA)

Ein Unternehmen kann mehrere Betriebe haben. Wenn das Unternehmen nur einen Betrieb hat, ist die Unterscheidung zwischen Betrieb und Unternehmen für das Betriebsverfassungsrecht faktisch bedeutungslos.

Die **GbR** ist im Wirtschaftsleben – auch bei großen Unternehmenszusammenschlüssen (z. B. vielfach bei Kartellen, Konzernen u. Ä.) – weit verbreitet.

Die Rechtsform der **AG** wird in Deutschland hauptsächlich für Großunternehmen gewählt; ihre Zahl ist daher gering, ihre wirtschaftliche Bedeutung in der gewerblichen Wirtschaft aber sehr groß. Viele Aktiengesellschaften sind miteinander zu Konzernen verbunden.

Die Unterscheidung von Betrieb und Unternehmen ist für das Recht der Betriebsverfassung und der Unternehmensmitbestimmung von zentraler Bedeutung. Letztere bezieht sich auf die Beschäftigten eines Unternehmens, erstere auf die eines Betriebes, wobei allerdings einzelne Normen des Betriebsverfassungsgesetzes (BetrVG) auch einen Bezug auf das Unternehmen bzw. auf den Unternehmer herstellen.

Personengesellschaften	
Gesellschaft des bürgerlichen Rechts (GbR)	Eine GbR ist ein vertraglicher Zusammenschluss mehrerer Personen, um einen gemeinsamen Zweck in der durch den Gesellschaftsvertrag bestimmten Weise zu fördern (§§ 705–740 BGB); wenn im Gesellschaftsvertrag nicht anders bestimmt, steht die Geschäftsführung allen Gesellschaftern gemeinschaftlich zu; die Beiträge und die von der GbR erworbenen Gegenstände sind gemeinschaftliches Vermögen der Gesellschafter.
Offene Handelsgesellschaft (OHG)	Der Zweck einer OHG ist auf den Betrieb eines Handelsgewerbes ausgelegt; jeder Gesellschafter haftet mit seinem Gesamtvermögen; die OHG kann Verbindlichkeiten eingehen, Rechte erwerben, vor Gericht klagen und verklagt werden.
Kommanditgesellschaft (KG)	Die KG ist eine Personalgesellschaft und eine Sonderform der Offenen Handelsgesellschaft; sie unterscheidet sich von dieser dadurch, dass nur ein Teil der Gesellschafter (mindestens einer) gegenüber den Gesellschaftsgläubigern mit seinem gesamten Vermögen haftet, während die anderen in ihrer Haftung auf eine bestimmte Vermögenseinlage beschränkt sind.
Körperschaften	
Aktiengesellschaft (AG)	Eine AG ist eine Handelsgesellschaft mit eigener Rechtspersönlichkeit (juristische Person), deren Gesellschafter (Aktionäre) mit Kapitaleinlagen (Aktien) beteiligt sind, ohne persönlich für die Verbindlichkeiten der Gesellschaft zu haften; Aktionäre erhalten Gewinnanteile in Form der Dividende; große Kapitalmengen können wirtschaftlich eingesetzt werden; die AG handelt durch mehrere Organe, durch • den Vorstand (Vertretung und Geschäftsführung), • den Aufsichtsrat (Überwachung des Vorstandes, Bestellung und Abberufung seiner Mitglieder), • die Hauptversammlung (Wahl und Abberufung der Aufsichtsratsmitglieder; Beschlussfassung über die Satzung, Gewinnverteilung, Entlastung von Vorstand und Aufsichtsrat).

Gesellschaft mit begrenzter Haftung (GmbH)	Die GmbH ist in solchen Fällen, wo ein Unternehmen nicht die für die Gründung einer AG erforderliche Größe erreicht und die Gesellschafter ihre Haftung beschränken wollen, von großer wirtschaftlicher Bedeutung; Organe der GmbH sind: • der oder die Geschäftsführer, denen Geschäftsführung und Vertretung obliegen, • die in Gesellschafterversammlungen entscheidende Gesamtheit der Gesellschafter, möglicherweise auch ein Aufsichtsrat.
Genossenschaft/ Genossenschaftsgesellschaft	Genossenschaften sind Verbindungen von gleich gesinnten, zu gleichem Tun vereinigten Personen (Genossen, Genossenschaftler) mit politischen, wirtschaftlichen, religiösen und sittlichen Zielen; Spitzenverbände deutscher Genossenschaften sind • für die landwirtschaftlichen Genossenschaften: Kredit-, Waren-, Betriebsgenossenschaften, Verwertungszentralen u. a.), • für die gewerblichen Genossenschaften: Volksbanken, Bausparkassen, Waren-, Verkehrsgenossenschaften, Edeka, Rewe u. a., • für die Konsumgenossenschaften: taz die Tageszeitung Verlagsgenossenschaft eG, • für die Wohnungsbaugenossenschaften: Hanseatische Baugenossenschaft Hamburg eG.

Eine **GmbH** ist nur im weiteren Sinne eine Gesellschaft. Ihrer Verfassung nach entspricht sie einem Verein. Die Rechtsform der GmbH wurde in das Recht vieler ausländischer Staaten übernommen.

Neben den nationalen Gesellschaftsformen gibt es auch europäische Gesellschaftsformen, die auf dem Gebiet der Europäischen Union gegründet werden können. Das sind die Europäische Gesellschaft, die Europäische Wirtschaftliche Interessenvereinigung, die Europäische Genossenschaft. Darüber hinaus wird an einem Gesetzgebungsvorschlag zum Statut einer Europäischen Privatgesellschaft gearbeitet. Diese soll eine Gesellschaftsform für grenzüberschreitend arbeitende kleine und mittelständische Unternehmen werden.

Das Bürgerliche Gesetzbuch benennt darüber hinaus noch zahlreiche andere Formen, wie Stille Gesellschaften, Partnerschaftsgesellschaften oder Eingetragene Vereine (e. V.).

Gewerkschaften

> **Gewerkschaften** sind demokratische Vereinigungen von lohn- oder gehaltsabhängigen Beschäftigten, die sich zur Wahrung ihrer gemeinsamen Interessen freiwillig und auf Dauer zusammengeschlossen haben.

Sie sind in ihrem Wirken unabhängig von politischer, staatlicher und religiöser Beeinflussung und vertreten die Interessen ihrer Mitglieder gegenüber Arbeitgebern, Öffentlichkeit und Staat.

Kernaufgabe der Gewerkschaften sind
– das Aushandeln von Tarifverträgen mit den Arbeitgebern, wobei die Arbeitsbedingungen der Gewerkschaftsmitglieder im Mittelpunkt stehen,
– die Sicherung des Arbeitsschutzes, was den Schutz der Gesundheit bei der Arbeit, den Kündigungsschutz, besondere Regelungen für die Arbeit von Frauen, Jugendlichen und Schwerbehinderten einschließt.

Gewerkschaften entstanden im 19. Jh. im Verlauf der Industrialisierung. Ziel der Vereinigung von Arbeitnehmern war und ist eine Verbesserung der sozialen und wirtschaftlichen Lebensbedingungen ihrer Mitglieder.

Neben diesen klassischen arbeits- und sozialrechtlichen Aufgaben der Interessenvertretung im Betrieb nehmen die Gewerkschaften auch Einfluss auf solche **Politikfelder,** wie
- Gleichstellung von Männern und Frauen,
- Förderung von jungen Arbeitnehmern,
- Arbeitsmarktpolitik,
- Sozialpolitik,
- Umweltpolitik,
- Steuer- und Finanzpolitik,
- Bildungspolitik.

Durch das Industrieverbandsprinzip kann zwischengewerkschaftliche Konkurrenz vermieden und eine hohe Identifizierung der Beschäftigten mit „ihrer" Gewerkschaft erreicht werden.

Das Wirken der deutschen Gewerkschaften hängt eng mit dem **Industrieverbandsprinzip** zusammen. Das bedeutet, dass die deutschen Einzelgewerkschaften die Arbeiter, Angestellten und Beamten in ihren jeweiligen Wirtschafts- und Industriezweigen organisieren. Dem liegt das Prinzip „Ein Betrieb – eine Gewerkschaft" zugrunde.

Unter dem **Dachverband der Gewerkschaften,** dem Deutschen Gewerkschaftsbund (DGB), gibt es acht Einzelgewerkschaften mit insgesamt etwa 7,8 Mio. Mitgliedern. Dieser koordiniert die gewerkschaftlichen Aktivitäten und ist die Stimme der Gewerkschaften gegenüber den politischen Entscheidungsträgern, Parteien und Verbänden. Auf internationaler Ebene vertritt er die deutsche Gewerkschaftsbewegung im Europäischen Gewerkschaftsbund (EGB) und im Internationalen Bund Freier Gewerkschaften (IBFG) sowie bei internationalen Institutionen wie EU, UNO, ILO.

Der DGB gliedert sich in Verbände auf den Ebenen Bund, Land, Region. Auf jeder dieser Ebenen gibt es ehrenamtliche Ausschüsse, die den jeweiligen Ebenenvorstand wählen. Die Ausschüsse werden alle vier bis fünf Jahre durch Ebenenkongresse eingesetzt. Die Einzelgewerkschaften im DGB senden ihre Vertreter in die jeweiligen Gliederungen.

Soziale Marktwirtschaft in Deutschland

Die Gewerkschaften sind in ihrer Struktur jeweils basisdemokratisch aufgebaut. Ehrenamtliche Mitglieder bilden auf allen Ebenen Vorstände, die in Verbindung mit hauptamtlichen Funktionären die allgemeinen Richtlinien gewerkschaftlichen Handels und gewerkschaftlicher Politik bestimmen.

Bund	Bundespolitik, Tarifverhandlungen, Grundsatzpolitik und Planung, Betreuung von Gesamtbetriebs- und Personalräten
Land	Landespolitik, Betreuung von Betriebsräten, Aktionen und Schulungen, Tarifverhandlungen
Bezirk	Kommunalpolitik, Betriebsbetreuung und Beratung, Betriebsrats- und JAV-Schulungen, Mitgliederbetreuung

Die größten Gewerkschaftsverbände sind die Industriegewerkschaft Metall mit 2,37 Mio. Mitgliedern und die Vereinigte Dienstleistungsgewerkschaft ver.di mit 2,36 Mio. Mitgliedern (2005).

Die Gewerkschaft ver.di wurde 2001 durch den Zusammenschluss mehrerer Einzelgewerkschaften gebildet.

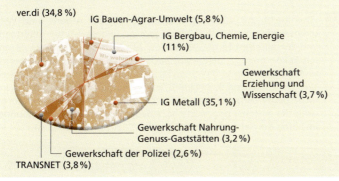

Mitgliederanteil der Gewerkschaften im DGB (Stand: 31.12.2005) in Prozent

- ver.di (34,8 %)
- IG Bauen-Agrar-Umwelt (5,8 %)
- IG Bergbau, Chemie, Energie (11 %)
- Gewerkschaft Erziehung und Wissenschaft (3,7 %)
- IG Metall (35,1 %)
- Gewerkschaft Nahrung-Genuss-Gaststätten (3,2 %)
- Gewerkschaft der Polizei (2,6 %)
- TRANSNET (3,8 %)

Seit den 1980er-Jahren leiden die DGB-Gewerkschaften unter konstantem **Mitgliederschwund**. Gesellschaftliche Veränderungen, der Wandel in der Arbeitswelt, aber auch ein starker Imageverlust der Gewerkschaften im gesellschaftlichen Ansehen haben diesen bewirkt.

Hemmnisse	Ansprüche der Mitglieder
• sozioökonomischer Wandel und Entwicklung von Industrie- zu Dienstleistungsgesellschaft • Zunahme von Teilzeitbeschäftigung • Verlust des Solidaritätsgedankens (Individualisierung) • Massenarbeitslosigkeit	• Anspruch auf mehr Lohn/Gehalt und Urlaub nach Tarif • Unterstützung durch Rechtsschutz- und Konfliktberatung • persönliche Fortbildung und Qualifizierung • Anspruch auf kürzere Arbeitszeit nach Tarif

3.2.3 Tarifautonomie – Arbeitgeberverbände und Gewerkschaften

Die wichtigsten wirtschaftspolitischen Handlungsfelder, auf denen Arbeitgeberverbände und Gewerkschaften in Aushandlung von Verträgen wirken, sind die Arbeitsmarktpolitik sowie die Lohn- und Tarifpolitik. Grundlage dafür ist die Tarifautonomie.

> **Tarifautonomie** ist die Freiheit der organisierten Arbeitnehmer und der ihnen gegenüberstehenden Unternehmerverbände, die Arbeitsbedingungen sowie Löhne und Gehälter durch Verhandlungen und Vereinbarungen ohne Staatseinwirkungen allgemeinverbindlich festzulegen.

Um den sozialen Verpflichtungen der Marktwirtschaft gerecht zu werden, muss die Tarifautonomie das Gleichgewicht der Kräfte zwischen Unternehmer- und Arbeitnehmerrechten wahren. Keinem der Tarifpartner darf Monopolmacht zugestanden werden.

Die Tarifvertragsparteien tragen auch Verantwortung für Vollbeschäftigung, Geldwertstabilität und Wachstum und damit für das Gemeinwohl. In Deutschland garantiert das Grundgesetz die **Tarifautonomie**: Grundgesetzlich abgesichert ist auch die **Koalitionsfreiheit**, wonach es Arbeitnehmern und Arbeitgebern freisteht, sich in Gewerkschaften und Verbänden zusammenzuschließen.

> „Das Recht, zur Wahrung und Förderung der Arbeits- und Wirtschaftsbedingungen Vereinigungen zu bilden, ist für jedermann und für alle Berufe gewährleistet. Abreden, die dieses Recht einschränken oder zu behindern suchen, sind nichtig, hierauf gerichtete Maßnahmen sind rechtswidrig. Maßnahmen nach den Artikeln 12a, 35 Abs. 2 und 3, Artikel 87a Abs. 4 und Artikel 91 dürfen sich nicht gegen Arbeitskämpfe richten, die zur Wahrung und Förderung der Arbeits- und Wirtschaftsbedingungen von Vereinigungen im Sinne des Satzes 1 geführt werden." (Artikel 9 Abs. 3 GG)

Ärzte aus ganz Deutschland demonstrierten im Januar 2006 in Berlin für bessere Bezahlung und gegen zu viel Bürokratie im Gesundheitswesen.

Nicht der Staat, sondern die Tarifpartner sind für die Vereinbarung von Löhnen, Gehältern und sonstigen Arbeitsbedingungen verantwortlich. Dennoch nimmt auch der Staat im Rahmen gesetzlicher Regelungen Einfluss auf die Bedingungen der Arbeitswelt. Das geschieht durch Regelungen im Bereich des Arbeitsrechts, des Arbeitsschutzes und der Sozialgesetzgebung sowie durch staatlich festgelegte Abgaben an die Sozialversicherungen.

Soziale Marktwirtschaft in Deutschland

Tarifverträge

Tarifverträge werden auf der Grundlage des **Tarifvertragsgesetzes**, das eine Konkretisierung der garantierten Koalitionsfreiheit ist, ausgehandelt.
Sie gelten zunächst nur für Gewerkschaftsmitglieder bzw. Unternehmer des beteiligten Arbeitgeberverbandes. Obwohl ein tarifgebundener Arbeitgeber nicht verpflichtet ist, einem nicht gewerkschaftlich organisierten Mitarbeiter den tarifvertraglichen Lohn zu zahlen, wenden viele Arbeitgeber die Tarifvereinbarungen freiwillig auch für diese Beschäftigten an. Darüber hinaus orientieren sich auch nicht tarifgebundene Unternehmen an den Tarifabschlüssen.
Es werden verschiedene **Arten von Tarifverträgen** unterschieden.

> Das **Tarifvertragsgesetz** (TVG) trat 1949 in Kraft und wurde 1969 geändert. Es umfasst 13 Paragrafen und fixiert die rechtlichen Rahmenbedingungen für Tarifverhandlungen, u. a. Inhalt und Form des Tarifvertrages, Tarifvertragsparteien, Wirkung der Tarifnormen, Tarifregister, Übersende- und Mitteilungspflicht der Tarifparteien, Bekanntgabe des Tarifvertrages. Von 1949 bis 1999 wurden insgesamt rund 310 000 Tarifverträge im Tarifregister eingetragen.

Lohn- und Gehaltstarifvertrag	Manteltarifvertrag
regelt • Vergütung der Arbeitsleistung (Löhne, Gehälter), • Sonderzahlungen (z. B. Schichtzulage; Urlaubsgeld, Weihnachtsgeld).	regelt • Dauer und Länge der Arbeitszeit, • Urlaubsansprüche, • Sonderarbeitszeiten u. a.

Der Flächentarifvertrag gilt für die gesamte Tarifbranche (oder Teile davon) in einer gesamten Region. Er regelt einheitliche und verbindliche Normen bezüglich der Arbeitsbedingungen.
Bei **Flächentarifverträgen** gibt es Abweichungen vom Idealtyp, die durch Sonderregelungen entstanden sind. Dabei wurden unterschiedliche Kriterien der Differenzierung herangezogen, wie wirtschaftliche Krise, Unternehmensgröße, Personengruppen (z. B. Berufsanfänger/innen, AZUBIS). Sie bedürfen der Zustimmung der Gewerkschaften. **Abweichungen** bestehen z. B. in Bezug auf
– niedrigere Tarife (unterhalb des Preissteigerungs- und Produktivitätsspielraums),
– variable Entgeltbestandteile, z. B. Gewinnbeteiligungsmodelle,
– Differenzierung nach der betrieblichen Situation bzw. Entwicklung,
– Öffnungsklauseln, Härteklauseln, Standortsicherungsklauseln,
– Kleinbetriebsklauseln,
– niedrigere Einstiegstarife, Aussetzung der Tarifanpassung,
– Arbeitszeit- und Entgeltkorridore.

Ein Tarifvertrag hat vor allem drei **Funktionen**.

Schutzfunktion	Ordnungsfunktion	Friedensfunktion
Die Beteiligten werden vor einseitigen Festlegungen geschützt.	Der Tarifvertrag schafft für die Beteiligten Rechtssicherheit über Inhalte der Zusammenarbeit.	Während der Laufzeit des Vertrags sind Arbeitskampfmaßnahmen verboten, es herrscht „Friedenspflicht".

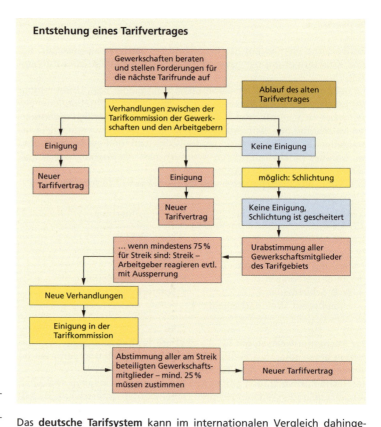

In den neuen Bundesländern haben sich z. B. zahlreiche Unternehmen durch Austritt aus den Arbeitgeberverbänden der Verbindlichkeit von Tarifverträgen entzogen.

Das **deutsche Tarifsystem** kann im internationalen Vergleich dahingehend positiv bewertet werden, als es ein hohes Maß an Arbeitsfrieden gebracht hat. Negativ ist allerdings, dass der starke Anstieg der Arbeitslosigkeit seit Ende der 1970er-Jahre nicht verhindert werden konnte. Von Arbeitgeberseite werden auch unangemessene Tarifabschlüsse für den Anstieg der Arbeitslosigkeit verantwortlich gemacht.

„Bündnis für Arbeit"

Das „Bündnis für Arbeit" war bis 2002 ein zentrales Projekt der Regierung unter Bundeskanzler GERHARD SCHRÖDER (Bild: Mitte). Die Bündnisgespräche scheiterten wegen unterschiedlicher Auffassungen über die Gestaltung der Tarifpolitik.

Mit dem Ziel, die Arbeitslosigkeit in Deutschland deutlich abzusenken, wurde 1998 ein „Bündnis für Arbeit, Ausbildung und Wettbewerbsfähigkeit" gebildet. Es war auf eine „dauerhafte Zusammenarbeit zwischen Staat, Gewerkschaften und Wirtschaft" angelegt und sollte in einem gesamtgesellschaftlichen Konsens Wege einer erfolgreichen Arbeitsmarktpolitik erarbeiten.

3.2.4 Betriebliche Mitbestimmung

> **Mitbestimmung** der Arbeitnehmer in Betrieben und Unternehmen ist eine Grundlage der deutschen Wirtschafts- und Sozialordnung.

Mitbestimmung ist das Recht der Arbeitnehmer, innerhalb der Unternehmen und Betriebe an Entscheidungen, die sie betreffen, beratend und mitentscheidend teilzunehmen. Sie wird durch Betriebsräte in größeren Kapitalgesellschaften zusätzlich durch die Wahl von Arbeitnehmervertretern in den Aufsichtsrat wahrgenommen.

Ziele und gesetzliche Grundlagen betrieblicher Mitbestimmung

Die Mitbestimmungsrechte unterscheiden sich entsprechend der Betriebsgröße und des Wirtschaftszweiges, sie haben jedoch grundlegend gleiche Ziele.

Die betriebliche Mitbestimmung beinhaltet das Recht von Arbeitnehmern und ihren Vertretern, auf Unternehmensentscheidungen Einfluss zu nehmen. Reichweite und Form der Mitbestimmung sind in verschiedenen Gesetzen geregelt.

Gesetz	Geltungsbereich	Inhalt
Betriebsverfassungsgesetz (BetrVG)	für alle Betriebe mit mindestens fünf wahlberechtigten ArbeitnehmerInnen	Wahl, Zusammensetzung, Rechte und Pflichten des Betriebsrats sowie der Jugend- und Auszubildendenvertretung (JAV)
Bundespersonalvertretungsgesetz (BPersVG)	für Verwaltungen des Bundes und seiner Körperschaften, Anstalten und Stiftungen des öffentlichen Rechts sowie in den Gerichten des Bundes	Wahl, Zusammensetzung, Rechte und Pflichten des Personalrats sowie der Jugend- und Auszubildendenvertretung (JAV)
Mitbestimmungsgesetz (MitbestG)	für alle AG, KGaA, GmbH mit mehr als 2 000 Beschäftigten	Bildung und Zusammensetzung, innere Ordnung, Rechte und Pflichten des Aufsichtsrats

Montanmitbestimmungsgesetz (Montan-MG)	Unternehmen des Bergbaus und der Eisen und Stahl erzeugenden Industrie mit mehr als 1 000 Beschäftigten	Bildung und Zusammensetzung des Aufsichtsrats und Bestellung des Arbeitsdirektors

Betriebsrat

Einen unmittelbaren Einfluss auf die Betriebsführung und die Wirtschaftsentscheidungen hat ein Betriebsrat nicht.

> Der **Betriebsrat** vertritt die Interessen der Beschäftigten und verfügt über umfangreiche Mitbestimmungs-, Initiativ- und Schutzrechte.

Der Arbeitgeber ist verpflichtet, den Betriebsrat rechtzeitig und umfassend über seine Aufgaben zu unterrichten.
Nach dem Betriebsverfassungsgesetz nehmen die Betriebsräte allgemeine Aufgaben und erzwingbare Mitbestimmungsrechte wahr.

Allgemeine Aufgaben des Betriebsrats nach dem BetrVG (§80)	Erzwingbare Mitbestimmungsrechte des Betriebsrats nach dem BetrVG (§87)
Überwachung der Einhaltung der Gesetze, Verordnungen, Betriebsvereinbarungen, Tarifverträge im Interesse der Arbeitnehmer	Fragen der betrieblichen Lohngestaltung; Festsetzung von Akkord- und Prämiensätzen; Auszahlungsmodi der Arbeitsentgelte
Beantragung von Maßnahmen, die der Belegschaft und dem Betrieb dienen	Fragen der betrieblichen Ordnung und des Verhaltens von Arbeitnehmern im Betrieb
Förderung der Eingliederung von Schwerbehinderten und Schutzbedürftigen	Regelung der täglichen und wöchentlichen Arbeitszeit sowie der Pausen
Förderung der Beschäftigung älterer Arbeitnehmer im Betrieb	Anordnung von Überstunden und Einführung von Kurzarbeit
Durchführung der Wahl der Jugend- und Auszubildendenvertretung	allgemeine Grundsätze der Urlaubsregelung und der Urlaubsplanung
Entgegennahme und Weiterleitung von Anregungen der Arbeitnehmer	Regelungen zur Verhütung von Arbeitsunfällen und Berufskrankheiten
Integration von Ausländern im Betrieb und Förderung des Verständnisses zwischen ausländischen und deutschen Arbeitnehmern	Anwendung von technischen Einrichtungen, die geeignet sind, das Verhalten oder die Leistung der Arbeitnehmer zu überwachen
	Form, Ausgestaltung und Verwaltung von Sozialeinrichtungen
	Grundsätze über das betriebliche Vorschlagswesen

Der Betriebsrat wird in Betrieben mit mindestens fünf Arbeitnehmern alle vier Jahre von den wahlberechtigten Beschäftigten gewählt. Niemand darf die Wahl des Betriebsrats oder der JAV verhindern.

In Betrieben ohne Betriebsrat kann dessen Wahl entweder durch wenigstens drei Wahlberechtigte oder durch die im Betrieb vertretene Gewerkschaft durchgesetzt werden. Wenn in einem Unternehmen mehrere Betriebsräte existieren, kann ein Gesamtbetriebsrat und in einem Konzern ein Konzernbetriebsrat gebildet werden. Für Unternehmen, die in der Europäischen Union tätig sind, kann auch ein europäischer Betriebsrat und ein Wirtschaftsausschuss in Unternehmen mit mehr als 100 Arbeitnehmern errichtet werden.

Für **Betriebsratsmitglieder** gilt ein besonderer Kündigungsschutz. Sie dürfen wegen ihrer Tätigkeit beruflich nicht benachteiligt werden. Für ihre Betriebsratsarbeit sowie für Schulungen und Fortbildungen muss ihnen eine bezahlte Freistellung gewährt werden.

Arbeitnehmer, die mindestens 18 Jahre alt sind und dem Betrieb mindestens seit einem halben Jahr angehören, sind berechtigt, den Betriebsrat zu wählen.

Betriebsvereinbarungen

> **Betriebsvereinbarungen** sind verbindliche Verabredungen zwischen Arbeitgebern und Betriebsräten. Sie ergänzen die Regelungen des Tarifvertrags.

Ein Wirtschaftsausschuss dient der Unterrichtung des Betriebsrats über wirtschaftliche Angelegenheiten des Unternehmens.

Betriebsvereinbarungen gelten unmittelbar und zwingend für alle Beschäftigten – mit Ausnahme von leitenden Angestellten – und bedürfen der Schriftform. Sie sind eine weitere Form betrieblicher Mitbestimmung.

Betriebsräte wachen darüber, dass Gesetze und Vorschriften zum Schutz der Arbeitnehmer sowie Tarifverträge eingehalten werden.

Unternehmensmitbestimmung

In Unternehmen wird die Mitbestimmung der Arbeitnehmer durch ihre Beteiligung im Aufsichtsrat gewährleistet. Es gibt verschiedene Regelungen der Unternehmensmitbestimmung, was mit unterschiedlichen Unternehmensgrößen und Gesetzesgrundlagen zusammenhängt.

Ausgenommen aus den Regelungen des Mitbestimmungsgesetzes sind Unternehmen der Montanindustrie sowie Tendenzbetriebe (Unternehmen und Betriebe, die unmittelbar und überwiegend politischen, koalitionspolitischen, konfessionellen, wissenschatlichen, künstlerischen Bestimmungen dienen oder der Berichterstattung nachgehen).

> Unternehmungsmitbestimmung wird begründet durch
> - das Mitbestimmungsgesetz von 1976,
> - das Betriebsverfassungsgesetz von 1952,
> - das Montanmitbestimmungsgesetz von 1951.

Die **Montanmitbestimmung** gilt für die Unternehmen des Bergbaus sowie der Eisen und Stahl erzeugenden Industrie mit der Rechtsform einer AG oder GmbH und mit mehr als 1 000 Beschäftigten. Den Arbeitnehmern wird das Mitbestimmungsrecht bei der unternehmerischen Planung und Entscheidung durch die Aufnahme ihrer Vertreter in Aufsichtsrat und Vorstand eingeräumt.

Das **Mitbestimmungsgesetz** erweitert die Montanmitbestimmung auf alle Unternehmen mit eigener Rechtspersönlichkeit, die mehr als 2 000 Arbeitnehmer beschäftigen. Beschlüsse des Aufsichtsrats müssen mit einfacher Mehrheit gefasst werden. Bei Stimmengleichheit hat der Vorsitzende doppeltes Stimmrecht. Die Mitbestimmung nach dem **Betriebsverfassungsgesetz** gilt vor allem für Unternehmen in Form der AG, Kommanditgesellschaft auf Aktien mit bis zu 2 000 Beschäftigten. Hier stellen die Arbeitnehmer nur ein Drittel der Aufsichtsratssitze.

Unternehmensmitbestimmung
Beteiligung der Arbeitnehmer im Aufsichtsrat
nach dem Mitbestimmungsgesetz von 1976 (links) und dem Betriebsverfassungsgesetz von 1952 (rechts)

Beispiel: 20 Aufsichtsratsmitglieder in Betrieben mit über 20000 Arbeitnehmern

- Vorschlagsrecht: Arbeiter, Angestellte, leitende Angestellte (jeweils mindestens ein Vertreter)
- Vorschlagsrecht: Gewerkschaften

Hauptversammlung **wählt** — Belegschaft(en) oder von Belegschaft(en) gewählte Wahlmänner **wählen**

Aufsichtsrat: Vertreter der Anteilseigner | leitende Angestellte | Belegschaftsmitglieder | Gewerkschaftsvertreter

bestellt und kontrolliert → **Vorstand mit Arbeitsdirektor**

Gültigkeit: v. a. Kapitalgesellschaften, Genossenschaften mit in der Regel mehr als 2000 Arbeitnehmern (Ausnahme: v.a. Tendenzbetriebe, der Montanmitbestimmung unterliegende Unternehmen)

Beispiel: 9 Aufsichtsratsmitglieder

Vorschlagsrecht: wahlberechtigte Arbeitnehmer und Betriebsräte; Vorschläge der Arbeitnehmer müssen von mindestens einem Zehntel der wahlberechtigten Arbeitnehmer (100 in jedem Falle ausreichend) unterzeichnet sein.

Hauptversammlung **wählt** — Belegschaft(en) **wählen**

Aufsichtsrat: Anteilseigner | Arbeitnehmer

Sind zwei oder mehr Arbeitnehmervertreter zu wählen, müssen mindestens zwei Arbeitnehmervertreter im Unternehmen beschäftigt sein, darunter ein Arbeiter und ein Angestellter.

bestellt und kontrolliert → **Vorstand mit Arbeitsdirektor**

Gültigkeit: v. a. Aktiengesellschaften und Kommanditgesellschaften auf Aktien (Ausnahme: v. a. Familiengesellschaften, Tendenzbetriebe, Religionsgemeinschaften, kleine Aktiengesellschaften, die nach dem 10. 8. 1994 eingetragen worden sind); GmbH mit mehr als 500 Arbeitnehmern

Europäische Mitbestimmung

Mitbestimmung in Betrieben und Unternehmen wird auch von europäischen Betriebsräten wahrgenommen. Sie können auf der Grundlage einer 1994 von der EU-Kommission verabschiedeten Richtlinie gebildet werden und sind eine Antwort auf die fortschreitende Europäisierung der Wirtschaft. Unternehmensstrategien und ihre Auswirkungen auf die Arbeitnehmerinnen und Arbeitnehmer gehen immer stärker über die Ländergrenzen hinaus.

> **Europäische Betriebsräte (EBR)** sind Arbeitnehmervertretungen, die in länderübergreifenden Unternehmen wirken. Sie nehmen Informations- und Anhörungsrechte der Belegschaften wahr.

Für die betriebliche Ebene gibt es in den EU-Ländern ganz unterschiedliche Organe der Arbeitnehmerbeteiligung. Im internationalen Vergleich hat das in Deutschland entwickelte Mitbestimmungssystem ein besonders hohes Niveau.
Das europäische Recht führt zur Gründung von Betriebsräten in Ländern, die solche Gremien bisher nicht kannten, z. B. in Polen und in Irland – wenn auch nicht nach deutschem Vorbild.

Europäische Betriebsräte können in Betrieben und Unternehmen mit mindestens 1000 Beschäftigten, von denen jeweils mindestens 150 Arbeitnehmerinnen und Arbeitnehmer in zwei Mitgliedstaaten der Europäischen Union beschäftigt sein müssen, gebildet werden. Die Einsetzung eines EBR erfolgt über Verhandlungen zwischen einem „besonderem Verhandlungsgremium", das aus Arbeitnehmervertretern der Mitgliedsländer sowie der Unternehmensleitungen besteht. Sollten ihre Verhandlungen scheitern, wird per Gesetz ein Europäischer Betriebsrat eingerichtet.

2007 zählte die EWC database des Europäischen Gewerkschaftsinstituts (ETUI-REHS) 833 Europäische Betriebsräte. Auch wenn jährlich etwa 20 neue Europäische Betriebsräte gebildet werden, ist das angesichts der insgesamt 2200 EBR-fähigen Unternehmen nicht viel.

Untersuchungen der Technischen Universität München ergaben, dass 2007 in nur 28 Prozent der in Deutschland ansässigen Unternehmen, die unter das EBR-Gesetz fallen, Europäische Betriebsräte bestanden.

EBR sind für die europaweiten Aktivitäten multinationaler Konzerne zuständig. Sie müssen mindestens einmal jährlich über die Entwicklung der Geschäftslage unterrichtet werden und sind auf Verlangen anzuhören.

Laut EU-Kommission haben EBR bis Dezember 2005 insgesamt 95 transnationale Vereinbarungen in 65 Unternehmen abgeschlossen. Diese Abkommen regeln Themen wie Gesundheit und Sicherheit, die Förderung der Chancengleichheit oder die Arbeitnehmermobilität für das gesamte Unternehmen.
In jüngerer Zeit werden transnationale Vereinbarungen aber auch zu Sondervergütungen, zur Bezahlung nach Leistung oder zur Arbeitszeit getroffen.

Die EU-Kommission beschäftigt sich seit 2008 mit einer Revision der EBR-Richtlinie. Dabei geht es vor allem um die Berücksichtigung neuerer Richtlinien, z. B. zur Europäischen Aktiengesellschaft (SE), aber auch um die Einbeziehung der 2001 neu hinzugekommenen EU-Mitgliedsländer.

3.3 Wirtschaftsstandort Deutschland

Wie jede entwickelte Industriegesellschaft unterliegt auch die deutsche Volkswirtschaft einem stetigen Wandel ihrer wirtschaftlichen Rahmenbedingungen. Die Entwicklung neuer Technologien, Änderungen in der Nachfragestruktur und nicht zuletzt auch die fortschreitende internationale Wirtschaftsverflechtung stellen hohe Anforderungen an die Anpassungsfähigkeit des Wirtschaftsstandortes Deutschland. **Aufgabe der Wirtschaftspolitik** ist es dabei, diesen Anpassungsprozess gestaltend zu begleiten und dabei insbesondere wirtschaftlichen und sozialen Fehlentwicklungen entgegenzuwirken.

3.3.1 Strukturwandel in Deutschland

> Die deutsche Volkswirtschaft besteht aus einer **Vielzahl von Wirtschaftsbereichen** (Sektoren), in denen die unterschiedlichsten Arten von Wirtschaftsleistungen erbracht werden.

> Die Begriffswahl „primärer", „sekundärer" und „tertiärer" Sektor ist historisch begründet und bezieht sich auf die schrittweisen Verschiebungen der wirtschaftlichen Bedeutung der Sektoren im Zuge des Industrialisierungsprozesses der Volkswirtschaften.

Klassische Dreiteilung der Wirtschaftsektoren

- Wirtschaftsbereiche
  - **Primärer Sektor** (Agrarsektor)
    - Land- und Forstwirtschaft
    - Fischerei
  - **Sekundärer Sektor** (Waren produzierendes Gewerbe)
    - verarbeitendes Gewerbe (Industrie)
    - Bergbau
    - Energie- und Wasserversorgung
    - Baugewerbe
  - **Tertiärer Sektor** (Dienstleistungssektor)
    - Handel, Gaststätten und Verkehr
    - Finanzierung, Mieten, Unternehmensdienstleistungen
    - sonstige private und öffentliche Dienstleister

> Brutto-Wertschöpfung ist der Produktionswert der im Inland innerhalb des jeweiligen Betrachtungszeitraums erzeugten Endprodukte aller Sektoren.

Zwischen den drei grundlegenden Sektoren der Wirtschaft bestehen deutliche Unterschiede im Hinblick auf die im Zeitverlauf erreichbaren **Produktivitätszuwächse** – der Zuwächse der realen, also inflationsbereinigten Brutto-Wertschöpfung pro Beschäftigten. Die höchsten Produktivitätszuwächse finden sich im sekundären Sektor, hier vor allem im verarbeitenden Gewerbe (Industrie). Der primäre Sektor ist dagegen durch mittlere Produktivitätszuwächse gekennzeichnet, während die Produktivitätszuwächse im tertiären Sektor in der Vergangenheit eher gering waren.

Das hat im Wesentlichen **technologische Ursachen.** Die Produktivitätsentwicklung eines Sektors ist vor allem vom Ausmaß der Möglichkeiten abhängig, den Produktionsfaktor Arbeit durch den Einsatz von Sachkapital zu ersetzen (Rationalisierung des Produktionsprozesses). Im Dienstleistungsbereich bestehen die geringsten Möglichkeiten, während im Agrarbereich die Produktivität in begrenztem Maße durch den Einsatz von landwirtschaftlichen Maschinen u. Ä. erhöht werden kann. Das größte Rationalisierungspotenzial existiert dagegen im industriellen Bereich, wobei sich die Kapitalintensität der industriellen Produktion in allen entwickelten Wirtschaftsnationen über die Dekaden hinweg deutlich erhöht hat.

Bilder:
Einsatz von Landmaschinen (Agrarbereich)

Fördertechnik im Salzbergwerk (industrieller Bereich)

Einkaufscenter (Dienstleistungsbereich)

Tertiärisierung

> Die **wirtschaftliche Bedeutung der Sektoren** unterliegt in allen industrialisierten Volkswirtschaften einem stetigen Wandel, wobei der Industrialisierungsprozess selbst bestimmten Gesetzmäßigkeiten folgt.

Im Zuge der Industrialisierung kommt es zunächst zu einer dramatischen Verringerung der Beschäftigungs- und Wertschöpfungsanteile des in der vorindustriellen Gesellschaft noch dominierenden primären Sektors. Vor allem die Anteile des sekundären Sektors, aber auch die des tertiären nehmen zu. Durch den Auf- und Ausbau der industriellen Kapazitäten bei wachsenden Beschäftigungs- und Wertschöpfungsanteilen entwickelt sich der sekundäre Sektor zum dominierenden Wirtschaftsbereich. Diese Phase des Industrialisierungsprozesses kam für die westlichen Industrienationen Anfang der 1970er-Jahre zum Abschluss. Seitdem zeichnete sich eine schrittweise Abnahme der Bedeutung des sekundären Sektors zugunsten des tertiären Sektors im Hinblick auf Beschäftigung und Wertschöpfung ab. In der Gegenwart stellt der Dienstleistungssektor den dominierenden Wirtschaftsbereich in den Industrieländern dar (Tertiärisierung). Dieser intersektorale Strukturwandel hatte für Deutschland erhebliche Auswirkungen.

In allen Volkswirtschaften vollzieht sich der **Strukturwandel** von der Agrar- zur Industriegesellschaft und von der Industriegesellschaft zur Dienstleistungsgesellschaft.

Wirtschaftspolitik in der sozialen Marktwirtschaft

Die Anteile des tertiären Sektors an der Erwerbstätigenzahl und der Bruttowertschöpfung betragen gegenwärtig in der Bundesrepublik jeweils etwa zwei Drittel.

Während 1960 fast die Hälfte der Erwerbstätigen im sekundären Sektor beschäftigt waren, ist heute nur noch jeder dritte Erwerbstätige hier tätig ist. Dagegen hat sich der Erwerbstätigenanteil des tertiären Sektors von etwa einem Drittel in den 1950er-Jahren auf etwa zwei Drittel erhöht. Der Erwerbstätigenanteil des primären Sektors war in den 1950er-Jahren mit etwa 5 % sehr gering und ist weiter abgesunken. Von besonderer Bedeutung ist dabei, dass sich dieser Prozess zwar unter mittel- und langfristig wachsenden gesamtwirtschaftlichen Erwerbstätigenzahlen vollzog, jedoch seit Mitte der 1970er-Jahre nur noch der tertiäre Sektor im Trend Beschäftigungszuwächse erzielen konnte.

Diagramm: Entwicklung der Erwerbstätigkeit nach Wirtschaftsbereichen in der Bundesrepublik

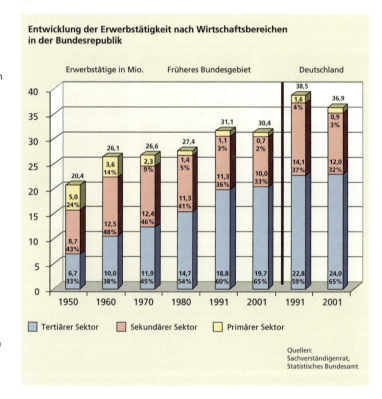

Tabelle: Anteile der Sektoren an der Bruttowertschöpfung der Bundesrepublik

	Früheres Bundesgebiet			Deutschland	
	1970	1980	1990	1991	2001
Primärer Sektor	3,3 %	2,0 %	1,5 %	1,4 %	1,2 %
Sekundärer Sektor	48,4 %	41,5 %	37,7 %	36,4 %	29,1 %
Tertiärer Sektor	48,3 %	56,5 %	60,8 %	62,2 %	69,7 %

Hinsichtlich der Entwicklung der sektoralen Wertschöpfungsanteile zeigte sich eine deutliche Erhöhung des tertiären Sektors auf über zwei Drittel, während der des sekundären Sektors auf unter ein Drittel absank.

Intrasektorale Aspekte des Strukturwandels

Der Strukturwandel in der Bundesrepublik ist nicht nur durch intersektorale Verschiebungen der Wirtschaftstätigkeit zwischen dem primären, sekundären und tertiären Sektors gekennzeichnet, sondern auch durch **intrasektorale Verschiebungen**.

Intrasektorale Verschiebungen beziehen sich auf Veränderungen **innerhalb** der einzelnen Sektoren.

> Im Zuge der technologischen Entwicklung und der sich wandelnden Güternachfragestruktur verlieren einzelne Branchen an Bedeutung und verschwinden auch ganz, während andere an wirtschaftlichem Gewicht gewinnen oder neu entstehen.

Wichtige Wachstumsbranchen der Bundesrepublik innerhalb des sekundären Sektors sind u. a. der Fahrzeugbau, die Informations- und Kommunikationstechnik und die Automatisierungstechnik. Andere Industriezweige, wie die deutsche Schwerindustrie – vor allem der Schiff- und Bergbau sowie die Stahlerzeugung –, sind seit Ende der 1970er-Jahre in eine tief greifende und anhaltende Absatzkrise geraten, was zu einem drastischen Abbau der Produktionskapazitäten und Beschäftigtenzahlen geführt hat.

Innerhalb des tertiären Sektors konnten vor allem die Bereiche Finanzierung, Unternehmensdienstleistungen, Handel, Gaststätten und Verkehr deutliche Beschäftigungszuwächse erzielen, während die Beschäftigtenzahlen im (westdeutschen) Handwerk seit Mitte der 1980er-Jahre sanken.

Regionale Aspekte des Strukturwandels

Der strukturelle Wandel in Deutschland betrifft die einzelnen Regionen in unterschiedlichem Maße, weil die Ansiedlung von Produktionsstätten nicht gleichmäßig verteilt ist. Das hat sowohl natürliche Ursachen (z. B. Rohstoffvorkommen, Meereszugang), aber auch technologische oder wirtschaftspolitische Gründe (z. B. Zugang zu qualifizierten Arbeitskräften, regionale Verkehrsanbindung, regionale Wirtschaftsförderung).

> Typisch für den sekundären Sektor ist die Bildung von **Verdichtungsräumen** bzw. Wirtschaftszentren. Hier konzentrieren sich die industriellen Produktionsstätten einzelner (und verwandter) Branchen.

Die Ansiedlung von Industriezweigen zieht häufig die Ansiedlung weiterverarbeitender Industriezweige nach sich, was Kostenvorteile und eine effiziente vertikale Arbeitsteilung ermöglicht.

Verdichtungsräume liegen zumeist im Umkreis größerer Städte. Diese verfügen gegenüber ländlichen Gebieten über ein größeres Angebot an qualifizierten Arbeitskräften, über eine besser entwickelte Infrastruktur (Verkehrsanbindung, Informations- und Kommunikationsmöglichkeiten u. a.) und über größere regionale Absatzmärkte.

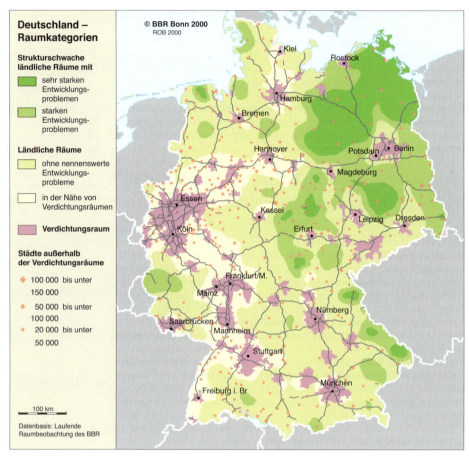

Verdichtungsräume sind historisch gewachsene Gebilde. Ihre Entwicklung ist zumeist von der Ansiedlung bedeutsamer Großunternehmen oder staatlicher Institutionen geprägt, in deren Umfeld sich verwandte Wirtschaftszweige niederlassen. Beispiele sind die Schwerindustrie im Ruhrgebiet, BMW und Daimler-Chrysler in München bzw. Stuttgart, die Deutsche Bundesbank bzw. die Europäische Zentralbank in Frankfurt a. M.

Folglich trifft der Niedergang einzelner Branchen im Zuge des Strukturwandels häufig einzelne Regionen besonders stark. So waren vom Niedergang der deutschen Schiffbauindustrie vornehmlich die norddeutschen Küstenregionen betroffen, von der Krise des deutschen Steinkohlebergbaus und der Stahlindustrie vor allem das Ruhrgebiet. Eine besonders drastische Form des Strukturwandels vollzieht sich seit der Wiedervereinigung 1990 in den **neuen Bundesländern.** Der Prozentanteil des sekundären Sektors an der Beschäftigtenzahl der neuen Länder ist 2004 deutlich geringer als der in den alten Bundesländern, der Anteil des tertiären Sektors dagegen höher. 1990/91 lagen genau entgegengesetzte Ausgangsbedingungen vor.

Wirtschaftsstandort Deutschland

Waren in der DDR 1989 noch fast 10 Mio. Personen erwerbstätig, so schrumpfte die Erwerbstätigenzahl in den neuen Bundesländern bereits im ersten Jahr nach der Wiedervereinigung um etwa ein Viertel auf 7,2 Mio. und in den folgenden 10 Jahren noch einmal um etwa 800 000 auf 6,5 Mio. Erwerbstätige (2001). Im Zuge dieses dramatischen Anpassungsprozesses reduzierten sich die ostdeutschen Beschäftigtenzahlen im sekundären Sektor um mehr als ein Drittel, im primären Sektor sogar um mehr als die Hälfte. Nur der Dienstleistungssektor konnte Zuwächse erzielen.

Die erzielten Zuwächse im Dienstleistungssektor waren aber bei weitem nicht ausreichend, um (rechnerisch betrachtet) den Arbeitsplatzverlust in den anderen Sektoren auszugleichen.

Gründe des Strukturwandels

Strukturwandel ist eine **Zwangsläufigkeit** des marktwirtschaftlichen Wachstumsprozesses. Er kann nicht aufgehalten, aber durch die Wirtschaftspolitik sozial begleitet und in Grenzen verlangsamt oder beschleunigt werden.

Wirtschaftliches Wachstum speist sich aus drei zentralen Quellen, aus
– dem Bevölkerungswachstum,
– dem Wachstum des sachlichen Produktivvermögens (Realkapital),
– dem technischen Fortschritt (er ist ein wesentliches Triebmoment des strukturellen Wandels).

Das Gewinninteresse der Unternehmen und der Wettbewerb der Unternehmen auf den Faktor- und Absatzmärkten schaffen Anreize zu technologischen Innovationen. So besteht der Anreiz, durch die Entwicklung neuer, kostengünstigerer Produktionsverfahren (Prozessinnovationen) Kostenvorteile gegenüber der Konkurrenz zu erlangen. Das betreffende Unternehmen wird – zumindest zeitweilig – in die Lage versetzt, durch einen verstärkten Preiswettbewerb größere Marktanteile und höhere Gewinne zu erwirtschaften. Wettbewerber werden so gezwungen, entsprechend nachzuziehen, um im Preiswettbewerb nicht vom Markt verdrängt zu werden bzw. verlorene Marktanteile zurückzugewinnen.

Der **Wettbewerb** sorgt letztlich für eine branchenweite Verbreitung der wirtschaftlichsten Produktionstechnologien. Gleichzeitig führt er dazu, dass die hierbei erzielten Kostenvorteile über die Absatzpreise an die Güternachfrager weitergegeben werden.

Die volkswirtschaftliche Bedeutung von **Produktinnovationen** liegt nicht nur darin, dass hierdurch für die Konsumenten eine größere Produktvielfalt geschaffen wird, sondern auch darin, dass die gesamtwirtschaftliche Sättigungsgrenze weiter nach außen verschoben wird.

Darüber hinaus besteht für die einzelnen Unternehmen der Anreiz, sich durch die Entwicklung neuer Produkte (Produktinnovationen) weitere Absatzmärkte zu erschließen. Die dabei erzielbaren Extraprofite reizen andere Unternehmen zur Erzeugung vergleichbarer Produkte (Imitationen) an, sodass mittelfristig auch auf den neu geschaffenen Produktmärkten ein funktionierender Wettbewerb entsteht. Da im Zuge der technologischen Entwicklung die realen Pro-Kopf-Einkommen ansteigen, kommt es darüber hinaus zu einkommensbedingten Verschiebungen in der **Güternachfragestruktur,** denn die Nachfrage nach den jeweiligen Gütern reagiert unterschiedlich elastisch auf Einkommensänderungen. So nehmen mit wachsenden realen Einkommen der Haushalte deren relative Ausgabenanteile für Güter des täglichen Bedarfs (insbesondere Nahrungsmittel und Kleidung) ab, während die Anteile für Güter des gehobenen Bedarfs ansteigen. Manche Branchen stoßen im Zuge dieser Entwicklung an absolute Sättigungsgrenzen, sodass sich deren Güterabsatz nicht weiter steigern lässt. In anderen Branchen kommt es sogar zu absoluten Verringerungen der mengenmäßigen Nachfrage.

> **Strukturwandel** fördert eine höhere Effizienz der Produktion, eine quantitativ und qualitativ verbesserte Güterversorgung der Konsumenten und langfristig Beschäftigungsmöglichkeiten. Im Grundsatz ist er wohlfahrtsfördernd.

Soziale Folgen des Strukturwandels

Strukturwandel ist aber auch mit teilweise gravierenden **sozialen Problemen** verbunden. Neue Technologien erfordern im Regelfall auch neue – zumeist anspruchsvollere – fachliche Kenntnisse und Fertigkeiten der Beschäftigten (Qualifikationen). Noch in den 1960er-Jahren war die Industrieproduktion in der Bundesrepublik weitgehend durch eine „tayloristische" Arbeitsteilung in monotone, einfache Arbeitsschritte geprägt. Ohne Weiteres konnten sie von un- oder angelernten Arbeitern ausgeführt werden. In der Gegenwart ist der typische deutsche Industriearbeiter der spezialisierte Facharbeiter. Seine Tätigkeit erfordert komplexe Arbeitsschritte und ein hohes spezifisches Fachwissen.

Ebenso sind die qualifikatorischen Anforderungen in einigen Dienstleistungsbereichen infolge des rasanten technischen Fortschritts der Kommunikations- und Informationstechnologien deutlich gestiegen. Das trifft insbesondere auf den Bereich der Finanz- und Unternehmensdienstleistungen zu. Die gewachsenen Anforderungen an die Qualifikation der Beschäftigten haben u. a. auch dazu geführt, dass sich die Arbeitslosenquote von Erwerbspersonen ohne Berufsausbildung seit den 1970er-Jahren deutlich schneller erhöht hat als die Arbeitslosenquoten der übrigen Berufsgruppen. Sie liegt 2004 bei über 20 %.

„Taylorismus" geht auf den berühmten Arbeitsökonomen FREDERICK WINSLOW TAYLOR (1856–1915) zurück, dessen wissenschaftliche Rationalisierungsmethoden maßgeblich zur Entwicklung der Fließbandfertigung beitrugen.

Bilder: Wandel der industriellen Arbeitswelt in den Wolfsburger VW-Werken (PKW-Montage 1956 und 2002)

Die Änderungen der fachlichen Anforderungsprofile im Strukturwandel haben zur Folge, dass nicht alle Beschäftigten ihre eigene Qualifikation in ausreichender Weise anpassen können. Auch weisen nicht alle Arbeitnehmer eine hinreichende räumliche Mobilität auf, um im Falle eines Niedergangs der heimischen Wirtschaftsregion in andere, prosperierende Regionen abzuwandern. Infolgedessen kommt es zu sogenannter **Mismatch-Arbeitslosigkeit,** die umso höher ausfällt, je schneller bzw. tief greifender sich der Strukturwandel vollzieht.

Mismatch, engl. mismatched = nicht zusammenpassend; Mismatch-Arbeitslosigkeit ist strukturelle Arbeitslosigkeit.

Staatliche Eingriffe in den Strukturwandel

Die mit dem Strukturwandel verbundenen sozialen Probleme erfordern begleitende staatliche Maßnahmen zur Abwendung sozialer Härten. Dafür stehen in der sozialen Marktwirtschaft drei **wirtschaftspolitische Handlungsstrategien** offen, die nebeneinander verfolgt werden können:
– Gewährung von Lohnersatzleistungen der von Arbeitslosigkeit Betroffenen,
– Verlangsamung des Strukturwandels durch (zeitlich befristete) staatliche Hilfen zur Erhaltung von am Markt nicht mehr wettbewerbsfähigen Unternehmen,
– Gewährung staatlicher Hilfen zur Anpassung an den Strukturwandel für betroffene Regionen, Unternehmen und Arbeitnehmer.
Während die erste Handlungsstrategie keinem spezifischen Gestaltungsziel im Hinblick auf den Strukturwandel unterliegt, sind die beiden anderen Strategien auf eine gezielte staatliche Beeinflussung des strukturellen Wandels gerichtet (Strukturpolitik).

> Das bedeutendste Instrument der bundesdeutschen Strukturpolitik stellt bisher die Gewährung von **Unternehmenssubventionen** dar.

Unternehmenssubventionen sind zweckgebundene staatliche Hilfen an Betriebe und Wirtschaftszweige durch die Gebietskörperschaften (Bund, Länder und in begrenztem Umfang auch Gemeinden).

Es gibt unterschiedliche Formen und Zwecke der Unternehmenssubventionierung. Der Form nach werden Finanzhilfen und steuerliche Hilfen unterschieden, dem Zweck nach Erhaltungshilfen, Anpassungshilfen und Produktivitätshilfen.
Von **Finanzhilfen** wird gesprochen, wenn die Subvention aus direkten Zuflüssen staatlicher Finanzmittel an die Subventionsempfänger besteht, also mit einer Erhöhung der staatlichen Ausgaben verbunden ist. Demgegenüber reduzieren **steuerliche Hilfen** lediglich das von den Subventionsempfängern an den Staat abzuführende Steuervolumen. Sie sind also nicht mit zusätzlichen staatlichen Ausgaben, sondern mit einer Minderung der staatlichen Einnahmen verbunden. Bei gegebenem Subventionsvolumen ist dabei die spezifische Subventionsform unerheblich für das Finanzierungsproblem des Staates: In beiden Formen kommt es zu einem zusätzlichen staatlichen Finanzierungsbedarf, der durch Kürzung der staatlichen Ausgaben an anderer Stelle, durch zusätzliche Steuereinnahmen oder durch zusätzliche Kreditaufnahme befriedigt werden muss. Im Hinblick auf den **Subventionszweck** ist zu unterscheiden, ob die Zweckbindung lediglich auf die Erhaltung eines bedrohten Wirtschaftsbereichs abzielt **(Erhaltungshilfen)** oder ob hierdurch vielmehr eine **nachhaltige** Wiederherstellung bzw. Stärkung der Wettbewerbsfähigkeit erreicht werden soll **(Anpassungshilfen** bzw. **Produktivitätshilfen).** Die dauerhafte Gewährung von Erhaltungshilfen in der Landwirtschaft wie auch im deutschen Steinkohlebergbau wird häufig mit dem Ziel begründet, eine strategische nationale Unabhängigkeit in für die Versorgung grundlegenden Wirtschaftsbereichen (Ernährung, Energie) sicherzustellen.

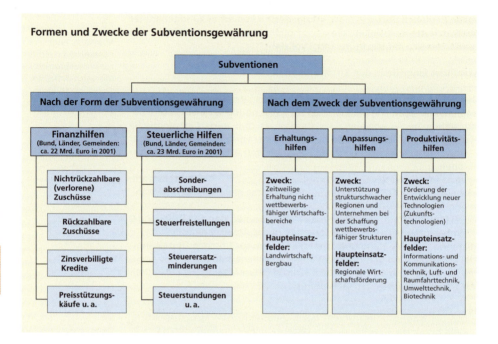

Formen und Zwecke der Subventionsgewährung

| Das Gesamtvolumen aller von Bund, Ländern und Gemeinden gewährten Subventionen (ohne Berücksichtigung der Sozialausgaben) hat sich seit den 1970er-Jahren bis in die 2. Hälfte der 1990er-Jahre hinein immer weiter erhöht und stagniert seitdem (mit leicht abfallender Tendenz) auf einem Niveau von etwa 45 Mrd. Euro jährlich. Hinzu kommen jeweils etwa 5,5 Mrd. Euro aus dem Agrarhaushalt und aus Strukturförderprogrammen der EU (ERP-Mittel). Die volumenmäßig am stärksten subventionierten Einzelbranchen sind dabei das Wohnungswesen, der Bergbau und die Landwirtschaft.

Im Hinblick auf eine zukunftsorientierte Gestaltung des Strukturwandels ist die **Subventionierung unrentabler Unternehmen** und Wirtschaftszweige ein zweifelhaftes Instrument, weil sie mit Effekten verbunden ist, die die Anpassungsfähigkeit der Volkswirtschaft an den Strukturwandel schwächen, anstatt sie zu stärken.

Das Ausmaß und auch die Struktur des **deutschen Subventionswesens** wird zunehmend kritisch beurteilt. Zum einen hat die wachsende Verschuldung der öffentlichen Haushalte deren finanziellen Gestaltungsspielraum spürbar eingeengt, ohne dass die deutsche Beschäftigungskrise eine nachhaltige Besserung erfahren hätte. Sie hat sich im Gegenteil weiter verschärft. Zum anderen dient heute etwa ein Drittel der deutschen Subventionen der Erhaltung unrentabler Wirtschaftsbereiche, also der bloßen Verzögerung bzw. Behinderung des Strukturwandels, während umgekehrt die Technologie- und Innovationsförderung nur einen kleinen Anteil – weniger als 5 % – ausmacht.

Subventionen sind ordnungspolitisch problematisch. Die **Subventionsgewährung** ermöglicht es den betreffenden Unternehmen, ihren Output zu Preisen anzubieten, welche die tatsächlichen Produktionskosten nicht vollständig decken. Es kommt folglich im Zuge des Preiswettbewerbs der Unternehmen auf den Märkten zu einer Verzerrung der

Preisrelationen zwischen subventionierten und nicht subventionierten Gütern. Damit büßen die Preise z. T. ihre Informations- und Allokationsfunktion ein, sodass die Effizienz der gesamtwirtschaftlichen Ressourcenverwendung verringert wird.

Negative Effekte der Subventionierung unrentabler Unternehmen			
Konservierungseffekte	steuerliche Belastung wettbewerbsfähiger Wirtschaftsbereiche	hoher Finanzierungsbedarf	hohe Opportunitätskosten
Die Subventionierung schafft Anreize zur Konservierung unrentabler Wirtschaftsstrukturen, weil sie grundsätzlich den Anpassungsdruck für die betreffenden Unternehmen vermindert.	Die Subventionierung unrentabler Unternehmen muss letztlich über die wettbewerbsfähigen Wirtschaftsbereiche finanziert werden und erhöht damit deren Kostendruck.	Der Erhalt unwirtschaftlicher Arbeitsplätze verursacht oft höhere staatliche Finanzierungskosten, als wenn die von Arbeitsplatzabbau Betroffenen durch direkte Einkommenstransfers abgesichert würden.	Die in unrentable Wirtschaftsbereiche abfließenden Subventionsmittel gehen der Förderung wettbewerbsfähiger Zukunftstechnologien verloren.

Die Bekämpfung der mit dem Strukturwandel verbundenen Mismatch-Arbeitslosigkeit erfolgt in der Bundesrepublik auch über bestimmte **Arbeitnehmersubventionen** und Maßnahmen der aktiven **Arbeitsmarktpolitik**, die auf eine Erhöhung der qualifikatorischen und räumlichen Mobilität der Arbeitnehmer abzielen. So können in bestimmten Grenzen Aufwendungen der beruflichen Weiterbildung und beruflich bedingte Fahrtkosten von der Einkommensteuer abgesetzt werden. Daneben finanziert der Bund über seine Zuschüsse an die **Bundesagentur für Arbeit** (BA) u. a. Weiterbildungsmaßnahmen sowie „Beschäftigung schaffende Maßnahmen", die dem Erhalt bzw. der Verbesserung der Qualifikation der Arbeitslosen dienen.

Logo der Bundesagentur für Arbeit

 Der Umfang von geförderten Weiterbildungs- und Beschäftigungsmaßnahmen wurde in den letzten Jahren deutlich verringert, zwischen 1997 und 2003 etwa um die Hälfte. Im August 2003 nahmen etwa 212 000 Personen an Maßnahmen der beruflichen Weiterbildung und 132 000 Personen an Beschäftigung schaffenden Maßnahmen teil.

 Die Gründe für die Halbierung geförderter Weiterbildungs- und Beschäftigungsmaßnahmen liegen offensichtlich in der hohen Kostenintensität der Maßnahmen, aber auch in einer ernüchternden Erfolgsbilanz bezüglich der Vermittlungen in reguläre Beschäftigungsverhältnisse.

Mit dem Ziel, die strukturelle Arbeitslosigkeit abzubauen, hat die Bundesagentur für Arbeit die Schwerpunkte der aktiven Arbeitsmarktpolitik neu gesetzt. Der Umfang von Weiterbildungs- und Beschäftigungsmaßnahmen wurde zugunsten der direkten finanziellen Förderung regulärer Beschäftigungsverhältnisse – beispielsweise durch verstärkte Gewährung von Eingliederungszuschüssen an Unternehmen und Existenzgründer – vermindert.

3.3.2 Globalisierung der Weltwirtschaft

BIP ist der Marktwert aller im Inland im Betrachtungszeitraum produzierten Endprodukte.

Die Bundesrepublik Deutschland ist kein wirtschaftlich unabhängiges (autarkes) Land, sondern in erheblicher Weise mit den Volkswirtschaften anderer Länder verflochten. 2000 betrugen die deutschen Warenexporte knapp 30 % des Bruttoinlandsprodukts (BIP), während umgekehrt die deutschen Warenimporte rechnerisch etwa 26 % des BIP ausmachten. An den Warenexportumsätzen gemessen, nahm Deutschland seit den 1970er-Jahren im internationalen Vergleich zumeist Platz 2 hinter den USA, mitunter auch Platz 3 hinter Japan ein.

> Die deutsche Wirtschaft ist stark von ihrer internationalen Wettbewerbsfähigkeit abhängig.

Wirtschaftliche Globalisierung

Die weltwirtschaftlichen Verflechtungen sind in den letzten drei Jahrzehnten, dabei verstärkt in den 1990er-Jahren, umfänglich intensiviert worden. Dieser Prozess ist noch nicht abgeschlossen. Von 1970 bis 2000 wuchsen (gerechnet in jährlichen Wachstumsraten) die weltweit erzielten Warenexportumsätze im Durchschnitt fast doppelt so schnell, die grenzübergreifenden Direktinvestitionen etwa viermal so schnell und die internationalen Finanzanlagen (Portfolio-Investitionen) fast zwanzigmal so schnell wie das im selben Zeitraum erwirtschaftete Welt-BIP. Die relative Bedeutung internationaler Wirtschaftstransaktionen hat damit weltweit zugenommen:

Direktinvestitionen sind Investitionen in Produktionsstätten, die im Ausland angesiedelt sind.

Die Begriffe „multinationale" und „transnationale" Unternehmen werden zumeist synonym verwendet und bezeichnen Unternehmen, die Produktionsstätten in mehreren Ländern besitzen.
Die Siemens AG mit Sitz der Zentrale in München ist ein solches Unternehmen. Es beschäftigt mehr als 450 000 Mitarbeiter in über 190 Ländern (Bild: Platinenfertigung in einem Siemens-Werk in Thailand).

- Im überdurchschnittlichen Wachstum der Warenexportumsätze spiegelt sich eine zunehmende internationale Arbeitsteilung bei der Güterproduktion wider.
- Im überdurchschnittlichen Anstieg der Direktinvestitionen kommt zum Ausdruck, dass zunehmend mehr Unternehmen bei der Wahl ihrer Produktionsstandorte international agieren (multi- bzw. transnationale Unternehmen, „Global Players").
- Das starke Wachstum der internationalen Portfolio-Investitionen zeigt, dass zunehmend mehr Finanzinvestoren und vor allem institutionelle Anleger, wie Banken, Versicherungen u. a., grenzüberschreitende Finanzanlagen tätigen.

> Die **Weltwirtschaft** befindet sich in einem dynamischen Prozess der weltweiten Integration der Märkte, auf denen die Anbieter und Nachfrager auf globaler Ebene miteinander konkurrieren.

Zunehmende internationale Arbeitsteilung

Die internationale Arbeitsteilung stellt die realwirtschaftliche Grundlage der weltwirtschaftlichen Verflechtungen dar.
Verflechtungen entstehen bei freiem internationalem Wettbewerb auf den Märkten dann, wenn sich durch die arbeitsteilige Produktionsweise in den beteiligten Ländern **Kostenersparnisse** erzielen lassen. Sie sind Anreiz zur Spezialisierung der Unternehmen und werden letztlich über den Preiswettbewerb der Unternehmen auf den Märkten an die Konsumenten weitergegeben, die mehr Güter konsumieren können.

Internationaler Arbeitsteilung liegt zugrunde, dass die Länder einen Teil ihrer Güterversorgung nicht aus eigener Produktion, sondern aus der Produktion anderer Länder beziehen und umgekehrt.

> Die internationale Arbeitsteilung führt damit im Grundsatz zu einer besseren Güterversorgung der am internationalen Handel beteiligten Nationen. Darin widerspiegeln sich die wirtschaftlichen **Vorteile** der internationalen Arbeitsteilung.

Die **Theorie der komparativen Kostenvorteile** wurde bereits Anfang des 19. Jh.s von DAVID RICARDO (1772–1823), einem klassischen Nationalökonomen, entwickelt.

Aus Sicht der sogenannten Neuen Außenhandelstheorie ist heute die **Nutzung wachsender Skalenerträge** der wichtigste Grund für die internationale Arbeitsteilung.

Die Verteilung der durch die verbesserte Güterversorgung erreichten **Wohlfahrtsgewinne** kann indes sehr unterschiedlich ausfallen. Über die reinen Marktprozesse ohne staatliche Interventionen können sich unter Umständen sogar Wohlfahrtsverluste für einzelne Personengruppen (z. B. für einen Teil der Arbeitnehmer) ergeben.

Die Gründe der beschleunigten Intensivierung der internationalen Arbeitsteilung seit den 1980er-Jahren sind vielfältig. Es gibt vor allem **technologische und politische Ursachen.**
Eine der wichtigsten technologischen Ursachen ist die rasante Entwicklung der modernen Informations- und Kommunikationstechnologie. Preiswerte und zeitnahe Informationsverarbeitung – die Verbreitung der Informationen über den Erdball praktisch ohne Zeitverzug und zu geringen Kosten – begünstigte die Bildung multinationaler Unternehmen mit

länderübergreifender Produktionstätigkeit, ermöglichte eine Liberalisierung der internationalen Finanzmärkte und die Schaffung eines weltweit integrierten Finanzmarktes. Das wirkt sich in einer spürbar höheren internationalen Kapitalmobilität aus.

Weltweiter Abbau von Handelshemmnissen

Das **GATT (General Agreement on Tariffs and Trade)** ist ein allgemeines Zoll- und Handelsabkommen. Es wurde 1947 unter dem Dach der UN als eine provisorische Sonderorganisation freiwillig teilnehmender Staaten gegründet. 1996 ging es in der neu geschaffenen Welthandelsorganisation **(WTO)** auf (↗ S. 434).

Politisch wurde die Intensivierung der internationalen Arbeitsteilung vor allem durch die verschiedenen Zollsenkungsrunden des **GATT** gefördert. Dabei ging es um den Abbau tarifärer und nicht tarifärer Handelshemmnisse zwischen den Teilnehmerländern.

tarifäre Handelshemmnisse sind im Wesentlichen Zölle, wobei zwischen Mengenzöllen und Wertzöllen zu unterscheiden ist: Die Höhe des Mengenzolls orientiert sich an der Importmenge, die Höhe des Wertzolls dagegen am Importwert des zu verzollenden Gutes.

Nicht tarifäre Handelshemmnisse umfassen alle darüber hinausgehenden administrativen Maßnahmen des Staates, die auf Importbehinderungen oder Förderung der eigenen Exporte abzielen. Verbreitete Formen nicht tarifärer Handelshemmnisse sind z. B. Importmengenbeschränkungen für bestimmte ausländische Güter oder Exportsubventionen für die inländischen Produzenten.

Ab 1996 führte die **WTO** als international rechtsfähige Institution die grundlegenden Zielsetzungen des GATT fort. Während sich die Teilnehmerzahlen an den in unregelmäßigen Zeitabständen stattfindenden GATT-Verhandlungsrunden bis Anfang der 1960er-Jahre nur zwischen 13 und 38 Staaten bewegten, nahmen sie danach sprunghaft zu. 2004 sind über 130 Nationen Mitglied der GATT-Nachfolgeorganisation WTO, darunter alle westlichen Industriestaaten.

GATT und WTO folgten in ihrem Wirken bestimmten, gemeinsam vereinbarten **Grundprinzipien**.

Grundprinzipien des GATT bzw. der WTO			
Liberalisierung	Gegenseitigkeit (Reziprozität)	Meistbegünstigung	Nicht-Diskriminierung
Verpflichtung der Teilnehmer, keine neuen Zölle einzuführen bzw. bestehende Zölle nicht zu erhöhen Verbot nichttarifärer Handelshemmnisse (bei Zulassung gewisser Ausnahmen)	Verpflichtung der Teilnehmer, auf den Abbau von Handelshemmnissen eines Landes mit entsprechenden Maßnahmen zu reagieren (Ausnahme: Entwicklungsländer)	Verpflichtung der Teilnehmer, Zollsenkungen und andere Handelskonzessionen, die einem Land gewährt werden, allen anderen Teilnehmerländern zuzubilligen (Ausnahme: Zulässigkeit von Freihandelszonen und Zollunionen)	Verpflichtung der Teilnehmer bei der Schaffung neuer (erlaubter) Handelshemmnisse, diese auf alle Teilnehmerländer anzuwenden

Im Zuge der acht großen GATT-Verhandlungsrunden wurden schrittweise die Zollsätze auf Industrieprodukte (in Prozent des Importwerts gemessen) gesenkt. Nach der letzten GATT-Runde 1986–1993 betrugen diese im Durchschnitt nur noch etwa ein Zehntel ihrer Höhe aus dem Gründungsjahr des GATT 1947.

Bild:
GATT-Konferenz in Marrakesch 1994 zur Gründung der WTO

Ab den 1970er-Jahren erfolgte eine verstärkte Ausweitung der Handelsabkommen auf andere Wirtschaftsbereiche. So existieren unter dem Dach der WTO u. a. Abkommen über bestimmte Agrarprodukte, das öffentliche Beschaffungswesen, den Dienstleistungshandel (GATS), den internationalen Schutz des geistigen Eigentums (TRIPS) und über handelsrelevante Investitionsmaßnahmen (TRIMS).

GATS (General Agreement on Trade in Services)

TRIPS (Trade-related Aspects of Intellectual Property Rights)

TRIMS (Trade-related Investment Measures)

Verstärkte regionale Wirtschaftsintegration

Seit Anfang der 1990er-Jahre wurden die Bemühungen um die Liberalisierung der außenwirtschaftlichen Beziehungen auf regionaler Ebene deutlich verstärkt. Es bildeten sich verschiedene Stufen der regionalen **Wirtschaftsintegration** heraus:
- **Freihandelszone** (die teilnehmenden Länder schaffen ihre Binnenzölle und anderen Handelshemmnisse im gemeinsamen Güter- und Dienstleistungsverkehr ab, die Zollpolitik der einzelnen Länder gegenüber Nichtteilnehmerstaaten bleibt jedoch autonom);
- **Zollunion** (entsteht durch Einigung auf eine gemeinsame Zollpolitik);
- **gemeinsamer Markt** oder Binnenmarkt (über den Handel mit Gütern und Dienstleistungen hinausgehend ist auch der Kapital- und Personenverkehr zwischen den Teilnehmerländern liberalisiert);

– **Wirtschaftsunion** (gemeinsamer Markt und institutionelle Abstimmung der nationalen Wirtschaftspolitiken zwischen den Teilnehmerländern).

Seit Mitte der 1990er-Jahre wurden auf dem amerikanischen Kontinent und in Asien verschiedene multilaterale Abkommen zur Errichtung von Freihandelszonen bzw. Zollunionen getroffen. Am weitesten ist die **regionale Wirtschaftsintegration** in Europa vorangeschritten.

Vgl. EU-Binnenmarkt ↗ S. 372

1993 wurde der **EU-Binnenmarkt** errichtet, der für alle EU-Marktbürger den freien Güter-, Dienstleistungs-, Kapital- und Personenverkehr rechtlich gewährleistet. Begleitet wurde dieser Prozess durch umfängliche Maßnahmen der Harmonisierung zur Förderung des EU-Binnenhandels (Beseitigung der Grenzkontrollen im Innern, Vereinheitlichung technischer und rechtlicher Normen, Beseitigung von Steuerschranken, Liberalisierung des Kapital- und Zahlungsverkehrs, Harmonisierung der Banken- und Versicherungsaufsicht, Liberalisierung des öffentlichen Auftragswesens u. a.). Die Errichtung der Europäischen **Wirtschafts- und Währungsunion** (EWWU) 1999 und die 2002 erfolgte Einführung des Euro als gemeinsames Zahlungsmittel in den meisten EU-Mitgliedstaaten beförderten die innereuropäische Arbeitsteilung nachhaltig.

Weltweite Integration der Finanzmärkte

> Die internationalen Finanzmärkte sind am weitesten fortgeschritten im weltwirtschaftlichen Integrationsprozess. Es hat sich bereits ein **weltweit integrierter Finanzmarkt** herausgebildet.

Wichtige **Finanzinstrumente** (Finanzderivate) sind Termingeschäfte, Optionen und Swaps. Bei einem Termingeschäft wird der zukünftige Verkauf eines Vermögenswertes zu einem heute festgelegten Preis vereinbart. Eine Option gewährt dem Halter das Recht des An- oder Verkaufs eines Vermögenswertes in der Zukunft zu einem bereits heute fest vereinbarten Preis. Bei einem Swap werden zwei Verträge abgeschlossen, deren Risiken sich gegenseitig aufheben.

Die Gründe dafür liegen vor allem in einer weitgehenden Liberalisierung des internationalen Kapitalverkehrs, in der rasanten Entwicklung der Informations- und Kommunikationstechnologien sowie in der Schaffung neuer Finanzinstrumente (Finanzderivate) zur Absicherung von Wechselkurs- und anderen Risiken. Die **Folge des Integrationsprozesses** war eine starke Ausdehnung des internationalen Handels mit Finanzanlagen (Portfolio-Investitionen), dessen wertmäßiger Umfang bereits ein Vielfaches des weltwirtschaftlichen Waren- und Dienstleistungshandels ausmacht. Gleichzeitig vollzog sich eine spürbare internationale Umlenkung der privatwirtschaftlichen Finanzströme vor allem zugunsten der USA, einiger Entwicklungs- und Schwellenländer sowie der osteuropäischen Transformationsländer (einschließlich Russland), während Westeuropa durch verstärkte Netto-Abflüsse an Finanzkapital gekennzeichnet war.

Für die Anleger ist das treibende Motiv für grenzübergreifende Finanzanlagen die Ausnutzung internationaler **Rendite-Unterschiede** bei Berücksichtigung der jeweiligen Anlagerisiken. Die Rendite eines ausländischen Wertpapiers entspricht dabei der Summe aus Gewinnausschüttung und Kurswertänderung, berechnet in heimischer Währung. Durch eine breite – auch internationale – Streuung der eigenen Vermögensanlagen kann ein Anleger sein Rendite-Risiko vermindern.

Ein gewichtiges spezifisches Risiko internationaler Finanzanlagen ist das **Wechselkursrisiko,** sofern das betreffende Wertpapier in einer anderen Währung gehandelt wird. Das Risiko besteht darin, dass unerwartete Änderungen des Wechselkurses die in heimischer Währung gerechnete Rendite von ausländischen Wertpapieren schmälern – umgekehrt aber auch vergrößern – können.

Wechselkurs ist das Austauschverhältnis zweier Währungen auf dem Devisenmarkt; mengennotiert gibt er den in Auslandswährung gerechneten Preis der heimischen Währung an.

Der Einfluss der Wechselkursentwicklung auf die Renditen grenzüberschreitender Finanzanlagen schafft Anreize zur **Devisenspekulation.** Die Finanzanlagen dienen dann nicht dem Zweck eines langfristigen Engagements in den damit finanzierten Unternehmen, sondern der kurzfristigen Ausnutzung erwarteter Wechselkursänderungen. Die Devisenspekulation ist ein erhebliches Problem der internationalen Finanzmärkte, weil es zu überzogenen, von den realwirtschaftlichen Grundlagen losgelösten Schwankungen der Wechselkurse kommen kann. Das kann zu erheblichen kurz- und mittelfristigen Verwerfungen in den internationalen Finanzströmen führen.

 Die in der zweiten Hälfte der 1990er-Jahre in Südostasien entstandene Währungskrise („Asienkrise") bewirkte einen dramatischen Finanzkapitalabfluss aus der Region sowie einen Einbruch des Wirtschaftswachstums. Eine weltweite Rezession wurde eingeleitet.

Wiederholt wurde eine verstärkte Regulierung der internationalen Finanzströme gefordert, etwa durch die Schaffung einer internationalen Steuer auf den grenzüberschreitenden Handel mit Wertpapieren **(Tobin-Steuer).** Deren Steuersatz soll so niedrig gewählt werden, dass er langfristig ausgelegte grenzüberschreitende Finanzanlagen kaum beeinträchtigt, zugleich aber so hoch ausfallen, dass über die Aufsummierung der anfallenden Steuerzahlungen kurzfristige wiederholte Wertpapier-Spekulation auf internationaler Ebene weniger attraktiv ist.

Der Nobelpreisträger JAMES TOBIN (geb. 1918) forderte bereits in den 1970er-Jahren eine Besteuerung des internationalen Wertpapier-Handels zur Eindämmung der Devisenspekulation.

Die wachsende internationale Kapitalmobilität spiegelt sich auch in einem deutlichen Anstieg der **Direktinvestitionen** wider. Darunter fallen alle grenzübergreifenden Investitionen zum Zwecke der Gründung von bzw. der Beteiligung an Unternehmen, Produktionsstätten oder Niederlassungen, die mit einer gleichzeitigen Übernahme unternehmerischer Verantwortung verbunden sind. Die damit einhergehende **Ausdehnung der eigenen Produktionstätigkeit** auf mehrere Länder kann sehr unterschiedlich motiviert sein. Sie kann u. a. gerichtet sein auf
– die Schaffung einer größeren Nähe zu den regionalen Absatz- oder Beschaffungsmärkten,
– die Ausnutzung internationaler Faktorkostenunterschiede,
– den verbesserten Zugang zu bestimmten Technologien,
– die Umgehung von internationalen Handelshemmnissen,
– die Ausnutzung von internationalen Unterschieden bei der Unternehmensbesteuerung.

Standortwettbewerb als wirtschaftspolitische Herausforderung

Für international operierende Unternehmen und Finanzanleger sind die aus ihren Investitionen zu erwartenden Gewinne bzw. Renditen (der

"Shareholder-Value" ist der Wert für den Anteilseigner.

"Shareholder-Value") das zentrale Entscheidungskriterium dafür, wo die Anlagen getätigt werden sollen. Die einzelnen Nationen sind infolgedessen einem verschärften internationalen Wettbewerb um die Ansiedlung, Erhaltung und Ausdehnung von Produktionsbetrieben bzw. Arbeitsplätzen unterworfen (internationaler Standortwettbewerb).

Nationale Wirtschaftspolitiken müssen im Interesse der Bürger für den Erhalt einer ausreichenden Attraktivität der eigenen Standorte Sorge tragen. Der eigene Wirtschaftsstandort wird dabei umso attraktiver für die Ansiedlung von Produktionsstätten, je geringer die sich aus der jeweiligen Produktion ergebenden Stückkosten im internationalen Vergleich ausfallen. Die Stückkosten wiederum werden umso geringer sein, je höher die Produktivität bei gegebenen Gesamtkosten ist bzw. je niedriger die Gesamtkosten bei gegebener Ausbringung sind. Beides – Produktivität und Kosten – kann durch die nationale Wirtschaftspolitik beeinflusst werden, etwa durch Maßnahmen der Strukturpolitik oder der Steuer- und Abgabenpolitik.

Standortförderliche Rahmenbedingungen	Einflusskanäle der Wirtschaftspolitik
gut ausgebautes Verkehrs- und Kommunikationsnetz	Strukturpolitik
öffentliche Erschließung qualitativ hochwertiger Gewerbegebiete	Strukturpolitik
hohe fachliche Qualifikation der Arbeitnehmer	Bildungspolitik, aktive Arbeitsmarktpolitik
flexible Wirtschaftsverwaltung	Wirtschafts- und verwaltungsrechtliche Normen
moderate Lohnkosten (einschließlich Lohnnebenkosten)	Lohnpolitik, Sozialpolitik
niedrige Unternehmenssteuern	Steuerpolitik

Das Ausmaß von Direktinvestitionen des Auslands in der Bundesrepublik fiel seit der zweiten Hälfte der 1990er-Jahre nur sehr gering aus. Das lässt darauf schließen, dass der **Produktionsstandort Deutschland** für ausländische Unternehmen wenig attraktiv ist.
Eine dauerhafte Aufrechterhaltung der im internationalen Vergleich relativ hohen deutschen Sozial- und Umweltstandards dürfte nur möglich sein, wenn es gelingt, die Produktivität des Wirtschaftsstandorts Deutschland hinreichend stark und nachhaltig gegenüber der Produktivitätsentwicklung des Auslands zu verbessern. Darüber hinaus besteht grundsätzlich die Gefahr, dass der verschärfte Standortwettbewerb über eine aus wohlfahrtsstaatlicher Sicht inakzeptable Spirale der weltweiten Absenkung von Sozial- und Umweltstandards geführt wird (Sozial- und Umweltdumping). Bisher ist es nicht gelungen, auf weltweiter Ebene zu Vereinbarungen über verbindliche Mindeststandards zu gelangen.

3.4 Ökologie und Marktwirtschaft

Marktwirtschaftliches Handeln bewirkt den Verbrauch von Energieträgern und anderen Rostoffen. Diese Ressourcen stehen aber nicht unbegrenzt zur Verfügung. Sie sind zumeist nicht erneuerbar. Außerdem hat ihr Einsatz Nebenwirkungen (externe Effekte), die zu einer Schädigung der Umwelt und zur Verschlechterung der Lebensbedingungen führen können. Dem Wirtschaftswachstum sind Grenzen gesetzt.
Es ist deshalb ein Grunderfordernis, die dauerhafte Qualitätssicherung der Umwelt in das Zielsystem der Ökonomie aufzunehmen.

3.4.1 Umweltprobleme und Wachstumsgrenzen

Der wirtschaftliche Aufschwung in den Industrieländern in den 1950er- und 1960er-Jahren hatte erhebliche Umweltbelastungen zur Folge. 1972 legte der **„Club of Rome"** einen Bericht vor, der die „Grenzen des Wachstums" aufzeigte und ein neues Leitbild der Verantwortung für Natur und Umwelt prägte. In den 1980er-Jahren erhielt Umweltpolitik weltweit Gewicht in der nationalen und internationalen Wirtschaftspolitik.

Der **Club of Rome** wurde 1968 gegründet. Zentrale Begriffe seines Wirkens sind „vernetztes Denken" und „Nachhaltigkeit". Der Bericht „Die Grenzen des Wachstums" hatte das Ziel, die Zusammenhänge und Folgen von Wirtschaftswachstum aufzuzeigen.

> **Umweltpolitik** ist die Summe aller wirtschaftspolitischen Maßnahmen, die zur Verbesserung oder Aufrechterhaltung der Umweltqualität führen. Sie ist langfristig auf den Ausgleich des Gegensatzes zwischen Ökonomie und Ökologie gerichtet.

Wirtschaftspolitisches Handeln ist also auf den Erhalt der **Umweltmedien** Boden, Gewässer, Klima und Luft in guter Qualität auszurichten. Das beinhaltet vor allem, sparsam mit den knappen Rohstoffen umzugehen, sie möglichst wiederzuverwenden (Recycling), den Produktionsprozess möglichst in Form geschlossener Kreisläufe zu organisieren (Kreislaufwirtschaft), erneuerbare (regenerative) Energieträger zu entwickeln, vorausschauend ökologische Fehlentwicklungen und Umweltbelastungen zu vermeiden und bereits aufgetretene Schädigungen zu beseitigen.

Bild: Petrochemische Pilotanlage zur Umwandlung von Altkunststoff

In Deutschland sind durch den Abbau der Energiestoffe Braun- und Steinkohle, Uranerz, Erdöl und Erdgas erhebliche Umweltschäden entstanden. Biotope und Ökosysteme wurden beeinträchtigt, Nutzungspotenziale zerstört. Zahlreiche Maßnahmen der Rekultivierung bzw. Renaturierung sind notwendig, um langfristig landschafts- und umweltökologische Veränderungen zu bewirken.

	Flächeninanspruchnahme	Beeinträchtigungen der Oberflächengewässer und des Grundwassers	Atmosphärische Emissionen	Industriebrachen und Altlasten
Steinkohle	etwa 5 000 km² direkte und indirekte Inanspruchnahme durch Halden und Bergsenkungen	Einleitung von über 100 Mio. m³ Wasser mit hohen Salzgehalten in die Vorfluter Rhein, Lippe und Emscher	klimarelevante Methanemissionen	Bodenkontaminationen an Gewinnungs- und Verarbeitungsstandorten durch unsachgemäßen Umgang mit Betriebsmitteln und mit spezifischem Schadstoffinventar
Braunkohle	etwa 2 300 km² direkte Inanspruchnahme durch Abbauflächen	großflächige Grundwasserabsenkungen, kritische Wasserqualität in Tagebaurestseen durch saure Sickerwässer	keine klimarelevanten Emissionen	
Erdöl und Erdgas	geringe Beeinträchtigungen	Gefahr der Grundwasserkontamination durch Bohrsätze – Einleitung von Öl und ölhaltigem Produktionswasser in die Nordsee	Methanverluste bei Gewinnung und Verteilung in Höhe von maximal 2%	Oberflächenkontamination der Anlagen und der Umgebung des Betriebsgeländes
Uran	37 km² Betriebsfläche z. T. radioaktiv und/oder mit Schwermetallen kontaminiert	Entstehung saurer und mit Radionukliden belasteter Sickerwässer durch Pyritoxidation in Halden und Säurezusätze in Aufbereitungsrückständen	Emission von Radon und Thorium – dadurch erhöhtes Lungenkrebsrisiko	Oberflächenkontamination der Anlagen und der Umgebung des Betriebsgeländes; schwach radioaktive Abfälle

Wirtschaftswachstum

Umwelterfordernisse angemessen in der Wirtschaftspolitik zu berücksichtigen ist mit der Fragestellung verbunden, ob und in welchem Niveau wirtschaftliches Wachstum möglich ist.

Vielfach wurde die Forderung nach einem **„Nullwachstum"** (Nullwachstum = Wachstumsrate mit Wert null) erhoben. Nullwachstum bewirkt bei einer wachsenden Bevölkerung allerdings, dass das Pro-Kopf-Sozialprodukt abnimmt. Das muss nicht zwangsläufig zu einem Rückgang des Wohlstands führen. Aber umweltorientierte Umstrukturierungen der Wirtschaft müssen mit dem Wachstumsindikator Sozialprodukt verbunden werden, was schwer zu berechnen ist. Besonders auch unter dem Aspekt des Abbaus der Arbeitslosigkeit wurde das Konzept des **qualitativen Wachstums** entwickelt. Auf der Grundlage einer umweltökonomischen Gesamtrechnung und mit Ökobilanzen soll eine Zunahme der Pro-Kopf-Lebensqualität ohne zunehmende Umweltbelastungen bzw. sogar mit steigender Umweltqualität erreicht werden.

Die Festlegung einer richtigen **Wachstumsrate** wird bis in die Gegenwart aber kontrovers diskutiert. Übereinstimmung besteht dahingehend, dass Wachstum dort erfolgen muss, wo Technologien hervorgebracht werden, die die Umweltbelastung verringern oder Produkte bzw. Prozesse ermöglichen, die einen schonenderen Konsum bewirken.

> Ein gewisses Wirtschaftswachstum wird einerseits als unerlässlich für den Abbau der Arbeitslosigkeit betrachtet. Andererseits wird bezweifelt, ob Umweltschutz Arbeitsplätze schaffen kann.

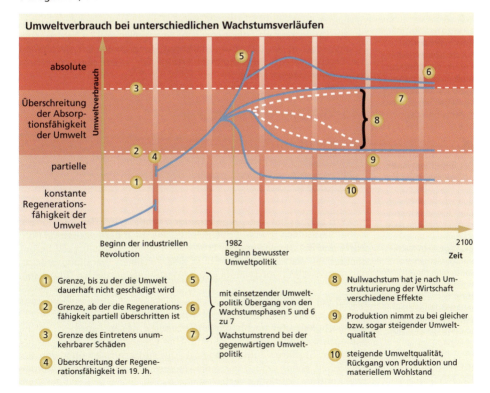

Umweltverbrauch bei unterschiedlichen Wachstumsverläufen

1. Grenze, bis zu der die Umwelt dauerhaft nicht geschädigt wird
2. Grenze, ab der die Regenerationsfähigkeit partiell überschritten ist
3. Grenze des Eintretens unumkehrbarer Schäden
4. Überschreitung der Regenerationsfähigkeit im 19. Jh.
5. mit einsetzender Umweltpolitik Übergang von den Wachstumsphasen 5 und 6 zu 7
6.
7. Wachstumstrend bei der gegenwärtigen Umweltpolitik
8. Nullwachstum hat je nach Umstrukturierung der Wirtschaft verschiedene Effekte
9. Produktion nimmt zu bei gleicher bzw. sogar steigender Umweltqualität
10. steigende Umweltqualität, Rückgang von Produktion und materiellem Wohlstand

Vgl. Entwicklung der Weltbevölkerung
↗ S. 414

Folgekonferenzen der UN-Umweltkonferenz in Rio fanden 1994 in Kairo, 1997 in Kyoto (↗ Foto), 2001 in Bonn und Marrakesch sowie 2002 in Johannesburg statt. In Johannesburg zog der Weltgipfel Bilanz zur Umsetzung der Agenda 21. Diskutiert wurde u. a. zu den Bereichen Wasser, Energie, Landwirtschaft, Gesundheit/Weltarmut und Verantwortlichkeit der Wirtschaft. Der 2007 in New York durchgeführte Umweltgipfel konnte diese Ergebnisse nicht vertiefen. Die EU-Staaten unterschrieben das Schlussdokument nicht.

Der Begriff der **Nachhaltigkeit** stammt aus der Forstwirtschaft und wurde erstmalig um 1700 von Oberberghauptmann HANS CARL VON CARLOWITZ geprägt. Sein Nachhaltigkeitskonzept sollte eine dauerhafte Bewirtschaftung des regionalen Waldbestandes garantieren und somit eine für die damalige Zeit wesentliche Grundvoraussetzung des Silberbergbaus langfristig sichern.

Wachstumsgrenzen werden auch im Zusammenhang mit dem anhaltenden **Bevölkerungszuwachs** in der Welt diskutiert. Ein Grundproblem besteht darin, dass vor allem in den Entwicklungsländern die Bevölkerung stark wächst und sie zudem hinsichtlich des Konsums einen großen Nachholebedarf im Vergleich zu den Industrieländern hat. Das hat Folgen für die Umwelt. Vor allem die Industrieländer sind gefordert, einen größeren materiellen und finanziellen Beitrag zur Finanzierung des Umstiegs auf umweltverträgliches Wirtschaften zu leisten.

Agenda 21

1992 wurde in Rio de Janeiro von mehr als 170 Staaten ein Aktionsprogramm für das 21. Jh. verabschiedet, das auf eine **nachhaltige Nutzung** der natürlichen Ressourcen orientiert. Wesentlicher Ansatz ist dabei die Integration von Umweltaspekten in alle anderen Politikbereiche.

Das Aktionsprogramm enthält Festlegungen u.a. zur Armutsbekämpfung, Bevölkerungspolitik, zu Handel und Umwelt, zur Abfall-, Chemikalien-, Klima- und Energiepolitik, zur Landwirtschaftspolitik sowie zu finanzieller und technologischer Zusammenarbeit der Industrie- und Entwicklungsländer. Die Umsetzung der Ergebnisse des Umweltgipfels erfolgt vor allem durch nationale Aktionsprogramme.

3.4.2 Ökologische Nachhaltigkeit

> **Ökologische Nachhaltigkeit** ist grundlegend darauf gerichtet, die Bedürfnisse der gegenwärtigen Generation zu befriedigen, ohne die Lebenschancen künftiger Generationen zu gefährden.

Im Kern geht es um den zukunftsfähigen Umgang mit den **Ressourcen**, wobei Ressourcen sowohl Bodenschätze wie auch nachwachsende Rohstoffe und die Ökosysteme der Erde einschließen. Nachhaltigkeit betont qualitatives Wachstum und umfasst einen sozialen Wandlungsprozess, der zu neuen Wertvorstellungen und Konsumgewohnheiten führen soll.

Begriff der Nachhaltigkeit

Nachhaltigkeit und Nachhaltigkeitsstrategien haben begrifflich solche ökologischen Leitbilder wie „ökologisches Gleichgewicht" oder „Schließung von Stoffkreisläufen" abgelöst. Die Auffassungen über den Begriffsinhalt gehen jedoch bis in die Gegenwart auseinander. Es werden zwei konträre Positionen vertreten.

enge Definition	weite Definition
Zentrales Merkmal ist das Fließgleichgewicht; das bedeutet z. B.: • es sollen nicht mehr Schadstoffe in die Umweltmedien geleitet werden, als diese abbauen können, • der Staat soll nicht mehr einnehmen, als er ausgibt. Soziale, ökonomische und kulturelle Zusammenhänge werden nicht erfasst. Die ökologische Säule hat Priorität. Normativ liegt der Schwerpunkt auf **Generationengerechtigkeit**. Diese Definition wird als umweltpolitisches Leitbild vor allem von Ökologen vertreten.	Neben dem Prinzip des Fließgleichgewichts werden weitere Aspekte begrifflich erfasst, z. B.: • sozialer Ausgleich, • Nord-Süd-Ausgleich, • Geschlechtergerechtigkeit. Hinsichtlich der Dimensionen sind mehrere Säulen gleichberechtigt, so die ökologische, ökonomische, soziale u. a. Ethisch begründet zielt sie auf **inter- und intragenerationelle Gerechtigkeit**. Seit 1989 – mit dem Abschlussbericht der zweiten Enquetekommission des deutschen Bundestages – ist diese Definition überwiegend verbreitet.

Nationale Nachhaltigkeitsstrategie

Der nationalen Nachhaltigkeitsstrategie in Deutschland liegen folgende Kriterien zugrunde:
- Die Nutzung einer erneuerbaren Ressource darf nicht größer sein als ihre Regenerationsrate.
- Die Freisetzung von Stoffen darf nicht größer sein als die Aufnahmefähigkeit der Umwelt.
- Die Nutzung nicht erneuerbarer Ressourcen muss so beschränkt werden, dass die Schaffung eines gleichwertigen Ersatzes in Form erneuerbarer Ressourcen ermöglicht wird.
- Das Zeitmaß der menschlichen Eingriffe muss in einem ausgewogenen Verhältnis zu dem natürlichen Prozess stehen.

Zur Wahrung der Zukunftschancen kommender Generationen legte die Bundesregierung 2002 **Handlungsfelder** einer langfristig angelegten Strategie fest. Das sind
- Klimaschutz und Energiepolitik,
- umweltverträgliche Mobilität,
- Umwelt, Ernährung und Gesundheit
- globale Verantwortung.

Seit dem Weltgipfel in Rio 1992 wird hinsichtlich nachhaltiger Entwicklung nicht mehr nur auf den langfristigen Schutz von Umwelt und Ressourcen, sondern gleichermaßen auf ökonomische und soziale Ziele orientiert. Das wird auch als „Drei-Säulen-Konzept" oder „Magisches Dreieck der Nachhaltigkeit" bezeichnet.

Die Kriterien der nationalen Nachhaltigkeitsstrategie wurden 1989 im Abschlussbericht der Enquetekommission des deutschen Bundestages formuliert.

Beim Handlungsfeld **Klimaschutz und Energiepolitik** werden zwei Ansätze verfolgt: Zum einen wird auf eine deutliche Steigerung der Energieeffizienz, zum anderen auf den Ausbau erneuerbarer Energien gesetzt.
So ist vorgesehen, den Anteil der erneuerbaren Energien bis 2010 gegenüber 2000 zu verdoppeln – vor allem durch moderne Kraftwerke und Ressourcen schonende Stromerzeugung.

Die praktische Umsetzung einer nationalen Nachhaltigkeitsstrategie ist an einen Komplex zu schaffender Voraussetzungen gebunden. Dazu gehören eine umfassende Problemdiagnose und Darstellung, die Vorgabe von Umweltqualitätszielen und Umwelthandlungszielen. Nachhaltigkeit muss durch „messbare" Kriterien operationalisiert werden.

In Deutschland wurden verschiedene **Nachhaltigkeitsindikatoren** erarbeitet, um das Erreichen politischer Zielvorgaben messbar und bilanzierbar zu machen. So wird seit 1998 der **Deutsche Umweltindex** (DUX) berechnet, ein Kennwert, der in einer einzigen Zahl Entwicklungstrends des Umweltschutzes widerspiegelt. Er setzt sich aus den Werten des deutschen Umweltbarometers für Klima, Luft, Boden, Wasser, Energie und Rohstoffe zusammen. Die Indikatoren des Umwelt-Barometers decken die wichtigsten Themenschwerpunkte des Umweltschutzes ab. Die Messgrößen werden jährlich erhoben.

Um die unterschiedlichen Werte der Indikatoren vergleichbar zu machen, werden nicht die absoluten Werte betrachtet, sondern die relativen Zielerreichungen jedes Einzelindikators. Es wird also berechnet, an welchem Punkt der Entwicklung ein Indikator vom Ist-Zustand im Basisjahr zum Sollzustand (Zielwerte im Zieljahr) steht.

Im Internet informiert das Umweltbundesamt über die Indikatoren des 1998 entwickelten Umweltbarometers und die Umwelttrends in Deutschland unter http://www.nachhaltigkeit.info/artikel/indikatoren_580.htm.

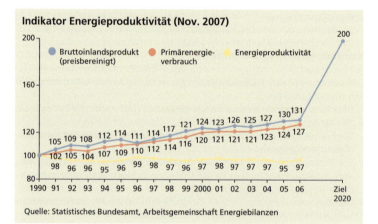

Quelle: Statistisches Bundesamt, Arbeitsgemeinschaft Energiebilanzen

Die Konstruktion des DUX ist wissenschaftlich nicht begründet, aber die ihm zugrunde liegenden Daten sind wissenschaftlich fundiert und abgesichert. Der DUX ist ein Instrument für die Messung des Standes der Erreichung der umweltpolitischen Ziele. Für die Beschreibung der Umweltqualität in Deutschland insgesamt kann er nicht herangezogen werden.

3.4.3 Instrumente staatlicher Umweltpolitik

> Sicherung der Umweltqualität kann auf vielfältige Weise von der Wirtschaftspolitik erreicht werden. Es werden verschiedene **Instrumente** angewendet.

Zum Instrumentarium der Umweltpolitik gehören regulative und marktwirtschaftliche Instrumente.

Regulative Instrumente sind vor allem Gebote und Verbote, z. B. das Setzen von Grenzwerten für die Emission bestimmter Schadstoffe. Sie haben den Nachteil, dass nach Erfüllung der entsprechenden Vorschrift

kein weiterer Anreiz für das jeweilige Unternehmen zur Verstärkung umweltschützender Aktivitäten besteht.
Marktwirtschaftliche Instrumente zielen auf eine Steuerung über Preise ab. Wird z. B. die Verschmutzung der Luft mit einer festen Steuer pro Tonne Kohlendioxid belastet, entsteht ein ständiger Anreiz für das Unternehmen, eine weitere Verringerung der Emission anzustreben. Grundlegend geht es darum, dass negative externe Effekte durch die Erhebung von Umweltabgaben internalisiert werden sollen.
Dieser Ansatz wurde bereits in der ersten Hälfte des 20. Jh.s von dem britischen Volkswirtschaftler ARTHUR PIGOU entwickelt.

Pigou-Steuer

> **Pigou-Steuer** ist eine Steuer auf Güter, deren Produktion oder Verbrauch mit Umweltschädigungen verbunden sind, die über den Markt nicht als Kosten bei den Verursachern anfallen (negative externe Effekte).

ARTHUR CECIL PIGOU (1877–1959)

Die Steuererhebung soll dieses Marktversagen durch Güterpreise „heilen", welche die entstehenden Umweltschäden angemessen berücksichtigen (Internalisierung). Die **ökonomische Wirkung** einer Pigou-Steuer besteht in der Erhöhung des Absatzpreises des betreffenden Gutes mit der Folge einer verringerten Nachfrage bzw. Produktion. Dabei ist es für die Steuerwirkung letztlich unerheblich, ob die Pigou-Steuer bei den Verbrauchern oder den Produzenten erhoben wird.

> Fällt sie direkt bei den Verbrauchern an (z. B. in Form einer speziellen Verbrauchsteuer), erhöht sie den Preis für die Verbraucher unmittelbar. Wird sie bei den Produzenten erhoben, wirkt sie wie eine Erhöhung der Produktionskosten, die an die Verbraucher über höhere Absatzpreise weitergegeben wird. In beiden Fällen tragen also am Ende die Verbraucher die Steuerlast.

Im Grundsatz soll durch die Pigou-Steuer eine **„marktgerechte" Bewertung** des öffentlichen Gutes „Umwelt" erreicht werden. Die Steuererhebung soll zu solchen Güterpreisen führen, die entstünden, wenn die Umweltschädigungen von vornherein als Kosten bei den Verursachern angefallen wären. Es geht also um eine angemessene Reduktion der Umweltbelastung nach den Kriterien des Marktes. Für die Realität ergibt sich dabei das Problem, dass für das öffentliche Gut „Umwelt" keine Marktpreise existieren, an denen sich der Staat im Hinblick auf die Steuerhöhe orientieren könnte. Insofern ist die Pigou-Steuer ein theoretisches Konzept, die angestrebte „Quasi-Marktlösung" lässt sich in der Realität nur annähernd erreichen.

Eine Alternative zur Pigou-Steuer stellt die sogenannte **Pigou-Subvention** dar: Die Verursacher von Umweltschäden erhalten finanzielle oder steuerliche Subventionen, wenn sie durch technische Maßnahmen die Schadstoffemission verringern. Diese Subventionen müssen jedoch auch finanziert werden.

Die Subventionsgewährung muss – soll sie volkswirtschaftlich sinnvoll sein – über die resultierende Schadstoffreduktion die Wohlfahrt der Bürger mehr erhöhen als sie auf der Finanzierungsseite die Bürger belastet.

Umweltpolitisches Instrumentarium

> **Umweltpolitische Instrumente** sind Mittel, die der Staat einsetzt, um die Produzenten und die Konsumenten zu veranlassen, entsprechend den festgelegten umweltpolitischen Zielen Maßnahmen der Vermeidung, Verringerung oder Beseitigung von Umweltbelastungen zu ergreifen.

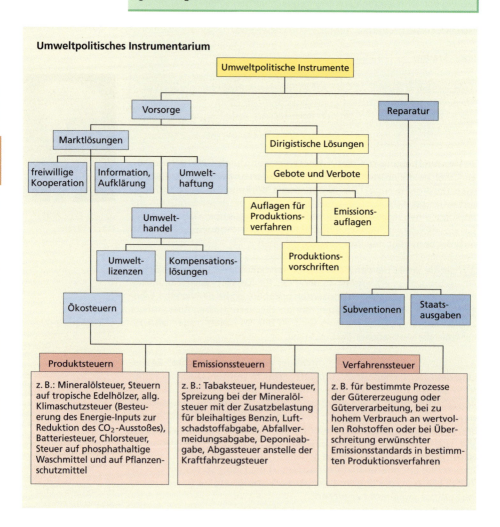

Umweltpolitisches Instrumentarium

Prinzipien staatlicher Umweltpolitik

Die Anwendung und Durchsetzung der verschiedenen Instrumente erfolgt ausgehend von vier Grundprinzipien staatlicher Umweltpolitik.

Ökologie und Marktwirtschaft

Vorsorgeprinzip	Potenzielle Umweltschäden werden durch vorbeugende Maßnahmen verhindert – das betrifft z. B. Emissionsminderung, Abwasseraufbereitung, sparsamen Umgang mit Umweltgütern.
Verursacherprinzip	Betriebswirtschaftlich als externe Kosten erfasste Umweltschäden werden von den „Schadensproduzenten" in ihre Wirtschaftlichkeitsrechnung aufgenommen – das betrifft z. B. Verfahren und Produktnormen, Abgaben und Gebühren.
Gemeinlastprinzip	Die durch die Umweltbeeinträchtigung entstandenen Kosten werden durch die öffentliche Hand getragen – z. B. Rekultivierung von Tagebauhalden.
Kooperationsprinzip	Gesellschaftliche Akteure übernehmen Mitverantwortung, wobei Betroffene (Verursacher oder Geschädigte) in Entscheidung über umweltpolitische Maßnahmen einbezogen werden; aufkommende Kosten übernimmt der Staat dann, wenn das Verursacherprinzip nicht anwendbar ist – z. B. bei Altlastensanierung.

Zur **Durchsetzung umweltpolitischer Ziele** verfügt der Staat über verschiedene Instrumente – Rechtsmittel, Verfahren und fiskalische Möglichkeiten, die spezifisch angewendet werden.

Ordnungsrecht	Genehmigungsbedingungen, Auflagen, Grenzwerte und Normen, sonstige Ge- und Verbote, Umweltstrafrecht
Planung	Bauleitplanung, Luftreinhaltepläne, Abfallwirtschaftspläne, Landes- und Regionalplanung, Umweltverträglichkeitsprüfung
Öffentliche Ausgaben	Finanzierung nach dem Gemeinlastprinzip, Subventionen für Umweltforschung, umweltbewusste Beschaffungspolitik
Öffentliche Einnahmen	Steuern, Sonderabgaben, Gebühren, Tarife, Bußgelder, Umweltlizenzen und -zertifikate
Kooperation	Verhandlungen zwischen Staat und potenziellen Verursachern („freiwillige Selbstverpflichtung")
Information und Warnungen	durch das Umweltministerium, durch Umweltämter oder Umweltbüros
Partizipation	Bürgerbeteiligung und Anhörung, Mediationsverfahren und Volksentscheide

Die Vorgabe von Grenzwerten, die Erhebung von Emissionssteuern und der Handel mit Emissionslizenzen gehören zu den staatlichen Instrumenten, die in der Umweltpolitik mit **unterschiedlicher Effizienz** angewendet werden.

Grenzwerte	Durch die Vorgabe der maximal zulässigen Emissionsmengen pro Verursacher soll die ökologische Effizienz gesichert werden. Das Umweltziel wird damit direkt erreicht. Eine Steuerung ist aber nur bezogen auf den einzelnen Verursacher möglich. Die insgesamt entstehenden Emissionen können nur geschätzt werden. Ökonomische Effizienz besteht dagegen nicht, da die Verursacher jeweils unterschiedliche Kosten der Schadstoffreduktion haben. Die ökonomische Effizienzbedingung eines überall gleichen Preises für dasselbe Gut ist somit verletzt.
Emissionssteuer	Jeder Verursacher zahlt für das Gut „Umweltnutzung" den gleichen Preis. Damit ist ökonomische Effizienz bei der Schadstoffreduktion gegeben. Das Umweltziel ist jedoch nur schwer erreichbar, denn die Umweltpolitiker kennen die privatwirtschaftlichen Kosten der Verursacher nicht und müssen bei der Festsetzung der Emissionssteuer immer wieder korrigierend eingreifen, um das Umweltziel zu erreichen.
Emissionslizenzen	Die zulässigen Emissionsmengen werden für eine ganze Region und nicht nur für einzelne Verursacher festgelegt. Ökologische Effizienz wird damit besser gewährleistet als bei Grenzwerten. Durch den Handel von Emissionslizenzen ist ein einheitlicher Preis für die Emission von Schadstoffen gewährleistet. Somit besteht auch ökonomische Effizienz bei der Schadstoffreduktion.

Ökosteuer

> **Ökosteuern** sind darauf gerichtet, umweltschädigende Aktivitäten finanziell zu belasten und so Anreize zum schonenden Umgang mit natürlichen Ressourcen zu setzen.

In der Praxis sollte eine Ökosteuer in der Höhe angesetzt werden, die notwendig ist, um die umweltpolitisch vorgesehene Zielstellung zu erreichen. Aber auch in finanzpolitischer Hinsicht sollte die Ökosteuer möglichst eng an der angestrebten Externalität ansetzen.

> Ist die Zielsetzung der Umweltpolitik eine Verringerung der Kohlendioxidemissionen, dann wäre z. B. eine pauschale Energiesteuer mit festen Sätzen pro Kilowattstunde Strom falsch konstruiert. Es würde nicht berücksichtigt, dass verschiedene Energieträger wie Erdgas, Steinkohle und Windenergie ganz unterschiedliche Kohlendioxidemissionen haben.

Doppelte Dividende meint, dass neben den gesetzten ökologischen Zielen gleichzeitig auch eine Verringerung der Arbeitslosigkeit erreicht werden kann.

Die **Einnahmeerzielung** ist ein ausschlaggebender Aspekt für die Einführung von Ökosteuern, wobei Einnahmeerzielung und Anreize zum Umweltschutz nicht im Gegensatz stehen müssen. Umstritten ist allerdings, ob mit der Einführung von Ökosteuern eine doppelte Dividende erzielt werden kann. Bei der **ökologischen Steuerreform** in Deutschland spielt diese Frage eine große Rolle.

Ökologie und Marktwirtschaft

Pro —— Doppelte Dividende —— Kontra	
Einnahmen aus den Ökosteuern werden zur Finanzierung einer Senkung des Beitragssatzes in der Rentenversicherung genutzt. Durch die so erreichte Verringerung der Lohnnebenkosten wird ein Impuls für mehr Beschäftigung entstehen.	Durch die Verteuerung der Energie verringert sich die Investitionstätigkeit der Unternehmen, was sich beschäftigungshemmend auswirkt. Die Gewerkschaften können in Tarifverhandlungen einen Ausgleich für die Verteuerung der Energie durchsetzen, sodass ein möglicher Beschäftigungsimpuls wieder aufgehoben wird. Notwendige Reformen der Sozialsysteme werden durch Ausgleich von Defiziten über Ökosteuern behindert.

In der Bundesrepublik werden seit 1999 **Ökosteuern** erhoben. Im Rahmen der ökologischen Steuerreform wurden das Mineralölsteuergesetz und die Mineralölsteuerverordnung geändert, das Stromsteuergesetz und die Stromsteuerverordnung neu geschaffen.

Die erste Stufe der Steuerreform sah die Erhöhung der Steuersätze für Kraftstoffe, Erdgas und Heizöl sowie die Einführung einer Stromsteuer vor. Anfang Januar 2003 trat die fünfte und letzte Stufe der ökologischen Steuerreform in Kraft. Neben weiteren Erhöhungen der Mineralölsteuer und der Stromsteuer wurde festgelegt, dass die Unternehmen mehr belastet werden, um eine effizientere Energienutzung zu bewirken.

Das **Prinzip der Ökosteuer** besteht darin, Energie zu verteuern, damit sparsam damit umgegangen und die Umwelt geschont wird. Ein großer Teil der Einnahmen aus der Ökosteuer fließt in die Rentenkasse, ein weiterer Teil wird für die stärkere Förderung erneuerbarer Energien – wie Biomasse oder Sonnenenergie – eingesetzt.

Jahr	Einnahmen (in Mio. Euro)	davon in Rentenversicherung	für erneuerbare Energien
1999	4300	4300	100
2000	8800	8400	100
2001	11800	11200	200
2002	14300	13700	200
2003	18700	16100	100
2004	18100	16000	100

„Klassische" Umweltprobleme sind solche unmittelbar erfassbaren wie Luftverschmutzung oder Gewässerverunreinigung.
„Schleichende" Umweltprobleme sind z. B. Klimafolgeschäden, wie die Entstehung des Ozonlochs, Artenschwund oder der Verlust fruchtbarer Böden.

Insgesamt zeichnet sich ab, dass Art und Umfang des umweltpolitischen Instruments Ökosteuer in der Praxis weniger den Zielen der Umweltpolitik als vielmehr wirtschaftspolitischen Zielstellungen unterliegen. Das ist vor allem auf zwei Gründe zurückzuführen:
– auf die Notwendigkeit der vorrangigen Bekämpfung der hohen Arbeitslosigkeit;
– auf die zunehmend an Bedeutung gewinnenden „schleichenden" Umweltprobleme, die gegenüber den „klassischen" Umweltproblemen erst längerfristig in Erscheinung treten, aber irreversibel sind.

Ökoaudit

> Das **Ökoaudit** (auch EMAS) ist ein Umweltmanagementsystem, das Unternehmen hilft, Umweltvorschriften einzuhalten und den betrieblichen Umweltschutz kontinuierlich zu verbessern. Es setzt auf freiwillige Teilnahme.

EMAS ist die englische Bezeichnung des europäischen Umwelt-Audit-Systems „Eco-Management and Audit Scheme". **Audit** weist darauf hin, dass es um eine systematische umwelttechnische und umweltrechtliche Betriebsprüfung geht.

Ökoaudit ist ein gemeinschaftliches europäisches und internationales System zur Bewertung und Verbesserung des betrieblichen Umweltschutzes. Grundlage bildet die **Ökoaudit-Verordnung,** die 2001 neu aufgelegt wurde.
Im Rahmen des Ökoaudits werden Verfahren entwickelt und Maßnahmen erarbeitet, die zum einen darauf gerichtet sind, moderne Umwelttechnologien tatsächlich zum Einsatz zu bringen. Zum anderen sollen sie bewirken, dass Umweltschädigungen im Zuge betrieblicher Tätigkeit weitestgehend vermieden werden. Die Einhaltung der Maßnahmen wird durch regelmäßige Kontrollen – sogenannte Audits – sichergestellt.
Die Maßnahmen des betrieblichen Umweltschutzes werden in Umwelterklärungen, die bei der Industrie- und Handelskammer bzw. der Handwerkskammer registriert werden, festgehalten. Bei Erfüllung der Vorgaben dürfen die Unternehmen mit dem neuen **Ökoaudit-Logo** werben. Das ist neben der höheren Rechtssicherheit und der effektiveren Eigenüberwachung ein wichtiger Anreiz für die Unternehmen.

Die Anzahl der Organisationen, die sich insgesamt – schon in der Vergangenheit – beteiligt haben, ist deutlich größer: Sie belief sich im Januar 2006 auf mehr als 4 000 Standorte bzw. Organisationen. Einige haben nach ein bis zwei Anerkennungen auf die wiederholte EMAS-Eintragung verzichtet.

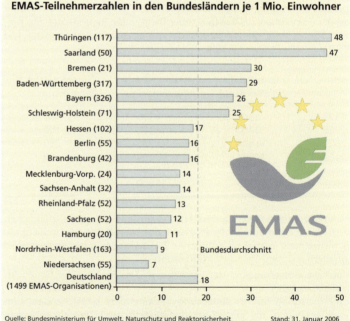

Quelle: Bundesministerium für Umwelt, Naturschutz und Reaktorsicherheit Stand: 31. Januar 2006

GESELLSCHAFT | 4
IM WANDEL

4.1 Gesellschaftsmodelle und Leitlinien

Gesellschaft, abgeleitet von ahd. sal = Raum und ahd. gesellio = Saalgenosse

> Die **Gesellschaft** besteht aus den Beziehungen zwischen Menschen, aus Interaktionen, die sich wiederholen, zu Verhaltensregeln und Institutionen verdichten.

Das Gesellschaftsverständnis vor dem 18. Jh. betonte neben den sozialen Beziehungen stärker den Raum, in dem Menschen leben. Redewendungen wie „Gesellschaftsräume", „jemandem Gesellschaft leisten" oder „eine Gesellschaft geben" erinnern daran. Im sozialmoralischen Sinn spricht die moderne Philosophie von Gesellschaft als gesitteter Menschheit und seit der Französischen Revolution von der bürgerlichen Gesellschaft.

Soziale Beziehungen bestehen beispielsweise zwischen Eltern und Kindern, Verkäufern und Käufern, Herrschenden und Beherrschten. Erprobte und allgemein befolgte Verhaltensmuster ergeben Institutionen, von denen die Familie, Schule, Kirche, Partei und das Unternehmen besonders wichtig sind. Alle diese Aktionen (Handlungen), Verhaltensvorschriften (Normen) und Wechselwirkungen bilden die **Gesellschaft** als ein dichtes Gefüge von zwischenmenschlichen Verhaltens- und Handlungsweisen.

> Der gesellschaftliche Grundtatbestand ist die **soziale Ungleichheit** unter den Menschen.

Individuelle Ungleichheit meint die Unterschiede der psychischen und der äußeren Erscheinung der Menschen, z. B. Körperhöhe und Alter.

Individuelle Gleichheit beinhaltet, dass alle Menschen gegenüber dem Staat dieselben Rechte und Pflichten haben (Gleichheit als individuelles Freiheitsrecht).

Die in der Gesellschaft begehrten, jedoch **knappen Güter** sind systematisch und langfristig ungleich auf die Gesellschaftsmitglieder verteilt. **Sozialer Wandel** ist die gesellschaftliche Veränderung, in der eine soziale Ungleichheit durch eine andere abgelöst wird. Über das Maß an gerechtfertigter (legitimer) gesellschaftlicher Ungleichheit werden gesellschaftspolitische Auseinandersetzungen geführt. Vor allem die Forderungen nach Gleichheit der Menschen vor dem Gesetz und nach realer Chancengleichheit sind grundlegend für vielfältige gesellschaftspolitische Maßnahmen, mit denen soziale Ungleichheit auf das „notwendige Maß" beschränkt werden soll.

soziale Ungleichheit	soziale Gleichheit
Menschen in einem Gefüge verschiedener gesellschaftlicher Positionen – jeweils mit Rechten, Aufgaben und Erwartungen an andere, z. B. die Positionen der Schüler, Lehrer, Schulleiter	eine Gesellschaft, in der die „knappen Güter" Einkommen und Eigentum, Macht und Herrschaft, Wertschätzung, Bildung gleichmäßig unter den Menschen verteilt sind

4.1.1 Gesellschaftsmodelle

> **Gesellschaftsmodelle** sind Auslegungen oder Annahmen, mit denen soziale Beziehungen bzw. typische Verhaltens- und Handlungsweisen der Lebenswirklichkeit interpretiert werden.

Gesellschaftsmodelle sind Hilfsmittel, um wichtige Trends und Probleme aufzuzeigen. Sie haben eine deutende oder Leitfunktion für tiefer gehende Gesellschaftsanalysen.

Gesellschaftsmodelle sind keine Theorien im engeren Sinn. Sie dienen der Charakterisierung von Gesellschaften, eröffnen den Zugang zu strukturellen Wandlungsprozessen, signalisieren aber auch Ängste, Hoffnungen und Befürchtungen.
Vielfach in Gegenüberstellung zu anderen, meist früheren Gesellschaftstypen werden im Sinne von Grundmodellen **Begriffspaare** zur Charakterisierung von Gesellschaften gebildet.

statische und dynamische Gesellschaft	in Anlehnung an AUGUSTE COMTE (1798–1857), der den Begriff „Soziologie" prägte und einführte
primitive und komplexe Gesellschaft	in Anlehnung an EMILE DURKHEIM (1856–1917) und andere
bürgerliche und sozialistische Gesellschaft	in Anlehnung an marxistische Theoretiker, insbesondere an KARL MARX (1818–1883)
offene und geschlossene Gesellschaft	in Anlehnung an KARL R. POPPER („Die offene Gesellschaft und ihre Feinde", 1944)
pluralistische und monokratische Gesellschaft	in Anlehnung an GEORGES GURVITCH (1894–1965)
antagonistische und nicht antagonistische Gesellschaft	in Anlehnung an WOLFGANG ABENDROTH (1906–1985) – etwa gleich mit bürgerlicher und sozialistischer Gesellschaft
industrielle und postindustrielle Gesellschaft	in Anlehnung an DANIEL BELL (geb. 1919): „Die nachindustrielle Gesellschaft", 1975
entwickelte Industriegesellschaften und Entwicklungsländer	Gesellschaftstypen mit unterschiedlichem Entwicklungsniveau, die das gegenwärtige Nord-Süd-Gefälle in der Welt markieren

Bis heute wird Gesellschaft vorwiegend national definiert. Im Zuge des Globalisierungsprozesses wird aber zunehmend auch über die Herausbildung einer **„Weltgesellschaft"**, die zu einer Umformung des Sozialen beitragen wird, diskutiert.

Grundzüge und Elemente der Herausbildung einer Weltgesellschaft ↗ S. 427 ff

Gesellschaftsbegriffe als Zeitdiagnose

Seit den 1950er-Jahren werden in der Bundesrepublik verschiedene Modelle aufgestellt, die wichtige Tendenzen der gesellschaftlichen Entwicklung thesenhaft interpretieren.

Modell	Beschreibung
Zweidrittelgesellschaft	kommt aus dem politischen Journalismus und verweist seit Mitte der 1970er-Jahre auf die Spaltung der Bevölkerung in einen Teil (zwei Drittel), der über Arbeitsplätze verfügt und im Wohlstand lebt und einen anderen Teil (ein Drittel) mit niedrigem Lebensniveau – infolge von Arbeitslosigkeit, schlechter Ausbildung, unzureichender beruflicher Qualifikation, Behinderung, Armut, sozialer Diskriminierung u. a.
Postmoderne Gesellschaft	ist als Gegenbegriff zur „Modernen Gesellschaft" in den 1980er-Jahren entstanden und orientiert auf die Umsetzung der effizienter gewordenen Produktionstechnologien für Bedürfnisbefriedigung und Werteentwicklung; kennzeichnet einerseits eine Gesellschaft, in der die Differenzierung von weltanschaulichen Orientierungen, Wertesystemen, Einstellungen, Lebensstilen und damit die Möglichkeiten für die individuelle Lebensgestaltung zunehmen; andererseits verstärken sich damit Orientierungsschwierigkeiten, Gegensätze, Widersprüche und Konflikte, mit denen sich die einzelnen Menschen auseinandersetzen müssen
Risikogesellschaft	1986 von dem Soziologen ULRICH BECK (geb. 1944) vorgeschlagene Bezeichnung für die hoch entwickelte Industriegesellschaft, die Risiken mit zunehmend globaler Gefährdung des Lebens produziert; solche Risiken wie Langzeit- und Dauerarbeitslosigkeit, Ozonloch oder Atomenergie (Reaktorkatastrophe in Tschernobyl) betreffen dabei alle Menschen, unabhängig von ihrer sozialen Stellung in der Gesellschaft; sie beeinflussen die gesellschaftlichen Entwicklungen, sind aber nur begrenzt zu bewältigen
Dreiteilung der Gesellschaft	der Sozialphilosoph OSKAR NEGT (geb. 1934) konstatiert 2006 eine Dreiteilung der bundesdeutschen Gesellschaft: ein Drittel hat Erwerbsarbeit, ist integriert und gesellschaftlich anerkannt; ein Drittel befindet sich in prekären Beschäftigungsverhältnissen und sozialer Unsicherheit; ein Drittel bilden die wirtschaftlich „Überflüssigen", die dauerhaft ausgegrenzt, in Armut und ohne Perspektive leben

Das Gesellschaftsbild der sogenannten Erlebnis- oder Spaßgesellschaft wurde Anfang der 1990er-Jahre von dem Soziologen GERHARD SCHULZE (geb. 1944) entwickelt. Er legte den Übergang von einer „Knappheitsgesellschaft" zu einer „Überflussgesellschaft" zugrunde.

Darüber hinaus werden unter Hervorhebung bestimmter Merkmale oder Tendenzen weitere Modelle diskutiert, so
– die **Wohlstandsgesellschaft,** die den relativ hohen Lebensstandard und Massenkonsum in Einheit mit einem hohem Maß an sozialer Sicherheit in den Mittelpunkt rückt; dabei werden auch Modelle entwickelt, die auf einen weniger güterintensiven Lebensstil und auf Ressourcen schonendes Wirtschaften gerichtet sind;
– die Erlebnis- oder **Spaßgesellschaft,** die Konsum und Freiheit, Individualisierung und Lifestyle, Pop-, Körper- und Medienkultur als prägende Werte und Bedürfnisse einer Überfluss produzierenden Gesellschaft hervorhebt,
– die **multikulturelle Gesellschaft,** die den Wandel der national-homogenen Gesellschaft erfasst und sowohl die Erfordernisse wie auch Probleme der Integration oder Assimilation von Bürgern unterschiedlicher ethnischer oder religiöser Herkunft aufzeigt.

Gesellschaftlicher Strukturwandel

Komplexere Erklärungsansätze für strukturelle Wandlungsprozesse werden durch Modelle auf der Grundlage der Drei- bzw. **Vier-Sektoren-Theorie** vorgenommen. Diese stellt die wirtschaftliche Tätigkeit in den Mittelpunkt und geht von einer Schwerpunktverlagerung vom primären Sektor (Agrarsektor) zum sekundären (Industriesektor) und von diesem zum tertiären (Dienstleistungssektor) aus. In der Gegenwart vollzieht sich der Übergang zu einem vierten, dem Informationssektor. Ihm entspricht die Informations- oder Kommunikationsgesellschaft.

Statistische Eckdaten für **strukturellen Wandel** sind der Anteil der Sektoren an der volkswirtschaftlichen Wertschöpfung und an der Verteilung der Erwerbstätigen auf die Sektoren.

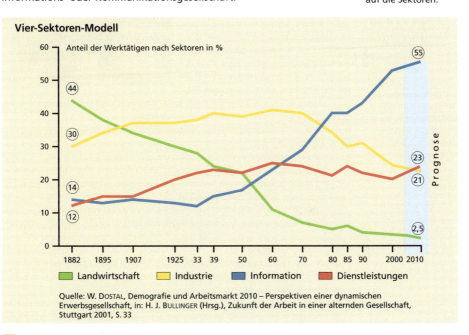

Quelle: W. DOSTAL, Demografie und Arbeitsmarkt 2010 – Perspektiven einer dynamischen Erwerbsgesellschaft, in: H. J. BULLINGER (Hrsg.), Zukunft der Arbeit in einer alternden Gesellschaft, Stuttgart 2001, S. 33

Bis in die 1880er-Jahre war Deutschland eine **Agrargesellschaft,** fast die Hälfte der Erwerbstätigen war im primären Sektor beschäftigt. Vom Ende des 19. Jh.s bis in die 1970er-Jahre durchlief Deutschland die Phase einer **Industriegesellschaft.** Immer mehr Erwerbstätige arbeiteten im sekundären Sektor, in den sechziger Jahren fast die Hälfte. Der Anteil der Dienstleister stieg an und überholte in den 1970er-Jahren den inzwischen rückläufigen Anteil der Erwerbstätigen in der Produktverarbeitung. Der tertiäre Sektor dominierte schließlich in der Beschäftigung und in der Wertschöpfung und damit die industrielle **Dienstleistungsgesellschaft.**
Mit der Entwicklung neuer Technologien (Halbleiter, Computer, Software) und dem Aufbau eines Kommunikationsnetzes durch Internet, Mobiltelefon und e-commerce setzt sich seit Beginn der 1990er-Jahre die **Informationsgesellschaft** durch. Schon 2000 arbeitete über 40 % der Erwerbstätigen in entsprechenden Berufen bzw. ausgestatteten Berufsbereichen.

Informationsgesellschaft ist ein in den 1970er-Jahren in Japan geprägter und von dem Soziologen DANIEL BELL in den 1990er-Jahren verbreiteter Begriff.

Die **Wissensgesellschaft** fußt auf dem Begriff der Informationsgesellschaft. Sie stellt aber besonders heraus, dass Informationen nur Rohmaterial sind, die erst durch Aneignung und Verarbeitung – also durch Wissen – Bedeutung gewinnen.

Das Bundeskabinett beschloss 2006 das Aktionsprogramm „Informationsgesellschaft Deutschland 2010" (kurz iD2010). Es beruht auf der Erkenntnis, dass die Informations- und Kommunikationstechnologien bereits dominierend sind für mehr Produktivität, Wachstum und Beschäftigung.

Wie schon die Übergänge von der Agrar- zur Industriegesellschaft ist auch der Übergang zur Informationsgesellschaft mit weit reichenden Auswirkungen auf die sozialen Beziehungen der Menschen, auf ihr Wertesystem, ihre Mobilität, ihr Freizeitverhalten u. a. verbunden.

Zu einem grundlegenden Faktor wird dabei das Wissen, weshalb auch von einer **Wissensgesellschaft** gesprochen wird. Charakteristisch ist, dass die Verfügbarkeit über Wissen sowohl für jeden Einzelnen als auch für Unternehmen und Staaten zu einem entscheidenden Wettbewerbskriterium im Rahmen der Globalisierung wird und dass die modernen Informations- und Kommunikationssysteme alle Lebensbereiche durchdringen.

Die wachsende **Bedeutung des Faktors Wissen** ist auf verschiedene Ursachen zurückzuführen:
- auf die technischen Entwicklungen vor allem der Mikroelektronik, wodurch Reichweite, Geschwindigkeit und Effizienz der Datenübertragung stark zugenommen haben – immer mehr Informationen sind für immer mehr Menschen verfügbar;
- um in Wirtschaft, Gesellschaft und Politik handlungsfähig zu bleiben und den steigenden Anforderungen am Arbeitsplatz gerecht werden zu können, wird in der modernen Gesellschaft generell mehr Wissen des Einzelnen benötigt;
- durch die fortschreitende Vernetzung bisher eigenständiger Fachbereiche und den Ausbau der technischen Voraussetzungen (Multimedia) erweitern sich die Möglichkeiten zum Erwerb von Wissen ständig – das Wissen verdoppelt sich mittlerweile etwa alle fünf Jahre und die Hälfte der neuen Erkenntnisse ist schon nach drei bis vier Jahren überholt.

Die Wissensgesellschaft birgt **Chancen und Risiken.** Sie wird daran gemessen werden, ob und wie es ihr gelingt, allen den Zugang zu Informationen und zur Wissensaneignung zu gewähren, damit eine Teilung der Bevölkerung in Gutinformierte und Nichtinformierte, in Bildungsbesitzer und Bildungsverlierer vermieden wird.

 In der Gegenwart verfügen nicht alle Menschen in den Industrieländern über die bildungsmäßigen und finanziellen Voraussetzungen zur Teilhabe an den modernen Kommunikationssystemen. Die Entwicklungsländer sind im Hinblick auf Technologie und Forschung insgesamt stark benachteiligt (↗ S. 431).

Die Wissensgesellschaft muss aber auch klären, inwieweit eine Kommerzialisierung des Wissens (z. B. die Finanzierung von Internetseiten durch Werbung) den freien Zugang erschwert und wie der Schutz des geistigen Eigentums sowie der Datenschutz im Netz zu gewährleisten sind.

4.1.2 Leitlinien gesellschaftlicher Entwicklung

Die Vielfalt der Deutungen sozialer Strukturen und Wandlungsprozesse in der Gesellschaft setzt grundlegende Werte oder Leitlinien gesellschaftlicher Entwicklung nicht außer Kraft. Als Basis der europäischen Verfassungsbewegung und des demokratischen Rechtsstaats bilden sie allgemeine und grundlegende Orientierungsmaßstäbe.

Werte sind allgemeine Orientierungsmaßstäbe bei Handlungsalternativen. Aus Werten leiten sich Normen und Rollen ab, die das Alltagshandeln bestimmen.

„Die Werte, auf die sich die Union gründet, sind die Achtung der Menschenwürde, Freiheit, Demokratie, Gleichheit, Rechtsstaatlichkeit und die Wahrung der Menschenrechte; diese Werte sind allen Mitgliedstaaten in einer Gesellschaft gemeinsam, die sich durch Pluralismus, Toleranz, Gerechtigkeit, Solidarität und Nichtdiskriminierung auszeichnet." (Vertrag über eine Verfassung für Europa, Entwurf des Europäischen Konvents vom 18. Juli 2003, Art. I–2)

In der Französischen Revolution wurden die Werte Freiheit, Gleichheit, Brüderlichkeit zur Grundlage der 1789 proklamierten „Erklärung der Menschen- und Bürgerrechte".

Freiheit, soziale Gerechtigkeit und Solidarität sind grundlegende Leitlinien einer demokratischen Gesellschaft.

Freiheit

Der demokratische Rechtsstaat garantiert die **Freiheit des Einzelnen,** indem er ihn durch Gesetze gegen Übergriffe schützt. Die von ihm verfolgte Sozialpolitik soll den Einzelnen wirtschaftlich absichern und ihm freiheitliche Entscheidungsspielräume geben. Dennoch besteht immer ein Spannungsverhältnis zwischen dem Staat und der individuellen Freiheit.

Freiheit bedeutet allgemein die Unabhängigkeit von äußerem, innerem oder durch Menschen bzw. Institutionen bedingtem Zwang.
Die Politik begreift Freiheit als äußere Unabhängigkeit und die unter das Völkerrecht gestellte Gleichberechtigung eines Staates sowie als Recht eines Volkes, über seine staatliche Ordnung selbst zu entscheiden. Freiheit schließt auch das Recht der Staatsbürger ein, an der Ausübung der Staatsgewalt teilzuhaben; sie ist auf die Sicherung von Rechten des Einzelnen gerichtet.

Auch demokratisch gefällte Entscheidungen gewährleisten keine unumschränkte Freiheit, da zum einen jede Regelung nur bestimmte Verhaltensweisen erlaubt und sich zum anderen demokratische Mehrheitsentscheidungen gegen eine Minderheit richten.
Um die Freiheit anderer zu sichern, können gesellschaftlich ausgeschlossene Verhaltensweisen mit Freiheitsentzug geahndet werden.

In der Bundesrepublik wird wie in den rechtsstaatlichen Demokratien Minderheiten ein besonderer Schutz gegeben.

Soziale Gerechtigkeit

Das Grundanliegen der Verwirklichung **sozialer Gerechtigkeit** ist eine möglichst ausgewogene Verteilung von Lebens- und Entfaltungschancen, von Anstrengungen, Belastungen, Kosten, Belohnungen und Glücksmöglichkeiten auf die Angehörigen einer Gesellschaft, einer Familie und anderer sozialer Institutionen, z. B. einer Schulklasse.
Die inhaltlichen Vorstellungen darüber, was soziale Gerechtigkeit oder ausgewogene Verteilung sind und wie sie gewährleistet werden können, gehen jedoch erheblich auseinander. Zwei unterschiedliche Grundprinzipien werden dabei vertreten:

Verhältnismäßigkeit	Gleichheit
Jeder soll erhalten, was und so viel ihm zusteht, je nach seinen Fähigkeiten und seinen Anstrengungen, die er für die Entwicklung der Gesellschaft eingebracht hat. Eine solche Gerechtigkeitsvorstellung liegt z. B. dem „Leistungsprinzip" oder dem „Verursacherprinzip" zugrunde. Es wird eine Gesellschaft angestrebt, in der der Lebensstandard des Einzelnen in erster Linie von seiner eigenen Leistung abhängt.	Jeder soll Gleiches erhalten – ohne Zwecksetzung seines Tuns für die Gesellschaft. Jedem Menschen sollen dieselben Grundrechte gewährt werden, jeder soll seine Persönlichkeit frei entwickeln und gleichberechtigt an der Gestaltung der Gesellschaft, der Familie oder einer anderen Institution teilnehmen können. Es wird eine Gesellschaft angestrebt, die dem Einzelnen einen bestimmten Lebensstandard sichert, auch wenn er weniger leistet. Vor allem der Staat soll vorsorgen für Alter, Krankheit, Arbeitslosigkeit.

In Bundesrepublik Deutschland wird angestrebt, das Prinzip der Verhältnismäßigkeit mit dem Gleichheitsprinzip zu verbinden, indem benachteiligten Bevölkerungsgruppen durch soziale Sicherungen (z. B. Sozialhilfe) ein Minimum an Existenzmöglichkeiten gewährt wird. Die Bestimmung dieses Minimums ist allerdings ein ständiger Streitpunkt.

Solidarität

Solidarität ist ein gesellschaftliches Orientierungs- und Verhaltensprinzip, das aus dem Zusammengehörigkeitsgefühl von Individuen oder Gruppen erwächst und sich in gegenseitiger Hilfe und Unterstützung äußert. Es findet im Solidarprinzip in der Bundesrepublik Anwendung (z. B. in der Sozialversicherung). Je nach weltanschaulicher und gesellschaftspolitischer Grundorientierung wird es aber verschieden interpretiert.

Solidarität nach Auffassung des Liberalismus und der bürgerlichen Ethik	Gegenpol zu einem extremen Egoismus und Individualismus, der die eigenen Interessen in den Vordergrund rückt und andere Menschen oder Gruppen für seine eigenen Interessen benutzt; das Solidarprinzip verweist darauf, dass die Gesellschaft in erster Linie ein Gefüge gegenseitiger Abhängigkeiten darstellt und somit Rücksichtnahme, Hilfe und Unterstützung notwendig sind; insbesondere sozial Schwächere sollen von den sozial Stärkeren Hilfe erfahren
nach marxistischer Auffassung	ergibt sich als Notwendigkeit aus der ökonomischen Entwicklung des Kapitalismus; vor allem Ausbeutung und Verelendung der Arbeiterklasse bedingen die Entfaltung der Klassensolidarität als Voraussetzung für die Überwindung der Klassengesellschaft; Solidarität gehört zugleich zu den sozialistischen Moral- und Erziehungsgrundsätzen
nach Auffassung evangelischer und katholischer Soziallehren	das Solidaritätsprinzip wird aus Grundannahmen über die menschliche Natur abgeleitet; dazu gehört, dass der Mensch allein lebensunfähig ist und er deshalb nur in der Gemeinschaft, in Solidarität mit anderen Menschen überleben kann

4.2 Gesellschaftsstrukturen

Strukturen beschreiben den **Aufbau einer Gesellschaft,** ihre einzelnen Bereiche oder Elemente sowie die Beziehungen und Zusammenhänge zwischen ihnen. Solche Teilbereiche können die Familien-, Verwandtschafts- und Geschlechterbeziehungen oder umfassender die soziale Struktur der Bevölkerung sein. Die gesellschaftlichen Grundphänomene sind die **Bevölkerung** und die Existenz sowie der Zusammenhang **ungleicher Gruppen.**

Zu den wichtigen Elementen einer Gesellschaft zählen auch die Instanzen, die die Anpassung der Individuen an Bevölkerungsgruppen beeinflussen und steuern (Sozialisation).

4.2.1 Bevölkerung

Die **Bevölkerung als soziale Struktur** umfasst ihre demografische Grundgliederung, ihre Mobilität, die sozialen Lebenslagen sowie die Bevölkerungsgruppen, zusammengefasst in Klassen, Schichten und Milieus.

Demografie ist die Wissenschaft von der Struktur und Entwicklung einer Bevölkerung, deren Ursachen und der Vorhersage.

Die **Bevölkerung** bilden alle Einwohner mit Hauptwohnung in Deutschland. Ihre Entwicklung bzw. Bewegung ist Teil des gesamtgesellschaftlichen Fortgangs. Die Bevölkerung
– wird von gesellschaftlichen und politischen Faktoren wie Geburtenhäufigkeit, durchschnittliche Lebenserwartung, Zu- und Abwanderungen, Krisen, Friedens- oder Kriegszeiten beeinflusst und
– nimmt selbst Einfluss auf die soziale und wirtschaftliche Entwicklung insbesondere bei den Familien- und Haushaltsformen, den Bildungs- und Erwerbschancen und der Rentenversicherung.

In Deutschland leben 82,4 Mio. Einwohner (2005), davon sind 51 % Frauen. Das entspricht einer Bevölkerungsdichte von 231 Personen je km². In der EU insgesamt liegt diese bei 113 Personen (2005).

In der EU (27 Mitglieder) ist Deutschland das bevölkerungsreichste Land, gefolgt von Frankreich und Großbritannien mit 61 bzw. 60 Mio., Italien mit 56 Mio., Spanien und Polen mit 43 bzw. 38 Mio. Einwohnern.

Bevölkerungsentwicklung

Die **Bevölkerungsentwicklung** ergibt sich aus den Veränderungen der Geburtenzahlen (generatives Verhalten), der Lebensdauer (Sterblichkeit) sowie der Zu- und Abwanderung.

In Deutschland (West) ist die Bevölkerungsentwicklung seit 1945 insgesamt positiv verlaufen, wobei sich drei Phasen voneinander abheben:
– Wachstum bis 1974 mit hoher Geburtenzahl (Babyboom) und hoher Zuwanderung von Vertriebenen, Flüchtlingen und Ausländern,

Den steigenden Bevölkerungszahlen in Westdeutschland entspricht ein Anstieg der statistischen Bevölkerungsdichte – lebten 1950 205 Einwohner je km², waren es 2001 270 Einwohner je km².

– Stagnation in der Zeit von 1975 bis 1984/86 mit Geburtenrückgang („Pillenknick") und geringer Zuwanderung,
– erneutes Wachstum seit 1988 aufgrund zugewanderter Spätaussiedler und Übersiedler.

Die DDR war von Beginn an ein **Auswanderungsland,** dessen Bevölkerungszahl zwischen 1948 und 1989 von 19,1 auf 16,4 Mio. sank – trotz eines Babybooms in den 1960er-Jahren sowie bevölkerungs- und familienpolitischer Fördermaßnahmen, die in den 1970er-Jahren zu steigenden Geburtenzahlen führten.

> Die **langfristige Entwicklung** in Deutschland ist dreifach gekennzeichnet: durch Geburtenrückgang, steigende Lebensdauer und Zuwanderung.

Geburtenrückgang | Die Geburtenentwicklung folgte dem langfristigen Trend in Industriegesellschaften. In knapp einhundert Jahren sank statistisch die durchschnittliche Zahl von Kindern je Frau von knapp 5 auf 1,4 in den 1970er-Jahren. 2003 liegt sie bei 1,36 (Westdeutschland) bzw. 1,26 (Ostdeutschland). Die **einheimische Bevölkerung** nimmt ab.
Seit 1969 (Westdeutschland) bzw. 1971 (Ostdeutschland) sind nicht mehr genug Kinder geboren worden, um den Bestand der Bevölkerung zu halten (statistisch etwa 208 Kinder je 100 Frauen). Der Geburtenrückgang hat verschiedene **Ursachen,** die mit dem Wandel der Familien, Geschlechterbeziehungen und Erziehungsstilen, ferner mit dem medizinischen Fortschritt, der Wirtschaftslage, politischen Krisen und veränderten Lebensplanungen zusammenhängen.

| Altersstruktur | Die **Altersstruktur** folgt aus Geburtenhäufigkeit, Sterblichkeit, Lebensdauer und besonderen Einschnitten durch Kriege, Krisen oder massenhafte Krankheiten. |

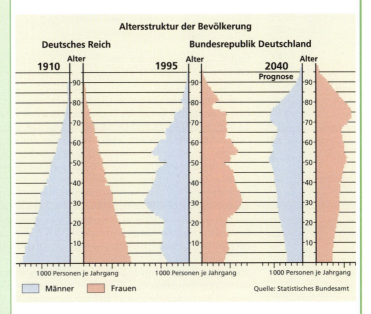

In den „Lebensbäumen" spiegelt sich der Wandel des letzten Jahrhunderts wider, wobei neben den Kriegen die abnehmende Säuglingssterblichkeit und die zunehmende Lebenserwartung wichtige Bestimmungsgrößen sind.

Im 20. Jh. erhöhte sich die **Lebensdauer der Deutschen** um rund 30 Jahre. Die Lebenserwartung der Ostdeutschen, die zwei bis drei Jahre kürzer als die der Westdeutschen war, nähert sich an. Die durchschnittliche Lebensdauer der Männer ist bis zu sechs Jahre kürzer als die der Frauen, was auf besondere Arbeitsbelastungen und Berufsrisiken der Männer sowie auf einen gesundheitsbewussten Lebensstil der Frauen zurückgeführt wird.

Markantes Merkmal ist die **Alterung der Bevölkerung.** Der Anteil der Menschen ab 60 Jahre steigt, während der der Jüngeren unter 20 Jahre sinkt. Die Lebenserwartung wächst bei gleichzeitigem Geburtenrückgang und verschiebt dadurch die **Altersstruktur** ständig zugunsten der älteren Menschen. Die Revolution der Lebensdauer hat weit reichende **Folgen,** die zunehmend erörtert werden:
– eine längere, relativ stabile Lebensplanung wird möglich,
– die drei traditionellen Lebensphasen Ausbildung, Beruf und Altersruhe lassen sich zeitlich und in der Abfolge neu einteilen,
– Kosten für Gesundheit und Alterssicherung werden noch steigen,
– die Sicherung der Altersgenerationen mit Renten und Pflege durch Versicherungsbeiträge („Generationenvertrag") wird brüchig.

Gesellschaft im Wandel

Bevölkerungswanderung

Westdeutschland zählt seit 1945 zu den wichtigsten Zuwanderungsländern der Welt. Ostdeutschland nahm zunächst zahlreiche Zuwanderer auf, wurde insgesamt aber bald Auswanderungsland. Die **territoriale Mobilität** ist dreifach geprägt: durch hohe Ost-West-Wanderung, Ausländerzuzug und häufige Zu- und Fortzüge innerhalb der Landesgrenzen (Binnenwanderung).

Bereits vor dem Ende des Zweiten Weltkrieges setzte die **Ost-West-Bewegung** der Deutschen als Flucht vor der Roten Armee ein, gefolgt von der Vertreibung und Umsiedlung aus ost- und südosteuropäischen Siedlungsgebieten sowie den polnisch und sowjetisch verwalteten früheren deutschen Gebieten. In den beiden neuen Staaten fanden über 12 Mio. Vertriebene und Umsiedler Aufnahme. Die Ost-West-Wanderung setzte sich zwischen 1950 und der Grenzabriegelung zwischen den deutschen Staaten 1961 mit 3,6 Mio. meist Flüchtlingen fort, die aus Ostdeutschland nach Westdeutschland wechselten. 0,5 Mio. Menschen zogen in umgekehrter Richtung.
Nach dem Zerfall der Sowjetunion stieg die Zahl der Aussiedler von deutschstämmigen Minderheiten z. B. aus Kasachstan und der Ukraine. Zwischen 1988 und 1994 wurden fast 2 Mio. Menschen aufgenommen. Sie trafen mit ihren meist handwerklichen Qualifikationen auf eine hoch entwickelte Wirtschaft, was ihre Integration erschwert.

Die **Binnenwanderung** ergibt sich aus der regional unterschiedlichen Verteilung von Bildungs-, Erwerbs- und Wohnmöglichkeiten. Hinzu kommt die regionale Vielfalt der Landschaften, Kulturen und Traditionen. Bis in die 1960er-Jahre zogen die Menschen insbesondere in die industriellen Ballungszentren von Nordrhein-Westfalen, Baden-Württemberg und Hessen – vorzugsweise in mittelgroße Städte, während die großstädtische Bevölkerung stagnierte. Vor allem ungleich verteilte Erwerbschancen und ein allgemeines Wohlstandsgefälle sorgten nach der deutschen Vereinigung dafür, dass viele Ostdeutschen in die alten Bundesländer abwanderten, zwischen 1989 und 2000 über 2,6 Mio. Menschen. Dem standen Fortzüge von Westdeutschen nach Ostdeutschland – vor allem Selbstständige und Angestellte – gegenüber, was 1996 und 1997 zu einer nahezu ausgeglichenen Mobilität führte. Die neuen Länder verloren in den zehn Jahren nach 1991 0,5 Mio. Menschen, davon die Hälfte jünger als 30 Jahre.

Seit 1962 sorgen zuwandernde **ausländische Arbeitnehmer** zunächst aus Italien, dann vor allem der Türkei und Jugoslawien, für eine positive Wanderungsbilanz. Sie war nur in der Wirtschaftsrezession 1966/67 unterbrochen. Die Bundesrepublik verlassen seit den 1960er-Jahren jährlich 0,4 bis 0,6 Mio. Menschen, meist in europäische oder amerikanische Länder. Der starke Anstieg des multiethnischen Anteils an der Bevölkerung war bisher weitgehend auf Westdeutschland beschränkt. Ausländische Arbeitskräfte werden nicht nur für einfache Tätigkeiten benötigt (Green Cards für EDV-Spezialisten). In Handel und Dienstleistung eröffneten sich gute Integrations- und Aufstiegsmöglichkeiten (Ethno-Gewerbe, ausländischer Mittelstand) für Ausländer.

4.2.2 Sozialstruktur

> Soziale Ungleichheit äußert sich im **Aufbau der Gesellschaft** – in der Sozialstruktur – nach Schichten oder Klassen, Milieus, sozialen Lagen oder Lebensstilen.

In den Aufbau der Gesellschaft fließen die wahrnehmbaren Unterschiede in der **Ausstattung** der Gruppen und Individuen mit Macht, Einkommen und Vermögen, mit Ausbildung, Kultur, Weltanschauung oder Prestige ein. Einfluss auf die Sozialstruktur nehmen auch die politischen, ökonomischen und gesellschaftlichen Grundregelungen als **Basisinstitutionen**. In Deutschland wie in den meisten westlichen Ländern sind das demokratische Herrschaft, Marktwirtschaft, Trennung von Kirche und Staat und Menschenrechte. Alle Einflussfaktoren zusammengenommen bestimmen den gesellschaftlichen Ort der Menschen.

Soziologische Theorien

Die Soziologie verfügt mit der älteren Klassentheorie und der jüngeren Schichtungstheorie über **zwei Traditionen,** die Gesellschaftsordnung und den Ort der einzelnen Gruppen zu bestimmen.

Soziologie ist die Wissenschaft, die die Bedingungen und Formen des menschlichen Zusammenlebens (die sozialen Beziehungen) in Gruppen, Institutionen und der Gesellschaft untersucht.

Klassentheorie	Schichtungstheorie
Die auf KARL MARX zurückgehende **Klassentheorie** sieht die Stellung der Gesellschaftsmitglieder im Produktionssystem bestimmt. Anhand der Produktionsverhältnisse ließen sich im 19. Jh. die gegensätzlichen Klassen der Kapitalisten und der Proletarier gut unterscheiden. Es konnten jedoch nicht Angestellte, Beamte, Landwirte, kleine Händler als Klassen identifiziert werden.	Die **Schichtungstheorie** des 20. Jh.s folgt der Tradition MAX WEBERS, zwischen sozialen Rangordnungen zu unterscheiden, die anhand des Ansehens bzw. Status, des Einkommens und der Macht bestimmt sind. In dieser Sicht ist es zweitrangig, ob von Klassen oder Schichten gesprochen wird.

Der deutsche Soziologe THEODOR GEIGER (1891–1952) entwickelte das grundlegende Schichtungsmodell.

> Die Begriffe **Klasse** oder **Schicht** fassen Menschen in ähnlicher sozialer, ökonomischer und kultureller Lage zusammen.

Ähnliche Lebenserfahrungen prägen ähnliche Persönlichkeitsmerkmale – Einstellungen, Interessen, Lebensstile – und Lebenschancen.
Die **marxistische Klassenanalyse** wird in entwickelten Industrie- und Dienstleistungsgesellschaften kaum noch verwendet, da zwei entscheidende Voraussetzungen nicht mehr gegeben sind. Zum einen wurde die Schichtstruktur nicht homogener und einfacher bis hin zur Zwei-Klassen-Gesellschaft, sondern differenzierter und beweglicher. Zum anderen ge-

RALF DAHRENDORF (1929), deutscher Soziologe und liberaler Politiker, begründete in Kritik der marxistischen Klassenanalyse eine Theorie des gesellschaftlichen Wandels.

Mit den Theorien der Verursachung von sozialer Schichtung lassen sich einzelne Aspekte erklären, eine umfassende Schichtungstheorie gibt es nicht.

wannen die Klassenkonflikte des 19. Jh.s seitdem nicht an Schärfe, sondern flauten ab.

Sollen soziale Ungleichheiten und Unterschiede der Schichtung durch Gesellschaftspolitik verringert oder gar völlig aufgehoben werden, müssen deren Ursachen bekannt sein. Es werden drei **Theorien der Verursachung von sozialer Schichtung** unterschieden:
– die marxistische Theorie, für die unterschiedliche Orte der Menschen im Produktionsprozess maßgeblich sind,
– die funktionalistische Theorie, die Schichtung aus der Arbeitsteilung und den ungleichen Belohnungen der Tätigkeiten herleitet,
– die liberale Theorie, die – wie z. B. bei ADAM SMITH – die sozialen Belohnungen aus dem Angebot und der Nachfrage bezüglich der jeweiligen Tätigkeit erklärt.

Sozialstruktur

> **Sozialstruktur** umfasst die Wechselwirkungen und die Stellungen der Gruppen im gesellschaftlichen Gesamtaufbau, bestimmt nach sozial relevanten Merkmalen wie Beruf, Alter, Geschlecht, Bildung, Einkommen und Einfluss.

Die dynamische Entwicklung der Sozialstruktur zeigt sich z. B. in der grundlegenden Umwälzung der Lebensbedingungen der Ostdeutschen seit 1989.

Die Sozialstruktur ist ein dynamisches, von Veränderungen durchzogenes Gefüge. Dennoch kann die Sozialstruktur für Gesellschaftsmitglieder den Charakter von Objektivität im Sinne von Vorgegebenem annehmen. Um in gegebene gesellschaftliche Ungleichheiten erfolgreich einzugreifen, ist die regelmäßige **Analyse der Sozialstruktur** notwendig. Das ist vor allem für folgende Aufgaben wichtig:
– für die Einlösung verfassungsrechtlicher Gebote, z. B. die Einteilung der Wahlkreise mit etwa gleicher Bevölkerungsanzahl oder die Angleichung der Lebensbedingungen in den Regionen und Ländern,
– für fundierte Planungen und Prognosen von Bund, Ländern und Kommunen, z. B. für ein angemessenes Angebot an infrastrukturellen Einrichtungen für die verschiedenen Altersgruppen sowie generell für sozial- und bevölkerungspolitische Maßnahmen,
– zur Klärung des Sachverhalts sozialer Konflikte, z. B. der Anfälligkeit einzelner Gruppen gegenüber dem Rechtsradikalismus.

Bei der **Sozialstrukturforschung** kommen drei Analyseansätze zum Einsatz. Sie unterscheiden sich in Fragestellung und Methodik. Der traditionelle Ansatz fragt nach Klassen oder Schichten, es gibt neuere Untersuchungen zu sozialen Lagen und zu Milieus.

Gesellschaftsstrukturen

soziale Schichten	soziale Lagen	soziale Milieus
entwickelt in den 1930er-Jahren	entwickelt in den 1980er-Jahren	entwickelt in den 1980er-Jahren
vertikale soziale Ungleichheiten zwischen oben und unten	vertikale und horizontale soziale Ungleichheiten	kultursoziologischer Ansatz
Unterschiede in den objektiven Lebensbedingungen, wie Beruf, Einkommen, Ausbildung, Einfluss, Sozialprestige	Unterschiede in den objektiven Lebensbedingungen und bei horizontalen Kriterien wie Alter, Geschlecht, Kinderzahl, Region	Unterschiede in den Wertorientierungen und Einstellungen zur Arbeit, zu Konsum, Familie und Partnerschaft, zur Politik sowie Unterschiede in den Lebensstilen

Anhand der genannten Kriterien und deren Verbreitung in der Bevölkerung werden soziale Gruppierungen gebildet. Danach wird untersucht, welche der Kriterien welchen sozialen Gruppen typischerweise zuzuordnen sind. Je nach Analyseansatz entstehen Schichtungs-, Lagen- oder Milieumodelle.

Soziale Schichtung

> **Soziale Schichtung** stellt die vertikal-hierarchische Gliederung der größeren Bevölkerungsgruppen dar, die sich durch objektive und subjektive Merkmale unterscheiden.

Die Soziologen sind schon früh auf die Tendenz der Bevölkerung gestoßen, sich aufgrund sozialer Abstiege aus der Oberschicht und sozialer Aufstiege aus der Unterschicht in der gesellschaftlichen Mitte zu konzentrieren. Sie versuchten, gesellschaftliche Ungleichheiten in **vereinfachenden Modellen** zu erfassen. Als Kriterien gelten u. a. der Beruf, Mentalitäten und neuerdings auch ethnische Herkunft.
RALF DAHRENDORF (geb. 1929) unterschied sieben Schichten, deren Mitglieder sich nach der Position in Wirtschaft und Politik sowie nach Mentalitäten ähneln. Im unteren Teil Hauses finden sich die Unterschicht der „sozial Verachteten" (dauernd Erwerbslose, sozial Abgesunkene, Obdachlose, Handlanger, Kriminelle u. a.), die umfängliche Arbeiterschaft und einfache Dienstleister. Im oberen Hausteil sind die Selbstständigen (Mittelstand), die aufgestiegene Arbeiter-Elite, Verwaltungsangestellte und die Elite zu finden.
Auf diesem Grundriss hat RAINER GEISSLER (geb. 1930) das „Haus der Westdeutschen" für das Jahr 2002 entworfen. Beide Modelle enthalten Hinweise auf **wichtige gesellschaftliche Entwicklungen:**
- die Arbeiterschaft schrumpft, sozial und politisch problematisch ist die instabile große Gruppe der Un- und Angelernten,
- Angestellte und Beamte nehmen inzwischen gut die Hälfte aller Erwerbspositionen ein (Tertiärisierung),
- Integration der ausländischen Bevölkerung über Erwerbstätigkeit.

Als vereinfachende Modelle entwickelte KARL MARTIN BOLTE beispielsweise die „Zwiebel" (1967), Ralf Dahrendorf ein „Haus" (1965).

Gesellschaft im Wandel

Soziale Schichtung der westdeutschen Bevölkerung (1960er-Jahre)

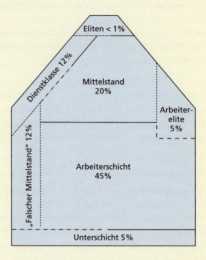

Quelle: R. DAHRENDORF, Gesellschaft und Demokratie in Deutschland, 1965

Soziale Schichtung der westdeutschen Bevölkerung (2000)

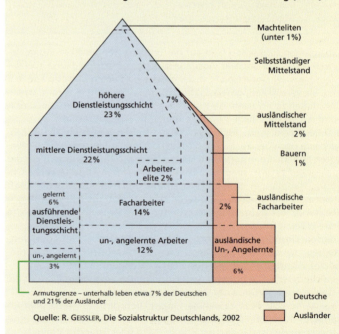

Armutsgrenze – unterhalb leben etwa 7% der Deutschen und 21% der Ausländer

Quelle: R. GEISSLER, Die Sozialstruktur Deutschlands, 2002

Gesellschaftsstrukturen

Die sozialen Schichten in den alten und den **neuen Ländern** nähern sich an. Eliten und Dienstklasse der DDR lösten sich mit der deutschen Vereinigung auf. Der wirtschaftsstrukturelle Umbruch nach der Vereinigung führte zum Abbau des Großteils der landwirtschaftlichen Arbeitsplätze. Ein neuer Mittelstand bildet sich erst langsam wieder heran. Wenngleich auch Ostdeutschland zur Dienstleistungsgesellschaft tendiert, sieht sich die Bevölkerung weiterhin als „Arbeitergesellschaft".

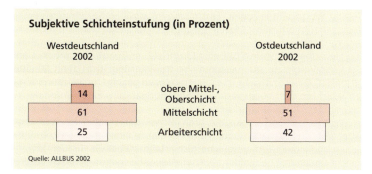

Subjektive Schichteinstufung (in Prozent)

Westdeutschland 2002		Ostdeutschland 2002
14	obere Mittel-, Oberschicht	7
61	Mittelschicht	51
25	Arbeiterschicht	42

Quelle: ALLBUS 2002

Die **Schichteinstufung** nach objektiven Kriterien wie Beruf und Ausbildung kann von der Selbsteinstufung abweichen, die regelmäßig durch repräsentative Befragungen der Deutschen erhoben wird (Wohlfahrtssurvey). Sehen sich die Westdeutschen seit langem als Mittelschichten-, so die Ostdeutschen als Arbeitergesellschaft. Tatsächlich ist der Anteil der Arbeiterhaushalte in den neuen Ländern höher.

Soziale Lagen

> **Soziale Lagen** fassen Menschen nach Berufsgruppen (vertikales Kriterium) und weiteren Kriterien wie Alter, Geschlecht und Region (horizontale Kriterien) zusammen.

Vor allem in der **Wohlfahrtsforschung** werden soziale Lagen untersucht. Seit den 1990er-Jahren wird jährlich ein umfassender „Datenreport" zu den objektiven Lebensbedingungen und dem subjektiven Wohlbefinden im vereinten Deutschland herausgegeben. Dargestellt wird, wie materielle Ressourcen (Einkommen, Besitz u. a.) und Lebenszufriedenheit in der Bevölkerung verteilt sind. Aus der Kombination der verschiedenen Merkmale entstanden insgesamt **64 Soziallagen**.
In den unteren problematischen Soziallagen lassen sich Arbeitslose sowie Un- und Angelernte als Gruppen mit geringer materieller Ausstattung, niedriger Selbsteinstufung und hoher Unzufriedenheit identifizieren.
Den Gegenpol bilden die Soziallagen der leitenden Angestellten und höheren Beamten.

Der jährliche Datenreport wird vom Statistischen Bundesamt, dem Wissenschaftszentrum Berlin (WZB) und dem Mannheimer Zentrum für Umfragen, Methoden und Analysen (ZUMA) herausgegeben.

Soziale Milieus

Subkultur ist das Muster der Lebensführung einer Gruppe.

> **Soziale Milieus** fassen Menschen mit ähnlicher Lebensauffassung und -lebensweise zu Subkulturen zusammen.

Die **Milieuforschung** entwickelte sich aus der kommerziellen Markt- und Wahlforschung. Sie arbeitet mit repräsentativen Interviews. Deren Angaben zu Wertorientierungen, Einstellungen, sozialen Beziehungen werden nach subkulturellen Mustern gruppiert und diese im Schichtungsaufbau verortet.

Die Heidelberger **Sinus-Studie** ist langfristig angelegt und arbeitet im Ost-West-Vergleich. Die westdeutsche Bevölkerung ist in zehn Milieus gruppiert, die ostdeutsche in elf. Vertikal wird gezeigt, in welchen sozialen Schichten die Milieus verankert sind, horizontal, welche Grundorientierung das Milieu auszeichnet.

Der Soziologe M. RAINER LEPSIUS (geb. 1928) hat vier sozialmoralische Milieus als vertikale gesellschaftlich-politische Lager identifiziert:
- *konservatives Milieu,*
- *bürgerlich-protestantisches Milieu,*
- *katholisches Sozialmilieu,*
- *protestantisch-sozialdemokratisches Milieu.*

In **Westdeutschland** haben die drei Milieus der Etablierten (Konsum-Elite), der Intellektuellen (fortschrittliche Werte-Elite) und der postmateriellen Individualisten gesellschaftliche Leitfunktionen. In der Unterschicht finden sich neben der traditionellen Lebensweise der Arbeiter die einer starken materialistischen und dabei am Konsum der Mittelschicht orientierten Arbeiterauffassung sowie drittens eine unangepasste junge Gruppierung, die Spaß und Genuss anstrebt (hedonistisches Milieu).

Ähnliche Milieus der Unterschicht finden sich in **Ostdeutschland.** Gesellschaftliche Leitfunktionen beanspruchen aber ganz unterschiedliche Milieus. Dies sind die Gruppierungen des protestantisch-konservativen Bildungsbürgertums, der entmachteten DDR-Führungsgruppen sowie diejenigen, die sich an Karriereerfolgen und hohem Status orientieren.

Trends der Milieubildung sind:
- In der oberen, mittleren und unteren Gesellschaftsschicht bildeten sich unterschiedliche Milieus.
- Die subkulturelle Pluralisierung ist in der Mitte am stärksten ausgeprägt.
- Der gesellschaftliche und wirtschaftliche Wandel seit den 1980er-Jahren hat Milieus neu hervorgebracht oder anders akzentuiert, z. B. die jüngere, gut ausgebildete, mobile Subkultur als adaptives Milieu oder die individualistische Lebensstil-Gruppe des postmodernen Milieus.
- West- und Ostdeutschland gleichen sich an, ostspezifisch bleibt das Milieu der DDR-Elite.

Der französische Soziologe PIERRE BOURDIEU (1930–2002) hat mit seinem Werk über die Pariser Gesellschaft („Die feinen Unterschiede", 1979) die Milieu- und Lebensstil-Studien entscheidend beeinflusst.

Von den sozialen Milieus lassen sich **Lebensstile** nur schwer abgrenzen. Auch sie sind subkulturelle Muster alltäglicher Lebensführung. Jedoch rücken sie Fragen des Geschmacks und kulturelle Interessen stärker in den Mittelpunkt und gehen mit sozialer Abgrenzung einher.

Wie die soziologische Erforschung der verschiedenen Aspekte der Sozialstruktur insgesamt belegt, ist die **deutsche Gesellschaft** ohne integrierte, homogene und politisch organisierte Großgruppen. Die individuellen Freiräume wurden größer und die Vielfalt der sozialen Gruppierungen hat zugenommen, ohne deshalb jegliche Schichtung der sozialen Ungleichheiten aufzuheben.

Gesellschaftsstrukturen 229

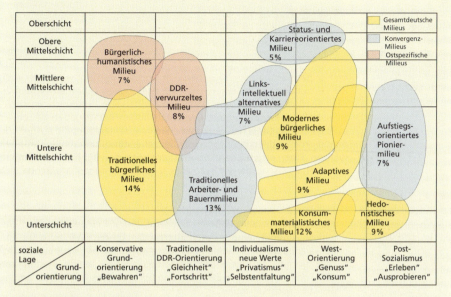

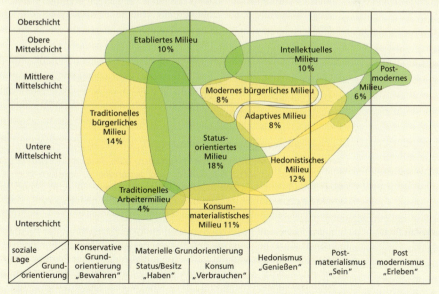

4.2.3 Sozialisation

Sozialisation, engl. socialisation = wahrscheinlich Rückübersetzung des für das Werk des Soziologen GEORG SIMMEL (1858–1918) zentralen Begriffs Vergesellschaftung

> **Sozialisation** ist der Prozess der Eingliederung der Menschen in Gruppen, indem sie die in den Gruppen geltenden Normen, Überzeugungen, Verhaltensformen erlernen und danach handeln.

Immer geht es darum, sich neben den Normen und Konventionen auch die Fertigkeiten anzueignen, diese im praktischen Leben anwenden zu können. Sozialisation meint dann den Aufbau von Persönlichkeitsstruktur und Handlungsfähigkeit. Die Erwartungen der Gruppen gelten als aufgenommen (internalisiert), wenn sie von denjenigen, die aufgenommen werden wollen oder sollen, als Selbstverständlichkeiten empfunden werden. Einen erheblichen Sozialisationsbeitrag leistet die Nachahmung des Verhaltens wichtiger Bezugspersonen, mit denen Menschen sich identifizieren.

Sozialisation kann sich einerseits mit dem pädagogischen Auftrag der Erziehung, andererseits mit dem psychologischen Begriff der Entwicklung der Persönlichkeit überschneiden. Ein **weites Sozialisationsverständnis** nimmt beides mit auf.

Sozialisation umfasst drei Bestandteile:
- die Gesamtheit aller äußeren Einflüsse, die auf einen Menschen einwirken – die Erziehung durch Eltern oder Lehrer, aber auch die Einflüsse anderer Menschen und Gruppen sowie die allgemeinen Lebensbedingungen in einem bestimmten Kulturkreis, einem bestimmten Volk, einer bestimmten Zeit, sozialen Schicht, (Berufs-) Gruppe und einer spezifischen Familie;
- die innere Verarbeitung dieser Einflüsse und damit die Herausbildung einer psychischen Struktur (Identitätsbildung);
- die unter diesen Umständen gebildeten Einstellungen und Verhaltensweisen des Menschen, die im positiven Falle sozial erwünscht sind, im negativen Falle sozial unerwünscht oder selbstschädigend sein können.

Sozialisationsinstanzen

> Der gesellschaftliche **Kern von Sozialisation** liegt in der im Zeitablauf und von Land zu Land abweichenden sozialen Struktur der **Sozialisationsinstanzen**.

Sozialisationsinstanzen vermitteln als gesellschaftliche Einrichtungen Werte, Ziele, Wissen und steuern den Lern- bzw. Aneignungsprozess. Da die Sozialisation nicht nur Kinder und Jugendliche, sondern auch Erwachsene betrifft, lassen sich **drei Phasen** unterscheiden, in denen einzelne Sozialisationsinstanzen besondere Bedeutung erlangen.

primäre Phase	In der frühkindlichen Phase werden die Grundstrukturen der Persönlichkeit (Sprache, Denken, Empfinden) herausgebildet und grundlegende Muster für soziales Verhalten entwickelt. Dieser Prozess wird geleitet von der Erziehung der Eltern oder anderer Bezugspersonen. **Sozialisationsinstanzen** sind Eltern und Familie, Kindergärten, Vorschuleinrichtungen, Kirchen.

sekundäre Phase	In dieser Phase lernt der bereits handlungsfähige Mensch in der Schule und im Berufsleben neue Verhaltensweisen hinzu und entwickelt vorhandene weiter. Er erlernt, welche Verhaltensweisen (Rollen) von ihm erwartet werden, tolerierbar sind oder Tabus verletzen. Er muss sich mit Gleichaltrigen über gesellschaftliche Konventionen und Normen auseinandersetzen. **Sozialisationsinstanzen** sind Schule, Gruppen Gleichaltriger (Peergroups), Freizeitgruppen, Berufsgruppen, kirchliche Gruppen, politische Organisationen, Massenmedien.
tertiäre Phase	Durch die sich wandelnde Gesellschaft verändern sich die Erwartungen an die Menschen, womit ein lebenslanger Lernprozess verbunden ist. Weiter- bzw. Erwachsenenbildung gewinnen an Gewicht. Auch veränderte Lebensläufe und Lebensplanungen bewirken fortgesetzte Sozialisation. **Sozialisationsinstanzen** sind Berufsgruppen, Freizeit-, Bildungs-, Kultur-, Kirchengruppen, politische Organisationen, Massenmedien.

Im Idealfall ergänzen sich die drei Sozialisationsphasen. Allerdings können sich die Inhalte der verschiedenen Phasen auch gegenseitig in Frage stellen. In modernen Gesellschaften mit verringerter Arbeits- und vergrößerter Freizeit sind Gruppen Gleichaltriger, Freizeitgruppen und Massenmedien stärker als in der industriegesellschaftlichen Epoche an der Vermittlung von Werten und Verhaltensweisen beteiligt.

Die **grundlegenden Sozialisationsinstanzen** sind nach wie vor Eltern, Familien, Alleinerziehende und die Schulen.

 Die **Familie** ist die am häufigsten auftretende Form sozialer Gruppen. Sie ist die einzige, in der mindestens zwei Generationen vertreten sind und sie ist durch eine besondere Art von Beziehungen (Privatheit, Dauerhaftigkeit, Nähe und Intimität) geprägt.

Medien als Sozialisationsinstanz

Die **Medien** werden als wichtige Sozialisationsinstanz anerkannt, seitdem die neuen Kommunikationsmedien Handy und Computer mit Internet wie auch die „älteren" Medien Funk und Fernsehen, CD-Player, Bücher, Zeitschriften und Kinos fester Bestandteil des Alltags insbesondere auch von Kindern und jungen Menschen wurden. Die Wirkung der neuen Medien ist räumlich und zeitlich kaum begrenzt.

soziale Wirkungen der Medien		
Vermittlung von Handlungsweisen, Rollenverhalten, Normen, Werten und gesellschaftlichen Konventionen	**Vermittlung von Möglichkeiten der sozialen Orientierung innerhalb einer von Einzelnen nicht mehr überschaubaren Welt**	**Vermittlung von täglichen Informationen**
In den international verflochtenen Gesellschaften der Gegenwart können Menschen die von ihnen erwarteten Rollen nicht nur von ihrer sozialen Umwelt erfahren. Sie müssen auch aus den Medien lernen.	Der Einzelne kann im Rahmen seiner eigenen Erfahrungswelt nicht mehr alle Kenntnisse und Bewertungen erwerben, die er für sein Leben und die Kommunikation mit anderen Menschen braucht.	Sie sind Anhaltspunkte für das alltägliche Leben in Familie, Ausbildung, Beruf und Freizeit, z. B. Veranstaltungshinweise, Nachrichten zum Konflikt- und Krisenverhalten, zur Berufs- und Wirtschaftsstatistiken.

Sozialisationsinhalte und -wege

Die **Sozialisationsinhalte** sind von den beteiligten Gruppen zu verantworten. Sie sind dennoch nicht beliebig, da sie generell Teil des Wertehaushalts von Gesellschaft und Politik sind. Sie sind damit auch den Debatten um gesellschaftliche, politische und religiöse Grundwerte, dem Wandel der Erziehungsstile, der politischen Kultur wie der Kultur insgesamt unterworfen.

Auch die durch Gruppeneinflüsse sozialisierte Persönlichkeit ist normalerweise durch ein bestimmtes Maß an Selbstständigkeit und Autonomie gegenüber der Gesellschaft gekennzeichnet. Zudem sind Normen und Konventionen häufig nicht eindeutig und erlauben deshalb verschiedene Interpretationen. Sich gegenüber solchen biegsamen Normen oder Konventionen zu verhalten, erfordert ein hohes Maß an eigenständiger, aktiver Anpassungsfähigkeit.

Man unterscheidet vier **Erziehungsstile,** von denen der autoritäre stark an Bedeutung verloren hat:
- der **autoritäre** (herrschende) Erziehungsstil, der Arbeit und Leistung betont, auf Gehorsam und Strafe orientiert;
- der **autoritative** (der entscheidende) Erziehungsstil, der auf Anforderung, Förderung und Unterstützung setzt;
- der **permissive** (freizügige) Erziehungsstil, der akzeptierend und wenig steuernd ist;
- der **indifferente** (gleichgültige, unbestimmte) Erziehungsstil, der den Kindern gegenüber zwischen Vernachlässigung und Feindseligkeit liegt.

Sozialisation wird von zwei Ausgangspunkten her betrieben:
- als eine Art Dressur **(Konditionierung),** in der Normen, Einstellungen, Rollen, Fähigkeiten angenommen werden, um mehr oder weniger reflexhaft und mechanisch ausgeführt zu werden,
- als **eigenständige Anpassung** (Identitätsbildung) innerhalb der Wechselbeziehungen mit Sozialisationsinstanzen und Gruppen.

Für den Weg der eigenständigen Anpassung spricht, dass Sozialisation erfahrungsgemäß nicht zu einer vollständigen Überformung ursprünglich unangepasster Einstellungen und Reaktionen führt.

4.3 Sozialer Wandel

Im Zuge der Modernisierung der Gesellschaft verändern sich ihre Sozialstruktur und die gesellschaftlichen Wertvorstellungen.

> **Sozialer Wandel** ist ein tief greifender Veränderungsprozess in der Struktur der modernen Gesellschaft.

Er kann die Gesamtgesellschaft, gesellschaftliche Teilbereiche, Institutionen, Wertvorstellungen, soziale Gruppen oder Individuen betreffen.
In Deutschland vollzieht sich mit dem weiteren wissenschaftlich-technischen Fortschritt, vor allem der digitalen Revolution und der globalen Verflechtung in Wirtschaft und Politik, ein grundlegender **sozialer Wandel**. Seine Haupttendenzen sind:

- Herausbildung der industriellen **Dienstleistungsgesellschaft** (Verlagerung der wirtschaftlichen Produktion auf den Dienstleistungssektor, dadurch Wandel der Arbeitswelt und der Berufe),
- Übergang zu einer **Wissensgesellschaft** (steigende Bildungsstandards und Qualifikationsanforderungen, Zunahme informationsbezogener Tätigkeiten, neue und veränderte Kommunikationsformen),
- Durchlässigkeit **sozialer Schichten** (der traditionelle Zusammenhang zwischen Lebenslagen und sozialer Zugehörigkeit durch Herkunft wird lockerer, aber nicht aufgehoben),
- Fortbestehen von **sozialen Ungleichheiten** (z. B. in Bezug auf Bildung und Arbeit, Einkommen und Vermögen) mit der Gefahr einer „gespaltenen Gesellschaft",
- Fortschritte bei der **Gleichstellung der Geschlechter** (vor allem im Bildungssystem und auf dem Arbeitsmarkt, Wandel der Geschlechterbeziehung und -rollen),
- Strukturwandel der bürgerlich-traditionellen Familie (u. a. Rückgang der Kinderzahl, Bedeutungsverlust der Ehe) und Pluralisierung der Lebensformen (z. B. nichteheliche Lebensgemeinschaften, Alleinerziehende),
- Geburtenrückgang und steigende Lebenserwartung (Überalterung der Gesellschaft) führen zu einem **demografischen Wandel**, der die wirtschaftliche Produktivität und die Sozialsysteme bedroht,
- zunehmende Verwandlung der Gesellschaft in Richtung einer multiethnischen **Einwanderungsgesellschaft** durch Migranten.

Modernisierung beschreibt einen bestimmten Typus sozialen Wandels von traditionalen Gesellschaften zu hochgradig arbeitsteiligen, wirtschaftlich entwickelten, funktional differenzierten und demokratisierten Gesellschaftssystemen.
(Manfred G. Schmidt)

Theorien und Analysen des sozialen Wandels zielen auf das Verstehen und Erklären gesellschaftlicher Entwicklungen im historischen Zusammenhang. Im Zentrum stehen Art, Ausmaß, Ursachen und Wirkungen, aber auch Verlauf und Tempo von Veränderungen sozialer Systeme.

4.3.1 Wandel in der Arbeitswelt

Die sozio-ökonomischen und demografischen Veränderungen gehen mit einem Wandel in der Arbeitswelt einher. Er ist gekennzeichnet durch eine

Die Schichtstruktur der Erwerbstätigen verändert sich:
- weniger Arbeiter,
- mehr Angestellte und Beamte,
- weniger „klassische" Selbstständige (z. B. Handwerker) und neue selbstständige Berufe (z. B. freie Berater).

Ausweitung des Dienstleistungssektors, die Folgen der technologischen Entwicklung (z. B. Infomatisierung der Produktion) sowie durch Prozesse der Globalisierung.

> Der **Strukturwandel der Arbeitswelt** zeigt sich im Entstehen und Verschwinden ganzer Wirtschaftszweige und Berufe, in veränderten Arbeitszeiten und Beschäftigungsverhältnissen.

Durch die veränderte Arbeitsnachfrage sterben Berufe aus oder verlieren an Bedeutung (z. B. Bergwerksarbeiter und Landwirte), in anderen Berufen verändert sich aufgrund neuer Technologien das Anforderungsprofil (z. B. durch notwendige Computerkenntnisse).
Es entstehen neue Branchen und Arbeitsplätze (z. B. Callcenter), aber auch **neue Berufe** vor allem im wachsenden Dienstleistungs- und Kommunikationssektor sowie durch Forschung, Entwicklung und Anwendung neuer Technologien (z. B. Mikroelektronik, Informations- und Biotechnologie). Auch Wertveränderungen in der Gesellschaft – wie die gestiegene Bedeutung des Umweltschutzes – können sich grundlegend auf Wirtschaft und Berufswelt auswirken.

Bild:
Callcenter in Hamburg

Als zukunftsträchtige, wachsende Berufsbranchen gelten gegenwärtig Gesundheit und Pflege, Freizeit, Bildung, Umwelt, Biotechnologie, Informations- und Kommunikationstechnologie. Deutliche Beschäftigungsgewinne werden im Dienstleistungsbereich, insbesondere bei unternehmensbezogenen Dienstleistungen erwartet.

Mit dem Bedeutungszuwachs des Umweltschutzes sind z. B. neue Berufe im ökologischen Landbau oder bei der Entwicklung regenerativer Energien entstanden.
In den 1990er-Jahren entstanden im Zuge der Ausweitung der sogenannten Neuen Medien zahlreiche neue Berufe und Tätigkeiten, wie Onlineredakteur oder IT-Spezialist.
Zu den neuen Berufen zählen auch Multimediagestalter (gestaltet digitale Informationen und Video-Animationen für Internet oder CD-ROM) oder Mechatroniker (kombiniert Maschinenbau, Elektrotechnik und Informatik).

> Der Wandel in der Arbeitswelt führt zu einem Bedarf an neuen Fähigkeiten und erhöhten Qualifikationen der Beschäftigten.

In vielen Berufen der Zukunft werden notwendig sein:
- qualifizierte Schul- und Ausbildungsabschlüsse,
- fachübergreifende Schlüsselqualifikationen, soziale und kommunikative Fähigkeiten, Fremdsprachenkenntnisse und Medienkompetenz,
- die Bereitschaft zum selbstständigen, lebenslangen Lernen.

Die Schere der Beschäftigungschancen zwischen den unteren und oberen Qualifikationsebenen wird dadurch vermutlich wachsen.

Eine Prognose des IAB für das Jahr 2010 geht davon aus, dass in Deutschland die hoch qualifizierten Tätigkeiten stark ansteigen werden (auf 40 %), die Tätigkeiten im mittleren Niveau leicht abnehmen (auf 44 %) und die gering qualifizierten Tätigkeiten – ohne formalen Ausbildungsabschluss – stark zurückgehen (auf 16 %).

Das Institut für Arbeitsmarkt- und Berufsforschung (IAB) der Bundesagentur für Arbeit veröffentlicht regelmäßig aktuelle Arbeitsmarktdaten (IAB-Kurzberichte).

Berufliche Flexibilität und Mobilität

> Der Wandel der Arbeitszeiten und der Arbeitsverhältnisse fordert vom Arbeitnehmer mehr **Flexibilität und Mobilität** in Arbeit und Beruf – mit weitreichenden Folgen für das gesamte Leben.

Flexibilisierung der Arbeit bedeutet für den Beschäftigten, dass sich der geregelte Arbeits- und Lebensrhythmus mit fixen Zeiteinteilungen (Arbeit – Freizeit, Ausbildung – Arbeit – Rente) tendenziell auflöst
– durch einen Rückgang der Vollzeiterwerbstätigkeit und die Zunahme von zeitlich befristeten Arbeitsverhältnissen und Nebentätigkeiten,
– durch eine flexiblere Gestaltung der Arbeitszeiten (z. B. Gleitzeit, Arbeitszeitkonten) und neue Arbeitszeitmodelle (z. B. Teilzeitmodelle).

Mobile Arbeitsplätze (z. B. Telearbeit) ermöglichen ortsunabhängige Tätigkeiten unter Nutzung der neuen Informations- und Kommunikationstechniken. Der Arbeitnehmer kann – mit der Firmenzentrale medial vernetzt – je nach Bedarf im Büro, zu Hause oder unterwegs arbeiten.

Arbeitsmarktprognosen verweisen auf die wachsende Bedeutung beruflicher Mobilität im 21. Jh. Der Arbeitnehmer wird im Laufe seines Lebens Arbeitsplatz und Arbeitsort, auch Beruf und Tätigkeiten mehrfach wechseln. Phasen der Erwerbstätigkeit werden sich häufiger mit Phasen der Erwerbslosigkeit, der Weiterbildung und der Familienarbeit abwechseln. **Berufliche Mobilität** wird arbeitsplatz-, tätigkeits- und qualifikationsbezogen erfolgen:

Teilzeitmodelle sind u. a.:
– Stellenteilung (Jobsharing),
– Altersteilzeit.

Auch **Zeitkonten** (Ansparung von Mehrarbeit, die bei Bedarf in Freizeit oder Geld „ausgezahlt" wird), dienen der Flexibilisierung von Arbeit.

arbeitsplatzbezogen	tätigkeitsbezogen	qualifikationsbezogen
Wechsel des Arbeitsplatzes, verbunden mit Anpassung an neue Arbeitsumgebung	Wechsel der Tätigkeit innerhalb eines Berufs, verbunden mit Anpassung an neue Arbeitsaufgaben und Arbeitsinhalte	Wechsel des Berufs: Anpassung an neue Anforderungen in Bezug auf berufliche Kenntnisse und Fertigkeiten

Die Flexibilisierung und Mobilisierung des Berufs- und Arbeitslebens zielt darauf, Wirtschaft und Unternehmen durch gezieltere, schnellere Reaktion auf die Marktsituation sowie durch Zeit- und Produktivitätsgewinne anpassungs- und wettbewerbsfähig zu halten. Für die Arbeitnehmer ist diese Entwicklung, die auch als modernes Arbeitsnomadentum bezeichnet wird, einerseits mit mehr Möglichkeiten verknüpft, birgt andererseits aber auch neue Risiken und Zwänge.

neue Chancen	mögliche Nachteile und Gefahren
Flexibilisierung der Arbeit	
individuellere Gestaltung der Lebens- und Arbeitszeit, der Lebensweise und Geschlechterrolle	Individualisierung von Risiken; persönliche Wünsche müssen den Zielen des Unternehmens untergeordnet werden; Unsicherheiten für die familiäre Lebensplanung
bessere Vereinbarkeit von Familie und Beruf	hoher Organisationsdruck im Umgang mit Familie, Beruf und sozialen Kontakten
Auflösung der starren Grenze von Erwerbstätigen und Erwerbslosen durch neue Beschäftigungsformen und Arbeitszeitmodelle	Gefahr des Verlusts der Arbeitnehmerrechte: Beschäftigte können zum Spielball von Marktkräften und Unternehmensinteressen werden (z. B. „hire and fire")
berufliche Mobilität	
interessanter Lebensstil, neue Erfahrungen	Verlust sozialer Bindungen und finanzieller Sicherheiten
Stärkung der Motivation und Selbstverwirklichung durch mehr Gestaltungsfreiheit und Eigenverantwortung im Beruf	erhöhter Entscheidungsdruck („Wahlbiografien") und gestiegene Eigenverantwortlichkeit können zu Überforderung, Stress und Gesundheitsbelastungen führen
neue Aufstiegschancen durch Arbeitsplatzwechsel (z. B. durch die Überwindung von Hierarchien in Institutionen)	Gefahr einer reduzierten Ausrichtung des Menschen auf marktgängige Persönlichkeit und Qualifikationen; damit Zwang zu starker Anpassungsleistung an Arbeitsmarktentwicklungen

Arbeitslosigkeit

Von der **strukturellen Arbeitslosigkeit** sind zu unterscheiden:
- die saisonal bedingte Arbeitslosigkeit (z. B. im Baugewerbe),
- die konjunkturelle Arbeitslosigkeit (aufgrund zyklischer Schwankungen der Volkswirtschaft).

Die hohe **Massenarbeitslosigkeit** ist in allen modernen Industriestaaten die größte wirtschaftspolitische und soziale Herausforderung der Gegenwart. Sie ist die Folge eines tief greifenden gesellschaftlichen und ökonomischen Strukturwandels (strukturelle Arbeitslosigkeit)
- auf Grund des wissenschaftlich-technischen Fortschritts und der Einführung moderner Informations- und Kommunikationstechnologien (Automatisierung, Rationalisierung, Flexibilisierung von Arbeit), die mit einem Abbau von Arbeitsplätzen vor allem im Landwirtschaftssektor und in der Industrie verbunden ist,
- durch die internationale Verlagerung von Arbeitsplätzen im Zuge der Globalisierung („Billiglohnländer").

In der Bundesrepublik Deutschland stieg die Zahl der Arbeitslosen über längere Zeit kontinuierlich an. Die Hauptursache liegt im Arbeitsplatzabbau bei gleichzeitigem absoluten Anstieg der Erwerbspersonen (Berufseintritt geburtenstarker Jahrgänge, Arbeitskräftezuwanderung, gestiegene Erwerbstätigkeit von Frauen, deutsche Vereinigung).
Bestimmte Bevölkerungsgruppen sind von **Erwerbslosigkeit** besonders stark betroffen: Frauen, Ausländer, Bürger in den neuen Ländern und Personen mit einer geringen schulischen und beruflichen Qualifikation.

Aufgrund der starken Zunahme von befristeten und ungeschützten Arbeitsverhältnissen (z. B. Zeitarbeit, unbezahlte Praktika, selbstständige Tätigkeiten), Langzeitarbeitslosigkeit und Niedriglöhnen hat sich das sogenannte **Prekariat** als neue soziale Gruppierung herausgebildet. Soziologen bezeichnen damit Menschen in prekären, unsicheren Lebensverhältnissen, die durch Arbeitsplatzunsicherheit und mangelnde soziale Absicherung permanent von Armut und sozialem Abstieg bedroht sind.

In der Bundesrepublik Deutschland wurde die hohe Erwerbslosenquote der Nachkriegszeit auf unter 1 % in den 1960er-Jahren gesenkt. Sie lag mit einer Ausnahme (1967 = 2,1 %) bis 1974 unter 2 %. Im Jahr 2007 betrug die Arbeitslosenquote etwa 10 % bei nahezu 3,8 Mio. gemeldeten Arbeitslosen.
Die seit 1990 etwa doppelt so hohe Arbeitslosenquote in den neuen Bundesländern ist vor allem auf Probleme des Umgestaltungsprozesses nach der Wende 1989/90 von einer sozialistischen Planwirtschaft zu einem marktwirtschaftlichen System zurückzuführen.

In der **amtlichen Arbeitslosenstatistik** sind nur jene Erwerbslosen registriert, die ihre Arbeitslosigkeit gemeldet haben. Die tatsächliche Zahl der Arbeitslosen wird etwa doppelt so hoch geschätzt – auch aufgrund der sogenannten **verdeckten Arbeitslosigkeit**.

Die Folgen **lang andauernder Arbeitslosigkeit** sind für den Einzelnen wie für die Gesellschaft im Ganzen gravierend.

Folgen für den Arbeitslosen	Folgen für die Gesellschaft/den Staat
Geldsorgen und Wohlstandseinbußen; Anerkennungs- und Sinnverluste, verringertes Selbstwertgefühl, Depression („nicht mehr gebraucht werden"); Gefahr der Vereinsamung	wachsende Ausgaben für staatliche Transferleistungen (v. a. Grundsicherung für Arbeitsuchende ALG II, Sozialhilfe) – fehlende Steuereinnahmen und Beiträge für Sozialversicherungen; sinkende Produktivität und geringere internationale Wettbewerbsfähigkeit der Wirtschaft

Ungeklärt ist, ob in der gegenwärtigen Struktur- und Qualifikationssituation auf dem internationalen Arbeitsmarkt das Ziel der Vollbeschäftigung in Deutschland überhaupt noch erreicht werden kann.

Strukturelle Arbeitslosigkeit ist dadurch gekennzeichnet, dass in einem Umbruchprozess auf dem Arbeitsmarkt eine Diskrepanz zwischen den Fähigkeiten der Arbeitnehmer und den veränderten, durch den Fortschritt geforderten Qualifikationen entsteht oder die vorhandenen Fähigkeiten nicht mehr nachgefragt werden.

Politisch umstritten sind die geeigneten Strategien zur **Bekämpfung der Arbeitslosigkeit** (↗ S. 262).

Das liberal-konservative Konzept der Deregulierung setzt auf die Verringerung staatlicher Eingriffe in den Markt, um privatwirtschaftliche Aktivitäten zu stärken (z. B. Lockerungen im Arbeits- und Tarifrecht, Erleichterungen von Existenzgründungen, Privatisierung). Das gewerkschaftliche Konzept der Arbeitszeitverkürzung zielt darauf ab, das knappe Gut „Arbeitsplatz" gerechter unter Arbeitnehmern und Arbeitslosen zu verteilen.

Der starke Rückgang von Arbeitsplätzen und der Wegfall ganzer Berufszweige kann zum Teil durch neue Beschäftigung im wachsenden Dienstleistungs-, Informations- und Kommunikationssektor ausgeglichen werden. Die neuen Arbeitsplätze erfordern in der Regel auch andere und umfassendere Kompetenzen der Erwerbstätigen, die auf dem Arbeitsmarkt (noch) nicht ausreichend vorhanden sind.

Im Zusammenhang mit dem absehbaren demografischen Wandel (sinkender Anteil der erwerbsfähigen Bürger) wird Anfang des nächsten Jahrzehnts eine langfristige Wende auf dem **deutschen und europäischen Arbeitsmarkt** erwartet. Sie birgt aber auch neue Probleme.

bis 2010	ab 2010
• mehr Erwerbspersonen als Arbeitsplätze • hohe Arbeitslosigkeit, hoher Anteil an Unterbeschäftigung • Defizite insbesondere in Arbeitslosen- und Krankenversicherung	• Bevölkerungsrückgang und Alterung der Gesellschaft, weniger verfügbare Arbeitskräfte • Arbeitskräftedefizit, insbesondere Fachkräftemangel in bestimmten Branchen und Berufen • Defizite insbesondere in der Renten- und Pflegeversicherung

4.3.2 Wandel der Werte und der politischen Kultur

In der Gesellschaft der Bundesrepublik vollzieht sich ein **Wertewandel**. Gesellschaftliche oder kulturelle Wertvorstellungen in der Bevölkerung verändern sich grundlegend und längerfristig.

Werte sind allgemeine Prinzipien, die die Einstellungen eines Menschen zu konkreten Themen oder Phänomenen prägen. Als übergeordnete Auffassungen vom wünschenswerten Ideal bilden sie Zielorientierungen des Handelns.

In der Bundesrepublik Deutschland setzte Mitte der 1960er-Jahre vor allem in der jüngeren Generation ein beschleunigter Wertewandel ein. Das widerspiegelten z. B. die Studentenproteste 1968 und die Herausbildung der Neuen Sozialen Bewegungen in den 1970er-Jahren.

Dieser grundlegende Wertewandel fand in allen demokratischen Wohlfahrtstaaten statt, in denen durch sozialstaatliche Politik die materielle Versorgung und Sicherheit der Bürger zunehmend gewährleistet war. Wichtigstes **Kennzeichen des Wertewandels** seit den 1960er-Jahren ist

eine zunehmende Individualisierung und Pluralisierung der Werte. Der traditionelle bürgerliche Wertekanon verlor seine Monopolstellung.
An Bedeutung gewannen solche **Wertebereiche,** wie
- individuelle Selbstentfaltung, was sich in Selbstverwirklichung, Sinn- und Identitätssuche, Infragestellung von traditionellen Normen und Autoritäten, Selbstständigkeit, Individualität und Durchsetzungsfähigkeit, aber auch in einer stärkeren Genuss-, Konsum- und Spaßorientierung niederschlägt,
- soziale und ökonomische Verantwortung für die Umwelt (Schonung natürlicher Ressourcen) sowie für Frieden und Menschenrechte, verbunden mit Wachstums-, Konsum-, und Globalisierungskritik,
- Demokratisierung und Gleichberechtigung, gerichtet auf gesellschaftliche und politische Mitgestaltung sowie auf Gleichstellung von Mann und Frau.

Der **gesellschaftliche Wertewandel** wurde als Fortschritt hin zu mehr Freiheit und Partizipation der Bürger interpretiert, aber auch negativ als **Werteverfall** beklagt und für zahlreiche Krisenerscheinungen in der Gesellschaft verantwortlich gemacht.

Der Soziologe HELMUT KLAGES (geb. 1930) beschrieb den **Wertewandel** als zwiespältigen Prozess mit Chancen und Risiken: Einem Bedeutungsverlust der Pflicht- und Akzeptanzwerte, wie Pflichterfüllung und Gehorsam, Bindungs- und Anpassungsbereitschaft, Ordnungsliebe und Fleiß, steht eine Stärkung der Selbstentfaltungswerte gegenüber, was mit größeren persönlichen Freiheiten verbunden ist.

In der Schwächung der Pflicht- und Akzeptanzwerte wie auch in der Stärkung der Selbstentfaltungswerte wurden die Ursachen für Egoismus („Ego-Gesellschaft"), individuelles Anspruchsdenken, Konsum- und Genussorientierung („Spaß- und Freizeitgesellschaft"), abnehmenden Gemeinsinn, soziale Verantwortungslosigkeit, sinkendes politisches Engagement und den Verlust moralischer Standards gesehen.

In der deutschen Gesellschaft der Gegenwart zeigt sich aber eher eine komplexe, **pluralistische Wertewelt,** in der unterschiedlichste Wertorientierungen nebeneinander bestehen und sich individuell oder gruppenspezifisch mischen, z. B. individuelle Selbstverwirklichung mit Leistungsorientierung, Genuss- mit Pflichtwerten, Pragmatismus mit sozialem Bewusstsein.

Politische Mitwirkung und „Politikverdrossenheit"

In den 1990-Jahren wurden in der deutschen Bevölkerung, insbesondere in der jungen Generation, **Krisenerscheinungen** im Hinblick auf ihr politisches Engagement festgestellt. Das äußerte sich in
- einem geringen bis fehlenden politischen Interesse und in geringen Kenntnissen über politische Themen,
- sinkender Wahlbeteiligung und periodischen Erfolgen radikal-populistischer Splitterparteien,
- geringer politischer Mitwirkung der Bürger, sinkenden Mitgliederzahlen in politischen Parteien, Gewerkschaften und Verbänden.

Diese Tendenzen wurden als alarmierend für die demokratische politische Kultur interpretiert und häufig auf „Politikverdrossenheit" zurückgeführt.

„Politikverdrossenheit" wurde zu einem Sammelbegriff für Haltungen der Bürger zu politischen Themen, Institutionen oder Akteuren, in denen Vorbehalte, Desinteresse, Unzufriedenheit, Misstrauen oder Ablehnung zum Ausdruck kommen.

In einer parlamentarisch-repräsentativen Demokratie wie der Bundesrepublik Deutschland sind Wahlen die allgemeinste Form politischer Beteiligung. Zudem hat der Bürger verschiedene Möglichkeiten politischer Partizipation und gesellschaftlichen Engagements, wie die Mitgliedschaft in Organisationen und Verbänden, die Teilnahme an Initiativen oder einzelnen Aktionen.

Gesellschaft im Wandel

Die Ursachen von Politikverdrossenheit sind vielfältig: Sie reichen von mangelhafter (politischer) Bildung bis zu Erfahrungen der Bürger, dass Politiker ihre Wahlversprechen nicht einhalten oder korrupt sind, worauf Parteienskandale verweisen.

Die Begriffe **Politiker-** oder **Parteienverdrossenheit** kennzeichnen zumeist genauer die Ursache kritischer oder ablehnender Einstellungen von Bürgern gegenüber Politik.

Trotz einzelner Befunde und Entwicklungen ist in der Gesellschaft der Bundesrepublik weder ein allgemeines Desinteresse an Politik noch eine fundamentale Ablehnung der Grundprinzipien freiheitlicher Demokratien festzustellen. Häufig bezieht sich „Politikverdrossenheit" auf Unzufriedenheit oder mangelndes Vertrauen gegenüber Politikern und Parteien als Repräsentanten der Politik.

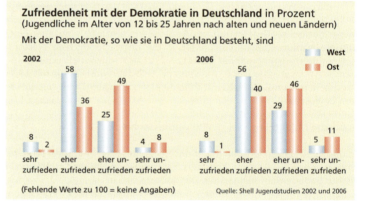

Die Grundtendenzen der politischen Einstellungen der Bundesbürger wurden erschiedenen Erhebungen von ALLBUS und dem Datenreport 2006 des Statistischen Bundesamtes entnommen.

Die **Grundtendenzen der politischen Einstellungen** der Bürger in der Bundesrepublik sind
– breite Zustimmung zur demokratischen Idee und zu den Grundprinzipien freiheitlicher Demokratien,
– mittlere bis geringe Zufriedenheit mit der aktuellen Funktionsweise und Leistungsfähigkeit des politischen Systems in der Bundesrepublik,
– wenig Vertrauen in etablierte Politikinstitutionen (z. B. Parteien, Bundesregierung) und in die Bereitschaft politischer Akteure, die Bedürfnisse und Interessen der Bürger zu berücksichtigen,
– hohes Vertrauen in Institutionen der Exekutive und Judikative (z. B. Polizei, Gerichte) und besonders der jungen Generation in nicht-

etablierte Politikinstitutionen, wie Bürgerinitiativen oder NGOs (z. B. Greenpeace).

Auch **Jugendliche** und junge Erwachsene zeigen Interesse an Politik und gesellschaftlichen Fragen sowie eine grundsätzliche Bereitschaft zum politischen und gesellschaftlichen Engagement. Im Vergleich zur älteren Generation haben sich jedoch ihr Zugang zum Politischen und die Organisationsformen ihres Engagements grundsätzlich geändert. Festzustellen ist:
- abnehmendes Interesse an konventionellen politischen Beteiligungsformen in traditionellen Großorganisationen wie Verbänden, Parteien und Kirchen,
- große Bedeutung der Freiwilligenarbeit in Vereinen,
- große Zustimmung für die Ideen der Umwelt-, Friedens-, Menschenrechtsgruppen und der Globalisierungskritiker bei mittlerem, konstantem Beteiligungsniveau,
- starke Zunahme von politischem und sozialem Engagement bei befristeten, konkreten Projekten und Aktionen.

Die Befunde zu politischem Interesse und zum Engagement Jugendlicher beziehen sich auf die Ergebnisse der DJI-Jugendsurveys 1997 und 2003 sowie der Shell Jugendstudien 2002 und 2006.

Bild:
Büro von Attac, der Organisation von Globalisierungskritikern, in Frankfurt a. M. 2002

Die Vorstellungen Jugendlicher sind auf spontane, flexible, offene Organisations- und Aktionsformen gerichtet, die mehr Raum für Eigeninitiative, Selbstorganisation und Eigenverantwortung geben und weder ideologisch noch parteipolitisch abhängig sind. Zeitlich und thematisch begrenztes Engagement ist vielen Jugendlichen wichtig, ebenso wie weltweite Vernetzung und Kommunikation.
Die neuen Möglichkeiten des Kommunikationsmediums Internet sind mit dem politischen Engagement Jugendlicher eng verbunden, da sie ihrem Interesse nach flexibler und punktueller Beteiligung entgegenkommen.

4.3.3 Wandel im Geschlechterverhältnis

In Deutschland und anderen entwickelten Industriestaaten haben sich die Rolle, das Selbstverständnis und die Lebenssituation von Frauen im 20. Jh. grundlegend gewandelt.
In der Bundesrepublik ist die **Gleichberechtigung der Geschlechter** als gesellschaftliches Grundprinzip verfassungsrechtlich verankert.

„Männer und Frauen sind gleichberechtigt." (Art. 3 Abs. 2 GG)

Da die juristische Gleichberechtigung allein nicht ausreichte, um in der Praxis eine tatsächliche Gleichstellung zu erreichen, wurde das Grundgesetz 1994 noch ergänzt.

„Der Staat fördert die tatsächliche Durchsetzung der Gleichberechtigung von Frauen und Männern und wirkt auf die Beseitigung bestehender Nachteile hin."

Die heutigen Rechte der Frauen sind Ergebnis eines jahrhundertelangen Emanzipationsprozesses – zum einen als weibliche Befreiung aus traditionellen Rollenmustern, Lebensweisen und vorurteilsbeladenen Klischeevorstellungen und zum anderen als Kampf gegen die Vormachtstellung des Mannes und die Unterdrückung der Frau in Gesellschaft und Staat.

Mit dem **Amsterdamer Vertrag** 1999 erhielt die Gleichstellungspolitik der Europäischen Union eine rechtliche Grundlage. Die konkreten Maßnahmen sind in den einzelnen europäischen Staaten jedoch national geregelt (z. B. Frauenförderung, Gleichstellungsbeauftragte).

Die Frauenbewegung kritisierte u. a. die Dominanz der männlichen Form in der Sprache und kämpfte für die sprachliche Repräsentanz von Frauen (Bürger und Bürgerinnen). Gegenwärtig werden zunehmend geschlechtsneutrale Formulierungen, wie „fachgerecht" statt „fachmännisch" oder „Studierende" statt „Studenten" bevorzugt.

> **Gleichstellung** umfasst neben gleichen Rechten und Pflichten für Männer und Frauen Diskriminierungsverbote, Chancengleichheit sowie Abbau von sozialen Ungerechtigkeiten in der Gesellschaft.

In der Bundesrepublik Deutschland entwickelte sich die **neue Frauenbewegung** in den 1970er-Jahren aus Impulsen der Studentenbewegung und parallel zu anderen Neuen Sozialen Bewegungen wie Umwelt- oder Bürgerrechtsbewegung.

Die neue Frauenbewegung setzte sich für gleiche Rechte und Chancen von Frauen und Männern – Gleichstellung von Mann und Frau – in allen Lebensbereichen asoein. Zentrale **Ziele** waren:
- gleicher Zugang zu Bildung, Ausbildung, allen Berufen, Macht- und Entscheidungspositionen, um eine gleichberechtigte Teilhabe in den Strukturen und Institutionen von Politik, Wirtschaft und Gesellschaft zu begründen,
- gleichberechtigte Geschlechterbeziehung und Aufhebung der traditionellen Rollen- und Arbeitsteilung in der Familie,
- Anerkennung frauenspezifischer Interessen, Bedürfnisse und Sichtweisen sowie Schaffung autonomer Freiräume.

Die Forderungen der Frauenbewegung haben die gesellschaftliche Realität in Deutschland in kontinuierlichen Diskussions- und Aushandlungsprozessen weitgehend verändert und zahlreiche **Fortschritte** in Bezug auf Gleichberechtigung gebracht:
- Das Selbstverständnis von Frauen und Männern ist mehrheitlich vom Gleichheitsanspruch getragen.
- Typische Mädchen- bzw. Jungensozialisationen wurden deutlich abgeschwächt (im Erziehungsstil dominiert die Norm der Gleichbehandlung der Geschlechter).
- Die Zukunftsvorstellungen und Orientierungen von Männern und Frauen hinsichtlich Familien- und Berufsorientierung sowie Partnerschaftlichkeit haben sich weitgehend angeglichen.
- Die Dominanz von typisch männlichen und weiblichen Lebensmustern und Rollen wurde aufgehoben, es entstanden ein modernisiertes Geschlechterverhältnis, mehr Wahlmöglichkeiten für Frauen (Familie, Kinder und/oder Karriere) und vielfältigere Formen von Sexualität.

- Bildungsstand und -chancen haben sich angeglichen, ebenso wie das Ausbildungsniveau von Frauen und Männern (teilweise bessere Bildungsabschlüsse von Frauen).
- Die weibliche Erwerbstätigkeit ist gestiegen, was auch auf mehr Teilhabe- und Einflussmöglichkeiten von Frauen in Gesellschaft, Wirtschaft und Politik verweist.
- Die Rechtsgrundlagen der Gleichstellung wurden verändert, z. B. durch Reformen des Ehe-, Familien- und Scheidungsrechts, eine kontinuierliche Gleichstellungspolitik wird betrieben.

Stellung der Frau in der DDR

Auch in der DDR war die **Gleichberechtigung von Mann und Frau** in der Verfassung verankert. Die Umsetzung dieses Ziels unterschied sich aber erheblich von der Situation in der Bundesrepublik Deutschland, in der in den 1950er- und 1960er-Jahren das traditionell-bürgerliche Familien- und Frauenmodell dominierte.

Nach den Grundsätzen der Ideologie und **Staatspolitik in der DDR** war die wichtigste Voraussetzung für die soziale, ökonomische und politische Befreiung der Frau ihre Eingliederung in die Arbeitswelt. Das Ziel war, Frauen in die Erwerbstätigkeit voll einzubeziehen (Vollzeit-Berufstätigkeit). Die staatliche Politik war deshalb darauf gerichtet, die erforderlichen Strukturen für die Vereinbarkeit von Beruf und Familie zu schaffen. Das war verbunden mit einer systematischen und aktiven Frauen- und Familienförderung, u. a. durch staatliche Kinderbetreuungseinrichtungen, besondere Leistungen für Mütter, berufliche Fördermaßnahmen. Diese Politik zeigte **Fortschritte** und legte **Defizite** in der praktischen Gleichstellung von Frauen offen. Einerseits hatte sich im Vergleich zur Bundesrepublik ein höheres Niveau an Bildung, Ausbildung und Erwerbstätigkeit der Frauen entwickelt, andererseits blieben auch in der DDR geschlechtsspezifische Ungleichheiten bestehen: Frauen wurden schlechter bezahlt, hatten geringere Karrierechancen, waren häufiger teilzeitbeschäftigt, und es gab nur wenige Frauen in gehobenen Positionen und einflussreichen Leitungsfunktionen.

Der Anteil erwerbstätiger Frauen mit Kindern war hoch, aber die traditionelle Rollenverteilung in der Familie bestand weitestgehend fort und führte eher zu einer Doppelbelastung der Frauen durch Erwerbsarbeit und Familienarbeit.

In der **DDR** wurde der Grundsatz vertreten, dass sich die Gleichstellung der Geschlechter in der Berufstätigkeit von Mann und Frau sowie in gleichen Rechten und Pflichten der Ehepartner in allen Fragen des Zusammenlebens (Berufsausübung, Haushaltsführung, Kindererziehung) zeigt.

Ungleichheiten auf dem Arbeitsmarkt

Trotz der Erfolge der Frauenbewegung und der Garantie der Gleichberechtigung im Grundgesetz, trotz der mittlerweile erfolgten Angleichung des Bildungsstandes und Ausbildungsniveaus von Männern und Frauen blieben auch in der Bundesrepublik Deutschland soziale und politische **Benachteiligungen von Frauen** bis heute bestehen, insbesondere auf dem Arbeitsmarkt und in der Familie. Das gilt auch für die Länder der Europäischen Union.

Frauen wurden erst 1909 in ganz Deutschland zum Studium zugelassen. 2006 waren in der Europäischen Union 59 % der Hochschulabsolventen Frauen.

Geschlechtsspezifische Benachteiligungen von Frauen auf dem Arbeitsmarkt	Europäische Union (25 Mitgliedstaaten)	Bundesrepublik Deutschland
geringeres Einkommen	Frauen verdienen bei gleicher Arbeitszeit im Durchschnitt 15 % weniger als Männer.	22 % weniger
mehr Langzeitarbeitslose	Die Langzeitarbeitslosenquote von Frauen ist 2 % höher als bei Männern.	1 % höher

Gesellschaft im Wandel

Geschlechtsspezifische Benachteiligungen von Frauen auf dem Arbeitsmarkt	Europäische Union (25 Mitgliedstaaten)	Bundesrepublik Deutschland
mehr Teilzeitbeschäftigung	33 % der Frauen arbeiten in Teilzeit, aber nur 8 % der Männer.	45 % der Frauen, 9 % der Männer
weniger Entscheidungs- und Führungspositionen in Wirtschaft, Wissenschaft und Politik	24 % der Parlamentssitze, 32 % der wirtschaftlichen Führungspositionen, 15 % der Professuren werden von Frauen besetzt.	32 % der Parlamentssitze, 22 % der wirtschaftlichen Führungspositionen, 13 % der Professuren

Die Zahlen in der Tabelle sind dem Gleichstellungsbericht der Europäischen Kommission 2007 entnommen.

Statistisch gesehen handelt es sich dann um „Frauen-" oder „Männerberufe", wenn 80 % oder mehr Frauen bzw. Männer die Erwerbspositionen in einem bestimmten Beruf besetzen.

Zur Erweiterung des Berufsspektrums von Mädchen und jungen Frauen gibt es immer wieder staatliche Modellversuche und Maßnahmen, z. B. die zeitweise Trennung von Jungen und Mädchen in bestimmten Unterrichtsfächern, aber auch Förderprogramme, z. B. für gewerblich-technische Ausbildungsberufe.

Eine wichtige Ursache dieser Ungleichheiten liegt in der eingeschränkten **Berufswahl** junger Frauen, die sich weniger für technikorientierte, naturwissenschaftliche und innovative Berufe in wachsenden Zukunftsbranchen (z. B. neue Technologien) entscheiden. Junge Frauen und Männer wählen nach wie vor überwiegend „Frauen-" bzw. „Männerberufe".

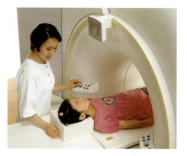

typische „Frauenberufe"	typische „Männerberufe"
Berufe in den Bereichen Erziehung/Pädagogik, Gesundheit, Soziales (z. B. Kindergärtnerin, Krankenschwester, Lehrerin, Ärztin), Kunst/Kultur und Sprachen, Büro und Einzelhandel, Reinigungsbereich	Berufe in den Bereichen Technik, Elektronik, Mechanik, Ingenieur- und Bauwesen, Maschinenbau (z. B. Kfz-Mechaniker, Industriemechaniker, Informatiker, Ingenieur), Naturwissenschaften, Verkehrswesen

Die Unterscheidung in „Frauen- und Männerberufe" beruht auch auf traditionellen Rollenbildern über die geschlechtsspezifische „Eignung" für bestimmte Berufe (körperliche und intellektuelle Fähigkeiten, soziale Kompetenzen). Viele Tätigkeiten in typischen „Frauenberufen" ähneln unbezahlten Tätigkeiten im privaten

Haushalt (Hausarbeit, Kindererziehung, Pflege). Sie sind häufig gesellschaftlich weniger anerkannt und werden geringer entlohnt.

Eine wichtige Ursache für die Ungleichheiten auf dem Arbeitsmarkt liegt in der ungleichen Verteilung der Aufgaben innerhalb der Familie.

Ungleichheiten in der Familie

In der Familie ist die gleichberechtigte, partnerschaftliche Aufteilung der Aufgaben noch nicht erreicht, nach wie vor dominiert die Zuständigkeit der Frau für Haushalt und Kindererziehung.
Einerseits ist die **Erwerbstätigkeit der Frauen** selbstverständlich geworden, andererseits übernehmen Frauen auch weiterhin **Verantwortung für Familie** und Kinder. Mögliche Folgen oder Gefahren sind:

- eine Doppelbelastung der Frauen durch Familienarbeit und Berufstätigkeit (Stress, hoher Koordinierungsaufwand),
- Konflikte durch kollidierende Leitbilder von „guter Hausfrau und Mutter" und „erfolgreicher, berufstätiger Frau" (Vernachlässigung von Mutterrolle oder Karriereorientierung),
- geringere zeitliche Flexibilität und reduzierte Leistungsfähigkeit im Beruf (Teilzeitbeschäftigungen, „Karrierebrüche", Erwerbsunterbrechungen, begrenzte Aufstiegschancen),
- höheres Kündigungsrisiko, materielle Unsicherheit, schlechtere Einstellungschancen aufgrund möglicher späterer Mutterschaft, erschwerter beruflicher Wiedereinstieg nach der Familienphase,
- geringere Rentenansprüche.

Ein wesentlicher Grund für das Überleben der „überkommenen" geschlechtsspezifischen familiären Arbeitsteilung liegt in der Stabilität der traditionellen Rollenbilder (Frau als Hausfrau, Mutter und Ehefrau, Mann als berufstätiger Ernährer der Familie). Die traditionelle Arbeitsteilung ist zwar noch vorherrschend, wird in der jüngeren Generation aber schon vielfach durchbrochen.

> Vereinbarkeit von **Familie und Beruf** ist nach wie vor ein Frauenproblem.

In Deutschland wählen die meisten Frauen zur Vereinbarkeit von Beruf und Familie das **„Dreiphasenmodell"** (Berufstätigkeit bis zur Geburt des ersten Kindes – Familienphase – Rückkehr in die Erwerbsarbeit). In der zweiten Erwerbsphase entscheiden sie sich überwiegend für Teilzeitarbeit, die jedoch weniger Aufstiegs- und Karrierechancen bietet. Dagegen orientieren sich die meisten Männer am **erwerbszentrierten Lebenslaufmodell** (berufliche Karriere und Vollzeitstelle) und setzen Familienarbeit und Kindererziehung in Verantwortung der Frau voraus.
Die Mehrheit der Frauen orientiert sich am Bild der modernen, emanzipierten Frau. Aspekte des traditionellen Frauenbildes (z. B. Mutterrolle) werden mit neuen Werten, wie Karriereorientierung, neue Pädagogik in der Kindererziehung kombiniert. Die Mehrheit der Männer akzeptiert zwar die neue Frauenrolle, orientiert sich selbst aber überwiegend noch am traditionellen männlichen Rollenbild, was sich z. B. in der geringen Inanspruchnahme der Elternzeit zeigt. Zudem sind Politik und Wirtschaft, insbesondere Arbeits- und Berufswelt, nach wie vor an männlichen Lebens- und Verhaltensmustern ausgerichtet.

Die steigende Erwerbsquote von Frauen hat bereits erhebliche Auswirkungen auf die Geburtenrate in Deutschland. Frauen bekommen im Durchschnitt in immer höherem Alter immer weniger Kinder (niedrige Geburtenrate).

4.3.4 Lebensformen und Familie im Wandel

> Der soziale Wandel in Deutschland hat die privaten **Lebensformen** und die **Familie** als die am weitesten verbreitete Grundform menschlichen Zusammenlebens stark verändert.

Lebensformen sind relativ stabile Muster privater Beziehungen, die als Formen des Allein- oder Zusammenlebens (mit oder ohne Kinder) aufgefasst werden. Die zentralen Kriterien zur Beschreibung von Lebensformen sind die Haushaltsgröße und Generationenzusammensetzung, die sozialrechtliche Stellung der Personen, der Familienstand (verheiratet, ledig, verwitwet, geschieden) und die Kinderzahl.

In der vorindustriellen Zeit dominierte das Ideal der **Großfamilie,** die neben Familienmitgliedern mehrerer Generationen und Verwandten auch familienfremde Personen umfasste (Haushaltsfamilie mit Produktionsfunktion, z. B. Familienbetriebe in Handwerk und Landwirtschaft).

Das Ideal der bürgerlichen **Kleinfamilie** ist in Europa in der zweiten Hälfte des 18. Jh.s entstanden. Im 19. Jh. breitete sich dieses Leitbild zunehmend in allen Schichten aus.

Modell der bürgerlichen Familie

- räumlich **getrennte Wohn- und Arbeitsstätte:** Herauslösen der Erwerbstätigkeit aus der Familie; familiäre Tätigkeiten, wie Altersversorgung oder Kindererziehung, werden zum Teil an den Staat abgegeben
- Mann und Frau leben als verheiratetes Paar mit Kind/ern in einer (zwei Generationen umfassenden) **Haushaltsgemeinschaft**
- **Ehe** beruht auf Liebe und Zuneigung, ist auf Dauer angelegt und wird durch Kinder vervollständigt; **Sexualität** zur Fortpflanzung und als Liebeszeichen in der Ehe (Monogamie)
- polare Definition der **Geschlechtsrollen:** Vater ist Familienoberhaupt, sorgt als „Ernährer" mit seiner Berufstätigkeit außer Haus für die Existenzsicherung der Familie und nimmt am öffentlichen Leben teil; Frau ist als Ehefrau und Mutter für Familienarbeit, Haushalt und Kindererziehung zuständig

In der DDR wurde das „sozialistische Familienideal" verfolgt, das der bürgerlichen Kleinfamilie ähnelte, aber die erwerbstätige Mutter einschloss.

In der Bundesrepublik der 1950er- und 1960er-Jahre dominierte in Ideal und Lebensform die **bürgerliche Kernfamilie** mit nicht erwerbstätiger Mutter und zwei Kindern („Normalfamilie"). Geringe Scheidungsraten, hohe Heiratsneigung, frühes Heiratsalter und höhere Geburtenraten waren weitere Merkmale.

> Der soziale Wandel in der Bundesrepublik Deutschland zeigt in der Veränderung der Lebensformen einen Monopolverlust und eine **Veränderung der bürgerlichen Familie** sowie eine Pluralisierung der Lebensformen.

Es zeichnet sich ein Strukturwandel der bürgerlichen Familie ab.

Sozialer Wandel

Strukturwandel der bürgerlichen Familie	
Rückgang der Kinderzahl	• Abnahme der Mehrkinder-Familien (vorherrschendes Modell: Zwei-Kinder-Familien) • wachsende Kinderlosigkeit von Frauen, „späte Mutterschaft"
Geltungs- und Bindungsverlust der Ehe	• starker Rückgang der Eheschließungen bei kontinuierlichem Anstieg der Scheidungsquote • starker Anstieg (und zunehmende gesellschaftliche Akzeptanz) der nichtehelichen Lebensgemeinschaften, der Singles und Alleinerziehenden
Pluralisierung der Lebensformen und veränderte Familien- und Haushaltsstrukturen	• Abnahme von „Normalfamilien"-Haushalten • Zunahme von neuen Lebensformen: nichteheliche Lebenspartnerschaften, Paare ohne Kinder, alleinerziehende Mütter, Singles, „Patchwork"-Familien, Wohngemeinschaften • **Abnahme der Haushaltsgröße** (insbesondere Rückgang der Mehr-Generationen-Haushalte) bei wachsender Haushaltszahl; starker Anstieg der Einpersonen-Haushalte bzw. von Alleinlebenden, wachsender Anteil von Haushalten ohne Kinder

Im Jahr 2006 gab es in Deutschland 373 681 Eheschließungen und 190 928 Scheidungen (Statistisches Bundesamt). Etwa jede dritte Ehe wird geschieden.

Die Charakterisierung des Strukturwandels der Familie beruht auf Datenreports 2006, die Zusammenstellung der Haushaltsgrößen auf Angaben des Statistischen Bundesamtes.

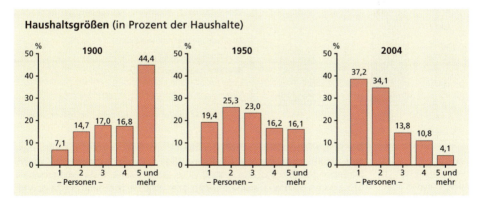

Haushaltsgrößen (in Prozent der Haushalte)

Die Geburtenrate ist in Deutschland – wie zumeist in Europa – sehr niedrig. 2004 lag sie bei „durchschnittlich" 1,4 Kindern pro Frau.

Der Wandel der Lebens- und Familienformen steht in engem Zusammenhang mit
– dem demografischen Wandel (Geburtenrückgang, steigende Lebenserwartung),
– einem Wandel des Geschlechterverhältnisses (veränderte Rollenbilder von Mann und Frau, weibliche Berufstätigkeit, Doppelverdiener-Familien, gleichberechtigte Partnerschaft, partizipativeres Eltern-Kind-Verhältnis, veränderte Erziehungsziele),

Im Zentrum der Veränderungen in Ehe und Familie steht die veränderte Rolle der Frau (vor allem weibliche Erwerbstätigkeit), die mit einer größeren Wahlfreiheit der Lebensgestaltung verbunden ist (ökonomische Unabhängigkeit, Option der Scheidung, Leben mit Kindern oder ohne Kinder).

- einem Wandel der Werte in Bezug auf Familie, Ehe, Kinder, Partnerschaft und einer Ausweitung der „Normalitätsvorstellungen",
- Tendenzen der Individualisierung und Pluralisierung in entwickelten Gesellschaften (Individualisierung des Lebenslaufs, Differenzierung der privaten Lebensformen),
- politischen Reformen im Ehe-, Familien- und Scheidungsrecht.

In Deutschland dominiert nach wie vor das „Normalitätsmuster" der bürgerlichen Kernfamilie, eine Pluralisierung hat vor allem im Nicht-Familiensektor – bei den Lebensformen ohne Kinder – stattgefunden.

Abweichungen vom traditionellen Familienmodell und individualisierte Lebensformen finden sich überdurchschnittlich stark in Großstädten und in höheren Bildungsschichten. Dagegen dominieren in sozialen Unterschichten die herkömmlichen privaten Lebensformen. Von Armut bedroht sind vor allem junge Familien, Alleinerziehende, kinderreiche Haushalte (verstärkt in ausländischen Familien).

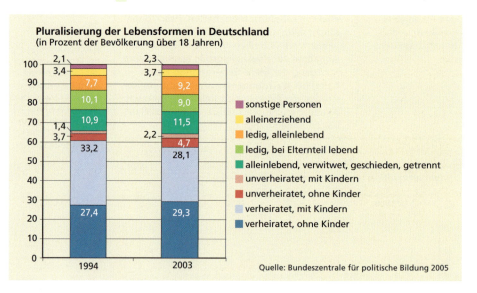

Die Zunahme der Alleinlebenden ist zurückzuführen auf den Anstieg des Durchschnittsalters bei Heirat und Geburt, auf gewachsene Scheidungsraten, gestiegene Lebenserwartung und größere Autonomie der jungen Generation.

Die überwiegende Mehrheit der deutschen Bevölkerung gibt an, dass eine Familie zum Lebensglück notwendig ist. Zugleich nimmt die Zahl **Alleinlebender** (Singles) zu, wobei viele Singles eine feste Partnerschaft ohne gemeinsamen Haushalt haben bzw. eine Partnerschaft nicht grundsätzlich ablehnen. **Gleichgeschlechtliche Lebensformen** haben zunehmende gesellschaftliche Akzeptanz und eine Grundlage rechtlicher Gleichstellung (Partnerschaftsgesetz vom 1. 8. 2001) gefunden.

Die tendenziell nachlassende Bindungskraft des traditionellen Familienmodells und die Verstärkung individualisierter Lebensformen eröffnen zwar neue Handlungsmöglichkeiten, führen aber auch dazu, dass durch Verhandlungs- und Abstimmungsprozesse neue Arrangements und Regelungen im Zusammenleben von Partnern und Familienmitgliedern, aber auch zwischen Familie und Beruf gefunden werden müssen.

4.4 Spannungsfelder sozialer Ungleichheit

> **Soziale Ungleichheiten** entstehen dadurch, dass die wichtigen sozialen Güter unter den Mitgliedern einer Gesellschaft unterschiedlich verteilt sind.

Welche Güter in einer Gesellschaft als wertvoll gelten, ist abhängig von der jeweiligen Zeit, der Kultur und dem politischen System. Mit dem gesellschaftlichen Wandel ändern sich auch die Formen sozialer Ungleichheit.

In entwickelten Gesellschaften bestimmen **vier Basisdimensionen** sozialer Ungleichheit über soziale Vor- und Nachteile und wirken sich entscheidend auf die Lebensbedingungen und -chancen des Einzelnen aus:
– materieller Wohlstand, z. B. Einkommen und Vermögen,
– Wertschätzung (Prestige), z. B. Beruf mit wenig oder viel Ansehen,
– Macht und Einfluss, z. B. Entscheidungsposition in der Wirtschaft,
– Bildung, z. B. niedriger oder hoher Bildungsabschluss.
Darüber hinaus gibt es **weitere Dimensionen sozialer Ungleichheit,** die die Lebensqualität und -chancen der Menschen dauerhaft beeinflussen. Das sind die Bedingungen bei der Arbeit (physische, psychische Belastung), in der Freizeit (Umfang der freien Zeit, finanzielle Möglichkeiten der Freizeitgestaltung), des Wohnens (Wohnumfeld, Wohnungsausstattung), der sozialen Sicherheit (Risiken am Arbeitsplatz, in der Gesundheit, im Alter), sowie die Integrationschancen (Diskriminierung, Vorurteile).
Die Verteilung der Vor- und Nachteile innerhalb der verschiedenen Dimensionen ist stark abhängig vom Beruf, aber auch von Geschlecht, Alter, Generation, Nationalität, Wohnregion und Kinderzahl.

Entscheidend für **soziale Gerechtigkeit** ist nicht nur die Frage, wie die wichtigen Güter in einer Gesellschaft verteilt sind, sondern auch, wie stabil die gesellschaftlichen Vor- und Nachteile sind und welche Chance der Einzelne hat, eine ungünstige Lebenslage zu verbessern (z. B. durch Ausbildung und Leistung).

In bestimmten Bevölkerungsgruppen konzentrieren sich nachteilige Lebensbedingungen. **Randständigkeit** ergibt sich meist aus einer Anhäufung verschiedener ungünstiger Faktoren, die weitere soziale Ungleichheiten hervorrufen oder verstärken. **Soziale Randgruppen** leben häufig in Armut und sozial isoliert. Sie sind nicht oder nur unvollständig in die „Kerngesellschaft" eingegliedert, ihre gesellschaftliche Teilhabe ist gering, sie sind häufiger Diskriminierungen ausgesetzt.
In der Bundesrepublik Deutschland gibt es zahlreiche **Spannungsfelder sozialer Ungleichheit:** zwischen Ost und West, den Geschlechtern, kinderlosen Paaren und kinderreichen Familien, Arbeitsplatzinhabern und Arbeitslosen. Sie können zu gravierenden gesellschaftlichen Konflikten führen und bergen die Gefahr einer „gespaltenen" Gesellschaft.
Soziale Ungleichheiten mit hohem Konfliktpotenzial ergeben sich aus Einkommens- und Vermögensunterschieden (Reichtum und Armut), dem Generationenkonflikt (Jung und Alt) und der gesellschaftlichen Integration von Ausländern (Migranten und Mehrheitsgesellschaft).

Zu den **sozialen Randgruppen** in Deutschland gehören z. B. Obdachlose, Drogenabhängige, Straftentlassene, Langzeitarbeitslose, Teile der ausländischen Bevölkerung und der Alleinerziehenden.

4.4.1 Armut und Reichtum

In Ost- und Westdeutschland entwickelten sich die Lebensbedingungen nach dem Zweiten Weltkrieg sehr unterschiedlich: In der Bundesrepublik führte die Dynamik der sozialen Marktwirtschaft zu einer regelrechten „Wohlstandsexplosion". Die DDR mit zentralistischer Planwirtschaft schaffte zwar gewisse Wohlstandssteigerungen, blieb aber hinter der Wohlstandsentwicklung Westdeutschlands weit zurück.

In der Bundesrepublik Deutschland gab es nach dem Zweiten Weltkrieg einen erheblichen **Wohlstandsanstieg,** der auch den Lebensstandard der wirtschaftlich schwachen Schichten verbesserte. Er äußerte sich in
– der Steigerung des Einkommens (Pro-Kopf-Einkommen der Bevölkerung, Realeinkommen der Haushalte), verbunden mit erheblichem Anstieg der Kaufkraft,
– der Verbesserung der Wohnqualität durch mehr Wohnraum (Anstieg der Wohnfläche pro Person) und besser ausgestattete Wohnungen (Bad, moderne Heizung),
– der steigenden Ausstattung mit Konsumgütern (PKW, moderne Haushaltsgeräte und Kommunikationsmedien),
– einer Bildungsexpansion (bessere Bildung und höhere Bildungsabschlüsse im Bevölkerungsdurchschnitt),
– einer Verkürzung der Arbeitszeit und einem erheblichen Anstieg von Urlaub und Freizeit.

Für die Bevölkerungsmehrheit der Bundesrepublik ist auch in der Gegenwart ein relativ hoher, allerdings ungleich verteilter Lebensstandard kennzeichnend. Nach der deutschen Einheit 1990 entstand zudem eine neue **regionale Dimension sozialer Ungleichheit.** Es gab zwar eine deutliche Annäherung, aber kein keine Angleichung der Lebensverhältnisse in den neuen und alten Ländern. Neue soziale Ungleichheiten mit erheblichem Konfliktpotenzial sind entstanden, vor allem durch Armut, Arbeitslosigkeit und Überalterung in bestimmten Regionen.

Einkommens- und Vermögensunterschiede

Die Verteilung der Vermögen und Einkommen ist ein wichtiger Ausdruck für soziale Gerechtigkeit in einer Gesellschaft.

> In der Bundesrepublik existieren trotz des insgesamt hohen Wohlstandsniveaus erhebliche soziale **Ungleichheiten in Einkommen und Vermögen** und den damit verbundenen Lebenschancen.

Nettoeinkommen sind die verfügbaren Einkommen, also das Geld, das Einzelnen oder Haushalten nach Abzug der Steuern und Sozialabgaben zur Verfügung steht. Nettovermögen umfasst v. a. Sach- und Geldvermögen, Immobilienbesitz, private Versicherungen.

In Bezug auf das Einkommen zeigen sich schichtspezifische Unterschiede zwischen den Bildungs- und Berufsgruppen. Je besser die Ausbildung und je höher qualifiziert der Beruf, desto größer ist die Chance auf ein höheres Einkommen.

 Zu den einkommensstarken Gruppen gehören z. B. freie Berufe, höhere Beamte und Angestellte. Besonders einkommensschwach sind Personen wie Un- und Angelernte.

In der Bundesrepublik Deutschland sind die Nettoeinkommen in den 1990er-Jahren im Durchschnitt konstant geblieben. Doch Haushalte mit hohem Einkommen konnten diese stark steigern. Die Wohlhabenden sind zahlreicher und vermögender geworden. Gleichzeitig stieg die Zahl der überschuldeten Privathaushalte.

Die **Vermögensunterschiede** sind in der Bundesrepublik noch erheblich stärker ausgeprägt als die **Einkommensunterschiede**. Im reichsten Bevölkerungszehntel, das fast die Hälfte des Volksvermögens besitzt, zeigt sich eine starke Vermögenskonzentration (verbunden mit hoher Sparquote), während die zwei ärmsten Zehntel der Bevölkerung im Durchschnitt keinen Besitz bzw. häufig Schulden haben.

Auch innerhalb Deutschlands zeigt sich eine Ungleichverteilung des Vermögens: Das durchschnittliche Nettovermögen der Haushalte in Westdeutschland ist etwa zweieinhalb mal so hoch wie in Ostdeutschland.

Quelle: 2. Armuts- und Reichtumsbericht der Bundesregierung 2005 (nach EVS, ZEW-Berechnungen)

Eine wissenschaftliche Methode zur Beschreibung von Einkommens- und Vermögensungleichheiten ist die Unterteilung der Bevölkerung nach der Höhe ihres Einkommens/Vermögens in zehn Gruppen, um den Anteil der jeweiligen Zehntel (Dezile) am gesellschaftlichen Gesamteinkommen/-vermögen darzustellen.

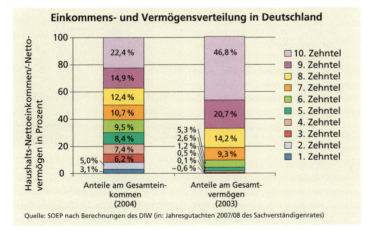

Quelle: SOEP nach Berechnungen des DIW (in: Jahresgutachten 2007/08 des Sachverständigenrates)

Hohe Vermögen werden in der Regel durch Erbschaften schichtspezifisch an die nächste Generation weitergegeben. Zudem haben Personen mit einer besseren Ausbildung auch bessere Chancen zu eigener Vermögensbildung. Die Vermögenskonzentration wird sich vermutlich noch weiter verstärken. Gleichzeitig lebt eine **Randschicht der Armen** an oder unterhalb der Armutsgrenze.

Armut

In Wohlstandsgesellschaften wie der Bundesrepublik Deutschland ist Armut ein relatives Phänomen. Es geht um ein menschenwürdiges Leben.

Armut wird deshalb nicht nur an den Mangel notwendiger Güter, sondern auch an den Ausschluss von üblichen Lebensgewohnheiten und an geringere gesellschaftliche Teilhabechancen gekoppelt.

Der wissenschaftliche **Begriff der Armut**, der den nationalen Armutsberichten der europäischen Staaten zugrunde liegt, orientiert sich an einem relativen Armutskonzept. Orientiert an der „Armutsrisikoquote" der EU (60 %-Grenze) lebten 13,5 % der deutschen Bevölkerung im Jahr 2003 in Armut.

> **Armut** beinhaltet ökonomisch-materielle Defizite und verursacht zudem soziale, kulturelle und psychische Probleme. Diese können zu einer umfassenden Verarmung (Deprivation) des Lebens führen.

Entsprechend dem Grundgesetz (Art. 20 Abs. 1 GG) ist der Staat verpflichtet, jedem Bürger den Mindeststandard einer menschenwürdigen Existenz zu gewährleisten (sozio-kulturelles Existenzminimum). Bei insgesamt hohem Wohlstandsniveau wird Armut als eine – auf den mittleren Lebensstandard bezogene – Benachteiligung aufgefasst. Als arm gilt demnach, wer weniger als 60 % des mittleren Nettoeinkommens in seinem Land zur Verfügung hat. Das ist die von der Europäischen Union politisch festgelegte „offizielle" Armutsgrenze („Armutsrisikoquote"). Zur Bekämpfung von Einkommensarmut dienen in der Bundesrepublik verschiedene staatliche Unterstützungsleistungen.

Ende 2005 bezogen in Deutschland etwa 7,6 Mio. Menschen (9,4 % der Bevölkerung) Sozialleistungen (ISG-Institut Köln 2006).

Der Anteil der Armen in der Gesellschaft ist schwer zu bestimmen, da es unterschiedliche Auffassungen darüber gibt, wann ein Mensch in Armut lebt. Die Statistiken zu Sozialleistungen sind nur begrenzt aussagekräftig, da nicht alle Menschen mit berechtigten Ansprüchen die Hilfeleistung auch beantragen. Offensichtlich ist mit einem großen Anteil an „verdeckter Armut" zu rechnen.

Bestimmte Bevölkerungsgruppen unterliegen statistisch einem erhöhten **Armutsrisiko**: Alleinerziehende, kinderreiche Familien, Arbeitslose, Migranten, Kinder und Jugendliche, Personen mit geringer schulischer oder beruflicher Qualifikation, aber auch zunehmend Erwerbstätige mit geringem Einkommen („working poor").

Auch wenn die Lebensbedingungen der meisten Kinder in Deutschland sehr gut sind, gibt es eine hohe **Kinderarmut** inmitten des Wohlstands: Jedes siebte Kind – rund 1,7 Mio. Kinder bis 15 Jahre – leben in Haushalten, die Sozialleistungen beziehen (Studie des Deutschen Paritätischen Wohlfahrtsverbandes 2005).

Die Modelle der „Zweidrittelgesellschaft" oder einer Dreiteilung der Gesellschaft (↗ S. 214) widerspiegeln die soziale Polarisierung in der Bundesrepublik.

Die **Ursachen der Armut** sind vor allem anhaltende Massenarbeitslosigkeit (steigende Zahl der Langzeitarbeitslosen), das Zerfallen des bürgerlichen Familienmodells (mehr Alleinerziehende) und Lücken im System der sozialen Sicherung (z. B. ungenügende familienpolitische Unterstützung kinderreicher Familien). Seit den 1960er-Jahren hat sich in der Bundesrepublik eine wachsende **Armutskluft** herausgebildet.

> Der Unterschied im Lebensstandard zwischen den Armen und der Mehrheit des Bevölkerungsdurchschnitts hat sich vergrößert. Zusätzlich hat sich die Schere zwischen Arm und Reich weiter geöffnet.

Ende 1998 gab es 510 000 Reiche mit einem Vermögen von über 1 Mio. Euro und etwa 2,8 Mio. überschuldete Haushalte. 2002 waren es bereits 775 000 Vermögensmillionäre und 3,13 Mio. überschuldete Haushalte.

Die Angaben zur Vermögens- und Einkommensentwicklung sind dem 1. und 2. **Armuts- und Reichtumsbericht** der Bundesregierung (2001, 2005) entnommen.

4.4.2 Generationenkonflikt

Wie in vielen entwickelten Industriestaaten ist auch in Deutschland ein **demografischer Wandel** festzustellen. Niedrige Geburtenraten und steigende Lebenserwartung führen zur Schrumpfung und Überalterung der Gesellschaft. Dadurch wird auch das **Generationenverhältnis** unausgewogen.

> Das zahlenmäßig unausgeglichene Verhältnis zwischen Jung und Alt birgt die Gefahr eines grundsätzlichen **Generationenkonflikts,** wenn die Lebenschancen und -risiken zwischen den Generationen ungleich verteilt sind.

Dieser Konflikt entsteht
- bei der **Verteilung von Ressourcen:** Konkurrenz auf dem Arbeitsmarkt wegen Knappheit der Arbeitsplätze; zukünftig ökonomische Belastung der kommenden Generationen durch hohe Staatsverschuldung; langfristig ökologische Belastung durch Umweltzerstörung;
- bei der **Verteilung von gesellschaftlichem Einfluss:** Besetzung von politischen und wirtschaftlichen Entscheidungspositionen; innovative Kräfte kontra Beharrung; Problem der „Besitzstandswahrung".

Ein erhebliches Konfliktpotenzial bergen vor allem die sozialen Ungleichheiten zwischen der älteren Generation und jungen Familien, die Folgen der Arbeitsmarktsituation und die Altersversorgung. Während die Altersarmut in der Bundesrepublik erheblich an Bedeutung verloren hat, ist die junge Generation von Armut bedroht.

Viele Wissenschaftler sehen die Bevölkerungsentwicklung als gesellschaftspolitisch höchst problematisch an und prognostizieren massive negative Folgen: Zusammenbruch der sozialen Sicherungssysteme (immer weniger Beschäftigte, immer mehr Rentner), Abnahme der wirtschaftlichen Produktivität und Innovationsfähigkeit (Mangel an qualifizierten Nachwuchskräften) und insgesamt sinkender Wohlstand.

Darauf verweist die hohe Armutsquote bei Kindern und Jugendlichen, kinderreichen Familien, Alleinerziehenden und alleinlebenden, jungen Erwachsenen.

Die junge Generation ist auch von den **Krisenerscheinungen auf dem Arbeitsmarkt** besonders stark betroffen. Das äußert sich in höherer Arbeitsplatzunsicherheit bzw. Bedrohung durch Arbeitslosigkeit, in ungesicherten Arbeitsverhältnissen und Stagnation der Einkommen. Die gestiegenen Risiken im Arbeitsleben verstärken sich noch durch den 2002 eingeleiteten Umbau des Sozialstaats, der auch von den jüngeren Generationen mehr Mobilität und Flexibilität auf dem Arbeitsmarkt erwartet.

Die Altersversorgung hängt unmittelbar mit der Betreuung und Pflege der wachsenden Zahl alter Menschen, vor allem mit der Funktionsfähigkeit des Rentensystems, zusammen.

Generationenvertrag

In der Bundesrepublik Deutschland basiert das System der gesetzlichen Rentenversicherung auf einem staatlich organisierten **Umlageverfahren zwischen den Generationen.** Dieses Modell folgt dem Konzept des Generationenvertrags, das die Finanzierung der Renten durch die Folgegeneration vorsieht.

> Die Idee des **Generationenvertrags** ist: Die junge, erwerbstätige Generation sorgt für Erziehung und Unterhalt der Kinder (Folgegeneration) und finanziert gleichzeitig durch Pflichtbeiträge die laufenden Renten der älteren Generation, die bereits aus dem Arbeitsleben ausgeschieden ist.
> Als Beitragszahler erwerben die Arbeitnehmer Ansprüche auf eine Altersrente, die wiederum durch die Beiträge der nachfolgenden Generation finanziert werden muss.
> Die Rentenansprüche einer Generation werden demnach durch die Erwerbstätigkeit der nachfolgenden Generation gesichert.

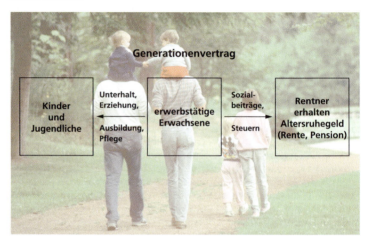

Die **Funktionsfähigkeit** des umlagefinanzierten Systems basiert darauf,
– dass das Zahlenverhältnis zwischen Erwerbstätigen, Kindern und Rentnern ungefähr stabil ist, also die erwerbstätige Generation eine annähernd gleich große Zahl von Kindern (Zwei-Kinder-Kernfamilie) als künftige Beitragszahler aufzieht, und
– dass genügend Erwerbstätige ausreichend Rentenbeiträge einzahlen bzw. der Arbeitsmarkt ausreichend Arbeitsplätze bereitstellt.

> Der geltende „Generationenvertrag" und die damit verbundene Umlagefinanzierung wurden 1957 mit einer Rentenreform eingeführt. Anfang der 1990er-Jahre wurde deutlich, dass angesichts des demografischen Wandels die bisherigen Leistungen des Rentensystems nicht aufrechterhalten werden können.
> Politische Maßnahmen sind u. a. das Absenken des Rentenniveaus, die staatliche Förderung einer zusätzlichen individuellen Altersvorsorge (z. B. „Riester-Rente"), die Erhöhung der Beitragssätze zur gesetzlichen Rentenversicherung oder eine Verlängerung der Lebensarbeitszeit.

> Der demografische Wandel ist durch eine niedrige Geburtenrate (weniger als zwei Kinder) und durch längere Lebensdauer gekennzeichnet.

Die gesellschaftlichen Entwicklungen der letzten Jahrzehnte haben die Voraussetzungen für das bisherige Rentensystem stark verändert. Durch den **demografischen Wandel** ist die Zahl der Erwerbstätigen zu-

rückgegangen, die der Rentner jedoch stark gestiegen. Zudem hat sich die Rentenbezugsdauer infolge steigender Lebenserwartung und Möglichkeiten der Frühverrentung deutlich verlängert.
Mit der Entwicklung von der Industrie- zur Dienstleistungs- und Informationsgesellschaft vollzieht sich ein **Wandel in der Arbeitswelt** (flexiblere Arbeitsverhältnisse, Massenarbeitslosigkeit), was sich auch in geringeren und unsicheren Beitragseinnahmen niederschlägt.
Mögliche Wege zum Ausgleich des demografischen Problems werden in höherer wirtschaftlicher Produktivität, in familienpolitischen Maßnahmen, in einer Reform der sozialen Sicherungssysteme und in geregelter Zuwanderung gesehen.
Kontrovers wird debattiert, ob das **umlagefinanzierte Rentensystem** auch zukünftig noch die Alterssicherung ermöglichen kann, ob es reformiert oder durch ein anderes Modell ersetzt werden sollte.

Politiker und Wissenschaftler sind sich darin einig, dass die Folgen des demografischen Wandels nicht durch einzelne Maßnahmen gelöst werden können.
Sie können z. B. nicht allein durch Zuwanderung ausgeglichen werden. Nach einer Studie der Vereinten Nationen müssten die EU-Länder eine sehr hohe Zahl an Zuwanderern aufnehmen, um die erwerbstätige Bevölkerung stabil zu halten. In Deutschland wären demnach 500 000 Zuwanderer pro Jahr notwendig.

 Alternative Modelle sind z. B.
- das **kapitalgedeckte System,** in dem für die künftigen Rentner Rücklagen gebildet werden, u. a. durch staatliche Fonds, Betriebsrenten, private Vermögensbildung, oder
- das System der **steuerfinanzierten Grundrente,** in dem die Steuerzahler für jeden Bürger eine Mindestsicherung im Alter finanzieren (wobei die Höhe unabhängig von früherer Berufstätigkeit ist), die durch private Vorsorge ergänzt wird.

Weit verbreitet ist auch die Auffassung, dass die kollektive Sicherung reduziert und die Eigenverantwortung für die Altersvorsorge zunehmen muss, was auf eine Kombination aus staatlicher, privater und betrieblicher Vorsorge hinausläuft.

4.4.3 Migration und Integration

> Die Bundesrepublik Deutschland ist faktisch ein **Einwanderungsland.**

Die deutsche Bevölkerung wird durch vielfältige **Migrantengruppen** ergänzt.

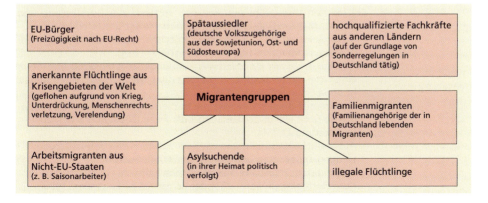

Gesellschaft im Wandel

Im Jahr 2005 lebten etwa 7,3 Mio. Ausländer in Deutschland, was knapp 9 % der Gesamtbevölkerung entspricht (Statistisches Bundesamt). Hinzu kommen etwa 1,5 Mio. eingebürgerte Einwanderer sowie 4,5 Mio. deutschstämmige Aussiedler, die nicht als Ausländer gezählt werden. Jeder fünfte Ausländer in Deutschland wurde bereits hier geboren und gehört damit zu den Migranten der zweiten und dritten Generation.

In vielen EU-Ländern ist der nominelle Ausländeranteil wesentlich geringer als in Deutschland, da sehr viel mehr Migranten eingebürgert werden (z. B. in Schweden etwa zehnmal mehr).

Die **Arbeitsmigranten** und ihre Familien bilden den größten Teil der ausländischen Bevölkerung in Deutschland. Die meisten von ihnen stammen aus Ländern, in denen die Bundesrepublik aufgrund eines Arbeitskräftemangels im Zuge des „Wirtschaftswunders" in den 1950er- und 60er-Jahren „Gastarbeiter" anwarb: aus der Türkei, Jugoslawien, Italien, Griechenland. Viele Arbeitsmigranten sind zu Einwanderern geworden, die längerfristig oder auf Dauer im Land bleiben.

Migranten leisten einen wichtigen Beitrag zur wirtschaftlichen Entwicklung und bereichern das gesellschaftliche Zusammenleben kulturell. Ihre **Integration** bleibt jedoch eine dauerhafte Aufgabe von Staat und Gesellschaft.

Integration, lat. integratio = Wiederherstellung eines Ganzen – der Zusammenschluss von Teilen zu einer Einheit; soziologisch die Eingliederung von Personen oder Gruppen in Gesellschaft bzw. Staat

Die Arbeits- und Lebensverhältnisse der **Migranten** haben sich seit den 1980er-Jahren deutlich verbessert und es gab Integrationsfortschritte besonders bei der größten Gruppe der Arbeitsmigranten und ihren Familien durch begrenzten sozialen Aufstieg, Verbesserung des Rechtsstatus, der Bildungs- und Berufschancen sowie der Einkommens- und Wohnverhältnisse. Zudem nahm in der breiten Bevölkerungsmehrheit die Akzeptanz der ethnischen Minderheiten kontinuierlich zu und die sozialen Kontakte verbesserten sich – im Freundeskreis, in der Nachbarschaft, am Arbeitsplatz.

Dennoch sind die sozialen Ungleichheiten keineswegs überwunden.

Ungleiche Chancen

Die sozialen Ungleichheiten zwischen ausländischer Bevölkerung und deutscher Mehrheitsgesellschaft sind nach wie vor gravierend:
- Ausländer sind im Durchschnitt schlechter qualifiziert als Deutsche (niedrigere Bildungs- und Ausbildungsabschlüsse).
- Ausländer weisen eine geringere Ausbildungsbeteiligung auf; etwa ein Drittel der ausländischen Bevölkerung zwischen 20 und 29 Jahren ist ohne Erstausbildung.
- In der ausländischen Bevölkerung ist die Arbeitslosenquote etwa doppelt so hoch wie in der Gesamtbevölkerung (2003: Migranten 20,4 %; Bevölkerung 11,7 %).
- Ausländische Haushalte sind häufiger auf staatliche Unterstützungsleistungen angewiesen und stärker von Armut bedroht.
- Ausländische Haushalte haben durchschnittlich ein geringeres Pro-Kopf-Nettoeinkommen – 73 % des deutschen Einkommens (1998).

- Ausländer leben häufiger in Armut – 22 %, Deutsche 7 % (2000).
- Ausländische Bevölkerungsgruppen leben durchschnittlich schlechter und beengter als die deutsche Bevölkerung (mehr Personen in kleineren Wohnungen, oft hohe Umwelt- und Verkehrsbelastungen).

In großen Teilen der ausländischen Bevölkerung konzentrieren sich diese sozialen Ungleichheiten, was mit begrenzten Möglichkeiten gesellschaftlicher Teilhabe sowie der Gefahr sozialer Isolation und Perspektivlosigkeit verbunden ist. Auch spezifische **Migrantenprobleme,** wie Trennungserfahrungen, Kultur- und Identitätskonflikte sowie Diskriminierungserlebnisse verstärken soziale Ungleichheiten.

Die Angaben zur Situation von Migranten stammen aus dem Bericht der Bundesregierung „Lebenslagen in Deutschland" (2005) sowie dem 7. Bericht zur Lage der Ausländerinnen und Ausländer in Deutschland, die von der Beauftragten der Bundesregierung für Migration, Flüchtlinge und Integration 2007 vorgelegt wurde.

In der mit etwa 2 Mio. größten Gruppe der ethnischen Minderheiten in Deutschland, den Türken, zeigt sich z. B. eine starke Konzentration sozialer Ungleichheiten. Sie bestehen in schweren und belastenden Arbeiten, Konflikten zwischen deutscher und traditioneller Heimatkultur, schlechten Deutschkenntnissen, hohen Isolationstendenzen und Bildungsdefiziten.

Zentral für die Integration ethnischer Minderheiten sind die Bildungs- und Berufschancen der **Migrantenkinder,** da sie über die Lebenschancen künftiger Generationen entscheiden. Trotz festzustellender Bildungsfortschritte zeigen sich bei Migrantenkindern nach wie vor erheblich geringere **Bildungs- und Berufschancen.**

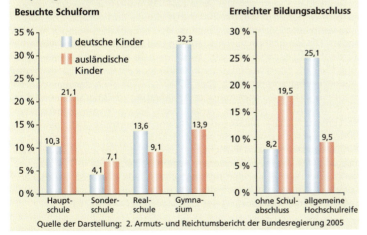

Die international vergleichenden PISA-Studien der OECD (2002, 2003, 2006) kamen zu dem Ergebnis, dass die Benachteiligungen von Migrantenkindern im Bildungssystem Deutschlands erheblich größer sind als in anderen Ländern.

Die **Ursachen für die Bildungsproblematik** der Migrantenkinder liegen in mangelnden Sprachkompetenzen, Schwierigkeiten der Migrationssituation (z. B. Kulturdifferenzen), familiären Bedingungen (z. B. geringe Lernunterstützung, beengte Wohnsituation) sowie an Defiziten der schulischen Förderung (z. B. Mängel im interkulturellen Verständnis oder im Deutschunterricht).

Die Abschottung ethnischer Gruppen innerhalb von Städten wird auch als problematische Bildung von „Parallelgesellschaften" bezeichnet.

Diese Bildungsdefizite wirken sich negativ beim Übergang in die Arbeitswelt aus, vor allem auch angesichts der Lehrstellenknappheit und der wenigen Ausbildungsplätze. Sie gelten als zentrale Ursache für Integrationsprobleme der jungen Migrantengeneration und können gravierende Folgen nach sich ziehen, wie ein hohes Risiko der Arbeitslosigkeit, Randständigkeit, Kriminalität. **Integrationsdefizite** werden zudem durch fremdenfeindliche Einstellungen und Gewalt gegen Ausländer verstärkt.

2006 registrierte das Bundesministerium des Innern steigende Fallzahlen bei politisch rechts motivierter Kriminalität mit fremdenfeindlichem Hintergrund: 3294 Straftaten (2493 im Jahr 2005) sowie 511 Gewalttaten (373 im Jahr 2005).

Gewalt gegen Ausländer findet zwar nur bei einer kleinen Bevölkerungsminderheit Sympathien, kann aber im Zusammenhang mit alltäglichen Formen der Ausländerfeindlichkeit und Diskriminierung – Beleidigungen, Benachteiligungen und Ausgrenzungserfahrungen – vielfältige psychische Belastungen und weiterwirkende Folgen mit sich bringen. Besonders in Großstädten verursachen Integrationsdefizite auch Tendenzen der Segregation oder Abschottung. Diese können zur Herausbildung von sozialen Brennpunkten führen, wenn sich verschiedene Probleme bündeln, wie massive Sprachschwierigkeiten, religiöser Fundamentalismus, Kriminalität, Armut und Arbeitslosigkeit.

Integration – Integrationspolitik

In Deutschland wird sich der Anteil der Migranten in Zukunft voraussichtlich weiter erhöhen, bedingt durch globale und europäische Migration, weltweite Flüchtlingsströme und den ökonomisch-demografischen Bedarf. Die **Integration von Ausländern** und ethnischen Minderheiten in die deutsche „Kerngesellschaft" bleibt deshalb eine große Herausforderung bleiben. Integration wird von Politikern und Wissenschaftlern sehr unterschiedlich interpretiert, aber es herrscht Einigkeit darüber, dass Integration als Prozess gegenseitiger Annäherung von Migranten und Aufnahmegesellschaft gestaltet werden muss. Spracherwerb, interkulturelles Lernen, gleiche Bildungschancen und Erwerbstätigkeit gelten als zentrale Voraussetzungen für erfolgreiche Integration und Partizipation von Zuwanderern. Dass Deutschland aufgrund des demografischen Wandels und des damit verbundenen Arbeitskräftedefizits in Zukunft verstärkt auch auf Zuwanderung angewiesen sein wird, ist weitgehend Konsens. Strittig sind jedoch die geeigneten **Konzepte der Integration** und die politische Steuerung der Zuwanderung (↗ S. 267 f.).

Das Konzept der „multikulturellen Integration" verfolgt eine Politik, die Akzeptanz und Chancengleichheit ethnischer Minderheiten mit dem Prinzip der „Einheit in Verschiedenheit" verbindet. Ziel sind gesellschaftliche Bedingungen, in denen Mehrheit und ethnische Minderheiten auf der Basis gemeinsamer Sprache, Regeln und Grundwerte der freiheitlich-demokratischen Grundordnung im gegenseitigen Respekt für die jeweiligen sozialen und kulturellen Besonderheiten gleichberechtigt und in Frieden miteinander leben.

4.5 Gesellschaftspolitik

Gesellschaftspolitik umfasst die Ziele und Mittel, mit denen in die Beziehungen der Menschen eingegriffen wird, um soziale Ungleichheiten zu verringern oder zu vermeiden.

Die Ziele und Mittel, mit denen in die Beziehungen der Menschen eingegriffen werden soll, sind selbst das Ergebnis politischer Entscheidungen.

Jeweils auf politischen Entscheidungen beruhend, umfasst sie neben Sozialpolitik oder Gesundheitspolitik weitere Politikfelder.
Die gesellschaftspolitischen Entscheidungen folgen meistens einem landestypischen „Entwicklungspfad", der durch den Typ der Gesellschaft, des politischen Systems und durch Tradition eingegrenzt wird. In einer **kollektivistischen Gesellschaft** stehen ganzheitliche Ziele vor denen von Gruppen, Familien oder Individuen. In einer **individualistischen Gesellschaft** haben die Ziele der Gesellschaftsmitglieder Vorrang.
Der deutsche Entwicklungspfad versucht, beide Orientierungen zu verbinden („mittlerer Weg") durch
– umfassende gesellschaftspolitische Gestaltungskonzepte und
– ständige Rückbindung an die vielfältigen und widersprüchlichen Mitgliederinteressen. Das geschieht über politische Wahlen oder im Rahmen der Selbstverwaltung der Sozialversicherungen.

4.5.1 Sozialpolitik

Sozialpolitik umfasst die Maßnahmen des Staates, der Sozialversicherungen und der Betriebe, die allen Mitgliedern der Gesellschaft Schutz und Sicherung gegen Not- und Mangellagen gewährleisten.

Sozialpolitik bildet eine Voraussetzung für die Entfaltung der Einzelnen. In ihrem Mittelpunkt steht die **soziale Sicherheit** der Erwerbstätigen und ihrer Angehörigen in Form vorgeschriebener Mitgliedschaften in **Sozialversicherungen**.
Die Ausgaben der Versicherungen werden aus den Beiträgen und staatlichen Zuschüssen finanziert (Umlagefinanzierung im „Generationenvertrag"). Die Beiträge teilen sich Arbeitnehmer und Arbeitgeber, ausgenommen die Unfallversicherung – die zu 100 % der Arbeitgeber trägt – und die Pflegeversicherung, für die die Rentner den vollen Beitrag zahlen.

Ursprünglich war **Sozialpolitik** eine Antwort der Reichsregierung unter OTTO VON BISMARCK auf die soziale Not beim Übergang von der Agrar- zur Industriegesellschaft (soziale Frage des 19. Jh.s). Inzwischen wurde sie zur Grundlage des modernen **Sozialstaats** und dessen Minimalziel, ein menschenwürdiges Dasein aller zu sichern (Art. 20 Abs. 1 GG). Starke Impulse erhielt sie aus der sozialistischen Arbeiterbewegung und der christlichen Soziallehre sowie generell aus den demokratischen Strömungen.

Das Maß der Sicherung wird politisch entschieden. Das betrifft die Einrichtung der Versicherung, Leistungsarten und -höhen (z. B. Geld- oder Sachleistungen), Beiträge.

Ein wichtiger Teil der **Sozialgesetze** ist im Sozialgesetzbuch zusammengefasst.

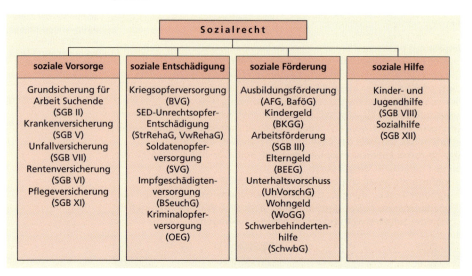

Die Sozialpolitik folgt zwei grundlegenden Zielen.

soziale Sicherheit	• Schutz vor wirtschaftlicher und sozialer Not als Folge von Arbeitslosigkeit, Krankheit, Unfall, Invalidität und Alter • Unterstützung von Erwerbslosen
soziale Gerechtigkeit	• Startgerechtigkeit (z. B. beim Berufseintritt) • Gleichbehandlung von Frau und Mann • Lohn- und Preisgerechtigkeit, Ausgleich unterschiedlicher Familienlasten, Ausgleich krasser Einkommens- und Vermögensdifferenzen • Hilfe für sozial Schwache

Träger der sozialpolitischen Maßnahmen sind die öffentliche Verwaltung von Bund, Ländern und Kommunen und die Freie Wohlfahrtspflege.

Typisch für Deutschland ist die starke Stellung der **Sozial- bzw. Wohlfahrtsverbände,** wie der Arbeiterwohlfahrt, des Deutschen Caritas Verbandes oder des Deutschen Roten Kreuzes. Sie sind privatrechtlich und in Selbstverwaltung organisiert und genießen einen gesetzlich begründeten Vorrang vor öffentlichen sozialpolitischen Maßnahmen.

Gesellschaftliche und soziale Konflikte werden vorzugsweise durch **sozialpolitische Maßnahmen** zugunsten der jeweils betroffenen Individuen, Familien oder Gruppen geregelt. Sozialpolitische Einsatzkriterien bestimmen dabei, wie etwas nicht sein soll (negative Kriterien).

Gesellschaftspolitik

 So führt die Verwahrlosung von Kindern z. B. zur Kinderfürsorge mit Beratung, zur Bevormundung bis zur zwangsmäßigen Trennung von Kind und Eltern.

Der soziale Frieden in der Gesellschaft wird im starken Maße durch Sozialpolitik gewährleistet. Sie ist Teil der **Wohlfahrtsentwicklung.** Wohlfahrt entsteht für die Gesellschaftsmitglieder aus dem Angebot dreier Versorgungssysteme:
- des Marktes,
- des Staates,
- des „3. Sektors" der Sozialverbände, Stiftungen und Selbsthilfeorganisationen.

In Deutschland besteht deshalb **Wohlfahrtspluralismus,** dessen Wahlmöglichkeiten für die Gesellschaftsmitglieder allerdings durch die starke Verbandsmacht der Wohlfahrtsverbände erheblich eingeschränkt sind.

 Fast 80 000 Institutionen engagieren sich in der Jugendhilfe, entweder bei der Betreuung einzelner Jugendlicher, der Beratung (Erziehungs-, Suchtfragen) oder der sozialpolitischen Familienunterstützung.

Modell Deutschland

Die Sozialpolitik in der Nachkriegszeit war bestrebt, jene durch ein „soziales Netz" aufzufangen, die in der Wettbewerbswirtschaft nicht zum Erfolg gelangten. **Sozialpolitik** wurde als ergänzendes Element der Sozialen Marktwirtschaft verstanden. Die Bindung an den Arbeits- und Wirtschaftsprozess lockerte sich in den 1970er-Jahren zugunsten des sozialpolitischen Ziels der Einkommensangleichung mittels Umverteilung. **Einkommensumverteilungen** finden statt über
- Steuern (durch zahlreiche Steuerbefreiungen),
- direkte Einkommenszuweisungen an bestimmte Gruppen (z. B. zur Fürsorge, Kinder- und Mutterschaft, Ausbildung, Wohnungsmiete, Sparförderung),
- Ausweitung der sozialpolitischen Leistungen hin zur Beschäftigungs-, Familien-, Randgruppen-, Wohn- und Vermögenspolitik.

Ein Anstieg der finanziellen Aufwendungen schlägt sich nieder in erhöhten Beiträgen, Lohnnebenkosten sowie steuer- und schuldenfinanzierten Staatszuschüssen.

 Sozialpolitisch bedeutsam sind die Regulierungen des Arbeitsschutzes und der Arbeitsbeziehungen im Tarif- und Arbeitsrecht (↗ S. 175).

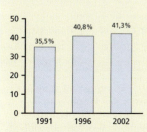

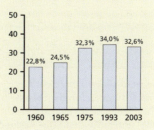

Quelle: Berichte der Bundesministerien für Wirtschaft und Arbeit sowie Gesundheit und Soziale Sicherung

Datenquelle: Bundesministerium für Arbeit und Soziales, 2007

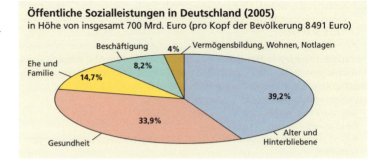

Den Ausdruck „Modell Deutschland" verwandte erstmals die SPD im Wahlkampf 1976.

Ausgehend vom Regierungsprogramm Agenda 2010 und einem Kommissionsbericht (Hartz-Kommission) wurde 2003 der Kampf gegen die Arbeitslosigkeit intensiviert und reformiert. Hartz I bis IV (2003 bis 2005) fasst arbeitsmarkt- und versicherungspolitische Maßnahmen des Gesetzgebers zusammen.

Die seit 1949 stabile soziale, ökonomische und politische Entwicklung führte dazu, von einem **Modell Deutschland** zu sprechen und es auch den europäischen Nachbarn zu empfehlen. Seit den 1980er-Jahren haben sich die Bedingungen durch hohe Arbeitslosigkeit, Wachstumsschwäche, deutsche Vereinigung und internationalen Wandel (Globalisierung) erheblich verändert.

Bei längerer Lebenserwartung (demografischer Wandel) und damit längerer Alterszeit reicht inzwischen die Gesetzliche Krankenversicherung (GKV) nicht mehr aus, den gewohnten Lebensstandard auch im Alter zu halten. Sollte die Versicherung dies weiterhin leisten, müssten die Beiträge der Versicherten ungewöhnlich und damit inakzeptabel stark ansteigen. Durch die Gesetzgebung der letzten zehn Jahre entstand ein **neues System der Alterssicherung:**

– Das allgemeine Rentenniveau sank, da die jährliche Anpassung nun dem Netto- und nicht mehr dem Bruttolohn folgt, das Renteneintrittsalter anstieg (bis auf 67 Jahre) und die abnehmende Zahl der Beitragszahler im Verhältnis zur Rentnerzahl berücksichtigt wird (demografischer bzw. Nachhaltigkeitsfaktor). Die Standardrente soll nicht unter 46 % des Brutto-Einkommens geraten.

– Die Rentenversicherten müssen nunmehr zusätzlich privat – zum Beispiel über die kapitalfinanzierte Riesterrente – und über den Betrieb (Betriebspensionen) vorsorgen. Dafür sollen sie rund 4 % des privaten Einkommens aufwenden.

4.5.2 Gesundheitspolitik

Gesundheitspolitik umfasst die Regelungen und Maßnahmen des Staates, der Selbstverwaltung und privater Organisationen, die Gesundheit der Bevölkerung zu sichern.

Die Bestimmung von Gesundheit – und im Gegenzug von Krankheit – unterliegt dem historischen Wandel.

Die naturwissenschaftlich-medizinische Entwicklung nimmt starken Einfluss auf das Gesundheitsverständnis. Es lassen sich körperliche (somatische), seelische (psychosomatische) und gesellschaftliche Gesundheitsanteile unterscheiden. Die Gesundheitsdefinition der Weltgesundheitsorganisation (WHO) als „Zustand völligen körperlichen, geistigen und sozialen Wohlbefindens" wird in Deutschland nicht zugrunde gelegt.

Die **Ziele der deutschen Gesundheitspolitik** sind:
- Freisein der Bevölkerung von Krankheit, insbesondere Bewahrung der Arbeitsfähigkeit,
- Angebot einer hauptsächlichen nachsorgenden (kurativen) Medizin, ergänzt um vorbeugende Maßnahmen und Gesundheitsvorsorge.

Marktwirtschaftliche Gesundheitspolitik herrscht z. B. in den USA und in der Schweiz vor, ein staatliches Versorgungssystem in Großbritannien.

Die **deutsche Gesundheitspolitik** folgt seit Gründung der gesetzlichen Krankenversicherung 1883 einem mittleren Entwicklungspfad zwischen den Ordnungsmodellen des Marktes und des Staates. Sie verfügt über ein eigentümliches System der „Vielfachsteuerung" (P. HERDER-DORNEICH) mit einem generellen Vorrang der Selbstverwaltung.

Konzertierte Aktion im Gesundheitswesen	
Bund und Länder	**Sozial- bzw. Wohlfahrtsverbände**
• politisch-gesellschaftliche Rahmenrichtlinien des Bundes (Bundesministerium für Gesundheit, Bundeszentrale für gesundheitliche Aufklärung) • Bund-Länder-Programm der Krankenhausfinanzierung • Länderplanung des Krankenhausbaus • öffentlicher Gesundheitsdienst der Länder und Kommunen (Gesundheitsämter)	• **Verbände der Krankenkassen** (unterschiedliche Kassenarten) der Versicherten, mit paritätischer Selbstverwaltung der beitragsleistenden Versicherten und der Arbeitgeber • **Kassenärztliche Vereinigungen** als Pflichtvereinigungen der Ärzte regulieren in Verhandlungen die Preise (Honorare) der medizinischen Leistungen, die Vorgaben medizinischer Leistungserbringung (regionale Ärzteverteilung und ambulante Versorgung der Bevölkerung)

Das **Gesundheitswesen** kombiniert drei Steuerungsarten: die staatlich-hierarchische Steuerung mit korporatistischen Beziehungen zwischen Staat und Verbänden und verhandlungsdemokratischen Beziehungen zwischen den Verbänden. Die Verbände spielen dabei die größte Rolle. Die wichtigste Institution des Gesundheitswesens ist die **Gesetzliche Krankenversicherung** (GKV) als Universalversicherung für rund 90 % der Bevölkerung – neben Privatversicherungen und der Beamtenversorgung. Die Pflegeversicherung (1995) ist als beitragsfinanzierte Sozialversicherung aufgebaut. Durch die Gesundheitsreform von 2007 wird bis 2009 die Versicherungspflicht für alle in gesetzlicher und privater Versicherung mit einem einheitlichen Beitragssatz eingeführt. Es wird ein zentraler Gesundheitsfond gebildet, aus dem die Krankenkassen einen einheitlichen Beitrag für jeden Versicherten erhalten. Der Fond speist sich aus den Beiträgen der Versicherten, der Arbeitgeber und aus staatlichen Zuschüssen.

Ein Resultat der „Vielfachsteuerung" ist dessen langfristige Stabilität über verschiedene politische Systeme des 20. Jh.s hinweg.

Alternativen zur Pflegeversicherung sind die private Vorsorge und die steuerfinanzierte Volksversicherung.

Die **öffentlichen Gesamtausgaben** für Gesundheit sind seit den 1970er-Jahren aufgrund der medizinischen Fortschritte (Apparatemedizin), dem ansteigenden Lebensniveau der Bevölkerung und der längeren Lebensdauer stark gestiegen. 2003 betrugen die Gesundheitsausgaben in Deutschland insgesamt 239,7 Mrd. Euro. Davon entfielen auf die gesetzliche Krankenversicherung 136 Mrd. Euro.

4.5.3 Familienpolitik

Familie, lat. familia = Hausgenossenschaft

> Die **Familienpolitik** umfasst alle Maßnahmen, die dem rechtlichen Schutz von Ehe, Familie, nichtehelichen Kindern (Art. 6 GG) und ihrer materiellen Förderung dienen.

Sie ist darauf gerichtet,
- das Ehe-, Verwandtschafts-, Kindschafts- und Vormundschaftsrecht zu regeln,
- die drei **Familienfunktionen** Nachwuchs, Persönlichkeitsentwicklung und Sozialisation zu fördern,
- daraus abgeleitete Förderungen, insbesondere der Familiengründung, Kindererziehung, der Vereinbarkeit von Beruf, Mutter- bzw. Vaterschaft und Familie sowie des Existenzminimums für Kinder zu sichern.

Von 23,1 Mio. Paaren in Deutschland (2005) leben 81% als Ehepaare im gemeinsamen Haushalt, die übrigen in nichtehelichen oder gleichgeschlechtlichen Lebensgemeinschaften.

Familienpolitik ist eine **Querschnittsaufgabe**, die sozial-, wirtschafts-, bildungs- und wohnungspolitische Themen umfasst. Familienangelegenheiten werden vom Bundesministerium für Familie (gegründet 1953), von Länderministerien und von Beratungsstellen der Kommunen, Kirchen und Sozialverbänden betreut.

Anders als in der DDR haben die bundesdeutschen Regierungen der Nachkriegszeit versucht, an das bürgerliche Familienleitbild der Jahrhundertwende anzuknüpfen und die nicht berufstätige Ehefrau und Familienmutter zur Norm zu machen. Allerdings standen dem die zahlreichen Kriegerwitwen, die „vaterlose Gesellschaft" entgegen, ferner auch die Erfahrungen zweier Kriege mit dem Einsatz der Frauen in der Kriegswirtschaft.

Die DDR orientierte sich an der klassischen marxistischen und sozialdemokratischen Vorstellung, durch weibliche Berufstätigkeit und Kinderbetreuung außerhalb der Familie die gleichberechtigte Teilung der häuslichen Pflichten zu erreichen.

Tabelle nach Angaben des Statistischen Bundesamtes

	Erwerbstätige unter den Müttern (in %) 2002			
	alte Bundesländer		neue Bundesländer	
Zahl der Kinder	Vollzeit	Teilzeit	Vollzeit	Teilzeit
1 Kind	25,6	35,8	51,3	18,4
2 Kinder	17,2	43,3	51,2	20,4
3 und mehr Kinder	13,0	34,0	32,7	21,4

Keines der bisher in Deutschland praktizierten familienpolitischen Leitbilder konnte die Teilung der häuslichen Pflichten bewirken, ausgenommen in der Kindererziehung.
In der Bundesrepublik stehen sich seit längerem **zwei familienpolitische Konzepte** entgegen.

Sozialdemokratische, liberale und grüne Regierungen neigen zum ersten Konzept, bürgerlich-konservative (und katholische) Regierungen zum zweiten.

Die Familie mit berufstätiger Ehefrau und Mutter, die ihre Berufstätigkeit in der Phase, in der die Kinder geboren und betreut werden, befristet unterbricht. Nach diesem Konzept werden z. B. Kinderkrippen für Kleinkinder und Tagesmütter gefördert.	Die Familie mit nicht berufstätiger Ehefrau und Mutter, die ihre familiären Pflichten langfristig in den Mittelpunkt rückt. Nach diesem Konzept wurden z. B. Mütter durch Erziehungsgeld gefördert.

Zu wichtigen **familienpolitischen Maßnahmen** in der Bundesrepubik gehören:
- Einführung des Kindergelds als Kernstück des Familienlastenausgleichs (1954),
- Förderung des Eigenheimbaus durch unverzinsliche Darlehen,
- Förderung von Alleinerziehenden (Unterhaltsvorschuss, wenn der zweite Elternteil nicht zahlt; Betreuungs- und Erziehungsfreibeträge im Steuerrecht),
- Ehe- und Familienrechtsreform von 1977 (partnerschaftliche Ehe ersetzt das Leitbild der Hausfrauenehe),
- Erziehungsurlaub und Anerkennung von Erziehungsjahren in der Rentenversicherung (1986),
- Berücksichtigung nichtehelicher und gleichgeschlechtlicher Lebensgemeinschaften,
- Kinderzuschlag für gering verdienende Eltern, die den Unterhalt ihrer Kinder nicht finanzieren können (2005),
- Elterngeld für berufstätige Eltern, die zur Kinderbetreuung im Beruf pausieren (2007).

Familienpolitische Maßnahmen sind generell an der Gleichberechtigung der Frau orientiert.

1992 stellte das Bundesverfassungsgericht in einem Urteil fest, dass Lastenausgleich, Renten- und Steuerrecht die Familien benachteiligen.

Der monetäre **Familienlastenausgleich** erfolgt im Steuerrecht (Freibeträge) und als direkte Finanzzuweisung (Kindergeld, Elterngeld).

4.5.4 Gleichstellungs- und Geschlechterpolitik

Gleichstellungspolitik und **Geschlechterpolitik** (Gendermainstreaming) fordern und fördern ausgehend von der Verfassungsnorm die Gleichberechtigung der Geschlechter.

Ihre rechtlichen und gesellschaftlichen Grundlagen sind:
- der Grundsatz der Gleichberechtigung von Frau und Mann (Art. 3 Abs. 2 GG) sowie Art. 23 der Charta der Grundrechte der EU,

- die aus der deutschen Vereinigung (Einigungsvertrag) herrührende Konkretisierung des Grundgesetzes von 1994, nach der der Staat die „tatsächliche" Gleichberechtigung fördert und auf die Beseitigung von „bestehenden Nachteilen" hinwirkt (Art. 3 Abs. 3 GG),
- das Gleichbehandlungsgesetz (2006),
- die dem Gleichberechtigungsgrundsatz angepassten Regelungen im Arbeits- und Dienstrecht, im Sozialversicherungs-, Witwen- und Waisenrecht,
- der sozialgeschichtliche Wandel der Familie von der patriarchalischen zur partnerschaftlichen Familie,
- der sozialgeschichtliche Prozess der Emanzipation der Frau.

Patriarchat, griech. patriarches = Sippenoberhaupt, griech. archein = herrschen, lat., griech. pater = Vater; Herrschaft des männlichen Sippenoberhauptes in Politik, Wirtschaft und Gesellschaft (Gegensatz ist Matriarchat)

Mit dem Verbot der Benachteiligung von Frauen oder Männern befassen sich **Gleichstellungsbeauftragte** oder Ämter des Bundes, der Länder, Kommunen sowie Körperschaften öffentlichen Rechts und Betriebe. Sie haben die Gesetzesanwendung zu kontrollieren, persönliche Beratung öffentlich anzubieten und dienen als allgemeine Ansprechstelle.

Als Instrumente zur Herstellung von Chancengleichheit werden genutzt:
- **Frauenförderprogramme** in Ausbildung und Beruf sowie
- **Frauenquoten** in politischen Organisationen (Parteien) und im öffentlichen Dienst.

Emanzipation, lat. emancipatio = Entlassung in die Selbstständigkeit; die reformerische Frauenbewegung setzt auf Demokratisierung und Sicherungsnetze gegen strukturelle Abhängigkeit (z. B. durch Sozial- und Beschäftigungspolitik), die radikale Frauenbewegung auf generellen Herrschaftsabbau

> **Geschlechterpolitik** (Gendermainstreaming) ist der Prozess und die Methode, um die Geschlechterperspektive in die Gesamtpolitik aufzunehmen.

Geschlechterpolitik ist eine zweite, umfassendere Strategie zur Erreichung von **Chancengleichheit.** Politische Entscheidungen und Maßnahmen sind danach so zu betreiben, dass in jedem Politikfeld und auf allen Entscheidungsebenen die Ausgangsbedingungen und Auswirkungen auf beide Geschlechter berücksichtigt werden.

Gendermainstreaming, engl. gender = Geschlecht, engl. mainstreaming = Hauptströmung

Gleichstellungspolitik	Geschlechterpolitik
• geht von bestimmten, konkreten Problemstellungen, die Ungleichheit der Geschlechter beinhalten, aus • nur bestimmte Ämter oder Personen (z. B. Frauenausschuss oder Gleichstellungsbeauftragte) suchen nach Lösungen • kurze Zeiträume	• alle politischen Entscheidungen und Maßnahmen werden unter der geschlechtsspezifischen Perspektive betrachtet • alle politischen Akteure prüfen alle politischen Entscheidungen und Maßnahmen auf Geschlechterungleichheiten • längere Zeiträume

4.5.5 Ausländerpolitik

> **Ausländerpolitik** umfasst die politisch entschiedenen Ziele und Maßnahmen, die die Zuwanderung nach und den Aufenthalt in Deutschland von Personen ohne deutsche Staatsbürgerschaft betreffen.

Ausländerpolitik regelt die rechtlichen, sozialen und politischen Aspekte der Stellung von Ausländern.

 2005 lebten in Deutschland 7,2 Mio. Ausländer – 8,7 % der Wohnbevölkerung. Sie konzentrierten sich in Großstädten und industriellen Ballungszentren der alten Bundesländer.

Entsprechend dem Prinzip der konkurrierenden Gesetzgebung liegt die ausländerrechtliche Kompetenz beim **Bund**. Die **Länder** sind vor allem für Bildungsfragen und die Kommunen für die Versorgung mit Wohnungen, Vorschul- und Freizeiteinrichtungen zuständig.
Die deutsche Ausländerpolitik erwies sich lange Zeit als problematisch, da sie ohne Konzept und Perspektive war.

 Im Rahmen der **Ausländerpolitik** werden die Bedingungen, unter denen die Zuwanderung und der Aufenthalt erfolgen, geregelt. Nicht die Ausgrenzung, sondern die Integration ist das grundsätzliche Ziel bundesdeutscher Ausländerpolitik.

Phasen der Ausländerpolitik	
1955–1973 Anwerbung	Arbeitskräfte aus Mittelmeerländern werden aufgrund des Arbeitskräftemangels in Deutschland angeworben; etwa 14 Mio. Ausländer kommen, etwa 11 Mio. kehren zurück (Rotationsprinzip); 1956 wird das **erste Ausländergesetz** verabschiedet; 1973 erfolgt ein Anwerbestopp wegen Ölkrise und Wirtschaftsrezession
1973–1980 Konsolidierung	durch Familiennachzug und Geburten steigt die ausländische Wohnbevölkerung an, obwohl die Arbeitnehmerzahl unter 2 Mio. sinkt; teilweise besteht Interesse an Einwanderung
1980–1998 Abwehr und Begrenzung	Deutschland ist Ziel von **Flüchtlingen** aus internationalen Krisengebieten; 1980 gibt es 108 000 Asylbewerber; Kriegs- und Bürgerkriegsflüchtlinge kommen in den 1990er-Jahren vor allem aus Bosnien-Herzegowina und dem Kosovo; Begrenzungsmaßnahmen werden diskutiert; das Asylrecht wird 1993 eingeschränkt (Drittstaatenregelung), die Einbürgerung wird erleichtert (Rechtsanspruch nach 15 Jahren Daueraufenthalt); die Zahl erwerbstätiger Ausländer steigt zwischen 1987 und 1993 von 1,8 auf 3,0 Mio.
seit 1998 Akzeptanz und Integration	stärkeres Bemühen, Ausländer zu akzeptieren und zu integrieren; der Anwerbestopp wird 2000 für IT-Spezialisten aufgehoben; das geänderte Staatsangehörigkeitsgesetz erleichtert erneut die Einbürgerung: a) Einbürgerungsanspruch schon nach acht Jahren Daueraufenthalt, b) doppelte Staatsbürgerschaft kann mit Optionsrecht bis zum 23. Lebensjahr gewährt werden; 2005 tritt das **Zuwanderungsgesetz** in Kraft – durch dieses Gesetz wird Deutschland zu einem Einwanderungsland

Nationale Minderheiten in Deutschland sind Dänen (Südschleswig), Friesen, Sorben, deutsche Sinti und Roma.

Der Aufenthalt kann entweder durch eine befristete Aufenthaltserlaubnis oder durch eine unbefristete Niederlassungserlaubnis genehmigt werden.

Bundesstaatliche Einrichtungen im Rahmen der Ausländerpolitik sind: Beauftragte für Migration, Flüchtlinge und Integration (Bundeskanzleramt), Beauftragter für Aussiedlerfragen und nationale Minderheiten (Bundeskanzleramt), Bundesamt für Migration und Flüchtlinge, Nürnberg.

Die USA, die sich traditionell als **Einwanderungsland** verstehen, begrenzen die Zuwanderung aus einzelnen Herkunftsländern durch jährliche Höchstquoten. In Frankreich, Italien und den Niederlanden sind Bedingungen und Quoten für die Einwanderung festgelegt.

> Ausländerpolitik wird in Deutschland zunehmend als **Integrationspolitik** verstanden.

Statt des Begriffs Ausländer werden solche neutralen Begriffe bevorzugt wie Migrant oder Arbeitsmigrant, statt Einwanderung der Begriff Zuwanderung. Zuwanderung meint dabei den Zuzug von Personen aus dem Ausland, die die Absicht haben, dauerhaft in Deutschland zu leben. Das gilt sowohl für Ausländer als auch für Personen deutscher Volkszugehörigkeit, die bisher im Ausland gelebt haben, also für Aussiedler.

Nach dem im Jahr 2000 reformierten Staatsbürgerschaftsrecht erwerben Ausländer, die an der deutschen Staatsangehörigkeit interessiert sind, nach acht Jahren rechtmäßigen Aufenthalts einen Anspruch auf Einbürgerung. Dies setzt voraus, dass sie sich zur freiheitlichen und demokratischen Grundordnung bekennen, nicht vorbestraft sind und den eigenen Lebensunterhalt bestreiten können.

Die **Einbürgerung** von Ausländern hatte nach der Reform der Staatsbürgerschaft sogleich ihren Höhepunkt. Die Zahl sank von 186 688 im Jahr 2000 auf 140 731 im Jahr 2003 und auf 117 241 (darunter 32 661 Türken) im Jahr 2005.
Bei der **Zuwanderung** nach Deutschland im Jahr 2005 übertraf die Zahl der Ausländer die Zahl derjenigen, die das Land verließen, um 95 717 (positiver Wanderungssaldo). Über die Hälfte kamen aus Polen.

Das 2005 verabschiedete **Zuwanderungsgesetz** bildet den rechtlichen Rahmen
– für die Steuerung und Begrenzung der Zuwanderung im Ganzen,
– für Integrationsmaßnahmen,
– für die Erfüllung humanitärer Verpflichtungen (Flüchtlinge).

Hinsichtlich des **Zugangs zum Arbeitsmarkt** gilt weiterhin ein allgemeiner Anwerbestopp. Höchstqualifizierte haben Zugang zum Arbeitsmarkt, Qualifizierte dann, wenn nicht schon ein Beschäftigter vorhanden ist (Vorrang für Deutsche und gleichberechtigte Ausländer). Selbstständige haben Zugang, wenn wirtschaftlicher Bedarf besteht – die zu leistende Mindestinvestition beträgt 1 Mio. Euro.
Es ist gesetzlich festgelegt, dass alle Zuwanderer, Ausländer mit längerem Aufenthalt, Spätaussiedler und Unionsbürger (EU) staatliche **Integrationskurse**, die ihre eigenen Bemühungen um Eingliederung unterstützen, erhalten. Das sind zwei Sprachkurse von jeweils dreihundert Stunden zum Erwerb von Deutschkenntnissen für den Alltag und ein Orientierungskurs von 30 Stunden, der Grundwissen des Rechts, der Geschichte und der Kultur vermittelt.

INTERNATIONALE POLITIK | 5

5.1 Grundlagen und Akteure internationaler Politik

5.1.1 Inhalt und Ziele internationaler Politik

Internationale Politik handelt von Krieg und Frieden, von Unterdrückung und Befreiung, von Weltordnung und Regionalbündnissen, Außenhandel, Entwicklungshilfe und Konfliktregelung. Sie beinhaltet die Prozesse und Problembereiche, die über den Handlungsrahmen eines einzelnen Staates hinausgehen und in vielfältigen Aktionen und Formen Ausdruck finden.

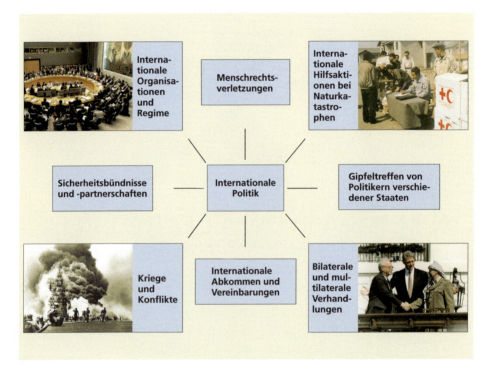

Die Begriffe internationale Politik und internationale Beziehungen werden teilweise auch synonym verwendet. Immer öfter wird zudem von Weltpolitik gesprochen.

> **Internationale Politik** umfasst die Beziehungen, Normen und Institutionen, die die Staaten und internationale staatliche Organisationen untereinander unterhalten.

Sie ist somit eine „Teilmenge der Gesamtmenge der internationalen Beziehungen", die sowohl die Aktionen zwischen den Staaten und staatlichen Organisationen wie auch zwischen den staatlichen und nicht staatlichen Organisationen umfassen. Internationale Beziehungen finden Ausdruck in Maßnahmen der Kooperation (z. B. Abschluss zwischenstaatlicher Verträge), die zur Wahrung und Herbeiführung von Frieden geeignet sind, aber auch in kriegerischen Auseinandersetzungen.

Gegenstandsbereiche und Strukturmerkmale

Die **Gegenstandsbereiche** der internationalen Politik stecken ein breites inhaltliches Spektrum ab.

Die Politikwissenschaft versucht, die komplexe Wirklichkeit mit diesen Gegenstandsbereichen zu durchdringen.

Internationale Organisationen	• Vereinte Nationen • Militärbündnisse, z. B. NATO • Internationale Verbände, z. B. internationaler Schriftstellerverband PEN u. a.
Internationale Wirtschaftsbeziehungen/ Zusammenarbeit	• Internationale Handelspolitik • Entwicklungspolitik • Weltbank(gruppe)
Problembereiche der internationalen Politik	• Bevölkerungsentwicklung/-politik • Weltreligionen und Weltpolitik • Nukleare Rüstung und Rüstungskontrolle u. a.
Geschichte der internationalen Politik	• Deutsche Wiedervereinigung • Entkolonialisierung • Internationale Sicherheit u. a.
Theorie/Theoriebildung	• Außenpolitik • Krieg und Frieden • Völkerrecht/Internationales Recht u. a.

Mitte des 20. Jh.s gab es z. B. noch folgende Gegenstands- oder Problembereiche der internationalen Politik:
– Berlin-Problem,
– chinesisch-sowjetischer Konflikt,
– Kalter Krieg,
– Kuba-Krise.

Die Gegenstandsbereiche der internationalen Politik sind nicht ein für alle Mal festgelegt. Sie widerspiegeln vielmehr die Veränderungen und Problemlagen, die sich im internationalen Geschehen vollziehen bzw. herausbilden.

> Im ausgehenden 20. Jh. sind gravierende Veränderungen eingetreten, die einen **neuen Handlungsrahmen** für die internationale Politik darstellen.

Dieser Handlungsrahmen ist durch bestimmte **Strukturmerkmale** gekennzeichnet:
– durch Multipolarität
  (mit der Aufhebung des Ost-West-Konflikts wurde die Bipolarität der Weltordnung durch mehrere Machtschwerpunkte – USA, Russland, Europa, Ostasien – abgelöst);
– durch Globalisierung
  (die Tendenz zur Erweiterung und Zentralisierung der Beziehungen und Abhängigkeiten auf Weltebene verstärkt sich);
– durch Regionalisierung
  (regionale Mächtegruppen, Wirtschaftsräume und Handelsblöcke gewinnen an Einfluss – das führt zur Pluralisierung der Welt);
– durch Ökonomisierung

Die USA sind die einzige verbliebene Supermacht, die ihren Einfluss in zahlreichen supranationalen Organisationen und ihre weltweite Militärpräsenz trotz des Zusammenbruchs der ehedem herausfordernden Supermacht UdSSR weiterhin zur Geltung bringt.

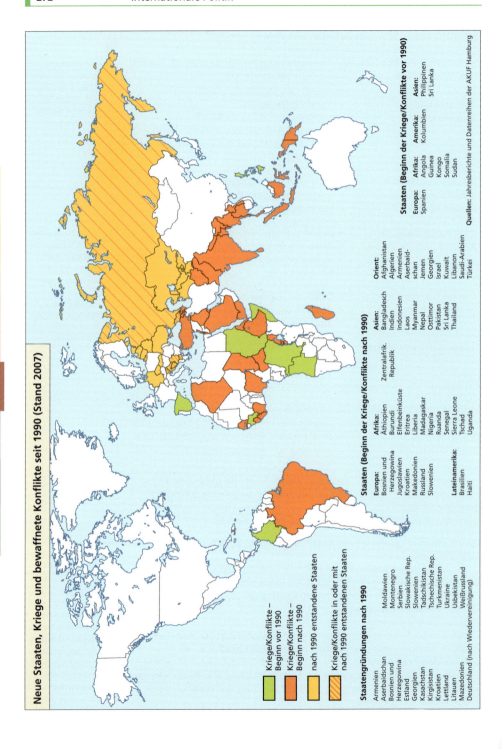

(internationale Politik und Beziehungen werden immer mehr durch Wirtschaftsfragen bestimmt);
– durch Interdependenz
(die Ausweitung der internationalen staatlichen und gesellschaftlichen Beziehungen ist mit zunehmender gegenseitiger Abhängigkeit in Politik, Wirtschaft, Kultur, Sicherheit und Ökologie verbunden).

Diese Prozesse manifestieren sich in einem Geflecht von Interessengegensätzen und Konfliktherden. Sie schließen Instabilitäten sowie wirtschaftliche, soziale und ethnische Ungleichentwicklungen in der Welt ein.

Das vielfältige Geflecht von Interessengegensätzen und Konfliktherden wird häufig als „neue Unübersichtlichkeit" bezeichnet. Die Erwartungen, dass sich nach dem Ende der Ost-West-Gegensatzes ein weltweiter Prozess der Demokratisierung und Zivilisierung der internationalen politischen und ökonomischen Beziehungen vollziehen könnte, wurden nicht erfüllt.

Die nach 1990 neu gegründeten Staaten des Ostblocks entwickelten sich widersprüchlich, nicht wenige gehören mittlerweile zu den ärmsten Entwicklungsländern. In Ländern der Dritten Welt brechen alte Konflikte wieder auf, entstehen neue, zerfallen Staaten. Der weltweite Terrorismus hat eine neue Gefahrendimension angenommen.

Zugleich veränderten sich internationale Organisationen und Bündnissysteme, wie z. B. die NATO, da sie ihre Aufgabenstellungen im Rahmen des Ost-West-Konflikts verloren haben.

Ziele und Rechtsgrundlagen internationaler Politik

Am Beginn des 21. Jh.s ist die **internationale Politik** vor allem auf die Lösung der globalen Probleme Frieden und Sicherheit, wirtschaftliche Entwicklung der armen Regionen, Umweltschutz und Schutz der Menschenrechte gerichtet.

Darin widerspiegeln sich die Kernprobleme in der Welt, die gemeinsam vereinbartes Handeln der Staaten und internationaler Organisationen notwendig machen. Es bedarf bestimmter Rechtsgrundlagen.

Die entscheidende Rechtsgrundlage internationaler Politik ist das **Völkerrecht**. Es umfasst die Gesamtheit der Normen, die die Beziehungen zwischen den Staaten regeln.

Man unterscheidet
– allgemeines Völkerrecht, das für alle Staaten gilt, und
– partikulares Völkerrecht, das nur für die an Vereinbarungen beteiligten Staaten gilt.

Das Völkerrecht beruht auf einem stark vom europäischen Denken beeinflussten Gewohnheitsrecht und auf Vereinbarungen, die zwischen souveränen Staaten geschlossen werden. Die wichtigsten Normen des Völkerrechts entstehen durch **Verträge**. In der internationalen Politik wird ein ganzes Spektrum verschiedenartiger Verträge genutzt:
– Friedens-, Handels-, Nichtangriffs-, Freundschaftsvertrag,
– Menschenrechtskonvention,
– Waffenstillstandsabkommen,
– Wirtschaftsabkommen,
– Verteidigungspakt,
– Charta der Vereinten Nationen.
Im Gegensatz zu innerstaatlichem Recht gibt es im Völkerrecht keine Instanz, die für die Durchsetzung der Normen sorgt und Rechtsverletzun-

1928 traten über 50 Staaten dem Briand-Kellogg-Pakt, einem Vertrag zur Ächtung des Krieges als Mittel der Politik, bei.

Die **Charta der Vereinten Nationen,** die am 26. Juni 1945 verabschiedet wurde, ist inzwischen von fast allen Staaten der Welt unterzeichnet worden.

gen ahndet. Bis in das 20. Jh. hinein nahm jeder Staat für sich in Anspruch, internationalen Konflikten, Streitfragen mit Nachbarstaaten oder Vertragsbrüchen mit militärischen Mitteln, mit Krieg zu begegnen. Erst mit dem Völkerbund im Rahmen des Versailler Vertrages 1919 und den später daraus hervorgegangenen Vereinten Nationen sind Organisationen geschaffen worden, die es ermöglichen, internationale Konflikte ohne Kriege zu lösen und den Frieden zu sichern.

Die **UN-Charta** ist eines der wichtigsten völkerrechtlichen Dokumente. Es beinhaltet vor allem folgende Grundsätze und Normen:
- Erhaltung des Weltfriedens,
- friedliche Schlichtung aller Streitigkeiten,
- freundschaftliche Zusammenarbeit auf der Grundlage der Gleichberechtigung und Selbstbestimmung der Völker.

„Die Vereinten Nationen setzen sich folgende Ziele:
1. den Weltfrieden und die internationale Sicherheit zu wahren und zu diesem Zweck wirksame Kollektivmaßnahmen zu treffen, um Bedrohungen des Friedens zu verhüten und zu beseitigen, Angriffshandlungen und andere Friedensbrüche zu unterdrücken und internationale Streitigkeiten oder Situationen, die zu einem Friedensbruch führen können, durch friedliche Mittel nach den Grundsätzen der Gerechtigkeit und des Völkerrechts zu bereinigen oder beizulegen …" (Charta der Vereinten Nationen, Art. 1, Abs. 1)

5.1.2 Akteure und Aktionsformen auf internationaler Ebene

Die Hauptakteure auf internationaler Ebene sind die **Regierungen.** Sie betreiben – als einzelne betrachtet – Außenpolitik und – zusammen gesehen – internationale Politik.

Souverän sind solche Staaten, die in ihren Beziehungen zu anderen Staaten keinem fremden Willen und keiner anderen Rechtsordnung als dem Völkerrecht unterworfen sind.

Die Regierungen handeln dabei als **Vertreter souveräner Staaten.** Das geschieht in enger Wechselwirkung mit ihrem innenpolitischen, sozialen, wirtschaftlichen und kulturellen Umfeld. Sie verfügen deshalb nicht über einen beliebigen Handlungsspielraum, da gesellschaftliche Kräfte direkt (z. B. im Ergebnis eines Volksentscheids) oder indirekt (z. B. durch Mobilisierung der Öffentlichkeit) ihr außenpolitisches Wirken beeinflussen und einschränken.

Die Bevölkerung Großbritanniens hatte sich 1999 in einem Referendum mehrheitlich gegen die Einführung des Euro ausgesprochen. Das stand den europaorientierten Bestrebungen der britischen Regierung entgegen, ihre Handlungsoption wurde eingeschränkt.

Grundlagen und Akteure internationaler Politik

Staaten und ihre Regierungen bilden aber auch Kooperationen, um gemeinsame Interessen und Ziele in der internationalen Politik zu vertreten. Sie wirken dann als internationale Regierungsorganisationen, als Staatengruppen, in Bündnissen oder supranationalen Einrichtungen. Neben den Staaten und ihren Regierungen nehmen weitere internationale wie auch nationale gesellschaftliche und substaatliche Akteure Einfluss auf das internationale Geschehen. Ihre Rolle nimmt unter den Bedingungen der fortschreitenden Globalisierung weiter zu.

Einzelakteure (Regierungen, Personen, soziale Gruppen), die sich zusammenschließen, werden als **kollektive Akteure** bezeichnet. Die meisten im System der internationalen Beziehungen wirkenden Akteure sind kollektive Akteure.

> Die internationalen Beziehungen werden durch verschiedene **Akteure** gestaltet. Sie wirken in unterschiedlichen **Aktionsformen** mit verschiedenen Handlungsoptionen und -möglichkeiten.

Akteure	Aktionsformen und Handlungsoptionen	Beispiele
Alle Akteure	internationale Beziehungen	Gesamtheit der politischen, wirtschaftlichen, kulturellen Beziehungen auf internationaler Ebene
Supranationale (übernationale, überstaatliche) Einrichtungen	supranationale Politik und Verfahren (Wahrnehmung von Weisungs- und Strafbefugnissen gegenüber Staaten und Personen)	• Internationaler Strafgerichtshof • Kriegstribunale • Streitschlichtungsverfahren der WTO
Staatenverbund	supranationale und zwischenstaatliche Politik (Integration als regionale Friedens- und Wertegemeinschaft, auf Problemlösungen orientiert)	• Europäische Union
Staatengruppen **Internationale Organisationen Bündnisse**	internationale Politik (Gestaltung der Beziehungen zwischen den Staaten und den internationalen staatlichen Organisationen)	• G 8 (Gruppe der führenden Industrieländer) • UNO, Weltbank, IWF, OSZE • NATO, Rio-Pakt
Einzelne Regierungen	Außenpolitik (Wahrnehmung der allgemeinpolitischen, wirtschaftlichen, militärischen und soziokulturellen Interessen eines Staates in seinem internationalen Umfeld)	• amerikanische Irak-Politik • deutsche Entwicklungspolitik • australische Einwanderungspolitik
Einzelressorts, substaatliche Verwaltungseinheiten	transstaatliche Politik (grenzüberschreitende Kooperation mit Einrichtungen anderer Staaten)	• Zusammenarbeit von Ministern verschiedener Staaten in EU-Fachministerräten • Städtepartnerschaften

Akteure	Aktionsformen und Handlungsoptionen	Beispiele
Nationale Zivilgesellschaft (innergesellschaftliche Organisationen, Verbände, soziale Bewegungen)	außenpolitische Einflussnahme (durch Lobbyarbeit oder Mobilisierung der öffentlichen Meinung)	Haltungen von • Gewerkschaften • Industrieverbänden • Friedensgruppen zum Einsatz der Bundeswehr in Krisenregionen
Internationale Zivilgesellschaft (Parteien, Kirchen, Interessengruppen, soziale Bewegungen)	transnationale Politik (grenzüberschreitende Einflussnahme auf Entscheidungsträger in der internationalen Politik – begrenzte Handlungsmöglichkeiten)	• Internationale Handelskammer (ICC) • Greenpeace oder Amnesty International • NGO-Gegenkonferenzen zu Wirtschaftsgipfeln

5.1.3 Deutsche Außenpolitik

Ziele deutscher Außenpolitik

„Im Bewusstsein seiner Verantwortung vor Gott und den Menschen, von dem Willen beseelt, als gleichberechtigtes Glied in einem vereinten Europa dem Frieden der Welt zu dienen, hat sich das Deutsche Volk kraft seiner verfassungsgebenden Gewalt dieses Grundgesetz gegeben" (Präambel des Grundgesetzes).

Multilateralismus, (lat. = Vielseitigkeit) ist das Gegenteil von Unilateralismus, bei dem ein Staat seine Interessen einseitig durchzusetzen trachtet, ungeachtet gemeinsamer Regeln. Bilateralismus meint zweiseitige Beziehungen. Die deutsche Entwicklungspolitik wird z. B. überwiegend bilateral betrieben.

> Die **deutsche Außenpolitik** wird vor allem vom Grundgesetz, der geografischen Lage und Größe des Staates, von seiner Geschichte und seiner Wirtschaftskraft bestimmt.

Daraus ergeben sich die grundlegenden, **langfristigen Ziele** der Außenpolitik, die weitestgehend unabhängig von Regierungswechseln oder Parteiendifferenzen in Einzelfragen gelten und vertreten werden. Zu den langfristigen Zielen, die im Grundgesetz für die Bundesrepublik Deutschland vorgegeben sind, gehören:
– die europäische Einigung,
– die Verpflichtung zum Frieden,
– die Mitwirkung in kollektiven Sicherheitsorganisationen,
– die Wahrung des Völkerrechts und der Menschenrechte.

Die Realisierung dieser Ziele erfolgt stets unter Einwirkung internationaler Politik und sich vollziehenden Veränderungen in der Welt. Deshalb werden Prioritäten gesetzt und **aktuelle Zielsetzungen** unter Berücksichtigung neuer Anforderungen präzisiert. Das erfolgt durch Regierungsvereinbarungen und -erklärungen, durch Parteibeschlüsse und Reden von einflussreichen Politikern.

Die seit den 1990er-Jahren grundlegend veränderte Situation in Europa und der Welt hat zur Bestimmung folgender aktueller **außenpolitischer Ziele Deutschlands** geführt:
– Stärkung des Multilateralismus,
– Einbindung in die europäische Gemeinschaft,
– Fortführung des transatlantischen Bündnisses mit den USA,
– Heranführung der östlichen Nachbarstaaten an westliche Strukturen,

– Integration in das internationale Handelssystem und Vertretung einer gerechten Weltwirtschaftsordnung.

Diese außenpolitischen Ziele werden sowohl von den Regierungsparteien als auch von den Oppositionsparteien vertreten – ungeachtet immer wieder auftretender Streitpunkte in Einzelfragen, wie beispielsweise in der Frage der Haltung Deutschlands zur amerikanischen Kriegspolitik im Irak.

Deutschland im internationalen System

> Die Rolle **Deutschlands als außenpolitischer Akteur** ist nach der Vereinigung beider deutscher Staaten, der Überwindung der Ost-West-Konfrontation und der Erweiterung der Europäischen Union deutlich gewachsen.

Kein Staat in Europa hat aus der grundlegenden Veränderung des internationalen Systems in den 1990er-Jahren einen vergleichbar großen Gewinn ziehen können wie Deutschland.

Das ist vor allem auf folgende Tatsachen zurückzuführen:
1. Deutschland hat durch den Zwei-plus-Vier-Vertrag die Souveränitätsvorbehalte, die seitens der Alliierten seit Ende des Zweiten Weltkriegs bestanden und sowohl Deutschland als Ganzes wie gesondert Berlin betrafen, überwunden.

Bild: Unterzeichnung des Zwei-plus-Vier-Vertrags am 12.09.1990 (↗ S. 307).

2. Mit mehr als 82 Mio. Einwohnern ist Deutschland das bevölkerungsreichste Land in Westeuropa. Seine zentrale geografische Lage in Europa bewirkt, dass hier die meisten europäischen Nord-Süd- und Ost-West-Verbindungen bestehen.
3. Deutschland liegt nicht mehr an der weltpolitischen Trennungslinie von Machtblöcken, sondern ist von Nachbarn umgeben, mit denen es freundschaftlich verbunden ist. Das hat vor allem auch für den politischen Zusammenhalt in der EU Gewicht.
4. Die Überwindung des Ost-West-Konflikts hat zu einer Relativierung militärischer Macht und zur Erhöhung des Stellenwertes ökonomischer Macht geführt. Deutschland ist der wirtschaftlich stärkste Staat Europas und und gehört neben den USA, Japan und China zu den ökonomisch stärksten Mächten der Welt, gemessen am Bruttosozialprodukt.
5. Angesichts dessen, dass nicht mehr nur zwei, sondern mehrere Machtzentren in der Welt bestehen und Deutschland zu den größeren europäischen Mächten gehört, kommt ihm auch eine größere politische Verantwortung für die Entwicklung der Region Europas zu.

Aktiv gestaltende Einwirkung auf die internationale Umwelt ist auch gemeint, wenn von „kooperativem Internationalismus" gesprochen wird. Dabei geht es darum, andere Partner dafür zu gewinnen, mithilfe von zivilen Maßnahmen das internationale System zu stabilisieren.

Entsprechend der gewachsenen Verantwortung Deutschlands wurden in den 1990er-Jahren neue Orientierungen und Handlungsprämissen in der deutschen Außenpolitik verankert, die eine aktiv gestaltende Einwirkung auf die internationale Umwelt begründen. Das betrifft z. B. die Entwicklungspolitik, wofür 1991 neue politische Kriterien festgelegt wurden, den höheren Stellenwert der Umweltpolitik, die Europapolitik oder die Stärkung der Vereinten Nationen bei der Durchführung von Friedensmissionen auch mit militärischen Mitteln.

So hat das Bundesverfassungsgericht 1994 bestätigt, dass es dem Grundgesetz entspricht, wenn die Bundeswehr auch internationale Einsätze zur Bewahrung von Frieden und zur Sicherung des Völkerrechts sowie der Menschenrechte (humanitäre Interventionen) mit Zustimmung des Deutschen Bundestages durchführt.

Akteure deutscher Außenpolitik

Die außenpolitischen Ziele werden durch eine Vielzahl von Akteuren mit spezifischen Kompetenzen und verschiedenen Einflussmöglichkeiten realisiert.

Dem Bund obliegt laut Grundgesetz die Pflege der auswärtigen Beziehungen. Initiativrecht und Gestaltungsmacht hat die **Bundesregierung**.

Bundeskanzler	• Richtlinienkompetenz • Wahrnehmung diplomatischer Funktionen, z. B. Staatsbesuche • Koordination von Kabinettsausschüssen mit Vertretern verschiedener Ministerien, z. B. koordiniert der Bundessicherheitsrat die Sicherheits- und Verteidigungspolitik
Auswärtiges Amt = Außenministerium	• Pflege und Förderung der auswärtigen Beziehungen zu anderen Staaten und internationalen Organisationen • Erarbeitung außenpolitischer Analysen und Konzeptionen sowie Handlungsanweisungen für die deutschen Auslandsvertretungen • bringt in Kabinettssitzungen außenpolitische Aspekte ein 
andere Ministerien	Viele Ministerien tragen oder beeinflussen die Außenpolitik, z. B. • Verteidigungsministerium: Zuständigkeiten für die Sicherheitspolitik, • Ministerium für wirtschaftliche Zusammenarbeit und Entwicklung: Zuständigkeiten für bi- und multilaterale Entwicklungszusammenarbeit.

Mitsprache-, Kontroll- und Exekutivrechte haben darüber hinaus in Fragen der Außenpolitik
- der Bundespräsident, der Deutschland völkerrechtlich vertritt, formell Verträge mit auswärtigen Staaten schließt und mit der Bundesregierung zusammenarbeitet;
- der Bundestag, der dem Abschluss von außenpolitischen Verträgen zustimmen muss, der den Verteidigungsfall erklärt oder über den Einsatz der Bundeswehr in Krisenregionen beschließt; der das Budgetrecht, so auch über den Verteidigungshaushalt, innehat; der über strategisch wichtige außenpolitische Aktionen befindet; der über die Ausschuss- und Plenararbeit Entscheidungs- und Kontrollrechte wahrnimmt und Öffentlichkeit organisiert;
- die Bundesländer, die Verträge mit subnationalen Einheiten anderer Länder schließen;
- der Bundesrat, der an internationalen Verträgen mitwirkt, so bei Kriegs- und Friedensschlüssen, und der zustimmen muss bei der Übertragung von Hoheitsrechten auf die EU;
- das Bundesverfassungsgericht, das Klagen zur Verfassungsmäßigkeit von außenpolitischen Handlungen und Verträgen prüft.

1990 verabschiedete der Bundestag z. B. eine Erklärung zur Gültigkeit der deutsch-polnischen Grenze. Das hatte großes politisches Gewicht für die weitere Gestaltung der Beziehungen zu Polen.

Die Gestaltung und Pflege der internationalen Beziehungen ist die zentrale Aufgabe **diplomatischer Tätigkeit.** Sie erstreckt sich auf ein weites Feld und umfasst
- bilaterale Beziehungen (Botschaften),
- multilaterale Beziehungen (ständige Vertretungen bei internationalen Organisationen),
- Ad-hoc-Gesandtschaften sowie
- die Arbeit im Außenministerium.

In den letzten Jahrzehnten sind vor allem die **multilateralen Beziehungen** stark ausgebaut worden. Die Bundesrepublik Deutschland unterhält ständige Vertretungen bei den Vereinten Nationen in New York und deren Europäischen Büros und Unterorganisationen in Genf und Wien, bei der Europäischen Union und der NATO in Brüssel, bei der OECD und der UNESCO in Paris, beim Europarat in Straßburg sowie bei den Internationalen Organisationen in Rom.

Diplomatie, griech. = Pflege der Beziehungen zwischen Staaten durch Verhandlungen und dabei angewandte Methoden

Die Bundesrepublik Deutschland unterhielt 2007 zu mehr als 190 Staaten diplomatische Beziehungen. In den 228 deutschen Auslandsvertretungen – Botschaften, Generalkonsulate, Konsulate und Vertretungen bei internationalen Organisationen – arbeiteten im Ausland rund 3 000 Mitarbeiterinnen und Mitarbeiter des Außenministeriums.

2008 sind in der Ständigen Vertretung der Bundesrepublik Deutschland bei der Europäischen Union in Brüssel 175 Mitarbeiterinnen und Mitarbeiter tätig. Sie wirken zum einen dafür, deutsche Interessen in den Institutionen der EU – im Rat, gegenüber der Europäischen Kommission und dem Europäischen Parlament – zu vertreten. Zum anderen nehmen sie aktiv an Entscheidungs- und Rechtssetzungsverfahren der Europäischen Union teil.

Darüber hinaus nimmt eine Vielzahl **gesellschaftlicher Akteure** Einfluss auf die Außenpolitik, so auch direkt im Ausland tätig. Zu ihnen gehören
- Auslandsbüros von Parteistiftungen,
- Außenhandelskammern des Deutschen Industrie- und Handelstages,
- Einrichtungen des Goetheinstituts, das dem Auswärtigen Amt angeschlossen ist und sich der Pflege und Darstellung deutscher Kultur im Ausland widmet.

5.2 Konzepte und Politik der Friedenssicherung

Am Beginn des dritten Jahrtausends werden in der Welt jährlich etwa vierzig Kriege gezählt. Die Mehrzahl davon sind bewaffnete Auseinandersetzungen innerhalb von Staaten oder in Gebieten, wo es keine staatliche Macht mehr gibt und Gewalt allgegenwärtig ist. Aber es brechen auch immer wieder bewaffnete Konflikte zwischen Staaten aus, wie zwischen Indien und Pakistan, die beide über Atomwaffen verfügen.

Bild links:
Start einer Langstreckenrakete in Pakistan

Bild rechts:
Sturz der Statue des Diktators HUSSEIN im Irak-Krieg

2003 führte eine von den USA dominierte Allianz einen Präemptivkrieg gegen Irak (↗ S. 326) und besetzte das Land. Krieg sollte das Mittel gegen den internationalen Terrorismus und die Verbreitung von Massenvernichtungsmitteln sein.

Das 20. Jh. war vor allem durch zwei Weltkriege und Rüstungswettläufe auf dem Gebiet der Atomwaffen sowie der Raketentechnik gekennzeichnet.

> Die Herausforderungen für eine internationale **Politik der Friedenssicherung** sind nicht geringer geworden als im vergangenen Jahrhundert.

Die zahlreichen neuen Kriege im 21. Jh. (↗ S. 272) zeigen an, dass bewaffnete Gewalt andere, vielfältigere Erscheinungsformen angenommen hat. Es bleibt eine grundlegende Aufgabe der Politik, Krieg und Gewalt aus dem Leben der Völker zu verbannen.

5.2.1 Gewalt und Frieden

Politik der Friedenssicherung stützt sich auf Konzeptionen, denen ein bestimmtes Verständnis von Frieden und Gewalt zugrunde liegt.
Vielfach wird Frieden als Abwesenheit von Krieg definiert. Da es aber auch ohne Krieg unfriedliche Zustände gibt, in denen Menschen unterdrückt, gequält, vertrieben und getötet werden, ist Frieden umfassender als Nicht-Krieg.

> **Frieden** ist Abwesenheit von personaler und struktureller Gewalt, den Hauptformen von Gewalt.

Gewaltdreieck

Es werden verschiedene Gewaltformen unterschieden:
- direkte, personale Gewalt (gegen Personen gerichtete, sichtbare Gewalt),
- indirekte, strukturelle Gewalt (in der Struktur unmenschlicher, ungerechter Verhältnisse liegend),
- kulturelle Gewalt (symbolische Gewalt in religiöser und ideologischer Form, in Erziehung und in den Medien).

 Die Unterscheidung von Gewaltformen geht auf den norwegischen Friedensforscher JOHAN GALTUNG (geb. 1930) zurück.

„Wenn das Gewaltdreieck auf seine ‚direkten' und ‚strukturellen' Füße gestellt wird, dann erscheint die kulturelle Gewalt als die Legitimation von beidem. Richtet man das Dreieck hingegen auf seine ‚direkte Gewalt'-Spitze aus, so vermittelt es eine Vorstellung von den strukturellen und kulturellen Quellen direkter Gewalt. Natürlich bleibt das Dreieck immer ein Dreieck – aber das Bild, das produziert wird, ist unterschiedlich." (JOHAN GALTUNG: Kulturelle Gewalt; in: Der Bürger im Staat, 1993, S. 108)

Zusammenhang von Gewalt und Frieden

Dem differenzierten Gewaltverständnis entspricht eine Unterscheidung von negativem und positivem Frieden.

Negativer Frieden liegt vor, wenn keine personale direkte Gewalt herrscht. **Positiver Frieden** liegt vor, wenn keine strukturelle, indirekte Gewalt herrscht.

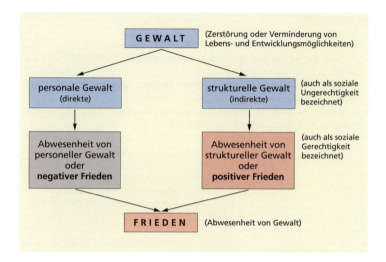

Negativer Frieden	Positiver Frieden
herrscht, wo die Waffen schweigen, aber ungelöste soziale und politische Spannungen weiterbestehen;	herrscht, wo der Staat und das Gesellschaftssystem die demokratische Zustimmung der Bürger besitzen;
z. B. in Einsatzgebieten von UN-Friedenstruppen, wo streitende Parteien getrennt und kontrolliert werden müssen – so in Bosnien, Mazedonien, Zypern, Südlibanon, im Kosovo.	in demokratischen Staaten, z. B. in denen der europäischen Union; Demokratie und Integration werden als Garanten dafür innerhalb von Staaten und zwischen ihnen betrachtet.

Auch **Friedensschlüsse** können von ihren Wirkungen her als dominant positive oder negative unterschieden werden.

 Der Westfälische Frieden zu Münster und Osnabrück 1648, der den Dreißigjährigen Krieg beendete, war eine dominant positive Friedensstiftung. Seine Regelungen wirkten über 150 Jahre.
Der Friedensvertrag von Versailles 1919 zwischen Deutschland und seinen Gegnern im Ersten Weltkrieg war eine stärker negative Friedensstiftung. Er erleichterte Jahre später dem Hitler-Regime, die Deutschen zur Vorbereitung des Zweiten Weltkrieges zu mobilisieren.

Ursachen von Gewalt

Erklärungsansätze für die Ursprünge und Quellen von Gewalt und ihrer Bewertung werden von drei verschiedenen Ebenen aus entwickelt: von psychischer, gesellschaftlicher und politisch-ideologischer Ebene.

psychische Ebene 	**Aggressionshypothese** Quelle der Gewalt ist der angeborene Aggressionstrieb des Menschen; Triebtheorie des Begründers der Psychoanalyse SIGMUND FREUD (1856–1939, ↗ Bild) **Frustrations-Aggressions-Hypothese** Aggressionen entstehen aus Frustrationen (= Enttäuschungen, Behinderungen, Versagungen); geht auf den amerikanischen Soziologen TALCOTT PARSONS (1902–1979) zurück
gesellschaftliche Ebene 	**Sozioökonomische Hypothese** Gewalt entsteht aus den gesellschaftlichen Verhältnissen von Macht und Herrschaft, ökonomischer Ausbeutung und Unterdrückung; soziale Gewalt wird von Menschen in verschiedenen Bereichen ausgeübt: am Arbeitsplatz, in der Schule, in der Familie sowie öffentlich dargestellt in den Medien (Gewalt im Fernsehen) Gewalt als **Geburtshelfer einer neuen Gesellschaft** Gewalt wird als unvermeidlich in Verbindung mit den ökonomischen und sozialen Gegensätzen der Gesellschaft gesehen; der Marxismus unterscheidet dabei revolutionäre Gewalt, die dem historischen Fortschritt dient, und reaktionäre Gewalt, die überlebte Verhältnisse festigt. „Die Gewalt ist der Geburtshelfer jeder alten Gesellschaft, die mit einer neuen schwanger geht." (KARL MARX [1818–1883], ↗ Bild) Gewalt als **Mittel der Befreiung vom Kolonialismus** Revolutionäre Gewalt ist ein notwendiges Mittel zur Befreiung der Völker der Dritten Welt vom Kolonialismus – so u. a. von dem afro-amerikanischen Schriftsteller FRANTZ FANON (1925–1961) vertreten („Die Verdammten der Erde").
politisch-ideologische Ebene 	**Feindbild-Hypothese** Gewalt entsteht und wird verstärkt durch die Propagierung von Feindbildern (z. B. mit der Behauptung, der Feind „versteht nur eine Sprache: die der Gewalt") oder durch nationale Vorurteile (z. B. „Russen sind primitiv, grausam und verschlagen", „Italiener sind feige und verräterisch"); dem Feindbild (die Bösen) entspricht das Selbstbild (die Guten) – beides soll Hass und Gewalt rechtfertigen. **„Sozialdarwinismus"-Hypothese** Staaten und Nationen führen einen permanenten „Kampf ums Dasein", um zu überleben; abgeleitet aus der Lehre des britischen Naturforschers CHARLES DARWIN (1809–1882, ↗ Bild); war als Kriegsrechtfertigung in Deutschland in der ersten Hälfte des vorigen Jahrhunderts weit verbreitet.

5.2.2 Krieg, Konflikt, Konfliktlösung

> Von Krieg als Mittel für politische Ziele, von Kriegspolitik wie auch von Friedenspolitik wird seit der Entstehung von Staaten gesprochen.

Kriege werden zwischen Staaten bzw. Staatenbündnissen (Staatenkrieg) oder innerhalb von Staaten zwischen verfeindeten sozialen, politischen, religiösen oder ethnischen Gruppen (Bürgerkrieg) geführt. Es werden verschiedene **Kriegstypen** unterschieden:

nach dem Rechtsstatus der Kriegsparteien	zwischenstaatlicher, nationaler, antikolonialer, Befreiungs-, binnenstaatlicher, Antiregime-, Sezessionskrieg
nach der vorherrschenden sozialen Basis	Bauernkrieg, Bürgerkrieg, Volkskrieg
nach dem Krieg auslösenden Konfliktgegenstand	Herrschafts-, Ressourcen-, Gesinnungskrieg
nach dem Kriegsausmaß	totaler Krieg, begrenzter Krieg (begrenzt nach Region, Mittel, Ziel, Betroffenheit der Bevölkerung)
nach den eingesetzten Mitteln	psychologischer bzw. kalter Krieg, konventioneller Krieg, nuklear-taktischer oder -strategischer Krieg
nach dem Gleich- bzw. Ungleichgewicht der Krieg Führenden	symmetrischer oder asymmetrischer Krieg

Definitionen von Krieg

Krieg als gesellschaftliche Erscheinung wird unter verschiedenen Gesichtpunkten – qualitativen und quantitativen – bestimmt.

> **Krieg** ist ein organisierter, mit Waffengewalt ausgetragener **Machtkonflikt** zwischen Völkerrechtssubjekten (Staaten, Bündnissen) oder zwischen Bevölkerungsgruppen innerhalb eines Staates zur gewaltsamen Durchsetzung politischer, wirtschaftlicher, ideologischer oder militärischer Interessen (qualitative Definition).

Die quantitative Definition des Krieges geht auf die Hamburger Arbeitsgemeinschaft Kriegsursachenforschung (AKUF) zurück.

Unter quantitativer Sicht ist Krieg ein gewaltsamer **Massenkonflikt** mit den Merkmalen:
– zwei oder mehr bewaffnete Streitkräfte sind beteiligt, mindestens auf einer Seite stehen reguläre Streitkräfte einer Regierung;
– auf beiden Seiten ist ein Mindestmaß an zentral gelenkter Organisation der Kriegführenden und des Kampfes gegeben,
– bewaffnete Operationen finden mit gewisser Kontinuität und nach einer planmäßigen Strategie auf beiden Seiten statt.

Ein **bewaffneter Konflikt** unterscheidet sich von einem Krieg dadurch, dass er diese Kriterien nicht in vollem Umfang erfüllt.
Die klassische politische Kriegsdefinition, die zumeist herangezogen wird, stammt von CARL VON CLAUSEWITZ.

> „Der Krieg ist … ein Akt der Gewalt, um den Gegner zur Erfüllung unseres Willens zu zwingen …
> Der Krieg geht immer von einem politischen Zustande aus und wird nur durch ein politisches Motiv hervorgerufen. Er ist also ein politischer Akt …
> Der Krieg ist eine bloße Fortsetzung der Politik mit anderen Mitteln."

CARL VON CLAUSEWITZ (1780–1831) war preußischer General, Militärreformer und Begründer der modernen Kriegstheorie; in seinem Hauptwerk „Vom Kriege" entwickelte er die Definition des Krieges.
In der Gegenwart wird vielfach die Ansicht vertreten, dass Krieg nicht mehr die Fortsetzung, sondern das Ende der Politik ist.

Auf CLAUSEWITZ haben sich die Theoretiker des revolutionären Krieges berufen: FRIEDRICH ENGELS (1820-1895), WLADIMIR. I. LENIN (1870–1924) und MAO ZEDONG (1893–1976), aber auch Heerführer des preußisch-deutschen Militarismus wie HELMUTH GRAF VON MOLTKE (1848–1916) und ERICH LUDENDORFF (1865–1937). Der bedeutendste Fortsetzer der klassischen Kriegstheorie im 20. Jh. ist der französische Soziologe RAYMOND ARON (1905–1983) mit seiner Schrift „Den Krieg denken".

Kriegsursachen

> **Allgemeine Kriegsursachen** sind Interessengegensätze, unvereinbare Ansprüche und Machtkonkurrenz zwischen Staaten oder gesellschaftlichen Gruppen.

Dabei geht es um Machtvergrößerung durch Gewinn von ökonomischen Ressourcen, Territorien und Bevölkerungen (z. B. Anschluss von Minderheiten jenseits der Grenzen) und/oder um den Anspruch, Vormacht (Hegemonialmacht) in einer Region zu sein. Auch die Ablenkung von inneren Spannungen durch außenpolitische Abenteuer kann eine Kriegsursache sein.
Spezifische Kriegsursache ist die politische Entscheidung, solche Konflikte nicht friedlich zu lösen, sondern durch bewaffnete Gewalt zu entscheiden. Die eigenen Machtansprüche sollen so auf Kosten anderer Staaten oder Gruppen durchgesetzt werden.
Die Voraussetzungen für die Kriegführung im Sinne der **Kriegsvorbereitungen** werden durch materielle, soziale und geistige Aufrüstung geschaffen.

| materielle Aufrüstung | quantitativ:
• Erhöhung der Truppenstärke
• Vergrößerung der Zahl der Waffensysteme (Panzer, Raketen, Flugzeuge)
qualitativ:
• technische Verbesserung der Systeme (z. B. Automatisierung, Elektronisierung)
• Neuentwicklungen (z. B. Laserwaffen, Kleinstatombomben) |

soziale Aufrüstung	• Militarisierung und Mobilisierung der Gesellschaft (z. B. im Bildungswesen und in der Jugenderziehung) • Glorifizierung von Militär • Aufstellen paramilitärischer Verbände
geistige Aufrüstung	• Erzeugen von Feindbildern (z. B. „Frankreich ist Deutschlands Erbfeind" vor 1914; „Achse des Bösen", US-Präsident BUSH 2002 über Irak, Iran, Nordkorea)

Die **Kriegsursachenforschung** stellt Faktoren der Kriegsentstehung (Rüstungswettläufe, unvereinbare Ziele von Staaten, psychologische und ideologische Massenmobilisierung) und ihre Verflechtungen fest und misst anhand möglichst vieler Kriege deren Dauer, die Art und Zahl der Beteiligten, die Höhe der militärischen und zivilen Opfer, die Kriegskosten sowie den Umfang der Zerstörungen. Auf dieser Basis sind Kriegsstatistiken und auch Kriegswarnungen möglich. Doch sie ersetzen nicht qualitative politische und historische Einzelanalysen von Kriegen.

Moderner Krieg

Die Art, wie die Menschen Krieg führen, entwickelte sich historisch und lässt sich bestimmten Epochen und Kulturen zuordnen. Heeresorganisation, Waffentechnik, Strategie und Kriegsziele z. B. der griechischen Stadtstaaten (Poleis), des Römischen Imperiums, der Germanen in der Völkerwanderung und der mittelalterlichen Feudalmächte waren durchaus verschieden, aber immer wurde Mann gegen Mann gekämpft.

Etwa im 17. Jh. begann mit der Einführung der Feuerwaffen (Muskete, Artillerie, Sprengmittel), der Aufstellung stehender Heere und der Kriegsflotten der europäischen Nationen die Entwicklung der **modernen Kriegsweise**.

Bild links:
Schlacht bei Jena und Auerstedt 1806

Bild rechts:
Flugzeugträger der US Navy

Kennzeichen des modernen Krieges sind Verstaatlichung, Massenhaftigkeit, Technisierung, Entgrenzung.

Konzepte und Politik der Friedenssicherung

Verstaatlichung	Massenhaftigkeit	Technisierung	Entgrenzung
• Staat als Kriegsherr und als Kriegsorganisator • Waffen sind Staatseigentum • politische Kriegsbegründungen	• allgemeine Wehrpflicht • ökonomische und ideologische Mobilisierung der ganzen Gesellschaft	• Kampfentscheidungen fallen durch technisch potenzierte und massierte Waffenwirkung • Schnelligkeit und Automatisierung aller Systeme	• Krieg zu Lande, zu Wasser, unter Wasser, in der Luft und mittels Satelliten/Raketen im erdnahen Kosmos • Vernichtungskraft potenziert sich in immer kürzeren Zeiträumen • höhere zivile als militärische Opfer

Die Entwicklung des modernen verstaatlichten, politisch motivierten Krieges vollzog sich in Etappen. Sie begann mit den Kabinettskriegen des Absolutismus, umfasst die Massenkriege der Nationalstaaten im 19. und 20. Jh., die beiden Weltkriege 1914–1918 und 1939–1945 und reicht bis zur atomaren Abschreckung und zum Ost-West-Konflikt 1946–1989.

Die **Massenkriege der Nationalstaaten** waren charakterisiert durch Massenaufgebote – die allgemeine Wehrpflicht wurde festgesetzt. Die Technisierung der Kriegführung begann (1866 Erfindung des Dynamits), es wurden strategische Vernichtungsschlachten geführt.

Massenkriege der Nationalstaaten im 19. und 20. Jh. waren u. a. die napoleonischen Kriege, der Deutsch-Französische Krieg 1870/71, die Balkankriege 1910/1912.

An den beiden **Weltkriegen,** die um die Hegemonie im internationalen System geführt wurden, nahmen immer mehr Staaten teil; die Zahl der Opfer – vor allem Zivilisten – wuchs um ein Vielfaches, und die Zerstörungen waren langfristig. Der Gegner sollte vernichtet, nicht nur geschlagen werden. Die Kriegführung wurde industrialisiert. Masseneinsatz von Maschinengewehren und schwerer Artillerie prägten den Ersten Weltkrieg, fortschreitende Entgrenzung den Zweiten Weltkrieg: Flächenbombardements, Massenerschießungen, Vertreibungen, Taktik der „verbrannten Erde" waren Kennzeichen.

Das **atomwaffengestützte Abschreckungssystem** zwischen den beiden Militärblöcken NATO und Warschauer Pakt unter der Führung der beiden Weltmächte USA und Sowjetunion beruhte auf dem „Gleichgewicht des Schreckens". Das Risiko eines Krieges war wegen der „totalen Waffen" (Atom- und Wasserstoffbomben, ballistische Raketen) und der gesicherten gegenseitigen Zerstörung unkalkulierbar geworden. Die Kriegführung verschob sich auf kostspielige und existenzbedrohende Rüstungswettläufe, auf strategisch fundierte Drohungen und Gegendrohungen sowie auf „Stellvertreterkriege" (z. B. die Kriege in Korea, Vietnam oder Afghanistan).

Als Reaktion auf das Abschreckungssystem entstand die Friedens- und Konfliktforschung als neue politikwissenschaftliche Disziplin mit kritischem Charakter gegenüber den Strategiekonzepten eines gewinnbaren Atomkrieges.

Nach 1990 wurde eine Vielzahl „neuer" Kriege gezählt, die regional entstanden und in denen es um ethnische und soziale Probleme bis hin zur Zerstörung von Staaten und Gesellschaften geht.

Vielfalt moderner Kriege

Kriegsart	Krieg führende Parteien	Beispiele/Besonderheiten
Staatenkrieg	zwei Staaten	Irak gegen Iran 1980–1988; Indien gegen Pakistan 1948, 1965, 1971 (Streit um Kaschmir)
Antikolonialer Befreiungskrieg	Befreiungsbewegung gegen Kolonialmacht	Algerische Befreiungsfront FLN gegen Frankreich 1955–1962
Guerillakrieg	Partisanenbewegung gegen diktatorisches Regime Partisanenkrieg gegen Besatzer	kubanische Rebellenbewegung (FIDEL CASTRO) gegen Batista-Regime 1953–1959; afghanische Stammeskrieger gegen sowjetische Armee 1979–1989
Bürgerkrieg	Regierungstruppen gegen ethnisch-religiöse Minderheiten	Kolumbien 1948–1963, 1978 Libanon 1975–1984
Sezessionskrieg (Unabhängigkeitskrieg)	Zentralregierung gegen Unabhängigkeitsbewegung	jugoslawische (serbische) Armee gegen bisherige Bundesstaaten 1991–1995 indonesische Armee gegen Provinz Aceh (Sumatra)
Allianzkrieg im UNO-Auftrag	internationale Allianz gegen Aggressor	Befreiung Kuwaits von irakischer Besetzung unter Führung der USA 1991
Bandenkrieg/ deregulierter Krieg (Krieg ohne Regeln und Grenzen)	bewaffnete Milizen gegeneinander und gegen Regierung	Demokratische Republik Kongo seit 1998 – Einmischung von fünf Nachbarstaaten; Ruanda/Burundi – Völkermordaktionen der Hauptstämme 1994–1995

Konflikte und Konfliktintensität

Kriege sind Konflikte, die militärisch ausgetragen werden, aber nicht jeder Konflikt ist mit Krieg gleichzusetzen.
Gewalt ist eine Art, Konflikte auszutragen, aber es gibt auch gewaltlose Methoden, mit Konflikten umzugehen.

> **Konflikte** (Streitfälle, Auseinandersetzungen) entstehen aus unterschiedlichen Interessen und Zielen mindestens zweier Konfliktparteien. Das können Personen, Gruppen oder Staaten sein.

Konflikte sind normale Bestandteile des gesellschaftlichen Lebens. Wandel in den gesellschaftlichen Verhältnissen, wirtschaftliche Entwicklungen und Innovationen (Erneuerungen, umwälzende Erfindungen) liefern ständig neue Anlässe für Konflikte. Andererseits ist gesellschaftliches Leben ohne **Konsens** (Übereinstimmung, Gemeinsamkeit) unmöglich. Konsens muss trotz aller Konflikte immer wieder hergestellt werden, damit die Institutionen (Regierung, Verwaltung, Gesetzgebung usw.) arbeitsfähig bleiben. Ohne Konsens gäbe es auch keine Bündnisse zwischen Staaten (z. B. die NATO) und keinen Zusammenschluss (z. B. die Europäische Union).

> **Konfliktaustragung und -lösung** kann entweder konfrontativ, bis zur Gewalt eskalierend oder konsensorientiert, durch Kompromiss deeskalierend erfolgen.

Eskalation: Steigerung der Konfliktintensität, z. B. im Krieg durch den Einsatz von Massenvernichtungsmitteln
Deeskalation: Verminderung der Konfliktintensität, z. B. durch Einsetzung eines Vermittlers und durch Verhandlungsangebote

Mittel der Konfliktlösung

> Konflikte zwischen gesellschaftlichen Gruppen und Staaten können **friedlich** gelöst werden.

Das ist möglich durch Einschaltung einer **„dritten Instanz"** zwischen den Konfliktparteien, deren Autorität von allen anerkannt wird:
– Ein Vermittler oder Schlichter „moderiert" den Dialog (z. B. ein Vermittlungsausschuss zwischen den Parteien im Parlament oder ein Diplomat als Schlichter zwischen Staaten in einem internationalen Konflikt).
– Das Recht regelt die Ansprüche der Konfliktparteien, dann entscheidet ein Gericht über die Konfliktlösung.
Besondere **Arten der Konfliktaustragung** sind die Methoden der symbolischen Gewalt, des gewaltlosen Widerstands und der „sozialen Verteidigung".

MAHATMA GANDHI
(1869–1948),
Führer der indischen Unabhängigkeitsbewegung

Die Losung der **Bürgerbewegung in der DDR** „Keine Gewalt" wurde 1989 von allen politischen Kräften in der DDR akzeptiert und sicherte den Erfolg der friedlichen Revolution.

Bereits KANT (↗ S. 291) erklärte in seiner Schrift „Zum Ewigen Frieden", dass demokratische Herrschaftsstrukturen, die Herrschaft des Rechts, eine Voraussetzung für eine stabile Friedensordnung sind.

- Die **Methode der symbolischen Gewalt** unterscheidet zwischen Gewalt gegen Sachen und Gewalt gegen Personen. Sie wurde z.B. angewendet in den Auseinandersetzungen um die Atommülltransporte nach Gorleben (massive Behinderung des Transports, aber keine Angriffe auf Polizei und Bundesgrenzschutz).
- **Gewaltloser Widerstand** ist besonders mit dem Wirken des indischen Freiheitskämpfers gegen die britische Kolonialmacht, MAHATMA GANDHI, verbunden. Seine Mittel waren Weigerung der Inder, mit den britischen Behörden zusammenzuarbeiten und britischen Befehlen zu gehorchen (ziviler Ungehorsam), Boykott britischer Erzeugnisse, gewaltlose Demonstrationen und die Verbreitung der Wahrheit über die Kolonialherrschaft in Flugblättern. (Wesentlich durch gewaltlosen Widerstand errang Indien 1947 die Unabhängigkeit.)

- „**Soziale Verteidigung** (civilian defence)" ist eine auf Gewaltlosigkeit und Nichtzusammenarbeit beruhende Haltung, mit der die Bevölkerung eines Landes eine feindliche militärische Besetzung oder einen Militärputsch zum Scheitern bringen kann. Die Bürger erhalten die demokratischen Institutionen, machen aber keinerlei Zugeständnisse an die Gewaltherrschaft (Aufrechterhaltung basisdemokratischer Informations- und Versorgungsnetze, Verweigerung von Gehorsam und Kollaboration, Boykotte, Streiks).

Demokratie und Frieden

Demokratische Staaten führen keine Kriege gegeneinander, sondern lösen Konflikte zwischen sich mittels gewaltloser Institutionen, durch Dialoge, Verhandlungen, Abkommen. Das wird durch Bündnisse, die zwischen ihnen bestehen (z.B. NATO), durch Vertragsbeziehungen und Mitgliedschaften in internationalen Organisationen erleichtert. Dennoch zeigt sich, dass demokratische Staaten häufig an Kriegen beteiligt sind.

 Großbritannien war im Zeitraum von 1945 bis 2002 in 23 Kriege involviert, die USA in 18, Frankreich in 16. Diese Länder stehen zusammen mit Indien an der Spitze der an Kriegen beteiligten Staaten.

Gegenüber diktatorischen Regimen und in Fällen von Völkermord greifen demokratische Staaten durchaus auf Mittel der militärischen Gewalt zurück – auch im Rahmen von Allianzsystemen und als humanitär begründete Intervention. Beispiele sind der Kosovo-Krieg der NATO gegen Serbien 1999, die Intervention in Afghanistan 2001 und der Irak-Krieg der USA 2003. Diese Aktionen werden der Öffentlichkeit gegenüber als Kriege im Namen der Menschenrechte und mit dem Ziel der Demokratisierung gerechtfertigt. Völkerrechtlich waren jedoch weder der Kosovo-Krieg noch der Irak-Krieg gerecht. Demokratie und Menschenrechte in einem Land mit bewaffneter Gewalt von außen dauerhaft zu etablieren, gelang nach dem Zweiten Weltkrieg in Japan, Westdeutschland und in Österreich – seitdem aber nicht wieder.

5.2.3 Zivilisierungsprozess und Konzepte der Friedenssicherung

Frieden ist eine reale Möglichkeit.

Das ergibt sich aus der Fähigkeit des Menschen zur Vernunft und zur Bildung von Gesellschaften durch wechselseitigen Austausch von Gütern und Ideen. Menschen sind fähig, ihr Zusammenleben durch Recht statt Gewalt zu regeln und andere Menschen als Teile der menschlichen Gattung anzuerkennen.
Friedenspolitik nach den Katastrophen der beiden Weltkriege des 20. Jh.s ist mit der Idee des Rechts verbunden, in der Gegenwart besonders mit der Idee der Gerechtigkeit unter globaler Perspektive. Daher hat sich die Losung „Gerechtigkeit, Frieden und Bewahrung der Schöpfung", die aus der christlich-ökumenischen Friedensbewegung stammt, seit Beginn der 1980er-Jahre weit verbreitet.

Frieden – besonders Weltfrieden und ewiger Frieden – wird oft als bloßes Ideal oder als Utopie bezeichnet. Wie jede reale Möglichkeit ist der Frieden an bestimmte Voraussetzungen gebunden.

Ökumene: Gesamtheit; Einheit der christlichen Kirchen

Wie sich Frieden innerhalb von Staaten und vor allem zwischen ihnen herstellen und dauerhaft garantieren lässt, wurde seit dem Ende des Mittelalters in zahlreichen Friedensschriften und Friedensplänen behandelt.

Auf den englischen Philosophen THOMAS HOBBES (Hauptwerk „Leviathan", 1651) und den deutschen Philosophen IMMANUEL KANT (Schrift „Zum ewigen Frieden", 1785) gehen gegensätzliche, noch heute aktuelle Grundmodelle von Lösungen des Friedensproblems zurück.

THOMAS HOBBES (1588–1679)	IMMANUEL KANT (1724–1804)

Der Naturzustand vor aller Zivilisation ist der „Krieg aller gegen alle" (bellum omnium contra omnes), in dem der „Mensch dem Menschen ein Wolf" ist (homo homini lupus). Das vernünftige Eigeninteresse gebietet, durch Vertrag eine Zwangsgewalt einzurichten, einen absoluten Souverän für alle. Alle treten ihre Rechte an ihn ab, der wiederum alle als seine Untertanen vor Gewalt schützt. Auch Staaten befinden sich im Dauerkrieg untereinander, solange nicht eine Hegemonialmacht alle durch absolute Gewalt im Zaum hält.	Der ewige Frieden ist eine notwendige Vernunftidee, die nur mittels einer Rechtsgemeinschaft von Republiken (Demokratien) verwirklicht werden kann, also nicht von Feudalmonarchien. „Das Völkerrecht soll auf einen Föderalismus freier Staaten gegründet sein." Die vernunftgeleiteten Regeln dieser Gemeinschaft bilden den Inhalt von KANTS Schrift. Seine Idee einer „weltbürgerlichen Verfassung" für alle Menschen gründet auf den gemeinsamen Besitz der Erde. Wichtig ist: „Der Friedenszustand muss ... gestiftet werden."

Modell von HOBBES	Modell von KANT
Frieden durch Hegemonie (Vormachtstellung) einer Supermacht; statt des rechtlosen Naturzustandes alles Recht bei dieser Macht; Frieden = Sicherheit vor Krieg und Gewalt (negativer Frieden)	Frieden durch Gemeinschaftsbildung: Rechtsgemeinschaft der Staaten – Weltbürgergemeinschaft der Menschen; Sklaverei und Kolonialismus sind Rechtsverletzungen; Frieden = Herrschaft des Rechts (positiver Frieden)

Frieden als Zivilisierungsprozess

Frieden ist nicht nur ein Zustand, der unter bestimmten Bedingungen eintritt, sondern ein **Prozess**.

„Frieden muss begriffen werden als ein gewaltfreier und auf die Verhütung von Gewaltanwendung gerichteter Prozess."
(DIETER SENGHAAS, 1999)

DIETER SENGHAAS (geb. 1940) ist einer der bedeutendsten deutschen Friedensforscher der Gegenwart.

Die Erfahrungen Europas zeigen, dass dauerhafter Frieden mit gelungener Vergemeinschaftung innerhalb von Gesellschaften und zwischen den Staaten zusammenhängt. Sie sichert eine Koexistenz, in der Konflikte ohne Gewalt in zivilen, vereinbarten Formen ausgetragen werden.

Gelungene Zivilisierung und Frieden sind insofern identische Tatbestände.

Zivilisation: auf Dialog, Verständigung und Übereinkunft gegründete Form der Beziehungen in einer Gesellschaft, die dem Einzelnen Sicherheit und Freiheit gibt.

Der Zivilisierungsprozess „Frieden" setzt sich aus sechs Komponenten (Bausteine) zusammen, die **„das zivilisatorische Hexagon"** bilden.

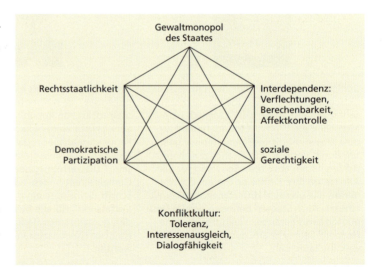

Das „zivilisatorische Hexagon" wurde von DIETER SENGHAAS in Analyse des weltpolitischen Umbruchs 1989/90 entwickelt.

Konzepte und Politik der Friedenssicherung 293

In diesem Friedens- und Zivilisationsmodell wirken alle sechs Komponenten mit allen zusammen, keine ist unwichtig.

Das „zivilisatorische Hexagon" ist ein historisches Modell, das für Gesellschaften mit ausdifferenzierter Demokratie gilt.

> So ist z. B. für jeden Zivilisierungs- und Friedensprozess die Entprivatisierung von Gewalt wesentlich; sie steht als legitime (gesetzliche) nur dem Staat zu. Das bedeutet aber auch, dass diese Gewalt durch Rechtsstaatlichkeit geregelt ist.
>
> Ein anderer Zusammenhang besteht z. B. darin: Nur dann, wenn die Bürger in die politischen Prozesse einbezogen sind („demokratische Partizipation"), legen sie Wert auf zivile Austragung von Konflikten mittels Dialog und Interessenausgleich. Zudem bildet soziale Gerechtigkeit (Chancen- und Verteilungsgerechtigkeit) die Grundlage dafür, dass alle selbstbeherrscht und kompromissfähig zusammenwirken (Komponente „Interdependenz").

Friedensmodelle in der internationalen Politik

> In der internationalen Politik der Neuzeit sind zwei **Modelle der Friedenssicherung** zwischen den Staaten wirksam geworden:
> – das Modell des Mächtegleichgewichts („Balance of Power"),
> – das Modell der Weltorganisation der Staaten (Völkerbund, UNO).

Gleichgewichtspolitik bedeutete seit dem 19. Jh., dass keine der großen europäischen Mächte (wie Frankreich, Großbritannien, Österreich, Russland, Preußen) oder ein Staatenbündnis ein Übergewicht über die anderen erlangen durfte – etwa durch zu großen Land- oder Bevölkerungszuwachs nach einem gewonnenen Krieg.
– Diesem Grundsatz folgte der Wiener Kongress 1815 nach dem Ende der Herrschaft Napoleons. Die führenden Staatsmänner Europas im 19. Jh.: METTERNICH (Österreich), DISRAELI (Großbritannien) und BISMARCK (Deutschland) hielten an diesem Prinzip des multipolaren Gleichgewichts fest („Europäisches Mächtekonzert"). Das System der gleichgewichtigen Bündnisse brach jedoch nach mehreren Krisen (u. a. Balkankriege 1912 und 1913) mit dem Beginn des Ersten Weltkrieges 1914 endgültig zusammen.
– Gleichgewichtspolitik als Basis der Friedenssicherung hatte zwischen den beiden Militärblöcken NATO und Warschauer Pakt während des Ost-West-Konflikts 1946–1989 auch eine wesentliche Rolle gespielt, im Sinn eines „strategischen Gleichgewichts" bzw. eines „Gleichgewichts des Schreckens".

Der Imperialismus der Großmächte hatte 1914 mit Weltmarktkonkurrenz, Wettstreit um koloniale Eroberungen, Rüstungswettlauf, Auffassung von Politik als „Überlebenskampf der Nationen" das Interesse am Mächtegleichgewicht beseitigt.

Die Karikatur stellt den sowjetischen Staatschef NIKITA S. CHRUSTSCHOW (1894–1971) und den amerikanischen Präsidenten JOHN F. KENNEDY (1917–1963) dar.

Dem lag zugrunde, dass es unter den Bedingungen der wechselseitigen atomaren Abschreckung in den 1960er-Jahren unmöglich geworden war, eine politisch wirksame militärische Überlegenheit zu erreichen.

Trotzdem wurde der quantitative und qualitative Rüstungswettlauf insbesondere bei den Atomwaffen und den Interkontinentalraketen (z. B. Entwicklung von Mehrfachsprengköpfen ab 1964) immer wieder mit der Sicherung eines „stabilen strategischen Gleichgewichts" begründet. Jede Rüstungsmaßnahme sollte das System der gleichgewichtigen Abschreckung perfektionieren. Es gab keinen Nachweis für ein perfektes Gleichgewicht, stattdessen ließ die ständige Weiterentwicklung der Waffensysteme immer neue „Risiken der Verwundbarkeit" entstehen. Allerdings zeigten die 1972 geführten amerikanisch-sowjetischen Verhandlungen über die Begrenzung strategischer Rüstungen (SALT), dass das **Gleichgewichtsprinzip** (Wahrung der strategischen Parität im Kräfteverhältnis beider Mächte) für Rüstungskontrolle und Abrüstung wesentlich war.

Parität: Gleichheit, Gleichstellung

Das **Modell der Weltorganisation von Staaten** zur Friedenssicherung stellte eine Reaktion auf die Weltkriege des 20. Jh.s dar. Kriegsausbrüche sollten verhindert werden durch die Bildung internationaler Institutionen, die Sicherheit garantieren, sowie durch die Vervollkommnung des Völkerrechts und seiner Geltung.
– Seit dem Ende des Ersten Weltkrieges ist dieses Konzept der völkerrechtlich begründeten Gemeinschaft der Staaten, verbunden mit dem Prinzip der kollektiven Sicherheit, wirksam geworden, und zwar zuerst im Völkerbund (1920–1945).

Dem **Modell der Weltorganisation** von Staaten liegt die schon von I. KANT geäußerte Einsicht zugrunde, dass es in einer enger werdenden, aufeinander angewiesenen Weltgemeinschaft der Staaten und Völker nur eine gemeinschaftliche Friedenssicherung geben kann (↗ S. 291).

Bilder:
Sitzung des Völkerbundes in Genf

Generalversammlung der Vereinten Nationen in New York

– Nach dem Zweiten Weltkrieg wurde im 20. Jh. zum zweiten Mal der Versuch unternommen, das friedliche Zusammenleben der Staaten und Völker mittels einer Weltorganisation zu erreichen: mittels der **Organisation der Vereinten Nationen** (↗ S. 334), gegründet 1945.
Als eine „zwischenstaatliche" Organisation, deren Mitglieder die Staaten der Welt sind, ist sie dem Ziel verpflichtet, „den Weltfrieden und die internationale Sicherheit zu wahren" (Artikel 1 der UN-Charta). Weitergehend als die Völkerbundsatzung, enthält die Charta der Vereinten Nationen die strikte Ächtung des Krieges, das Gewaltverbot und das Nichteinmischungsgebot in innere Angelegenheiten der Staaten, ferner die Verpflichtung zur Achtung der Menschenrechte. Die „Allgemeine Erklärung der Menschenrechte" wurde 1948 verabschiedet. Gewalt darf nur zur Selbstverteidigung oder mit Billigung des UN-Sicherheitsrates ausgeübt werden.

5.2.4 Abrüstung und Rüstungskontrolle

Abrüstung, Rüstungskontrolle und -begrenzung sind Kernaufgaben der Friedenssicherung.

> **Abrüstung** ist im engeren Sinn der Abbau oder die Verminderung von Waffenbestand und Truppenstärke bis hin zu vollständiger Abrüstung. Im weiteren Sinn schließt Abrüstung auch Maßnahmen der Rüstungsbegrenzung und -kontrolle ein.

Erste Ansätze einer internationalen Abrüstung gab es Ende des 19. Jh.s

> Zu dieser Zeit waren die imperialistischen Großmächte in einen offenen Rüstungswettlauf eingetreten, speziell das Deutsche Reich und Großbritannien beim Bau von Kreuzern und Großkampfschiffen. Öffentlich und in den Parlamenten wurde über Heeresstärken und Militärhaushalte im Vergleich zwischen den Landmächten Deutschland und Frankreich, Russland und Österreich-Ungarn diskutiert. 1914 hatte sich die Interessenkoalition von Rüstungsindustrie, Militär (auch „Schule der Nation" genannt) und öffentlichen Organisationen (Deutscher Flottenverein, Deutscher Kolonialverein, Alldeutscher Verband u. a.), die zum Kern des modernen Militarismus wurde, herausgebildet.

Befürworter einer allgemeinen und totalen Abrüstung waren ehedem nur die pazifistischen **Friedensgesellschaften** in Deutschland und Österreich – an ihrer Spitze BERTHA VON SUTTNER – sowie einzelne Intellektuelle und Diplomaten. 1899 fand die erste Haager Friedenskonferenz von 26 Teilnehmerstaaten statt. Ihr Ziel, eine allgemeine Abrüstung einzuleiten, wurde nicht erreicht. 1907 einigten sich 44 Staaten mit der „Haager Landkriegsordnung" über den Schutz der Zivilbevölkerung im Krieg.

BERTHA VON SUTTNER
(1843–1914)
Pazifistin, begründete die österreichische „Gesellschaft der Friedensfreunde"; schrieb 1889 den Roman „Die Waffen nieder"

Nach dem Ersten Weltkrieg wurden dem Deutschen Reich und seinen Verbündeten im Versailler Friedensvertrag weit gehende Rüstungsbeschränkungen auferlegt, die zugleich der Beginn einer allgemeinen Abrüstung sein sollten. Die Abrüstungskonferenzen des Völkerbundes scheiterten jedoch an den gegensätzlichen Interessen der Staaten.

Mit den Erfahrungen des Zweiten Weltkrieges und der Entwicklung von Atomwaffen sowie weit reichenden Raketen wurde in den 1950er-Jahren die Abrüstungspolitik zu einer Dringlichkeit in neuer Dimension
– wegen der Gefahr eines Weltkrieges mit Atomwaffen und
– wegen der Gefahr der Weiterverbreitung dieser Waffen an immer mehr Staaten.
Seit Beginn der 1960er-Jahre, nach der Kuba-Krise 1962, wurden zahlreiche international bedeutsame Rüstungskontroll- und Abrüstungsabkommen ausgehandelt und überwiegend in Kraft gesetzt.
In der Gegenwart steht die Aufgabe, auch den internationalen Waffenhandel zu unterbinden sowie die Weiterverbreitung von Massenvernichtungswaffen zu verhindern.

Abrüstungsabkommen/Jahr	Unterzeichner
Atomteststopp-Abkommen 1963 (keine Kernwaffenversuche in der Atmosphäre, im Weltall und unter Wasser)	112 Staaten
Vertrag über friedliche Nutzung des Weltraums zwischen USA, UdSSR und Großbritannien 1967	85 Staaten
Atomwaffensperrvertrag (über Nichtweiterverbreitung) zwischen USA, UdSSR und Großbritannien 1968 – in Kraft 1970, 1995 verlängert	178 Staaten
Vertrag über Verbot von Atomwaffen auf dem Meeresgrund zwischen USA, UdSSR und Großbritannien 1971	74 Staaten
ABM-Vertrag (Anti-Ballistic-Missiles) über Begrenzung der Raketenabwehrsysteme 1972	USA, UdSSR
SALT-I-Vertrag über Begrenzung der strategischen Rüstung (Interkontinentalraketen und Raketen-U-Boote) 1972	USA, UdSSR
Abkommen über Verbot biologischer und toxischer Waffen 1972	140 Staaten
SALT-II-Vertrag über Begrenzung der strategischen Rüstung (Raketen mit Mehrfachsprengköpfen) 1979 – nicht ratifiziert	USA, UdSSR
Konventionen zum Verbot besonders grausamer Waffen (z. B. Geschosse mit Kunststoffsplittern, Napalmbomben) 1983	35 Staaten
KVAE-Dokument (Konferenz über vertrauensbildende und Sicherheitsmaßnahmen in Europa) 1986	35 Staaten der KSZE (↗ S. 339)
INF-Abkommen (Intermediate Nuclear Forces) über Vernichtung der atomaren Mittelstrecken-Waffen 1987	USA, UdSSR
Abkommen über konventionelle Abrüstung in Europa 1990 – (Vertrag gilt als Beendigung des Kalten Krieges)	NATO und Warschauer Pakt
START-I-Vertrag (Strategic Arms Reduction Talks) über Obergrenzen nuklearer Trägersysteme 1991	USA, UdSSR
START-II-Vertrag über Zahl und Träger strategischer Gefechtsköpfe 1993 – ratifiziert 1997 bzw. 2000	USA, Russland
Vertrag über das umfassende Verbot von Nuklearversuchen (CTBT) 1996	144 Staaten (ratifiziert)
Konvention über das Verbot chemischer Waffen 1993 - in Kraft 1997 Überprüfungskonferenzen 2003 und 2008	183 Staaten (gezeichnet)
Vertrag über die Ächtung von Landminen (Ottawavertrag, ↗ S. 429) 1997, in Kraft 1999	153 Staaten
Vertrag von Semei über kernwaffenfreie Zone in Zentralasien (Verbot von Tests, Stationierung, Besitz und Herstellung von Kernwaffen) 2006	Kasachstan, Kirgisistan, Tadschikistan, Turkmenistan und Usbekistan

Konzepte und Politik der Friedenssicherung 297

> **Abrüstungspolitik** (ARP) zielt darauf, die materielle Kriegsvorbereitung, Rüstungswettläufe und die Verbreitung von Massenvernichtungsmitteln zu stoppen, rückgängig zu machen und die Ergebnisse zu kontrollieren (verifizieren).

Dabei werden solche politischen Mittel genutzt, wie Abrüstungsdiplomatie, Unterbreiten von Vorschlägen zur Abrüstung, Initiieren von Verhandlungen, Vorlegen von Entwürfen für Abrüstungsabkommen, Einrichten von Überwachungskommissionen. Vor allem geht es darum,

– angehäufte Waffenbestände auszumustern und zu vernichten (z. B. Panzer, Raketen),
– Entwicklung und Produktion von Massenvernichtungsmitteln (z. B. chemischer und bakteriologischer Waffen) zu verbieten,
– Entwicklung und Produktion von inhumanen Waffen (z. B. Erblindungswaffen, Nervengase, Personenminen) zu verbieten,
– waffenfreie Zonen zu errichten (z. B. in der Antarktis, auf dem Meeresboden, im Kosmos),
– Rüstungsbudgets zu verringern.

Bild: Zerstörung von Pershing-II-Raketen

Verträge über kernwaffenfreie Zonen wurden bisher für die Antarktis (1959) sowie für die Regionen Lateinamerika/Karibik (1967), Südpazifik (1985), Südostasien (1990), Afrika (1996) und Zentralasien (2006) abgeschlossen. Die beiden Letzten sind 2008 noch nicht ratifiziert.

> **Rüstungskontrollpolitik** (RKP) richtet sich darauf, die Rüstungen der Staaten gemeinsam zu begrenzen und zu kontrollieren, und zwar so, dass ein militärisches Gleichgewicht erhalten bleibt und Fehlreaktionen sowie Krieg aus Zufall auszuschließen sind.

Das kann erreicht werden durch:
– Abbau von Überkapazitäten auf beiden Seiten,
– Festlegung von Höchstgrenzen bei Zahl und Reichweite von Waffensystemen,
– Festlegung von Höchstgrenzen bei Produktionskapazitäten,
– Absenken von Rüstungsausgaben,
– „Einfrieren" bestehender Militärpotenziale (dürfen nicht verändert oder umgruppiert werden),
– Verbot der Entwicklung neuer Waffensysteme oder Waffengattungen,
– Testverbote für Atomwaffen.

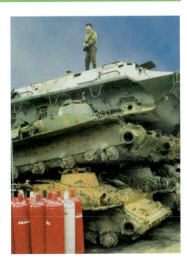

Bild: Verschrottung von Panzern der Bundeswehr im Rahmen von Verhandlungen über konventionelle Streitkräfte in Europa (VKSE)

Internationale Politik

Gemessen an der Forderung, den Krieg durch **allgemeine und totale Abrüstung** aus dem Leben der Völker zu verbannen, den Waffenhandel zu unterbinden und die Welt zumindest von Massenvernichtungsmitteln zu befreien, sind die Resultate bisheriger Rüstungskontroll- und Abrüstungspolitik bescheiden. Das hat **zwei Gründe:**
1. Die Staaten sehen ihre Sicherheit immer noch am ehesten durch militärische Stärke garantiert, besonders durch militärische Überlegenheit und einen militärgestützten Supermacht-Status.
2. Nach dem Ende des Ost-West-Konflikts sind neue Risiken für die internationale Sicherheit entstanden.

Die technischen Kenntnisse, speziell die zum Bau von Atomwaffen, werden auch als „Nuclear Know-how" („gewusst wie") bezeichnet.

Die Verbreitung von Massenvernichtungswaffen, also Nuklearwaffen, chemischen und biologischen Waffen (ABC-Waffen), beinhaltet eine Zerstörungsgefährdung mit überregionalen Auswirkungen. Die Möglichkeiten des Erwerbs von Material und Know-how-Technologien über den Handel haben sich mit dem Ende des Kalten Krieges deutlich verbessert. Es besteht zudem die Gefahr, dass Staaten und Regime, die sich bedroht und international benachteiligt fühlen, dieses Know-how illegal beschaffen. Der Waffenhandel mit seinen hohen Gewinnspannen hat sich globalisiert und kriminalisiert – nicht mehr nur Staaten handeln mit Waffen.
Der internationale Terrorismus verfügt über eigene Netzwerke, die von staatlichen Strukturen unabhängig sind. Darüber hinaus sind aus dem Zusammenbruch der Sowjetunion vier neue Atomwaffenstaaten hervorgegangen: neben Russland die Ukraine, Weißrussland und Kasachstan.

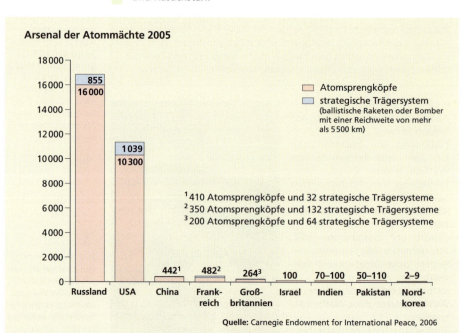

Arsenal der Atommächte 2005

Land	Atomsprengköpfe	strategische Trägersysteme
Russland	16 000	855
USA	10 300	1 039
China	442 [1]	
Frankreich	482 [2]	
Großbritannien	264 [3]	
Israel	100	
Indien	70–100	
Pakistan	50–110	
Nordkorea	2–9	

[1] 410 Atomsprengköpfe und 32 strategische Trägersysteme
[2] 350 Atomsprengköpfe und 132 strategische Trägersysteme
[3] 200 Atomsprengköpfe und 64 strategische Trägersysteme

(strategische Trägersystem: ballistische Raketen oder Bomber mit einer Reichweite von mehr als 5500 km)

Quelle: Carnegie Endowment for International Peace, 2006

5.3 Weltpolitische Konflikte

Im letzten Jahrzehnt des 20. Jh.s hatte sich eine völlig neue internationale Situation herausgebildet: Der Kalte Krieg war beendet, der Ost-West-Konflikt aufgehoben, die Bipolarität der Welt aufgelöst. Eine neue Weltordnung des Friedens und der Gerechtigkeit schien möglich. Im europäischen Einigungsprozess hat sich das niedergeschlagen. Aber insgesamt ist die Welt nicht stabiler geworden.

> Am Beginn des 21. Jh.s ist die Weltlage durch **neue Instabilitäten** gekennzeichnet. Zwar ist die Zahl der Kriege und Gewaltkonflikte rückläufig, aber zerfallende Staaten, Kriege ohne Regeln und Grenzen sowie weltweiter Terrorismus stellen Gefahren in neuer Dimension dar.

Sezession, lat. Secessi = Abspaltung, Absonderung, bezeichnet die Loslösung einzelner Landesteile aus einem bestehenden Staat mit dem Ziel, einen neuen, souveränen Staat zu bilden.

2006 wurden weltweit 29 Kriege und 15 bewaffnete Konflikte geführt. Drei Gewaltkonflikte wurden beendet, vier neu begonnen. Der Kampf um die Macht im Staat und Sezessionsbestrebungen spielten dabei die Hauptrolle.
Trotz der Verstärkung der UN-Präsenz in Afghanistan wird der 2001 begonnene Krieg durch die Taliban auch 2006 weitergeführt.
Mehr als 14 000 Terroranschläge wurden 2006 weltweit verübt, dabei etwa 20 000 Menschen getötet – 3000 mehr als im Jahr zuvor.

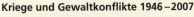

Diagramm nach Daten der Arbeitsgemeinschaft Kriegsursachenforschung (www.akuf.de), Hamburg 2008

In den jüngsten Kriegen und Gewaltkonflikten – z. B. in Tschetschenien, Ruanda, im Irak, Sudan oder Kongo – hat vor allem die Zivilbevölkerung zu leiden. Ihr Anteil an den Kriegstoten und Verwundeten ist sehr hoch. Die Vereinten Nationen haben die Zahl der in der sudanesischen Region Darfur getöteten Menschen auf 300 000 beziffert (2003 bis 2007).
Millionen Menschen sind auf der Flucht. An der Jahrtausendwende waren es über 20 Mio., 2006 noch mehr als 9 Mio. Menschen, die ihr Land verließen. Nach Schätzungen des UNHCR stieg aber 2006 die Zahl der Vertriebenen innerhalb ihrer Heimatländer aufgrund innerstaatlicher Konflikte bzw. massiver Menschenrechtsverletzungen auf 25 Mio.

Der Anteil getöteter Zivilpersonen im Verhältnis zu gefallenen Soldaten ist zunehmend gewachsen. Außerdem kann beim Einsatz vieler Waffen, z. B. Landminen, oft nicht mehr zwischen militärischen und zivilen Opfern unterschieden werden.

Siehe auch: allgemeine Ursachen von Kriegen, ↗ S. 285

5.3.1 Ursachen und Hintergründe von Konflikten und Kriegen

Die Ursachen der Gewaltkonflikte und Kriege sind vielschichtig. Sie haben historische Wurzeln, liegen in ökonomischen und machtstrukturellen Verhältnissen begründet, sind ethnisch, religiös oder ideologisch geprägt.

> Zu wichtigen **Ursachen der gegenwärtigen Kriege** gehören:
> – der Zerfall von Staaten,
> – die Ethnisierung von Konflikten,
> – die Privatisierung militärischer Gewalt,
> – die Verbreitung des islamischen Fundamentalismus.

Zerfall von Staaten

> Die Aufhebung des Ost-West-Konflikts war mit **Zerfall und Umbrüchen** in vielen Staaten Osteuropas, aber auch in Staaten der südlichen Weltregion verbunden.

Umbrüche und der **Staatenzerfall in Osteuropa** hatten dabei Folgen in zweierlei Hinsicht:
– Zum einen wurde die stabilisierende Balance zwischen den Machtblöcken, die sich um die USA und die Sowjetunion gruppierten, aufgehoben. Die USA verblieb als einzige Supermacht und als einziger Staat mit weltweiter militärischer Präsenz. Das bringen sie zur Geltung, nicht zuletzt in dem 2003 geführten Hegemonial- und Weltordnungskrieg gegen Irak.

In einigen Fällen geschah die Verwirklichung des Selbstbestimmungsrechts einer Minderheit friedlich, so z. B. die staatliche Trennung der Slowakei von Tschechien.

– Zum anderen führten die Auflösung des Ostblocks und die Umbrüche in osteuropäischen Staaten zu erheblichen innenpolitischen Destabilisierungen.
Ihr Zerfall war vielfach verursacht durch gewaltsame Ausbrüche jahrzehntelang unterdrückter ethnischer und religiöser Konflikte. Minderheiten forderten ihr Selbstbestimmungsrecht und ihren eigenen Staat. Die Kriege im ehemaligen Jugoslawien (1991–1995, 1999) liegen z. B. darin begründet, der Gewaltkonflikt zwischen Russland und Tschetschenien (↗ Bild) ebenso.

In einer Reihe von **Ländern der Dritten Welt**, vor allem auch in Afrika, wurden seit den 1990er-Jahren zahlreiche Macht- und Herrschaftskämpfe ausgetragen. Schwäche, Scheitern und Zerfall der Staaten waren häufig dabei sowohl Ursache wie auch Folge gewaltsamer Konfliktaustragungen. Die nach Abwahl oder Sturz langjähriger Herrscher agierende neue politische Elite scheiterte vielfach. Vetternwirtschaft (Nepotismus), Korruption und private Bereicherung an der Macht traten in Erscheinung. Gewaltanwendung nach innen und Einsatz militärischer Mittel nach außen waren unmittelbar damit verbunden.

> Der blutige Bürgerkrieg in **Somalia** begann mit dem Sturz des von außen gestützten Diktators MUHAMMAD SIAD BARRE 1991. Es war ein Kampf um die Macht, geführt von zwei Clans, die bis dahin relativ gleichgewichtig im Land wirkten. Die 2000 errichtete Übergangsregierung wurde auch von vielen Warlords nicht anerkannt. Alle Einigungsversuche der Konfliktparteien scheiterten bisher.

Die Ursachen der Konflikteskalation in Somalia liegen nicht in einer Ethnisierung. Somalia ist eines der ethnisch homogensten Länder der Welt. (99% der Bevölkerung sind Somalis, der Religion nach Sunniten und sprechen die gleiche Sprache.)

Ethnisierung von Konflikten

> Viele Konflikte, die gewaltsam ausgetragen werden, sind Ausdruck aufgebrochener **ethnischer und religiöser Widersprüche** zwischen Staaten, Gruppen oder Volksstämmen.

Sie wurzeln in Traditionen mit zumeist langer Geschichte und bringen häufig verfestigte und schwer überwindbare Feindbilder hervor. Für diese Ethnisierung von Konflikten gibt es in vielen Ländern Ansatzpunkte. Fast zwei Drittel der 127 größeren Staaten der Welt beheimaten mindestens eine politische Minderheit. In etwa 40% der Staaten leben sogar mehr als fünf größere ethnische Gruppen, von denen mindestens eine Benachteiligungen und Repressionen ausgesetzt ist.

In Indonesien gibt es neben den Javanern (40% der Bevölkerung) über zehn ethnische Volksgruppen, die etwa 170 verschiedene Sprachen sprechen.

> Im ethnisch, religiös und sozial sehr heterogenen Inselstaat **Indonesien** prägen seit Jahren gewaltsam ausgetragene Konflikte und Bürgerkriege die Situation des Landes. In verschiedenen Regionen kämpfen ethnische Gruppen (Aceh, Osttimor, Molukken, Kalimantan, Irian Jaya, Nord-Sulawesi) um die Unabhängigkeit von der Zentralregierung.

Privatisierung militärischer Gewalt

> In Krisen- und Konfliktregionen der Welt wird Gewalt nicht mehr nur von Staaten und ihren Institutionen (Armee, Milizen) wahrgenommen, sondern zunehmend auch von **nicht staatlichen Akteuren**.

Das sind transnationale terroristische Netzwerke, „Gewalt"-Unternehmer, internationale Sicherheitsfirmen und Söldneragenturen, die Form und Zweck zeitgenössischer Kriege beeinflussen und sie aus Eigeninteresse fördern. Diese Akteure verfolgen weniger politische Ziele als vielmehr ökonomische Interessen.

> In Afghanistan finden trotz UNO-Kontrolle und Stationierung von US- und NATO-Truppen (seit 2002) bewaffnete Auseinandersetzungen statt. Sie werden von rivalisierenden Warlords geführt. Private Milizen nehmen an Militäroperationen gegen die Taliban teil.
> Die Durchsetzung des Verbots, Opium anzubauen, scheiterte vor allem an den ökonomischen Interessen lokaler Warlords, deren militärische Macht vielfach auf der Kontrolle des Drogenhandels beruht.

Islamischer Fundamentalismus

> Gruppen des **islamischen Fundamentalismus**, die antiwestlich orientiert sind und terroristische Gewalt als Mittel zur Durchsetzung politischer Ziele betrachten, haben im letzten Jahrzehnt deutlich an Einfluss gewonnen.

Fundamentalismus, ursprünglich im 19. Jh. als Strömung in protestantischen Kreisen der USA entstanden, existiert in allen Religionen mehr oder weniger. Allgemein wird er als kompromissloses Festhalten an politischen, weltanschaulichen und religiösen Grundsätzen bestimmt.
Islam und Fundamentalismus dürfen nicht gleichgesetzt werden.

Gewalt und Terror, Konflikte und Krisensituationen werden seit den 1990er-Jahren verstärkt mit radikal-fundamentalistischen Bewegungen und Gruppierungen in Verbindung gebracht.
Dem liegt vor allem die in der islamischen Welt stattfindende „Reaktivierung" ihrer Werte und Traditionen zugrunde, die seit der Machtergreifung des schiitischen Religionsführers AYATOLLAH RUHOLLAH M. KHOMEINI im Iran (1979) verstärkt erfolgte. Der Islam wurde zur Grundlage des politisch-sozialen Lebens erklärt.
Der islamische Fundamentalismus wird in starkem Maße durch islamische Bruderschaften (Ägypten, Sudan) und islamistische Parteien, Bewegungen und Gruppen (Algerien, Palästina) getragen, die oftmals auf terroristische Gewalt zur Durchsetzung ihrer Ziele zurückgreifen.

> Die Terroranschläge auf das World Trade Center in New York 2001, die schweren Anschläge von Bali (2002), in Jakarta (2003) oder London (2005) belegen das Gefahrenpotenzial, das dem islamischen Fundamentalismus innewohnt.

5.3.2 Entwicklung und Aufhebung des Ost-West-Konflikts

Der Ost-West-Gegensatz prägte das Weltgeschehen im Zeitraum von 1917 bis 1989. Bestimmend wurde er in der internationalen Politik im Zuge der Entwicklung des Zweiten Weltkriegs: Die traditionelle europäisch dominierte Staatengesellschaft brach zusammen. Als Hauptsiegermächte gestalteten die Sowjetunion und die USA zunehmend konfrontativ die Nachkriegsordnung.

> Dem **Ost-West-Konflikt** lag der Interessenkonflikt zwischen zwei entgegengesetzten Systemen zugrunde, dem westlichen Kapitalismus mit den USA an der Spitze und dem von der Sowjetunion geführten östlichen Kommunismus/Sozialismus.

Wegen der Fixierung der Weltpolitik auf zwei dominante Pole wird vielfach auch von der „Bipolarität" des internationalen Systems gesprochen.

Der Interessenkonflikt mündete in einen **machtpolitischen Gegensatz**, weil beide Seiten danach strebten, ihre Ordnung universal durchzusetzen. Immer mehr Regionen der Welt gerieten in den Sog der Ost-West-Spannung. Andere Konflikte, wie der Nord-Süd-Konflikt (↗ S. 308) oder der Nahostkonflikt (↗ S. 318) spielten unter den Bedingungen des Ost-West-Konflikts eher eine neben- oder untergeordnete Rolle.

Der Ost-West-Gegensatz hatte militärische, wirtschaftliche, ideologische und kulturelle Dimensionen. Die sich feindlich gegenüberstehenden militärischen Allianzen NATO und Warschauer Pakt häuften ein gewaltiges Zerstörungspotenzial an. Durch permanentes Wettrüsten, verbunden mit der Entwicklung der Nukleartechnik, entstand die Gefahr einer globalen Vernichtung.

Entstehung des Ost-West-Konflikts

Bild links: Atombombentest – in der Wüste von Nevada wurden z. B. zwischen 1947 und 1992 mehr als 900 Testversuche durchgeführt.

Bild rechts: Sowjetische Mittelstreckenrakete

Die Grundlagen des bipolaren Weltsystems entstanden 1917 mit der Machtübernahme der Kommunisten in Russland, die 1922 die UdSSR gründeten und ihren Anspruch auf eine „Weltrevolution" ideologisch begründeten. Die Vereinigten Staaten verweigerten bis 1933 die Anerkennung des neuen Staates. Im Zweiten Weltkrieg kämpften ab 1942 die USA und die UdSSR gemeinsam gegen Deutschland. 1943 befestigte die Konferenz in Teheran die Anti-Hitler-Allianz; die 1945 in Jalta stattgefundene Konferenz entschied über die **Zweiteilung Europas** und legte die Einfluss-Sphären der UdSSR und der USA fest.

Internationale Politik

Besatzungszonen (Deutschland 1945–49)

- britische Zone
- amerikanische Zone
- französische Zone
- sowjetische Zone
- Demarkationslinie zwischen den amerikanisch-britischen und den sowjetischen Truppen bis 1.7.1945
- —·— Staatsgrenze 1937
- ······ Landesgrenze
- ---- Oder-Neiße-Grenze
- — Bi-Zone seit Sept. 1947
- --- (Beitritt frz. Z. Aug. 1948)
- ⊠ Viersektorenstadt

Bereits auf der Potsdamer Konferenz im August 1945 konnte nicht für alle auf der Tagesordnung stehenden Probleme (z. B. für die Reparationsfrage) ein Konsens gefunden werden.

Die UdSSR etablierte in den von der „Roten Armee" befreiten osteuropäischen Ländern und Gebieten prosowjetische, kommunistische Regierungen. Die USA – gestützt auf wirtschaftliche Überlegenheit und das seit August 1945 errichtete Atomwaffenmonopol – erstrebten ein freies marktwirtschaftliches Europa unter ihrer Führung. Auf dieser Basis entfaltete sich der Ost-West-Konflikt in der **Nachkriegszeit**.
Die Konfrontation gewann gegenüber der Kooperation die Überhand: UdSSR und USA vertraten gegensätzliche machtpolitische Interessen, Ziele und Ideologien, die sich auf Sozialismus bzw. Kapitalismus bezogen.

USA —— Übergang zur Konfrontation —— UdSSR	
• UdSSR wird Einflussnahme auf die Westzonen in Deutschland verwehrt: Stopp der Reparationslieferungen, Nichtzulassung zur Ruhrkontrolle (1946) • Konzept der Eindämmung sowjetischer Machtausweitung im Nahen Osten (Iran, Türkei) • Truman-Doktrin: ideologische Mobilisierung des Westens gegen kommunistische Subversion (1947) • Marshall-Plan: finanzielle Hilfe für westliche Besatzungszonen Deutschlands und für europäische Staaten zwecks Wiederaufbau der im Krieg zerstörten Wirtschaft (1947) • Durchführung der Währungsreform in den Westzonen und in den Westsektoren von Berlin (1949)	• Sowjetisierung im gesamten Machtbereich wurde betrieben, schloss Ausschaltung nicht kommunistischer Kräfte ein (Tschechoslowakei 1948) • Gründung der **Kominform** als Instrument der Abriegelung und ideologischen Mobilisierung (1947) – führte zum sowjetisch-jugoslawischen Ideologiekonflikt (1947–1956) • Gründung des Rates für gegenseitige Wirtschaftshilfe (COMECON) in Moskau durch die Ostblockstaaten UdSSR, Bulgarien, Ungarn, Rumänien, Tschechoslowakei (1949) • Berlinblockade (24.06.1948–12.05.1949): Sperrung der Zufahrtswege zu den Westsektoren Berlins als Antwort auf die Währungsreform

 Kominform: Abk. für Kommunistisches Informationsbüro (Organisation europäischer kommunistischer Parteien)

 Die **Berlinblockade** war der erste Höhepunkt des Ost-West-Konflikts.

Kalter Krieg

Die **Eigenart des Ost-West-Konflikts** bestand von Anfang an darin, dass er trotz beständiger Kriegsdrohung nicht zu einem militärischen Zusammenstoß führte. Das Gleichgewicht der Kräfte sicherte letztlich den Frieden.

 Den Begriff **Kalter Krieg** prägte 1947 der amerikanische Journalist WALTER LIPPMANN (1889–1974).

Die Welt zerfiel 1948/49 endgültig in zwei Blöcke, die sich feindlich gegenüberstanden. Das beinhaltete in den folgenden Jahren auch die jeweilige Einbindung der beiden 1949 gegründeten deutschen Staaten Bundesrepublik Deutschland (BRD) und Deutsche Demokratische Republik (DDR).

 Stationen der **Westintegration der BRD** waren:
- Vereinbarung der Außenminister der drei Westmächte über die Einbeziehung der BRD in das westliche Paktsystem (1950),
- Inkrafttreten des Vertrages über die Europäische Gemeinschaft für Kohle und Stahl (1952),
- Inkrafttreten der Pariser Verträge und des Deutschlandvertrags: Recht auf Aufstellung eigener Streitkräfte, Aufnahme in die Westeuropäische Union und in die NATO (1955),
- Unterzeichnung der Vertragswerke über den „Gemeinsamen Markt" (EWG) und die Europäische Atomgemeinschaft (1957).

Stationen der **Ostintegration der DDR** waren:
- Aufnahme in den 1949 gegründeten Rat für gegenseitige Wirtschaftshilfe (1950),
- Teilnahme an der Gründungskonferenz des Warschauer Paktes und Unterzeichnung des Vertrages über die Beziehungen zwischen der DDR und der UdSSR (1955),
- Gesetz über die Schaffung der Nationalen Volksarmee und Unterstellung eines großen Teils ihrer Einheiten unter den Befehl des Vereinigten Oberkommandos des Warschauer Paktes (1956).

1952 zündeten die USA, 1955 die Sowjetunion ihre erste Wasserstoffbombe.

Die Vertiefung der Konfrontation der beiden Blöcke bis in die 1970er-Jahre, die vor allem auf dem Ausbau des militärischen Drohpotenzials beruhte, schlug sich in einem „Gleichgewicht des Schreckens" nieder.

Bild:
Berliner Mauer, errichtet am 13. August 1961

Trotz der darin liegenden Gefahren war es zugleich eine Voraussetzung dafür, dass zugespitzte internationale Situationen und gewaltsame Konflikte in verschiedenen Regionen der Erde nicht in einen Dritten Weltkrieg umschlugen. Solche **Höhepunkte des Kalten Krieges** waren nach der Berlin-Blockade der Korea-Krieg (1950–1953), der Bau der Berliner Mauer (1961), die Kuba-Krise (1962), der Krieg in Vietnam (1964–1975), der Einmarsch der Truppen des Warschauer Pakts in die Tschechoslowakei (1968).

1973 wurden beide deutsche Staaten ordentliche Mitglieder der Vereinten Nationen.

In den 1970er-Jahren begann eine stärker auf **Entspannung** ausgerichtete Phase. Sie enthielt eine Reihe von Abrüstungs- und Rüstungskontrollverhandlungen und -abkommen zwischen den USA und der UdSSR (u. a. die SALT-Verträge).

Bild:
DDR-Staatschef ERICH HONECKER (1912–1994) und Bundeskanzler HELMUT SCHMIDT (geb. 1918) am Verhandlungstisch der KSZE in Helsinki

Die multilaterale „Konferenz über Sicherheit und Zusammenarbeit in Europa" **(KSZE)** in Helsinki kam zustande, wo über eine Verbesserung der Ost-West-Beziehungen im europäischen Bereich verhandelt und eine gemeinsame Schlussakte verabschiedet wurde. Die Beziehungen der beiden deutschen Staaten wurden durch ein vielgestaltiges Vertragsnetz untersetzt – so mit dem 1972 geschlossenen Grundlagenvertrag, der wie weitere Ostverträge der BRD auf den Grundpfeilern Gewaltverzicht und Unverletzlichkeit der Grenzen beruhte.

Der **Rüstungswettlauf** wurde mit dem Beschluss der NATO zur Stationierung von Mittelstreckenraketen in Europa sowie mit dem Einmarsch der Sowjetarmee in Afghanistan 1979 erneut vorangetrieben, der Entspannungsdialog zwischen USA und UdSSR brach wieder zusammen. Ungeachtet dessen blieb das deutsch-deutsche Verhältnis relativ stabil.

Ende des Ost-West-Konflikts

> Mit dem **Zusammenbruch der sozialistischen Staaten** in Ost- und Mitteleuropa und dem Auseinanderbrechen der UdSSR (1989–1991) verlor der Ost-West-Konflikt seine politische Grundlage.

In den 1980er-Jahren traten in mehreren Ländern des Ostblocks ernste Krisenerscheinungen zutage, die mit Stagnation und Rückgang des Nationaleinkommens verbunden waren und sich in nationalen und sozialen Konflikten entluden. Die von GORBATSCHOW in der UdSSR 1987 initiierte **Reformpolitik** (Glasnost, Perestroika) sollte den weiteren Bestand der UdSSR als Supermacht sichern. Sie vertiefte aber eher den Niedergang. Mit der Reformpolitik war zugleich ein Wandel der sowjetischen Außen- und Sicherheitspolitik verbunden. Das führte vor allem auch zu neuen **Abrüstungsvereinbarungen** zwischen den USA und der UdSSR:
– 1987 wurde der Vertrag über die Beseitigung aller landgestützten Mittelstreckenwaffen in Europa (INF) unterzeichnet.
– 1990 wurde der KSZE-Vertrag über die konventionelle Abrüstung abgeschlossen.
– 1991 wurde der START-Vertrag unterzeichnet, der erhebliche Rüstungsminderungen beinhaltete.

MICHAEL SERGEJEWITSCH GORBATSCHOW (geb. 1931) wirkte von 1985 bis 1991 an der Spitze von Partei und Staat in der UdSSR.

Die **Einigung Deutschlands** stellte einen wichtigen Faktor bei der Aufhebung des Ost-West-Gegensatzes dar. Sie wurde bereits am 3. Oktober 1990 auf der Grundlage eines Einigungsvertrags, der den Beitritt der DDR zur Bundesrepublik Deutschland vorsah, rechtlich vollzogen.

> Unmittelbar nach dem Fall der Mauer in Berlin (9. November 1989) legte Bundeskanzler KOHL ein Zehn-Punkte-Programm vor, das längerfristig auf eine Wiedervereinigung der beiden deutschen Staaten orientierte. Zugleich traten zunehmend mehr DDR-Bürger mit Demonstrationen und Willensbekundungen für eine rasche Herstellung der Einheit ein.

HELMUT KOHL (geb. 1930) gilt als „Kanzler der Einheit".

Seine volle Souveränität (im Sinne einer völkerrechtlichen Identität von Deutschem Reich und vereinigtem Deutschland) erhielt Deutschland durch den **„Zwei-plus-Vier-Vertrag"** vom 12. 09. 1990. Er wurde zwischen den beiden deutschen Staaten und den vier Siegermächten des Zweiten Weltkrieges geschlossen und beinhaltet
– die Anerkennung der Außengrenzen Deutschlands unter Verzicht auf deutsche Gebietsansprüche,
– den Verzicht auf den Besitz von ABC-Waffen sowie
– eine Begrenzung der Stärke der Streitkräfte auf 370 000 Soldaten.

5.3.3 Struktur und Perspektiven des Nord-Süd-Konflikts

Die geografische Bezeichnung Nord-Süd ist ungenau, denn nicht alle Länder des Südens gehören zu den Entwicklungsländern (z. B. Australien, Neuseeland) und auch nicht alle Entwicklungsländer liegen auf der Südhalbkugel. Nach dem Zerfall der Sowjetunion werden die daraus hervorgegangenen Länder Zentralasiens zu den Entwicklungsländern gerechnet.

Der Nord-Süd-Gegensatz gehört seit den 1960er-Jahren zu den großen weltpolitischen Konfliktkonstellationen, durch die internationale Politik strukturiert wird. Im Kern handelt es sich um einen sozioökonomischen, außenwirtschaftlichen und verteilungspolitischen Interessenkonflikt zwischen Entwicklungsländern und Industrieländern. Er widerspiegelt das fundamentale Nord-Süd-Entwicklungsgefälle in den Bereichen der technologischen Kompetenz, der ökonomischen Produktivität und des materiellen Lebensstandards.

Seit dem Ende der Ost-West-Konfrontation und dem Wegfall der sogenannten „Zweiten (sozialistischen) Welt" hat sich der Nord-Süd-Gegensatz noch vertieft. Dabei schlagen sich verstärkt ökologische, bevölkerungs- und sicherheitspolitische Entwicklungen nieder.

> **Nord-Süd-Konflikt** bezeichnet den konflikthaften Gegensatz in der wirtschaftlichen, politischen und sozialen Entwicklung zwischen den Industriestaaten der nördlichen Erdhalbkugel und den Entwicklungsländern Afrikas, Asiens und Lateinamerikas.

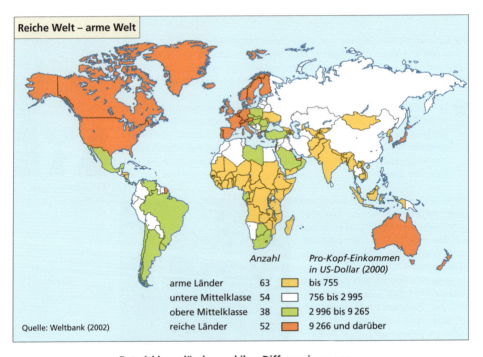

Entwicklungsländer und ihre Differenzierungen

Der Kampf gegen den Kolonialismus, der Mitte der 1960er-Jahre weitgehend abgeschlossen war, führte zur Entstehung neuer Staaten, die als

Länder der „Dritten Welt" bzw. als Entwicklungsländer bezeichnet wurden. Ihnen gemeinsam war das Grundanliegen, die Folgen kolonialer Abhängigkeit und Unterentwicklung zu überwinden und die tiefe ökonomische Kluft zu den Industriestaaten zu beseitigen. Innere und äußere Faktoren, besonders die bestehende Weltwirtschaftsordnung, wirkten dem aber entgegen.

„Dritte Welt" ist ein Begriff, der aus der Zeit des Ost-West-Konflikts stammt. „Erste Welt" meinte die kapitalistischen Industriestaaten, „Zweite Welt" die sozialistischen Staaten.

Anfang der 1970er-Jahre übten die Entwicklungsländer durch Verschärfung einer Ölkrise zum ersten Mal wirtschaftlichen und politischen Druck auf die Industrieländer aus. Es fanden Auseinandersetzungen in verschiedenen Gremien der UNO, insbesondere in der UNCTAD, in der die Entwicklungsländer über die Stimmenmehrheit verfügen, statt. Die UN-Vollversammlung verabschiedete 1974 eine Erklärung und ein Aktionsprogramm zur Errichtung einer neuen Weltwirtschaftsordnung (NWWO) sowie die Charta über die wirtschaftlichen Rechte der Staaten.
Dennoch konnten weder dadurch noch durch die 1977 gebildete Nord-Süd-Kommission oder weitere Initiativen die gravierenden Entwicklungsunterschiede zwischen den Ländern des Südens und des Nordens abgebaut werden.

UNCTAD: Abk. für United Nations Conference on Trade and Development = UN-Konferenz für Handel und Entwicklung; wurde 1964 gegründet – ausgelöst durch die in der Gruppe der 77 zusammengeschlossenen Entwicklungsländer

Die **Gruppe der Entwicklungsländer** weist gemeinsame Merkmale, aber auch größer werdende Unterschiede auf.

Gemeinsame Merkmale der Entwicklungsländer

ökonomisch	sozial	soziokulturell/ politisch	ökologisch
• geringes durchschnittliches Pro-Kopf-Einkommen • extrem ungleiche Einkommensverteilung • unzureichende Infrastruktur • Erwerbstätigkeit und Produktion in traditionellen Sektoren • niedrige Produktivität • hohe Auslandsverschuldung	• sehr hohes Bevölkerungswachstum • starke Wanderungsbewegungen in Ballungsräume • hohe Analphabetenrate, niedriger Bildungsstand • hohe Arbeitslosigkeit • Hunger und Unterernährung • schlechte medizinische Versorgung • relativ geringe Lebenserwartung	• instabile politische Ordnungen • Herrschaft einflussreicher Gruppen, Familien, Sippen • geringe soziale Mobilität (traditionelle Wert- und Verhaltensmuster) • unzureichender Schutz der Menschenrechte • ethnische Gegensätze • häufig gewaltsame Konfliktaustragung	• armutsbedingter ökologischer Raubbau (z. B. durch Rodungen, Überweidung, Gewässerverschmutzung • Zerstörung anfälliger Ökosysteme • geringe ökologische Auflagen und Schutzmaßnahmen

Die Weltbank gruppiert alle Länder der Erde nach dem Bruttoinlandsprodukt pro Kopf.
Die Vereinten Nationen errechnen seit 1990 den **H**uman **D**evelopment **I**ndex (HDI) nach den Indikatoren Pro-Kopf-Kaufkraft, Lebenserwartung und Alphabetisierungsrate. Es ist nicht nur die Wirtschaftskraft eines Landes, sondern auch ihre Umsetzung in soziale Entwicklungen ausschlaggebend.

Die allgemeinen Merkmale sind in den einzelnen Ländern unterschiedlich ausgeprägt. Besonders im letzten Jahrzehnt haben sich Unterschiede zwischen den Entwicklungsländern verstärkt. Sie werden deshalb untergliedert in die wenig entwickelten Länder und die Schwellenländer.

Die **wenig entwickelten Länder** – die Less Developed Countries (LDC) – sind Länder mit einem niedrigen Pro-Kopf-Einkommen (unter 745 US-Dollar), mit geringer Entwicklung des menschlichen Kapitals (Lebenserwartung, Gesundheit, Ernährung, Bildung, Alphabetisierungs-grad) und Strukturschwächen der Wirtschaft (Anteile der Industrie am Bruttoinlandsprodukt, Beschäftigtenzahl in der Industrie, Stromverbrauch pro Kopf, Ausrichtung der Exporte).
Die LDC-Gruppe umfasst große wie kleine Länder, rohstoffreiche und rohstoffarme. Sie sind durch ethnische und kulturelle Unterschiede gekennzeichnet und weisen teilweise erhebliche wirtschaftliche und soziale Differenzierungen auf, z. B. ungleiche Entwicklungen zwischen städtischen und ländlichen Räumen, Gegensätze zwischen Arm und Reich, zwischen Männern und Frauen. (Bild: Frauen in Kenia)

In diese Gruppe gehören auch die 49 **am wenigsten entwickelten Länder** – die Least Developed Countries (LLDC).

Die am wenigsten entwickelten Länder werden zudem als „Vierte Welt" bezeichnet, davon befinden sich 34 in Afrika, südlich der Sahara.

Die Bildung der Gruppe der LLDC-Länder geht auf einen Beschluss der Vollversammlung der Vereinten Nationen von 1971 zurück. Sie nehmen in der entwicklungspolitischen Arbeit der UN einen besonderen Stellenwert ein. Seit 1991 wird für die Einstufung der Länder ein Katalog von verschiedenen Kriterien verwendet, um die Strukturelemente der Armut möglichst genau zu erfassen.

Zu den Schwellenländern gehören u. a. Brasilien, Mexiko, Indien, Südkorea, Malaysia, Indonesien (Bild).

Die Gruppe der **Schwellenländer** – die Newly Industrializing Countries (NIC) – umfasst die Länder, die sich auf dem Weg zur Industrialisierung befinden.
Grundlage dafür sind die staatliche Förderung gewerblichen Unternehmertums, verstärkter Export von Fertigwaren in Industrieländer und Ausbau eines leistungsfähigen Dienstleistungssektors. Es sind Länder mit ungleicher Entwicklung: Zum einen gibt es neben Zentren und Regionen mit hoher Produktivität auch

rückständige Gebiete, zum anderen sind die Länder nur mit einzelnen Produkten oder Branchen auf den internationalen Märkten konkurrenzfähig.

Friedensgefährdung durch Destabilisierung

Im Gegensatz zum Ost-West-Konflikt, in dem sich hochgerüstete Militärblöcke mit ungeheurem Vernichtungspotenzial gegenüberstanden, sind die aus dem Nord-Süd-Konflikt erwachsenden Gefahren anderer Art. Sie sind nicht in einem globalen militärischen Zusammenstoß oder in einem weltrevolutionären Flächenbrand zu sehen. Die „Staaten des Südens" sind auch keine festgefügte Allianz, die ihre Interessen mit koordiniertem politischem Druck verfolgt.

Die Entwicklung der Schwellenländer verläuft aber nicht dynamisch. China, Indien und Brasilien sind bereits industrielle Großmächte.

> Die vom Nord-Süd-Gefälle ausgehende **Friedensgefährdung** besteht im Konfliktpotenzial von Hunger, Klassenkämpfen, Staatskrisen, Massenfluchtbewegungen, neuen Sicherheitsproblemen und armutsbedingter Umweltzerstörung.

Die Problemfelder des Nord-Süd-Gefälles werden differenziert in Kapitel 7.2 dargestellt (↗ S. 403).

Wohlstand und Ordnung in den Industriestaaten sind also weniger durch mögliche Kriege mit armen Ländern als vielmehr durch politische, soziale, ökonomische und ökologische Destabilisierung bedroht. Dabei sind im letzten Jahrzehnt **neue Risiken und Gefahren** hinzugekommen, die im Wechselverhältnis von Wohlstand und Massenkonsum im Norden sowie Armut und Massenelend im Süden begründet liegen. Das sind
– die latente Zerstörung regionaler und globaler Ökosysteme,
– die wachsenden internationalen Migrationsbewegungen,
– die Proliferation von Massenvernichtungswaffen und
– die Destabilisierung bestimmter Staaten (z. B. Pakistan).

Bei der Umweltzerstörung in vielen Regionen der Dritten Welt handelt es sich sowohl um armutsbedingte Umweltzerstörung (beispielsweise Erosionsschäden infolge von Holzeinschlag zur Brennstoffgewinnung) als auch um Schäden, an deren Entstehung die Industrieländer häufig selbst beteiligt sind (als Kapitalgeber, Konsumenten von im Raubbau gewonnenen Produkten, Lieferanten von Giftmüll usw.). Die Weltmarkteinbindung der Entwicklungsländer und der verschuldungsbedingte Zwang zur Steigerung der Exporterlöse verstärken noch den Raubbau natürlicher Ressourcen.

Proliferation, engl. = Bezeichnung für Weitergabe von kerntechnischem Material und kerntechnischen Verfahren an Länder, die sich nicht internationalen Kontrollen über deren Verwendung unterwerfen.

Zudem betrachten die „Länder des Südens" die von den Industrieländern betriebene Durchsetzung internationaler Umweltstandards als Einschränkung ihrer Entwicklungsmöglichkeiten (z. B. FCKW-Produktion). Da die Industrieländer die Hauptverantwortung für die Bedrohung globaler Ökosysteme tragen, fordern sie von ihnen umfassende finanzielle und technologische Unterstützung bei der Umsetzung entsprechender Maßnahmen.

An der Jahrtausendwende befanden sich mehr als 20 Mio. Menschen auf der Flucht.

Migrations- und Flüchtlingsbewegungen haben vor allem in den Regionen der „Dritten Welt" stark zugenommen. Zwar bewegen sich über 90 % der Flüchtlingsströme innerhalb dieser Regionen, aber der Migrationsdruck auf die Industrieländer hat deutlich zugenommen – sowohl aus den Entwicklungsländern des Südens wie auch aus den Krisengebieten (z. B. Afghanistan und Irak).

Bild: Molukken (Indonesien) auf der Flucht

Die Bekämpfung der Migrations- und Fluchtursachen in den Ursprungsländern und -regionen wird damit immer mehr zu einem eigenen Interessenfeld der entwickelten Länder. Abschottungs- und Abwehrmaßnahmen, wie sie z. B. die USA gegen Wirtschaftsflüchtlinge aus Mexiko verhängt haben, werden eher zur Zuspitzung des Problems führen.

Aus dem Nord-Süd-Gegensatz erwächst die Gefahr eines **globalen Sicherheitsproblems**. Es äußert sich in der Zunahme von Angst und Bedrohung durch terroristische Anschläge, in der Forcierung militärischer Rüstung in Ländern der „Dritten Welt" und in der akuten Gefahr der weiteren Verbreitung atomarer, chemischer und biologischer Massenvernichtungswaffen sowie moderner Trägersysteme in diesen Ländern. Im Schatten des Ost-West-Konflikts sind eine Reihe von Entwicklungsländern zu wichtigen Militärmächten herangewachsen, wie z. B. Indien oder Pakistan. Die von den Industrieländern vorgelegten Initiativen für Rüstungsabbau und Rüstungskontrolle kollidieren zunehmend mit den Souveränitäts- und Machtansprüchen dieser Länder.

Die Nuklearrüstung Indiens, Pakistans, Nordkoreas, Irans und Israels befindet sich außerhalb der Kontrolle des Atomwaffensperrvertrages.

Andererseits kommen Waffenexporte und Technologietransfer in erheblichem Umfang aus den Industrieländern selbst.

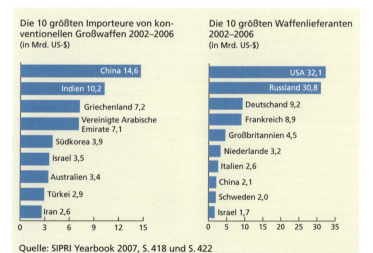

Rüstungsexporte bergen vor allem die Gefahr, regionale Konflikte innerhalb der „Dritten Welt" zu verstärken.

5.3.4 Krieg im ehemaligen Jugoslawien

Der Vielvölkerstaat Jugoslawien, der in der Zeit des Kalten Krieges einen vom Ostblock unabhängigen Weg gegangen war, befand sich am Beginn der 1990er-Jahre in einer tiefen Krise. Nationale, soziale und religiöse Widersprüche brachen auf und schlugen in einen Bürgerkrieg um. Militärische Auseinandersetzungen, sogenannte „ethnische Säuberungen", Massenvergewaltigungen und Massaker führten zu schwersten Menschenrechtsverletzungen, zu etwa 250 000 Toten und 2,2 Mio. Flüchtlingen. Die NATO griff in Kampfhandlungen ein – auch ohne Mandat der Vereinten Nationen, die Friedenstruppen stationierte und mehrere Resolutionen verabschiedete.

Die nach dem Zweiten Weltkrieg gegründete Föderative Volksrepublik Jugoslawien – seit 1963 Sozialistische Föderative Republik (SFRJ) zerfiel. Die Provinz Kosovo wurde unter internationale Verwaltung gestellt.

Ethnische Situation

Die **SFRJ** war ein heterogener **Vielvölkerstaat** – ein Land mit zwei Alphabeten, drei Sprachen, drei Religionen und neun Nationalitäten.

In Jugoslawien gab es katholische, orthodoxe und islamische Religionsgemeinschaften. Diesen entsprechend wurde die lateinische und kyrillische Schrift verwendet.
Gesprochen wurde serbokroatisch, slowenisch und mazedonisch.

Stand der Tabellenangaben: 15. 07. 1991

Serbien	5,8 Mio. Einwohner, 66 % Serben, 34 % Sonstige • Provinz Wojwodina 2,0 Mio. Einwohner, 54 % Serben, 19 % Ungarn, 27 % Sonstige • Provinz Kosovo 1,8 Mio. Einwohner, 77 % Albaner, 13 % Serben, 10 % Sonstige
Kroatien	4,7 Mio. Einwohner, 75 % Kroaten, 12 % Serben, 13 % Sonstige
Slowenien	1,9 Mio. Einwohner, 91 % Slowenen, 9 % Sonstige
Bosnien-Herzegowina	4,3 Mio. Einwohner, 40 % Bosnier (Muslime), 32 % Serben, 18 % Kroaten, 10 % Sonstige
Montenegro	0,6 Mio. Einwohner, 69 % Montenegriner, 13 % Bosnier, 7 % Albaner, 11 % Sonstige
Mazedonien	2,0 Mio. Einwohner, 67 % Mazedonier, 17 % Albaner, 16 % Sonstige

Historische Wurzeln des Konflikts

Konflikte und kriegerische Auseinandersetzungen zwischen den verschiedenen Ethnien auf dem Balkan reichten bis in das 12. Jh. zurück.

Besonders konfliktträchtig waren die komplizierten Volkstums- und Religionsgrenzen, die sich über Jahrhunderte herausgebildet hatten.

In der Antike verlief hier z. B. die Grenze zwischen dem Oströmischen und dem Weströmischen Reich, was sich bis heute in der Trennung in orthodoxe (Serben) und katholische (Kroaten) Christen niederschlägt. Später war die Region Militärgrenze zum Osmanischen Reich und damit auch Grenze zwischen Christentum und Islam.

Im 16. Jh. siedelte die habsburgische Verwaltung vertriebene Serben und Kroaten auf der Krajina an. Es entstand ein gemischtes Siedlungsmuster der Volksgruppen.
Das alte **Jugoslawien** entstand nach dem Ersten Weltkrieg 1918 durch die Vereinigung der Slowenen, Kroaten und Serben der österreichisch-ungarischen Monarchie mit den Serben im Königreich Serbien und in Montenegro als „Königreich der Serben, Kroaten und Slowenen". Es gab anhaltende Zwistigkeiten zwischen Kroaten und Serben. Im zweiten Weltkrieg wurde im Westteil des Königreichs ein faschistischer Satellitenstaat Kroatien errichtet, während das übrige Land unter italienisch-deutsche Besat-

Weltpolitische Konflikte

zung geriet. In einem „totalen Bürgerkrieg" kämpften kroatische Ustaschas, serbische Tschetniks und serbische Partisanen gegeneinander. Den Kampf entschied die Partisanenarmee unter JOSIP BROZ TITO 1944/45 für sich. Im November 1945 wurde die Föderative Volksrepublik Jugoslawien gegründet.

Die neu gebildeten **sechs Teilrepubliken** Serbien (mit den autonomen Provinzen Wojwodina und Kosovo), Kroatien, Slowenien, Bosnien-Herzegowina, Mazedonien und Montenegro unterschieden sich erheblich hinsichtlich ihrer ökonomischen Basis. Vor allem der entwickelte Norden (Kroatien, Slowenien) drängte nach Unabhängigkeit.

Außenpolitisch verfolgte Jugoslawien einen unabhängigen Kurs und nahm einen führenden Platz in der Bewegung der Nichtpaktgebundenen ein. Innenpolitisch unterdrückte TITO, der faktisch Alleinherrscher im politischen System eines Sozialismus jugoslawischer Prägung war, jegliche Autonomiebestrebungen erfolgreich.

Nach dem Tod TITOS spitzte sich die Situation in den Teilregionen Jugoslawiens immer mehr zu.

JOSIP BROZ TITO (1892–1980) war zunächst Ministerpräsident, ab 1953 Staatspräsident auf Lebenszeit.

> Die Inflation, die 1982 noch bei 30% gelegen hatte, war 1988 auf 257,2% hochgeschnellt. Die Auslandsverschuldung betrug 22 Mrd. Dollar. Die Arbeitslosenquote stieg auf 17%. Es fanden zahlreiche Streiks (1988 waren es etwa 2000) und Protestaktionen gegen die Regierung statt.

Ausbruch des Bürgerkriegs

Ende der 1980er-Jahre brachen die Konflikte zwischen den Völkern wieder auf. Die Kluft zwischen dem reichen Norden (Kroatien, Slowenien) und dem armen Süden (Kosovo, Mazedonien) vertiefte sich. Die wirtschaftlich entwickelten Teilrepubliken im Norden nahmen eine eher föderalistische, liberale, marktwirtschaftliche Position ein. Die größte Teilrepublik Serbien orientierte sich auf eine zentralistische Planwirtschaft. Das stieß zunehmend auf den Widerstand der Mehrheit der anderen Republiken. Der Konflikt zwischen Serbien und der Provinz Kosovo, die seit der Verfassungsreform von 1974 über weitgehende Rechte verfügte, spitzte sich besonders zu. Ständige Unruhen und gewaltsame Auseinandersetzungen fanden statt.

Die serbische Minderheit im Kosovo stützte sich zunehmend auf Hilfe aus Belgrad. 1989 kündigte Belgrad die Verfassung von 1974 auf – anlässlich des Jahrestages der Schlacht auf dem Amselfeld (1389), wo die Serben eine Niederlage gegen die Türken erlitten hatten.

Bild links: Kosovo-Albaner am Sarg eines Demonstranten (1990).

Bild rechts: Kroatien will die Unabhängigkeit (1990).

Im Juni 1991 erklärten Slowenien und Kroatien ihre Unabhängigkeit. Im September sprachen sich 90% der Kosovo-Albaner für die Unabhängigkeit aus. Der offene Bürgerkrieg brach aus.

Jugoslawien-Kriege 1991–1995	
Juni/Juli 1991	Krieg in Slowenien Der slowenischen Unabhängigkeitserklärung folgt der „Kleine Krieg" zwischen der jugoslawischen Bundesarmee und den slowenischen Territorialstreitkräften; Waffenstillstand auf Vermittlung der EU (Brioni-Abkommen)
Juni 1991 bis Jan. 1992	Krieg in Kroatien Die Bundesarmee interveniert nach kroatischer Unabhängigkeitserklärung.
1993	Die Krajina sagt sich von Kroatien los und erklärt den Anschluss an die Republik Serbien.
April 1992 bis Nov. 1995	Krieg in Bosnien-Herzegowina Die Bundesarmee interveniert nach der Unabhängigkeitserklärung.
1994	Erster militärischer Einsatz der NATO seit ihrer Gründung: Abschuss von vier serbischen Flugzeugen in der Flugverbotszone
1995	Serben nehmen die bosnischen Sicherheitszonen Srebrenica und Zepa ein – dem folgen massive Luftschläge der NATO gegen Stellungen der bosnischen Serben.
1995	Die kroatische Armee erobert die Krajina und Westslawonien; mehr als 170 000 Serben werden vertrieben.
14. 12. 1995	Dayton-Friedensabkommen Es wird zwischen Serbien, Kroatien und Bosnien-Herzegowina geschlossen und sieht die Erhaltung der staatlichen Einheit Bosnien-Herzegowina als Dach einer bosniakisch-kroatischen Föderation und einer Serbischen Republik mit der Hauptstadt Sarajevo vor.

1993 verabschiedet die UNO die Resolution 827. Sie legt die Errichtung eines internationalen Kriegsverbrechertribunals in Den Haag zur Ahndung der Verbrechen in Jugoslawien fest.

Durch die Resolution 824 stellt die UNO sechs bosnische Städte und Gemeinden mit mehrheitlich muslimischer Bevölkerung unter ihren besonderen Schutz.

↗ S. 33 – Anwendungsbeispiel zur Konfliktanalyse

Nach dem Scheitern diplomatischer Bemühungen um Konfliktbeilegung griff die NATO in den Krieg ein – ohne Mandat der UNO.

Kosovo-Krieg

1998 eskalierte die Situation im Kosovo erneut. Der Konflikt zwischen den nach wie vor um ihre Unabhängigkeit kämpfenden Kosovo-Albanern und den sie verweigernden Serben brach gewaltsam auf. Serbische Kräfte besetzten erneut die Provinz.

> Im Kern war der **Kosovo-Konflikt** ein Identitätskonflikt.

Kämpfe zwischen der Befreiungsarmee des Kosovo (UCK) und serbischen Einheiten forderten ebenso wie die Luftangriffe der NATO gegen serbische Gebiete Opfer, besonders unter der Zivilbevölkerung.

Nach Schätzungen
- flohen über 900 000 Kosovo-Albaner aus der Heimat,
- wurden etwa 11 000 Kosovo-Albaner Opfer von Massakern und wurden ermordet,
- fielen mindestens 4 550 Menschen den NATO-Bombardements zum Opfer, darunter etwa 500 Zivilisten,
- wurden bei den Lufteinsätzen der NATO 45 Straßen- und Eisenbahnbrücken zerstört.

Bild links:
Kosovo-Albaner auf der Flucht

Bild rechts:
KFOR-Soldaten auf Patrouille in Kosovo

Nach 79 Kampftagen mit mehr als 32 000 Lufteinsätzen seitens der NATO und umfangreichen diplomatischen Bemühungen endete der Krieg. Die serbischen Truppen zogen sich aus dem Kosovo zurück, die Provinz wurde 1999 unter internationale Verwaltung gestellt.

Der jugoslawische Präsident SLOBODAN MILOSEVIC (1941–2006) hatte 1999 die Unterzeichnung der Vereinbarung von Rambouillet abgelehnt. Diese sah vor, dass die Provinz Kosovo innerhalb von Serbien eine umfassende Autonomie erhält und hier Truppen der NATO stationiert werden.

Konfliktlösung

Eine Bilanz des Kosovo-Krieges wirft generelle Fragen nach Wegen der Friedenssicherung und -erhaltung auf – besonders im Hinblick auf politisch-ethnische Bürgerkriege. Eine entscheidende Frage ist die nach einer verbindlichen Weiterentwicklung des Völkerrechts zugunsten humanitärer Interventionen in nationalstaatliche Souveränität. Das ergibt sich vor allem aus der von der NATO getroffenen Entscheidung zu einer massiven Militärintervention auf der Basis nicht kodifizierten Völkerrechts.

 Der zeitgenössische Philosoph JÜRGEN HABERMAS deutete den Krieg der NATO gegen Jugoslawien bereits als ein Zeichen dafür, dass eine Transformation des Völkerrechts in ein „Recht der Weltbürger" auf die Tagesordnung kommen müsse. Der Politologe ELMAR ALTVATER wies diese Sicht jedoch als „staats- und rechtstheoretische Rechtfertigung eines Aggressionskrieges" zurück.

MILOSEVIC wurde im März 2001 verhaftet und drei Monate später dem UN-Tribunal in Den Haag übergeben. Er war wegen zu verantwortender Kriegsverbrechen angeklagt. Da er verstarb, wurde in Den Haag kein Urteil verkündet.

Es geht auch um das moralische Dilemma der Durchsetzung von Menschenrechten – ungeachtet der Einmischung in die inneren Angelegenheiten eines souveränen Staates – mit Gewalt.
Im Februar 2008, nach acht Jahren unter UN-Protektorat, erklärte sich Kosovo gegen den Willen Serbiens für unabhängig. Die Mehrheit der EU-Staaten anerkannten das Land. Es ist vorgesehen, die UN-Mission durch die bisher größte zivile Mission der EU im Rahmen der Europäischen Sicherheits- und Verteidigungspolitik (ESVP) abzulösen.

5.3.5 Konfliktherd Nahost

> Der **Nahe Osten** ist seit vielen Jahrzehnten eine der konfliktreichsten Regionen der Welt. Die zahlreichen Krisen und Kriege beeinträchtigen sowohl die regionale Entwicklung wie auch die internationale Sicherheit erheblich.

Der Nahe Osten umfasst die arabischen Staaten des Maschrik (Syrien, Libanon, Jordanien, Irak, besetzte palästinensische Gebiete), der Arabischen Halbinsel (Saudi-Arabien, Kuwait, Katar, Bahrain, Vereinigte Arabische Emirate, Oman, Jemen), Ägypten sowie Israel und die Türkei als nicht arabischen Staat.

Es gibt besondere **Faktoren** im Nahen Osten, die Konflikte begünstigen:
- Über 60 % der Erdölreserven der Welt lagern in dieser Region. Das hat wesentlich zur Entstehung von Konfliktzonen entlang der Seetransportwege Persischer Golf, Suezkanal, Horn von Afrika geführt. Außerdem ist ein extremes Wohlstandsgefälle zwischen den Staaten mit und ohne Ölvorkommen entstanden.
- Es hat sich eine sehr unterschiedliche ökonomische, ideologische und politische Entwicklung der Staaten vollzogen. In einigen Staaten fanden Revolutionen gegen westliche Abhängigkeit (Ölgesellschaften, Militärbasen) statt, so in Syrien oder Irak. In anderen Staaten wurden die Monarchien mit wohlfahrtsstaatlichen Orientierungen gefestigt, so in Kuwait, Saudi-Arabien oder in den Vereinigten Arabischen Emiraten.
- Unklare, teilweise willkürliche Grenzziehungen zwischen den Staaten durch die ehemaligen Kolonialmächte sind bis in die Gegenwart Ursache von Konflikten verschiedener Ausmaße.
- Wasserknappheit und der Streit um die Nutzung der Flüsse sind ein Konfliktfeld, in dem die Türkei eine Schlüsselrolle einnimmt.

In der Türkei entspringen die wichtigsten Flüsse der Region.

Weltpolitische Konflikte

Hauptkonflikt

Der **arabisch-israelische Konflikt** ist der Hauptkonflikt (Nahostkonflikt). Er beinhaltet territoriale, politische, sozioökonomische und kulturell-religiöse Streitpunkte. Im Kern stehen sich Israel und die Palästinenser gegenüber.

Nach der 1948 erfolgten Gründung des Staates Israel als einzigem Staat auf dem Territorium des ehemaligen britischen Mandatsgebiets wurde die **Stellung zu Israel** Dreh- und Angelpunkt arabischer Politik. Es war ein ausdrückliches Ziel der 1945 gegründeten Arabischen Liga, die Unabhängigkeit Palästinas zu vertreten. Die Bildung des selbstständigen Staates Israel konnte sie jedoch nicht verhindern.
1948 wurde der erste arabisch-israelische Krieg geführt. Ihm folgten weitere Kriege, von denen mehrere um Palästina geführt wurden. An diesen Kriegen waren auch die Nachbarstaaten Ägypten, Syrien, Libanon, Jordanien, Irak und Saudi-Arabien beteiligt. Sie unterstützten weitgehend die Palästinenser, verfolgten aber gleichzeitig eigene Macht-interessen.

Die Gründung des Staates Israel entsprach einem Teilungsbeschluss der Vereinten Nationen. Ein palästinensischer Staat wurde jedoch nicht gegründet.

Der **Arabischen Liga**, die ihren Sitz in Kairo hat, gehören 21 Mitgliedstaaten und die PLO als Vollmitglied an. Die Liga dient vor allem der Streitschlichtung zwischen den Mitgliedern sowie der Wahrung ihrer Souveränität und der arabischen Außeninteressen.

Bewaffnete Auseinandersetzungen im Nahen Osten	
1948	Unabhängigkeitskrieg Israels
1956	Eingreifen Israels in die Suezkrise – mit England und Frankreich gegen Ägypten
1967	Sechs-Tage-Krieg Israels gegen Ägypten und Syrien
1973	Jom-Kippur-Krieg Ägyptens und Syriens gegen Israel
1978	Eroberung des Südlibanon durch israelische Truppen
1980–1988	irakisch-iranischer Krieg
1982	Invasion Israels in Libanon
1987–1990	erste Intifada („Krieg der Steine" gegen israelische Besatzung)
1990–1991	Besetzung und Annexion Kuwaits durch den Irak Golfkrieg zur Befreiung Kuwaits
1994	Bürgerkrieg im Jemen
2000	Beginn der zweiten Intifada
2003	amerikanisch-britischer Krieg gegen den Irak
2006	israelische Militäraktionen in Südlibanon („Sommerkrieg 2006")

Seit 1967 (Sechs-Tage-Krieg) hält Israel die Westbank, Ostjerusalem, den Gazastreifen und die Golanhöhen besetzt und erweiterte sein Territorium erheblich. Die ebenfalls eroberte Sinai-Halbinsel wurde 1982 an Ägypten zurückgegeben.

Israel besetzte zeitweilig größere Gebiete, dem sich auch die UNO und die Supermächte UdSSR und USA entgegenstellten. Dennoch festigte Israel seine Macht im Nahen Osten und erweiterte sein Territorium.

Internationale Politik

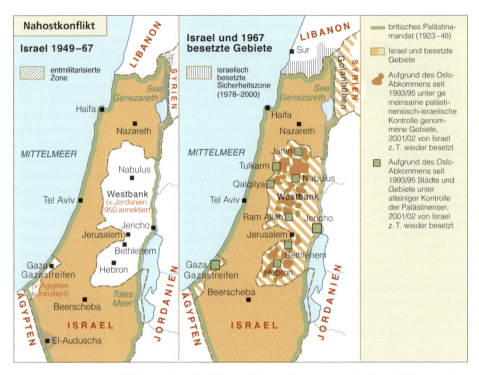

1964 wurde die Palästinensische Befreiungsorganisation **PLO** gegründet, die zur Dachorganisation verschiedener palästinensischer Gruppierungen wurde. Die größte war die Fatah.

„Die Befreiung Palästinas ist vom arabischen Standpunkt aus nationale Pflicht. Ihr Ziel ist es, der zionistischen und imperialistischen Aggression gegen die arabische Heimat zu begegnen und den Zionismus in Palästina auszutilgen."
(Palästinensische Nationalcharta vom 17. Juli 1968)

Zionismus: 1893 geprägte Bezeichnung für die Bewegung zur Errichtung eines jüdischen Staates in Palästina. THEODOR HERZL (1860–1904) gab dieser Idee auf dem 1. Zionistischen Weltkongress 1897 eine feste Form. Es begann eine forcierte Einwanderung der in aller Welt zerstreuten und verfolgten, Pogromen ausgesetzten Juden. Der Holocaust hatte diese Situation noch zugespitzt.

Die PLO wurde 1974 von allen arabischen Staaten als einzige rechtmäßige Vertreterin des palästinensischen Volkes anerkannt und zur UNO zugelassen.
1993 unterzeichneten Israel und die PLO nach ihrer gegenseitigen Anerkennung in Washington das **Gaza-Jericho-Abkommen,** einen Rahmenplan zur langfristigen Verwirklichung des Selbstbestimmungsrechts der Palästinenser (Bild: PLO-Chef JASIR ARAFAT (1929–2004) und der israelische Ministerpräsident ITZHAK RABIN [1922–1995] mit USA-Präsident BILL CLINTON [geb. 1946] nach der Unterzeichnung).

Konfliktregelung

Es gab bereits eine Vielzahl unterschiedlicher Initiativen zur Beilegung des Konflikts. Verschiedene Akteure auf regionaler und internationaler Ebene vertraten dabei aber oft diametrale Ansichten, weshalb eine umfassende Lösung bisher nicht möglich wurde. So verliefen auch die wenigen Aktivitäten der Anrainerstaaten ergebnislos, weil sie durch gegensätzliche Positionen blockiert wurden. Das erschwerte auch ein erfolgreiches Wirken der Arabischen Liga.

Die **Vereinten Nationen** nahmen wiederholt zu den Konflikten im Nahen Osten Stellung und verabschiedeten eine Reihe wichtiger Resolutionen.

> Die Resolution S 242/1967 zu Palästina, die eine der wichtigsten ist, forderte den „Rückzug der israelischen Streitkräfte aus den ... besetzten Gebieten, die Respektierung und Anerkennung der Souveränität, der territorialen Integrität und der politischen Unabhängigkeit jedes Staates der Region und dessen Recht, innerhalb sicherer anerkannter Grenzen frei von Androhungen oder Akten der Gewalt in Frieden zu leben".

Aber erst nach dem Ende des Kalten Krieges und des 2. Golfkrieges wurde die Aufnahme von Friedensverhandlungen möglich. Das Abkommen von Oslo 1993 galt zunächst als Durchbruch im Nahostfriedensprozess. Es setzte jedoch nur einen normativen Rahmen und griff solche anstehenden Entscheidungsfragen wie Staatsbildung, israelische Siedlungen, Lösung der palästinensischen Flüchtlingsfrage und Zukunft Jerusalems, nicht auf.

> Das **Oslo-Abkommen** zwischen Israel und den Palästinensern enthielt vor allem Sicherheitsregelungen, die Orientierung auf einen Teilrückzug der isarelischen Truppen und Rechtsfragen zu den wirtschaftlichen Beziehungen. Mitte der 1990er-Jahre wurde im Rahmen des Oslo-Abkommens eine Teilautonomie für palästinensische Gebiete festgeschrieben, die den Abzug des israelischen Militärs aus palästinensischen Städten vorsah.

Eine neue Initiative ist die sogenannte **Road-Map** des Quartetts UNO, Europäische Union, USA und Russland vom Mai 2003, die einen Friedensfahrplan für den Nahen Osten darstellt.

> Danach soll innerhalb weniger Jahre ein demokratischer palästinensischer Staat entstehen. Voraussetzung dafür ist der Rückzug Israels aus allen 1967 besetzten Gebieten. Die nach dem Oslo-Abkommen offen gebliebenen Fragen und Probleme wie Siedlungen, Flüchtlinge und Status von Jerusalem sollen dauerhaft gelöst werden. Auch die Aufnahme von Friedensverhandlungen Israels mit Syrien und Libanon ist vorgesehen.
> Die Umsetzung der Road-Map schließt die Einhaltung des Waffenstillstands, die Beendigung des Terrors und den generellen Verzicht auf Gewaltanwendung ein.

Neben dem arabisch-israelischen Hauptkonflikt bestehen im Nahen Osten weitere Spannungsherde mit hohem Konfliktpotenzial, so am Persischen Golf (Irak, Iran) und in Jemen. Auch das länderübergreifende Kurdenproblem ist ein immer wieder aufbrechendes Konfliktfeld.
Die UNO hat zu mehreren Konflikten Stellung genommen, z. B. mit der Resolution 678/1990 zum 2. Golfkrieg: Der Irak wurde ultimativ aufgefordert, das besetzte Kuwait zu räumen. Die irakischen Truppen wurden dann unter Billigung der UNO durch Koalitionstruppen unter amerikanischer Führung zurückgedrängt.

Konfliktlagen

> Die wichtigsten Probleme, die einer Regelung bedürfen, betreffen die Errichtung eines palästinensischen Staates, die Gestaltung der Siedlungs- und Flüchtlingspolitik sowie die Rolle Jerusalems als Hauptstadt.

Staat	Die Grenzen eines palästinensischen Staates waren bisher nicht eindeutig definiert. (Möglich wäre die Staatsbildung auf der Westbank und im Gazastreifen. Die getrennten Gebiete könnten durch einen Korridor verbunden sein.)
Siedlungen	Seit dem Sechs-Tage-Krieg 1967 betreibt Israel eine gezielte Siedlungspolitik, die Ende der 1990er-Jahre noch verstärkt wurde. Etwa 400 000 israelische Siedler auf der Westbank und im nahezu geschlossenen Siedlungsring um Jerusalem erschweren die Staatsbildung Palästinas erheblich. Eine Auflösung der Siedlungen wäre jedoch sehr kompliziert.
Flüchtlinge	Mit 5,3 Mio. Flüchtlingen bilden die Palästinenser die größte Flüchtlingsgruppe der Welt. Sie geht vor allem auf 1947/48 und 1967 zurück. Die palästinensische Seite drängt auf ein Rückkehrrecht. Eine unkontrollierte Rückkehr der palästinensischen Flüchtlinge würde den jüdischen Charakter des Staates Israel infrage stellen. Entschädigung statt Rückkehr wäre ein Lösungsweg.
Jerusalem	Mit der Klagemauer, dem Felsendom, der Al-Aksa-Moschee auf dem Tempelberg und der Grabeskirche ist Jerusalem das Zentrum der Heiligtümer von drei Weltreligionen: Judentum, Islam und Christentum. Israel hat Jerusalem zur ewigen, ungeteilten Hauptstadt erklärt, Palästina beansprucht Ostjerusalem als Hauptstadt eines künftigen palästinensischen Staates. (Bild: Klagemauer und Felsendom unmittelbar nebeneinander.)

Die Regelung dieser Konfliktfelder wäre ein wichtiger Schritt auf dem Weg zu einem dauerhaften Frieden im Nahen Osten.

5.3.6 Kriege neuer Art

Im neuen Jahrtausend setzt sich ein Trend fort, der bereits in der zweiten Hälfte des vergangenen Jahrhunderts begann: Gewaltsame Konflikte konzentrieren sich auf die Armuts- und Krisenregionen des Südens, wobei vergleichsweise wenige zwischenstaatliche Kriege geführt werden.

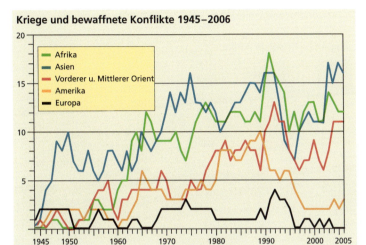

Weit über 90 % der mehr als 200 Kriege, die seit dem Zweiten Weltkrieg geführt wurden, fanden in den Regionen des Südens statt.
Von den weltweit 42 kriegerischen Konflikten im Jahr 2006 wurden 16 in Asien, 12 in Afrika, 11 im Vorderen und Mittleren Orient und 3 in Lateinamerika ausgetragen (Angaben nach Jahresberichten und Datenreihen der AKUF Hamburg).

Die überwiegende Zahl der Gewaltkonflikte findet innerhalb von Staaten und in grenzüberschreitenden Kriegsregionen unter zunehmender Beteiligung nichtstaatlicher Akteure statt. Die Kriege der Gegenwart unterscheiden sich von den klassischen Kriegen des 19. und 20. Jh.s durch eigene Merkmale.

> Die **Wesensmerkmale der neuen Kriege** sind Regionalisierung, Internationalisierung und Entstaatlichung.

Regionalisierung

> **Regionalisierte Kriege** sind die heute gängigste Konfliktform.

Das sind **innerstaatliche Kriege,** in denen die Nachbarstaaten und Großmächte direkt mit Streitkräften oder mittelbar – durch Waffenlieferungen, finanzielle oder logistische Unterstützung – einbezogen sind. Kriegerische Gewalt reicht dabei häufig über die Grenzen hinaus. Nachbarstaaten oder aus ihnen stammende substaatliche Akteure, wie Rebellen oder Milizen, greifen ein.
Zugleich überschreiten Kriegsflüchtlinge und -vertriebene die Grenzen. Grenznahe Flüchtlingslager in Nachbarstaaten werden zu Rückzugs- und Rekrutierungsbasen für die bewaffnete Opposition, und Regierungstruppen nehmen bei deren Verfolgung keine Rücksicht auf Staatsgrenzen.

Die verschiedenen grenzüberschreitenden Aktionen werden auch als „Spillover-Effekte" bezeichnet. Sie führen dazu, dass Kriege in zahlreichen Weltregionen nur noch verständlich werden, wenn sie als Bestandteil regionaler Konfliktsysteme analysiert werden.

Die Völkermordaktionen in der **Demokratischen Republik Kongo** sollen mehr als 2,5 Mio. Menschen das Leben gekostet haben.

An den beiden Kriegen, die 1996 in der **Demokratischen Republik Kongo** geführt wurden, waren eine Vielzahl von Rebellen und mehrere Nachbarstaaten beteiligt (Ruanda, Uganda, Burundi, Angola, Simbabwe u. a.).

Am **Horn von Afrika** bilden Teile der Territorien mehrerer Staaten eine besondere Konfliktregion durch die Zirkulation von Waffen, durch grenzüberschreitende Aktivitäten von Rebellengruppen und traditionale Gewaltformen wie Viehdiebstahl.

Regionale Kriege in Afrika

Entstaatlichung von Krieg

> Neue Kriege werden nicht mehr erstrangig um politische Ziele geführt, sondern verfolgen zumeist ökonomische Zwecke. Das ist mit einer **Entstaatlichung des Krieges** verbunden.

Die Ausrichtung von Kriegen vorrangig auf ökonomische Zwecke erschwert zunehmend eine Unterscheidung zwischen ihnen und organisierter (Gewalt-) Kriminalität.

In Krisenregionen, wo Staaten schwach, gescheitert oder völlig zerfallen sind, wie z. B. in Somalia oder Afghanistan, besteht kein staatliches Gewaltmonopol. Staaten werden entweder zu Gewaltakteuren unter anderen, oder der Staat bzw. seine militärischen Machtmittel und Institutionen, wie Polizei und Verwaltung, sein Territorium und seine Bürger, werden selbst Beute von bewaffneten Gruppierungen.

Kriege drehen sich demzufolge häufig nicht um die Eroberung der Staatsmacht bzw. Regierungsgewalt oder um die Errichtung neuer staatlicher Strukturen. Sie werden vielmehr wegen wirtschaftlicher Zwecke geführt.

Die Ausrichtung auf vorrangig ökonomische Ziele von Kriegen ist ein Ausdruck ihrer „Entstaatlichung" bzw. „Privatisierung". Es ändern sich damit auch die **Formen der Kriegführung:**

Weltpolitische Konflikte

- Der Krieg ist nicht mehr erstrangig gegen ein bewaffnetes Gegenüber gerichtet, sondern gegen die **Zivilbevölkerung**. Es gibt keine klaren Frontverläufe und an die Stelle von Schlachten treten Massaker, Massenvergewaltigungen, systematische Plünderungen und Vertreibungen, wie z. B. in den Kriegen im ehemaligen Jugoslawien in den 1990er-Jahren oder in den Konflikten in Ruanda 1994.

 Bild: Massaker an den Tutsi in Ruanda

- Ursprünglich einheitliche bewaffnete Formationen spalten sich im Verlauf solcher Kriege oft in verschiedene, untereinander rivalisierende und sich bekämpfende Gruppen. Es bestehen lose Kommandostrukturen. „Warlords" und ihre zumeist jugendlichen Zuläufer sind aus persönlichem Profit- und Machtstreben an der Aufrechterhaltung von Kriegsökonomien interessiert und sorgen für eine endlose Fortsetzung von Kriegen – in der westafrikanischen Kriegsregion Liberia, Guinea, Sierra Leone wird z. B. über Jahrzehnte Krieg geführt.
- **Staatliche Sicherheitskräfte** sind ebenfalls oft gespalten und stehen vielfach nicht unter der Kontrolle ihrer jeweiligen Regierungen, zumal sie schlecht oder gar nicht besoldet werden. Sie führen deshalb auch auf eigene Rechnung Krieg zum Zweck des Beutemachens. Damit befördern sie noch den Zerfall des Staates, den sie eigentlich schützen sollen. Das ist z. B. in Afghanistan, Somalia und der Demokratischen Republik Kongo zu beobachten.

 Warlords, engl. = Kriegsherren; Akteure, die im Zuge von Bürgerkriegen und Staatsverfall bestimmte Territorien kontrollieren, ihre Macht mit privaten Armeen sichern und von Kriegsökonomien profitieren (Ausnutzung von Ressourcen und Bevölkerung)

Diese Art der **Kriegführung** ist grundlegend verbunden mit einer Zurücknahme der Zivilisation, mit der Ausweitung von Kriegsökonomien sowie mit der Transformation von Gewalt in die Nachkriegszeit.

Zurücknahme der Zivilisation	Krieg wird die Lebensform ganzer Generationen, Zwangsrekrutierungen, Einsatz von Kindersoldaten
	In West- und Zentralafrika, Kambodscha und auf den Philippinen kämpfen etwa 300 000 Minderjährige (UNO-Angaben 2003).
Entstehung von Kriegsökonomien	Waffen- und Drogenhandel, Ressourcenverschleuderung, Erpressung von Hilfsorganisationen, Tätigkeit von Söldneragenturen und privater Sicherheitsfirmen
	Angola und Westafrika verkaufen „blutige Diamanten" und Erdöl.
Transformation von Gewalt	Nachkriegszeiten werden Vorkriegszeiten, Kriegsgewalt geht in organisierte Gewaltkriminalität über.
	In El Salvador wurden nach Beendigung des Bürgerkrieges in der zweiten Hälfte der 1990er-Jahre jährlich mehr Menschen getötet als während des Krieges.

Kriege im Irak (2003) und in Afghanistan (2001)

Präemptivkrieg, engl. pre-emptive = vorbeugend; in der Militärsprache: einem unmittelbar erwarteten gegnerischen Angriff durch eigenen Angriff zuvorkommend (zu unterscheiden von präventiv)

Der Krieg, den die USA im Bündnis mit Großbritannien gegen den Irak und sein diktatorisches Regime im März 2003 führten, war in der ersten Phase ein zwischenstaatlicher Krieg. Er wurde erklärtermaßen als Präemptivkrieg geführt, um terroristischen Gefahren und dem Einsatz angeblich vorhandener Massenvernichtungswaffen vorzubeugen.

> Der **Irak-Krieg** war ein Hegemonial- und Weltordnungskrieg, der auf eine politische Neuordnung des Nahen Ostens zielte.

In der zweiten Phase wandelte sich der Krieg zu Säuberungsoffensiven gegen antiwestlich, religiös oder kriminell motivierte Aufständische und Terroristen in einem zerfallenden Staat.

Kriegsparteien	• USA-geführte Allianz gegen das Regime SADDAM HUSSEINs im Irak • Besatzungsmacht gegen Aufständische, Milizen, islamistische Guerilla und Terroristen
Legitimation	• Kampf gegen internationalen Terrorismus • Regimewechsel im Irak, Förderung von Demokratie und Freiheit im Nahen Osten
Kriegsziele	• politische Neuordnung des Nahen Ostens • Sicherheit vor terroristischer Bedrohung • Zugriff auf zweitgrößte Ölreserven der Welt
Militärstrategie	Erste Phase: • Aufbau weit überlegener militärischer Macht • zielgenaue Schläge bei Luftwaffenangriffen, keine Frontenbildung, schnellster Vormarsch Zweite Phase • Säuberungs- und Vergeltungsaktionen von festen Stützpunkten aus • Suche nach Waffen, Anwendung aggressiver Verhörmethoden
Medienbild	• technisch absolut überlegene amerikanische Soldaten befreien das irakische Volk • vom Militär organisierte patriotische Berichte • Gegenpropaganda in arabischen Sendern
Kriegsergebnisse, realpolitisch	• Irak unter amerikanischem Militärprotektorat mit machtloser, nicht akzeptierter Regierung • drohender Bürgerkrieg, kurdischer Landesteil ist faktisch autonom • USA sind unmittelbar präsente Regionalmacht • Iran als wichtigster Konkurrent gewinnt an Einfluss
Kriegsergebnisse, weltpolitisch	• die stärkste Militärmacht kann die Probleme der Region nicht lösen • Schwächung des internationalen Terrorismus nicht nachweisbar • Einfluss der EU im Nahen Osten gering und umstritten
Kriegstypbestimmung	• Supermacht-Ordnungskrieg, gerichtet auf Regimewechsel und politische Neuordnung der Region • wandelt sich zum Säuberungskrieg ohne Fronten

Weltpolitische Konflikte

Der 2001 von den USA und ihren Verbündeten geführte Krieg gegen Afghanistan war die erste große militärische Reaktion auf die Terroranschläge am 11. September 2001.

> Verstanden als Anti-Terror-Krieg, war der **Afghanistan-Krieg** zugleich ein Weltordnungskrieg.

Er richtete sich sowohl gegen die Terrororganisation Al-Qaida (↗ S. 330) als auch gegen das seit Mitte der 1990er-Jahre in Afghanistan herrschende islamisch-fundamentalistische Taliban-Regime, das Al-Qaida-Führer und -Anhänger unterstützte. Die Hauptphase des Krieges endete mit der Einsetzung einer im Ausland gebildeten Interimsregierung im Dezember 2001 (Petersberger Afghanistan-Konferenz bei Bonn) und mit der Aufstellung der UN-Schutztruppe „International Security Assistance Force" (ISAF) – etwa 36 000 Soldaten der NATO unter US-Führung. Afghanistan ist in fünf ISAF-Regionalkommandos unterteilt; das nördliche Kommando steht unter dem Befehl Deutschlands, das etwa 3 000 Soldaten in Masar-i-Scharif, Kundus und Faizalbad sowie in Kabul stationiert hat. Sie haben wie alle ISAF-Regionalkommandos Schutz- und Sicherungsaufgaben und helfen beim Wiederaufbau des Landes.

Neben den wiedererstarkenden Taliban stellen die mächtigen Provinzfürsten bzw. Warlords das größte Hindernis für den Aufbau einer wirksamen afghanischen Zentralregierung dar. Sie sind auch die Hauptverdiener an der Opiumproduktion in Afghanistan, die die größte der Welt ist.

Taliban bezeichnet eine Gruppe radikaler Islamisten, die sich gegen jeden ausländischen Einfluss auf die afghanische Gesellschaft richten. Sie treten für „Glaubensreinheit" und ausschließlich islamisches Recht ein – bis hin zu Kleidungsvorschriften (Totalverhüllung von Frauen) und Verboten von Musik, Theater, Fernsehen u. a.

Die Grafik zeigt die Situation im Jahr 2003, als der Bundestag die Ausweitung des Bundeswehreinsatzes im Rahmen der ISAF-Mission beschloss.

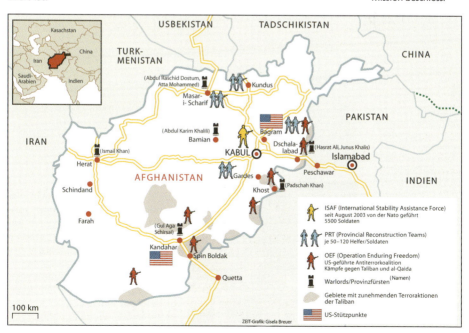

5.3.7 Transnationaler Terrorismus

Terror, lat. terror = Schrecknis, Schreckensnachricht

Terrorismus als eine Form politisch motivierter Gewaltanwendung reicht weit in der Geschichte zurück. Er hat jedoch verschiedene Ausprägungen erfahren. Seit Beginn der 1980er-Jahren trat neben den nationalen Terrorismus verstärkt der internationale. Die terroristischen Anschläge am 11. September 2001 setzten eine weitere Zäsur.

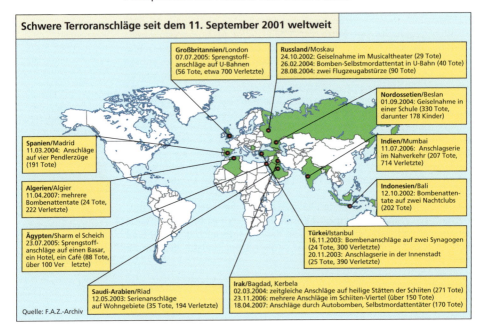

Schwere Terroranschläge seit dem 11. September 2001 weltweit

- **Großbritannien**/London 07.07.2005: Sprengstoffanschläge auf U-Bahnen (56 Tote, etwa 700 Verletzte)
- **Russland**/Moskau 24.10.2002: Geiselnahme im Musicaltheater (29 Tote); 26.02.2004: Bomben-Selbstmordattentat in U-Bahn (40 Tote); 28.08.2004: zwei Flugzeugabstürze (90 Tote)
- **Nordossetien**/Beslan 01.09.2004: Geiselnahme in einer Schule (330 Tote, darunter 178 Kinder)
- **Spanien**/Madrid 11.03.2004: Anschläge auf vier Pendlerzüge (191 Tote)
- **Indien**/Mumbai 11.07.2006: Anschlagserie im Nahverkehr (207 Tote, 714 Verletzte)
- **Algerien**/Algier 11.04.2007: mehrere Bombenattentate (24 Tote, 222 Verletzte)
- **Indonesien**/Bali 12.10.2002: Bombenattentate auf zwei Nachtclubs (202 Tote)
- **Ägypten**/Sharm el Scheich 23.07.2005: Sprengstoffanschläge auf einen Basar, ein Hotel, ein Café (88 Tote, über 100 Verletzte)
- **Türkei**/Istanbul 16.11.2003: Bombenanschläge auf zwei Synagogen (24 Tote, 300 Verletzte); 20.11.2003: Anschlagserie in der Innenstadt (25 Tote, 390 Verletzte)
- **Saudi-Arabien**/Riad 12.05.2003: Serienanschläge auf Wohngebiete (35 Tote, 194 Verletzte)
- **Irak**/Bagdad, Kerbela 02.03.2004: zeitgleiche Anschläge auf heilige Stätten der Schiiten (271 Tote); 23.11.2006: mehrere Anschläge im Schiiten-Viertel (über 150 Tote); 18.04.2007: Anschläge durch Autobomben, Selbstmordattentäter (170 Tote)

Quelle: F.A.Z.-Archiv

Begriff und Typen des Terrorismus

Terrorismus ist nicht identisch mit staatlich organisiertem oder geduldetem Terror („Staatsterror"). Er unterscheidet sich auch vom Terror als Kriegsphänomen oder als revolutionäres Kampfmittel.

Terrorismus ist eine selbstständige politisch-militärische Gewaltstrategie nicht staatlicher Akteure. Sie zielt vorrangig darauf, Furcht und Schrecken bei der Zivilbevölkerung zu erzeugen, um einen Gegner empfindlich zu schwächen.

Bild:
Hamas-Anschlag in Tel Aviv am 19. Oktober 1994 (23 Tote)

Terroristische Gewaltstrategie setzt auf psychische Effekte. Nicht die Einnahme eines Territoriums, sondern die Einschüchterung einer Bevölkerung, bestimmter sozialer Gruppen oder Personen wird angestrebt. Ziele mit Symbolgehalt – z. B. religiöse Orte, Denkmäler, Regierungsgebäude – werden angegriffen, um einen Gegner zu provozieren oder zu demütigen.

Öffentliche Verkehrsmittel und Einrichtungen sind Anschlagsorte, um zu signalisieren, dass jeder erreicht werden kann. Attentate auf Personen, Entführungen und Erpressungen gehören dazu.

Terroristische Anschläge sind zugleich eine Übermittlungsform **politischer Botschaften** an Freund und Feind, denn Terroristen verstehen sich als Interessenvertreter von „Unterdrückten". Daraus speist sich vielfach das Bewusstsein moralischer Überlegenheit. Religiös motivierter Terrorismus, der seit den 1980er-Jahren deutlich zugenommen hat, ist lediglich außerweltlich legitimiert. Solche Anschläge sind mit wesentlich mehr Opfern verbunden.

> In der Gegenwart sind drei **Typen des Terrorismus** präsent: der nationale Terrorismus, der internationale Terrorismus und der transnationale Terrorismus.

Nationaler Terrorismus wird auch als interner Terrorismus bezeichnet.

Die ersten beiden Typen sind Vor- oder Entwicklungsstufen des transnationalen Terrorismus.

nationaler Terrorismus	internationaler Terrorismus	transnationaler Terrorismus
Anwendung von Gewalt innerhalb eines Staates – Täter und Opfer unterliegen der gleichen staatlichen Autorität; zielt auf die Veränderung einer nationalen Ordnung	Anschläge auf Bürger oder das Territorium eines anderen Staates – Täter und Opfer gehören verschiedenen Staaten an; zielt auf die Veränderung einer nationalen Ordnung	Agieren in transnationalen Netzwerken und Räumen – ohne lokale Verortung; der Westen (bes. Weltmacht USA) ist erklärter Gegner; zielt auf **Veränderung der internationalen Ordnung**
• „Klassische" Form des Terrorismus, bildete sich im 19. und 20. Jh. heraus • stand/steht im Zusammenhang mit antikolonialen Befreiungsbewegungen, sozialrevolutionären Ideologien, ethnonationalem Separatismus oder religiösem Fundamentalismus • ist weltweit vorherrschend	• Bilden von Außenstellen, ohne Stammsitz aufzugeben • Kooperation zwischen Terrorgruppen, z. B. bei OPEC-Attentat 1975 in Wien • Arbeitsteilung zwischen Kommandostrukturen und rekrutierten Attentätern • Internationalisierung der Finanzierung und Logistik	• transnationale Ideologie • dezentrale netzwerkartige Organisationsformen global • Leitungsebene, „Operateure", Terrorzellen mit kooperierenden Terrorgruppen verbunden • multinationales Unternehmen mit zahlreichen Finanzierungsformen
Typische Beispiele für die Zeit nach 1945: • baskische ETA • kurdische PKK • deutsche RAF • nordirische IRA	Beispiele: • palästinensische HAMAS • libanesische Hisbollah jeweils mit weltweiten Verbindungen bis nach Lateinamerika und Westafrika	Prototyp: transnationales Netzwerk Al-Qaida Attentat auf das World Trade Center 2001

Terrornetzwerk der Al-Qaida

Nationaler und internationaler Terrorismus unterscheiden sich nicht in ihrer Zielsetzung, aber in ihren Strategien, Taktiken und Methoden. Der **transnationale Terrorismus** hat eine eigene Zielsetzung und stellt eine Perfektionierung der Internationalisierung dar. Er verfügt über Organisationsstrukturen, eine Logistik und eine finanzielle Grundlage, die dem international agierenden Terrorismus weit überlegen sind.

Das Gesamtvermögen von Al-Qaida wird auf rund 5 Milliarden US-Dollar geschätzt (Durchschnittswert für die Jahre 1999–2001).

Das Terrornetzwerk Al-Qaida verfügt z. B. über mehrere legale und illegale Finanzierungswege und wird zudem vorrangig von nicht staatlichen Akteuren unterstützt. Es kann auf drei Einnahmequellen zugreifen: auf das Privatvermögen des Multimillionärs BIN LADEN, auf Einnahmen aus legalen Geschäften und Spenden, auf zahlreiche illegale Quellen (kriminelle Geschäfte, Waffenhandel, Drogenschmuggel usw.).

Die Erklärung des Westens als Gegner bzw. der Weltmacht USA als Hauptfeind entspricht einer von Al-Qaida und ihrem Anführer BIN LADEN vertretenen **globalen Konfliktlinie** zwischen „Ungläubigen" und „Rechtgläubigen". Zu den „Ungläubigen" werden die USA, Israel, Europa, Russland und die Regime der meisten arabischen Staaten gerechnet, zu den „Rechtgläubigen" die islamistischen Bewegungen, mit Al-Qiada an der Spitze.

„Die Anweisung, Amerikaner und ihre Verbündeten – Zivilisten und Militärs – zu töten, ist eine individuelle Pflicht für jeden Muslimen, der dies in jedem Land tun kann, in dem dies möglich ist …"
(BIN LADEN: Erklärung des Heiligen Krieges gegen Juden und Kreuzfahrer vom 22. 2. 1998; zitiert nach: ALEXANDER/SWETNAM, Usama bin Laden's Al-Qaida, 2001, S. 2)

OSAMA BIN LADEN (geb. 1957) ist der Führer des von ihm geschaffenen Terrornetzwerks Al-Qaida.

Mit der antiamerikanischen Ausrichtung hob der transnationale Terrorismus die Unterscheidung zwischen Zivilisten und Militärs, die bisher in den Terrorgruppen Berücksichtigung fand, auf. Der Kampf gegen die USA soll dabei von einer **Internationalen Islamischen Front** (World Islamic Front) geführt werden, der neben Al-Qaida verschiedene islamistische Gruppierungen angehören.

Al-Qaida unterhält nach Schätzungen zu Gruppen in etwa 55 Staaten Kontakte. Dazu zählen bereits seit Ende der 1980er-Jahre die beiden ägyptischen Organisationen Islamischer Dschihad und Islamische Gruppe. Sie hatten 1998 den Aufruf BIN LADENS zur Gründung einer World Islamic Front mitunterzeichnet und sind sowohl organisatorisch wie personell mit Al-Qaida weitgehend verschmolzen.

Im Unterschied zum internationalen Terrorismus, der über Koalitionen von eher heterogenen Gruppen agiert, bemüht sich der transnationale Terrorismus um eine möglichst homogene Anhängerschaft mit einheitlicher Ideologie. Der **Ideologie** kommt dabei eine Doppelfunktion zu: Sie dient als Handlungsanleitung für den Einzelnen und sie ist verbindendes Element für die Mitglieder der transnationalen Gruppe.

Al-Qaida und BIN LADEN vertreten eine globalisierte und besonders militante Version der **Dschihad-Ideologie**. Diese Ideologie lässt keinen Raum für Verhandlungen oder Kompromisse, die als Abweichung von der „reinen Lehre" betrachtet werden. Sie weist den Dschihad-Kämpfern die „heilige Pflicht" zu, die bestehende „Ordnung der Unwissenheit", die durch die Hegemonie der USA gekennzeichnet ist, zu zerstören und durch eine neue „islamische Ordnung" zu ersetzen – unabhängig davon, wie lange der dazu nötige Kampf dauert und welche Kosten er verursacht.

Der Begriff **Dschihad** (= sich bemühen) hat im Islam eine doppelte Bedeutung: Er bezieht sich auf individuelle Anstrengungen um den Glauben („großer Dschihad"), und er bezeichnet die – auch gewaltsam geführte – Auseinandersetzung mit den „Ungläubigen" („kleiner Dschihad").

Einer der prägenden Dschihad-Theologen, auf den wahrscheinlich auch der Name Al-Qaida zurückgeht, ist ABDALLAH AZZAM. In seinem 1984 erschienenen Werk „Verteidigung der muslimischen Territorien als persönliche Pflicht des Muslim" hatte er den Kampf sowohl gegen nichtmuslimische Regierungen als auch gegen äußere Feinde begründet. In Verherrlichung des Märtyrertods entwickelte er hier auch die Methode des Selbstmordanschlags.

Es wird vielfach angenommen, dass Al-Qaida aufgrund des Fahndungsdrucks keine zentrale Führung hat, sondern als „virtuelle Organisation" wirkt, indem sie Impulse für die Agierenden setzt. Andere Beobachter sehen in Al-Quaida einen Dachverband, unter dem sich weitgehend autonome Kleingruppen mit gleicher Ideologie und ähnlichen Zielen versammeln. Es gibt aber offensichtlich keine Befehlskette und kein Mitgliederverzeichnis.

Al-Qaida wird häufig mit „Basis" übersetzt, bedeutet aber auch Regel, Fundament, Datenbank. In deutschsprachigen Publikationen gibt es bisher keine einheitliche Schreibweise.

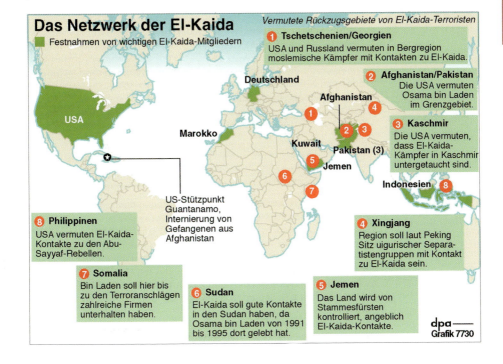

11. September 2001

> Der **Anschlag auf das World Trade Center** war Ausdruck des Terrors in neuer Dimension.

Dieser Anschlag – koordiniert mit einem Anschlag auf das Pentagon – unterscheidet sich von bisherigen Terrorakten in mehrfacher Hinsicht.

Nach Schätzungen starben bei den Anschlägen auf das WTC und das Pentagon am 11. September 2001 mehr als 3 000 Menschen.
Die bis dahin höchsten Opferzahlen gab es 1993, als fast zeitgleich Auto- und LKW-Bomben in Bombay detonierten (etwa 400 Tote, über 1 000 Verletzte) und 1998 nach simultanen Anschlägen auf die US-Botschaften in Kenia und Tansania (257 Tote, über 5 000 Verletzte).

- Der Terrorangriff erfolgte auf dem Territorium der USA. Das war der zweite Anschlag (nach dem Anschlag auf das World Trade Center 1993) überhaupt in diesem Land. In anderen Regionen der Welt finden seit Jahrzehnten Terroranschläge statt.
- Der Anschlag zeigte, über welches ungeheure Zerstörungspotenzial Terroristen verfügen. Nie zuvor hat ein Terroranschlag so viele Tote gefordert und mehr ökonomische Schäden angerichtet als dieser. Erstmals ging es offensichtlich nicht nur um ein Maximum an zu erweckender weltweiter Aufmerksamkeit, sondern auch um ein Maximum an Opfern.
- Umfang und Ausführung des Anschlags auf das World Trade Center simultan mit dem Anschlag gegen das Pentagon waren nur auf der Grundlage einer langen Planungs- und Vorbereitungsphase möglich (z. B. Flugpraxis). Das Risiko, durch Sicherheitsbehörden enttarnt zu werden oder die Aktion durch zu viele Mitwisser im Vorfeld zu gefährden, war deshalb extrem hoch. Es wurde beherrscht.
- Erstmals wurden der Weltöffentlichkeit Livebilder von einem Terroranschlag zugänglich gemacht. Bis dahin wurden in den Medien nur die Folgen von Terrorakten dargestellt.

> Der transnationale Terrorismus stellt die **Terrorbekämpfung** auf nationaler und internationaler Ebene vor neue Herausforderungen.

Strategien und Erfahrungen, die im Kampf gegen den Terror noch in den 1980er-Jahren angewendet wurden, sind infrage gestellt. Das transnationale Terrornetzwerk, die Vernetzung von Al-Qaida mit anderen lokalen Gruppen kann nicht mit militärischen Mitteln bekämpft werden. Vielmehr ist eine internationale Zusammenarbeit von Polizei, Justiz und Geheimdiensten erforderlich. Eckpunkte stellen die Bekämpfung der Terrorfinanzierung, die Eindämmung des internationalen Waffenhandels und die Lösung von Regionalkonflikten, die den Aufbau terroristischer Strukturen begünstigen, dar.
Vor allem muss internationales Recht und damit die **Rolle der Vereinten Nationen** weiterentwickelt und gestärkt werden.

5.4 Organisationen und Instrumente kollektiver Sicherheit

Die neuen Instabilitäten in der Welt, die sich nach dem Ende des Ost-West-Konflikts durch das Aufbrechen alter und das Entstehen neuer Konflikte herausgebildet haben – bei Zunahme des Einsatzes von Gewalt –, fordern verstärkte Bemühungen zur Verwirklichung der Idee der kollektiven Sicherheit.

> **Kollektive Sicherheit** ist eine durch mehrere Staaten vertraglich vereinbarte Ordnung, in der Gewaltanwendung untersagt und der Schutz jedes Staates einer umfassenden oder regionalen Staatenorganisation übertragen ist.

Die Bundesrepublik Deutschland hat beispielsweise im Grundgesetz festgelegt: „Der Bund kann sich zur Wahrung des Friedens einem System gegenseitiger kollektiver Sicherheit einordnen; er wird hierbei in die Beschränkungen seiner Hoheitsrechte einwilligen, die eine friedliche und dauerhafte Ordnung in Europa und zwischen den Völkern der Welt herbeiführen und sichern." (Art. 24 Abs. 2)

Kollektive Sicherheit beruht auf solchen **Prinzipien** wie gegenseitiger Gewaltverzicht, friedliche Streitbeilegung, Beistand im Falle der Friedensbedrohung durch Einzelne, Beseitigung von Konfliktursachen. Das Ziel, ein wirksames Sicherheitssystem zwischen Staaten oder Staatengruppen zu schaffen, kann mithilfe bestimmter **Maßnahmen** erreicht werden. Dazu gehören:

Kollektive Sicherheit ist abzugrenzen von kollektiver Verteidigung, bei der sich Staaten in Bündnissen gemeinsam gegen eine äußere Bedrohung organisieren.

- Nichtangriffsverträge,
- Rüstungskontrolle,
- internationale Schiedsgerichtsbarkeit,
- Neutralitätsabkommen,
- Konsultationen im Falle einer Friedensbedrohung,
- Abrüstungsdialog,
- Errichtung entmilitarisierter Zonen,
- Aufstellung gemeinsamer Streitkräfte.

Bild:
UN-Friedenstruppe in Zypern

Verschiedene internationale Organisationen und Institutionen wirken seit Jahrzehnten für ein System kollektiver Sicherheit. Das sind vor allem die Vereinten Nationen (UN), aber auch die Organisation für Sicherheit und Zusammenarbeit in Europa (OSZE), Internationale Nichtregierungsorganisationen (INGOs), die „nordatlantische Verteidigungsgemeinschaft" NATO.
Seit dem Ende des Ost-West-Konflikts stehen sie vor neuen Herausforderungen und Aufgaben.

5.4.1 Vereinte Nationen und Weltfriedensordnung

> Die **Vereinten Nationen** (UN) sind eine Staatenverbindung zur Sicherung des Weltfriedens und zur Förderung der internationalen Zusammenarbeit.

Vereinte Nationen, engl. = **U**nited **N**ations (UN); auch Organisation der Vereinten Nationen = **U**nited **N**ations **O**rganization (UNO)
Die Vereinten Nationen wurden am 24. 10. 1945 als Nachfolgeorganisation des Völkerbundes gegründet. Hauptsitz ist New York. Ihr gehören 192 Staaten an (2007).

Die **UN-Charta** wurde am 26. 06. 1945 beschlossen. Die enthaltenen Ziele und Grundsätze sind weltweit zu gültigen Normen des Völkerrechts und der kollektiven Sicherheit geworden.

Sie wurden nach dem Zweiten Weltkrieg als überstaatliche Organisation, vor allem ausgehend von den Erfahrungen des Kampfes gegen den Nationalsozialismus und Faschismus, gegründet. Ihr Grundanliegen besteht in der Beilegung von internationalen Streitigkeiten und Friedensbrüchen durch friedliche Mittel und in der Lösung von Konflikten durch die Anwendung wirksamer Kollektivmaßnahmen.

Ziele und Aufgaben der UN

Die **UN-Charta** beinhaltet die Ziele und Grundsätze, die für alle Mitgliedstaaten bindend sind. Sie ächtet den Krieg und betont den **Grundsatz des Gewaltverbots,** indem sie die Mitgliedstaaten verpflichtet, auf jegliche Androhung oder Anwendung von Gewalt in den internationalen Beziehungen zu verzichten (Art. 2). Zugleich verankert sie ausdrücklich das Recht zur individuellen und kollektiven Selbstverteidigung.

Hinsichtlich der **Streitbeilegung** unterscheidet die Charta zwei Vorgehensweisen, die entsprechend dem Eskalationsgrad (der Zuspitzung) des jeweiligen Konflikts angewendet werden können:

Friedliche Beilegung von Streitigkeiten (Kap. VI)	Maßnahmen bei Bedrohung oder Bruch des Friedens und bei Angriffshandlungen (Kap. VII)
Bei Konflikten, die die internationale Sicherheit bedrohen, sollen sich die Streitparteien „zunächst um eine Beilegung durch Verhandlung, Untersuchung, Vermittlung, Vergleich, Schiedsspruch, gerichtliche Entscheidung, Inanspruchnahme regionaler Einrichtungen oder Abmachungen oder durch andere friedliche Mittel eigener Wahl" bemühen.	Das können Sanktionsmaßnahmen sein, wie Unterbrechung der wirtschaftlichen oder diplomatischen Beziehungen, der Verkehrsverbindungen und der Telekommunikation. Es können aber auch „mit Luft-, See- oder Landstreitkräften die zur Wahrung oder Wiederherstellung des Weltfriedens … erforderlichen Maßnahmen" durchgeführt werden.

Der Einsatz von UN-Streitkräften unterliegt der Zustimmung der vetoberechtigten ständigen Mitglieder des Sicherheitsrats.

Einsätze von sogenannten Blauhelm-Soldaten werden in der Charta nicht erwähnt, sie haben sich in der Praxis entwickelt und gelten im Sinne der Charta als rechtmäßig.
Der Einsatz der UN-Friedenstruppen zur Friedenserhaltung ist nur mit Einverständnis aller Konfliktparteien möglich und bedarf der Zustimmung des Sicherheitsrates.

Eine wichtige Aufgabe ist der **Abrüstungsdialog**. Er wird von der Generalversammlung wahrgenommen, gestützt auf die Arbeit der UN-Abrüstungskommission und auf die Genfer Abrüstungskonferenz. Die Abrüstungskommission, die sich aus allen Mitgliedern der UN zusammensetzt, ist das einzige universelle Diskussionsforum für Rüstungskontrollthemen.

 Die Genfer Abrüstungskonferenz umfasst 65 Staaten und tagt seit 1978 regelmäßig.

Struktur und Tätigkeit der UN (2006)

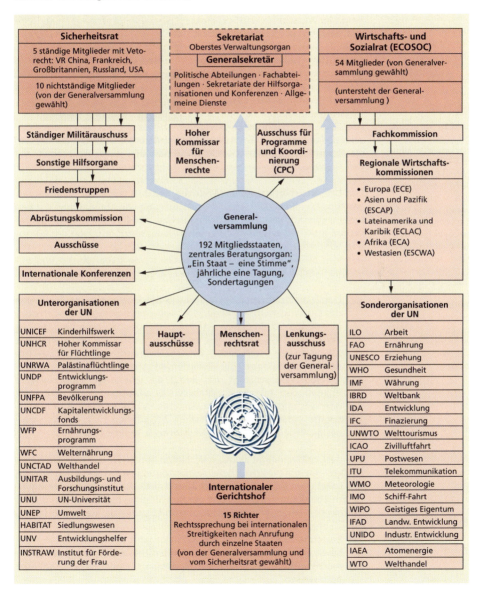

> Die UN realisiert ihre Ziele und Aufgaben durch die Tätigkeit verschiedener Gremien: durch Hauptorgane, Neben- und Hilfsorgane sowie durch eigenständige Sonderorganisationen.

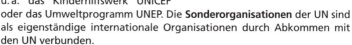

Bis 1994 gehörte der Treuhandrat noch zu den Hauptorganen der UN.

UNICEF, Abkürzung für engl. **U**nited **N**ations (**I**nternational) **C**hildrens (**E**mergency) **F**und = Kinderhilfsfonds der UN (Weltkinderhilfswerk); wurde 1946 gegründet und ist heute in 160 Entwicklungsländern tätig

UNEP, Abkürzung für engl. **U**nited **N**ations **E**nvironment **P**rogramme = Umweltprogramm der Vereinten Nationen; wurde 1972 gegründet

Zu den **Hauptorganen** der UN gehören seit 1994 die Generalversammlung, der Wirtschafts- und Sozialrat, das Sekretariat, der Sicherheitsrat (↗ Bild) sowie der Internationale Gerichtshof. **Neben- und Hilfsorgane** unterstützen die Arbeit der Hauptorgane, z.B. die Abrüstungskommission den Sicherheitsrat. **Unterorganisationen** der UN sind u.a. das Kinderhilfswerk UNICEF oder das Umweltprogramm UNEP. Die **Sonderorganisationen** der UN sind als eigenständige internationale Organisationen durch Abkommen mit den UN verbunden.

Der **UN-Sicherheitsrat** (auch Weltsicherheitsrat) trägt die Hauptverantwortung für die Einleitung und Durchführung von Maßnahmen zur Beilegung von internationalen Konflikten bzw. für die friedliche Herbeiführung politischer Veränderungen. Er trifft als einziges Organ der UN für alle Mitglieder verbindliche Entscheidungen. Von der Übereinstimmung der fünf Ständigen Sicherheitsmitglieder hängt dabei ab, ob und mit welchen Maßnahmen in den einzelnen Fällen reagiert wird.

> Durch Wahrnehmung des Vetorechts blockierten sich die Antipoden des Ost-West-Konflikts in der UN häufig gegenseitig und damit auch die Möglichkeiten aktiver Friedensgestaltung. So blieb die Tätigkeit der UN bis 1990 vielfach auf Vermittlungsaufgaben beschränkt, wie z.B. im Nahen Osten oder in Zypern. Nach Aufhebung der Ost-West-Konfrontation haben die Vereinten Nationen eine Vielzahl an Resolutionen verabschiedet und damit die jahrelange Selbstblockade überwunden. Allerdings wurden viele Resolutionen nicht umgesetzt oder verfehlten auch die gewünschte Wirkung, wie z.B. das Wirtschaftsembargo gegen den Irak im 2. Golfkrieg 1991, das weit stärker die Bevölkerung als das diktatorische Regime traf.

Seit den 1990er-Jahren sind die Vereinten Nationen in neuer Weise gefordert – sowohl hinsichtlich der Ausgestaltung eines wirksamen Systems der kollektiven Sicherheit als auch hinsichtlich der Demokratisierung ihrer Entscheidungsstrukturen und der Bewältigung ihrer Finanzprobleme, die immer weniger Friedensmissionen und Blauhelmeinsätze zulassen.

> Im letzten Jahrzehnt stellten sich vermehrt Aufgaben der militärischen Friedenssicherung. Die UN, die nicht über eine eigene Streitmacht verfügt, ist deshalb auf Truppenkontingente ihrer Mitglieder angewiesen.

Organisationen und Instrumente kollektiver Sicherheit

Verschiedene Missionen der UN scheiterten, wie z. B. die in Bosnien und Herzegowina 1995 oder in Sierra Leone 2000, weil die militärischen und zivilen Möglichkeiten klassischer Blauhelmeinsätze in solchen komplexen Konflikten nicht ausreichten. Schließlich verstärkten auch das Interventionsdilemma, das durch den vom UN-Sicherheitsrat nicht gebilligten Einsatz der NATO im Kosovo-Konflikt 1999 entstanden ist, sowie der von den USA und Großbritannien geführte Krieg gegen Irak 2003 ohne UN-Mandat die Forderung, Grundlage und Spielraum ihres Handelns neu zu prüfen und weiter auszugestalten.

Die **Agenda für den Frieden** wurde 1992 von dem damaligen Generalsekretär der UN, BOUTROS GHALI, vorgelegt. Es sind nach wie vor wichtige Vorschläge für die Stärkung der friedenssichernden Rolle der Vereinten Nationen.

Agenda für den Frieden

Bei der anstehenden Neuprofilierung des Wirkens der UN steht der Ausbau des Konzepts des **Peacekeeping** (der Friedenssicherung) im Vorfeld von Gewaltausbrüchen bzw. die Konfliktprävention im Mittelpunkt. Für dieses Konzept wurde 1992 mit der „Agenda für den Frieden", die eine abgestufte, auf verschiedene Konfliktsituationen flexibel anwendbare Orientierung beinhaltet, der Grundstein gelegt.

Agenda für den Frieden				
Agenda-prinzip	Vorbeugende Diplomatie (preventive diplomacy)	Friedens-schaffung (peacemaking)	Friedens-sicherung (peacekeeping)	Friedens-konsolidierung (post-conflict peacebuilding)
Ziel	Spannungsabbau, Vermeidung einer Konfliktsituation	Beendigung eines offenen Konflikts	Entschärfung einer entstandenen Konfliktsituation	Sicherung von Frieden nach Beendigung eines Konflikts
Schritte/ Maß-nahmen	• Früherkennung eines Konflikts durch Beobachtung • Verhandlungen, Hilfe bei Vertrauensbildung zwischen Konfliktparteien	• Verhandlung, Vermittlung, Schiedsspruch (z. B. durch den Internationalen Gerichtshof), wirtschaftliche oder politische Sanktionen • Friedenserzwingung durch Einsatz von Truppen	• Einsatz von UN-Friedenstruppen, u. a. zur Sicherung humanitärer Aktionen • Überwachung der Einhaltung von Friedensabkommen oder eines Waffenstillstands	• Entwaffnung der Kriegsparteien • Schadensbeseitigung und Hilfe bei Neuaufbau • Flüchtlingsbetreuung, Schutz der Menschenrechte • Förderung der Vertrauensbildung

Die Vorschläge der Agenda schufen seit Ende der 1990er-Jahre neue Optionen für das Wirken der Vereinten Nationen, so z. B. durch mehrere Missionen, die sie im Prozess der Erreichung der Unabhängigkeit Osttimors von der Zentralregierung Indonesiens wahrnahmen:

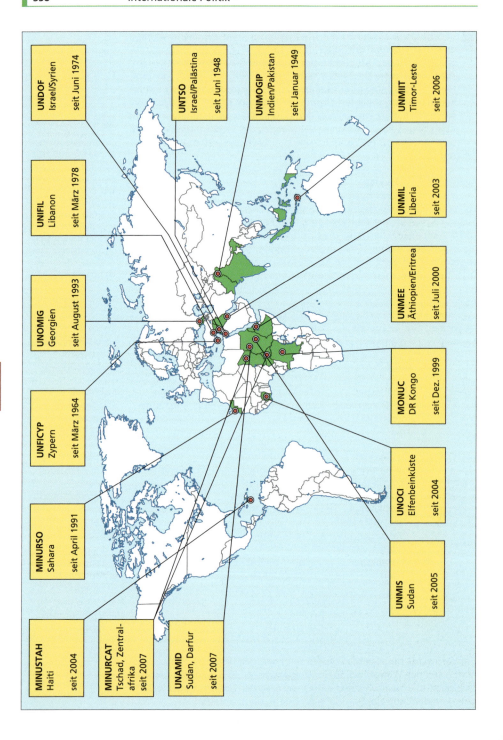

UNAMET (UN Assistance Mission in East Timor) ab Juni 1999 mit dem Auftrag, ein Unabhängigkeitsreferendum zu organisieren und durchzuführen – im August 1999 stimmten über 80 % der Bevölkerung zu;
UNTAET (UN Transitional Authority in East Timor) ab Oktober 1999 mit dem Auftrag, den Aufbau eigenständiger staatlicher und politischer Verwaltungsstrukturen durch eine zivile Übergangsverwaltung und humanitäre Hilfsmaßnahmen zu unterstützen;
UNMISET (UN Mission of Support in East Timor) von Mai 2002 bis Mai 2005 mit dem Auftrag, stabile politische und gesellschaftliche Verhältnisse nach erreichter Unabhängigkeit zu sichern und Hilfe beim Aufbau staatlicher Strukturen – z. B. neuer Polizeieinheiten – zu geben;
UNOTIL (United Nations Office in Timor-Leste) – eine politische Mission, die ab Mai 2005 die Stabilisierung demokratischer, rechtsstaatlicher sowie staatlicher Verwaltungsstrukturen unterstützt;
UNMIT (United Nations Integrated Mission in Timor-Leste) löst als größere Mission die UNITOL wegen eingetretener instabiler Verhältnisse im August 2006 ab, verfolgt aber ähnliche Ziele.

INTERFRET
(1999–2000, multinationale Streitmacht unter Führung Australiens): Nach schweren, von indonesischen Milizen und Militärs verursachten Zwischenfällen beauftragte der UN-Sicherheitsrat im September 1999 Australien, Frieden und Sicherheit wiederherzustellen und UNAMET zu unterstützen.

Trotz einer Reihe von Misserfolgen und vorhandener Schwächen verfügen die Vereinten Nationen über vielfältige Erfahrungen bei der Friedensschaffung, -sicherung und -konsolidierung. Das Spektrum erfolgreich eingesetzter Mittel und Verfahren reicht von Blauhelmeinsätzen und Beobachtermissionen über humanitäre Hilfe, Demobilisierungs- und Reintegrationsprogramme bis zum Einsatz von Sondergesandten.

> Die Vereinten Nationen sind das umfassendste Instrument multilateraler Friedenssicherung.

5.4.2 OSZE – Sicherheit und Zusammenarbeit für Europa

> Die Organisation für Sicherheit und Zusammenarbeit in Europa **(OSZE)** versteht sich als eine „regionale Abmachung der UN" und ist ein Hauptinstrument zur Frühwarnung, Verhütung und friedlichen Beilegung von Konflikten sowie zur Krisenbewältigung in Europa.

Die OSZE ging 1995 aus der Konferenz über Sicherheit und Zusammenarbeit in Europa **(KSZE)** hervor.

Die KSZE – eine internationale Zusammenkunft von 33 europäischen Staaten, den USA und Kanada – arbeitete von 1973 bis 1990. Sie verabschiedete 1975 die „Schlussakte von Helsinki", eine politische Verpflichtung in drei „Körben".
Bedeutsam waren die Folgetreffen zu Fragen von Abrüstung und Entspannung.

Die drei „Körbe" der **Schlussakte von Helsinki** beinhalteten:
1. Prinzipien der Beziehungen der Staaten untereinander;
2. Zusammenarbeit in Wirtschaft, Handel, Wissenschaft; Technik, Umwelt,
3. menschliche Kontakte, Informationszugang, Kulturaustausch.

Internationale Politik

Wichtige Grundsätze der Zusammenarbeit der OSZE-Staaten sind: Rechtsstaatlichkeit, Marktwirtschaft, Achtung der Menschenrechte, Rüstungskontrolle, Abrüstung und Umwelt. Der OSZE gehören alle Staaten Europas sowie die zentralasiatischen, transkaukasischen und nordamerikanischen Staaten an.

Mit der **Charta von Paris für ein neues Europa** verständigten sich die OSZE-Staaten 1990 auf Grundsätze ihrer Zusammenarbeit. Seit 1995 nimmt die OSZE als regionale Staatenorganisation im euro-atlantischen Gebiet „zwischen Vancouver und Wladiwostok" grundlegende nicht militärische Aufgaben für die gemeinsame Sicherheit wahr. Sie ist mit 56 Mitgliedstaaten die derzeit größte sicherheitspolitische Organisation für Europa und einige angrenzende Regionen.

Struktur und Wirken der OSZE

> Die **OSZE** umfasst eine feste Struktur beratender und beschließender Organe, operativer Institutionen sowie kurz- und langfristiger Missionen.

Diese **Organe und Einrichtungen** können in allen Konfliktphasen auf spezifische Weise eingesetzt werden:
- Die **politischen Organe der OSZE** dienen in erster Linie als Podium für die Konsultation und gegebenenfalls die Verurteilung von Fällen gewaltsamer Konfliktaustragung. Sie haben allerdings nicht die Kompetenz, Sanktionen zu verhängen.

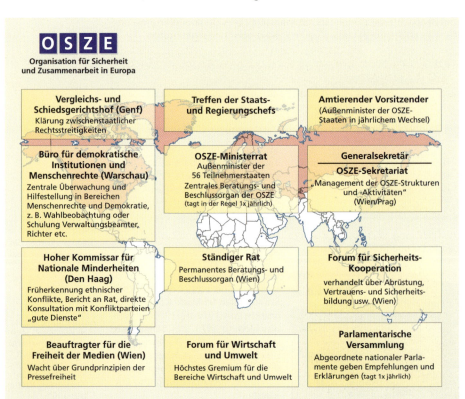

- **Politische Mechanismen** der Organisation wurden zwischen 1989 und 1991 festgelegt. Es sind
  - der Mechanismus für Konsultationen und Zusammenarbeit in Bezug auf ungewöhnliche militärische Aktivitäten,
  - der Mechanismus für Konsultationen und Zusammenarbeit in dringenden Situationen,
  - der Mechanismus der menschlichen Dimension, der darauf zielt, durch Dialog und Zusammenarbeit die Achtung von Menschenrechten, Grundfreiheiten, Demokratie und Rechtsstaatlichkeit zu fördern.
- Die OSZE hat ihrem Wirken verschiedene **Streitbeilegungsprozeduren** zugrunde gelegt:
  - die Hinzuziehung einer Drittpartei zu Beratungen über die friedliche Beilegung von Streitigkeiten zwischen Teilnehmerstaaten (Valetta-Mechanismus),
  - die Anwendung von Vergleichs- oder Schiedsverfahren mittels einer Vergleichskommission oder durch den Gerichtshof.
- Von zentraler Bedeutung für das Wirken der OSZE ist ihr **flexibles Instrumentarium:** Verbindungsbüros „vor Ort" und Entsendung von Missionen. Die seit 1992 eingesetzten Langzeitmissionen dienen der Krisenfrüherkennung, vorbeugender Krisenprävention, friedlicher Beilegung laufender Konflikte oder nachsorgender Krisenbewältigung. Sie umfassen solche Tätigkeiten wie Untersuchung von Konfliktursachen, Tatsachenermittlung, (Wahl-) Beobachtung, Überwachung und Förderung der Einhaltung der Menschen- und Grundrechte sowie gemeinsamer Grundprinzipien und Vereinbarungen, Hilfe beim Aufbau rechtsstaatlicher Strukturen. Es gab bisher zahlreiche Missionen mit unterschiedlichen Zielsetzungen.

Die Aufgaben, die dem Mechanismus der menschlichen Dimension verpflichtet sind, werden in erster Linie von den OSZE-Langzeitmissionen wahrgenommen.

Oftmals fördert die bloße Präsenz einer internationalen Organisation einen Rückgang der Gewalttätigkeit.

> Im Kosovo war nach 1999 über Jahre eine OSZE-Mission tätig, die beim Aufbau demokratischer und rechtsstaatlicher Strukturen und Institutionen sowie beim Schutz der Menschenrechte half und so die UNMIK-Mission unterstützte.
> 2006 kritisierten Wahlbeobachter der OSZE die Nichteinhaltung demokratischer Standards bei den Präsidentschaftswahlen in Weißrussland vor der Weltöffentlichkeit."

5.4.3 Internationale Nichtregierungsorganisationen

Nichtregierungsorganisationen (NGOs) leisten wichtige Beiträge bei der vor- und nachsorgenden Bearbeitung von Konflikten, insbesondere durch Dialog und Aussöhnung sowie Aufbau friedlicher zivilgesellschaftlicher Strukturen.

Nichtregierungsorganisation, engl. Non Governmental Organization = nicht staatliche Organisation; International tätige NGOs werden auch als INGO bezeichnet

INGOs werden im Jahrbuch internationaler Organisationen der Union of International Associations registriert, wenn sie folgenden Kriterien genügen:
- Unabhängigkeit von Staat und Wirtschaft,
- dauerhafte Organisationsstrukturen,
- professionelle Arbeits- und demokratische Binnenstruktur,
- Bearbeitung von Problemen in Wahrnehmung von Gemeinwohlinteressen,
- grenzüberschreitende Zielsetzungen,
- Mitgliedschaft, Finanzierung und Amtsträger aus mindestens drei Staaten.

Viele in den letzten Jahrzehnten entstandene NGOs arbeiten im **transnationalen Bereich.** Sie verfolgen grenzüberschreitende Zielsetzungen und engagieren sich in bestimmten Tätigkeitsbereichen.

NGO/INGO	Tätigkeitsbereich
Internationale Kampagne zum Verbot von Landminen (↗ S. 429)	Kriegsopferschutz
Kinderhilfswerk Terre des Hommes	Entwicklung
Internationale Ärzte für die Verhütung des Atomkriegs	Friedenserhaltung
Gesellschaft für bedrohte Völker	Minderheitenschutz

Tätigkeit der NGOs

Entsprechend ihrem spezifischen Organisationscharakter und ihren grundlegenden Zielstellungen werden NGOs vor allem tätig durch
- Mobilisierung der Öffentlichkeit durch konkrete Aktionen oder öffentlichkeitswirksame Kampagnen;
- Sammlung von Expertenwissen, vor allem durch „Vor-Ort"-Arbeit;
- Lobbyarbeit bei politischen und wirtschaftlichen Entscheidungsträgern;
- Verknüpfung globaler und lokaler Sichtweisen und Aufgaben („Glokalisierung"), indem sie globale Probleme thematisieren und lokale Lösungsansätze bearbeiten.

Nach der Beseitigung des Taliban-Regimes in Afghanistan 2001 erarbeitete **Amnesty International** mehrere öffentliche Berichte, so über die rechtliche Situation im Land, über die Lage von Frauen und von Flüchtlingen. Diese Berichte enthielten zugleich eine Reihe von Verbesserungsvorschlägen.

Die Zusammenarbeit mit den NGOs und ihren Experten wird immer häufiger von den internationalen Organisationen – der UN, der OSZE oder dem Europarat – gesucht. Das geschieht auf der Grundlage von Art. 71 der UN-Charta, wo die Zusammenarbeit der Vereinten Nationen mit NGOs bei gemeinsamen Zielen ausdrücklich angesprochen ist.

Über 1500 NGOs sind mittlerweile mit der UN-Hauptabteilung Presse und Information (DPI) verbunden. Sie haben hier Zugang zu Informationen aus vielen Arbeitsbereichen der Vereinten Nationen und bringen hier auch ihr Expertenwissen ein.
Beim Wirtschafts- und Sozialrat der UNO (ECOSOC) ist die Zahl der assoziierten NGOs von etwa 700 im Jahre 1992 auf mehr als 3000 Ende 2007 gestiegen. Sie können hier z. B. auf unterschiedlichen Ebenen eigene Vorschläge machen, an Beratungen oder auch an konkreten Programmen teilnehmen.
Vielfach kooperieren NGOs auch mit UN-Institutionen in konkreter Arbeit vor Ort, so z. B. beim Wiederaufbau in Afghanistan.

5.4.4 NATO und Bundeswehr

Die nordatlantische Verteidigungsgemeinschaft NATO und die Bundeswehr sind militärische Instrumente, deren Rolle sich nach Aufhebung der Ost-West-Konfrontation 1990 grundlegend verändert hat. Sie passen sich den sicherheitspolitischen Gegebenheiten, die in der Welt des 21. Jh.s entstanden sind, an und unterliegen dabei selbst einem Wandel.

NATO

> Die **NATO** ist eine zwischenstaatliche Organisation ohne Hoheitsrechte, in der die Mitglieder ihre volle Souveränität behalten.

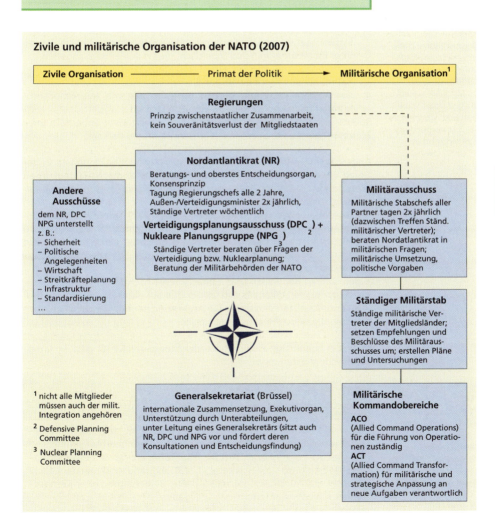

Internationale Politik

NATO: Abk. für **N**orth **A**tlantic **T**reaty **O**rganization = Nordatlantikpakt
Die NATO wurde am 4. April 1949 von zwölf Staaten als westliches Verteidigungsbündnis gegründet. Weitere Mitglieder traten in den Folgejahren bei, so u. a. die BRD 1955, 1999 Polen, Ungarn und Tschechien. Nach der Aufnahme mehrerer osteuropäischer Staaten im Jahr 2004 umfasst die NATO 26 Mitgliedstaaten. 2008 wurden Kroatien und Albanien zu Beitrittsverhandlungen eingeladen.

Das Grundkonzept der NATO war seit ihrer Gründung, abschreckend und kriegsverhindernd zu wirken und ein Gegengewicht zu den Streitkräften der verbündeten osteuropäischen Staaten (ab 1955 im Warschauer Pakt) zu bilden. Nach der Auflösung des Warschauer Pakts 1991 verlagerte sich die NATO-Strategie auf vorausschauende Konfliktverhütung, internationale Konfliktbewältigung und Friedenssicherung.

> Seit 1999 wirkt die NATO auf der Grundlage eines **neuen strategischen Konzepts**. Es beinhaltet traditionelle und neue Aufgaben.

Das neue strategische Konzept orientiert auf vier **Aufgabenfelder:**
1. auf das Bündnis als Fundament für ein stabiles euro-atlantisches Sicherheitsumfeld,
2. auf das Bündnis als wesentliches transatlantisches Forum für Konsultationen unter den Verbündeten und für sachgerechte Koordinierung ihrer Bemühungen in den Bereichen, die sie gemeinsam angehen,
3. auf die Stärkung von Sicherheit und Stabilität des euro-atlantischen Raums durch Krisenbewältigung,
4. auf Abschreckung und Verteidigung im Falle von Aggressionsdrohungen oder Angriff gegen einen NATO-Staat.

Bereits seit 1992 engagiert sich die NATO militärisch außerhalb ihres Bündnisgebietes, vor allem in der Krisenregion des Balkans.

Angesichts neuer Herausforderungen seit Beginn des 21. Jh.s (z. B. der Gefahren des internationalen Terrorismus) fasste die NATO auf ihren Gipfeltreffen 2002 in Prag und 2004 in Istanbul entsprechende Beschlüsse. Diese betreffen im Besonderen:
- den Aufbau einer „**NATO Response Force**" (**NRF**) – einer Schnellen Eingreiftruppe – für Einsätze außerhalb des Bündnisgebietes (soll bis zu 25 000 Soldaten aus nationalen Armeen umfassen, innerhalb von fünf Tagen weltweit einsatzfähig sein, mindestens 30 Tage ohne Versorgung von außen auskommen können);
- den Umbau der zivilen und militärischen NATO-Organisationsstrukturen so, dass sie schlanker, effizienter und auf die neuen Aufgaben besser zugeschnitten sind sowie die Anpassung der militärischen Fähigkeiten an die neuen Herausforderungen.

Über die zukünftige Rolle und Ausrichtung der NATO gibt es unterschiedliche Vorstellungen:

2003 übernahm die NATO die Führung der UN-Sicherheitsunterstützungstruppe in Afghanistan ISAF (International Security Assistance Force).

NATO als eine Art globaler Sicherheitsagentur	NATO als euro-atlantisches Verteidigungsbündnis
weltweite Aufgabenstellung und neue weltweite Partnerschaften, z. B. mit Südkorea, Japan, Australien, Neuseeland) – mit starkem Gewicht auf Aufgaben internationaler Krisenbewältigung	Anpassung der NATO an neue Herausforderungen (Aufgaben internationaler Krisenbewältigung, z. B. als Mandatnehmer der UNO), aber Beibehaltung alter Kernaufgaben

Neue Rolle der Bundeswehr

> Die seit den 1990er-Jahren neue sicherheitspolitische Lage in Europa, veränderte Aufgaben der NATO und weltweite sicherheitspolitische Herausforderungen im 21. Jh. führten zu Veränderungen für die **Bundeswehr**.

Im Rahmen der **deutschen Sicherheitspolitik** hat die Bundeswehr den Auftrag,
- Deutschland und seine Staatsbürger gegen politische Erpressung und äußere Gefahr zu schützen,
- die militärische Stabilität und die Integration Europas zu fördern,
- Deutschland und seine Verbündeten zu verteidigen,
- dem Weltfrieden und der internationalen Sicherheit im Einklang mit der Charta der Vereinten Nationen zu dienen,
- bei Katastrophen zu helfen, aus Notlagen zu retten, humanitäre Aktionen zu unterstützen.

Darin widerspiegeln sich traditionelle und neue Aufgaben.

„Die Bundeswehr beschreitet seit Jahren konsequent den Weg des Wandels zu einer Armee im Einsatz und verändert sich dabei tiefgreifend." (Weißbuch 2006 der Bundesregierung, S. 9)

Aufgaben und Umbau der Bundeswehr

vor 1990, weiterhin gültig — *nach 1990*

- **Landesverteidigung** gegen äußeren Angreifer (alte Kernaufgabe), individuell oder kollektiv als **Bündnisverteidigung**
- **innerer Notstand** Unterstützung der Polizei bei Bedrohung der freiheitlich demokratischen Grundordnung
- **Katastrophenschutz**

→ **sicherheitspolitische Lage und Grundgesetz** alte und neue Aufgaben für die Bundeswehr

→ **Krisenprävention und -bewältigung** militärische (Kampf-)Einsätze im Rahmen multinationaler Verbände und Strukturen kollektiver Sicherheit

Seit Ende der 1990er Jahre wurde neben der alten Hauptaufgabe kollektiver Bündnis- und Landesverteidigung die „Fähigkeit zum regional begrenzten Kriseneinsatz" als neuer Grundsatz immer wichtiger. Anfang 2008 beteiligte sich Deutschland mit etwa 7 300 Soldaten weltweit an verschiedenen internationalen Einsätzen. Mit der Orientierung auf **Kriseneinsätze** wurde der Umbau der Bundeswehr eingeleitet.

Zwischen 1990 und 2007 reduzierte sich der Umfang der Streitkräfte um mehr als 50 % auf ca. 250 000 Bundeswehrangehörige. 2004 in Kraft getretene Umbaupläne sehen vor, die Bundeswehr bis 2010 dreifach zu gliedern:
- Eingreifkräfte (etwa 35 000 Soldaten),
- Stabilisierungskräfte (etwa 70 000),
- Unterstützungskräfte (etwa 147 500).

> „Kern dieser Bundeswehr müssen schnell verfügbare, präsente Einsatzkräfte von Heer, Luftwaffe und Marine sein, die für die ganze Breite friedensunterstützender Einsätze und für jede Form der kollektiven Verteidigung im Bündnis geeignet sind. ... Das Personalstärkeverhältnis der Teilstreitkräfte verändert sich. Luftwaffe und Marine werden einen größeren Anteil einnehmen als bisher. Das Heer wird absolut und relativ kleiner."
> (Kommission „Gemeinsame Sicherheit und Zukunft der Bundeswehr" [Hrsg.]: Bericht an die Bundesregierung, 2000, S. 48)

Internationale Politik

Das Bundesverfassungsgericht stellte in einem Beschluss vom 20. 2. 2002 fest: „Die gegenwärtige öffentliche Diskussion für und wider die allgemeine Wehrpflicht zeigt sehr deutlich, dass eine komplexe politische Entscheidung in Rede steht. Die Fragen beispielsweise nach Art und Umfang der militärischen Risikovorsorge, der demokratischen Kontrolle, der Rekrutierung qualifizierten Nachwuchses sowie nach den Kosten einer Wehrpflicht- oder Freiwilligenarmee sind solche der politischen Klugheit und ökonomischen Zweckmäßigkeit, die sich nicht auf eine verfassungsrechtliche Frage reduzieren lassen."

Mit der Veränderung der Grundaufgaben der Bundeswehr hat sich die Debatte um eine **Wehrreform** verstärkt. Eine zentrale Frage, die mit unterschiedlichen Positionen vertreten wird, ist die nach Erhalt der Wehrpflichtarmee oder ihrer Ablösung durch eine Berufsarmee.

Pro Berufsarmee	Pro Wehrpflichtarmee
Teilnahme an multinationalen Kriseneinsätzen im Rahmen der UNO, NATO, OSZE oder EU erfordern ein besonderes Krisenmanagement und gut ausgebildete Spezialkräfte.	Bündnissolidarität in der NATO verpflichtet zur erweiterbaren Verteidigungsfähigkeit der Bundeswehr im Falle einer größeren Bedrohung und unter Beachtung der strategischen Lage Deutschlands in Europa.
Wehrpflicht bedeutet Beschränkung individueller Freiheit; das ist nur in einer zugespitzten sicherheitspolitischen Lage gerechtfertigt. Zudem gibt es keine Wehrgerechtigkeit, weil nicht alle Wehrpflichtigen eines Jahrgangs eingezogen werden.	Die Wehrpflicht fördert die gesellschaftliche Anerkennung der Bundeswehr.
Eine notwendig bessere Ausrüstung der Armee kann durch Mittelumschichtung von Personalkosten erreicht werden.	Die hohen Kosten einer Umstellung zur Berufsarmee können vermieden werden. Zudem können für die Berufsarmee gute Nachwuchskräfte gewonnen werden.
Mit der Entscheidung des Europäischen Gerichtshofes, dass auch Frauen Militärdienst ausüben können, entsteht ein größerer Personalüberhang.	Die Zukunft des bisherigen Zivildienstes in seiner sozialpolitischen Bedeutung ist an den Erhalt der Wehrpflicht gebunden.

Bilder:
Bundeswehrrekrutinnen

UN-Bundeswehrfahrzeuge in Somalia

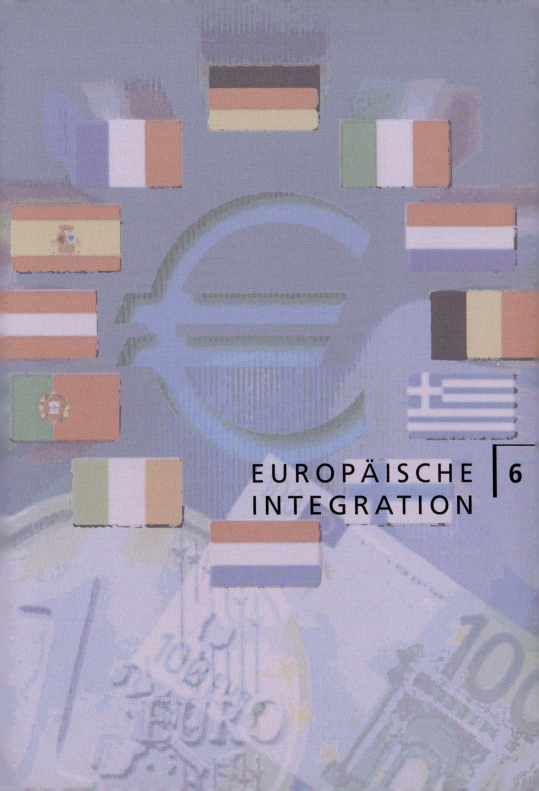

6.1 Entwicklung zur Europäischen Union

Der eigene Kulturraum Europa bildete sich vor allem seit dem Mittelalter heraus – trotz vieler Kriege relativ geschlossen in Kultur, Recht, Wirtschaft und Geschichte.
In der Gegenwart ist die politische Kultur Europas geprägt durch Demokratie, Rechtsstaatlichkeit und Marktwirtschaft.

Die Europäische Union (EU) ist ein Verbund von Staaten, der nach dem Zweiten Weltkrieg gegründet wurde und auf die Schaffung eines gemeinsamen Marktes gerichtet war. Damit wurde die Grundlage für Frieden und Sicherheit in Europa, für wirtschaftlichen Wohlstand und Demokratie gelegt. Seit der Montanunion 1951 hat sich die **europäische Integration** in mehreren Etappen und verschiedenen Formen vollzogen. Von sechs Gründungsstaaten ist die EU 1995 auf 15 Mitglieder angewachsen. Zehn Staaten sind 2004 hinzugekommen. Die Erweiterung war und ist zugleich mit einer inhaltlichen Ausgestaltung der Zusammenarbeit – mit einer Vertiefung – verbunden. Seit 1993 bildet der **Vertrag von Maastricht** dabei den Gesamtrahmen für den Integrationsprozess.
Welche endgültige Gestalt die EU künftig annehmen wird, zeichnet sich erst in Umrissen ab. Ungeachtet dessen hat sie neben den Nationalstaaten eine bedeutende politische Größe erlangt. Die EU ist ein wichtiger Akteur in den internationalen Beziehungen.

6.1.1 Europäische Union

> Die **Europäische Union** ist ein Zusammenschluss von Staaten zur gemeinsamen Gestaltung ihrer wirtschaftlichen und politischen Entwicklung.

- Gründungsländer 1951
- Beitrittsländer 1973–1995
- Osterweiterung 2004, 2007

Die Bundesrepublik Deutschland gehört seit 1951 zur EU, die ostdeutschen Bundesländer kamen 1992 hinzu.

Der Anteil der zwölf neuen Beitrittsländer (Osterweiterung) betrug 2007 rund 10,9 % des BIP und 22,2 % der Bevölkerung der EU.

Eurostat gibt das BIP pro Einwohner in der künstlichen Währung **KKS** = Kaufkraftstand (↗ S. 349) an, um eine Vergleichbarkeit zu schaffen.

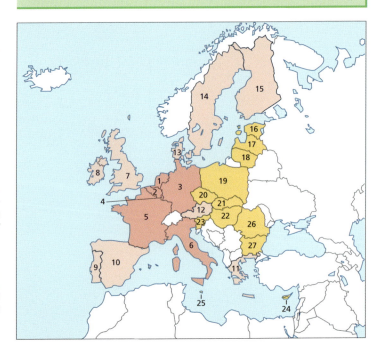

Entwicklung zur Europäischen Union

Mitgliedstaaten der Europäischen Union			(Quelle: Eurostat, Statistisches Bundesamt)	
Staat	Einwohner 2005 (in Mio.)	BIP je Einwohner 2005 (in KKS)	Eintritt in EG/EU	Fläche (1 000 km^2)
Niederlande (1)	16,3	29 500	1951	34
Belgien (2)	10,5	27 700	1951	33
Deutschland (3)	82,5	25 800	1951/1992	349
Luxemburg (4)	0,5	58 900	1951	3
Frankreich (5)	60,7	25 400	1951	550
Italien (6)	57,5	23 600	1951	294
Dänemark (13)	5,4	28 600	1973	42
Großbritannien (7)	60,2	27 600	1973	242
Irland (8)	4,2	32 600	1973	69
Griechenland (11)	11,1	19 700	1981	129
Portugal (9)	10,6	16 800	1986	92
Spanien (10)	43,4	23 000	1986	499
Österreich (12)	8,2	28 900	1995	83
Schweden (14)	9,0	26 900	1995	410
Finnland (15)	5,2	25 900	1995	305
Estland (16)	1,3	14 000	2004	42
Lettland (17)	2,3	11 400	2004	62
Litauen (18)	3,4	12 200	2004	63
Polen (19)	38,2	11 700	2004	306
Tschechien (20)	10,2	17 300	2004	77
Slowakei (21)	5,4	13 400	2004	48
Ungarn (22)	10,1	14 700	2004	92
Slowenien (23)	2,0	19 200	2004	20
Zypern (24)	0,8	20 900	2004	9
Malta (25)	0,4	16 800	2004	0,3
Bulgarien (26)	7,7	7 900	2007	111
Rumänien (27)	21,6	8 000	2007	230

Verträge der Regierungen regeln die Beziehungen zwischen den Mitgliedsstaaten und die Aufgaben der gemeinsamen Gremien und Organisationen. Die Regierungen der Mitgliedsstaaten sind die „Hüter der Verträge". Als Magna Charta des europäischen Einigungswerks hat sich seit 1958 der Vertrag zur Europäischen Wirtschaftsgemeinschaft (jetzt: Europäische Gemeinschaft) erwiesen. Er ist die flexible Grundlage für die Aufnahme weiterer Mitgliedsländer und die fortschreitende Vergemeinschaftung immer weiterer Themen und Felder der Politik.

Der EGKS-Vertrag wurde 1951, der EWG-Vertrag und der EAG-Vertrag wurden 1957 geschlossen.

> Die Europäische Gemeinschaft für Kohle und Stahl (EGKS-Vertrag), die Europäische Wirtschaftsgemeinschaft (EWG-Vertrag) und die Europäische Atomgemeinschaft (EAG-Vertrag) bildeten bis 1993 die **Europäische Gemeinschaft**. Seitdem sind sie unter der Bezeichnung **Europäische Gemeinschaften** Teil der Europäischen Union.

Die zwei Gemeinschaften sind rechtlich weiterhin selbstständig. Der 1958 begonnene Aufbau eines **europäischen Binnenmarktes** wurde 1992 abgeschlossen. Ab 1992 wurden weitere Beitrittsländer in die EU aufgenommen. Schon die „Union der 15" überragten die Wirtschaftspotenziale der USA und Japans. Heute ist die EU der größte Welthandelspartner.

Organisationsform der EU und Mitgliedschaft

Die EU folgt in Aufbau und Struktur keinem bisher bekannten Schema. Es ist deshalb nach wie vor nicht einfach, sie eindeutig zu charakterisieren.

Die Europäische Union stellt eine vollkommen **neue Organisationsform** dar. Sie ist weder eine klassische internationale Organisation noch ein staatliches Gebilde, das die bestehenden Nationalstaaten abschafft – auch wenn sie Strukturen und Tätigkeitsbereiche aufweist, die sonst den Nationalstaaten zugerechnet werden: Rechtsetzung, oberster Gerichtshof, eigene Geldmittel, außenwirtschaftliches Handeln.
Infolge ihrer komplexen Struktur und Funktionsweise hat sich die EU zu einem **politischen System eigener Art** entwickelt. Es wird auch als Verhandlungs-, Verflechtungs- und Mehrebenensystem bezeichnet, weil Verhandlungsstrukturen zwischen europäischer, nationaler und regionaler Ebene bestehen und vielfältig verflochten sind.
Seit ihrer Gründung verfolgt die Europäische Gemeinschaft das Konzept der offenen Organisation. Jeder europäische Staat kann die Mitgliedschaft in der EU beantragen. Der Beitrittsantrag ist jedoch an bestimmte **Grundsätze** geknüpft, die in den „Kopenhagener Kriterien" formuliert sind.

> Die „**Kopenhagener Kriterien**" fordern
> – „eine institutionelle Stabilität als Garantie für demokratische und rechtsstaatliche Ordnung, für die Wahrung der Menschenrechte sowie die Achtung und den Schutz von Minderheiten",
> – eine „funktionsfähige Marktwirtschaft sowie die Fähigkeit, dem Wettbewerbsdruck und den Marktkräften innerhalb der Union standzuhalten",
> – „dass die einzelnen Beitrittskandidaten die aus einer Mitgliedschaft erwachsenden Verpflichtungen übernehmen und sich auch die Ziele der politischen Union sowie der Wirtschafts- und Währungsunion zu Eigen machen können".

6.1.2 Erweiterung und Vertiefung als Wege der Integration

Die Entwicklung der europäischen Integration vollzieht sich in verschiedenen Stufen und Phasen als Prozess der **Erweiterung und Vertiefung**.

Erweiterung	Einbeziehung weiterer Länder in die Europäische Union • als Vollmitglied (z. B. im Zuge der Osterweiterung), • als assoziiertes Mitglied (z. B. Türkei), • auf Basis von Kooperationsverträgen mit Einzelstaaten (z. B. Russland) und Ländergruppen (z. B. Staaten in Afrika und im Pazifik) Einbeziehung weiterer Politikfelder
Vertiefung	Gestaltung institutioneller Reformen in Bezug auf • die Zusammensetzung und Organisation der Organe, • die Vereinfachung der Entscheidungsprozesse, • die Erhöhung des Anteils des Gemeinschaftsrechts

Die gegenwärtige Herausforderung besteht darin, beide Teilprozesse möglichst reibungslos miteinander zu verzahnen.
Einerseits müssen die neuen Mitgliedsstaaten auf ihre Rolle im Rahmen der Europäischen Union vorbereitet werden, um sie in die Entscheidungsprozesse zu integrieren.
Andererseits müssen die notwendigen Schritte zur tief greifenden Reform vorangetrieben werden. Dabei sind die unterschiedlichen politischen und ökonomischen Voraussetzungen der Länder ebenso zu berücksichtigen wie die zahlreichen, zum Teil stark auseinandergehenden Interessen und auch die kulturelle und religiöse Vielfalt.

Idee europäischer Integration

Der europäische Einigungsgedanke, der mit der Gründung und Entwicklung der EU verwirklicht wird, reicht bis in das 17. Jh. zurück. Doch erst nach Ende des Zweiten Weltkriegs wurde die Idee mit der Schaffung der ersten europäischen Institution, dem Europarat, praktisch umgesetzt.

Die Aussöhnung zwischen den „Erbfeinden" Deutschland und Frankreich, die im Januar 1963 mit der Unterzeichnung des deutsch-französischen Freundschaftsvertrags besiegelt wurde, stellt einen wichtigen Eckpunkt des europäischen Integrationsprozesses dar.

Entsprechend ihrer besonderen Rolle werden die deutsch-französischen Beziehungen als „Motor der europäischen Integration" bezeichnet.

Die Westeuropäer einte das Bestreben, mit der Einführung eines gemeinsamen Marktes wirtschaftlichen Wohlstand zu erreichen, Sicherheit und Frieden in Europa zu gewährleisten, individuelle Freiheit und Mobilität zu fördern. Mit der Schaffung eines neuen Europas sollte ein ungehinderter Personen-, Waren- und Kapitalverkehr ermöglicht werden.
Nach dem Niedergang der europäischen Vormachtstellung in der Welt im Ergebnis des Zweiten Weltkrieges und der entstandenen Orientie-

rungslosigkeit erhofften sich die Nationen von einem integrierten Europa vor allem
- die Herausbildung eines neuen Selbstverständnisses und
- den Wiedergewinn politischer Macht in einer von den neuen Supermächten USA und UdSSR beherrschten Welt.

Zur Förderung und Festigung der Einheit und Zusammenarbeit zwischen den Staaten und Menschen Europas wurde am 5. Mai 1949 der **Europarat** als erste europäische Staatenorganisation in London gegründet. Er besteht unabhängig von der Europäischen Union.

Entwicklungsphasen der EU

Der Prozess der Erweiterung und Vertiefung der EU vollzog sich bisher in **fünf Phasen.**

Phase	Jahr	
Gründung 1951–1957	1951	Gründung der Europäischen Gemeinschaft für Kohle und Stahl (EGKS bzw. Montanunion)
	1957	Gründung der Europäischen Wirtschaftsgemeinschaft (EWG) und der Europäischen Atomgemeinschaft (EAG, Euratom)
Konsolidierung und Krise 1958–1969	1959	Beginn des Zollabbaus innerhalb der Gemeinschaft
	1962	Europäischer Agrarfonds – Beginn der Arbeit
Erweiterung und Stagnation 1970–1985	1970	Einführung der Europäischen Politischen Zusammenarbeit (EPZ)
	1973	Beitritt Dänemarks, Großbritanniens und Irlands (Norderweiterung)
	1975	Unterzeichnung des Lomé-Abkommens (Handels- und Kooperationsabkommen mit Staaten aus dem afrikanischen, pazifischen und karibischen Raum)
	1979	Inkrafttreten des Europäischen Währungssystems (EWS) Erste Direktwahl des Europäischen Parlaments
	1981	Beitritt Griechenlands
Aufbruch, Wandel und Erweiterung 1986–1999	1986	Beitritt Portugals und Spaniens (Süderweiterung) Verabschiedung der Einheitlichen Europäischen Akte
	1990	Staatliche Einheit Deutschlands – Einbeziehung des Beitrittsgebiets in die EU (1992)
	1993	Vollendung des Binnenmarkts Vertrag von Maastricht
	1995	Beitritt Österreichs, Finnlands, Schwedens (zweite Norderweiterung)
	1997	Vertrag von Amsterdam
	1998	Stabilitäts- und Wachstumspakt
	1999	Agenda 2000

Phase	Jahr	
Verfassungs-entwurf, Osterweiterung, institutionelle Reformen seit 2000	2001	Vertrag von Nizza EU-Konvent zur Ausarbeitung einer Verfassung
	2002	Einführung des EURO als gemeinsame Währung
	2004	Beitritt Lettlands, Litauens, Estlands, Polens, Tschechiens, der Slowakei, Sloweniens, Ungarns, Maltas, Zyperns (Osterweiterung, 1. Phase) Verabschiedung eines Verfassungsentwurfs durch den Europäischen Rat und Beginn des Ratifizierungsprozesses zur EU-Verfassung in den Mitgliedstaaten Referenden zum Verfassungsentwurf in Frankreich und den Niederlanden – Ablehnung durch Bevölkerungen
	2005	Beitrittsverhandlungen mit der Türkei und Kroatien Mazedonien erhält EU-Kandidatenstatus
	2006	Aussetzen des Ratifizierungsprozesses des EU-Verfassungsentwurfs auf Beschluss des Europäischen Rats
	2007	Beitritt Bulgariens und Rumäniens (Osterweiterung, 2. Phase)
	2007	Vertrag von Lissabon

Gründungsphase (1951–1957)

Am 18. April 1951 gründeten Frankreich, die Bundesrepublik Deutschland, Italien, Belgien, die Niederlande und Luxemburg die **Europäische Gemeinschaft für Kohle und Stahl** (EGKS), die auch als „Montanunion" bekannt ist. Damit wurde ein gemeinsamer Markt für die Schlüsselindustrien Bergbau und Schwerindustrie geschaffen. Die Kohle- und Stahlproduktion wurde der jeweiligen nationalen Entscheidungskompetenz entzogen und an eine europäische Behörde übertragen.

Die Gründung der EGKS geht auf die Initiative der französischen Politiker ROBERT SCHUMANN (1886–1963) und JEAN MONNET (1888–1979) zurück, die die Errichtung einer supranationalen Wirtschaftsgemeinschaft vorschlugen.

> Die **EGKS** ist die erste europäische Gemeinschaft mit eigenen Kompetenzen. Sie wurde 2002 beendet.

Ihr Hauptziel war die schrittweise Beseitigung von Handelshemmnissen zwischen den Nationen. Außerdem sollte eine über den einen Sektor der Integration hinausgehende europäische Föderation angestrebt werden.

„Die Zusammenlegung der Kohlen- und Stahlproduktion wird sofort die Schaffung gemeinsamer Grundlagen für die wirtschaftliche Entwicklung sichern – die erste Etappe der europäischen Föderation – und die Bestimmung jener Gebiete ändern, die lange Zeit der Herstellung von Waffen gewidmet waren. ... Die Schaffung dieser mächtigen Produktionsgemeinschaft, die allen Ländern offensteht, ... mit dem Zweck, allen Ländern, die sie umfaßt, die

Die Erklärung des französischen Außenministers ROBERT SCHUMANN (Foto) am 9. Mai 1950 gilt als Gründungsdokument der europäischen Gemeinschaft. Die Staats- und Regierungschefs beschlossen 1985, diesen Tag als **„Europatag"** zu begehen.

Föderation, lat. foedus = Bund, bezeichnet zwei Grundformen der Verbindung von Staaten: beim Staatenbund bleibt die Souveränität der Mitgliedsstaaten voll erhalten, beim Bundesstaat bestehen die Mitglieder als Gliedstaaten mit eingeschränkter Souveränität innerhalb eines Gesamtstaates (Bund); Gegensatz ist der Einheitsstaat

notwendigen Grundstoffe für ihre industrielle Produktion zu gleichen Bedingungen zu liefern, wird die realen Fundamente zu ihrer wirtschaftlichen Vereinigung legen."

Im März 1957 wurden in Rom die Gründungsverträge zur Europäischen Atomgemeinschaft (EAG bzw. EURATOM) und zur Europäischen Wirtschaftsgemeinschaft (EWG) unterzeichnet (Bild). Sie sind auch als **„Römische Verträge"** bekannt. Während die EURATOM auf einen Sektor begrenzt wurde – sie befasst sich vor allem mit der friedlichen

Nutzung von Kernenergie –, wurde die wirtschaftliche Verflechtung der Mitgliedsstaaten durch die EWG auf eine Wirtschaftsgemeinschaft ausgeweitet, die sämtliche Wirtschaftsbereiche umfasst.

Der EWG-Vertrag sah die Schaffung eines gemeinsamen Marktes innerhalb von zwölf Jahren vor, darin eingeschlossen die Schaffung einer Zollunion und die Beseitigung der Hindernisse, die den freien Personen-, Dienstleistungs-, Waren- und Kapitalverkehr beeinträchtigten (Vorrang der „vier Freiheiten"). Die Mitgliedsstaaten traten also in mehreren Politikbereichen Entscheidungskompetenzen an die europäischen Organe ab.

> Alle Gemeinschaften bildeten eigene Organe, die 1967 fusionierten. Das Europäische Parlament und der Europäische Gerichtshof sind von Anfang an für alle Gemeinschaften zuständig.

Mit den Römischen Verträgen wurde die wirtschaftliche Integration als Grundstein für das langfristige Ziel einer politischen Einigung gelegt.

Konsolidierungs- und Krisenphase 1958–1969

1958 stockte der Integrationsprozess. Die Vorstellungen der Mitgliedsstaaten über die **Kompetenzen,** die an die europäische Gemeinschaft übertragen werden sollten, gingen auseinander. Als problematisch erwies sich zudem der Übergang vom Einstimmigkeitsprinzips im Ministerrat zu Entscheidungen mit **qualifizierter Mehrheit.** Hierzu wurde erst 1966 ein Kompromiss gefunden. Er bestand darin, dass bei den für eine Nation essenziellen Fragen im Ministerrat so lange diskutiert werden muss, bis Einstimmigkeit erreicht ist.

Bei siebzehn Stimmen im Ministerrat führt eine **qualifizierte Mehrheit** von zwölf Stimmen eine für alle verbindliche Entscheidung herbei.

Der französische Präsident CHARLES DE GAULLE wehrte sich 1958 gegen eine weitere Einschränkung der Hoheitsrechte Frankreichs. Er widersetzte sich auch einer Aufnahme Großbritanniens in die Gemeinschaft und lehnte 1965 die vorgesehenen Entscheidungsprinzipien ab. Frankreich war nicht zu einer Stärkung der Gemeinschaftsorgane zuungunsten der eigenen Souveränitätsrechte bereit.

Die Zeit zwischen 1962 und 1969 war die erste große Krisenphase im europäischen Einigungsprozess. Es wurde deutlich, dass ein Fortgang der Integration zunächst nur auf wirtschaftlicher Ebene erfolgen konnte. Die Vollendung der Zollunion bildete dabei eine wichtige Etappe.

De GAULLE trat 1969 vom Amt des französischen Staatspräsidenten zurück.

Erweiterung und Stagnation 1970–1985

> Die **Europäische Politische Zusammenarbeit** (EPZ) ermöglichte eine Koordinierung außenpolitischen Handelns. Sie wurde auf weitere Politikfelder ausgeweitet.

Die 1970 gegründete Europäische Politische Zusammenarbeit setzte auf Konsultation, wobei die Mitgliedsstaaten die Koordination ihres außenpolitischen Handelns zunächst auf freiwilliger Basis vereinbarten. Durch die in der EPZ erfolgenden Absprachen der Staaten glichen sich ihre außenpolitischen Standpunkte an. Die EPZ wurde später auf andere Politikfelder ausgeweitet.

Die erste **Norderweiterung** der Europäischen Gemeinschaft erfolgte 1973 (Beitritt Großbritanniens, Irlands und Dänemarks). Ihr folgte die **Süderweiterung** 1981 mit Griechenland, 1986 mit Spanien und Portugal. Die zunehmenden wirtschaftlichen Verflechtungen zeigten, dass die unterschiedlichen Währungen den freien Kapitalverkehr einschränkten. Die **Währungspolitik** wurde zu einer neuen Herausforderung.

Das **EWS** war ein auf die EG-Staaten begrenztes System fester, aber anpassungsfähiger Währungsparitäten (feststehender Vergleichswert). Als künstliche, unveränderliche Bezugsgröße diente die neu geschaffene Währungseinheit ECU (European Currency Unit).

> Auf Initiative des deutschen Bundeskanzlers HELMUT SCHMIDT und des französischen Staatspräsidenten VALÉRY GISCARD D'ESTAING trat 1979 das Europäische Währungssystem (EWS) in Kraft.
> Beide Politiker schufen 1974 auch den Europäischen Rat, dem die Staats- und Regierungschefs der EU-Mitgliedsländer angehören.

Institutionen wurden weiter ausgebaut und demokratisch legitimiert. 1979 fand die erste **Direktwahl des Europäischen Parlaments** statt (↗ Foto).
Trotz des Integrationserfolgs durch die Erweiterung der EG und der institutionellen Ausgestaltungen kam es erneut zu einer Krise. Integrationsfördernde Initiativen scheiterten wiederholt an nationalen Interessen.

Die Phase von der zweiten Hälfte der 1970er- bis zur Mitte der 1980er-Jahre wird wegen der Krisenerscheinungen auch als „Eurosklerose" bezeichnet.

> Sowohl Großbritannien als auch Dänemark wollten zwar von den wirtschaftlichen Erfolgen der EG profitieren, waren aber nicht zu einer weiteren Übertragung von Kompetenzen bereit.
> Mit dem Eintritt Griechenlands trat innerhalb der EG ein wirtschaftliches Nord-Süd-Gefälle auf. Das im EWG-Vertrag vorgegebene Ziel, innerhalb von zwölf Jahren einen Gemeinsamen Markt zu schaffen, konnte nicht erreicht werden.

Aufbruch, Wandel und Erweiterung 1986–1999

> Die Einheitliche Europäische Akte, der Maastrichter Vertrag und der Gipfel von Nizza bilden Eckpunkte einer neuen Stufe der europäischen Integration.

Die Außenminister der EG-Mitgliedsstaaten unterzeichneten die **Einheitliche Europäische Akte** (Bild) im Februar 1986.
1990 wurde das Abkommen Schengen II, das das erste Schengener Abkommen von 1985 ergänzte, unterzeichnet. Es trat erst 1995 in elf Teilnehmerstaaten in Kraft. Schengen II stellte die in der EEA festgehaltene Freizügigkeit von Personen durch den Wegfall von Personen- und Zollkontrollen an den gemeinsamen Grenzen her.

1986 wurde die **Einheitliche Europäische Akte** (EEA) verabschiedet.
Sie bereitete den Vertrag von Maastricht (1992) und die Aufnahme weiterer Mitgliedsstaaten (Schweden, Österreich und Finnland) vor. Die Akte war Ausdruck des Bestrebens, eine politische Union Europas herbeizuführen, allerdings ohne einen zeitlichen Rahmen dafür und ohne Festlegungen für eine endgültige Gestalt der EU vorzusehen. Die EEA förderte den Aufschwung der wirtschaftlichen Integration, sie stärkte die Gemeinschaftsorgane und bewirkte integrative Fortschritte auf dem Feld der Außenpolitik.

> „Die Europäischen Gemeinschaften und die Europäische Zusammenarbeit verfolgen das Ziel, gemeinsam zu konkreten Fortschritten auf dem Wege zur Europäischen Union beizutragen." (Einheitliche Europäische Akte, Artikel 1)

Mit der Namensänderung von der Europäischen Gemeinschaft zur Europäischen Union sollte der Wille der Mitgliedsstaaten zum Ausdruck kommen, eine neue Stufe im europäischen Integrationsprozess zu erreichen.
Nur drei Mitgliedsstaaten hielten Referenden über den Maastrichter Vertrag ab. Das waren Dänemark, Irland und Frankreich.

1990 beschloss der Europäische Rat, die Regierungskonferenzen zur Wirtschafts- und Währungsunion und zur politischen Union parallel durchzuführen. Das führte zum **Maastrichter Vertrag** (auch EU-Vertrag) über die Schaffung der Europäischen Union und den Integrationsfahrplan bis 2000. Er trat am 1. November 1993 in Kraft.
Die vertragschließenden Regierungen bekräftigten als **Aufgaben** (Artikel B) der Union
– die Förderung des wirtschaftlichen und sozialen Fortschritts durch Aufhebung von Binnengrenzen und Errichtung einer Wirtschafts- und Währungsunion,
– eine Gemeinsame Außen- und Sicherheitspolitik mit der Perspektive einer gemeinsamen Verteidigungspolitik,
– eine Unionsbürgerschaft für die Staatsangehörigen der Mitgliedsländer zur Stärkung der Bürgerrechte,
– eine engere Zusammenarbeit in den Bereichen Justiz und Inneres.

> Die Europäische Gemeinschaft nennt sich seit dem Maastrichter Vertrag **Europäische Union** (EU). Die bisherigen Gemeinschaften bestehen weiter – unter dem gemeinsamen Dach der EU.

Neben der EEA und dem Maastrichter Vertrag stellte der **Amsterdamer Vertrag,** der ein Folgevertrag von Maastricht war, das dritte große Re-

formpaket zur Entwicklung der europäischen Gemeinschaft dar. Dieser Vertrag hatte drei Hauptziele:
- die Schaffung einer größeren Bürgernähe,
- eine höhere Wirksamkeit durch institutionelle Reformen,
- die Vorbereitung der Aufnahme weiterer Mitglieder.

Auf dem Europäischen Rat von **Nizza** (2000) wurden weitere Schritte festgelegt.
Dazu gehörten die Annahme einer „Charta der Grundrechte", Entscheidungen über die europäische Sicherheits- und Verteidigungspolitik sowie die Initiative zu einer europäischen Sozialcharta.

6.1.3 Osterweiterung der Europäischen Union

Das Ende des Ost-West-Konflikts hatte die Neuordnung des Kontinents zur Folge. Sie führte zur größten Erweiterungswelle der EU, zur **Osterweiterung**.

Mit dem Begriff der Osterweiterung wird etwas verkürzt die Aufnahme von mittel-, ost- und südosteuropäischen Staaten bezeichnet.

Seit 2004 hat die EU zwölf weitere Staaten aufgenommen. In der ersten Phase (Beitritt am 1. Mai 2004) traten Malta, Zypern (griechischer Teil), Ungarn, Polen, Slowakei, Tschechien, Slowenien, Litauen, Lettland und Estland bei. Die Europäische Union der 25 hatte nur für knapp zwei Jahre Bestand. Am 1. Januar 2007 wurden auch Bulgarien und Rumänien Vollmitglied. Damit hat die EU mit 27 Staaten ihre vorläufige territoriale Größe gefunden, wenngleich der Prozess der Erweiterung noch nicht abgeschlossen ist.

Mazedonien hat seit 2005 den offiziellen Status als Beitrittskandidat. Mit der Türkei und Kroatien wird seit 2005 über einen Beitritt verhandelt. Serbien, Albanien, Montenegro, Bosnien und Herzegowina gelten langfristig als potenzielle Beitrittskandidaten. Deshalb wird mit diesen Staaten auf der Basis eines Stabilisierungs- und Assoziierungsabkommens eine politische und wirtschaftliche Zusammenarbeit angestrebt.

Die Staats- und Regierungschefs der EU-Mitgliedsstaaten hatten bereits 1993 in Kopenhagen ihre Bereitschaft zur Aufnahme mittel- und osteuropäischer Länder bekundet. Dem war der Abschluss von Assoziierungsabkommen – sogenannten Europa-Abkommen – vorausgegangen. Die ersten waren bereits 1991 geschlossen worden. Es wurden bestimmte Voraussetzungen bzw. Kriterien für eine Mitgliedschaft festgelegt („Kopenhagener Kriterien" ↗ S. 350).

Das Beitrittsverfahren für die Mitgliedschaft ist ein langfristiger und langwieriger Prozess. Die **Europaabkommen** bilden einen geeigneten Rahmen für die Integration der Kandidatenländer in die Europäische Union.

Die Vorbereitung der neuen Mitglieder auf ihren Beitritt erfolgte auf der Grundlage einer **Heranführungsstrategie,** die der Europäische Rat Ende 1994 entwickelt und drei Jahre später überarbeitet hatte.

Bild:
Treffen der Staatschefs von Deutschland, Österreich, Slowenien, Italien, Tschechien, Slowakei und Ungarn im Mai 1995, um über den Beitritt zur EU zu beraten.

Hilfsprogramme und Beitrittspartnerschaften wurden realisiert, kurz- und mittelfristige Ziele der Anpassung mit den einzelnen Ländern vereinbart. Auf dem Berliner Gipfel der EU-Staats- und Regierungschefs (1999) wurde ein Reformpaket zur Finanzierung der Osterweiterung beschlossen. In Nizza (2000) nahm der Europäische Rat die Wegskizze der Europäischen Kommission an, die den Prozess der Vorbereitung der neuen EU-Staaten leitete. 2001 bestätigte der Europäische Rat, dass der Erweiterungsprozess der EU unumkehrbar ist und die Beitrittsverhandlungen 2002 abgeschlossen werden. 2003 fanden in den zehn angehenden EU-Mitgliedsländern Referenden über ihren Beitritt statt.

Für den EU-Beitritt stimmten z. B. 53,5 Prozent der stimmberechtigten Bevölkerung in Malta, fast 90 Prozent in Slowenien und 85 Prozent in Ungarn.

Seit 1997 wurden regelmäßige Einschätzungen und jährliche Fortschrittsberichte über die Erfüllung der Beitrittsvoraussetzungen ausgewertet.

Die Osterweiterung hat eine große Bedeutung für den europäischen Integrationsprozess. Zugleich wirft sie eine Reihe von Problemen auf.

Pro ——— Osterweiterung ——— Kontra	
• Wirtschaftswachstum und bessere Wettbewerbsfähigkeit der EU auf dem internationalen Markt können auf längere Sicht erreicht werden, • das Wohlstandsgefälle zwischen Deutschland und den östlichen Nachbarstaaten kann abgebaut werden, • die EU-Sicherheits- und Umweltstandards werden in mehr Ländern eingeführt – damit kann das Fundament für Stabilität und Sicherheit in Europa sowie für Fortschritte auf dem Gebiet des Umweltschutzes befestigt werden, • die politische Kultur der EU erfährt eine Bereicherung	• da die neuen MOE-Staaten wirtschaftlich weit unter dem EU-Durchschnitt liegen, werden die Unterschiede innerhalb der EU erheblich größer, • durch Neuaufteilung der Finanzmittel werden Einbußen bei der Regionalförderung zuungunsten bisheriger EU-Staaten befürchtet, • verschärfte Konkurrenz um Arbeitsplätze und Industriestandorte, • der Negativtrend des Bevölkerungswachstums vertieft sich (acht Beitrittsländer liegen unter dem EU-Durchschnitt), • Minderheitenkonflikte auf EU-Gebiet oder mit angrenzenden Staaten können auftreten

Mit der Aufnahme der zwölf neuen Staaten gehören 2006 etwa 492,9 Mio. Bürgerinnen und Bürger zur Europäischen Union.

Die Erweiterung der EU auf 27 Staaten ist mit weitreichenden institutionellen Reformen verbunden, deren Weichenstellungen im Entwurf für eine Verfassung und nachfolgend 2007 im Vertrag von Lissabon geschaffen wurden. Dies ist auch die Voraussetzung für die künftige territoriale Erweiterung der EU.

6.2 Politisches System der Europäischen Union

Die Ausgestaltung der EU zu einem supranationalen Staatenverbund ist mit einem Abtreten von nationalstaatlichen Hoheitsrechten auf gemeinschaftliche Organe verbunden.

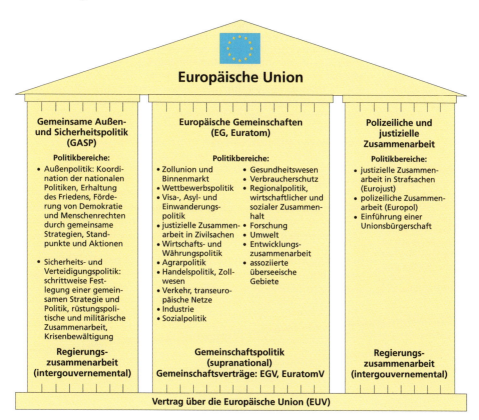

6.2.1 Entscheidungsverfahren und Verhandlungen

Die Organe bzw. Institutionen sind die tragenden Elemente der EU. Sie gewährleisten, dass auf unterschiedlichen Ebenen und mithilfe verschiedener Verfahren gemeinsame und verbindliche Entscheidungen herbeigeführt werden.

> Grundprinzip der komplexen Entscheidungsverfahren ist eine abgestufte Machtteilung und die damit verbundene gegenseitige Kontrolle der Organe. Zwei Wege sind zu unterscheiden: Regierungszusammenarbeit und Gemeinschaftspolitik.

Europäische Integration

Die gemeinschaftlichen Regelungen der Europäischen Gemeinschaften haben einen Umfang von etwa 80 000 Blatt. Jährlich kommen 300 bis 400 unmittelbar geltende Verordnungen, 50 bis 100 Richtlinien, die in nationales Recht umgesetzt werden müssen, sowie 100 bis 200 Entscheidungen hinzu.

Die Europäischen Gemeinschaften bilden eine eigene Rechtsgemeinschaft aus. Ihre Organe setzen **unmittelbar geltendes Recht** für die Mitgliedsstaaten und deren Bürger (Sekundärrecht). Sekundärrecht und Primärrecht der Verträge stellen inzwischen ein dichtes Netz von gemeinschaftlichen Regeln dar.

Das **Gemeinschaftsrecht** wird als „gemeinschaftlicher Bestand" (frz. Acquis communautaire) bezeichnet. Die Europäische Kommission ist Motor der supranationalen Integration, da sie allein über das Initiativrecht für Gemeinschaftsrecht verfügt. In den beiden flankierenden Säulen gestaltet sich Politik nach den Regeln der **intergouvernementalen Zusammenarbeit.** Die Regierungen der Mitgliedsländer sind entscheidend, sie nutzen jedoch die Organe der mittleren Säule. Weder Kommission noch Europäisches Parlament sind unmittelbar an den Entscheidungen beteiligt, die in der Regel von den jeweils zuständigen Fachministern im Ministerrat einstimmig getroffen werden.

Verfahren der Mitentscheidung

Seit dem Vertrag von Amsterdam wird das Mitentscheidungsverfahren (auch Kodezision genannt) in immer mehr Politikbereichen angewendet. Mit dem Vertrag von Lissabon wird es zum ordentlichen Gesetzgebungsverfahren.

Zunehmend wird das Europäische Parlament an Rechtsetzung und Entscheidung beteiligt.

Seit dem Vertrag von Nizza gibt es etwa 40 Variationen, basierend auf der Kombination der Entscheidungsmodalitäten des Ministerrats und den Beratungsoptionen des Europäischen Parlaments.

Das Europäische Parlament verfügt grundlegend über drei Möglichkeiten, Einfluss auf Entscheidungsprozesse zu nehmen: durch Zustimmung, durch institutionelle Zusammenarbeit, durch Mitentscheidung.

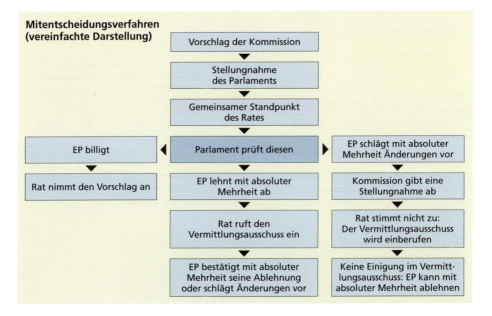

Subsidiaritätsprinzip

Um nicht unnötig Politikthemen auf die europäische Ebene zu heben, wird das **Subsidiaritätsprinzip** als grundlegendes Handlungsmuster der Europäischen Union angewendet. Es ist im EG-Vertrag unter Art. 5 festgeschrieben und somit in die Rechtsordnung der EU eingefügt. Wie das Subsidiaritätsprinzip zu gewährleisten ist, wurde in einem Anhang zum Vertrag von Amsterdam („Protokoll über die Anwendung der Subsidiarität und der Verhältnismäßigkeit") festgelegt.

Das **Subsidiaritätsprinzip** entstammt der christlichen Soziallehre.

Darf die Gemeinschaft tätig werden?	Wenn ja, soll sie tätig werden?	Wenn ja, in welchem Umfang und auf welche Weise?
Handeln der Gemeinschaft nur nach ausdrücklicher Erteilung der Befugnis	Gemeinschaft soll nur tätig werden, wenn ein Ziel auf europäischer Ebene besser als auf der Ebene der Mitgliedstaaten erreicht werden kann.	Mittel der Gemeinschaft müssen im Verhältnis zu den Zielen stehen.
Gemeinschaft ist an den Aufgabenkatalog und die Ziele des EG-Vertrags gebunden.	Beschränkung gilt nicht für Bereiche, die laut EG-Vertrag in die alleinige Zuständigkeit der Gemeinschaft fallen.	z. B. kein übertriebener Finanzaufwand, Beschränkung auf europäische Rahmenvorschriften und Mindestnormen

Das Subsidiaritätsprinzip besagt, dass politische Entscheidungen dort getroffen werden sollen, wo Problem- und Sachkenntnis besteht. Dies kann die nationalstaatliche Ebene sein, die Ebene der Länder, die der Regionen, der Städte oder der Gemeinden. Das Prinzip soll bürgerfernen Zentralismus vermeiden und ein bürgernahes Europa fördern. Auch Interessengruppen und Verbände, wie z. B. Gewerkschaften, beeinflussen durch eine aktive Lobbypolitik den Informations- und Meinungsbildungsprozess.

Auch wenn Entscheidungen auf die nationale oder subnationale Ebene verlagert werden, darf das Subsidiaritätsprinzip nicht den Zielen der europäischen Integration entgegenstehen.

Derzeit sind mehr als 1 000 Interessengruppen und Verbände tätig, um eine gezielte Lobbyarbeit zu betreiben. Daran beteiligen sich seit der Ost-Erweiterung zunehmend auch kleinere Verbände.

Der **Einbeziehung von Verbänden** und Interessengruppen in die Entscheidungsprozesse werden befördert durch
- die Steuerung seitens der Europäischen Kommission und des Europäischen Parlaments auf der Grundlage von Kriterien für den Status von Interessengruppen und Verbänden als Euroverband,
- die Stärkung dualer Vertretungsstrukturen, was sich in multilateraler Interessenvermittlung und im Aufbau eigener Informationskanäle (z. B. Verbindungsbüros) bemerkbar macht,
- „partizipative Steuerung" in einzelnen Politikfeldern (z. B. Arbeits-, Verbraucher- und Umweltschutz) im Zuge der Ausgestaltung des Binnenmarktes,

– die Herausbildung eines Geflechts von Arbeitskontakten vor allem auf der Ebene institutionalisierter Sozialpartnerbeziehungen (europäische Arbeitgeberverbände und Gewerkschaften).

6.2.2 Wichtige Organe der EU und ihre Aufgaben

Zur Erreichung der Ziele der Europäischen Union wurde ein institutioneller Rahmen geschaffen, in dessen Zentrum sechs Organe stehen.

Organ/Sitz	Zusammensetzung	Funktion	Merkmal
Europäischer Rat (ER)	Staats- und Regierungschefs sowie der Kommissionspräsident unterstützt durch die Außenminister und ein Kommissionsmitglied	Abstimmung über die politische Entwicklung und die langfristigen Ziele der europäischen Integration: • Leitlinien- und Impulsfunktion	intergouvernemental
Rat der Europäischen Union (Ministerrat, Rat) Brüssel	Fachminister der Regierungen der Mitgliedsstaaten, z. B. Außenministerrat	Beschluss und Lenkung von Maßnahmen in Politikfeldern: • Entscheidungs- und Rechtsetzungsfunktion • Legislativfunktion	intergouvernemental
Europäische Kommission (EK) Brüssel Luxemburg (Zweitsitz)	27 Kommissare (davon 1 Präsident und mehrere Vizepräsidenten) zugleich Chefs der Verwaltung/Generaldirektionen	Umsetzung und Einhaltung der Gemeinschaftspolitik und des Gemeinschaftsrechts: • Exekutivfunktion • Legislativfunktion (Initiativmonopol) • Repräsentationsfunktion (in internationalen Organisationen)	supranational
Europäisches Parlament (EP) Straßburg Brüssel Luxemburg	785 Abgeordnete (Mandate verteilt nach einem länderspezifischen Schlüssel)	Kontrolle der Kommission und Mitentscheidung, u. a. beim Haushalt: • Kontrollfunktion • Beratungsfunktion	supranational
Europäischer Gerichtshof (EuGH) Luxemburg	27 Richter (1 Richter pro Mitgliedsstaat) und 8 Generalstaatsanwälte	Auslegung und Überwachung der Einhaltung des Gemeinschaftsrechts: • Kontrollfunktion • Rechtssprechungsfunktion	supranational

Das Gefüge aus Organen und Institutionen wird als **verflochtenes Mehrebenensystem** bezeichnet, weil Akteure verschiedener Ebenen (supranational, staatlich, nicht staatlich, regional) netzwerkartig die EU-Politik gestalten. Zudem gibt es ausgeprägte Verhandlungsstrukturen, die über die Institutionen bei verschiedenen Politikfeldern auf jeweils spezifische Weise miteinander verflochten sind.

Grundlegend geht es darum, die Interessen der Nationalstaaten und die europäischen Interessen in Übereinstimmung zu bringen.

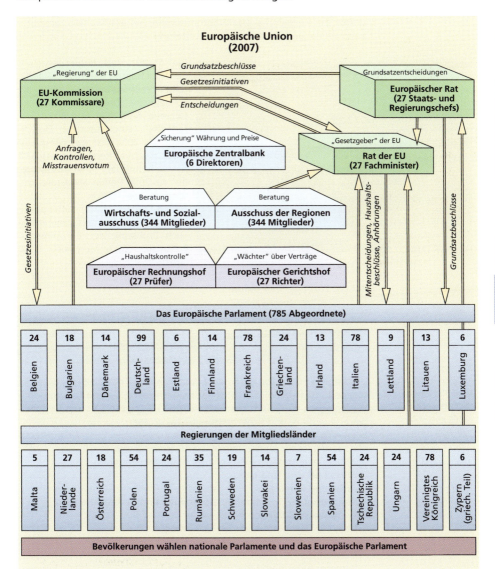

Europäischer Rat

> Der **Europäische Rat** (ER) der Staats- und Regierungschefs legt die grundlegenden politischen Ziele fest. Er ist kein Organ der Europäischen Union, sondern im EU-Vertrag verankert. Er wird auf der Grundlage des Vertrags von Lissabon ein vollwertiges Organ.

Grundsatzentscheidungen traf der ER z. B. zum Europäischen Währungssystem, zur Wirtschafts- und Währungsunion, zu Direktwahlen zum Europäischen Parlament und zur Osterweiterung.

Die Staats- und Regierungschefs der EG kommen seit 1969 zu generellen Verständigungen über die europäische Zusammenarbeit zusammen. Seit 1974 sind diese Gipfeltreffen eine ständige Einrichtung. Bis 2004 war das Mitgliedsland, das die Ratspräsidentschaft für ein halbes Jahr innehat, Gastgeber. Ab 2004 finden alle Gipfeltreffen in Brüssel statt.

Neben innen- und außenpolitischen Themen werden zunehmend auch Probleme der Europäischen Politischen Zusammenarbeit (EPZ) erörtert.

Rat der Europäischen Union

> Der **Rat der Europäischen Union** (Rat, Ministerrat) ist im Rahmen der Verträge und der Grundsatzentscheidungen des Europäischen Rats das zentrale Beschluss- und Lenkungsorgan der EU.

Parallel zum Europäischen Rat wechselt die Ratspräsidentschaft alle sechs Monate.

Der Ministerrat ist das eigentliche Machtzentrum des EU-Systems. Er ist verantwortlich für die zu erlassenden Rechtsakte. Gemeinsam mit dem Europäischen Parlament beschließt er den EU-Haushalt. Ferner entscheidet er in außen- und sicherheitspolitischen Fragen.
In jährlich etwa 70 bis 80 Treffen in unterschiedlichen Zusammensetzungen werden Maßnahmen beschlossen – für die Ressorts
– Allgemeine Angelegenheiten und Außenbeziehungen,
– Wirtschaft und Finanzen,
– Justiz und Inneres,
– Beschäftigung, Sozialpolitik, Gesundheit und Verbraucher,
– Wettbewerbsfähigkeit,
– Verkehr, Telekommunikation und Energie,
– Landwirtschaft und Fischerei,
– Umwelt,
– Bildung, Jugend und Kultur.

Es ist festgelegt, dass politisch brisante Entscheidungen einstimmig gefällt werden müssen. Dies gilt z. B. für Fragen der Asylpolitik. Bei anderen Abstimmungen genügt eine einfache Mehrheit. Die meisten Beschlüsse erfordern eine qualifizierte Mehrheit, jedoch werden Konsenslösungen angestrebt.

Eine wichtige Rolle spielt der **Ausschuss der Ständigen Vertreter der Mitgliedsstaaten** (AStV), der sich aus Vertretern im Botschafterrang zusammensetzt. Er ist dem Ministerrat untergeordnet und vor allem für die Vorbereitung der Ratstagungen zuständig. Das Generalsekretariat in Brüssel unterstützt den AStV und gewährleistet den reibungslosen Ablauf der Sitzungen. Die Kontinuität der Arbeit wird durch das Zusammenwirken von Ratspräsident, Generalsekretär und einem Mitglied der Europäischen Kommission gesichert.

Der Generalsekretär ist zugleich Hoher Vertreter für die Gemeinsame Außen- und Sicherheitspolitik (GASP).
Dies ist bis 2009 der Spanier JAVIER SOLANA (geb. 1942).

Europäische Kommission

> Die **Europäische Kommission** (EK, auch Kommission der Europäischen Gemeinschaften) ist das supranationale Exekutivorgan der Europäischen Union.

Die Kommission ist mit weit reichenden Befugnissen ausgestattet. Sie ist der auf Integration abzielenden Gemeinschaftspolitik besonders verpflichtet und kontrolliert die Einhaltung der Verträge.
Die **Aufgaben** der Europäischen Kommission konzentrieren sich auf vier Bereiche:
– Sie erarbeitet die Rechtsvorschriften, über die das Europäische Parlament und der Europäische Rat entscheiden.
– Sie verwaltet die zahlreichen Programme und verhandelt über internationale Handelsabkommen.
– Sie sorgt dafür, dass das Gemeinschaftsrecht eingehalten wird und kann im Falle von Verstößen den Europäischen Gerichtshof anrufen.
– Sie verwaltet den Haushalt der EU, über den sie allerdings nicht frei verfügen kann. Sie ist dem Europäischen Parlament und dem Ministerrat gegenüber zur Rechenschaft verpflichtet, da die drei Institutionen gemeinsam die haushaltspolitischen Grundsatzentscheidungen treffen. Intern erfolgt die Kontrolle der Finanzen durch den Auditdienst, extern durch den Rechnungshof.

Die Kommission ist dem Europäischen Parlament und den nationalen Regierungen im Ministerrat gegenüber rechenschaftspflichtig.
Als **unabhängiges Kollegialorgan** trifft die Europäische Kommission Entscheidungen in der Gruppe. Die Kommissare sind einzig dem Wohl der Europäischen Union verpflichtet. Jedes Mitglied hat eine Stimme.
Die vielfältigen Aufgaben der Europäischen Kommission werden von etwa 26 000 Mitarbeitern (davon 2 000 in Luxemburg) wahrgenommen.

Die Kommission hat den Hauptsitz in Brüssel und einen Zweitsitz in Luxemburg. Sie besteht seit der Osterweiterung aus 27 Mitgliedern, die für eine Amtszeit von fünf Jahren von den Regierungen der Mitgliedsstaaten ernannt werden. Der **Präsident** wird vom Europäischen Rat vorgeschlagen, das Europäische Parlament muss zustimmen.
Die Kommission ist ernannt, wenn das EP das gesamte Kollegium bestätigt hat.
Der Präsident ist seit 2004 JOSÉ MANUEL BARROSO (geb.1956).

Die EK tagt wöchentlich, um sich über die Richtlinien der EU-Politik zu verständigen und Beschlüsse zu fassen.

Vertretungen in den EU-Ländern gewährleisten den Informationsaustausch mit der Zentrale in Brüssel und übernehmen administrative, beratende sowie repräsentative Aufgaben vor Ort. Darüber hinaus unterhält die Kommission ein weltweites Netz von über 100 Delegationen, um vor Ort Handels- und Entwicklungspolitik zu betreiben oder humanitäre Hilfe zu leisten.

Die Europäische Union verfügt über einen eigenen **Haushalt,** der bei der Europäischen Kommission angesiedelt ist. Hier werden Höhe und Zusammensetzung der Einnahmen und Ausgaben festgelegt.

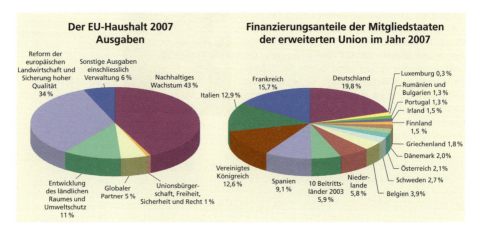

Europäisches Parlament

> Das **Europäische Parlament** (EP) ist das seit 1979 von den Bürgern der EU-Mitgliedstaaten nach nationalem Wahlrecht gewählte Vertretungsorgan. Es hat vertragsgemäß beschränkte Aufgaben.

Zwischen 1951 und 1962 wurde das EP als Gemeinsame Versammlung bezeichnet und im Zuge der Gründung der EWG und der EURATOM von 78 auf 142 Mitglieder erweitert. Bis zur ersten Direktwahl 1979 wurden die Abgeordneten von den nationalen Parlamenten entsandt. Der Name Europäisches Parlament wurde erstmals 1986 in der Einheitlichen Europäischen Akte genannt.

Das EP ist das einzige direkt gewählte und somit unmittelbar legitimierte Organ innerhalb des Staatenverbunds.

Jahr	Mitgliedstaaten	Abgeordnete	Wahlbeteiligung in %
1951	6	78	
1958	6	142	
1973	9	198	
1979	9	410	62,4
1984	10	434	59,1
1989	12	518	58,4

1994	12	567	56,5
1999	15	626	49,8
2004	25	732	45,7

Das Europäische Parlament hat vielfältige **Beratungs- und Kontrollbefugnisse,** die im Laufe der Jahre ausgeweitet wurden. Seine wichtigste Aufgabe ist die Mitwirkung an der Festsetzung des Haushalts. Das EP nimmt das Kontrollrecht über die Europäische Kommission wahr, indem es die Umsetzung des Haushaltsplans prüft. Es hat Zustimmungsrecht bei der Einsetzung neuer Kommissionen und kann Untersuchungsausschüsse berufen. Seine Rolle in Mitentscheidungsverfahren ist gewachsen.

Das EP kann keine eigenen Gesetzentwürfe einbringen, sondern lediglich die Europäische Kommission dazu auffordern.

Die **Abgeordneten** werden direkt gewählt und schließen sich zu übernationalen Fraktionen zusammen, die sich an gemeinsamen politischen Werten orientieren. Diese Zusammenschlüsse werden auch als **Europäische Parteien** bezeichnet. **Wahlen zum EP** finden alle fünf Jahre statt, allerdings bisher nicht als allgemeine EU-Wahlen. Die Abgeordneten des Europäischen Parlaments werden in den einzelnen Mitgliedsstaaten nach einem festgelegten Mandatsschlüssel im Rahmen des jeweiligen nationalen Parteienspektrums und Wahlsystems gewählt.

Die unterschiedlichen Wahlsysteme in den Mitgliedsstaaten führten zu einem Ungleichgewicht bei den entsendeten Abgeordneten. So wurde bis 1999 z. B. in Großbritannien nach dem dort üblichen Mehrheitswahlrecht gewählt, während in Deutschland z. B. das Verhältniswahlrecht und die 5%-Klausel gelten.

Die Zahl der Mandate richtet sich nicht proportional an der Bevölkerungszahl aus. Deshalb sind kleinere Staaten stärker im EP vertreten. 2004 stellte Deutschland mit 99 Mandaten die meisten Abgeordneten, Luxemburg mit 6 die wenigsten. Ein EU-Abgeordneter aus Deutschland repräsentiert damit rund 834 000 Bürger, ein luxemburgischer Abgeordneter hingegen etwa 83 000.

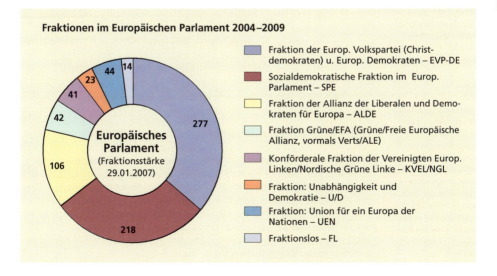

Fraktionen im Europäischen Parlament 2004–2009

Das Europäische Parlament arbeitet an drei Orten.

In **Straßburg** (Bild) werden die monatlich stattfindenden Plenartagungen – einschließlich der Haushaltsberatungen – abgehalten. Weitere Plenarsitzungen (in der Regel Sondersitzungen) finden in Brüssel statt. Dort tagen auch die parlamentarischen Ausschüsse. In Luxemburg befindet sich das Generalsekretariat, das für die Parlamentsverwaltung zuständig ist und die Arbeit des EP organisiert und koordiniert.

Die **Hauptarbeit des EP** wird von den 20 ständigen Ausschüssen geleistet. Hier werden von den zuständigen Kommissionsmitgliedern die Beschlüsse und die Vorlagen an den Ministerrat erläutert. Die Sitzungen sind in der Regel nicht öffentlich. Es erfolgen regelmäßig Anhörungen von unabhängigen Sachverständigen und Verbandsvertretern. Wenn ein Gesetzesvorschlag sämtliche Instanzen des Mitentscheidungsverfahrens durchlaufen und sich ein Kompromiss herausgebildet hat, dem alle an diesem Prozess beteiligten Organe zustimmen können, kommt es zur Abstimmung im EP. In der Regel ist die absolute Mehrheit nötig.

> Die Diäten der Abgeordneten orientieren sich bis 2009 an den Bezügen für die nationalen Parlamente. Da teilweise große Unterschiede bestehen, tritt dann eine einheitliche Regelung in Kraft.

> Jeder Abgeordnete des EP ist ständiges Mitglied mindestens eines Ausschusses, ausnahmsweise auch von zweien, sowie stellvertretendes Mitglied in einem oder zwei Ausschüssen. Formell werden die Ausschussmitglieder vom Plenum auf zweieinhalb Jahre gewählt.

Zu den seit 2004 tätigen **20 ständigen Ausschüssen** gehören:
– Ausschuss für auswärtige Angelegenheiten, Menschenrechte, gemeinsame Sicherheit und Verteidigungspolitik,
– Haushaltsausschuss,
– Ausschuss für Haushaltskontrolle,
– Ausschuss für die Freiheiten und Rechte der Bürger, Justiz und innere Angelegenheiten,
– Ausschuss für Wirtschaft und Währung,
– Ausschuss für Recht und Binnenmarkt,
– Ausschuss für Industrie, Außenhandel, Forschung und Energie,
– Ausschuss für Beschäftigung und soziale Angelegenheiten,
– Ausschuss für Umweltfragen, Volksgesundheit und Verbraucherpolitik,
– Ausschuss für Kultur, Jugend, Bildung, Medien und Sport,
– Petitionsausschuss.

Außerdem besteht seit 2001 der nicht ständige Ausschuss für Humangenetik.

Europäischer Bürgerbeauftragter

Im EP ist ein Europäischer Bürgerbeauftragter – der **Ombudsman** – tätig. Er ist Ansprechpartner für Rechtsauskünfte von Bürgern und hilft bei der Beschleunigung administrativer Verfahren. Er nimmt Beschwerden über die Arbeit der Organe und Missstände der Verwaltung entgegen. Der Bürgerbeauftragte wird für eine Wahlperiode ernannt. 1995 wurde als erster Ombudsman der Finne JAKOB MAGNUS SÖDERMANN gewählt. Seit 2003 nimmt der Grieche NIKIFOROS DIAMANDOUROS das Amt des Bürgerbeauftragten der Europäischen Union wahr.

> 2006 bearbeitete der Ombudsman insgesamt 4 422 Bürgeranliegen, darunter 3 830 eingegangene Beschwerden. Zumeist wird Klage über Missstände in der Verwaltungspraxis von EU-Institutionen – mit Ausnahme des EU-Gerichtshofs – geführt.

Politisches System der Europäischen Union 369

Weitere Organe der EU

Im Laufe der Entwicklung der EU sind vielfältige Organe, Institutionen und Einrichtungen mit jeweils spezifischen Aufgabenfeldern oder Funktionsbereichen entstanden. Zu ihnen gehören als besonders wichtige Organe der Europäische Gerichtshof, der Europäische Rechnungshof, die Europäische Zentralbank und die Europäische Investitionsbank.

> Der **Europäische Gerichtshof** (EuGH) ist das oberste Rechtsprechungsorgan der EU.

Seine Aufgabe besteht darin, die Wahrung des EU-Rechts bei der Auslegung und Anwendung der Gründungsverträge der Europäischen Gemeinschaften sowie der von den Organen der Europäischen Union erlassenen Rechtsvorschriften zu sichern.

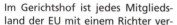

Im Gerichtshof ist jedes Mitgliedsland der EU mit einem Richter vertreten. Acht Generalstaatsanwälte unterstützen die Arbeit des Gerichts bei der Rechtsfindung. Alle Personen müssen die Gewähr für die Unabhängigkeit des EuGH bieten und in ihren Staaten die Voraussetzungen für die höchsten Richterämter erfüllen.

Der EuGH nimmt **Funktionen** wahr, die in den Mitgliedsstaaten auf verschiedene Gerichtszweige verteilt sind:
- als Verfassungsgericht entscheidet er bei Streitigkeiten zwischen den EU-Organen und bei der Kontrolle der Rechtmäßigkeit der Gesetzgebung der EU;
- als Verwaltungsgericht überprüft er, ob die Verwaltungsvorschriften und das Verwaltungshandeln der EU-Kommission und der Behörden der Mitgliedsstaaten mit dem EU-Recht vereinbar sind;
- als Arbeits- und Sozialgericht entscheidet er bei Fragen, die die Freizügigkeit, die soziale Sicherheit der Arbeitnehmer und die Gleichbehandlung von Mann und Frau im Arbeitsleben betreffen;
- als Strafgericht überprüft er die Bußgeldentscheidungen der EU-Kommission;
- als Zivilgericht urteilt er bei Schadenersatzklagen und bei der Auslegung der Brüsseler Konvention über die Anerkennung und die Vollstreckung gerichtlicher Entscheidungen in Zivil- und Handelssachen.

Der Europäische Gerichtshof wurde bereits 1958 als Gericht der drei Europäischen Gemeinschaften (EGKS, EWG, EAG) eingerichtet. Sein Sitz ist in Luxemburg (↗ Bild). Er ist nicht mit dem Europäischen Gerichtshof für Menschenrechte zu verwechseln.

Die Richter und Generalanwälte sind für sechs Jahre im Amt, alle drei Jahre findet jedoch eine teilweise Neubesetzung statt. Über diese bestimmen die Regierungen der Mitgliedsstaaten im gegenseitigen Einvernehmen.

> Der **Europäische Rechnungshof** (EuRH) ist ein externes Kontrollorgan und zuständig für die Prüfung der Finanzen der Europäischen Gemeinschaften.

Der Europäische Rechnungshof hat seine Arbeit 1977 aufgenommen. Sein Sitz ist in Luxemburg.

Der Europäische Rechnungshof prüft die Recht- und Ordnungsmäßigkeit aller Einnahmen und Ausgaben der EU-Organe. Diese Organe wie auch nationale Einrichtungen müssen alle Unterlagen offenlegen, die der Europäische Rechnungshof für seine Prüfungen braucht. Werden ihm notwendige Dokumente verweigert, kann er ein Verfahren vor dem Europäischen Gerichtshof einleiten.

Jedes Land der Gemeinschaft entsendet einen Vertreter für sechs Jahre in den Rechnungshof. Die Mitglieder üben ihre Tätigkeit in voller Unabhängigkeit aus.

Der Rechnungshof prüft, ob die Europäische Union ihre Gelder nach den Regeln der Wirtschaftlichkeit für die vorgesehenen Zwecke verwendet. Das gilt auch für Mittel aus EU-Programmen, die als Fördermaßnahmen in Ländern außerhalb der Gemeinschaft eingesetzt sind. Nach Abschluss eines Haushaltsjahres veröffentlicht der Rechnungshof seinen Prüfungsbericht. Die Ergebnisse werden dem EU-Ministerrat und dem Europäischen Parlament vorgelegt.

Die Europäische Zentralbank hat ihren Sitz in Frankfurt am Main.

Die **Europäische Zentralbank** (EZB) bildet mit den nationalen Zentralbanken der EU-Mitgliedsstaaten das Europäische System der Zentralbanken (ESZB). Es ist auf die Gewährleistung der Preisniveaustabilität gerichtet.

Bild: Eröffnung der EZB im Juni 1998 durch den EZB-Präsidenten WILLEM FREDERIK DUISENBERG und die Frankfurter Oberbürgermeisterin PETRA ROTH.

Die im EZB-Rat vertretenen Präsidenten werden für mindestens fünf Jahre berufen.

Der EZB-Rat gestaltet die Geldpolitik im Währungsgebiet.
Dazu gehört die Festlegung der Geldmenge, die Festsetzung der Leitzinsen und die Bereitstellung von Geld der Zentralbank.
Die EZB zeichnet sich durch eine **dreifache Unabhängigkeit** aus:
– Sie ist institutionell unabhängig (Weisungen von EU-Organen oder Regierungen dürfen weder entgegengenommen noch eingeholt werden).
– Sie ist personell unabhängig (das Direktorium wird einmalig für acht Jahre von Staats- und Regierungschefs ernannt).
– Sie ist operativ unabhängig (die EZB bestimmt über die geldpolitischen Instrumente).

Die EIB wurde 1958 auf der Grundlage des Vertrags von Rom errichtet. Ihr Sitz ist in Luxemburg.

Die **Europäische Investitionsbank** (EIB) ist die Finanzierungsinstitution der Europäischen Union. Ihre Aufgabe besteht in der Finanzierung öffentlicher oder privater Investitionen, mit denen Ziele des europäischen Aufbauwerks verwirklicht werden.

Die Europäische Investitionsbank gewährt Darlehen und Bürgschaften in allen Wirtschaftszweigen (vor allem zur Förderung wenig entwickelter Regionen), unterstützt Unternehmen bei der Modernisierung, Umstel-

Politisches System der Europäischen Union

lung oder Schaffung neuer Arbeitsplätze, initiiert und fördert Vorhaben, die für mehrere Mitgliedsstaaten von Interesse sind.

Anteilseigner der EIB sind die Mitgliedsstaaten der Europäischen Union. Die EIB besteht aus einem Gouverneursrat der EU-Finanzminister, der allgemeine Richtlinien der Kreditpolitik erlässt, sowie einem Verwaltungsrat, der die Einhaltung der Vertragsgrundsätze gewährleistet und über die Vergabe von Darlehen und Bürgschaften entscheidet. Ein Direktorium und ein Prüfungsausschuss ergänzen die Organisationsstruktur. Die Bedeutung der EIB ist zunehmend gewachsen.

 Nach dem Umbruch in Mittel- und Osteuropa förderte die EIB z. B. die Wirtschaftsentwicklung in Ungarn, Polen und den neuen deutschen Bundesländern durch Darlehen. Im Jahr 2003 vergab sie Darlehen von rund 47 Mrd. Euro, wobei auf die avisierten Beitrittsländer im Zuge der Osterweiterung 3,6 Mrd. Euro entfielen.

Weitere Einrichtungen der EU (Auswahl)

Name	Abkürzung	Sitz	Gründung
Ausschuss der Regionen	AdR	Brüssel	1993
Wirtschafts- und Sozialausschuss	WSA	Brüssel	1958
Europäisches Jugendforum		Brüssel	1978
Europ. Stiftung für Berufsbildung (European Training Foundation)	EIF	Turin (Italien)	1994
Zentrum für die Förderung der Berufsbildung	CEDEFOP	Saloniki (Griechenland)	1975
Europäische Drogenberatungsstelle (European Monitoring Centre for Drugs and Drug Addiction)	EMCDDA	Lissabon (Portugal)	1995
Agentur für Gesundheitsschutz und Sicherheit am Arbeitsplatz (European Agency for Safety and Health at Work)	EU-OSHA	Bilbao (Spanien)	1994
Europäisches Polizeiamt	Europol	Den Haag (Niederlande)	1995/1999
Europäische Umweltagentur (European Environment Agency)	EEA	Kopenhagen (Dänemark)	1999
Statistisches Amt der EU	Eurostat	Luxemburg	1958
Europäische Agentur für Wiederaufbau	EAR	Saloniki (Griechenland)	2000

6.3 Felder europäischer Politik

Im Laufe der über 60-jährigen Geschichte des europäischen Integrationsprozesses übertrugen die Mitgliedsstaaten immer mehr Aufgaben an die Europäische Gemeinschaft bzw. die Europäische Union. Viele Politikbereiche wurden vergemeinschaftet. In einigen Politikbereichen sind die Kompetenzen von EG/EU und den Mitgliedsstaaten voneinander abgegrenzt. Außerdem gibt es Politikbereiche, die in den Nationalstaaten verbleiben, aber auf EU-Ebene koordiniert werden. Dazu gehören z. B. die Asyl-, Einwanderungs- und Visapolitik oder die Bekämpfung des Drogenhandels. Aber auch in diesen Politikbereichen zeichnet sich eine zunehmende Vergemeinschaftung ab.

6.3.1 Europäische Gemeinschaften

Die Europäischen Gemeinschaften sind die **tragende Säule** der Europäischen Union. Sie beinhalten die Politikbereiche Zollpolitik und Binnenmarkt, die Wirtschafts- und Währungsunion, Regional- und Strukturpolitik, Agrarpolitik, Unionsbürgerschaft, Bildung und Kultur, Beschäftigung und Sozialpolitik, Entwicklungspolitik.

Zollunion und Binnenmarkt

Der Binnenmarkt ist ein Kernbestandteil der Europäischen Union. Er hat großen Einfluss auf weitere Politikbereiche der Union.

Europäische Gemeinschaften EG, EURATOM

Bereits im Gründungsvertrag der EWG 1957 steht der Gemeinsame Markt im Mittelpunkt.

> Der **Binnenmarkt** stellt den gemeinsamen Wirtschaftsraum der Europäischen Gemeinschaft dar. Ohne Binnengrenzen und mit gemeinsamer Außengrenze (Zollunion) gewährleistet er den freien Personen-, Waren-, Dienstleistungs- und Kapitalverkehr.

Die „vier Freiheiten" des EG-Binnenmarktes

Freier Personenverkehr
- Wegfall von Grenzkontrollen
- Harmonisierung der Einreise-, Asyl-, Waffen-, Drogengesetze
- Niederlassungs- und Beschäftigungsfreiheit für EU-Bürger
- verstärkte Außenkontrollen

Freier Dienstleistungsverkehr
- Liberalisierung der Finanzdienste
- Harmonisierung der Banken- und Versicherungsaufsicht
- Öffnung der Transport- und Telekommunikationsmärkte

Freier Warenverkehr
- Wegfall von Grenzkontrollen
- Harmonisierung oder gegenseitige Anerkennung von Normen und Vorschriften
- Steuerharmonisierung

Freier Kapitalverkehr
- Größere Freizügigkeit für Geld- und Kapitalbewegungen
- Schritte zu einem gemeinsamen Markt für Finanzdienstleistungen
- Liberalisierung des Wertpapierverkehrs

Durch Austausch und Mobilität trägt der Binnenmarkt wesentlich zum Wohlstand in der EU bei, indem er den innergemeinschaftlichen Handel fördert, die Produktivität erhöht und Kosten senkt. Dies wird z. B. durch verstärkten Wettbewerb und Abschaffung der Zollformalitäten erreicht. Der Binnenmarkt stärkt die Konkurrenzfähigkeit der Europäischen Union auf dem Weltmarkt gegenüber den USA, Japan und China.

Die Vollendung des Binnenmarkts ist eng mit der gemeinsamen Handels-, Wettbewerbs- sowie Verkehrspolitik und dem Aufbau der transeuropäischen Netze verzahnt.

Bisher konnten die Potenziale des Binnenmarktes nicht voll ausgeschöpft werden, da er auch nach seiner förmlichen Vollendung 1992 noch nicht vollständig verwirklicht wurde. Zum einen wurden noch nicht alle Binnenmarktvorschriften durch die Mitgliedsstaaten in nationales Recht umgesetzt, zum anderen erweist sich die Realisierung des Binnenmarktes als ein dynamischer Prozess mit ständig neuen Herausforderungen. Hinzu kommt, dass die Binnenwanderung nach wie vor gering ist.

Auf dem Gipfel in Lissabon 2000 wurde das Ziel gesetzt, dass bis 2010 die Mitgliedsstaaten „die Union zum wettbewerbsfähigsten und dynamischsten wissensbasierten Wirtschaftsraum machen, der fähig ist, ein dauerhaftes Wirtschaftswachstum mit mehr und besseren Arbeitsplätzen und einem größeren sozialen Zusammenhalt zu erzielen".

Wirtschafts- und Währungsunion

Ein einheitlicher Wirtschaftsraum bedingt auch eine einheitliche Währung. **Währungsunion** bedeutet, dass die unterschiedlichen Währungen von Staaten zu einem einheitlichen Währungsraum zusammengeschlossen werden.

Eine Währungsunion unterscheidet sich von einer Währungsreform dadurch, dass der Wert des Geldes voll erhalten bleibt. Die Währungen werden nach einem bestimmten Austauschverhältnis in die neue Währung umgerechnet.

Eine Währungsunion ist die Voraussetzung dafür, dass Schwankungen der Wechselkurse, die ein Handelshemmnis darstellen, vermieden und Kosten bei grenzüberschreitenden Geschäften gesenkt werden. Der Wettbewerb zwischen den einzelnen Ländern wird gefördert, für die EU-Bürger können Reiseerleichterungen geschaffen werden. Die Währungsunion ist deshalb eine wichtige Ergänzung des Binnenmarkts. Zudem kann sich die EU mit einer einheitlichen, stabilen Währung auf dem Weltmarkt besser behaupten. Die Währungsunion ist ein Symbol für ein gemeinsames Europa.
Für die Verwirklichung einer **Europäischen Wirtschafts- und Währungsunion** (EWWU) schufen die Mitglieder der Gemeinschaft in der Einheitlichen Europäischen Akte die rechtlichen Grundlagen. Im Maastrichter Vertrag 1992 wurden die weiteren Schritte verankert. Darin eingeschlossen war die Festlegung von Konvergenzkriterien für die Aufnahme in die WWU. Die Kriterien sollen gewährleisten, dass der EURO eine stabile Währung wird. Der „Stabilitäts- und Wachstumspakt", der 1997 konkretisiert wurde, legt folgende **Teilnahmekriterien** fest:
– die Mitglieder verpflichten sich zu solider Haushaltspolitik, wobei ein ausgeglichener Haushalt als mittelfristiges Ziel angestrebt werden soll,
– die EURO-Länder legen mittelfristige Stabilitätsprogramme vor, die übrigen Mitglieder verpflichten sich zur Ausarbeitung von Konvergenzprogrammen,

- Kommission und Ministerrat überwachen die Haushaltsdisziplin,
- ein „Frühwarnsystem" soll einem Haushaltsdefizit (größer als 3% des BIP) und damit übermäßiger Neuverschuldung entgegenwirken – als Verschuldungsgrenze gelten 60% des BIP,
- der Ministerrat gibt Empfehlungen zum Defizitabbau,
- bei Nichtbeachtung der Empfehlungen können Sanktionen (z. B. Geldbuße) auferlegt werden.

Seit dem 1. Januar 2002 gilt der EURO als offizielles Zahlungsmittel in der EURO-Zone. Zu ihr gehören Belgien, Deutschland, Finnland, Frankreich, Griechenland, Irland, Italien, Luxemburg, die Niederlande, Österreich, Portugal, Spanien und Slowenien.
Am 14. 08. 2003 lehnten die Schweden in einem Referendum die Einführung des EURO ab. Seit dem 1. Januar 2008 gehören auch Malta und Zypern zur Eurozone.

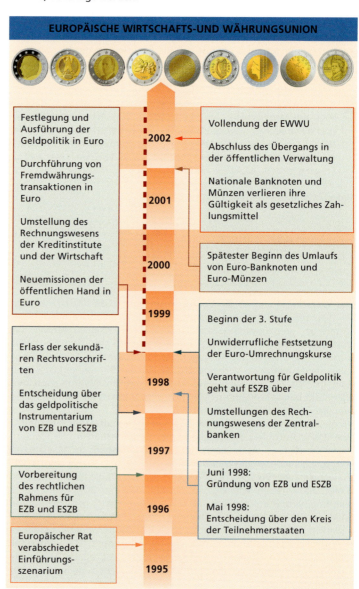

EUROPÄISCHE WIRTSCHAFTS-UND WÄHRUNGSUNION

Jahr	Maßnahme (links)	Maßnahme (rechts)
2002	Festlegung und Ausführung der Geldpolitik in Euro	Vollendung der EWWU / Abschluss des Übergangs in der öffentlichen Verwaltung
2001	Durchführung von Fremdwährungstransaktionen in Euro	Nationale Banknoten und Münzen verlieren ihre Gültigkeit als gesetzliches Zahlungsmittel
2000	Umstellung des Rechnungswesens der Kreditinstitute und der Wirtschaft	Spätester Beginn des Umlaufs von Euro-Banknoten und Euro-Münzen
1999	Neuemissionen der öffentlichen Hand in Euro	Beginn der 3. Stufe / Unwiderrufliche Festsetzung der Euro-Umrechnungskurse
1998	Erlass der sekundären Rechtsvorschriften / Entscheidung über das geldpolitische Instrumentarium von EZB und ESZB	Verantwortung für Geldpolitik geht auf ESZB über / Umstellungen des Rechnungswesens der Zentralbanken
1997		
1996	Vorbereitung des rechtlichen Rahmens für EZB und ESZB	Juni 1998: Gründung von EZB und ESZB / Mai 1998: Entscheidung über den Kreis der Teilnehmerstaaten
1995	Europäischer Rat verabschiedet Einführungsszenarium	

Felder europäischer Politik 375

Regional- und Strukturpolitik

Die Europäische Union zählt zu den wohlhabendsten Gebieten der Welt. Allerdings gibt es zwischen ihren 250 Regionen starke Ungleichheiten hinsichtlich des Einkommens, der Beschäftigung und der Produktivität.

> Die **Regional- und Strukturpolitik** der EU verfolgt das Ziel, den wirtschaftlichen und sozialen Zusammenhalt („Kohäsion") in der Union sowie Wachstum und Beschäftigung in den unterentwickelten Regionen zu fördern.

Werte der EU-Regionalpolitik sind
– Solidarität: Regionalpolitik soll den wirtschaftlich und sozial benachteiligten Bürgern und Regionen zugute kommen,
– Kohäsion: Wenn die Ungleichheiten zwischen den Ländern und Regionen abgebaut werden, profitieren alle davon.

Es wurden vier Strukturfonds sowie weitere Förderprogramme und -instrumente eingerichtet, um die Ungleichheiten zu verringern:
– der Europäische Fonds für regionale Entwicklung (EFRE),
– der Europäische Sozialfonds (ESF),
– die Abteilung „Ausrichtung" des Europäischen Ausrichtungs- und Garantiefonds für die Landwirtschaft (EAGFL, bis 2006),
– das Finanzinstrument für die Ausrichtung der Fischerei (FIAF).

2007 wurde die Förderpolitik umgestellt. Für die Periode 2007 bis 2013 beträgt das Budget der drei EU-Strukturfonds rund 308 Mrd. Euro. Die Ziele der Regional- und Strukturpolitik sind:
– Förderung der wirtschaftlichen Beschleunigung in den EU-Staaten und Regionen mit der geringsten Entwicklung (251 Mrd. Euro),
– Verstärkung der regionalen Wettbewerbsfähigkeit, der Beschäftigung und der Attraktivität der Regionen (49 Mrd. Euro),
– Förderung der Zusammenarbeit zwischen den europäischen Regionen (8 Mrd. Euro).

Agrarpolitik

> Die **Gemeinsame Agrarpolitik** (GAP) der EU folgt den Grundsätzen Markteinheit, Gemeinschaftspräferenz und finanzielle Solidarität.

Die sechs Gründerstaaten der GAP, Frankreich, die Bundesrepublik Deutschland, Italien und die Benelux-Staaten, verfolgten vorrangig das Ziel, Nahrungsmittelknappheit – die während des Zweiten Weltkrieges und in der Nachkriegszeit Hungersnöte hervorgerufen hatte – zu vermeiden und die Einkommenslage der Bauern zu verbessern. Insbesondere Frankreich bestand auf einer gemeinschaftlichen Marktordnung.

Die 1962 beschlossenen Grundsätze wurden weiterhin gültig, auch wenn die Landwirtschaft seitdem starken Veränderungen unterworfen war.

Markteinheit (auch Gemeinsame Marktorganisation)	Zölle und tarifäre Handelshemmnisse innerhalb der Gemeinsamen Marktes werden abgeschafft; Vorschriften im Verwaltungs-, Gesundheits- und Veterinärbereich werden harmonisiert; damit kann jedes in der Gemeinschaft erzeugte Produkt auf dem Markt frei zirkulieren.
Gemeinschaftspräferenz	Agrarprodukte aus der Gemeinschaft haben Vorrang gegenüber denjenigen aus Drittstaaten, die teilweise billiger produzieren können.
finanzielle Solidarität	Die Mitgliedsstaaten übernehmen gemeinsam die Kosten, die aus der Anwendung der GAP entstehen.

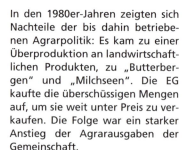

Bild:
1984 war die Butterabsatzzentrale in Hannover mit ausgelagerter verbilligter Butter überfüllt.

In den 1980er-Jahren zeigten sich Nachteile der bis dahin betriebenen Agrarpolitik: Es kam zu einer Überproduktion an landwirtschaftlichen Produkten, zu „Butterbergen" und „Milchseen". Die EG kaufte die überschüssigen Mengen auf, um sie weit unter Preis zu verkaufen. Die Folge war ein starker Anstieg der Agrarausgaben der Gemeinschaft.

Für die seit 2004 betriebene Reformierung der Agrarpolitik werden umfängliche Finanzmittel zur Modernisierung der Produktionsmittel und zur Förderung einer nachhaltigen Landwirtschaft bereit gestellt. Der EU-Finanzrahmen beläuft sich in der Periode 2007 bis 2013 auf ein Volumen von 1 025 Mrd. Euro.

Eine 1992 begonnene weit reichende Reform der GAP wurde mit der **Agenda 2000** fortgeführt. Sie soll eine Modernisierung der europäischen Landwirtschaft bewirken. Es wurden neue Schwerpunkte der europäischen Agrarpolitik festgelegt. Gefördert werden sollen
– eine Landwirtschaft, die auf dem Weltmarkt wettbewerbsfähig ist,
– Qualitätsprodukte, die umweltfreundlich erzeugt werden,
– eine Vielfalt bei Erzeugnissen, Produktionsmethoden und die ländliche Entwicklung,
– die Vereinfachung der Agrarpolitik, bei der sich die Mitgliedsstaaten und die Gemeinschaft die Verantwortung teilen,
– eine erhöhte Lebensmittelsicherheit und -qualität.
Mit der EU-Erweiterung seit 2004 werden die Agrarsysteme von zwölf neuen Mitgliedstaaten in die EU integriert und die Agrarpolitik der EU wird weiter reformiert.

Unionsbürgerschaft

Jeder, der die Staatsangehörigkeit eines EU-Staates besitzt, ist Unionsbürger.

Die Unionsbürgerschaft ersetzt keinesfalls die nationale Staatsbürgerschaft.

> Die **Unionsbürgerschaft** ergänzt die wirtschaftlichen Rechte der Gemeinschaftsangehörigen.

Die Unionsbürgerschaft wurde erstmals im Vertrag von Maastricht verankert. Sie sichert den Bürgern der Europäischen Union Rechte zu, die in der „**Charta der Grundrechte** der Europäischen Union" festgeschrieben sind. Dazu zählen:
– das Wahlrecht (aktives und passives Wahlrecht zum EU-Parlament und bei Kommunalwahlen),
– das Recht auf Freizügigkeit (das Recht, sich im Hoheitsgebiet der Mitgliedsstaaten frei zu bewegen und aufzuhalten),
– das Petitionsrecht (das Recht, Petitionen an das Europäische Parlament zu richten),
– den Schutz der Grundrechte.

Die Unionsbürgerschaft ist auf die Ausgestaltung eines Europas gerichtet, mit dem sich die EU-Bürger stärker identifizieren können und in dem sie einen „Raum der Freiheit, der Sicherheit und des Rechts" (Präambel der Charta der Grundrechte) finden.

Bildung und Kultur

Mit dem Maastrichter Vertrag 1992 wurde die Bildung in den Zuständigkeitsbereich der Europäischen Union aufgenommen, auch wenn die EU-Mitgliedsstaaten für die Gestaltung ihrer Bildungssysteme nach wie vor verantwortlich sind.

> Das Ziel besteht darin, einen hohen Bildungsstandard innerhalb der Europäischen Union und die bildungspolitische Zusammenarbeit zwischen den Mitgliedsstaaten zu fördern.

Die **Instrumente** zur Erreichung dieser Ziele sind vielgestaltig. Sie umfassen Richtlinien, Aktionsprogramme und Einrichtungen.

- Richtlinien beziehen sich auf die gegenseitige Anerkennung von Berufs- und Hochschulabschlüssen. Seit 2000 können im Ausland erworbene berufliche Kompetenzen im „EUROPASS-Berufsbildung" – einem persönlichen Dokument – eingetragen werden.
- Für die EU-Bildungsprogramme, die 2007 bis 2013 umgesetzt werden, stehen insgesamt 7 Mrd. Euro zur Verfügung. Die Programme laufen unter dem Motto „Lebenslanges Lernen (LLP)" und sind in vier Teilprogramme untergliedert:  Comenius (Schulbildung), ERASMUS (Hochschulbildung), LEONARDO (Berufsbildung) und GRUNDTVIG (Erwachsenenbildung).
- Einrichtungen wie das Europäische Zentrum für die Förderung der Berufsbildung (CEDEFOP) in Thessaloniki oder die Europäische Stiftung für Berufsbildung (ETF) in Turin dienen der wissenschaftlichen Beratung und Unterstützung nationaler Bildungspolitiken.

Jedes Jahr nehmen mehr als 150 000 Jugendliche am ERASMUS-Programm teil, um für ein bis zwei Semester an einer Universität oder Hochschule in einem EU-Land zu studieren. Die Tendenz ist steigend. Spanien, Frankreich und Deutschland sind die beliebtesten Länder.

Erasmus–Programm

Im Bereich der Kulturförderung verfolgt die EU zwei Ziele: die Wahrung nationaler und regionaler Vielfalt und das Bewusstmachen des gemeinsamen kulturellen Erbes.
Die zahlreichen Aktionsprogramme der EU im Bereich Kultur und Bildung fördern die Zusammenarbeit zwischen den EU-Mitgliedsstaaten, aber auch mit Drittländern.
Der Rat der Bildungs- und Kulturminister einigte sich im Mai 2003 auf fünf **bildungspolitische Zielwerte** (Benchmarks) bis 2010:
- Schulabbrecherquote von höchstens 10 %,
- Anteil der Hochschulsolventen in Mathematik, Naturwissenschaft und technologischen Fächern von mindestens 15 %,
- Abschluss der Sekundarstufe II bei mindestens 85 % der über 22-Jährigen,
- 20 % weniger leseschwache Fünfzehnjährige als im Jahr 2000,
- mindestens 12,5 % der arbeitenden Bevölkerung sollen lebensbegleitend lernen.

Die bildungspolitischen Zielwerte der EU bis 2010 sind nicht als Vorgabe an die jeweiligen Einzelstaaten, sondern als gesamteuropäischer Durchschnittswert zu verstehen.

Beschäftigungs- und Sozialpolitik

Globales Wirtschaften und die demografische Entwicklung in Europa stellen die Mitgliedsstaaten der EU vor die Aufgabe, trotz ihrer unterschiedlichen Sozialsysteme auf dem Gebiet der Beschäftigungs- und Sozialpolitik eng zusammenzuarbeiten. Eine Koordination dieser Politikbereiche ist mit der Errichtung des Binnenmarktes wichtiger geworden, auch wenn die Kompetenz für die Beschäftigungs- und Sozialpolitik bei den Nationalstaaten verbleibt.

> Das vorrangige Ziel der EU-Mitgliedsstaaten besteht im Abbau der Arbeitslosigkeit und in der Schaffung besserer Arbeitsbedingungen.

Der Europäische Rat verständigt sich jedes Jahr auf **Leitlinien für die Beschäftigungspolitik** der Mitgliedsstaaten. Diese werden Aktionsplänen, die die Mitgliedsstaaten erarbeiten, zugrunde gelegt. Für den Fall, dass die Leitlinien nicht befolgt werden, gibt es allerdings keine Sanktionsmöglichkeiten. Eine wichtige Ausgangsgröße ist die Arbeitsmarktlage, im Besonderen die **Arbeitslosigkeit**.

Bild: Demonstration anlässlich des EU-Beschäftigungsgipfels 1997 in Luxemburg

Ende 2007 lag die Arbeitslosenquote in der Eurozone bei 7,2 Prozent (rund 11 Mio. Menschen), bei allen 27 EU-Mitgliedern lag sie bei 6,9 Prozent (16,4 Mio. Menschen). Während in Spanien und Portugal 8,2 Prozent der Erwerbsfähigen arbeitslos waren, betrug die Quote in Irland 4,3 Prozent und in den Niederlanden nur 2,9 %.
2006 wurden in der EU zwar rund vier Millionen neue Arbeitsplätze geschaffen, dennoch bleibt die Jugendarbeitslosigkeit das größte Problem: In Deutschland lag sie 2006 zwar unter dem EU-Durchschnitt von 13,7 Prozent, war aber entgegen dem EU-Trend seit 2000 (noch 8,5 Prozent) stark angestiegen.

Die EU nutzt verschiedene **Gremien und Instrumente,** um eine wirksame Beschäftigungs- und Sozialpolitik zu betreiben. Dazu gehören:
- die Einsetzung eines Beschäftigungsausschusses mit beratender Funktion, um die Beschäftigungs- und Arbeitsmarktpolitik zwischen den Mitgliedsstaaten zu koordinieren,
- die Bildung eines Ausschusses für Sozialschutz, um einheitliche Mindestvorschriften für die Arbeitsbedingungen und den Arbeitsschutz festzulegen,
- die Förderung des Dialogs zwischen den Sozialpartnern, also zwischen Vertretern von Arbeitgebern und Arbeitnehmern.

Die sozialen Grundrechte wurden bereits 1961 in Turin in der Europäischen Sozialcharta sowie in der Gemeinschaftscharta der sozialen Grundrechte der Arbeitnehmer von 1989 festgelegt. Sie bildeten die Grundlage für das **Protokoll über die Sozialpolitik,** das in den Maastrichter Vertrag von 1992 aufgenommen wurde.

Entwicklungspolitik

Die EU-Entwicklungspolitik ergänzt die einzelstaatlichen entwicklungspolitischen Maßnahmen ihrer Mitgliedsstaaten.

> Die Gemeinschaft fördert die Entwicklungszusammenarbeit, sie koordiniert Maßnahmen der EU-Mitgliedsstaaten und trägt zur Abstimmung von Positionen in internationalen Verhandlungen bei.

Die EU und ihre Mitgliedsländer leisten mit 56 % den größten Anteil an der weltweiten staatlichen Entwicklungshilfe. Der Entwicklungspolitik der EU liegt seit 1975 ein Handels- und Kooperationsabkommen zugrunde – das Lomé-Abkommen, das mehrfach erweitert wurde. Das betraf sowohl die Anzahl der Partnerstaaten als auch die Bereiche der Zusammenarbeit.

AKP-Staaten: Abkürzung für Länder im afrikanischen, pazifischen und karibischen Raum, die mit der EU durch das Lomé-Abkommen verbunden sind.

2000 wurde das Cotonou-Abkommen als Nachfolger des Lomé-Abkommens von 77 AKP-Staaten mit einer Gesamtbevölkerung von 650 Mio. Menschen unterzeichnet. (1975 waren es 46 Staaten.) Während anfangs die Förderung von Entwicklung und Wirtschaft im Vordergrund der europäischen Entwicklungspolitik stand, verlagerte sich der Schwerpunkt zunehmend auf die Förderung von Demokratie, Menschenrechten, Umweltschutz sowie auf die Armutsbekämpfung. Das Cotonou-Abkommen hat eine Laufzeit von 20 Jahren.

Visa-, Asyl-, Einwanderungspolitik und justizielle Zusammenarbeit

> Visa-, Asyl- und Einwanderungspolitik und die Sicherung der Außengrenzen gehören zu den gemeinschaftlich zu verantwortenden Aufgaben der EU, die auf supranationaler Ebene organisiert werden.

Die **Asylpolitik der EU** hat seit dem Vertrag von Amsterdam den Status einer Schlüsselpolitik. Geregelt werden sowohl die Voraussetzungen für Asyl als auch das Asylverfahrensrecht. Ähnliches gilt für das Flüchtlingsrecht.
Die **Einwanderungspolitik** ist auf die Schaffung der Voraussetzungen für einen langfristigen Aufenthalt in der EU, der drei Monate überschreitet, gerichtet.
Die **Visapolitik** regelt kurzzeitige Aufenthalte von Angehörigen aus Drittstaaten.
Die **justizielle Zusammenarbeit** in Zivilsachen bildet mit dem Komplex der Visa-, Asyl- und Einwanderungspolitik einen größeren ineinandergreifenden Handlungsrahmen. Die Kooperation in Zivilsachen ist für den Binnenmarkt von vorrangiger Bedeutung, weil unterschiedliche Regelungen den grenzüberschreitenden Handel von Waren und Dienstleistungen erheblich erschweren. Zu den wenigen Regelungen, die bisher erarbeitet werden konnten, zählt ein für die Praxis wichtiges Übereinkommen über die gerichtliche Zuständigkeit und die Vollstreckung gerichtlicher Entscheidungen in Zivil- und Handelssachen.

Die **justizielle Zusammenarbeit** in Zivilsachen betrifft alle EU-Bürger gleichermaßen: Sie regelt die Zustellung von gerichtlichen Schriftstücken ebenso wie die Anerkennung und Vollstreckung von Entscheidungen in Ehesachen.
Für Großbritannien, Irland und Dänemark gelten Einschränkungen bei der justiziellen Zusammenarbeit in Zivilsachen.

6.3.2 Gemeinsame Außen- und Sicherheitspolitik

Eine „Gemeinsame Außen- und Sicherheitspolitik" (GASP) der EU wurde 1992 im Maastrichter Vertrag begründet. Die GASP bildet die zwischenstaatlich organisierte **zweite Säule** unter dem gemeinsamen institutionellen Dach der Europäischen Union.

Mit der GASP wurde ein neuer Rahmen für breite außenpolitische Aktionsmöglichkeiten der Union geschaffen. In Artikel 11 des EU-Vertrags von 1997 werden **fünf Ziele** der Gemeinsamen Außen- und Sicherheitspolitik benannt:
– Wahrung gemeinsamer Werte, der grundlegenden Interessen und der Unabhängigkeit der Europäischen Union,
– Stärkung der Sicherheit der Union und ihrer Mitgliedsstaaten in allen ihren Formen,
– Wahrung des Weltfriedens und Stärkung der internationalen Sicherheit entsprechend den Grundsätzen der Charta der Vereinten Nationen sowie den Prinzipien der KSZE-Schlussakte von Helsinki (1975) und den Zielen der Charta von Paris (1990),
– Förderung der internationalen Zusammenarbeit,
– Entwicklung und Stärkung von Demokratie und Rechtsstaatlichkeit sowie Achtung der Menschenrechte und der Grundfreiheiten.

Vor dem Maastrichter Vertrag waren Abstimmungen im Rahmen der „Europäischen Politischen Zusammenarbeit" (EPZ) auf zwischenstaatlicher Ebene vereinbart. Eine erste vertragliche Grundlage hatte die EPZ 1986 mit der Einheitlichen Europäischen Akte erhalten.

Mit dem **Vertrag von Amsterdam,** der 1999 in Kraft trat, wurden die Voraussetzungen für die Stärkung der Wirksamkeit und des Profils der Außenpolitik der EU erweitert. Erstmals wird ein Hoher Vertreter für die GASP ernannt, der die außenpolitischen Aktivitäten der EU nach außen und innen verkörpert. Der Vertrag legt außerdem konkrete Verfahrensregeln fest. Der 2003 in Kraft getretene **Vertrag von Nizza** enthält weitergehende Bestimmungen. Die Beschlussfassung mit qualifizierter Mehrheit wird ausgeweitet, die Rolle des Politischen und Sicherheitspolitischen Komitees bei Krisenbewältigungsoperationen gestärkt.

Im Zusammenhang mit der Ausgestaltung der GASP wurde auch eine gemeinsame Europäische Sicherheits- und Verteidigungspolitik (ESVP) entwickelt – maßgeblich auf den EU-Gipfeln in Köln und Helsinki 1999.

Das **Amt des Hohen Vertreters** für die GASP hat bis 2009 der Spanier JAVIER SOLANA inne (↗ S. 365). Der Hohe Vertreter wird u. a. von einem politischen Stab, einem Politischen und Sicherheitspolitischen Komitee und einem Militärausschuss unterstützt. Der Vertrag von Lissabon (2007) sieht vor, dass künftig ein Hoher Repräsentant für Außen- und Sicherheitspolitik mit einem diplomatischen Dienst zuständig sein soll.

> Die EU soll als Friedens- und Solidargemeinschaft wie auch als **Sicherheitsgemeinschaft** ausgebaut werden.

Das zielt darauf, eigenständige Entscheidungen in Fragen der Krisenverhütung und -bewältigung zu treffen sowie in internationalen Krisen, in denen die NATO nicht beteiligt ist, militärisch eingreifen zu können. Anfangs verfolgte die Union das Vorhaben, die Westeuropäische Union (WEU) als „militärisches Organ" der EU auszubauen. Mittlerweile verfügt sie über eigene Krisenbewältigungsstrukturen.

Gründe für diese Entwicklung waren zum einen die Auflösung der Sowjetunion und das Ende des Kalten Krieges Anfang der 1990er-Jahre, womit die unmittelbare Gefahr eines Angriffs in Europa nicht mehr gegeben war und die europäische Abhängigkeit von amerikanischem Schutz abnahm. Zugleich stand die Union vor neuen Herausforderungen durch Gefahren, die aus regionalen Konflikten in angrenzenden Ländern und Regionen, aus der Verbreitung von Massenvernichtungswaffen, aus illegalem Waffenhandel, Schmuggel von Kernmaterial, Fundamentalismus und Extremismus erwachsen können.

Die EU sieht angesichts solcher neuen verteidigungspolitischen Erfordernisse im Auf- und Ausbau einer europäischen **Sicherheitsarchitektur** ein Kernanliegen der GASP.

Mit der GASP und der ESVP hat sich die Union politische Rahmenbedingungen geschaffen, die ihre Rolle als große internationale Handels- und Wirtschaftsmacht erweitert. Diese Politik in Übereinstimmung mit nationaler Politik oder Regionalinteressen der EU-Mitgliedsstaaten umzusetzen, stellt dennoch eine besondere Herausforderung dar.

Die Union hat zwar Flexibilität in die **GASP-Abstimmungsverfahren** gebracht, indem sich einzelne Regierungen der Stimme enthalten können, Mehrheitsbeschlüsse gefasst werden können oder es einer Mehrheit von Ländern gestattet werden kann, auf eigene Verantwortung zu handeln. Dennoch ist Einstimmigkeit festgelegt, wenn über Fragen mit militärischer oder verteidigungspolitischer Bedeutung entschieden wird.

Der GASP stehen folgende Instrumente zur Verfügung:
- gemeinsamer Standpunkt (einstimmige Annahme von Erklärungen; Erarbeitung verbindlicher Konzepte),
- gemeinsame Aktion (z. B. Entsendung von Wahlbeobachtern oder Sonderbeauftragten, militärische Handlungen),
- gemeinsame Strategie (Festlegung der EU-Mitgliedstaaten auf die Linie der EU).

Bild: Abstimmung im Europäischen Parlament

Einstimmigkeit zu sichern bedeutet vielfach Einigung nur auf den kleinsten gemeinsamen Nenner.

6.3.3 Polizeiliche und justizielle Zusammenarbeit

Mit dem Vertrag von Maastricht 1992 wurde auch die **dritte Säule** der Europäischen Union, die Zusammenarbeit im Bereich der Justiz- und Innenpolitik, eingeführt. Sie ist intergouvernemental organisiert. Dieser vom Ministerrat verantwortete Bereich, bei dem der Kommission und dem Europäischen Parlament ein nur bescheidenes Mitspracherecht eingeräumt wird, hat sich rasch entwickelt.

Nach der Beschlusslage von Maastricht ergaben sich zunächst folgende zu regelnde Bereiche:
- Asyl-, Einwanderungs- und Visapolitik,
- Schutz der Außengrenzen (Zollwesen),
- Bekämpfung des Drogenhandels und der Drogenabhängigkeit,
- internationale Kriminalität und organisiertes Verbrechen,
- justizielle Zusammenarbeit in Zivil- und Strafsachen,
- Verhütung und Bekämpfung des Terrorismus.

Seit der Vertragsrevision von Amsterdam 1999 sind die Regelungsbereiche Asyl-, Einwanderungs- und Visapolitik, Schutz der Außengrenzen

und die justizielle Zusammenarbeit in Zivilsachen der Hauptsäule der Europäischen Union zugeordnet und werden auf supranationaler Ebene geregelt.

> Die **polizeiliche und justizielle Zusammenarbeit** der EU-Mitgliedstaaten zielt darauf, einen „Raum der Freiheit, der Sicherheit und des Rechts" zu schaffen.

Die Entwicklung einer wirksamen Kooperation von Polizei, Zoll- und anderen Behörden unter Einbeziehung von **Europol** sowie die Ausgestaltung der Zusammenarbeit der Justizbehörden und die Annäherung der Strafrechtsvorschriften (Angleichung materiellen Rechts) sind deshalb zentrale Aufgaben. Sie setzen eine intensivere Zusammenarbeit in Schwerpunktbereichen wie auch eine engere justizielle Zusammenarbeit in Strafsachen voraus.

Die Einrichtung des **Europ**äischen **Pol**izeiamtes **(Europol)** wurde 1992 in Maastricht vereinbart. Das **Europ**äische **Just**izielle Netz **(Eurojust)** wird seit 1999 aufgebaut.
Der Vertrag von Lissabon regelt, dass künftig Beschlüsse im Sicherheitsbereich schneller gefasst werden können. Somit kann die EU schlagkräftiger gegen Terrorismus und organisierte Kriminalität vorgehen. Präventive Maßnahmen sollen verstärkt, illegale Zuwanderung und Menschenhandel besser bekämpft werden.

Schwerpunkte der polizeilichen Zusammenarbeit	Schwerpunkte der justiziellen Zusammenarbeit
• Unterbindung des Drogenhandels und der Drogenkriminalität • Unterbindung des illegalen Handels mit radioaktiven und nuklearen Substanzen • Bekämpfung von Schleuserkriminalität und Menschenhandel • Bekämpfung sexueller Gewalt gegen Kinder sowie der Herstellung und Verbreitung von Kinderpornografie • Bekämpfung von Geldwäsche und -fälschung • Verhütung und Bekämpfung von Fremdenfeindlichkeit	• Sicherung eines koordinierten und abgestimmten Vorgehens der Strafverfolgungsbehörden • Angleichung des materiellen Strafrechts • Aufbau des Europäischen Justiziellen Netzes Eurojust als Beratungs- und Hilfseinrichtung vor allem bei schweren grenzüberschreitenden Delikten

Die polizeiliche Zusammenarbeit schließt auch die im **Schengener Abkommen** festgelegten speziellen Befugnisse der nationalen Polizeibehörden zur grenzüberschreitenden Observation und Verfolgung ein. Darüber hinaus wurde das „Schengener Informationssystem" (SIS) eingerichtet, das die grenzüberschreitende Verbrechensbekämpfung erleichtern soll.

6.4 Ausgestaltung der Europäischen Integration

Die Erweiterung der Europäischen Union auf 27 Mitgliedstaaten 2007 ist eine wichtige Zäsur im Prozess der Integration. Er ist damit aber nicht abgeschlossen. Vielmehr sind Fragen der grundlegenden Vertiefung der Zusammenarbeit sowie der künftigen Gestalt der EU neu aufgeworfen. Deutschland und die anderen EU-Mitgliedsstaaten sind dabei gefordert, auch ihre Rolle neu zu definieren.

6.4.1 Deutschland in Europa nach dem Ost-West-Konflikt

Die Rolle Deutschlands hat sich seit der Gründung der EKGS 1951 erheblich gewandelt. Die Bundesrepublik Deutschland nahm im Prozess der Ausgestaltung der EU ein hohes Maß an Initiative und Verantwortung wahr. Nach dem Zweiten Weltkrieg war die Bundesrepublik Deutschland aufgrund der konsequenten Westintegration als Juniorpartner in den Aufbau der EWG integriert. In den 1970er- und 1980er-Jahren erlangte sie ein größeres Gewicht in der Gemeinschaft der neun bzw. der zwölf EU-Mitgliedsstaaten. Infolge des politischen Umbruchs 1989/1990 in Mittel- und Osteuropa, der damit zusammenhängenden Überwindung der Teilung Deutschlands und der Aufhebung der Bipolarität in der Welt hat Deutschland am 3. Oktober 1990 seine volle Souveränität wiedererlangt. Daraus hat sich ein neuer Anspruch ergeben.

> **Deutschland** hat bei der Ausgestaltung der europäischen Integration eine wichtige Rolle übernommen.

Das gilt sowohl für die Vergrößerung der Gemeinschaft Mitte der 1990er-Jahre als auch bei der Osterweiterung. Deutschland hat sich bei der Reformierung der EU, beim Ausbau des Binnenmarkts und der Herausbildung einer eigenständigen und selbstbewussten Außen- und Sicherheitspolitik als aktiver und wirksamer Akteur erwiesen.

Bild: Beratung der Regierungschefs im Europäischen Rat Oktober 2002

Das Bestreben Deutschlands, eigene Interessen direkt durchzusetzen, ist nur sehr begrenzt möglich. Vielmehr ruht die Richtlinienkompetenz – auch wenn es gelegentlich andere Auffassungen dazu gibt – auf Großbritannien, Frankreich und Deutschland, die ihre Politik in Kernfragen auf- und miteinander abstimmen. Diese als „trianguläre Führung" bezeichnete Initiativrolle der drei Mitgliedsländer hat sich insbesondere in Krisensituationen als Stabilisator des europäischen Integrationsprozesses bewährt. Sie wird sich mit der vorläufig abgeschlossenen Osterweiterung auf 27 Staaten im Jahr 2007 ändern, z. B. durch das neue Gewicht Polens.

Ein Beispiel der **„triangulären Führung"** war der im September 2003 in Berlin durchgeführte Dreiergipfel, auf dem sich die Regierungschefs Großbritanniens, Frankreichs und Deutschlands, TONY BLAIR, JACQUES CHIRAC und GERHARD SCHRÖDER, zur Europapolitik und der Haltung in der Irak-Frage verständigten.

Wandel der Rahmenbedingungen

Die neue Stärke Russlands, vor allem aber der Aufstieg neuer Wirtschaftsmächte wie Brasilien, Indien und China bedeutet für das zukünftige Gewicht der EU in einer globalisierten Welt eine große Herausforderung.

Obwohl der europäische Integrationsprozess weiter voranschreitet, gibt es zugleich widersprüchliche Entwicklungen, die Einfluss auf die künftige Gestaltung der EU haben. Sie hängen im Besonderen mit den machtpolitischen Verschiebungen und den stark veränderten Rahmenbedingungen für die europäische Integration zusammen, die in Europa nach dem Ende des Ost-West-Konflikts entstanden sind.

Der europäische Einigungsprozess unterliegt aufgrund gegensätzlicher Entwicklungen in den gesellschaftlichen Kernbereichen Politik, Ökonomie, Kultur und Religion starken Spannungen.

Bereich	Politik	Wirtschaft	Kultur/Religion
Ereignis	Überwindung der Teilung Europas in zwei Machtblöcke seit Ende der 1980er-Jahre	Fortschreiten der Globalisierung seit Mitte der 1990er-Jahre	Zunahme der Säkularisierung (Ablösung religiöser durch wissenschaftlicher Denkweisen) und der kulturellen Vielfalt seit den 1960er-Jahren
Prozess	Wiederherstellung nationaler Souveränität, verbunden mit der Erlangung von individueller Freiheit und dem Aufbau nationalstaatlicher Demokratien	Abbau außenwirtschaftlicher Handelsschranken und Verringerung innerstaatlicher Beschränkungen – führen zur Verschränkung und Abhängigkeit von internationalen Märkten und Produktionsformen	zunehmende Vielfalt kultureller und religiöser Strömungen, verbunden mit stark wachsenden Wanderbewegungen (Einwanderung, Arbeitsmigration) – führen zu einem großen Spektrum religiöser Gruppen
Folgen	mit der Bildung neuer Staaten ist die Entstehung bzw. Wiederkehr alter Nationalismen vor allem in Mittel-, Ost- und Südeuropa verbunden (z. B. Krieg im ehemaligen Jugoslawien)	der Globalisierungsprozess vertieft die Widersprüchlichkeit der europäischen Integration – die EU wird stärker in ein ökonomisch aufstrebendes Kerneuropa und in stagnierende Zonen geteilt	durch die Zunahme religiöser Vielfalt verliert Europa an kultureller und geistiger Einheit – die Folge sind religiös motivierte Spannungen und Konflikte
Lösungsstrategien	An- und Einbindung der SOE-Staaten (ehemaliges Jugoslawien)	Ausbau des Handels mit externen Wirtschaftsräumen; Aufwertung von „Made in Europe" als Qualitätssiegel	Orientierung an universalen Werten; Stärkung von Toleranz und Menschenrechten; konsequente Trennung von Staat und Religion

6.4.2 Die „endgültige" Gestalt der EU

Die Europäische Union steht an einem Scheideweg. In den nächsten Jahren wird sich zeigen, ob die EU ein Staatenverbund bleiben wird oder ob ein Modell eines europäischen Bundesstaates entsteht.

Um eine grundsätzliche Reform der EU einzuleiten, wurde im Dezember 2001 auf der Tagung des Europäischen Rats der **Europäische Konvent** eingerichtet. Er orientierte sich an vier Reformzielen:
1. Verankerung der Grundrechte,
2. Überprüfung der Kompetenzordnung,
3. Stärkung der demokratischen Legitimation und der Effizienz,
4. Vereinfachung der Verträge mit dem Ziel der Ausarbeitung einer Europäischen Verfassung.

Der **Europäische Konvent** wurde unter Leitung von VALÉRY GISCARD D'ESTAING (geb. 1926), dem früheren französischen Präsidenten, eingerichtet. Vizepräsidenten wurden die ehemaligen belgischen und italienischen Regierungschefs JEAN-LUC DEHAENE und GIULIANO AMATO. Der Europäische Konvent bestand aus 105 Mitgliedern. 13 Vertreter europäischer Institutionen hatten Beobachterstatus.

Dem Konvent wurde die Aufgabe übertragen, Vorschläge zur Reform der politischen Ordnung der EU zu erarbeiten – darauf gerichtet, ihr politisches Gewicht zu stärken.

Der Konvent tagte seit Februar 2002 zweimal monatlich in Brüssel, wobei Öffentlichkeit und Transparenz der Diskussionen besonders angestrebt wurden. Durch ein Forum wurde gewährleistet, dass sich auch gesellschaftliche Interessengruppen und Verbände in die Debatte einbinden konnten. In den geführten Diskussionen traten neben Gemeinsamkeiten in Grundpositionen und Herangehensweisen auch Streitfragen auf, die bis heute ihre Brisanz nicht verloren haben.

gemeinsame Auffassungen ——— „endgültige" Gestalt der EU ——— Streitpunkte	
Ausarbeitung einer Europäischen Verfassung	Bezeichnung der Union als föderal
Integration der Charta der Grundrechte	Verankerung des Gottesbezuges oder klare Trennung von Kirche und Staat
Entwicklung klarer Kompetenzkategorien der EU	Einrichtung des Amts eines EU-Präsidenten, der durch den ER ernannt wird oder Wahl des Präsidenten der EK durch das EP
Reduktion auf wenige Standardtypen bei den Entscheidungsverfahren	Zuordnung einiger Politikbereiche zu Kompetenzkategorien
neues Verfahren zur Überprüfung der Einhaltung des Subsidiaritätsprinzips	Referendum zur Annahme der Verfassung

Europäische Integration

Bild:
Bundeskanzlerin MERKEL und Bundesaußenminister STEINMEIER unterzeichnen am 13. Dezember 2007 den Vertrag von Lissabon.

Der eingesetzte Konvent erarbeitete in den Jahren 2002 und 2003 den „Vertrag über eine Verfassung für Europa". Er sollte nach der Ratifizierung in den einzelnen Mitgliedstaaten am 1. November 2006 in Kraft treten. Der Verfassungsentwurf wurde jedoch in Volksabstimmungen in Frankreich (Mai 2005) und in den Niederlanden (Juni 2005) abgelehnt. Der Ratifizierungsprozess wurde gestoppt, die Verfassung scheiterte.

An ihre Stelle trat 2007 der „Vertrag von Lissabon", ein EU-Reformvertrag, auf den sich die Staats- und Regierungschefs der EU geeinigt hatten. Er wurde im Dezember 2007 unterzeichnet und soll bis zu den Wahlen zum Europäischen Parlament 2009 in Kraft treten. Voraussetzung dafür ist, dass er von allen Mitgliedstaaten ratifiziert ist.
Der Reformvertrag greift in weiten Teilen auf den vom EU-Konvent erarbeiteten Verfassungstext zurück.

Vertrag von Lissabon: Überblick über wichtige Neuregelungen	
Mehrheitsentscheidungen	Entscheidungen mit qualifizierter Mehrheit werden auf eine Vielzahl von Bereichen ausgedehnt, insbesondere bei der polizeilichen und justiziellen Zusammenarbeit. Das Prinzip der Einstimmigkeit bleibt in der Außen-, Steuer- und Sozialpolitik sowie bei Grundsatzentscheidungen (z. B. EU-Verträge) erhalten.
Prinzip der doppelten Mehrheit	Ab 2014 gilt (mit einer Übergangsfrist bis 2017) folgendes Abstimmungsverfahren: EU-Beschlüsse im Ministerrat bedürfen einer Mehrheit von 55% der Staaten und 65% der EU-Bevölkerung.
Repräsentation nach außen	Im neuen Amt „Hoher Repräsentant der Europäischen Union für Außen- und Sicherheitspolitik" werden die bisherigen Funktionen des EU-Außenbeauftragten und EU-Außenkommissars gebündelt. Zugleich ist der Inhaber dieses Amtes Vizepräsident der Europäischen Kommission und wird mit einem diplomatischen Dienst ausgestattet.
EU-Ratspräsident	Künftig wird die EU-Ratspräsidentschaft zweieinhalb Jahre dauern. Das zielt darauf, durch Kontinuität die politische Führung effizienter zu gestalten.
Europäische Kommission	Ab 2014 werden nur noch zwei Drittel der EU-Mitgliedstaaten abwechselnd einen Kommissar entsenden.
Europäisches Parlament	Ab 2009 umfasst das Europäische Parlament nur noch 750 (statt bisher 785) Sitze. Der Parlamentspräsident verliert sein Stimmrecht. Das EP wird in seiner Rolle als Mitgesetzgeber gestärkt, das Mitbestimmungsverfahren wird zum ordentlichen Gesetzgebungsverfahren.
Austritt aus dem Verbund der EU	Ein Austritt ist künftig möglich. Dieser muss mit den anderen EU-Mitgliedstaaten verhandelt werden.

Einspruchsrecht nationaler Parlamente	Die nationalen Parlamente können innerhalb von acht Wochen Einspruch gegen Gesetzesvorhaben erheben, wenn sie nationale Zuständigkeiten gefährdet sehen. Sie können sich aber auch direkt in Gesetzgebungsverfahren äußern.
Volksbegehren	Die EU-Kommission kann durch ein Volksbegehren (eine Million Unterschriften) aufgefordert werden, zu bestimmten Themenbereichen Gesetzesvorschläge zu erarbeiten. Sie muss dieser Aufforderung allerdings nicht nachkommen.
Grundrechtecharta	Die Grundrechtecharta aus dem Jahr 2000 wird rechtsverbindlich.

Mit dem „Reformvertrag" von Lissabon erhält die EU eine effektivere Struktur, wird in Teilbereichen transparenter und demokratischer. Nach außen erscheint sie künftig mehr als eine Einheit.

Gleichwohl bleibt ein Grundproblem ungelöst: die Europäische Union als einen Verbund von Staaten zu gestalten, dessen Bürgerinnen und Bürger überzeugte Europäerinnen und Europäer sind. Ohne Symbolik, ohne tatsächliche Teilhabe, ohne emotionale Bindung wird dieser Schritt nur unzureichend gelingen.

Von grundlegender Bedeutung ist die Herausbildung einer gemeinsamen supranationalen **europäischen Identität** – eines Selbstverständnisses jedes Einzelnen als Bürger eines „in Vielfalt geeinten" Europas. Das ist jedoch ein komplizierter Prozess.

> Im Unterschied zu anderen Kontinenten ist Europa von einer großen kulturellen Vielfalt geprägt. Gegensätze, Pluralismus, Gleichzeitigkeit widersprüchlicher Strömungen sind Kennzeichen.

Die sich daraus ergebenden Konflikte müssen als Teil des europäischen Integrationsprozesses verstanden und berücksichtigt werden. Die auf Pluralismus und Vielfalt beruhende Identität einer auf 27 oder noch mehr Nationalstaaten erweiterten Europäischen Union muss im Denken und Handeln der Menschen verwurzelt sein. Das erfordert vor allem, die mangelnde Identifikation der Bürger mit der EU und die strukturellen Defizite, die den Prozess der europäischen Integration erschweren, abzubauen.

Strukturdefizite der europäischen Identität	Tatbestände (Beispiele), die den Prozess der europäischen Integration erschweren	Maßnahmen und Lösungsansätze
Demokratie- und Legitimationsschwäche	• Europäisches Parlament ist nicht genügend an der Gesetzgebung beteiligt („Halbparlament") • rückläufige Wahlbeteiligung an den Wahlen des EP • verbreitetes Misstrauen gegenüber der EU als undurchschaubares Gebilde	• Vertrag von Lissabon ermöglicht Bürgerbeteiligung (Volksbegehren) und stärkt das Einspruchsrecht nationaler Parlamente; Stärkung des Europäischen Parlaments als Gesetzgeber
fehlende europäische Öffentlichkeit	• Existenz einer Vielzahl nationaler Öffentlichkeiten • im Entstehen begriffene transnationale Öffentlichkeit durch Globalisierung überlagert Ansätze einer europäischen Öffentlichkeit	• mehr Transparenz bei politischen Entscheidungen; intensivere Nutzung des Internet durch die EU-Bürgerschaft (Information, Meinungsaustausch, Teilhabe)
Sprachenvielfalt	• die EU der 27 Staaten hat 23 Amts- und Arbeitssprachen • unzureichende Sprachfähigkeit der EU-Bürger	• Förderung von Sprachprogrammen; Bilingualität als Pflichtfach (schon im Kindergarten, Vorschule)
geringe Ausprägung kollektiver Symbole	• mangelnde Verinnerlichung der EU-Symbole • Prozess der europäischen Integration ist emotional und sinnlich kaum erfahrbar	• Stärkung der emotionalen Erfahrbarkeit und Symbolik der EU (Feste, Feiern; stärkere Wahrnehmung der EU im Alltag)
stabile nationale und regionale Identitäten	• ethnisch fundierter Regionalismus • Autonomiebewegungen, die sich vom Prozess der europäischen Integration abgrenzen	• Autonomiebestrebungen stärker in ein modifiziertes Konzept „Europa der Regionen" einbinden

Die europäische Integration und damit zusammenhängend die Schaffung einer **kollektiven Identität** wird ein langwieriger Prozess sein.

Welche Gestalt die Europäische Union in naher oder ferner Zukunft auch annehmen wird, ob die
– eines Europäischen Bundesstaates,
– eines Staatenverbundes,
– eines Europa der Regionen oder
– eines Modells der differenzierten Integration,
ein Europa des Friedens, der Freiheit, der Menschenrechte muss immer wieder neu entworfen, entdeckt und verteidigt werden.
Das Europa der Zukunft kann aber nur „ein in Vielfalt geeintes" sein.

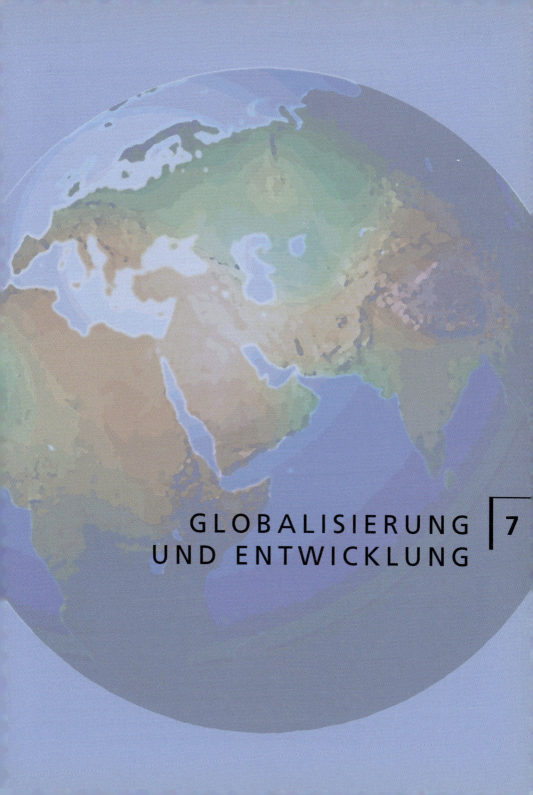

GLOBALISIERUNG UND ENTWICKLUNG 7

7.1 Globalisierung, Kulturkreise und Menschenrechte

7.1.1 Globalisierungsprozess

Globalisierung – ein neues Stadium der Internationalisierung

global, lat. = auf die gesamte Erde bezüglich, weltumspannend

Globalisierung ist ein Begriff, der in den 1990er-Jahren sehr populär wurde. Er wird mehrdeutig verwendet.

Zum einen beschreibt Globalisierung verschiedene **Entwicklungsprozesse der Internationalisierung,** so
– die zunehmende wirtschaftliche Verflechtung und vertiefte Arbeitsteilung in der Weltwirtschaft,
– die Veränderungen im Kommunikations- und Informationsbereich, die eine Vernetzung über den gesamten Erdball ermöglichen,
– die Entwicklung regionaler und weltweiter Beziehungsnetzwerke auf kultureller, ökologischer und politischer Ebene.

Die Internationalisierung der Wirtschaft ist Kernbestandteil der Globalisierung. Sie betrifft in der Gegenwart aber auch soziale Standards, Menschenrechte, Kulturentwicklung oder Mitbestimmungsmöglichkeiten.

Globalisierung umfasst zum anderen auch die **Zustände weltweiter Verflechtungen,** wie z. B. Unternehmens- und Marktzusammenschlüsse oder Internethandel. Und oft werden zudem die **Folgen globaler Entwicklungen** als Globalisierung bezeichnet.

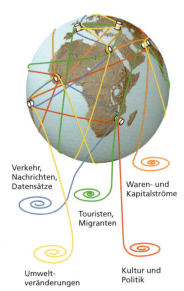

Verkehr, Nachrichten, Datensätze

Waren- und Kapitalströme

Touristen, Migranten

Umweltveränderungen

Kultur und Politik

> Globalisierung kann als Tendenz zur **Intensivierung weltweiter Verflechtungen** in Ökonomie, Politik, Umwelt, Kommunikation und Kultur gefasst werden.

Weltweite Verflechtung ist kein grundlegend neues Phänomen in der Gegenwart.

Ökonomen des 18. und 19. Jh.s, vor allem KARL MARX (1818–1883) und FRIEDRICH ENGELS (1820–1895), beschrieben die Tendenz der Vergesellschaftung in Analyse der Industriegesellschaft.

 Bereits 1848 wurde diese Tendenz beschrieben: „Das Bedürfnis nach einem stets ausgedehnteren Absatz für ihre Produkte jagt die Bourgeoisie über die ganze Erdkugel. Die uralten nationalen Industrien (...) werden verdrängt durch neue Industrien, (...) die nicht mehr einheimische Rohstoffe, sondern den entlegensten Zonen angehörige Rohstoffe verarbeiten und deren Fabrikate nicht im Lande selbst, sondern in allen Erdteilen zugleich verbraucht werden. (...) An die Stelle der alten lokalen und nationalen Selbstgenügsamkeit und Abgeschlossenheit tritt ein allseitiger Verkehr, eine allseitige Abhängigkeit der Nationen voneinander." (K. MARX, F. ENGELS: Manifest der Kommunistischen Partei)

Globalisierung, Kulturkreise und Menschenrechte

Ursachen der Globalisierung

Die Ursachen des in der Gegenwart verstärkt fortschreitenden Prozesses der Globalisierung werden unterschiedlich bestimmt. Man kann jedoch davon ausgehen, dass sie vor allem mit folgenden **Strukturveränderungen** zusammenhängen:
- mit dem Übergang von Industrien, die auf natürlichen Rohstoffen aufbauen, zu künstlichen, wissenschaftlich bedingten Industrien – das schließt eine Wissensintensivierung aller Produktionsprozesse ein;
- mit dem Entwicklungsstand, dass die Menschen erstmals in der Geschichte über alle für eine Weltwirtschaft notwendigen Transport- und Kommunikationstechnologien verfügen;
- mit den relativ geringen Kosten für Mobilität von Menschen und Gütern;
- mit dem Wachstum, dem höheren Lebensalter und den Migrationsprozessen der Weltbevölkerung;
- mit der Aufhebung des Ost-West-Konflikts, die dazu führte, dass sich 1,9 Milliarden Menschen der kapitalistischen Wirtschaftsweise anschlossen;
- mit der außenwirtschaftlichen Liberalisierung, beispielsweise durch Abbau von Zöllen und weiteren Handelsbarrieren über die GATT-Runden und die WTO-Konferenzen (↗ S. 195), was u. a. zu einer Vertiefung der weltweiten Spezialisierung führt.

Während sich ein Jahrhundert lang der Reichtum von JOHN D. ROCKEFELLER bis zum SULTAN VON BRUNEI auf Erdöl begründete, gehören heute der PC-Softwarehersteller BILL GATES und der mexikanische Telekomunternehmer CARLOS SLIM zu den reichsten Männern der Welt.

Dimensionen der Globalisierung

Kommunikation „Vernetzte Welt"	Ökonomie „Weltbinnenmarkt"	Politik „Weltinnenpolitik"	Umwelt „Welt als Risikogesellschaft"

Merkmale der Globalisierung

Innovationen in der • Mikroelektronik, • Telekommunikation und • Optoelektronik (Gewinnung, Übertragung und Speicherung von Informationen): Die Welt wird zunehmend mit einem dichten Kommunikationsnetz überspannt, nahezu jeder Punkt der Erde wird in Bruchteilen von Sekunden erreichbar.	• Abbau von Handelsschranken: Produzenten können ihre Waren weltweit anbieten. • Verselbstständigung des Finanzkapitals gegenüber dem Warenhandel • Mobilität von Kapital, technischem Wissen und Arbeit zwischen verschiedenen Produktionsstandorten • Vereinheitlichung der technischen Normen	• Abbau staatlicher Vorschriften und Regelungen (Deregulierung) • Verlust von Handlungsfähigkeit und Einflussmöglichkeiten der Nationalstaaten • Entstehung neuer Formen internationaler politischer Kooperation • Verlust bzw. Wandel nationaler Identitäten und kultureller Eigenarten	• globale Ausmaße der Umweltgefährdung (z. B. Beeinflussung des Weltklimas, Ressourcenverschwendung) • Verschärfung von Umweltkonflikten (z. B. um die knapper werdenden Wasserressourcen) • Verbreitung von Krankheiten und Epidemien (Aids, HIV, SARS)

Chancen und Gefahren der Globalisierung

Aus wirtschaftsliberaler Sicht überwiegen die **Chancen** der Globalisierung. Nach wirtschaftsnationalen Auffassungen bestehen vor allem **Gefahren**.

Global Players sind internationale Großunternehmen, die zunehmend die Weltwirtschaft (Finanzmärkte, Produktion, Handel) beherrschen und Einfluss auf die Politik ausüben. Die Steuerung der Weltwirtschaft und Politik erfolgt in Weltstädten **(Global Citys)** wie New York, London, Tokio, Singapur.

Der Prozess der Globalisierung beinhaltet **Chancen** und **Gefahren**, er hat Gewinner und Verlierer.

Die Menschen verbinden mit Globalisierung Hoffnungen wie Ängste.

Chancen/Vorteile bestehen in:	Gefahren ergeben sich aus:
• der Aussicht auf vertiefte Arbeitsteilung und steigenden Wohlstand in der Welt • der weltweiten Schaffung neuer Arbeitsplätze und der Senkung von Transport- und Produktionskosten • der Verlagerung von Produktionsstandorten – damit auch von Know-how – in Entwicklungsländer • einer höheren Wirksamkeit der Nutzung natürlicher Ressourcen • der Angleichung ökologischer und sozialer Standards auf höherem Niveau • den enormen Möglichkeiten des Erwerbs und der Verbreitung von Wissen durch weltweiten Informationsaustausch • der Erweiterung der Wissens- und Problemlösungspotenziale in vielen Bereichen, z. B. bei der Bekämpfung von Krankheiten oder bei der Entwicklung umweltverträglicher Technologien • dem Abbau von Vorurteilen gegenüber anderen Kulturen und der Aufnahme von Elementen verschiedener Kulturen • der Entwicklung eines globalen Zusammengehörigkeitsgefühls („Eine Welt") und gemeinsamer Verantwortung für die ganze Erde • den größeren globalen Wirkungsmöglichkeiten internationaler Gruppen und Organisationen	• dem wachsenden Einfluss von **Global Players** auf die Politik der Regierungen der einzelnen Länder und der Unkontrollierbarkeit vieler Entscheidungen • dem Hegemoniestreben führender Länder, insbesondere der USA (Washingtoner Konsens von 1990, ↗ S. 422) • dem verschärften Konkurrenzkampf auf dem Weltmarkt und der Absenkung von sozialen und ökonomischen Standards • dem Verlust von Arbeitsplätzen mit geringer Qualifikation sowie wachsender sozialer Unsicherheit • der Vertiefung der Kluft zwischen Arm und Reich innerhalb der Gesellschaften und auf der ganzen Erde, was zu einer weiteren Zunahme sozialer Konflikte und Migration führen kann • einer Überflutung mit Informationen und dem Entstehen einer geteilten Gesellschaft von Menschen mit und ohne Zugang zu diesen Informationen • dem Trend zur Vereinheitlichung der Kultur („Verwestlichung" oder „Amerikanisierung") und der Zurückdrängung nationaler Identitäten • der Internationalisierung von Fehlentwicklungen (von ansteckenden Krankheiten, Drogen-, Waffen- und Menschenhandel, organisierter Kriminalität)

Global City New York

Globalisierung, Kulturkreise und Menschenrechte

Das **Weltsozialforum** in Pôrto Alegre (Brasilien) bildet seit 2001 eine neue Plattform von Kritikern der Globalisierung aus Nord und Süd. Es findet jährlich unter dem Motto „Eine andere Welt ist möglich" als Gegenveranstaltung zum **Weltwirtschaftsforum** statt.
Im Januar 2003 kamen etwa 100 000 Menschen aus 125 Ländern zusammen, um über Alternativen zur Wirtschaftspolitik und zur Kriegsvorbereitung gegen den Irak zu diskutieren. 2008 soll das Weltsozialforum regional aufgefächert werden.

Weltwirtschaftsforum (World Economic Forum, WEF): seit 1971 jährlich stattfindendes Treffen von Spitzenvertretern aus Wirtschaft, Politik und Wissenschaft in Davos (Schweiz)

Globalisierung geht mit einer starken **Beschleunigung des Strukturwandels** einher. Länder, Unternehmen, Kulturen und Sozialschichten, die dabei nicht mithalten können und auch nicht über Macht, Reichtum oder weltweit benötigte Ressourcen verfügen, bleiben zurück. Sie werden zu **Verlierern**. Zu ihnen gehören
- die am wenigsten entwickelten Länder Afrikas, Südasiens und des Mittleren Ostens,
- kleine und mittlere Unternehmen, die dem verstärkten Konkurrenzdruck ausgesetzt und teilweise nicht gewachsen sind,
- soziale Gruppen, z. B. Frauen, die an den Rand gedrängt werden und unzureichenden Zugang zu Bildung und Qualifizierung haben,
- Arbeitnehmer, die eingeschränkt mobil sind, und ihre Interessenvertreter (Gewerkschaft), deren Verhandlungspositionen geschwächt sind.

Gewinner im Globalisierungsprozess sind vor allem die Länder, Unternehmen oder Akteure, die sich rasch anpassen können und selbst die Richtung des Strukturwandels mitbestimmen. Zu ihnen gehören
- weltweit operierende Unternehmen, die vom Entstehen der globalen Märkte profitieren und eine Schlüsselrolle in Wirtschaft und Gesellschaft einnehmen,
- die technologisch überlegenen OECD-Staaten (USA, EU-Länder, Japan),
- die aktiv in die Weltwirtschaft einbezogenen wettbewerbsfähigen Schwellenländer Asiens und Lateinamerikas (China, Indien, Brasilien, Mexiko),
- Kapitaleigner, weil das Kapital anpassungsfähig ist und an Macht gewinnt.

Die Entwicklung am 1997 eingeführten „Neuen Markt" junger wachstumsorientierter Unternehmen (z. B. Biotechnologie, Multimedia) aus Zukunftsbranchen hat aber auch schon gezeigt, dass Kapitaleigner sowohl Gewinner als auch Verlierer sein können.

Globalisierung und Regionalisierung

Mit der Globalisierung geht eine verstärkte **Regionalisierung** einher. Das ist ein komplexer Prozess, der sich sowohl als Verstärker wie auch als Gegenreaktion zur Globalisierung zeigt.

Eine **Region** ist überschaubarer und in sich homogener als die ganze Welt. Es lässt sich auch eher eine Einigung erzielen als beispielsweise im Rahmen der verschiedenen Organisationen der UN.

Regionale Integrationsprojekte bieten die Chance, Ressourcen zusammenzuführen, Wettbewerbs- und Standortvorteile zu verbessern und effektivere politische Problemlösungen zu finden.

▌ Die Europäische Union, die in ihrer Wettbewerbsordnung relativ weit entwickelt ist, gehört einerseits zu den treibenden Kräften weltweiter Liberalisierung:
Die EU verfügt über eine gemeinschaftliche Kartellaufsicht, Großfusionen werden gemeinschaftlich kontrolliert, technische Standards gemeinschaftlich festgesetzt oder gegenseitig anerkannt. Subventionen sind – abgesehen von genau definierten Ausnahmen – untersagt und administrative Handelshemmnisse weitgehend beseitigt.
Andererseits widerspricht beispielsweise die Subventionspolitik in der Landwirtschaft, die insbesondere vielen Entwicklungsländern schadet, dem Geist kooperativer internationaler Zusammenarbeit.

In vielen anderen Regionen der Welt haben sich **Kooperations- und Integrationszonen** mit unterschiedlicher Integrationstiefe herausgebildet. Wichtige **regionale Zusammenschlüsse** sind:
– APEC – Asiatisch-Pazifische Wirtschaftszusammenarbeit,
– ASEAN – Verband südostasiatischer Staaten,
– AU – Afrikanische Union,
– MERCOSUR – Gemeinsamer Markt im Süden Lateinamerikas,
– NAFTA – Nordamerikanisches Freihandelsabkommen,
– SADC – Entwicklungsgemeinschaft des Südlichen Afrika.

7.1.2 Kulturkreise und Weltethos

Die Weltgesellschaft des 21. Jh.s wird nicht nur durch Staaten, internationale Organisationen oder regionale Bündnisse geprägt, sondern übergreifend und auf spezifische Weise auch durch unterschiedliche **Kulturkreise** und **Weltreligionen**. Sie haben eine über Jahrtausende alte Geschichte und waren stets Mittel zur Selbst-, aber auch Fremdbestimmung der Menschen. Wie sich die Globalisierung als fortschreitende Verflechtung von Kapital, Gütern, Orten, Dienstleistungen, Kunst und Medien vollzieht, wird wesentlich auch vom Einfluss der Kulturkreise abhängen. Allerdings gehen die Auffassungen über ihre Rolle in diesem Prozess erheblich auseinander. Es wird von einigen Wissenschaftlern sogar angenommen, dass aus der Gegensätzlichkeit der verschiedenen Kulturkreise neue, weltumspannende Konflikte und kriegerische Auseinandersetzungen erwachsen.

Kulturkreise

Der amerikanische Sozialwissenschaftler SAMUEL P. HUNTINGTON z. B. vertritt in seinem viel diskutierten Buch „Der Kampf der Kulturen" die Auffassung, dass in einer globalisierten Welt die Konflikte nicht mehr zwischen den Nationen, sondern zwischen den einzelnen Kulturen bestehen und ausgetragen werden.

> Ein **Kulturkreis** umfasst ein größeres Gebiet gemeinsamer Verbreitung
> – bestimmter Kulturgüter und gesellschaftlicher Verhältnisse, wie Siedlungs- oder Lebensformen,
> – und bestimmter geistiger Lebensäußerungen der Menschen, wie Religion, Sprache, Wissenschaft und Kunst.

Es haben sich fünf große Kulturkreise mit eigener Geschichte und jeweils eigenständigen kulturellen Elementen herausgebildet.

Globalisierung, Kulturkreise und Menschenrechte

Kulturkreis		Wichtigste Religion/Religionen
christlich-jüdischer Kulturkreis (auch westlicher Kulturkreis)	• 1400 v. Chr. in Alt-Israel, dem heutigen Palästina, entstand das Judentum; im 1. Jh. n. Chr. bildeten sich in Palästina die Keimzellen des Christentums heraus • Juden und Christen leben heute vor allem in Europa, den USA, Lateinamerika, Australien und Afrika	**Judentum:** begründet von Moses, der von Gott 10 Gebote erhielt; das Grundgesetz ist die Thora mit 613 Ge- und Verboten; der erhoffte Messias ist ein Friedensfürst **Christentum:** Jesus Christus gilt als zentrale Person; die Bibel ist die Heilige Schrift, die das Alte und das Neue Testament enthält; Grundsäule der Lehre ist die Dreieinigkeit: Gott-Vater, Gott-Sohn, Gott-Heiliger Geist; es gibt mehrere Glaubensrichtungen, u. a. Katholiken, Protestanten, Orthodoxe
sinnischer oder chinesischer Kulturkreis	• entstand im 5. oder 6. Jh. v. Chr. in Nordindien • ist heute prägend in China und in chinesischen Gemeinschaften, die außerhalb des Landes existieren; reicht bis nach Vietnam und Korea	**Buddhismus:** von Buddha (der Legende nach ein indischer Fürstensohn) begründet; seine aufgezeichneten Reden sind Grundlage der Lehre von der Vollkommenheit des Menschen **Konfuzianismus:** geht auf Konfuzius (etwa 551–479 v. Chr.) zurück; als philosophisch-religiöse Lehre auf ausgeglichene Familien-, Gesellschafts- und Staatsbande gerichtet; als Grundtugenden gelten: Güte, Ehrlichkeit, Ehrfurcht, Gehorsam, Harmonie
islamischer Kulturkreis	• wurde im 7. Jh. n. Chr. auf der Arabischen Halbinsel (Medina) von Mohammed begründet • Muslime leben vor allem im arabischen Raum, in Afrika, Mittelasien und Indonesien	**Islam:** arab. = „Hingabe an Gott"; umfasst mehrere Glaubensrichtungen, vor allem die Sunniten (etwa 90 % der Muslime) und die Schiiten (absolute Bevölkerungsmehrheit u. a. im Iran, Irak); der Koran enthält die Gebote und ist zugleich Verfassung und Gesetzbuch des Staates
japanischer Kulturkreis	• ging etwa 1400 n. Chr. aus dem chinesischen Kulturkreis als eigenständiger hervor • ist vor allem in Asien verbreitet	**Schintoismus:** die Göttlichkeit des Kaisertums und der Natur sind die bestimmenden Größen; vornehmlich eine Naturreligion, die auf die Verehrung der Berge, Flüsse, Pflanzen, Tiere, der Sonne und des Mondes, aber auch die von Helden gerichtet ist
hinduistischer Kulturkreis	• wurzelt in der vor mehr als 4000 v. Chr. im Industal herausgebildeten Hochkultur; seit 19. Jh. Sammelbezeichnung verschiedener, vor allem im indischen Raum entstandener Religionen	**Hinduismus:** „Hindu" = „Menschen im Land des Flusses Indus"; nicht ein Gott, sondern verschiedene Gottheiten werden verehrt (so u. a. Brahma, der Weltschöpfer; Vishnu, der Welterhalter; Shiva, der Weltzerstörer); es gibt vier heilige Schriften (Veden), die nicht als Dogma verstanden werden

Die großen Religionen, die die tragenden Säulen der Kulturkreise sind, werden auch als Weltreligionen bezeichnet.

Judentum
Siebenarmiger Leuchter

> **Weltreligionen** sind Religionen, deren Glaube und Weltanschauung überregionale, weltweite Verbreitung finden und unabhängig von ethnischen, nationalen oder regionalen Besonderheiten für alle Menschen gelten können.

Es wird geschätzt, dass etwa vier Fünftel der Weltbevölkerung einer Religion – überwiegend einer der fünf Weltreligionen – angehören.

Christentum
Lamm Gottes

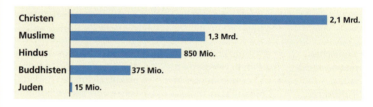

Christen	2,1 Mrd.
Muslime	1,3 Mrd.
Hindus	850 Mio.
Buddhisten	375 Mio.
Juden	15 Mio.

Islam
Glaubensbekenntnis

Verschiebung der Kulturkreise

Kämpfe zwischen Religionen und Kulturkreisen haben die Geschichte der Menschheit immer wieder durchzogen. Dabei wurden Religionen und Kulturen oft politisch instrumentalisiert für das Führen von Kriegen, für Eroberungen, Beherrschung und Ausbeutung fremder Territorien.

Hinduismus
Aum- oder Omzeichen

> In den letzten Jahrhunderten wurde der **Einfluss des westlichen Kulturkreises** dominierend in der Welt.

Das ist vor allem zurückzuführen auf
- die industrielle Revolution, die Mitte des 18. Jh.s in England begann, und die Entwicklung des Kapitalismus,
- die Schaffung von Einflusszonen durch die Bildung von Kolonialreichen in Afrika, Asien und Lateinamerika,
- den wissenschaftlich-technischen Fortschritt, darin eingeschlossen die Entwicklung neuer Massenvernichtungswaffen – auch nuklearer Waffen,
- den besonders nach dem Zweiten Weltkrieg gewachsenen politischen und ökonomischen Einfluss der USA sowie der entwickelten Industrieländer Europas in der Welt.

Buddhismus
Rad des Gesetzes

Der **westliche Kulturkreis** ist in sich nicht homogen (einheitlich, gleich). Hier vollzogen sich Gewichtsverlagerungen von Europa nach den USA. Im Ergebnis des Zweiten Weltkrieges hat sich die Kluft weiter vertieft.

> Obwohl der westliche Kulturkreis auch in den kommenden Jahren seine Vormachtstellung behalten dürfte, zeichnet sich eine Bedeutungszunahme der anderen Kulturkreise ab.

Dafür sprechen besonders solche Fakten und Entwicklungen:
- die wachsende Wirtschaftskraft der asiatischen Staaten (jährliche Wachstumsraten des Bruttosozialprodukts);

- China belegte 2002 bereits den sechsten Platz im Außenhandel – hinter den USA, Deutschland, Japan, Großbritannien und Frankreich; 2008 wird geschätzt, dass China Weltexporteur Nummer 1 vor Deutschland ist;
- die Vervollkommnung des Nuklearwaffenpotenzials in China, Indien, Pakistan sowie die Bestrebungen nach Waffenbesitz und militärischer Aufrüstung in der islamischen Welt;
- die Erneuerung und das Wiederaufleben des Islam, Konfuzianismus, Buddhismus und Hinduismus sowie anderer nicht westlicher Religionen und Weltanschauungen auf der Grundlage einer starken Bevölkerungsentwicklung in den asiatischen und afrikanischen Ländern.

Mit dem erfolgreichen Start des Raumschiffs Shenzhou 5 wurde China nach Russland und den USA die dritte Nation mit eigener Infrastruktur für den bemannten Raumflug.

Vgl. Regionale Verteilung der Weltbevölkerung in den Jahren 2000 und 2050 (↗ S. 414)

Es wird vielfach angenommen, dass sich nicht nur eine ökonomische, militärische und politische Gewichtsverschiebung zwischen den Kulturkreisen vollzieht, sondern auch eine Zunahme der Religiosität der Menschen im 21. Jh.

Wirkungen der Globalisierung

> Die Globalisierung verstärkt widersprüchliche Entwicklungen **zwischen den Kulturkreisen** sowie ihre Rolle in der regionalen und der Weltpolitik.

Die globalen Verflechtungsprozesse zwingen die Kulturkreise zwar *einerseits,* sich gegenüber anderen Kulturen mehr zu öffnen, z. B. **multikulturelle Umgangsformen** zu entwickeln, andere Sprachelemente aufzunehmen, sich in eine Weltkunst einzubringen. Für die Weltreligionen ergibt sich daraus ihr Besonderes, andere Religionen zu tolerieren und sich auch gemeinsam mit ihnen in den Dienst der Menschheit zu stellen. *Andererseits* schotten sich die Kulturkreise auch nach außen ab. Das hängt damit zusammen, dass die Globalisierung in der Tendenz mit einer wirtschaftlichen und kulturellen Vereinheitlichung einhergeht, die die **lokalen Identitäten** – die Eigenheiten eines Volkes, seiner Geschichte und Traditionen – bedroht. Vor allem in Abwehr gegen die westliche Welt erfolgt eine Rückbesinnung auf ihre eigenen Identitäten, kulturelle Traditionen werden wieder entdeckt und gepflegt.

Vgl. Chancen und Gefahren der Globalisierung (↗ S. 392)

Das ist verbunden mit
- einem Anwachsen von Religionsgemeinschaften,
- der Belebung nationalistischer Äußerungsformen (wie im ehemaligen Jugoslawien),
- der Verbreiterung des religiösen Fundamentalismus, der bis zum fanatischen Terrorismus reichen kann.

Hinzu kommen **religiöse Bruchlinien,** die in den Weltregionen bestehen und aus denen neue Konflikte hervorgehen können:
- in Europa die Glaubensgrenzen zwischen katholischen und protestantischen Christen, z. B. im Nordirland-Konflikt, und zwischen katholischen und orthodoxen Christen, z. B. in den Balkan-Konflikten in Ex-Jugoslawien;
- im Nahen Osten zwischen sunnitischen und schiitischen Moslems, z. B. im Irak.

Projekt Weltethos

Das Parlament der Weltreligionen tagte im September 1993 in Chicago. Auch danach fanden mehrere Weltkonferenzen der Religionen statt, so 2006 in Kyoto.

Gegen die angebliche Unvermeidlichkeit des Zusammenpralls der Kulturen im 21. Jh. wendet sich das interreligiöse Projekt Weltethos. Es wird von der Grundüberzeugung getragen, dass kein Frieden unter den Nationen ohne Frieden unter den Religionen entstehen kann und dass dies den Dialog zwischen den Religionen erfordert. Mit einer „Erklärung zum Weltethos" haben sich Vertreter aller Religionen 1993 über Grundprinzipien eines Weltethos verständigt und auf vier Weisungen verpflichtet.

Grundprinzipien	Weisungen
Jeder Mensch muss menschlich behandelt werden. „Was du willst, dass man dir tu, das tue auch dem anderen."	• Verpflichtung auf eine Kultur der Gewaltlosigkeit und der Ehrfurcht vor dem Leben • Verpflichtung auf eine Kultur der Solidarität und eine gerechte Wirtschaftsordnung • Verpflichtung auf eine Kultur der Toleranz und ein Leben in Wahrhaftigkeit • Verpflichtung auf eine Kultur der Gleichberechtigung und Partnerschaft von Mann und Frau.

Der katholische Theologe HANS KÜNG (geb. 1928) gründete die Stiftung Weltethos, die nachhaltig für das Projekt wirkt – mit zahlreichen Publikationen, Kongressen und Tagungen.

Weltethos ist keine neue Weltideologie, auch keine einheitliche Weltreligion und keine Herrschaft einer Religion über andere.

Weltethos wird als ein **„Grundkonsens** bezüglich bestehender verbindender Werte, unverrückbarer Maßstäbe und persönlicher Grundhaltungen" (H. KÜNG) verstanden.

„Wir brauchen einige gemeinsame ethische Standards und deswegen arbeiten heute mehrere Gruppen daran, dieses Projekt Weltethos zu verwirklichen. Nämlich ein Minimum an gemeinsamen ethischen Werten, Maßstäben, Verhaltensweisen und vielleicht auch so etwas wie eine Parallelerklärung zur großen Menschenrechtserklärung der Vereinten Nationen von 1948." (HANS KÜNG in einem Interview mit CHRISTIAN HÖRBURGER am 30. 5. 1997)

Die Alternative zu einem Zusammenstoß der Kulturen wird in einer multikulturellen Welt gesehen, die sowohl Gemeinsamkeiten als auch Unterschiede kennt, jeglichen „Kulturexport" ablehnt und auf einem Minimalkodex an gemeinsamen Werten und Grundhaltungen beruht.

7.1.3 Globalisierung und Menschenrechte

Die Entwicklung der Weltgesellschaft bedarf einer Denkart und einer rechtlichen Grundlegung, die universell ist und jedem Menschen einen gleichen Freiheitsanspruch sichert. Dafür stehen die Menschenrechte, die es weltweit durchzusetzen gilt.

Universalismus ist eine Denkart, die den Vorrang des Allgemeinen, des Ganzen gegenüber dem Besonderen, dem Einzelnen betont.

> **Menschenrechte** fügen internationales und innerstaatliches Recht zusammen und regeln so die Beziehungen zwischen dem Individuum und dem Staat.
> Es sind Rechte, die den Menschen allein aufgrund ihres Menschseins gegeben sind, unabhängig von ihrer Zugehörigkeit zu einem Staat oder Kulturkreis. Menschenrechte sind im Anspruch universell.

Entwicklung der Menschenrechte

Vor mehr als 2000 Jahren entstand die Idee der Gleichheit aller Menschen als Idee eines natürlichen Rechts. Sie wurde im frühen Christentum und in anderen Religionen weiterentwickelt. Aber erst mit der Entstehung von Nationalstaaten in der Neuzeit erfolgte die Übertragung dieser Idee in die Welt der Politik und des Rechts. Die Naturrechtsphilosophen, vor allem JOHN LOCKE, begründeten den Schritt von der Idee der Menschenrechte zu ihrer konkreten Umsetzung im Staat.

„Alle Menschen sind frei und gleich an Würde und Rechten geboren", so beginnt die 1948 verkündete **„Allgemeine Erklärung der Menschenrechte".**

Von der 1215 in England erzwungenen „Magna Charta Libertatum" über die 1776 in den Vereinigten Staaten von Amerika in Kraft gesetzte „Virginia Bill of Rights" bis zur 1948 angenommenen „Allgemeinen Erklärung der Menschenrechte" und zur „Vienna Declaration and Programme of Action", die 1993 auf der Weltkonferenz über Menschenrechte verabschiedet wurde, hat sich eine bedeutende Entwicklung vollzogen.

Es lassen sich **drei Entwicklungsschritte** ausmachen:

1. Der erste entscheidende Schritt von der abstrakten Idee der Menschenrechte zur konkreten Umsetzung erfolgte mit ihrer Aufnahme in die Verfassungen Englands und der Vereinigten Staaten von Amerika. Seit dem 19. Jh. wurden sie als **Grundrechte** in die Verfassungen fast aller europäischer Staaten aufgenommen.
2. Die Menschenrechte wurden im konkreten staatlichen Recht verankert. Das ging einher mit der Entwicklung eines **Menschenrechtskatalogs**. Die „Virginia Bill of Rights" erhob solche Rechte wie das Recht auf Leben, auf Versammlungs- und Pressefreiheit oder das Wahlrecht zu unveräußerlichen Menschenrechten. Sie bilden seither den Kern der Menschenrechte.
3. Da Grundrechte und Grundfreiheiten der Menschen dem Wesen nach universell sind, konnten sie nicht auf den engen Rahmen eines Nationalstaates begrenzt bleiben. Mit der Gründung der **Vereinten Nationen** wurde die Voraussetzung dafür geschaffen, die Menschenrechte politisch und rechtlich universal umzusetzen.

Grundrechte sind Rechte, die ein Staat für seine Bürger setzt. Die Menschenrechte bilden dafür die Grundlage.

Die 1789 in Frankreich verabschiedete **„Erklärung der Menschen- und Bürgerrechte"** wies bereits über den Nationalstaat hinaus.

Globalisierung und Entwicklung

Dem Inhalt nach können **vier Generationen von Menschenrechten** unterschieden werden:

„Erste Generation" Freiheits- und Schutzrechte	„Zweite Generation" Gleichheits- und Sozialrechte	„Dritte Generation" Entwicklungsrechte	„Vierte Generation" Identitätsrechte
gelten als Individualrechte	gelten als Individualrechte	gelten als Kollektivrechte	gelten als Individual- und Kollektivrechte
Schutz vor staatlichen Eingriffen in die persönliche Rechtssphäre sowie in die Persönlichkeitssphäre, z. B. • Recht auf Leben • Gedanken-, Gewissens- und Religionsfreiheit	Fürsorge des Staates für seine Bürger, z. B. • Recht auf Arbeit • Recht auf Wohnung • Recht auf soziale Sicherheit • Recht auf Bildung	Wohlfahrtsziele der Staatengemeinschaft, z. B. • Recht auf Frieden • Recht auf eine eigene Entwicklung • Recht auf eine intakte Umwelt	betreffen Fragen der individuellen Verfasstheit, z. B. • Selbstverwirklichung • ethnische Zugehörigkeit • eigene Geschlechtsbestimmung • neue Rechtsfragen (Abtreibung, Sterbehilfe)

Umweltrechte gewinnen seit dem Weltumweltgipfel in Rio de Janeiro 1992 zunehmend an Bedeutung. **Identitätsrechte** tragen den Forderungen vieler Individuen und Kollektive Rechnung, sich selbst kontrollieren zu können.

Die **Rechte der dritten und vierten Generation** sind erst in den letzten Jahrzehnten zu den Menschenrechten hinzugekommen.

> Menschenrechte sind nicht ein für alle Mal festgelegt. Sie wandeln sich und müssen neuen Herausforderungen angepasst werden.

Den **Wandel der Menschenrechte** hat der bekannte norwegische Friedensforscher JOHAN GALTUNG mit folgender Metapher beschrieben:

> „Am 10. Dezember 1948 erblickte die Allgemeine Erklärung der Menschenrechte das Licht der Welt, geboren von der Vollversammlung der Vereinten Nationen. Das Ergebnis spiegelt treffend die jüdisch-christliche Kultur wider, einschließlich der Tendenz jener Kultur, sich selbst als universell zu betrachten. Fassen wir dies als Haltepunkt bei einer langen, möglicherweise endlosen Busfahrt auf. Es gibt weitere solche Halte. Neue Fahrgäste steigen ein. Es kommt im Bus zu einem Dialog. Vielleicht steigen auch einige Fahrgäste aus. Es gibt mehr solche Halte und neue Erklärungen (Deklarationen), wobei diese jedes Mal einen tieferen und breiteren Dialog der Zivilisationen widerspiegeln. Jede Kultur gibt etwas. Jede Kultur ist dankbar dafür, dass andere etwas beizutragen haben. ... Und wie die Reise voranschreitet, erzielen wir alle einen Gewinn aus wahrer Universalität, aus einer Universalität als einem niemals endenden Prozess, der alle Kulturen umfasst."
> (Menschenrechte – anders gesehen, Frankfurt a. M. 1994, S. 230 f.)

JOHAN GALTUNG (geb. 1930)

Kontrovers: Universalität und Menschenpflichten

Die weitere Ausformung und Durchsetzung der Menschenrechte im 21. Jh. schließt Streitpunkte und neue Fragen ein. Ein Kernpunkt ist ihre Universalität.

> **Universalität der Menschenrechte** bedeutet, dass sie an jedem Ort der Erde, unabhängig von spezifischen Bedingungen und Entwicklungen einzelner Staaten, gültig sind.

Das wird teilweise infrage gestellt, auch als Drohung seitens der westlichen Länder gewertet oder mit Änderungsvorschlägen bedacht.

So betrachten manche Vertreter **islamischer Staaten** die in den Menschenrechten angelegte Trennung von Staat und Religion sowie das Recht auf Religionsfreiheit als unvereinbar mit dem Islam. Politiker von **ASEAN-Staaten** unterbreiteten bereits den Vorschlag, die Menschenrechtserklärungen der Vereinten Nationen im Interesse der armen Länder umzuschreiben. Die Betonung der individuellen Freiheitsrechte sei in multiethnischen und multireligiösen Nationen der Dritten Welt – beispielsweise Malaysia – nicht angemessen.

Im November 1997 wurde den Vereinten Nationen eine **Erklärung der Menschenpflichten** übergeben, die vor allem angesichts der mit der Globalisierung zusammenhängenden Gefahren die Menschenrechtserklärung stützen und ergänzen soll. Sie ist das Ergebnis mehrjähriger Arbeit des InterAction Council, eines Zusammenschlusses ehemaliger Staatspräsidenten und Regierungschefs aus allen Kontinenten – unter ihnen auch der deutsche Altbundeskanzler HELMUT SCHMIDT. Diese Erklärung wird nach wie vor sehr kontrovers diskutiert.

Strittig sind auch folgende Fragen:
– Sind die Menschenrechte besser durch Mindeststandards oder durch Maximalrechte zu sichern?
– Ist die staatliche Souveränität höher zu bewerten als die Einmischung von außen zugunsten der Menschenrechte?

ASEAN: engl. Association of South-East Asian Nations; Vereinigung südostasiatischer Staaten, 1967 gegründet

Pro —— Erklärung der Menschenpflichten —— Kontra	
• Menschenrechte werden nur dann aktiv verwirklicht, wenn es auch eine Pflicht zur Wahrnehmung von Verantwortung gibt. • Die Ergänzung der Menschenrechte durch einen Katalog von Menschenpflichten kann der Gefahr, dass Freiheit zur Vorherrschaft der Starken und Mächtigen verkommt, weitestgehend entgegenwirken. • Eine Erklärung der Menschenpflichten käme wesentlichen Prinzipien asiatischer kultureller Traditionen entgegen.	• Menschenrechte können weder erworben noch veräußert werden; sie sind natürliche Rechte und bedürfen keiner Pflichtenerklärung. • Die Verabschiedung von Menschenpflichten könnte eine autoritäre Einschränkung von Menschenrechten nach sich ziehen. • Die Menschrechtserklärung enthält bereits in Art. 29 Pflichten. • In der Realpolitik würde eine Erklärung zu Menschenpflichten weder Akzeptanz finden noch befolgt werden.

Artikel 29 der Allgemeinen Erklärung der Menschenrechte legt u.a. fest:
„Jeder hat Pflichten gegenüber der Gemeinschaft, in der allein die freie und volle Entfaltung seiner Persönlichkeit möglich ist."

Menschenrechtsverletzungen

Skulptur vor dem UN-Gebäude in New York

Für den **Schutz der Menschenrechte** wurden internationale und regionale Gremien geschaffen, so 1993 das Amt des UN-Hochkommissars für Menschenrechte oder 1998 der Internationale Strafgerichtshof zur Verfolgung von Völkermord, Verbrechen gegen die Menschlichkeit, Kriegsverbrechen sowie des Verbrechens des Angriffskrieges und der Rat für Menschenrechte 2006.

Der **Schutz der Menschenrechte** ist weltweit eines der erklärten Ziele der Vereinten Nationen. Es wird international und regional mit vielfachen Bemühungen verfolgt. Dennoch stellen UN-Beobachter und Menschenrechtsorganisationen jährlich weltweit unzählige **Menschenrechtsverletzungen** fest.

Menschenrechtsverletzungen sind Verstöße gegen die Menschenrechtsnormen, die in der Allgemeinen Erklärung der Menschenrechte, in den UN-Pakten von 1966 und in anderen Dokumenten niedergelegt sind.

Sie entstehen vor allem durch
- Kriege und Bürgerkriege, besonders wenn ethnische, nationale oder religiöse Konflikte zugrunde liegen – z. B. im Sudan (Darfur);
- totalitäre und diktatorische Machtausübung – z. B. der Roten Khmer in Kambodscha (1975–1979);
- Verteilungskämpfe in Staaten, in denen der Gegensatz zwischen Arm und Reich wächst;
- ökologische Katastrophen und Ressourcenknappheit in bestimmten Regionen der Welt, z. B. Wasserknappheit in Subsahara-Afrika.

Dimensionen der Menschenrechtsverletzungen			
in Gesetzen und kulturellen Traditionen	in den Arbeitsbedingungen und Handelsstrukturen	im Alltag	in Kriegen, Gefängnissen und Ausnahmesituationen
• keine freien Wahlen • Vorenthaltung von Rechten für Frauen • Apartheid (Rassentrennungspolitik)	• ungleiche Bezahlung • schlechtere Arbeitsplätze • Kinderarbeit	• Menschenhandel • Körperverletzung • Diskriminierung • Obdachlosigkeit • Zwang zur Prostitution	• Folter • Mord • Vertreibungen • Verschleppungen • Vergewaltigungen

International tätige **Menschenrechtsorganisationen** sind:
- Amnesty International,
- Human Rights Watch,
- One World.

Neben den UN-Organisationen sind **internationale Organisationen** tätig, die sich weltweit für den Schutz der Menschenrechte einsetzen. Sie verfolgen vier Ziele:
- den Opfern von Menschenrechtsverletzungen zu helfen (Solidarität),
- drohende Menschenrechtsverletzungen vorausschauend zu verhindern (Prävention),
- Strukturen zu initiieren oder zu schaffen, die eine Wiederholung von Menschenrechtsverletzungen verhindern,
- sich in der Menschenrechtserziehung zu engagieren.

7.2 Globale Probleme und Herausforderungen

Seit dem Ende des 20. Jh.s stehen die Gesellschaften vor der Herausforderung, eine **Vielzahl globaler Gefährdungen** und unterschiedlicher Problemlagen bewältigen zu müssen. Das betrifft vor allem:
- die sich weiter vertiefende Kluft zwischen den reichen Ländern des Nordens und den armen Ländern des Südens, zwischen den Gewinnern und den Verlierern der Globalisierung,
- die weltweit verbreitete Armut und ihre Wechselwirkung mit ungezügeltem Bevölkerungswachstum, mit beschleunigtem Verbrauch von Naturressourcen, mit der existenziellen Bedrohung durch Hunger und Wassermangel,
- die globalen und regionalen Flüchtlings- und Migrationsströme,
- die zunehmenden Umweltzerstörungen, die die Existenz der Menschheit bedrohen,
- das Anwachsen der internationalen Verschuldung und die Verschärfung wirtschaftlicher und sozialer Probleme in den ärmsten Ländern,
- den weltweit vernetzten Menschenhandel – Frauen- und Kinderhandel, Entführungen, wobei Europa ein großer Umschlagplatz ist,
- den weltweiten Drogen- und Waffenhandel als organisierte Wirtschaftskriminalität.

7.2.1 Nord-Süd-Gefälle

In der Welt hat sich ein **Nord-Süd-Gefälle** herausgebildet. Es widerspiegelt den wirtschaftlichen und sozialen Rückstand der Entwicklungsgesellschaften Afrikas, Asiens und Lateinamerikas gegenüber den Industriegesellschaften der nördlichen Erdhalbkugel.

Die Globalisierung trägt zwar generell zur effizienteren Nutzung wirtschaftlicher Ressourcen bei und stimuliert Wachstum. Die einzelnen Staaten und Staatengruppen sind jedoch unterschiedlich davon betroffen, je nach ihrer Wettbewerbsfähigkeit auf dem Weltmarkt.

So hat sich die Einkommensschere zwischen dem reichsten Fünftel und dem ärmsten Fünftel der Weltbevölkerung in den letzten 30 Jahren immer weiter geöffnet.

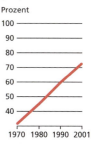

Der Abstand wächst

Abstandsverhältnis vom Einkommen des reichsten Fünftels zum Einkommen des ärmsten Fünftels der Weltbevölkerung (BSP)

Quelle: UNDP, Weltbank 2002

Das Vermögen der drei reichsten Menschen auf der Erde ist größer als das Bruttoinlandsprodukt der 49 am wenigsten entwickelten Länder, in denen 600 Mio. Menschen leben.
Das durchschnittliche Familieneinkommen war 2001 z. B. in den USA 60-mal höher als in Äthiopien.

Slum und moderne Hochhäuser in Luanda

Der Abstand zwischen den armen Ländern des Südens und den reichen Ländern des Nordens wächst weiter. Zugleich zeigt sich, dass die **Grenze zwischen Arm und Reich** nicht mehr nur zwischen den Ländern des Nordens und des Südens, sondern zunehmend auch zwischen Gewinnern und Verlierern der wirtschaftlichen Globalisierung verläuft, d. h.
– zwischen einzelnen Entwicklungsländern,
– zwischen Bevölkerungsgruppen und Regionen einzelner Länder,
– zwischen Männern und Frauen.

Das **BSP** spiegelt den Gesamtwert aller in einer Volkswirtschaft innerhalb eines Jahres erzeugten Sachgüter und erbrachten Dienstleistungen wider, ohne die Arbeitsleistung von Ausländern.

– Das Pro-Kopf-Einkommen in Ostasien hat sich seit 1980 mehr als verdreifacht. 2006 hat es in China 1740 US-Dollar erreicht, dagegen sank es im subsaharischen Afrika.
– Die Unterschiede zwischen den Geschlechtern sind nach wie vor groß: 70 % der 1,2 Mrd. extrem Armen sind Frauen („Feminisierung der Armut"). In der Lebenserwartung und den Bildungschancen sowie dem Pro-Kopf-Einkommen haben die Frauen weltweit nicht die gleichen Chancen wie Männer.

Indikatoren des Entwicklungs- und Wohlstandsgefälles

Als ein wichtiger Indikator („Anzeiger") des Entwicklungs- und Wohlstandsgefälles zwischen den Staaten des Nordens und des Südens gilt das **Bruttosozialprodukt (BSP)**. Der Trend ist, dass das Gefälle beim Pro-Kopf-Einkommen zwischen den OECD-Ländern und den Entwicklungsländern insgesamt immer größer wird, auch wenn die Anzahl der ärmsten Länder schwankend ist. Die Mehrzahl von ihnen befindet sich im subsaharischen Afrika. 2005 waren die Menschen in Norwegen 40 Mal reicher als die Menschen in Niger.

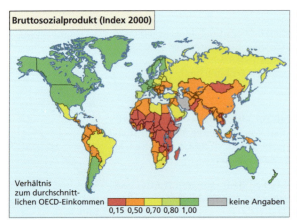

Während der Indikator BSP lediglich ökonomische Fakten darstellt und Auskunft über den statistischen Durchschnitt gibt, drücken die sozialen Indikatoren die ungleiche Verteilung der Lebenschancen deutlicher aus.

Der jährlich durch die Vereinten Nationen ermittelte **Momentzustand der menschlichen Entwicklung** (Human Development Index, **HDI**) trifft weitere Aussagen über den sozioökonomischen Entwicklungsstand der Länder. Aus der Vielzahl der möglichen Variablen berücksichtigt der HDI zur Einschätzung auch Bildung, Gesundheit, Lebenserwartung, den durchschnittlichen Schulbesuch, den Anteil der alphabetisierten Erwachsenen oder die reale Kaufkraft des Pro-Kopf-Einkommens.

Die Reichen
- Island 1
- Norwegen 2
- Australien 3
- Kanada 4
- Irland 5
- Schweden 6
- Schweiz 7
- Japan 8
- Niederlande 9
- Frankreich 10

Rangfolge der Nationen (2007)
nach dem UN-Index der menschlichen Entwicklung
(misst Wohlstand, Bildung, Lebenserwartung der Bevölkerung)

Die Armen
- 168 Demokratische Republik Kongo
- 169 Äthiopien
- 170 Tschad
- 171 Zentralafrikanische Republik
- 172 Mosambik
- 173 Mali
- 174 Niger
- 175 Guinea-Bissau
- 176 Burkina Faso
- 177 Sierra Leone

Nach wie vor ist die Zahl der Menschen in den Entwicklungsländern, die von Armut und Perspektivlosigkeit betroffen sind, sehr hoch.

Von den 4,7 Mrd. Menschen, die in den ärmsten Ländern leben,
– sind 1,2 Mrd. Menschen extrem arm, d. h. ein Fünftel der Weltbevölkerung muss mit weniger als einem US-Dollar pro Tag auskommen,
– können 113 Mio. Kinder keine Schule besuchen und 880 Mio. Jugendliche weder lesen noch schreiben,
– haben 800 Millionen Menschen keine ärztliche Versorgung und droht die schnelle Ausbreitung von HIV-Infektionen insbesondere auf dem afrikanischen Kontinent.

Diese Probleme im sozialen Bereich stehen in einem engen wechselseitigen Zusammenhang mit der Unterentwicklung.

Unterentwicklung

Unterentwicklung kennzeichnet den **Rückstand der Entwicklungsländer** gegenüber den Industrieländern. Das ist eine Folge der überwundenen kolonialen Herrschaft und hängt mit den weltwirtschaftlichen Rahmenbedingungen zusammen.

Sie umfasst die wirtschaftliche Situation ebenso wie die gesellschaftlichen und politischen Faktoren, die die Entwicklung behindern. Unterentwicklung ist demzufolge ein Strukturproblem.

Globalisierung und Entwicklung

Unterentwicklung ist zurückzuführen auf	
interne Faktoren	**externe Faktoren**
Ursachen, die in den Entwicklungsländern selbst bestehen, wie • überkommene Strukturen in Wirtschaft und Gesellschaft • Konzentration der Erwerbstätigkeit und Produktion auf traditionelle Sektoren (Landwirtschaft, Rohstoff-Förderung) • niedrige Produktivität der Arbeit • traditionelle Sozialstrukturen (z. B. Clanstrukturen) • instabile politische Ordnung („schwacher Staat", Korruption) • ethnische Gegensätze und Konflikte • Kapitalmangel und Kapitalflucht, schwache Investitionstätigkeit • Zerstörung natürlicher Lebensgrundlagen (Raubbau an Rohstoffen, Rodungen, Grundwasserverunreinigung) • hohe Rüstungsausgaben und Kriege • Bevölkerungswachstum • „Teufelskreise" der Armut	Gründe, die außerhalb der Entwicklungsländer liegen, wie • Verschlechterung der Austauschbedingungen (terms of trade) im Welthandel zulasten der armen Länder • Ausbeutung durch „ungleichen Tausch" auf der Grundlage unterschiedlicher Produktivität in Industrie- und Entwicklungsländern • Last hoher Auslandsverschuldung und „Schuldenfalle" • protektionistische Handelsbarrieren gegen die Entwicklungsländer (z. B. Agrar- und Textilprotektionismus) (Zwischen internen und externen Faktoren besteht oft ein enges Wechselverhältnis.)

Wer von durchschnittlich weniger als einem Dollar pro Tag (in jeweiliger Preisumrechnung) leben muss, gilt als absolut arm.

Armut ist das entscheidende Merkmal von Unterentwicklung. Sie ist weltweit verbreitet, wenn auch regional unterschiedlich. In den Entwicklungs- und einigen Transformationsländern ist Armut ein Massenproblem.

Armut entsteht vor allem durch das Fehlen aller Möglichkeiten, die eigene Lebenssituation selbst zu gestalten.

Nach einem Bericht über die menschliche Entwicklung 2002, Entwicklungsprogramm der Vereinten Nationen (UNDP) New York

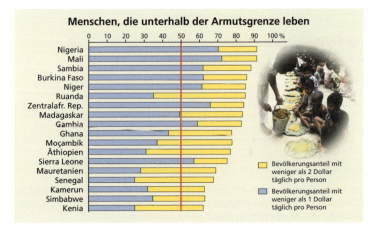

Der enge Zusammenhang zwischen Ursachen und Wirkungen der Armut hat zu der weitverbreiteten Annahme geführt, dass Armut in Teilen der Welt unausweichlich sei. Man spricht deshalb auch von den **„Teufelskreisen der Armut"**.

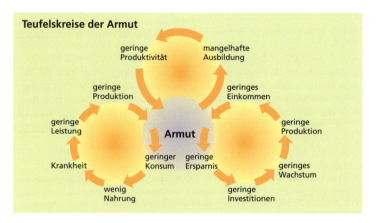

„Teufelkreise der Armut" ist eine modellhafte Erklärung von Unterentwicklung. Dabei werden einzelne Merkmale der Entwicklungsländer in einer Kette von Ursachen und Wirkungen aneinandergereiht.

Armut kann schrittweise beseitigt werden, wenn es gelingt, die Abfolge von Ursachen und Wirkungen zu durchbrechen, z. B.
- die Wechselwirkung zwischen Bevölkerungsexplosion und Zerstörung der natürlichen Lebensgrundlagen durch Geburtenkontrolle,
- die Wechselwirkung von Armut, Gewalt und Flucht durch die friedliche Beilegung von Konflikten.

Armutsbekämpfung ist eine politische Aufgabe, die auf regionaler, nationaler und internationaler Ebene ansetzen muss.

Ressource, franz. = Hilfsmittel, Reserven

7.2.2 Ressourcenknappheit

Industrialisierung und starkes Bevölkerungswachstum führten in den letzten Jahrzehnten zu einer quantitativen und qualitativen **Erweiterung des Verbrauchs natürlicher Ressourcen** und zu einer Verschärfung der damit verbundenen Umweltprobleme.

Der Ressourcenbegriff im *engeren Sinn* bezieht sich auf Naturressourcen: natürliche Gegebenheiten, die durch den Menschen nutzbar gemacht werden; dazu gehören Rohstoffe, Wasser, Luft, Böden und Energiequellen, die für die wirtschaftliche Tätigkeit des Menschen produktions- und lebenswichtige Bedeutung haben. Im *weiteren Sinn* werden unter Ressourcen neben den Naturressourcen auch Arbeitskräfte und finanzielle Mittel verstanden.

Die Verbrennung fossiler Energieträger wie Kohle, Erdöl, Gas und Holz hat z. B. den Ausstoß von CO_2 und anderen Treibhausgasen in die Atmosphäre deutlich erhöht.
Wie in einer Studie der Bundesanstalt für Geowissenschaften und Rohstoffe 2004 festgestellt wurde, werden die nicht erneuerbaren Energieträger in absehbarer Zeit erschöpft sein: Die bekannten Vorräte an Erdöl reichen noch 45 Jahre, die an Erdgas noch 67 Jahre und die an Steinkohle noch 178 Jahre. In zwanzig Jahren wird die Hälfte des Benzins aus Kohle gewonnen werden, weshalb die Förderungen schon bald Höchstwerte erreichen werden. Dann werden alle Rohstoffe sehr teuer, wobei Rohstoffe ersetzt werden können, Öl jedoch vorerst nicht. Eine Energiesicherheit gibt es derzeit nicht.

Globalisierung und Entwicklung

Die Industrieländer nehmen die natürlichen Ressourcen überproportional in Anspruch. Ihr Reichtum, aber auch die Armut in den Entwicklungsländern beeinträchtigen eine umweltverträgliche Ressourcennutzung.

Umgang mit Naturressourcen	
in der reichen Welt	**in der armen Welt**
• Cirka 800 Mio. Menschen in den Industrieländern des Nordens verbrauchen drei Viertel des globalen Energieangebots. • In den Ländern des Nordens verbraucht ein Mensch neun- bis zwölfmal so viele Rohstoffe wie ein Mensch der südlichen Länder. • Ein Haushalt in den USA verwendet zwölf- mal so viel Wasser wie ein Haushalt im subsaharischen Afrika.	Der tägliche Kampf ums Überleben vor allem in Asien und Afrika hat den rücksichtslosen Umgang mit natürlichen Ressourcen zur Folge, z. B. • Raubbau an natürlichen Gewässern, • Brandrodung zur Gewinnung von Ackerflächen, • Übernutzung von Ackerböden und Weideflächen.

Hunger und Unterernährung

Die Karte verdeutlicht den Anteil der Unterernährten an der Gesamtbevölkerung (2000). Quelle: Enquetebericht des Deutschen Bundestages 2002, S. 334

Angesichts des Wachstums der Weltbevölkerung wird die **Versorgung mit Nahrungsmitteln** zu einem Hauptproblem.

Trotz der weltweit ausreichenden Menge an Nahrungsmitteln sind zu Beginn des 21. Jh.s 826 Mio. Menschen von Hunger und Unterernährung betroffen, davon 792 Mio. in Entwicklungsländern und 34 Mio. in Ost- und Mitteleuropa. Eine weitere Milliarde Menschen hat ständig Ernährungsprobleme.

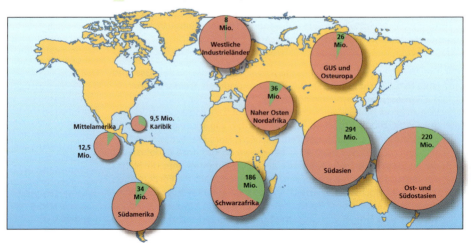

Die **Ursachen von Hunger** und Unterernährung sind vielschichtig. Sie hängen zusammen mit:
- den natürlichen Umweltbedingungen und Naturkatastrophen (Dürren, Überschwemmungen, Erdbeben),
- dem von Menschen verursachten Klimawandel,
- dem Versagen von Politik (fehlerhafte Wirtschaftsstrategie, Diskriminierung, Korruption, Krieg),
- der Armut,
- der Bevölkerungsentwicklung,
- Monokulturen in der Landwirtschaft und einseitiger industrieller Spezialisierung.

Unterernährung ist nicht so sehr ein Problem der in einer Region, einem Land oder weltweit produzierten Nahrungsmittelmenge, sondern vielmehr eine Frage, inwieweit der Bevölkerung der Zugang zu Nahrung ermöglicht wird.

Wassermangel

> Der **Zugang zu Wasser** entscheidet über die Bedingungen der Produktion, über Wohlstand und Einfluss. Aber Wasser ist ein **knappes Gut**.

Mehr als 430 Mio. Menschen in 28 Ländern leiden unter Wassermangel bzw. -knappheit. Berechnungen der Vereinten Nationen gehen davon aus, dass in 25 Jahren voraussichtlich 2,6 Mrd. Menschen betroffen sein werden.

Wasserknappheit: < 1 700 m^3/Kopf und Jahr;
Wassermangel: < 1 000 m^3/Kopf und Jahr

Die auf der Erde verfügbaren Süßwasserressourcen (1,94 % der Gesamtwassermenge von 1,45 Mrd. km^3 auf der Erde) sind regional ungleich verteilt. Während die Länder des Nordens reichlich mit der Wasserressource ausgestattet sind, leiden viele Länder Afrikas, Asiens und Lateinamerikas unter Wassermangel.

Täglicher Pro-Kopf-Trinkwasserverbrauch, z. B.:
3 100 l in Südkalifornien (für jede Art der Nutzung),
700 l (Durchschnitt) in den USA,
130 l in Deutschland,
30 l in der Sahelzone,
25 l in Indien

Mit Wasser wird sehr unterschiedlich umgegangen. Hoher Wasserverbrauch in den Industrieländern und Wasserverschwendung selbst in Trockengebieten einiger Länder erfolgt auf Kosten anderer Regionen.

Aus der unterschiedlichen Verfügbarkeit über Wasser resultieren viele verschiedene Konflikte und Problemlagen.

Folgen von Wassermangel und -verschmutzung		
ökologisch	gesundheitlich	Entstehen von Interessengegensätzen und Konflikten
Eingriffe in den Wasserhaushalt führen u. a. • zu Klimaveränderungen, • zu Bodenschädigungen, • zur Übernutzung und Verschmutzung des Oberflächen- und Grundwassers, • zur Übernutzung durch Landwirtschaft und städtische Ballungsräume, • zur Beeinträchtigung der biologischen Vielfalt.	• Verunreinigtes Trinkwasser verursacht Krankheiten: Jährlich sterben 2,6 Mio. Kinder an Krankheiten, die durch unsauberes Wasser übertragen werden. • Unzureichende Wasserentsorgung fördert die Verbreitung von Krankheiten. • Wassermangel fördert Armut und bedroht das menschliche Leben.	• zwischen Trink- und Brauchwassernutzung in Haushalten, in der Landwirtschaft, der Industrie, im Gewerbe und öffentlichen Bereich (z. B. Schwimmbäder) • zwischen Anrainerstaaten von Flüssen durch Ableitung von Quellwasser und Staudämme • durch Umweltflüchtlinge, die Wasser suchen

7.2.3 Migration und Bevölkerungswachstum

migrare, lat. = auswandern, wegziehen

Die fortschreitende ökonomische, politische und kulturelle Verflechtung in der Welt führt dazu, dass immer mehr Menschen ihren Lebensraum verlagern. Dies geschieht freiwillig, zumeist aber durch Zwang, für einen begrenzten Zeitraum oder dauerhaft. Solche Wanderungen werden als **Migration** bezeichnet.

Die Wanderungsbewegungen sind ein Indiz dafür, dass Ungleichheiten und soziale Verwerfungen weltweit zunehmen.

Nach rechtlichen Kriterien gehören zu den Migranten auch illegale bzw. irreguläre Zuwanderer, die ohne Zustimmung des Aufnahmelandes in demselben weilen oder ihren Aufenthalt ohne behördliche Genehmigung verlängert haben (Vertragsarbeiter, Hausangestellte, Flüchtlinge, Touristen).

Es gibt verschiedene **Gruppen von internationalen Migranten** und vielfältige Ursachen für Migration.

Gruppen von internationalen Migranten	
auf Dauer bleibend	auf Zeit bleibend
• Einwanderer (vor allem in die USA, Kanada, Australien) • Volkszugehörige/Aussiedler (z. B. aus ehemaligen Kolonien Frankreichs und Großbritanniens, Deutsche aus Polen und der GUS)	• Arbeitsmigranten (Vertrags- und Saisonarbeiter) • Hochqualifizierte und Spezialisten (Manager, Ingenieure, Künstler, Akademiker, Sportler u. a.) • Flüchtlinge/Verfolgte

Globale Probleme und Herausforderungen

Flüchtlinge befinden sich in der Situation erzwungener Migration.

> Im Sinne des Völkerrechts sind **Flüchtlinge** Menschen, die ihr Heimatland aus begründeter Furcht vor Verfolgung wegen ihrer Rasse, Religion, Nationalität, politischen Überzeugung oder der Zugehörigkeit zu einer bestimmten sozialen Gruppe verlassen haben.

Politische Flüchtlinge sind eine besondere Gruppe von Migranten, da sie einen auf die Menschenrechte begründeten Anspruch auf Aufnahme (Asyl) haben. Die internationalen Flüchtlinge, die sich außerhalb ihres Heimatlandes befinden und in einem anderen Staat politisches Asyl suchen, werden durch den Hohen Flüchtlingskommissar der Vereinten Nationen (UNHCR) betreut.

> Im Jahr 2007 betreute der UNHCR weltweit fast 33 Mio. Flüchtlinge, die sich vor allem auf Afrika (9,7 Mio.), Asien (15 Mio.) und Europa (3,4 Mio.) konzentrieren. Die Gesamtzahl der Flüchtlinge wird jedoch weltweit auf 50 Mio. geschätzt.

De-facto-Flüchtlinge stellen den größten Teil der Flüchtlinge und Asylbewerber dar. Ihnen droht zwar Gefahr für Leib, Leben oder Freiheit, sie werden aber nicht durch staatliche Organe verfolgt.

Schwerpunkte der weltweiten **Flüchtlingsströme** sind vor allem Bürgerkriegsgebiete und Katastrophenregionen in Afrika und Südwestasien. Die aufnehmenden Länder sind oft ebenfalls sehr arm. Deshalb sind die sich verschärfenden Probleme hinsichtlich der Grundversorgung mit Ernährung, Wasser, Kleidung, Unterkunft und medizinischer Betreuung zumeist nur mit internationaler Hilfe zu bewältigen. Zu den größten Herkunftsländern im Jahr 2000 gehörten Afghanistan, Burundi, Irak, Sudan und Bosnien-Herzegowina.

Ein Drittel aller Flüchtlinge stammte in den 1990er-Jahren aus Afrika. Hinzu kamen viele **Binnenflüchtlinge**. Das sind Menschen, die innerhalb eines Landes aus ihren angestammten Wohngebieten vertrieben wurden.

Die meisten Flüchtlinge wurden in den letzten Jahren aufgenommen von Pakistan, Iran, Tansania, Uganda und Tschad.

Die von 137 Staaten (Jahr 2000) unterzeichnete **Genfer Flüchtlingskonvention** (GFK) von 1951 ist die Grundlage des internationalen Flüchtlingsrechts. Sie definiert, wer ein politischer Flüchtling ist, und verbietet grundsätzlich, Flüchtlinge in Gebiete auszuweisen oder abzuschieben, in denen ihr Leben und ihre Freiheit bedroht sind. Regierungen, die UN- oder regionale Flüchtlingsabkommen unterzeichnet haben, erkennen diese an. De-facto-Flüchtlinge fallen nicht unter die Genfer Konvention.

Ursachen der Migration

Die Migrationsursachen hängen mit Druck- oder Zwangssituationen in den Herkunftsländern der Migranten, aber auch mit Sogwirkungen bestimmter Aufnahmeländer zusammen.

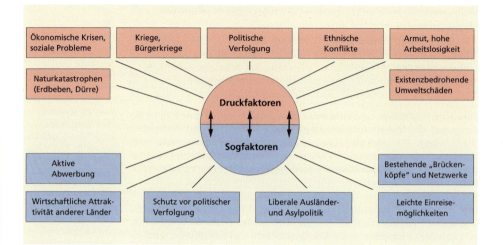

Globale Migrationsströme

Für das Jahr 2050 werden 230 Mio. Migranten prognostiziert.

Die Zahl der Menschen, die nicht mehr in ihrem Geburtsland leben, hat sich in der Zeit von 1990 bis 2003 mehr als verdoppelt. Nach Angaben des UN-Bevölkerungsfonds waren es 1990 75 Mio., im Jahr 2003 aber bereits 175 Mio. Menschen, die ausgewandert sind. Dabei sind neun von zehn Migranten aus wirtschaftlichen Gründen (Arbeitsmigranten) und nur einer aus politischen Gründen abgewandert.

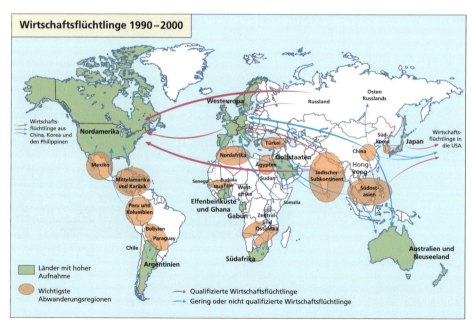

In den letzten Jahrzehnten sind **neue** Erscheinungen und Tendenzen im Migrationsprozess sichtbar geworden:

Über die klassischen **Einwanderungsländer** USA, Kanada und Australien hinaus sind erheblich mehr Länder zu Zielgebieten für Zuwanderer geworden.	– Im Durchschnitt wandern seit der Jahrtausendwende etwa 700 000 Personen jährlich in die EU ein. – In Westeuropa leben mehr als 20 Mio. Arbeitsmigranten. – In Deutschland leben 2002 etwa 5 Mio. Migranten, in Frankreich und Großbritannien jeweils etwa 4 Mio.
Mit dem Entstehen neuer Wirtschaftszentren ist auch die Zahl der **Aufnahmeländer** gewachsen.	Wichtige Aufnahmeländer sind: Japan und verschiedene Länder Asiens (z. B. Malaysia, Singapur), Saudi-Arabien und Vereinigte Arabische Emirate, Australien, Nordamerika und Westeuropa (Deutschland, Frankreich, Benelux, Schweiz).
Seit den 1980er-Jahren hat die Zahl der **Abwanderungsländer** stark zugenommen.	Länder mit hoher Abwanderung sind: Länder Süd- und Ostasiens (z. B. China, Philippinen), einige Staaten Mittelamerikas und der Karibik (Mexiko, Kuba, Haiti), Marokko, Türkei, Jemen, osteuropäische Staaten.
Die Zahl und der Anteil von **Migrantinnen** haben sich deutlich erhöht.	Etwa die Hälfte der Migranten sind nach Schätzungen Frauen. (Von den 3,5 Mio. philippinischen Bürgern, die im Ausland leben, sind z. B. 60 % Frauen.) Vielfach werden sie zur Arbeit gezwungen und sexuell ausgebeutet.
Die internationale Migration findet überwiegend **zwischen** den Entwicklungsländern statt.	Etwa 90 % der Flüchtlinge, die wegen Bürgerkrieg, Verfolgung, Natur- oder Umweltkatastrophen ihr Land verlassen, suchen in den Ländern des Südens Schutz.

Folgen von Migration

Die Folgen grenzüberschreitender Wanderungsbewegungen betreffen sowohl die Auswanderungs- als auch die Einwanderungsländer. Sie haben positive Wirkungen, bergen aber auch Risiken.

Die **Industrieländer** verzeichnen Gewinne vor allem durch
- die Stabilisierung der Erwerbsbevölkerung durch dauerhafte Niederlassung von Arbeitsmigranten,
- die Zunahme des qualifizierten Arbeitskräftepotenzials (z. B. durch die Anwerbung von Computerspezialisten),
- die kulturelle Bereicherung des gesellschaftlichen Lebens.

Zugleich entstehen Risiken in diesen **Aufnahmestaaten** hinsichtlich
- der Gefährdung der inneren Stabilität und des sozialen Friedens (z. B. durch Import politischer und ethnischer Konflikte, durch Ausbreitung von Drogenhandel und organisiertem Verbrechen);
- der Beeinflussung der bilateralen Beziehungen zwischen Herkunfts- und Zielländern (z. B. durch Instrumentalisierung der Flüchtlinge und Migranten für außenpolitische und außenwirtschaftliche Interessen);
- der Destabilisierung von wichtigen Regionen für die Industriestaaten.

Ohne weitere Zuwanderung wird Europas Bevölkerung im 21. Jh. stark altern und schrumpfen (niedrige Kinderzahlen, steigende Lebenserwartungen). Deutschland benötigt schätzungsweise eine jährliche Zuwanderung von 400 000 Menschen, um die Erwerbsbevölkerung zu stabilisieren.

Seit 1990 sollen jährlich im Durchschnitt etwa 23 000 Experten Afrika verlassen haben, darunter allein 50 % aus Nigeria, dem bevölkerungsreichsten Staat des Kontinents.

Gegenwärtig wird allein in China die Zahl der Menschen, die in den Städten und in den wirtschaftlich aufblühenden Küstenprovinzen nach Arbeit suchen, auf über 100 Mio. geschätzt.

Für die **Abwanderungsländer** sind die Folgen der Migration noch widersprüchlicher. Wegen des wirtschaftlichen Nutzens der Arbeitsmigration zeigt sich einerseits ein Interesse vor allem seitens der Regierungen der Entwicklungsländer an offenen Arbeitsmärkten (Entlastung des eigenen Arbeitsmarktes, Devisenüberweisungen aus dem Ausland). Andererseits gehen den betreffenden Ländern durch Abwanderung bzw. gezielte Abwerbung von Ärzten, Ingenieuren, Technikern, Wissenschaftlern und anderen Berufsgruppen nicht nur Teile der in die Bildung von Humankapital geflossenen Investitionen, sondern gerade auch dringend benötigte Fachkräfte und Experten verloren.

Bevölkerungswachstum und Migration

Das **Anwachsen der Migration** hängt wesentlich mit der Zunahme der Weltbevölkerung und den damit verbundenen ökonomischen, sozialen und ökologischen Problemen zusammen. Der prognostizierte schnelle Bevölkerungszuwachs von gegenwärtig sechs auf acht Milliarden bis 2025 und auf 9,4 Mrd. Menschen bis 2050 wird zu 95 % in den Entwicklungsländern erfolgen, vor allem in Asien.

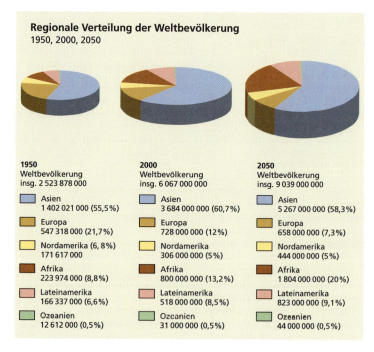

Regionale Verteilung der Weltbevölkerung 1950, 2000, 2050

Der ehemalige UN-Generalsekretär KOFI ANNAN (geb. 1938) bezeichnete das 21. Jh. als beginnendes „Jahrtausend der Städte".

„**Jahrtausend der Städte**"

Migration trägt in besonderem Maße zum **Wachstum der Städte** bei. Dabei zeigt sich der Trend, dass die Stadtbevölkerung erheblich schneller wächst als die Weltbevölkerung insgesamt.

Der Grad der Urbanisierung (Verstädterung) hat sich in den letzten fünf Jahrzehnten von 30 auf 47 % erhöht, die Zahl der in Städten lebenden Menschen von 740 Mio. auf 2,9 Mrd. mehr als verdreifacht. Nach Schätzungen wird 2007 die Mehrzahl der Menschen auf der Erde in einer Stadt leben, zwei Drittel von ihnen in Entwick-lungsländern.

Im Jahr 2020 werden sich voraussichtlich neun der zehn bevölkerungsreichsten Städte der Welt in Entwicklungsländern befinden, davon allein drei in Indien. Die Anzahl der **Megastädte** wird sich in den nächsten 15 Jahren von gegenwärtig 19 auf 23 erhöhen.

Megastädte sind Städte mit jeweils mehr als 10 Mio. Einwohnern. Im Jahr 2000 gehörten dazu: Tokio (26,4 Mio.), Mexiko City und Bombay (jeweils 18,1 Mio.), São Paulo (17,8 Mio.), New York (16,6 Mio.).

Im Gegensatz zu den Industrieländern hat die **Verstädterung in den Entwicklungsländern** eine andere Qualität:
1. Infolge der größeren Bevölkerungszahlen und der hohen Wachstumsraten der Bevölkerung ist die Dynamik der Verstädterung weitaus stärker.
2. Während in Europa und Nordamerika die Städte die Zentren der Industrialisierung waren und den Zuwanderern neue Arbeitsplätze boten, reichen die Arbeitsplatzangebote in den meisten Entwicklungsländern bei weitem nicht aus. Damit erfolgt eine Verlagerung von ländlicher Armut in die städtischen Slums.

Mexiko City ist z. B. in nur 30 Jahren von einer Million auf acht Mio. Einwohner angewachsen, London brauchte dafür 130 Jahre.

Migrations- und Bevölkerungspolitik

Unter Globalisierungsbedingungen sind **Migrationsbewegungen** kaum noch steuerbar. Sowohl die Akteure wie die Ursachen und die Dynamik des Prozesses entziehen sich dem unmittelbaren staatlichen Einfluss. Deshalb bieten nur international konzipierte Strategien Aussicht auf Beherrschbarkeit.

> Die wichtigste Aufgabe besteht darin, die strukturellen Ursachen der Flüchtlings- und Migrationsbewegungen zu beseitigen.

Dabei geht es vor allem darum, das Bevölkerungswachstum einzudämmen und die „Teufelskreise der Armut" (↗ S. 407) zu durchbrechen. Als ein Lösungsweg wird auch die Gestaltung „Einer Welt ohne Grenzen" diskutiert, allerdings sehr kontrovers.

Pro ——— Eine Welt ohne Grenzen ——— Kontra	
• Die Wohlstandsunterschiede in der Welt müssen so weit ausgeglichen werden, dass keine Anreize mehr für Migration entstehen. • Das Zusammenwachsen der Welt erfordert die Grenzöffnung. • „Pendelmigration" kann helfen, den Lernprozess in rückständigen Regionen zu beschleunigen.	• Eine grenzenlose Welt ist weder möglich noch sinnvoll. • Ungebremste Migration würde den Wohlstand in den reichen Ländern schmälern. • Politiker der Zielländer bezweifeln, dass die einheimische Bevölkerung offene Grenzen akzeptieren würde.

7.2.4 Globale Naturzerstörungen und Umweltrisiken

> Zwischen Umweltproblemen und Globalisierung besteht ein enges Wechselverhältnis.

„Höhe der Treibhausgasemissionen aus PKW und Flugverkehr"

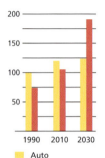

- Auto
- Flugzeug

Umweltwirkung = Bevölkerungszahl x Pro-Kopf-Konsum x Umweltverbrauch je Konsumeinheit.

INDIRA GHANDI
(1917–1984)

Dabei lassen sich drei **Gruppen von Umweltproblemen** ausmachen:
- globale Umweltprobleme, wozu z. B. das Klimaproblem, der Verlust der Artenvielfalt oder die Übernutzung der Ozeane zu rechnen sind,
- umweltbelastende Folgen der Globalisierung, z. B. durch zunehmenden internationalen Transport und Verkehr,
- Probleme, die durch das Fehlen von umweltgerechten Regelungen entstehen (z. B. Verträge mit unzureichenden Kontrollmechanismen und Sanktionen bei Nichterfüllung infolge globalen Wettbewerbsdrucks).

Ursachen der Umweltprobleme

Zu den Hauptursachen für den wachsenden Druck auf die Ökosysteme gehören die Art und Weise sowie die Quantität und Qualität des Konsums in der heutigen Welt. Besonders die reichen Ländern belasten durch ihre Lebensweise und ihr Konsumverhalten die Umwelt stark.

> 70 % der Kohlendioxid-Emissionen werden von etwa 54 % der Weltbevölkerung verursacht. Die sieben größten Klimasünder sind nach Angaben der UNFCCC von 2004: USA (23,8 %), Europäische Union (14,3 %), VR China (13,7 %), Russland (6,8 %), Japan (4,6 %), Indien (4,1 %), Kanada (2,6 %).

Das hohe Bevölkerungswachstum ist ein weiterer Faktor, der den Gesamtverbrauch an Ressourcen und die sonstige Belastung der Umwelt ebenfalls erheblich beeinflusst. Und zu Gefährdungen globalen Ausmaßes führen auch die armutsbedingten ökologischen Zerstörungen (z. B. Raubbau an Regenwäldern, um landwirtschaftliche Nutzflächen zu gewinnen).

> Die indische Politikerin INDIRA GANDHI bezeichnete schon in den 1970er-Jahren die Armut als „den größten Verschmutzer".

Globalisierung und Umwelt

> Die Dynamik der Globalisierung wirkt sich einerseits verstärkend und beschleunigend auf die Umweltprobleme aus. Andererseits eröffnet sie größere Möglichkeiten, diese Probleme zu bewältigen.

Die **Verstärkung der Umweltprobleme** im Globalisierungsprozess ist vor allem zurückzuführen auf
- die Verbreitung westlicher Konsummuster und die industrielle Produktionsweise, die zu steigendem Ressourcenverbrauch führt,
- die weltweite Intensivierung der landwirtschaftlichen Produktion, die unangepasste Bodenbearbeitung und steigenden Wasserverbrauch mit negativen ökologischen Folgen bewirkt,

Globale Probleme und Herausforderungen

- die Belastung der tropischen und subtropischen Ökosysteme durch Spezialisierung vieler Entwicklungsländer auf die Produktion und den Export mineralischer und agrarischer Produkte,
- die Zunahme des Verkehrs – nicht zuletzt des Luftverkehrs – und die dadurch bedingte Umweltschädigung (z. B. Zerschneidung von Ökosystemen, Luftschadstoffe, CO_2-Ausstöße).

Bild links: Brandrodung im tropischen Regenwald Australiens

Bild rechts: Hochfrequentierte Autobahn in den USA

Eine weitere **Zuspitzung der Umweltprobleme** kann auch im verschärften Wettbewerb zwischen verschiedenen Wirtschaftsstandorten entstehen. So werden im Rahmen zunehmender wirtschaftlicher Verflechtung umweltschädigende Produktionen immer wieder in Länder mit weniger strengen Vorschriften verlagert. Daraus resultieren Gefahren von „Umweltdumping", aber auch die Festlegung von Umweltstandards als Vorwand für Abschottungstendenzen von Industrieländern gegen Produkte aus Entwicklungsländern. Die Einigung auf internationale Umweltstandards könnte dem nachhaltig entgegenwirken.

Mit Blick auf die Entwicklung internationaler Umweltstandards setzt sich beispielsweise Deutschland für einen globalen ökologischen Ordnungsrahmen ein.

Im fortschreitenden Globalisierungsprozess entstehen zugleich immer bessere Voraussetzungen und Möglichkeiten für die Eingrenzung und **Bewältigung von Umweltproblemen.** Dazu gehören:
- der beschleunigte internationale Transfer umweltfreundlicher Technologien im globalen Rahmen,
- die stärkere Nutzung erneuerbarer Energien (Wind, Sonne, Erdwärme),
- die weltweite Verbreitung umweltschonender Produkte durch Liberalisierung des internationalen Handels,
- die größere Verfügbarkeit von Informationen über Ursachen und Folgen von Umweltschäden sowie über Möglichkeiten ihrer Vermeidung,
- der Abschluss internationaler völkerrechtlicher Vereinbarungen zum Umweltschutz, die die Regierungen veranlassen, nationale Umweltschutzgesetze zu erarbeiten und umzusetzen.

Einsatz eines Sonnenofens zur umweltschonenden Wärmeenergiegewinnung

Umweltprobleme und Herausforderungen

Handlungs-bereiche	Umweltprobleme	Folgen/Gefährdungen
Schutz der Atmosphäre und der Ozonschicht	• Erhöhung der CO_2-Emissionen und anderer Treibhausgase in der Atmosphäre • Schädigung der Ozonschicht durch FCKW (Ozonloch)	• Erhöhung der mittleren globalen Lufttemperatur bis 2100 um 1,4 °C bis 5,8 °C und des Meeresspiegels um 10 bis 90 cm • Zunahme von Hautkrebs, grauem Star u. a. Erkrankungen durch schädliche UV-B-Strahlen • Gefahr der Überflutung ganzer Landstriche, Häufung von Wirbelstürmen und Dürren
Schutz der Wälder und Erhalt der biologischen Vielfalt	• Bedrohung und Zerstörung der Wälder durch Luftverunreinigung (sauren Regen) und großflächige Abholzung • Verlust von Tier- und Pflanzenarten und ihrer Lebensräume	• Veränderung der Atmosphäre (z. B. Temperaturanstieg) • Zunahme der Bodenerosion, Abnahme der Bodenfruchtbarkeit, wachsende Überschwemmungsgefahr • Verlust der biologischen Vielfalt • Bedrohung der Lebensgrundlage der Menschen durch Zerstörung der Ökosysteme
Schutz der Meere	• Belastung der Ökosysteme der Meere durch Schad- und Nährstoffe aus der Luft und von Flüssen durch Schifffahrt, Erdöl- und Erdgasförderung sowie Fischerei	• Gefährdung einer wichtigen Nahrungsquelle der Menschen durch Abnahme der Weltfischbestände
Schutz und nachhaltige Nutzung der Süßwasserressourcen	• sinkendes Wasserangebot in verschiedenen Regionen der Erde durch Bevölkerungswachstum und verschwenderischen Umgang	• Zugang zu sauberem Trinkwasser ist für immer weniger Menschen gesichert (das betrifft heute schon 1,2 Mrd. Menschen vor allem in den Entwicklungsländern) • Bedrohung der regionalen Stabilität durch Streit um knappe Süßwasserressourcen
Schutz des Bodens und Bekämpfung der Wüstenbildung	• Degradierung von Böden (dauerhafte Minderung agrarischer Qualität) durch Bevölkerungswachstum und unsachgemäßen Umgang (Überweidung, Entwaldung, industrielle Belastung, Zerstörung des Wasserhaushalts durch Bewässerungsanlagen)	• Bedrohung der Nahrungs- und Existenzgrundlage großer Bevölkerungsteile in zahlreichen Entwicklungsländern durch Verlust landwirtschaftlicher Nutzflächen (ein Drittel der Böden ist bereits heute nur noch eingeschränkt nutzbar)

Globale Probleme und Herausforderungen

Agenda 21

Im Bewusstsein der wachsenden Umweltgefährdungen und gerichtet auf gemeinsames Handeln wurde 1992 ein **globales Aktionsprogramm für das 21. Jh.** entwickelt.
Es zielt auf eine nachhaltige Entwicklung, in der die Bedürfnisse der heutigen Generation mit den Lebenschancen künftiger Generationen verknüpft werden sollen. Die Agenda 21 weist den Industrie- und Entwicklungsländern diese grundlegend gemeinsame und zugleich eine differenziert wahrzunehmende Verantwortung zu.
- Die **Industrieländer** sind gefordert, ihre ressourcenintensive und umweltbelastende Lebens- und Wirtschaftsweise dauerhaft mit den natürlichen Lebensgrundlagen in Übereinstimmung zu bringen.
- Für die **Entwicklungsländer** steht die Bekämpfung der Armut im Zentrum, die eine wesentliche Ursache nicht nachhaltiger Produktions- und Lebensverhältnisse ist.

Die Agenda 21 wurde auf der Konferenz der Vereinten Nationen für Umwelt und Entwicklung (UNCED) 1992 in Rio de Janeiro von nahezu allen Staats- und Regierungschefs beschlossen (↗ S. 202, S. 452).

7.2.5 Schuldenkrise der Länder der Peripherie

Ein wesentlicher Trend der weltwirtschaftlichen Entwicklung in den vergangenen Jahrzehnten besteht im Anwachsen internationaler Schulden. Das betrifft die Vermögensbeziehungen zwischen den Industrieländern, aber auch zwischen den Industrie- und den Entwicklungsländern. Hier sind seit 1980 wiederholt Verschuldungskrisen entstanden.

> **Schuldenkrise** bezeichnet die krisenhafte Entwicklung im internationalen Finanzsystem.

Schuldenkrisen sind darauf zurückzuführen, dass die Rückzahlung der bei den Industrieländern aufgenommenen Kredite die wirtschaftliche Leistungsfähigkeit übersteigt und die Entwicklungsländer diese nicht mehr vereinbarungsgemäß tilgen und die fälligen Zinsen zahlen können.

Die erste Schuldenkrise trat Anfang der 1980er-Jahre ein, nachdem sich durch Änderung der Währungspolitik die Zinssätze enorm erhöhten und die Verschuldung der Entwicklungsländer ein unvertretbares Ausmaß erreichte. Mexiko stellte 1982 den Schuldendienst (Tilgung von Krediten und Zinszahlungen) ein und löste damit die Schuldenkrise aus.

Globale Verschuldung

Zwischen 1970 und 2002 sind die Auslandsschulden der Entwicklungsländer auf das 35-Fache, die Staatsverschuldung der USA und der führenden Industrieländer auf das Zehnfache angestiegen. Alle Entwicklungsländer zusammengenommen tragen eine Schuldenlast von etwa 2500 Mrd. US-Dollar (2002). Das ist aber nur ein Bruchteil der globalen Verschuldung. Der **weltweite Schuldenstand** erreichte im Jahr 2002 mit 60 000 Mrd. US-Dollar fast das Doppelte der jährlichen Weltproduktion und das Zehnfache des jährlichen Exportvolumens.

Ende 2002 betrugen die weltweiten öffentlichen Schulden der USA 7 300 Mrd. US-Dollar. Die privaten Haushalte waren mit 7 700 Mrd. US-Dollar und die privaten Unternehmen mit 14 000 Mrd. US-Dollar verschuldet.

> Die Volkswirtschaft der USA ist mit Gesamtschulden in Höhe von 29 000 Mrd. US-Dollar – davon 3 400 Mrd. Auslandsschulden – am höchsten verschuldet. Demgegenüber betrugen die öffentlichen Schulden aller Entwicklungsländer, in denen 85 % der Weltbevölkerung lebt, etwa 1 600 Mrd. US-Dollar. Das ist weniger als ein Zehn-

tel der gesamten Staatsverschuldung aller reichen Länder zusammengenommen.

Regionale Verteilung und Struktur der Verschuldung

Volumen und regionale Verteilung der Schuldenlast sind sehr unterschiedlich.

Die **größte Schuldenlast** konzentriert sich auf wenige, meist zahlungsfähige und somit kreditwürdige Länder mit entwickelter Wirtschaft sowie auf Staaten mit Erdölreserven. Eine Reihe von Ländern (z. B. China und Indien) ist in der Lage, ihre Auslandsschulden zu begleichen. Einige Länder in Asien und Lateinamerika (z. B. Thailand, Malaysia, Vietnam) bauen ihre Verschuldung schrittweise ab.

Schwerwiegend ist die Verschuldung für die Länder mit niedrigem Einkommen. Ihr Anteil an der Gesamtverschuldung aller Entwicklungsländer ist zwar relativ gering, die Schuldenlast im Verhältnis zum Pro-Kopf-Einkommen jedoch sehr hoch.

Von wachsendem Vertrauen in die Wirtschaftskraft zeugt, dass in 12 bis 15 asiatische und lateinamerikanische Länder mit mittlerem Einkommen verstärkt private Direktinvestitionen einfließen.

Angaben in der Tabelle nach Weltentwicklungsbericht der Weltbank 2003

Auslandsverschuldung ausgewählter Entwicklungsländer in % des BSP 2000

Land	%
Republik Kongo	206
Sambia	162
Angola	137
Sierra Leone	132
Syrische Arabische Republik	128
Mauretanien	126
Elfenbeinküste	117
Ecuador	108
Tadschikistan	100
Burundi	97

HIPC: Der IWF und die Weltbank haben 1996 hoch verschuldete Länder zur Gruppe der **H**eavily **I**ndebted **P**oor **C**ountries zusammengefasst.

Die **Dimension des Verschuldungsproblems** wird durch einen Vergleich des Anteils der Schuldendienstleistungen mit dem Anteil der Ausgaben für soziale Grunddienste am Haushalt einzelner Länder deutlich. In neun HIPCs übersteigen die Zahlungen für den Schuldendienst die jährlichen Ausgaben für Bildung und Gesundheit. In 29 sind sie höher als die Ausgaben für das Gesundheitswesen. 23 davon liegen im subsaharischen Afrika.

Die Zahlenangaben in der Tabelle sind entnommen aus: UNDP, Poverty Report 2000: Overcoming Human Poverty

Länder	Soziale Grunddienste (%)	Schuldendienst (%)
Kamerun	4,0	36,0
Elfenbeinküste	11,4	35,0
Kenia	12,6	40,0
Nicaragua	9,2	14,1
Niger	20,4	33,0
Tansania	15,0	46,0
Sambia	6,7	40,0

Auch die Mittel aus der öffentlichen Entwicklungszusammenarbeit reichen nicht aus, um die Schuldenkrise zu bewältigen. Werden neue Kredite gewährt, müssen sie mit entsprechenden Zinsen zurückgezahlt werden. Die Verschuldung nimmt weiter zu.

Ursachen zunehmender Verschuldung	
externe Faktoren	**interne Faktoren**
• steigende Kosten für den Schuldendienst (Zinsen und Tilgung) und neue Kreditaufnahme • Anstieg des internationalen Zinsniveaus • Erhöhung der Rohölpreise • geringere Einnahmen in den Entwicklungsländern durch sinkende Rohstoffpreise • höhere Ausgaben durch steigende Preise für Importgüter • Handelsprotektionismus in den Industrieländern • Eingriffe durch internationale Akteure (Diamanten, seltene Rohstoffe)	• unproduktiver Einsatz der Auslandskredite (Import von Konsumgütern, Finanzierung der Verwaltung, unproduktive staatliche und halb staatliche Unternehmen, Zahlung von Zinsen und Tilgungen) • Finanzierung ehrgeiziger, unangepasster Prestigeobjekte • Kauf von Rüstungsgütern • Vernachlässigung von Exporten und Technologietransfer • Transfer von Geld ins Ausland (Kapitalflucht) durch Bessergestellte • Preisverzerrungen und Inflation durch staatliche Eingriffe in das Marktgeschehen • steigende Importe von Grundnahrungsmitteln als Folge der Vernachlässigung kleinbäuerlicher Landwirtschaft und des Bevölkerungswachstums • fehlende Anpassung der Wechselkurse an sich verändernde wirtschaftliche Bedingungen • unzureichende Ausschöpfung der inländischen Finanzierungsreserven (unzureichende Besteuerung der Reichen)

Wege aus der Schuldenkrise

Bei der Suche nach einer Lösung des Schuldenproblems werden verschiedene Wege beschritten:
Jene Länder, die Aussicht haben, mittel- oder längerfristig die wirtschaftliche Stabilität wiederzugewinnen, sind zu **Umschuldungen** gezwungen. Diese sind vor allem darauf gerichtet, die Kreditwürdigkeit zu gewährleisten. **Kreditabkommen** zwischen dem Schuldnerland und dem IWF bilden die Grundlage. Das Schuldnerland verpflichtet sich, durch Reformen und geeignete Maßnahmen die internen Ursachen der Verschuldung zu beseitigen. Das hat vielfach negative Auswirkungen für die arme Bevölkerung. Denn Maßnahmen zur Inflationsbekämpfung oder Förderung produktiver Investitionen sind zumeist mit Kürzungen im Gesundheits- und Bildungsbereich, mit der Streichung von Subventionen für Grundnahrungsmittel und ähnlichen Folgen verbunden.

Die **HIPC-Länder** können sich mit einer Reihe anderer Länder unter bestimmten Bedingungen und Auflagen für einen Teilschuldenerlass qualifizieren. Die freigesetzten Mittel sollen für die Armutsbekämpfung in diesen Ländern verwendet werden.

Bisher konnten zwar die Schuldendienstverpflichtungen insgesamt verringert werden. In den ärmsten HIPC-Ländern zehren aber die hohen Schuldendienstverpflichtungen sowohl die erwirtschafteten Überschüsse als auch einen großen Teil der Leistungen der Entwicklungszusammenarbeit auf.

Als Beitrag zur Armutsbekämpfung beschloss der Gipfel der G-8-Staaten 1999 in Köln eine **Reform der HIPC-Initiative,** die etwa 40 Länder einbezieht. Vorgesehen ist ein vollständiger Schuldenerlass für Staaten mit einem Schuldenstand, der 150 Prozent des jährlichen Exporterlöses übersteigt.

Der „Washingtoner Konsens" ist eine neoliberale Strategie der Entwicklung, die auf die Effektivierung von Marktkräften hinausläuft. Entwicklungsländer sollen vor allem: Subventionen abbauen, Steuersenkungen durchführen, den Handel liberalisieren, Privatisierungen vornehmen, Entregulierungen bzw. Entbürokratisierungen betreiben. Dieser Ansatz ist in die Kritik geraten, weil er – schematisch angewendet – schaden kann. Internationale Konzerne können mit seiner Hilfe schwache Volkswirtschaften ausbeuten.

Von den 44 gewalttätigen Konflikten im Jahr 2002 wurden 17 in Afrika, 16 in Asien und 8 im Vorderen und Mittleren Orient ausgetragen.

Eine durch die Weltbank und den IWF ins Leben gerufene **Schuldenerlassinitiative** für die HIPC-Länder basiert auf dem Grundprinzip von Schuldenerleichterungen gegen Reformen. So werden z. B. Schulden gegen Auflagen im Umweltbereich oder in der Armutsbekämpfung erlassen. Die Initiative ist auf eine langfristig tragfähige Schuldendienstbelastung (Zinszahlungen und Tilgungen) der Länder gerichtet.

Darüber hinaus wird zwischen den führenden Industrienationen und den Entwicklungsländern, innerhalb der internationalen Wirtschaftsorganisationen (IWF, Weltbank) und unter gesellschaftlichen Gruppen (NGOs, Kirchen) auch über einen generellen **globalen Schuldenerlass** diskutiert. Die Auffassungen gehen weit auseinander.

Pro ——— „Genereller Schuldenerlass" ——— Kontra	
• Genereller Schuldenerlass ist notwendig, um den Entwicklungsländern einen Neuanfang zu ermöglichen. • Bestehende Schuldforderungen sind illegitim (unrechtmäßig) und müssen erlassen werden. • Hohe Schuldendienstverpflichtungen zehren erwirtschaftete Überschüsse auf und beeinträchtigen die Motivation für langfristige Selbsthilfeanstrengungen. • Die Entschuldungsinitiativen von IWF und Weltbank sind mit unannehmbaren Auflagen für die Schuldnerländer verknüpft (↗ S. 421) und führen zu sozialen Konflikten (Kritik am „Washingtoner Konsens" von 1990).	• Genereller Schuldenerlass würde das internationale Finanzsystem gefährden und die Länder, die Verpflichtungen erfüllen, diskriminieren. • Opfer der Schuldnerländer sind nötig, um gestärkt aus der Verschuldungskrise hervorzugehen. • Der jährliche Schuldendienst muss auf ein vertretbares Verhältnis zur Zahlungsfähigkeit zurückgeführt werden. • Es besteht die Gefahr, dass Einsparungen durch Schuldenerlasse nicht zur Armutsbekämpfung genutzt und notwendige Strukturreformen nicht konsequent durchgesetzt werden.

7.2.6 Konflikte und humanitäre Katastrophen

Mit dem weltpolitischen Umbruch Anfang der 1990er-Jahre sind in vielen Regionen Instabilitäten und Konflikte offen zutage getreten. Zwei langfristige gegenläufige Tendenzen werden seitdem sichtbar:

Zwischenstaatliche Grenzkonflikte nehmen ab. **Innerstaatliche Gewaltanwendung** mit wirtschaftlichen, sozialen, ökologischen, ethnischen oder religiösen Dimensionen nimmt aber deutlich zu.

In den 1990er-Jahren fanden etwa 100 bewaffnete Konflikte statt, in der Mehrzahl innerstaatliche. Die Kriegsschauplätze lagen überwiegend in den Entwicklungsregionen.

Die **Ursachen gewaltsamer Konflikte** sind vor allem strukturell bedingt. Sie sind häufig begründet in wirtschaftlicher und sozialer Ungleichheit, in Umweltzerstörung und Ressourcenverknappung, verbunden mit starkem Bevölkerungswachstum.
Hinzu kommen noch folgende Faktoren:
- ethnisch-religiöse Gegensätze, die oft mit der Bildung „künstlicher" Nationalstaaten in der Vergangenheit entlang kolonialer Grenzziehungen zusammenhängen – ohne Beachtung traditioneller Lebensräume oder Religionen der ethnischen Gruppen (z. B. Sudan),
- fehlende Legitimation staatlicher Ordnungen und Mangel an demokratischen Strukturen für gewaltfreie Konfliktbewältigung,
- Missachtung sozialer und kultureller Identitäten sowie der Menschenrechte,
- Verwehrung von Zugriffen auf vorhandene Rohstoffressourcen.

Die Siedlungsgebiete von Völkern stimmen in Afrika selten mit den Staatsgrenzen überein.

Diese Konfliktursachen überlappen sich zunehmend. Das führt dazu, dass die Auseinandersetzungen immer schwerer durch Vermittlung von außen zu beenden sind und immer häufiger gewaltsam ausgetragen werden. Die unmittelbaren und mittelbaren Folgen der bewaffneten Austragung von Konflikten sind weitere Umweltschäden, Zerstörung der Infrastrukturen, eklatante Verletzung der Menschenrechte. Die Opfer unter der Zivilbevölkerung sind zumeist sehr hoch.

Schätzungsweise starben in den 1990er-Jahren bei innerstaatlichen Auseinandersetzungen fünf Mio. Menschen, allein 6 Mio. Kinder wurden verletzt. Frauen und Kinder wurden zunehmend als „Kriegswaffen" eingesetzt.
Nach UN-Schätzungen werden weltweit etwa 300 000 Kinder als Soldaten missbraucht, darunter ca. 120 000 in Afrika.
Sie kämpfen an der Front, werden als Spione, Boten und Träger eingesetzt. Manche sind nicht älter als 7 oder 8 Jahre.

Ethnische Konflikte

Ethnische Konflikte entstehen zumeist dann, wenn Minderheitengruppen über einen längeren Zeitraum wirtschaftlich oder politisch diskriminiert und benachteiligt oder verfolgt werden.

Der Begriff **ethnischer Konflikt** ist etwas einseitig, denn er erfasst die vielschichtigen Konfliktursachen nicht genügend.

Gewaltsam ausgetragene ethnisch oder religiös motivierte Konflikte führen zu zahlreichen, bis in die Millionen reichenden Opfern:

- 1975–1978 in Kambodscha: 2 Mio. Khmer, 10 000 Vietnamesen;
- 1991–1995 in Ex-Jugoslawien: 300 000 Bosnier, Kroaten, Serben;
- 1994 in Ruanda und Burundi: 450 000 bis 800 000 Tutsi und Hutu;
- 1994–1996 und seit 1999 in Tschetschenien: etwa 250 000 Menschen.

Bild:
Opfer des Massakers in Srebrenica (ehemals Jugoslawien) 1995

Ethnische Auseinandersetzungen beziehen sich vor allem auf
– Bedrohung von Minderheiten mit Vernichtung durch Völkermord und Auslöschung,
– Bedrohung der Existenz von Bevölkerungsgruppen durch Massenmorde oder Massaker,
– unmittelbare Gefährdung durch territoriale Invasion, Verfolgung und Vertreibung oder Zwangsumsiedlung.

Eine große Rolle spielen Identitätsfragen und -konflikte wie die Abwehr von Assimilierungsmaßnahmen, Unterdrückung und Rassismus. Wenn ethnische oder religiöse Gruppen oder Stammesverbände ein ausgeprägtes Identitätsbewusstsein entwickeln, kommt es häufig zu blutigen Auseinandersetzungen. Hinzukommen muss allerdings eine politische Führung.

Republik Sudan;
Fläche: 2 505 813 km², Einwohner: 36 Mio.,
Bevölkerungsgruppen:
40 % Araber,
30 % Südsudanesen,
13 % Sudaniden,
10 % Nubier,
 5 % Kuschiten,
 2 % Sonstige

Im **Sudan** entstand der am längsten dauernde ethnopolitische Konflikt Afrikas aus einem harmlosen Streit um die Besetzung von Verwaltungsposten zwischen Nord- und Südsudanesen. Da der Streit nicht beigelegt werden konnte, eskalierte er allmählich zu einem Bürgerkrieg. Christlich-schwarzafrikanische Südsudanesen fühlten sich diskriminiert und bevormundet durch den arabisch-islamischen Norden (z. B. war die Schulsprache Arabisch statt Englisch) und gründeten eine Rebellenbewegung. Da keine Kompromisse in religiösen und kulturellen Fragen gefunden wurden, kam es zu gewaltsamen Auseinandersetzungen mit mehr als 2 Mio. Toten.

Humanitäre Katastrophen

Im UN-Sprachgebrauch werden **humanitäre Katastrophen** als „complex emergencies" bezeichnet.

Bürgerkriege führen oft zu Flucht und Vertreibung der Zivilbevölkerung und damit zu humanitären Katastrophen.
Humanitäre Katastrophen sind:
– Hungersnöte, ausgelöst durch Dürren, Überschwemmungen, Kriege und Vertreibungen;
– Epidemien, z. B. Aids in Afrika oder Choleraausbreitung bei den Auseinandersetzungen zwischen Hutu und Tutsi in Ruanda und Burundi;
– Massenmorde und Massenvergewaltigungen von Frauen und Kindern, z. B. im Krieg um Bosnien und Herzegowina.

Die Aids-Epidemie raubt den afrikanischen Ländern die produktivsten Arbeitskräfte zwischen 15 und 49 Jahren.

> Besonders konfliktreich sind **humanitäre Katastrophen,** die infolge des Zerfalls von Staaten und des Kampfes verschiedener Gruppen um die Macht entstehen.

Solche Katastrophen haben große politische, ökonomische und gesellschaftliche Auswirkungen, was vor allem auf drei Faktoren zurückzuführen ist:

- auf instabile Gesellschaften, die in der Regel nicht in der Lage sind, Konfliktsituationen zu bewältigen,
- auf die Art und Dauer der Katastrophen; z. B. lassen sich die Folgen eines Erdbebens leichter bewältigen als die einer Bürgerkriegssituation,
- auf die Häufigkeit, in der Katastrophen auftreten.

Im Gefolge humanitärer Katastrophen ist die langjährige Tätigkeit solcher humanitärer Organisationen, wie „Brot für die Welt", „SOS-Kinderdorf international", „Deutsches Rotes Kreuz" oder „Ärzte ohne Grenzen" von großer Bedeutung. Sie bilden heute ein umfassendes internationales Hilfssystem, das entweder national oder international organisiert ist.

Ärzte ohne Grenzen, frz.: Médecins Sans Frontières; 1971 in Paris gegründet, 1999 Friedensnobelpreis in Anerkennung ihrer weltweiten humanitären Arbeit

Wie die inzwischen fast 40-jährige engagierte Arbeit der „Ärzte ohne Grenzen" zeigt, versuchen ihre Helfer – oft unter Einsatz des eigenen Lebens – die schlimmsten Folgen dieser Katastrophen zu lindern, indem sie eine medizinische Versorgung aufbauen, Nahrungsmittel, Bekleidung und Unterkünfte bereitstellen oder technische Geräte zum Einsatz bringen.

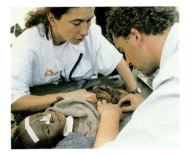

Bild: Ärzte beim Einsatz in Ruanda

Verteilungs- und Umweltkonflikte

Die tief greifenden sozioökonomischen Strukturkrisen, von denen die meisten Entwicklungsländer betroffen sind, haben zur Folge, dass sich die Verteilungskämpfe um die knapper werdenden Ressourcen (Boden, Wasser, Energie) zunehmend militarisieren. Hinzu kommen durch Armut bedingte menschliche Eingriffe in die Natur und Umwelt, die mangels ökonomischer Alternativen die Übernutzung und Zerstörung natürlicher Ressourcen fördern und einen effektiven Umweltschutz verhindern.

Unter **absoluter Verteilung** wird der endgültige Verbrauch von Wasser verstanden. So steht dem Unteranlieger eines Flusses das vom Oberanlieger für die Bewässerung entzogene Wasser nicht mehr zur Verfügung. Sein Überleben kann dadurch infrage gestellt werden.
Bei der **relativen Verteilung** von Wasser bleibt zwar die Quantität des Wassers erhalten, allerdings verändert sich der Abfluss zeitlich oder örtlich, z. B. durch Nutzung der Wasserkraft für die Energiegewinnung oder für die Schifffahrt.

> Umweltzerstörung und ökologisches Ungleichgewicht in Verbindung mit Verteilungskonflikten über knapper werdende Ressourcen werden zu einer Hauptursache für **Umweltkonflikte**.

Aus Umweltkonflikten werden dann internationale Krisen, wenn die Eingriffe in die Natur die politische und ökonomische Stabilität anderer Staaten untergraben. Sehr offensichtlich ist das beispielsweise bei der **absoluten und relativen Verteilung** des knappen Wasseraufkommens und der Verschmutzung oder Degeneration (Rückbildung) von Flüssen.

> In Armutsregionen sind **Wasserkonflikte** Teil umfassender Krisen, die aus einer Gemengelage von Wassermangel, Verelendung, Migration und latenter Gewalt entstehen.

Sie haben für die Dörfer und Familien der betroffenen Regionen existenzielle Bedeutung und können Entscheidungen zwischen Flucht und Kampf erzwingen.

Internationale Wasserkonflikte in Afrika		
Flüsse	**Anrainerstaaten**	**Nutzungsprobleme**
Nil	Ägypten, Sudan, Äthiopien, Eritrea, Uganda, Burundi, Ruanda, Kenia, Tansania, Demokratische Republik Kongo	absolute Verteilung, Folgen von Aufstauungen
Tschadsee	Nigeria, Niger, Tschad, Kamerun	absolute Verteilung, Austrocknen des Tschadbeckens
Niger	Niger, Mali, Algerien, Guinea, Kamerun, Benin, Burkina Faso, Elfenbeinküste, Nigeria	absolute Verteilung, Folgen von Aufstauungen
Sambesi	Angola, Botswana, Namibia, Sambia, Simbabwe, Malawi, Tansania	absolute und relative Verteilung
Oranje	Lesotho, Südafrika, Namibia	absolute Verteilung, Wasserabzweigung
Senegal River	Mali, Senegal, Mauretanien	absolute Verteilung, Folgen von Aufstauungen

Der **Tschadsee** war einst mit 350 000 km² eines der größten Trinkwasserreservoire Afrikas.
In den 1960er-Jahren war der See noch 25 000 km² groß, gegenwärtig ist er auf 1500 km² geschrumpft.
Etwa 20 Mio. Menschen der vier Anrainerstaaten sind von den Problemen der Verteilung des knappen Wasseraufkommens betroffen.

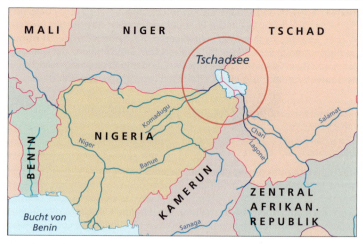

Zunehmende Ressourcenverknappung und Umweltbelastung führen nicht zwangsläufig zu gewaltsamen Auseinandersetzungen. Sie werden jedoch wahrscheinlicher, wenn politische Bemühungen unterbleiben, sich abzeichnenden Trends wirksam zu begegnen. Eine Globalisierung der Politik wird unabdingbar.

7.3 Global Governance und Entwicklungspolitik

7.3.1 Global Governance

Im Prozess der fortschreitenden Verflechtung der Gesellschaften entstehen Probleme und Aufgaben, die nicht mehr nur einzel- oder zwischenstaatlich geregelt werden können. Hier ist **globale Politik** gefordert. Dabei geht es darum, nach Regelungen zu suchen, die den wirtschaftlichen und politischen Vorteilen der Globalisierung entsprechen und geeignet sind, Gefahren weitestgehend auszuschließen oder zu dämpfen. Global Governance ist der Versuch, dem gerecht zu werden.

> **Global Governance** ist ein sich entwickelndes kooperatives Netzwerk von Staaten, internationalen Institutionen und zivilgesellschaftlichen Akteuren, das in eine globale Rechtsordnung eingebettet ist und durch Elemente globaler Staatlichkeit ergänzt wird.

Kennzeichen der sich schrittweise herausbildenden **Global-Governance-Architektur** sind verschiedene Formen und Ebenen der internationalen Koordinierung, Kooperation und kollektiven Entscheidungsfindung. **Internationale Organisationen** übernehmen Koordinierungsaufgaben und leisten einen Beitrag zur Herausbildung globaler Sichtweisen. **Regime** übersetzen den Willen zur Kooperation in verbindliche Regelwerke. Die **Staaten** verpflichten sich durch vertragliche Vereinbarungen, gemeinsame Probleme zu bearbeiten.

Global Governance wird auch als Globalpolitik, Weltinnenpolitik, als Weltordnungspolitik oder globale Strukturpolitik bezeichnet. Der Begriff Global Governance wurde nach dem 1995 vorgelegten Bericht „Nachbarn in Einer Welt" der Commission on Global Governance in die internationale Diskussion eingeführt. Er wurde von WILLY BRANDT (1913–1992) angeregt.

Handlungsebenen und Akteure in der Global-Governance-Architektur

Internationale Regime sind dauerhafte, institutionalisierte Kooperationsformen auf genau definierten Problemfeldern nach bestimmten Prinzipien, Normen, Regeln und Entscheidungsverfahren.

Globale Politiknetzwerke

> **Globale Politiknetzwerke** bilden Brücken zwischen dem öffentlichen Sektor, der Zivilgesellschaft und der Privatwirtschaft.

Politiknetze führen in dynamischer Form jene Akteure zusammen, die von grenzüberschreitenden Problemen betroffen sind und erkannt ha-

Unter **Politiknetzwerk** wird ein Geflecht sozialer, wirtschaftlicher und politischer Beziehungen verstanden, das auf Freiwilligkeit und Gegenseitigkeit basiert.

ben, dass nachhaltige Gestaltung der Globalisierung nur gemeinsam möglich ist. Globale Politiknetzwerke sind vielfach eine Reaktion auf Krisen, z. B. Krisen auf den Finanzmärkten oder im Umweltbereich.

Die Arbeit der Politiknetze ist dadurch gekennzeichnet, dass verschiedenartige Akteure gemeinsam Vorschläge für Problemlösungen erarbeiten, die auf nationaler Ebene aufgegriffen, parlamentarisch legitimiert und schließlich umgesetzt werden. **Politiknetzwerke**
- erleichtern das Verhandeln über globale Regeln und Standards und entschärfen dabei vorhandenes Konfliktpotenzial durch Zusammenführen der Konfliktparteien,
- unterstützen die Verbreitung von Wissen,
- schaffen Vertrauen unter den beteiligten Kooperationspartnern,
- gewährleisten mehr Transparenz in der internationalen Politik und
- ermöglichen gesellschaftliche Mitbestimmung.

Erste **Elemente einer Global-Governance-Architektur** haben sich bereits auf einigen Feldern herausgebildet. Beispielsweise sind in Kooperation von multilateralen Unternehmen und NGOs eine Reihe von Sozial-, Gesundheits- und Ökologiestandards ausgehandelt worden.

Umwelt/Umweltstandards	Gesundheit	Sozialstandards
• Globale Strategie zur Reduzierung der Treibhausgase (Klimakonferenz in Kyoto 1997 und Bali 2007) • Global Environment Facility (GEF, 1991): Vorhaben zum globalen Umweltschutz in den Entwicklungsländern • World Commission on Dams (WCD, 1997–2000)	• Global Alliance on Vaccines and Immunization: Suche nach Malaria-Impfstoff • Welt-Antidoping-Code (2003): universell gültiges Regelwerk im Kampf gegen Doping • Joint United Nations Programme on HIV/AIDS UNAIDS	• Richtlinien zum Schutz von Arbeitnehmerrechten und Umwelt • Gütesiegel Rugmark-Label für Teppiche
World Commission on Dams hat durch Zusammenführung aller Sektoren – einschließlich von verschiedenen Gegnern des Dammbaus und der Bauindustrie – nachhaltige Standards für den **Bau von Großstaudämmen** festgelegt.	Joint United Nations Programme on HIV/AIDS ist ein gemeinsames Programm der Vereinten Nationen, der Weltbank, Geber- und Nehmerländer, internationalen Organisationen und NGOs zur **Aids-Bekämpfung**.	Die **Rugmark-Initiative** zur Abschaffung von Kinderarbeit in der Teppichproduktion wird von Produzenten, Teppichhandel und Hilfsorganisationen getragen. Sie ermöglicht Kindern den Schulbesuch und eine handwerkliche Grundbildung.

Global Governance und Entwicklungspolitik

Auf die Initiative einer Einzelperson – JODY WILLIAMS – geht die **Ottawa-Konvention** zum Verbot von Landminen zurück. Die Konvention ist das erste Abrüstungsabkommen, das von NGOs getragen und in einer weltweiten Kampagne gegen den Widerstand politischer und militärischer Kräfte durchgesetzt wurde.

Anfang der 1990er-Jahre initiiert JODY WILLIAMS **Aktionen** gegen Landminen.

1991 entsteht ein Bündnis mit Veteranen des Vietnamkrieges und der deutschen Vereinigung medico international.

1992 wird die internationale Kampagne gegen die Landminen mit weiteren Organisationen offiziell gestartet.

JODY WILLIAMS informiert und mobilisiert mit Vorträgen und Artikeln die Weltöffentlichkeit und gewinnt prominente Befürworter, wie die tödlich verunglückte Prinzessin von Wales, DIANA. Verschiedene nationale Kampagnen finden statt.

Innerhalb von zehn Jahren entsteht ein **weltweites Netzwerk** aus etwa 1 200 Friedens-, Abrüstungs- und humanitären Hilfsorganisationen in mehr als 60 Ländern. Teilerfolge werden erreicht:
• der UN-Generalsekretär kündigt eine Revision der Genfer Konvention von 1980 an,
• die UN-Generalversammlung empfiehlt einen Exportstopp von Antipersonenminen,
• die Islamische Konferenz fordert ein generelles Verbot der Landminen.

1997 unterzeichnen Vertreter aus 120 Staaten die **Ottawa-Konvention**. Sie beinhaltet:
• Verbot der Produktion und Lagerung, des Einsatzes und der Weitervergabe von Antipersonenminen,
• Verpflichtung der Staaten, minenverseuchte Gebiete zu räumen und finanzielle Mittel für die Minenopfer bereitzustellen.

1999 tritt die Ottawa-Konvention in Kraft.

Jährlich sterben mehr als 25 000 Menschen durch Landminen. Etwa 100 Mio. solcher Minen befinden sich noch auf den ehemaligen Schlachtfeldern in über 60 Staaten, z. B. in Afghanistan, Kambodscha, Bosnien, Kroatien. Während eine Antipersonenmine im Durchschnitt 5 Dollar kostet, müssen für die Räumung bis zu 1 000 Dollar je Mine ausgegeben werden.

Bild links:
JODY WILLIAMS (geb. 1950 in Brattleboro/Vermont); sie erhielt 1997 zusammen mit der Internationalen Kampagne zum Verbot von Landminen den Friedensnobelpreis.

Bild Mitte:
Prinzessin DIANA in Luanda (Angola)

Bild rechts:
Bosnische Kinder werden über Landminen aufgeklärt.

Geteilte Souveränität

Die Ziele global wirksamer Klimapolitik z. B. können nur realisiert werden, wenn eine Abstimmung auf internationaler Ebene erfolgt.

Im Globalisierungsprozess stoßen die Nationalstaaten in immer mehr Politikfeldern an die Grenzen ihrer Handlungsmöglichkeiten. Um auftretende Probleme zu lösen, sind sie zunehmend auf das Zusammenwirken mit internationalen Organisationen, regionalen Institutionen und NGOs innerhalb und außerhalb ihrer territorialen Grenzen angewiesen.

> Global Governance fordert einen **neuen Politikstil,** der mit einer Neudefinition staatlicher Souveränität verbunden ist.

Grundprinzipien staatlicher Souveränität sind:
- Unverletzlichkeit der Grenzen,
- Verbot der Einmischung in „innere" Angelegenheiten,
- Gewaltmonopol des Staates.

Der Nationalstaat behält zwar das Gewaltmonopol und ist allein verantwortlich für die Durchsetzung des Völkerrechts, er muss aber Souveränitätsverzichte hinnehmen. Man spricht von „geteilten Souveränitäten".

> **Geteilte Souveränität** bedeutet, dass sich die Nationalstaaten im Interesse einer effektiven Bewältigung globaler Probleme Handlungskompetenzen sowohl mit inter- und supranationalen Organisationen wie auch mit lokalen und regionalen Akteuren teilen.

Legitimität der NGOs

Global Governance soll demokratisch legitimiert und durchschaubar sein. Das kann gewährleistet werden, wenn sich auch nicht staatliche Akteure in multilaterale Prozesse und Institutionen auf verschiedenen Politikfeldern „einmischen". Ihre Legitimität ist allerdings umstritten.

Pro ——— Demokratische Legitimität der NGOs ——— Kontra	
• NGOs agieren als Interessengruppen und versuchen, im Sinne eines pluralistischen Wettstreits Einfluss auf die Politik zu nehmen. • Sie repräsentieren vor allem menschenrechts-, umwelt- und entwicklungspolitische Interessen. • NGOs können dazu beitragen, Entscheidungsprozesse öffentlich und transparent zu machen. • Die meisten NGOs sehen ihre Rolle im komplexen Institutionengefüge bei Monitoring, Information, Konsultation und kritischem Dialog. • Mit ihrem Engagement stellen sie eine größere Öffentlichkeit her und bieten demokratische Beteiligungsformen. • NGOs werden von Regierungsvertretern zur Beratung und Informationsbeschaffung herangezogen, manchmal auch in Verhandlungsdelegationen berufen.	• NGOs haben kein formelles Mandat, da sie nicht aus allgemeinen, freien und geheimen Wahlen hervorgehen. • Die NGOs sind intern nicht generell demokratisch strukturiert, oft fehlt die Transparenz ihrer Finanzierung. • Trotz großer Mitgliederbasis und hoher Akzeptanz in der Gesellschaft repräsentieren sie nur sich selbst bzw. Anliegen ihrer Unterstützer. • Insofern besteht kein Anspruch für NGOs, an (zwischen)staatlichen Entscheidungen formell gleichberechtigt beteiligt zu sein. • Frauen sind in den Führungsgremien und an Entscheidungsprozessen der NGOs noch deutlich unterrepräsentiert.

Global Governance und Entwicklungspolitik

Kooperative Denk- und Verhaltensmuster, die der Global Governance zugrunde liegen sollten, werden in den verschiedenen internationalen Organisationen und Verhandlungen noch „geübt". Diese Lernprozesse wirken sich positiv auf nationale Entscheidungen aus.

Durch die internationale Kooperation hat sich beispielsweise in den letzten Jahren das Bewusstsein hinsichtlich der starken Gefährdung der Atmosphäre, der Meere und der Flüsse deutlich erhöht. Die Emissionen vieler Luftschadstoffe sind in den 1990er-Jahren innerhalb der EU spürbar zurückgegangen. Auch die Schadstoffeinträge in den Nordatlantik und die meisten europäischen Flüsse konnten verringert werden.

Es gibt aber auch eine Reihe von Faktoren, die den Lernprozess und die demokratische Gestaltung der Global Governance **behindern.** Dazu gehören:
– das globale Machtgefälle und die Dominanz handlungsmächtiger Länder (z. B. Selbstmandatierung der NATO im Krieg gegen Rest-Jugoslawien, Aushöhlung des Völkerrechts durch die USA beim Irakkrieg);
– mangelndes Interesse dominanter Länder an globaler Kooperation (wovon z. B. die Weigerung von Führungsmächten der Welt – so der USA, Russlands und Chinas – zeugt, der Gründung des Internationalen Strafgerichtshofes zuzustimmen);
– die Durchsetzung partikularer Interessen von Staaten oder regionalen Blöcken (z. B. im Rahmen der Nord-Süd-Zusammenarbeit);
– die Abgrenzung und Verfestigung von kulturellen Eigenheiten, beispielsweise in Sprache, Normen und Religion – häufig in Reaktion auf die Globalisierung;
– die digitale Spaltung der Welt.

Der Erfolg eines kooperativen Global-Governance-Projektes hängt weitgehend davon ab, wie es gelingt, gemeinsame Überlebensinteressen bewusst zu machen. Eine „gemeinsame Kultur des Lernens", die Bildung „internationaler Lerngemeinschaften" sind deshalb Voraussetzungen für **tragfähige Global-Governance-Strukturen.**

Internetnutzer in der Welt 2007
(Anteil der Nutzer in den Regionen der Welt, in Prozent)

- Asien 38,7 %
- Europa 26,4 %
- Nordamerika 18,0 %
- Lateinamerika/Karibik 9,6
- Afrika 3,4 %
- Mittlerer Osten 2,5 %
- Australien/Ozeanien 1,5 %

Datenquelle: Miniwatts Marketing Group – www.internet.worldstats.com, 2008

7.3.2 Trägerinstitutionen der Global Governance

Zu Beginn des 21. Jh.s verfügt die Staatengemeinschaft über zahlreiche Regelungsmechanismen und Elemente, um globale Probleme zu bearbeiten und Lösungen zu entwickeln: internationale Verhandlungen, Zusammenschlüsse von internationalen und regionalen Organisationen, Konferenzen und Vereinbarungen zu bestimmten Themenfeldern. Verschiedene Akteure, staatliche und nicht staatliche, internationale Organisationen, regionale Bündnisse und Ländergruppen wirken dabei zusammen.

Vereinte Nationen und ihre Sonderorganisationen

Die Vereinten Nationen bilden die **Plattform des weltweiten Dialogs** über Vereinbarungen zur Zukunftssicherung der Menschheit. In den 1990er-Jahren war die UNO Träger einer Vielzahl von Weltkonferenzen zu globalen Problemfeldern wie Umwelt, Menschenrechte, soziale Entwicklung, Gleichberechtigung und Frauenrechte. Auf diesen Konferenzen wurden gemeinsame Ziele und Aktionsprogramme vereinbart. Die Konferenz für Umwelt und Entwicklung (UNCED) in Rio de Janeiro 1992 markierte den Beginn eines Dialogs in neuer Qualität. Seither hat sich ein weltweites Netz fachspezifischer und regionaler Gesprächsebenen herausgebildet.

Wichtige Weltkonferenzen und ihre Überprüfungskonferenzen (1990 bis 2007)		
1990	Weltklimagipfel	New York
1992	Konferenz für Umwelt und Entwicklung	Rio de Janeiro
1993	Zweite Weltmenschenrechtskonferenz	Wien
1994	Konferenz für Bevölkerung und Entwicklung	Kairo
1995	Weltgipfel für soziale Entwicklung	Kopenhagen
1996	Welternährungsgipfel	Rom
1999	UN-Sondergeneralversammlung zur Bevölkerungspolitik „Kairo + 5"	New York
2000	Millenniumsgipfel	New York
2000	Weltbildungsforum	Dakar/Senegal
2002	Weltgipfel für nachhaltige Entwicklung	Johannesburg
2005	Überprüfungskonferenz des Nichtverbreitungsvertrages (NVV)	New York
2006	Weltwasserforum	Mexiko
2007	Weltklimakonferenz	Bali

Global Governance und Entwicklungspolitik

 Bild links: UN-Klimakonferenz 2007 auf Bali, Indonesien

Bild rechts: Die Generalsekretärin der 4. UN-Weltfrauenkonferenz, GERTRUDE MONGELLA (re), und die Vizepräsidentin der chinesischen Frauenförderung, HUANG ZHIGL, im Konferenzzentrum in Peking, 1995

Die **Sonderorganisationen der Vereinten Nationen** entwickeln Regeln der internationalen Zusammenarbeit und Normen für die Ausgestaltung sozial und ökologisch nachhaltiger Entwicklung:
- die Internationale Arbeitsorganisation (ILO) z. B. Kernarbeitsnormen zur Abschaffung von Zwangs- und Kinderarbeit oder zur Nichtdiskriminierung am Arbeitsplatz;
- die Organisation für Ernährung und Landwirtschaft (FAO) z. B. internationale Regeln für den Verbraucherschutz;
- die Weltgesundheitsorganisation (WHO) z. B. Strategien zur Bekämpfung gefährlicher Krankheiten;
- die Internationale Atomenergiebehörde (IAEA) z. B. Maßstäbe zur Beurteilung der Sicherheit von Atomkraftwerken (Sicherheitsanforderungen);
- die Organisation der UN für Erziehung, Wissenschaft und Kultur (UNESCO) z. B. Orientierungen für den Abbau des Analphabetismus.

 IAEA, engl = International Atomic Energy Agency; selbstständige Organisation innerhalb der UN mit Sitz in Wien; die IAEA wurde 1957 gegründet und hat 128 Mitglieder (1999); ihre Aufgabe ist die weltweite Förderung der friedlichen Nutzung der Kernenergie sowie die Kontrolle der Einhaltung des Atomwaffensperrvertrages.

Institutionen der Weltwirtschaft

> Der Internationale Währungsfonds, die Weltbank, die Welthandelsorganisation und die regionalen Entwicklungsbanken sind die Institutionen, die im Netzwerk zu Problemen der Weltwirtschaft eine zentrale Stellung einnehmen.

Diese Institutionen, die jeweils spezifische Aufgaben wahrnehmen, verzahnen sich immer mehr mit anderen Formen und Inhalten des globalen Dialogs, wie er im Rahmen der UNO geführt wird. So werden die Weltbank und der IWF nicht ausschließlich in Finanz- und Wirtschaftsfragen wirksam. Sie berücksichtigen in ihrer Arbeit auch gesundheits-, sozial- oder strukturpolitische Aufgaben und Problemfelder, die in den Entwicklungs- und Transformationsländern anstehen und vorrangig gelöst werden müssen.

IWF und Weltbank, die auch als **Bretton-Woods-Institutionen** bezeichnet werden, nehmen beispielsweise beratend auf die Gestaltung globaler Strukturpolitik Einfluss:
- die Weltbank bei der Entschuldungsinitiative für die ärmsten hoch verschuldeten Länder und bei der Armutsbekämpfung,
- die multilateralen Entwicklungsbanken bei Problemen in den Bereichen Handel, Umwelt und Sozialfragen, die in Entwicklungsländern auftreten.

 Die Errichtung des IWF und der Weltbank gehen auf die Vereinbarungen von Bretton Woods (USA) im Jahre 1944 zurück.

Internationale Organisationen der Weltwirtschaft		
Internationaler Währungsfonds (IWF)	**Weltbank**	**Welthandelsorganisation (WTO = World Trade Organization)**
Organisation Geschäftsführender Direktor ↓ Exekutivdirektorium 24 Mitglieder ↓ Interims-Ausschuss ↓ (Beschlussorgan) Vertreter der Mitgliedstaaten (mit abgestuftem Stimmrecht) ↓ 181 Mitgliedstaaten	Die Weltbankgruppe besteht aus fünf Institutionen: • International Bank for Reconstruction and Development (IBRD), • International Development Association (IDA), • International Finance Corporation (IFC), • Multilateral Investment Guarantee Agency (MIGA), • International Center for the Settlement of Investment Disputes (ICSID).	Dachorganisation für drei Vertragsgruppen: • Allgemeines Zoll- und Handelsabkommen (GATT) • Allgemeines Abkommen für den Dienstleistungshandel (GATS) • Vereinbarung über die Veräußerung geistiger Eigentumsrechte (TRIPS): Patente, Urheberrechte, Marken
Gründungsjahr	1944	1944	1995
Grundlage	Abkommen von Bretton Woods (USA)		GATT-Abkommen
Sitz	Washington	Washington	Genf
Mitglieder (2007)	185	183	151
Status	Sonderorganisation der Vereinten Nationen		
Stimmrecht	gewichtetes Stimmrecht, abhängig von der Wirtschaftskraft und der finanziellen Einlage		jedes Mitglied hat eine Stimme
Ziele/Aufgaben	• Sicherung geordneter Währungsbeziehungen • Kredite für Mitgliedstaaten • multilateraler Zahlungsverkehr und Beseitigung von Devisenbeschränkungen • Stärkung des Welthandels	• Vergabe von langfristigen Darlehen • langfristige zinslose Kredite für Investitionsprojekte • Reformprogramme zur Strukturanpassung und technischen Hilfe	• Abbau von Zöllen u. a. Handelshemmnissen • Überwachung von Handel und Dienstleistungen entsprechend den getroffenen Entscheidungen

Global Governance und Entwicklungspolitik

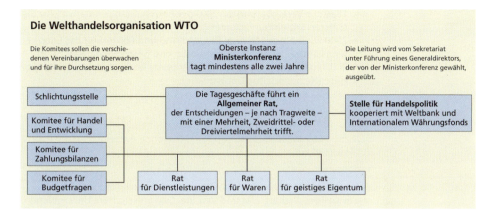

Seit der Gründung der **WTO** im Jahr 1995 fanden bisher fünf WTO-Ministerkonferenzen statt. Auf der Konferenz 2001 in Doha/Katar wurde eine neue dreijährige Verhandlungsrunde eingeleitet, mit dem Ziel, die Märkte im Industrie-, Dienstleistungs- und Agrarbereich weiter zu öffnen. Die Konferenz 2003 in Cancún/Mexiko scheiterte an den Interessengegensätzen zwischen den Industrieländern und den Entwicklungsländern (Abbau von Agrarsubventionen).
Die Entwicklungsländer, die mehr als 80 % der WTO-Mitglieder stellen, forderten, ihre Interessen im Welthandelssystem stärker zu berücksichtigen. Im Juli 2006 wurde die Doha-Runde vertagt.

Kooperationen und Koordinierungsformen

In den globalen Dialog sind auch spezifische überregionale Kooperationsstrukturen und Koordinierungsformen zwischen Nord und Süd eingebunden. Dazu gehören:
- die Zusammenarbeit der EU mit den Partnerländern in Afrika, der Karibik und des Pazifiks (AKP-Staaten) zur Förderung der wirtschaftlichen und sozialen Entwicklung; die Nachfolgeverträge von Lomé (Togo) bilden die Plattform für die Beratung wichtiger Fragen der Menschenrechte, des Handels und der Rohstoffpolitik;
- die Gruppe der 77 – inzwischen bereits 133 – Entwicklungsländer, die ihre Positionen auf globaler Ebene im Rahmen der UN abstimmen;
- regionale Zusammenschlüsse wie die Afrikanische Einheit (AU) oder die SADC, ASEAN, MERCOSUR u. a., die ihre Interessen bündeln und gemeinsame Initiativen entwickeln;
- der G8-Gipfel – die sieben wirtschaftlich stärksten Länder der Welt (Deutschland, Frankreich, Großbritannien, Italien, Japan, Kanada, USA) und Russland; sie stimmen seit 1975 im Rahmen jährlicher Treffen der Staats- und Regierungschefs ihre Positionen ab; wichtige Zäsuren für den Dialog zwischen Nord und Süd waren die **Wirtschaftsgipfel** für Entwicklungspolitik, so unter anderen
  • 1996 zu neuer globaler Partnerschaft zwischen Entwicklungs- und Industrieländern sowie multilateralen Institutionen (Lyon),

Kritiker (z. B. das Netzwerk Attac) befürchten, dass die WTO die innere politische und wirtschaftliche Ordnung von Gesellschaften dominieren werde. Globaler Markt mit uneingeschränkter Bewegungsfreiheit führe aus ihrer Sicht zu größerer Ungleichheit in der Welt (Kritik des „Washingtoner Konsenses" von 1990 ↗ S. 422).

Seit 1975 regeln die **Lomé-Abkommen** die Beziehungen zwischen der EU und den heute 77 AKP-Staaten. Nach dem Auslaufen des 1990 beschlossenen Lomé-IV-Abkommens wurde im Jahre 2000 in Cotonou (Benin) ein Nachfolgeabkommen für die Dauer von 20 Jahren geschlossen.

- 1999 zur Vereinbarung der „Kölner Entschuldungsinitiative" für die ärmsten Entwicklungsländer,
- 2000 zur weltweiten Aids-Bekämpfung und Förderung der Entwicklungsländer bei den Informationstechnologien (Okinawa),
- 2007 zu einem neuen Klimaschutzregime und aufgestockter Afrika-Hilfe (Heiligendamm/Deutschland).

NGOs

> **Nichtregierungsorganisationen** sind tragende Akteure globaler Politiknetzwerke.

Ein wichtiger Baustein der Global-Governance-Architektur ist die organisierte Zivilgesellschaft. Das sind Vereine, Gewerkschaften, Unternehmen, Kirchen und Religionsgemeinschaften, Forschungsinstitute, also Einrichtungen, die nicht dem staatlichen Entscheidungsprozess unterliegen. Auch hinsichtlich des Wirkungsbereiches ist das Spektrum breit gefächert. Es reicht von weltweit agierenden Organisationen, wie Amnesty International, bis zu lokalen Umweltgruppen.

Organisationstypen	Problemfelder	Organisationen
multinationale Netzwerke	humanitäre Organisationen	Rotes Kreuz, Handicap International, Médecins du Monde
	Menschenrechtsorganisationen	Amnesty International
	Umweltschutzorganisationen	Greenpeace, World Wild Fund for Nature (WWF)
	Abrüstungsorganisationen	Ärzte für den Frieden, ICBL
übernational organisierte Bewegungen („alternative Globalisierer")	soziale und Bürgerbewegungen	Weltsozialforum Europäisches Sozialforum Attac

2007 besaß Greenpeace international Büros in 40 Ländern sowie eine eigene Antarktisstation, ihr Sitz ist in Amsterdam.

Internationale Vernetzung von Greenpeace

Länder, in denen Greenpeace vertreten ist

Global Governance und Entwicklungspolitik

NGOs bilden den Grundstein neuer Kooperationsformen in verschiedenen Tätigkeitsbereichen und Feldern globaler Politik. So wirken sie

– in den Tätigkeitsbereichen der UNO	Etwa 1 500 NGOs sind nach Artikel 71 der UN-Charta beim Wirtschafts- und Sozialrat (ECOSOC) akkreditiert. Sie nehmen Einfluss auf Entscheidungsprozesse bei internationalen Konferenzen oder in Verhandlungen und verhelfen diesen zu höherer Transparenz.
– in internationalen Institutionen wie IWF, Weltbank, WTO	Bei der Weltbank existiert seit 1981 ein NGO-Komitee. NGOs werden angehört oder in Entscheidungen einbezogen.
– in der Entwicklungszusammenarbeit	NGOs treten für die Interessen unterrepräsentierter Bevölkerungsschichten (Arme, Frauen, Kinder) ein, so z. B. CIPCRE für eine gerechtere Entwicklung auf dem Lande in Kamerun.

Der Cercle International pour la Promotion de la Création (CIPCRE) hilft Bauernfamilien, landwirtschaftliche Produktion eigenverantwortlich und standortgerecht zu organisieren. In Zusammenarbeit mit Schulen, Bürgergruppen und Medien wurden im ganzen Land Vorhaben zum Schutz der gefährdeten Umwelt angeregt und dabei etwa 60 000 Menschen erreicht. „Hilfe zur Selbsthilfe" und Entwicklung

CIPCRE: ein Zusammenschluss aus evangelischen und katholischen Christen mit Sitz in Bafoussam im Hochland von Kamerun

eines Umweltbewusstseins stehen im Mittelpunkt. Außerdem organisiert CIPCRE gemeinsam mit verschiedenen Kirchen, Justitia et Pax und islamischen Gruppen Veranstaltungen und Dialogrunden zu Fragen der Konfliktbewältigung, zur Überwindung religiöser und tribaler Spannungen sowie zur Menschenrechts- und Ökologiearbeit.

Die **Teilnahme von NGOs am politischen Dialog** ermöglicht,
- umfassendere Kompetenzen für die Lösung von dringenden Problemen vor allem auf solchen Feldern wie Umwelt, Menschenrechte und Entwicklung einzubringen,
- politische Entscheidungen zu legitimieren und gegenüber den Regierungen oder zwischenstaatlichen Organisationen nachhaltiger zu vertreten,
- gesellschaftliche Konfliktlagen oder sozialen Protest frühzeitig zu erkennen,
- weltweite Proteste gegen große Einzelinteressen medial wirkungsvoll zu organisieren.

Wie das seit 1992 jährlich stattfindende Weltsozialforum belegt (z. B. 2007 in Kenia, 2008 in Schweden), thematisieren verschiedene NGOs die Versäumnisse von Staaten, internationalen Organisationen und Institutionen bei der Gestaltung des Globalisierungsprozesses. Dabei formieren sie sich immer wirksamer als „Global Opposition". Seit 1998 tritt besonders die globalisierungskritische Bewegung **Attac** immer stärker in Erscheinung.

Attac, franz. = Association pour une Taxation des Transactions financiers pour l'Aide aux Citoyens; organisierte Ende 2003 nach eigenen Angaben weltweit in über 50 Ländern ca. 90 000 Mitglieder. Seit 2000 gibt es Attac auch in Deutschland.

Attac versteht sich als ein **Antiglobalisierungsnetzwerk,** in dem Themenbereiche und Aktionsfelder aus unterschiedlichen Ländern zusammengefasst sind. Grundkonsens besteht dabei
- in der Ablehnung der gegenwärtigen Form der Globalisierung, die neoliberal dominiert und vorrangig an den Gewinninteressen der internationalen Konzerne und Finanzinstitutionen (Hedge Fonds) orientiert sei,
- im Aufwerfen der Frage nach wirtschaftlicher Macht und gerechter Verteilung,
- im Einsatz für Globalisierung der sozialen Gerechtigkeit sowie der politischen, wirtschaftlichen und sozialen Menschenrechte, für Demokratie und umweltgerechtes Handeln.

„Orte" des globalisierungskritischen Protestes sind vor allem die Tagungen der G8-Staaten oder des Weltwirtschaftsforums, so z. B. 2007 Heiligendamm.

7.3.3 Grundzüge von Entwicklungsmodellen

Im Vergleich zu den entwickelten Industrieländern des Nordens werden die Länder des Südens als unterentwickelt bezeichnet.

> Die globalen Veränderungen in der Welt berühren in hohem Maße die Entwicklung der Gesellschaften. Dabei geht es im Besonderen um **Entwicklungsstrategien** für die unterentwickelten Länder.

Seit dem Zusammenbruch des Kolonialsystems wurde nach tragfähigen Konzepten gesucht, wobei aus den unterschiedlichen Auffassungen über Entwicklung und Unterentwicklung auch verschiedenartige entwicklungstheoretische Ansätze abgeleitet wurden. Zu den wichtigsten Modellen oder Theorien gehören
- Modernisierungstheorien,
- Dependenzansätze,
- die Grundbedürfnisstrategie,
- das Konzept der nachhaltigen Entwicklung.

Modernisierungstheorien

Die Formel „Entwicklung durch Wachstum" findet sich im UN-Bericht von 1951.

Nach der Formel **„Entwicklung durch Wachstum"** wurde in den 1950er-Jahren zunächst auf die Förderung der Industrien mit Kapitalhilfen orientiert. Als entscheidendes Kriterium für Entwicklungsfortschritt galt dabei der Indikator des Pro-Kopf-Einkommens. Dieses Modell basierte auf der Annahme, dass ausreichendes wirtschaftliches Wachstum gewissermaßen automatisch zu sozialen Verbesserungen für die breite Masse der Bevölkerung führen werde. Doch das Wirtschaftswachstum blieb aus.

So traten zu Beginn der 1960er-Jahre **Modernisierungstheorien** in den Vordergrund. Entwicklung wurde nunmehr als Wachstum und Wandel verstanden. Wandel meinte vor allem Modernisierungen im Hinblick auf eine stärkere Leistungsfähigkeit der politischen und administrativen Systeme. Investitionen im sozialen Bereich (Ernährung, Gesundheit, Bildung usw.) und eine gerechtere Verteilung (Agrarreform, Einkommensverteilung) wurden eingeschlossen.

Modernisierungstheorien	
Ursachen der Unterentwicklung	**Entwicklungsempfehlungen**
Interne Faktoren in den Entwicklungsländern: • traditionelle Wirtschafts- und Gesellschaftsstrukturen • technischer und wirtschaftlicher Rückstand • ungenügende Einbindung in den Weltmarkt	Orientierung am Modell der westlichen Industrieländer: • nachholende Entwicklung durch politische, technische, wirtschaftliche und soziale Modernisierung • Veränderung der inneren Strukturen und der ökonomischen Dynamik zum einen und Gewinn an Wachstum zum anderen durch Einbindung in den Weltmarkt (exportorientierte Entwicklung)

Aus diesen Ansätzen wurden abgeleitet:
- die Strategie des „gleichgewichtigen Wachstums", die für ein Gesamtkonzept mit einem gesamtgesellschaftlichen Investitionsprogramm steht und als ein Konzept zur dauerhaften Beseitigung der Armut gilt;
- die Strategie des „ungleichgewichtigen Wachstums", die die Konzentration der begrenzten Investitionsmittel auf Wachstumszentren bzw. Schlüsselindustrien, von denen positive Wirkungen auf die umliegenden Regionen erwartet werden, vorsieht.

Dependenzansätze

In den 1960er-Jahren wurde durch die **Dependenztheorien** infrage gestellt, dass Entwicklung in der Peripherie in Abhängigkeit vom Zentrum möglich ist. Der Dependenzansatz führt Unterentwicklung auf die weltweite Expansion des Kapitalismus zurück und knüpft damit an die marxistischen Imperialismustheorien an. Unterentwicklung wird als Folge einer von außen fehlgesteuerten Entwicklung betrachtet: als Resultat der historisch gewachsenen Abhängigkeit (Dependenz) der Entwicklungsländer durch die koloniale Herrschaft und Ausbeutung.

Dependenz, von dependencia, span. = Abhängigkeit; zu den wichtigsten Vertretern des Dependenzansatzes zählen die lateinamerikanischen Sozialwissenschaftler A. G. FRANK und F. H. CARDOSO, der 1994 in Brasilien zum Präsidenten gewählt wurde.

Es wird deshalb angenommen, dass Unterentwicklung vor allem durch Unabhängigkeit der Länder und nationale Zuständigkeit für Fragen der Produktion, der Verteilung und des Konsums überwunden werden kann. Entwicklung wird als Wachstum, Wandel und Unabhängigkeit interpretiert.

Dependenztheorien	
Ursachen der Unterentwicklung	**Entwicklungsempfehlungen**
Externe Faktoren: • Durch den Kolonialismus wurden den Entwicklungsländern wichtige Entwicklungspotenziale geraubt. • Entwicklung ist zu sehr auf Weltmarktproduktion (nach außen) und zu wenig auf Eigenbedürfnisse orientiert – die eigene Entwicklung wird blockiert. • Nach der formalen staatlichen Unabhängigkeit bleibt die strukturelle Abhängigkeit bestehen.	Autozentrierte Entwicklung: • zeitweilige „Abkopplung" vom Weltmarkt und binnenwirtschaftliche Entwicklung • kollektive Eigenständigkeit (collective self-reliance) der Entwicklungsländer als Gruppe

Die Umsetzung der autozentrierten Entwicklungsstrategien in der Praxis erwies sich aufgrund der unterschiedlichen Ressourcenausstattung der Entwicklungsländer und des meist gering entwickelten Binnenmarktes in vielen Ländern als unrealistisch. Zugleich haben die verstärkte Marktorientierung sowie die Wirtschaftserfolge in einigen Schwellenländern die Dependenzansätze untergraben.

Grundbedürfnisstrategie

Mitte der 1970er-Jahre wurde die Grundbedürfnisstrategie mit der Leitidee der Selbstverwirklichung des Menschen postuliert. Entwicklung sollte im Kern auf die Armutsbekämpfung sowie auf die Minderung der Einkommensungleichgewichte zielen. Durch die Förderung der Landwirtschaft sowie Durchsetzung von Infrastrukturmaßnahmen und Landreformen wurde vor allem angestrebt, der Bevölkerung den Zugang zu den lebenswichtigen Gütern und Dienstleistungen Nahrung, Wasser, Kleidung, Wohnung, Gesundheit und Bildung zu sichern.

Bild links:
Wohnen in Cayenne/Französisch-Guayana
Bild rechts:
Schule im Dorf Quicunzo/Angola

Im Allgemeinen werden **materielle Grundbedürfnisse** (z. B. Nahrung, Kleidung) und **immaterielle Grundbedürfnisse** (z. B. Unabhängigkeit, Rechtssicherheit) unterschieden.

Die Meinungen darüber, was zu den Grundbedürfnissen des Menschen gehört, gehen aber ebenso auseinander wie die Argumente für und gegen eine Strategie der Grundbedürfnisbefriedigung.

Pro ——— Grundbedürfnisstrategie ——— Kontra	
• Befriedigung der Grundbedürfnisse ist Voraussetzung für wirtschaftliches Wachstum. • Das Konzept ist die pragmatische Antwort auf das Problem der absoluten Armut. • Die Machteliten in den Entwicklungsländern werden zu Reformen der Armutsbekämpfung und gerechterer Verteilung von Wachstumsgewinnen gedrängt. • Das Konzept fördert lokale Mitsprache, Mitgestaltung, Eigenverantwortung und Entscheidungsbefugnisse der Bevölkerung. • Die Lebensbedingungen der Armen können direkt verbessert und das Volkseinkommen kann gerechter verteilt werden.	• Steigerung des Bruttosozialprodukts führt zur Erhöhung des Lebensstandards. • Maßnahmen der Armutsbekämpfung stehen außenwirtschaftlichen Interessen der Industrieländer entgegen (geringere Profitmöglichkeit). • Die Machteliten in den Entwicklungsländern befürchten, dass verantwortliches Mitentscheiden breiter Bevölkerungsschichten ihre Macht gefährden könnte. • Den Entwicklungsländern werden Industrialisierung und Modernisierung vorenthalten, und die Abhängigkeit von den Industrieländern bleibt bestehen.

Von der Idee der Befriedigung der Grundbedürfnisse geht auch das Konzept der angepassten Entwicklung durch **Hilfe zur Selbsthilfe** aus. Es ist darauf gerichtet,
– die arme Bevölkerung in den Entwicklungsländern zu motivieren und zu befähigen, sich selbst durch wirtschaftliche Tätigkeit zu helfen,
– die lokalen Ressourcen (Arbeitskräfte, Grund und Boden, Rohstoffe, vorhandenes Wissen und Können) zu nutzen,
– Eigeninitiative durch Anstöße und Hilfe von „außen" zu fördern.

Nachhaltige Entwicklung

Nach dem Ende des Ost-West-Konflikts wurde auf dem Rio-Gipfel 1992 das Konzept der nachhaltigen Entwicklung vorgestellt. Im Zentrum stehen der notwendige Schutz der Lebensgrundlagen der Menschheit, die globale Dimension sowie Umweltverträglichkeit und Zukunftsfähigkeit der Entwicklung in den Industrieländern. Entwicklungspolitik muss demnach einen Beitrag zur Zukunftssicherung der Welt leisten.
Nachhaltigkeit basiert auf **drei Säulen:**

Vgl. Entwicklungspolitik als globale Strukturpolitik (➚ S. 445)

ökologische Nachhaltigkeit	soziale Nachhaltigkeit	ökonomische Nachhaltigkeit
• Verbesserung der Umweltqualität • Verringerung des Rohstoffverbrauchs • Reduzierung des Energieverbrauchs • Schutz der biologischen Vielfalt • Vermeidung von Risiken für Mensch und Umwelt	• selbstbestimmte Lebensführung durch Arbeit • umweltverträgliche Befriedigung der Grundbedürfnisse • Chancengleichheit und gesellschaftliche Grundsicherung • Generationenausgleich • aktive Teilnahme an der Durchsetzung von Nachhaltigkeitsstrategien	• Funktionsfähigkeit des Wirtschaftssystems • aktive Beschäftigung und soziale Sicherung • Fähigkeit zur Erneuerung oder Verbesserung an technischen Produkten und Verfahren • internationale wirtschaftliche Stabilität

7.3.4 Entwicklungsländer im Welthandel

Jene Länder, die am weltweiten Handel teilnehmen, haben ihr Exportvolumen von durchschnittlich 4,8 % in den 1980er-Jahren auf 6,4 % in den 1990er-Jahren erhöht.

Generell zeigt sich, dass die Staaten, die sich fest in den Welthandel integrieren, am erfolgreichsten sind. Insofern verdient durchaus Beachtung, wenn die Entwicklungsländer in den letzten Jahrzehnten ihre Exporte stärker steigern konnten als die Industrieländer. Allerdings profitieren von diesem Wachstum fast ausnahmslos die ostasiatischen Schwellenländer. Die 49 ärmsten und am wenigsten entwickelten Länder konnten zwar die Exporte ausweiten, ihr Anteil am Welthandel verringerte sich jedoch von 3,2 % im Jahre 1950 auf 0,5 % im Jahr 2000.

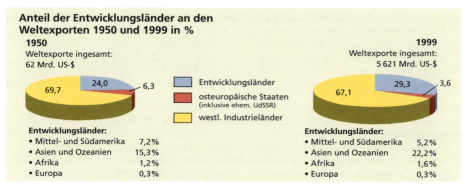

Außenhandelsstruktur

Die Außenhandelsstruktur ist innerhalb der Gruppe der Entwicklungsländer äußerst differenziert:
Die **wirtschaftlich erfolgreichen Schwellenländer,** insbesondere die vier „kleinen Tiger" (Taiwan, Südkorea, Singapur, Hongkong), konnten durch die Produktion wettbewerbsfähiger Güter für den Weltmarkt erhebliche Vorteile aus der globalen Ausrichtung der Wirtschaft ziehen. So wurde durch den Export von überwiegend Halb- und Fertigwaren der Rohstoffanteil am Export auf unter 30 % gesenkt.

Dieser Entwicklungsweg war zunächst mit einem enormen politischen Druck und sozialen Belastungen der Bevölkerung verbunden (Unterdrückung aller oppositionellen und politischen Aktivitäten, Einschränkung gewerkschaftlicher Aktivitäten und Einkommensverzicht durch Niedriglohnpolitik).

Anfang der 1960er-Jahre vollzog sich beispielsweise in **Südkorea** – trotz Rohstoff- und Kapitalmangels – mit Unterstützung der USA und Japans die Entwicklung von einem armen Entwicklungsland zu einem modernen Industrieland. Wichtige Voraussetzungen für eine wachstums- und exportorientierte Industrialisierungspolitik waren:
– die staatliche Förderung der Exportindustrien und die Gewährung von Exportanreizen auf der Grundlage staatlicher Entwicklungsprogramme sowie staatlicher und privater Unternehmertätigkeit;
– die intensive Förderung aller Bildungsbereiche;
– die qualitative Höherentwicklung der Produktionsstruktur von arbeits- zu kapital- und technologieintensiver Industrialisierung.
Südkorea gehört heute mit seiner ausgeglichenen Handelsbilanz zu den 12 größten Handelsnationen der Welt. Zu den wichtigsten Exportprodukten gehören Computer, Unterhaltungselektronik, Fahrzeuge und Schiffe.

In jüngster Zeit hat in den asiatischen Wachstumsregionen eine **"zweite Gruppe" von Schwellenländern** (Malaysia, Thailand, Indonesien) beträchtliche Schritte zur exportorientierten Entwicklung unternommen. Den Durchbruch im Welthandel haben China, Indien und Brasilien geschafft.

Die ärmsten Entwicklungsländer verfügen über eine einseitig ausgerichtete Handelsstruktur. Sie sind nach wie vor von einem oder wenigen Exportprodukten abhängig. Zur Zeit ist die Nachfrage nach diversen Rohstoffen steigend. Dies begünstigt einige Entwicklungsländer, vor allem aber Länder mit großen Rohstoffressourcen wie Russland.

 Bild: Kaffee-Ernte in El Salvador

 Die Entwicklungsländer müssen heute z. B. doppelt so viel Kakao, Kaffee oder Baumwolle verkaufen, um die gleiche Menge Dünger, Maschinen oder Medikamente einkaufen zu können wie vor Jahrzehnten.

Die ungünstigen Austauschverhältnisse – **Terms of trade** – wirken stark entwicklungshemmend für die ärmsten Länder aus. Der Anstieg der Rohstoffpreise (mit Ausnahme von Öl) hilft einigen von ihnen.

 Terms of trade beschreibt das internationale Austauschverhältnis von Importen zu Exporten. Es gibt an, wie viele Einheiten an Importgütern ein Land im Austausch gegen eine Einheit seiner Exportgüter erhält.

Protektionismus

Die Exporte der Entwicklungsländer werden durch vielfältige protektionistische Maßnahmen erschwert.

> **Protektionismus** bezeichnet eine Wirtschaftspolitik, die im Gegensatz zum Freihandel inländische Produzenten durch Handelshemmnisse vor ausländischer Konkurrenz schützt.

 Protektionismus, protectio, lat. = Schutz

Viele Industrieländer schützen sich durch hohe Zölle und andere Zugangsschranken zum Markt vor der Konkurrenz aus Schwellen- und Entwicklungsländern. Entwicklungsländer sind bei Verarbeitungserzeugnissen auf den Märkten der Industrieländer mit erheblich höheren Zöllen belastet. Handelshemmnisse im Bereich der Landwirtschaft und im Textilhandel treffen ihre arbeitsintensiven Bereiche am härtesten.

 Das 1993 von etwa 50 Ländern beschlossene **Welttextilabkommen (WTA)** begrenzt durch Quoten den Import von Textil- und Bekleidungsprodukten aus den Entwicklungsländern, um die europäische und nordamerikanische Industrie vor ausländischen Konkurrenten zu schützen. Etwa ein Drittel aller Textilimporte der OECD-Mitglieder sind mit Zöllen über 15 Prozent belegt. Andererseits begünstigen einige Regelungen die Textilproduktion in Indien und China und somit ihren rasanten wirtschaftlichen Aufstieg.

Subventionen und andere Stützungsmaßnahmen für die Landwirtschaft in den Industrieländern machen mehr als das Fünffache der gesamten Entwicklungshilfeleistungen aus. Nach Berechnungen der Weltbank gehen den Entwicklungsländern durch **Agrarprotektionismus** der Industrieländer jährlich etwa 63 Mrd. US-Dollar verloren.

Nach Schätzungen der Welthandels- und Entwicklungskonferenz (UNCTAD) hätten die Entwicklungsländer bei ungehindertem Marktzugang in den Industrieländern bis 2005 über zusätzliche Einnahmen von jährlich 700 Mrd. US-Dollar verfügen können.
Das entspräche etwa 35 % ihrer Jahreseinnahmen.

Mit Zöllen gegen Entwicklungsländer

Kakaobohnen 0 %
Kakaopulver 4 %
Vollmilchschokolade bis zu 23 %

Quelle: Deutsche Welthungerhilfe

Ein weiteres Problem besteht in der Zunahme von **Antidumping-Maßnahmen** durch die Industrieländer gegenüber Entwicklungsländern, um „unfairen" Handel zu verhindern.

Dumping: Verkauf auf ausländischen Märkten zu Preisen, die unter den Inlandpreisen liegen.

Neben der Landwirtschaft sind vor allem arbeitsintensive Branchen sowie Bereiche der Schwerindustrie von den Marktabschottungen der Industrieländer betroffen.

Die EU hat mit der „Everything-but-Arms-Initiative", die den quoten-und zollfreien Marktzugang für alle Waren aus den 48 ärmsten Ländern – wenn auch mit Übergangsfristen für Zucker, Reis und Bananen – auf den europäischen Markt vorsieht, einen ersten Schritt gegen Antidumping getan. Zudem versuchen ärmere Entwicklungsländer, ihre eigene Wirtschaft durch Einfuhrzölle auf Industrieerzeugnisse aus anderen Ländern zu schützen. Sie sind in den Ländern eine notwendige Einnahmequelle für die Staatsfinanzen. Mit der noch stagnierenden Doha-Runde versucht das Welthandelsregime, diese Probleme unter Kontrolle zu bringen.

Das protektionistische Instrumentarium umfasst **tarifäre Handelshemmnisse** (z. B. Zölle) und **nicht tarifäre Handelshemmnisse** (z. B. mengenmäßige Beschränkungen des internationalen Waren- und Dienstleistungsverkehrs durch Subventionen oder Genehmigungsvorschriften).

Über ein Drittel des weltweiten Warenhandels wird innerhalb der vier größten regionalen Integrationsgemeinschaften EU, NAFTA, ASEAN, MERCOSUR und fast ein Viertel allein innerhalb der EU abgewickelt.

Die Wirtschaftsblöcke bzw. Freihandelszonen fördern zwar die Integration ihrer Mitglieder und den internationalen Warenaustausch, erschweren oder versperren aber zugleich Nichtmitgliedern den Zugang. Davon sind die Entwicklungsländer besonders betroffen.

7.3.5 Entwicklungspolitik als globale Strukturpolitik

> **Entwicklungspolitik** bewegt sich in einem Spannungsverhältnis zwischen außenwirtschaftlichen sowie außen-, sicherheits- und finanzpolitischen Interessen einerseits und spezifischen, an den Bedürfnissen der Entwicklungsländer orientierten Zielen andererseits.

Bis zum Ende des Ost-West-Konflikts war die Entwicklungspolitik vor allem durch politische Konkurrenz zwischen den beiden Weltmächten und durch Eigeninteressen der „Geber"-Länder geprägt. Seit Anfang der 1990er-Jahre haben sich die entwicklungspolitischen Rahmenbedingungen grundlegend gewandelt:
– Entwicklungspolitik verlor ihre geostrategische Bedeutung für die Außen- und Sicherheitspolitik.
– Marktwirtschaft und Freihandel setzten sich weltweit durch.
– Die weltwirtschaftlichen Beziehungen veränderten sich im Zuge fortschreitender Globalisierung.

Das ging mit einer „Sinn- und Rechtfertigungskrise" der Entwicklungspolitik einher. Teilweise nachlassendes Engagement von Politikern für diesen Bereich, größere Zurückhaltung der Bürger und vor allem sinkende Entwicklungshilfeetats der meisten OECD-Länder sind Indizien dafür.

Obwohl die Mehrheit der deutschen Bevölkerung Hilfe für die armen Länder grundsätzlich befürwortet, wachsen die Zweifel, dass Hilfeleistungen auch dort ankommen, wo die Armut am größten ist.

Die UN-Vollversammlung stellte 1970 das Ziel, dass die Industrieländer jährlich 0,7 Prozent ihres Bruttosozialprodukts (BSP) als Entwicklungshilfe für die Länder der Dritten Welt bereitstellen. Dieses Ziel erreichen jedoch nur noch wenige Länder.
Auch der Anteil Deutschlands an den Entwicklungshilfeleistungen bleibt hinter dem Ziel der UN zurück. Sein Anteil ist seit 1980 deutlich gesunken, hat sich aber in den letzten Jahren auf niedrigem Niveau stabilisiert (2005/2006 ca. 5 Mrd. Euro jährlich).

Entwicklungspolitik im Wandel

In den vergangenen Jahrzehnten hat sich ein Wandel in der Entwicklungspolitik von der Nord-Süd-Zusammenarbeit in Richtung auf internationale Kooperation zur Lösung globaler Probleme vollzogen.

Phasen	Zeitraum	Ziele/Schwerpunkte
1. Phase	bis Anfang der 1980er-Jahre	Kooperation zur Verbesserung der Entwicklungsbedingungen in den Ländern der Dritten Welt durch Wissens- und Finanztransfer von Nord nach Süd, um Wirtschaftswachstum und verschiedene Ausbildungsprogramme zu fördern („Geber-Nehmer"-Konstellation, z. T. verknüpft mit „Belehrungskultur")
2. Phase	Mitte der 1980er-Jahre	• Erkenntnis, dass „Entwicklung" nicht nur ein Problem des Südens, sondern eine globale Herausforderung ist • „Ökologische Strukturanpassung im Norden" sind notwendig, um Entwicklungschancen im Süden zu verbessern.
3. Phase	in den 1990er-Jahren	• Globalisierung und Weltprobleme erfordern eine Erweiterung der Formen internationaler Kooperation. • Globale und grenzüberschreitende Probleme können nur gemeinsam gelöst werden (gemeinsame Such- und Lernprozesse sowie gemeinsame Problemlösung).
4. Phase	seit Ende der 1990er-Jahre	• Neue Global Players wie China und Indien sowie das wieder erstarkte Russland schaffen neue Konstellationen in Handel, Wirtschaft, Sicherheit und Politik • Der Kampf gegen den Terrorismus verändert nach dem 11. September 2001 die Sichtweise auf Problemlagen. • Umfassende Veränderungen bei den Kapitalströmen machen neue Regulierungen der Global Governance erforderlich.

Nachhaltigkeit der Entwicklungspolitik

In einem weiteren Sinn schließt **globale Strukturpolitik** auch das Handeln nicht staatlicher Institutionen, wie Industrieverbände oder Großbanken, ein.

> Die sich nach dem Ende des Ost-West-Konflikts abzeichnenden entwicklungspolitischen Anforderungen und Prioritäten münden in die Aufgabe, eine **globale Strukturpolitik** zu betreiben.

Das bedeutet, politische Maßnahmen verschiedener staatlicher Ebenen auf eine Gestaltung der Wirtschaftsstruktur zu richten, die den Veränderungen im Globalisierungsprozess gerecht wird. Maßnahmen zur Entwicklung von Infrastruktur, Raumordnung und Finanzpolitik (steuerpolitische Investitionsanreize oder direkte Subvention) sind darin eingeschlossen.
Das **Leitbild** nachhaltiger Entwicklung besteht darin, die geringer werdenden finanziellen Mittel auf die Bewältigung globaler Probleme mit hohem Risiko zu konzentrieren. Das sind die Aufgabenbereiche:
- Bekämpfung der Armut,
- Eindämmung der Umweltzerstörung,
- friedenssichernde Konfliktprävention.

Global Governance und Entwicklungspolitik

Das Konzept der globalen Strukturpolitik ist an den vier **Zieldimensionen** soziale Gerechtigkeit, wirtschaftliche Leistungsfähigkeit, ökologisches Gleichgewicht und politische Stabilität orientiert. Unter dieser Sicht legten die Weltkonferenzen der 1990er-Jahre und der Millenniumsgipfel sieben konkrete internationale Entwicklungsziele für die nächsten Jahre fest.

Handlungsfeld	Ziel	Zeitraum
Armutsbekämpfung	• Halbierung der Zahl der in absoluter Armut lebenden Menschen	bis 2015
soziale Entwicklung	• Grundschulbildung für alle	bis 2015
	• Gleichheit der Geschlechter im Primar- und Sekundarschulbereich	bis 2015
	• Senkung der Säuglings- und Kleinkindersterblichkeit um zwei Drittel	1990 bis 2015
	• Verringerung der Müttersterblichkeit um drei Viertel	1990 bis 2015
	• Reproduktive Gesundheitsversorgung für alle	bis 2015
ökologische Nachhaltigkeit	• Umsetzung der nationalen Strategien für nachhaltige Entwicklung und Umkehr der Trends der Umweltzerstörung auf nationaler und globaler Ebene	bis 2015

Um Nachhaltigkeit zu bewirken, muss Entwicklungspolitik zu Strukturveränderungen sowohl innerhalb der Entwicklungsländer als auch im internationalen Rahmen führen. Für die inneren Strukturveränderungen tragen die betroffenen Länder die Hauptverantwortung, für notwendige Reformen der internationalen Finanz- und Handelsstrukturen vor allem die OECD-Länder, die die Weltwirtschaft dominieren.

Bild: Brunnenbau in Niger unter Anleitung eines deutschen Entwicklungshelfers

Gemeinsame Verantwortung des Nordens und Südens

Globale Strukturpolitik fordert von allen Gesellschaften Veränderungen im Bewusstsein und Verhalten. Sonst sind die bestehenden Interessengegensätze zwischen Nord und Süd nicht zu überwinden.
Von den **Industrieländern** müssen die entscheidenden Schritte ausgehen, da sie die Weltwirtschaft prägen. Ihre Beiträge für eine gemeinsame Weltordnungspolitik (Global Governance) bestehen vor allem darin,
– faire weltwirtschaftliche Rahmenbedingungen zu schaffen, um den Entwicklungsländern die gleichberechtigte Teilnahme an den Vorteilen der internationalen Arbeitsteilung zu ermöglichen,
– die weltweite Armut und Ungerechtigkeit sowie die Zerstörung des ökologischen Gleichgewichts einzudämmen und den Globalisierungserfordernissen mit der aktiven Gestaltung einer sozial und ökologisch orientierten Marktwirtschaft zu entsprechen.

Angesichts der gegenwärtigen Dynamik der Weltwirtschaft, die sehr zentral auch von China und Indien mitgetragen wird, verändern sich aufgrund von neuen Investitionen in rohstoffreichen Ländern einige der Rahmenbedingungen von Entwicklung. Dies hat positive, aber auch negative Seiten. Gewaltmärkte, Rohstoffkriege und kriminelle Teile der Weltwirtschaft wälzen die Verhältnisse in vielen Regionen der Welt um, vor allem in Afrika. Das betrifft die Länder Kongo, Elfenbeinküste, Nigeria, Sudan, Tschad, zudem auch Afghanistan, Pakistan, Irak und Libanon.

7.3.6 Deutsche Entwicklungspolitik

Deutsche Entwicklungspolitik

> **Deutsche Entwicklungspolitik** ist Teil globaler Zukunftssicherung und Nachhaltigkeit. Sie verfolgt das Ziel, menschenwürdige Lebensverhältnisse in den südlichen und östlichen Partnerländern zu schaffen und damit zur eigenen Zukunftssicherung beizutragen.

Entsprechend dem ganzheitlichen Ansatz, die sozialen, ökonomischen, politischen und ökologischen Probleme gleichermaßen zu berücksichtigen, unterliegt sie vier wechselseitig verbundenen **Zieldimensionen**.

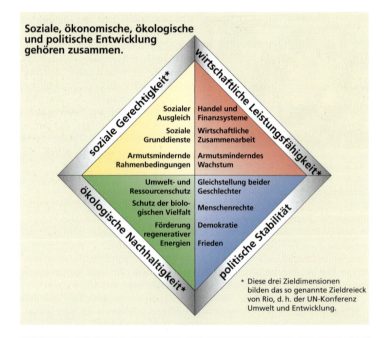

Soziale, ökonomische, ökologische und politische Entwicklung gehören zusammen.

> Deutsche Entwicklungspolitik wird als **Entwicklungszusammenarbeit** verstanden.

Angestrebt werden wechselseitige Beziehungen mit den Entwicklungsländern, bei aktiver Beteiligung der einheimischen Bevölkerung. Entwicklungszusammenarbeit ist damit ein Baustein globaler Struktur- und Friedenspolitik. Ihr liegen fünf allgemeine Kriterien zugrunde:
- Beachtung der Menschenrechte,
- Gewährleistung von Rechtssicherheit,
- Beteiligung der Bevölkerung am politischen Prozess,
- marktwirtschaftlich- und sozialorientierte Wirtschaftsordnung,
- entwicklungsorientiertes staatliches Handeln.

Entwicklungszusammenarbeit und Entwicklungshilfe werden z. T. synonym verwendet. Da der Begriff Entwicklungshilfe (engl. aid) oft abwertend gebraucht wird, vermeidet man ihn in der Regel.

Aufgabenfelder und Instrumente

Die Entwicklungszusammenarbeit Deutschlands ist breit gefächert und umfasste zeitweise über 100 Länder.

Seit Beginn der Entwicklungszusammenarbeit Anfang der 1950er-Jahre wurden mehr als 36 000 Projekte – darunter auch durch die DDR – realisiert. Schwerpunkte der bilateralen Zusammenarbeit waren dabei die Bekämpfung der Armut sowie Beiträge zum Wirtschaftswachstum, zur Bildung, Gesundheit und Beschäftigung.

Mehr als zwei Drittel der in Angriff genommenen Projekte wurden bisher abgeschlossen.

Vor allem durch konkrete Projektarbeit konnten beachtliche Ergebnisse erreicht werden. So wurde dazu beigetragen, dass Polioerkrankungen und Kindersterblichkeit deutlich abgesenkt, die Alphabetisierung beschleunigt und das Ausbildungsniveau verbessert werden konnten.

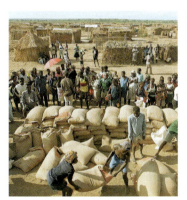

Bild links:
Die Deutsche Welthungerhilfe versorgt Flüchtlinge in Angola im Lager Cambambe.

Bild rechts:
Deutsches Wiederaufbauprojekt der Armenviertel Ciudad Sol und San Martín auf Haiti

Der politische Dialog mit den Regierungen des jeweiligen Entwicklungs- und Transformationslandes, in dem ein Projekt durchgeführt werden soll, ist auch deshalb eine wichtige Grundlage. Manchmal heißt das, auch mit Massenmördern zusammenzuarbeiten, wenn diese im Bürgerkrieg gesiegt haben, wie z. B. in Ruanda.
Mit den Projekten soll zweierlei erreicht werden:
- Zum einen soll dabei geholfen werden, ein konkretes Problem zu lösen.
- Zum anderen sollen Modelle für Problemlösungen demonstriert werden, die in den Entwicklungsländern später auch selbstständig angewendet und weiterentwickelt werden können.

Gestaltung der Entwicklungszusammenarbeit (ausgewählte Handlungsfelder)		
Aufgabenfeld	Ziele und Aufgaben	Instrumente
Bekämpfung der Armut	Verminderung der Armut u. a. durch: • Unterstützung sozialer Sicherungssysteme • Förderung sozialer Grunddienste (Grundbildung besonders für Frauen und Kinder, Gesundheit, Wasserversorgung und -entsorgung)	• Politikdialog und enge Zusammenarbeit mit NGOs (z. B. „Arbeitskreis Armutsbekämpfung durch Hilfe zur Selbsthilfe") • Beratungsmaßnahmen • Projekte und Programme zugunsten armer Bevölkerungsgruppen
Bildung und Ausbildung	Förderung des Bildungswesens, vor allem der Grundbildung: • Auf- und Ausbau von Bildungseinrichtungen • Aus- und Fortbildung • Beratung bei der Entwicklung von Gesetzen und Richtlinien sowie deren Umsetzung • Förderung der Berufsbildung	• Projektansätze u. a. zur Förderung von Unterricht in Muttersprache und Naturwissenschaften • Lehrmittelentwicklung • Lehreraus- und -fortbildung • Alphabetisierungsprogramme • Projekte zur Verbesserung der Berufsbildungspraxis in Verbindung mit Gewerbeförderung
Gesundheit	Verbesserung der Gesundheitssysteme und -einrichtungen, u. a. durch: • Ausbau medizinischer Infrastruktur vor allem in ländlichen Gebieten • Versorgung mit Laboreinrichtungen und medizinischen Geräten • Prävention und Kontrolle von Infektionskrankheiten (Tuberkulose, Malaria, Polio, HIV/Aids)	• etwa 100 Projekte zur Sexualaufklärung, Familienplanung, Schwangerenfürsorge und Entbindung, Prävention und Behandlung von Sexualkrankheiten • Zuwendungen an Sonderprogramme der WHO

Finanzielle Mittel und Akteure

> Die politische Verantwortung für die Entwicklungszusammenarbeit trägt das **Bundesministerium für wirtschaftliche Zusammenarbeit und Entwicklung** (BMZ).

Das Bundesministerium für wirtschaftliche Zusammenarbeit und Entwicklung wurde 1961 gebildet.

Hier liegt die Entscheidungskompetenz für die Projekte, was vor allem auch bedeutet, Festlegungen über den **Einsatz der finanziellen Mittel** aus dem Bundeshaushalt zu treffen.
Angesichts geringer gewordener Mittel wurde die Entwicklungszusammenarbeit auf 70 Länder in fünf Förderregionen konzentriert. Zu den traditionellen Förderregio-

nen Mittelmeerraum/Naher und Mittlerer Osten, Afrika und Südliche Sahara, Lateinamerika und Asien/Ozeanien kamen nach 1990 auch Länder Mittel- und Osteuropas.

> Auf die Staaten Mittel- und Osteuropas und die Nachfolgestaaten der Sowjetunion entfielen 2000 311 Mio. Euro, etwa 9,4 % der deutschen bilateralen Hilfeleistungen (ODA-Nettozahlungen).
> Der größte Teil der Fördermittel ging dabei an die Staaten des ehemaligen Jugoslawiens und wurde für Wiederaufbau und Flüchtlingshilfe verwendet.

ODA: **O**fficial **D**evelopment **A**ssistance; Öffentliche Zusammenarbeit

Die durch das BMZ vergebenen finanziellen **Mittel für die Gestaltung der Entwicklungszusammenarbeit** werden im Besonderen eingesetzt für
– die technische Zusammenarbeit, u. a. für die Entsendung von Beratern, Ausbildern und Fachkräften, die Förderung von Projektträgern, die Bereitstellung von Material und Ausstattung der geförderten Einrichtungen sowie die Ausbildung einheimischer Fach- und Führungskräfte;
– Investitionen in den Partnerländern, um die soziale und wirtschaftliche Infrastruktur zu finanzieren (z. B. günstige Kredite und Zuschüsse);
– Beiträge an multilaterale und zwischenstaatliche Einrichtungen, so an die Weltbank, den IWF und die Vereinten Nationen, ihre Sonder- und Unterorganisationen (z. B. UNESCO und UNICEF).

Der Haushalt des BMZ im Jahr 2008 sieht z. B. eine Gesamtsumme von 5 134,590 Mio. Euro vor. Davon sind geplant für
– den Europäischen Entwicklungsfond 770 Mio. Euro,
– Ernährungssicherung und globalen Umweltschutz 143,033 Mio. Euro,
– zivilgesellschaftliche und wirtschaftliche Gruppen und Institutionen 545,520 Mio. Euro.

Etwa 10 % der Gesamtausgaben des Haushalts des BMZ gehen jeweils an nichtstaatliche Organisationen. Das sind neben Entwicklungs-NGOs vor allem politische Stiftungen und kirchliche Hilfswerke.

Neben dem BMZ wirken eine Reihe **staatlicher und nicht staatlicher Institutionen und Organisationen** an der Gestaltung der Entwicklungszusammenarbeit mit:
Staatliche Institutionen der öffentlichen Entwicklungshilfe, z. B.
– die Deutsche Gesellschaft für Technische Zusammenarbeit (GTZ) und der Deutsche Entwicklungsdienst (DED), die Verantwortung für personelle und technische Projektgestaltung tragen,
– die Kreditanstalt für Wiederaufbau (KfW), die zinsgünstige Kredite und Zuschüsse für spezielle Projekte und Programme vergibt,
– Institutionen, die die Ausbildung von Führungs- und Fachpersonal aus Entwicklungsländern übernehmen oder Fachkräfte in Kooperationsländer vermitteln;

Die NGOs profitieren am meisten von der Spendenbereitschaft der Deutschen. Seit 1994 existiert der Verband Entwicklungspolitik deutscher Nichtregierungsorganisationen (VENRO), der die entwicklungspolitischen Aktivitäten der NGOs auf nationaler und internationaler Ebene koordiniert.

Kirchliche Institutionen, wie das evangelische Hilfswerk „Brot für die Welt" und das katholische bischöfliche Hilfswerk „Misereor", die seit über vier Jahrzehnten in Kooperation mit dem BMZ projektorientierte Arbeit leisten (finanziert aus Mitgliedsbeiträgen, Spenden, der Kirchensteuer und z. T. auch aus Steuermitteln);

Die Kirchen tragen ihre Aktivitäten weitgehend selbst – aus Eigenmitteln und Spenden von über 500 Mio. Euro jährlich.

Politische Stiftungen der Parteien, wie die Friedrich-Ebert-Stiftung (SPD), Konrad-Adenauer-Stiftung (CDU), Friedrich-Naumann-Stiftung (FDP), Hanns-Seidel-Stiftung (CSU), Heinrich-Böll-Stiftung (Grüne) und Rosa-Luxemburg-Stiftung (PDS), die mit ihren politischen und außenpolitischen Aktivitäten spezifische entwicklungspolitische Aufgaben erfüllen;

Freie Träger, z. B. die Deutsche Hungerhilfe, Kindernothilfe, Komitee Ärzte Dritte Welt, Terre des Hommes – mit weit gespannten Aufgabenfeldern und Funktionen (Not- und Katastrophenhilfe oder Finanzierung von Entwicklungshilfeprojekten im Bildungs- und Gesundheitsbereich).

Das Bundeskabinett verabschiedete 2001 das „Aktionsprogramm 2015", das zehn vorrangige Ansatzpunkte und diesen zugeordnet 75 konkrete Aktionen bis zum Jahr 2015 vorsieht.

Die Umsetzung dieses Aktionsprogramms schließt ein, dass die gesellschaftlichen und wirtschaftlichen Kräfte, die Bundesländer und Kommunen, aber auch die Bürger eigenständige Beiträge zur Entwicklungszusammenarbeit übernehmen. Dabei gilt der **Leitsatz der lokalen Agenda 21:** „Global denken – lokal handeln".

 Die **Bundesländer** förderten im Jahr 2004 insgesamt 280 Projekte in 99 Entwicklungsländern. 2006 hatten in Deutschland 2600 Kommunen eine lokale Agenda 21, mit der sie nachhaltige Strategien für Umwelt und Entwicklung auf der örtlichen Ebene verfolgten.

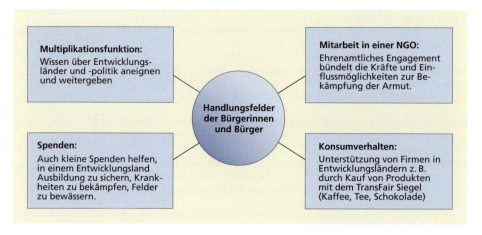

ANHANG A

Register

11. September 2001 332

A
Abrüstung 295, 297
Abrüstungsabkommen 296 f., 307
Abrüstungsdialog 335
Abrüstungspolitik 297
Abrüstungsvereinbarungen 296, f., 307
Abwanderungsländer 413 f.
ADENAUER, KONRAD 70, 133
ADORNO, THEODOR W. 20, 49
Agenda 21 202, 419, 452
Agenda für den Frieden 337
AGIL-Schema 18
Aggressionshypothese 283
Agrargesellschaft 215
Agrarprotektionismus 443
AKP-Staaten 379
Akteure 275 f.
– außenpolitische 277
– gesellschaftliche 279
– kollektive 275
– nicht staatliche 302
Aktiengesellschaft 170
Aktionsformen 275 f.
Altersstruktur 221
Al-Qaida 330 f.
Amnesty International 342, 402
Amsterdamer Vertrag 242, 356 f.
Antidumping-Maßnahmen 444
Antiglobalisierungsnetzwerk 438
Arabische Liga 319, 321
ARAFAT, JASIR 320
Arbeitgeberverband 169
Arbeitslosigkeit 236 f.
– Abbau 201
– Bekämpfung 237
– Folgen 237
– Mismatch-Arbeitslosigkeit 189
– strukturelle 191, 236, 238
– unfreiwillige 159
– verdeckte 237
Arbeitsmarkt 238, 243 f.
Arbeitsmarktpolitik 174, 176, 191
Arbeitsteilung 152
– internationale 193 f.
ARISTOTELES 12, 19, 36, 53
Armut 250 f., 406, 416
– Armutsgrenze 252, 406
– Begriff 252
– Ursachen 252, 406
Ärzte ohne Grenzen 425
Atommächte 298
Attac 241, 438
Aufnahmeländer 413
Auseinandersetzung
– bewaffnete 319
– ethnische 424
Ausgaben- und Einnahmenpolitik 162
Ausländer 90
Ausländerpolitik 267 f.
Auslandsvertretung 279
Außenhandelsstruktur 442
Außenministerium 278
Außenpolitik, deutsche 276 ff.
Autokratie 55

B
BARROSO, JOSÉ MANUEL 365
BEAUVOIR, SIMONE 44
Berlinblockade 305
Berufe
– neue 234
– typische Frauenberufe 244
– typische Männerberufe 244
Berufsarmee 346
Berufspolitiker 100, 130
Berufsverband 169
Besatzungszonen 304
Betrieb 169
betriebliche Mitbestimmung 177 f.
Betriebsrat 178
Betriebsräte, europäische 181
Betriebsvereinbarung 179
Betriebsverfassung 170
Betriebsverfassungsgesetz 170, 178, 181
Bevölkerungsentwicklung 219
– in Deutschland 220
Bevölkerungswachstum 202, 414
Bevölkerungswanderung 222
BIN LADEN, OSAMA 330
Binnenmarkt 196, 372, 373
– europäischer 350
– vier Freiheiten 372
Binnenwanderung 222
BIP 192, 349
Bipolarität 303
BOURDIEU, PIERRE 228
BRANDT, WILLY 133, 427
Bretton-Woods-Institutionen 433
Bruttosozialprodukt 404
Buddhismus 395
Bund 79, 83, 139
Bundes- und Landesrecht 75
Bundesagentur für Arbeit 191
Bundeskanzler 131, 133, 278
Bundesländer 79, 83 f., 279
– neue 139, 186
Bundesministerien 133
Bundesministerium für wirtschaftliche Zusammenarbeit und Entwicklung 450
Bundespräsident 74, 136, 137, 138, 279
Bundesrat 135, 136, 140, 279
Bundesregierung 131 f. 140, 278
Bundesstaat 75, 79, 85
Bundestag 126, 129 f., 140, 279
Bundestagsabgeordneter 99
Bundesverfassungsgericht 73, 149 f., 279
Bundesversammlung 137
Bundesverwaltung 139
Bundeswehr 278, 343, 345
Bündnis für Arbeit 176
Bündnis 90/Die Grünen 99, 110 f., 116

Bürger 87ff.
Bürgerrechte 76

C
China 67, 311, 397
Christentum 395
Christlich-Demokratische Union 41, 110f., 116
Christlich-Soziale Union 41, 110, 116
CIPCRE 437
Cotonou-Abkommen 379

D
D'ESTAING, VALÉRY GISCARD 355, 385
Dahrendorf-Haus 226
DAHRENDORF, RALF 41, 47, 90, 223, 225
DE GAULLE 62, 354f.
DE MONTESQUIEU, CHARLES 55, 124
DE TOCQUEVILLE, ALEXIS 55
Deeskalation 289
Demografie 219
Demokratie 57f., 74
– Begriff 54
– direkte 94, 97
– direktorial-plebiszitäre 63
– Entwicklung 120
– expansive 122
– innerparteiliche 97f.
– konstitutionelle 55
– parlamentarische 58f.
– präsidentielle 58, 60
– Probleme 121
– repräsentative 94
– semipräsidentielle 61
– wehrhafte 74
Demokratieformen 57
Demokratietheorien 51, 113
Demokratiewissenschaft 19
Denk- und Arbeitsweisen, politikwissenschaftliche 22ff.
Dependenztheorie 439f.
Deregulierung 166
Deutsche Demokratische Republik 1f., 68, 70, 306
– Parteien 110f.
– Stellung der Frau 243

Deutscher Gewerkschaftsbund 172f.
Deutschland in Europa 383
Die Linke 43, 110, 116
Dienstleistungsgesellschaft 215, 233
Dienstleistungssektor 183, 187
Diktatur 55, 57, 64
– autoritäre 64, 67
– totalitäre 64f.
Diplomatie 279
– vorbeugende 337
– diplomatische Tätigkeit 279
Dritte Welt 300, 309
Dschihad-Ideologie 331
Dumping 444

E
EASTON, DAVID 12, 50
Einheitliche Europäische Akte 356
Einigung Deutschlands 307
Einigungsprozess, europäischer 384
Einigungsvertrag, deutscher 70
Einkommens- und Beschäftigungstheorie 158
Einkommensverteilung 157, 250f.
Einparteiendiktatur 64ff.
Einpersonen-Diktatur 65
Einwanderungsland 255, 413
Einwohner 89
Elite, politische 98f.
Emanzipation 43, 266
Emissionslizenzen 208
Emissionssteuer 208
Energiepolitik 204
ENGELS, FRIEDRICH 43, 48f.154, 390
Entwicklungs- und Wohlstandsgefälle 404
Entwicklungshilfe, öffentliche 445
Entwicklungsländer 308ff., 403ff., 442
Entwicklungsmodelle 438ff.

Entwicklungspolitik 446, 448
Entwicklungsstrategie 438f.
Entwicklungszusammenarbeit 448ff.
ERHARD, LUDWIG 133, 159, 165
Erwerbslosigkeit 237
Erwerbstätigkeit der Frauen 243, 245
Erziehungsstile 232
Eurojust 382
Europa 348, 387
– integriertes 352
Europaabgeordnete 367
Europäische Gemeinschaft für Kohle und Stahl 350, 352f.
Europäische Gemeinschaften 350, 359
– Regelungen 360
Europäische Investitionsbank 363, 370
Europäische Kommission 362f., 366
Europäische Parteien 367
Europäische Politische Zusammenarbeit 355
Europäische Union 277, 279, 348f., 356, 585, 363, 394
– Asylpolitik 379
– Beitrittsverfahren 350, 357f.
– Beschäftigungs- und Sozialpolitik 378
– Bildung und Kultur 377
– bildungspolitische Zielwerte 377
– Charta der Grundrechte 376
– Einrichtungen 371
– Einwanderungspolitik 379
– Entwicklungsphasen 352ff.
– Entwicklungspolitik 379
– Erweiterung 351ff., 383
– Gemeinsame Agrarpolitik 375
– Gemeinsame Außen- und Sicherheitspolitik 359, 365, 380
– Gemeinschaftsrecht 360

- Haushalt 366
- justizielle Zusammenarbeit 379
- Kulturförderung 377
- Ministerrat 364
- Mitgliedschaft 350
- Mitgliedstaaten 349
- Organe 362f., 369ff.
- Organisationsform 350
- Osterweiterung 357f.
- politisches System 359, 363
- polizeiliche und justizielle Zusammenarbeit 359, 381f.
- Regional- und Strukturpolitik 375
- Sicherheitsgemeinschaft 380
- Verfahren der Mitentscheidung 360
- Verfassungsentwurf 385f.
- Vertiefung 351ff.
- Vertrag von Lissabon 386f.
- Visapolitik 379
Europäische Wirtschafts- und Währungsunion 161, 196, 373f.
Europäische Zentralbank 363, 370
Europäischer Bürgerbeauftragter 368
Europäischer Gerichtshof 140, 354, 362f., 369
Europäischer Konvent 385
Europäischer Rat 362ff.
Europäischer Rechnungshof 363, 369
Europäisches Parlament 354f., 360, 362f., 366ff.
Europäisierung 140
Europäischer Rat 362ff.
Europarat 352
Europarecht 145
Europatag 353
Europol 382
Exekutive 79, 124, 144
Extremismus 117, 120
- Linksextremismus 117f.

- Rechtsextremismus 118f.

F
Familie 231, 246
- Familienfunktionen 264
- Modell der bürgerlichen Familie 246
- Strukturwandel 247
Familie und Beruf 245
Familienpolitik 264f.
Feindbild-Hypothese 283
Feminismus 44
Finanzausgleich 85f.
Finanzinstrumente 196
Finanzmarkt, internationaler 197
Finanzverfassung 85
Fiskalpolitik 161
Flächentarifvertrag 175
Flexibilisierung der Arbeit 235f.
Flüchtlinge 90, 255, 267, 322, 411
Flüchtlingsströme 411
Föderalismus 75, 85
- bundesdeutscher 86
- kooperativer 85f.
Föderation 354
- europäische 353
Fragebogen 27f.
Fraktion 130
Frauenbewegung 43ff., 242
Freie Demokratische Partei 40, 110, 116
freie Träger 452
Freihandelszone 195
Freiheit 78, 217
Freiheitsrechte 77
Frieden 78, 280, 292
- dauerhafter 292
- ewiger 291
- negativer 281, 282, 292
- positiver 281f., 292
Friedens- und Konfliktforschung 32, 287
Friedens- und Zivilisationsmodell 293
Friedensgefährdung 311
Friedensschaffung 337, 339

Friedensschlüsse 282
Friedenssicherung 145, 337
- Konzepte 291
- militärische 336
- Modelle 293
- multilaterale 339
Friedensverhandlungen 321
FRIEDMAN, MILTON 159
Frustrations-Aggressions-Hypothese 283
Fundamentalismus 302

G
GALTUNG, JOHAN 49, 281, 400
GATT 194f., 391
Geburtenrückgang 220
Gemeinde 80
Gemeindeordnung 82
Gendermainstreaming 44
Generationengerechtigkeit 203
Generationenkonflikt 253
Generationenvertrag 254
Genfer Flüchtlingskonvention 411
Genossenschaft 171
Gerechtigkeit 145
- inter- und intragenerationelle 203
- soziale 76, 165, 167, 217, 249, 260
Gerichte 146f.
Gerichtsbarkeit 148
Geschlechterforschung 44
Geschlechterpolitik 265f.
Geschlechterverhältnis, Wandel 241
Gesellschaft 36, 212
- Aufbau 223
- individualistische 259
- kollektivistische 259
- multikulturelle 214
- postmoderne 214
Gesellschaft des bürgerlichen Rechts 170
Gesellschaft mit begrenzter Haftung 171
Gesellschaftsbegriffe 213
Gesellschaftsmodelle 213f.
Gesellschaftspolitik 259
Gesellschaftsstrukturen 219

Gesellschaftstheorie 46
Gesetz 127, 142, 144
- Einspruchsgesetz 128
- verfassungsänderndes 73
- Zustimmungsgesetz 128
Gesetzesrecht 142
Gesetzgebung 75
- Gang der Gesetzgebung 128
- geteilte Zuständigkeiten 127
- konkurrierende 127
- Mitwirkung des Bundesrates 135
- Rahmengesetzgebung 127
Gesetzgebungsverfahren 142
Gesundheitspolitik 262f.
Gesundheitswesen 263
Gewalt 283
- direkte 281
- gegen Ausländer 258
- kulturelle 281
- militärische 290, 302
- personale 281
- Recht sprechende 146
- revolutionäre 283
- strukturelle 281
- symbolische 290
- terroristische 302
- Transformation 325
- Ursachen 282
Gewaltanwendung, innerstaatliche 422
Gewaltdreieck 281
Gewalteneinheit 68
Gewaltenteilung 75, 79, 123
- horizontale 124
- neue 124
- vertikale 124
Gewaltenteilungslehre, klassische 124
Gewaltenverschränkung 123, 124
Gewaltkonflikt 299, 301, 323
- Ursache 300, 423
Gewaltverbot 334
Gewerkschaften 105, 169, 171ff.
Gewerkschaftsverband 173

GHANDI, MAHATTMA 290
Gleichberechtigung
- der Geschlechter 241
- Fortschritte 242
- in der DDR 243
Gleichgewicht
- des Schreckens 306
- militärisches 297
- multipolares 293
- strategisches 293
Gleichgewichtsprinzip 294
Gleichheit 218
- individuelle 212
- soziale 212
Gleichheitsrechte 78
Gleichstellung 242f.
Gleichstellungsbeauftragte 266
Gleichstellungspolitik 265f.
Global City 392
Global Governance 427f., 430ff.
Global Player 392
globale Gefährdungen 403
Global-Governance-Architektur 427f.
Globalisierung 271, 390ff., 416
- Chancen und Gefahren 392
- Dimensionen 391
- Erfordernisse 448
- Merkmale 391
- Ursachen 391
- wirtschaftliche 192
GORBATSCHOW, MICHAEL SERGEJEWITSCH 307
Grafik 30
Greenpeace 436
Grundbedürfnisstrategie 440f.
Grundgesetz 166
- Aufbau 71
- Entstehung 70
- Ewigkeitsklausel 73
- Fundamentalnorm 74
- Grundrechtskatalog 76
- Meinungs-, Informations- und Pressefreiheit 103
- oberste Rechtsquelle

142
- Offenheit 73
Grundrechte 10, 76f., 167f., 399
Grundwerte 78
Güter, öffentliche 156

H
HABERMAS, JÜRGEN 20, 51, 90, 317
Halbdemokratie 57
Handelshemmnisse 194, 444
Handlungstrategien, wirtschaftspolitische 189
Haushaltsgrößen 247
Haushaltsrecht 129
HDI 405
HENNIS, WILHELM 12, 20
Hermeneutik 22
Herrschaft 52f.
Herrschaftsformen 55
- Typologien 53
Herrschaftsmessung 57
Hexagon, zivilisatorisches 292
Hinduismus 395
HIPC-Länder 421
HOBBES, THOMAS 12, 38, 291f.
HORKHEIMER, MAX 20, 49
Hunger 409
HUNTINGTON, SAMUEL 41, 394

I
Identität
- europäische 387f.
- multiple 90f.
- nationale 90f.
Identitätstheorie 113
Ideologie 18
Imperialismustheorie 49
Individuum 35
Industrialisierung 183
Industriegesellschaft 215
Industrieländer 202
Informationsgesellschaft 215
Instrumente, umweltpolitische 206
Integration 256, 258
- europäische 348, 351, 383, 388

– soziale 145
– von Ausländern 258
– Wege 351
Integrationspolitik 258, 268
Interessenorganisationen 104ff.
internationale Beziehungen 270, 275
Internationale Islamische Front 330
internationale Politik 270, 274f.
– Akteure 275f.
– Gegenstandsbereiche 271
– Ziele 270, 273
Internationale Regime 427
Internationaler Gerichtshof 335
Internationaler Währungsfonds 434
Internationalisierung 390
Internationalismus, kooperativer 277
Internetrecherche 32
Interview 25f.
Islam 395

J
Jerusalem 322
Judentum 395
Judikative 79, 124, 146
Jugendliche 240f.

K
Kalter Krieg 305
KANT, IMMANUEL 36, 40, 290ff.
Kanzlerprinzip 133
Kartell 163
Katastrophen, humanitäre 424
KEYNES, JOHN MAYNARD 158
KIESINGER, KURT GEORG 133
Klassentheorie 223
Klimarahmenkonvention 202
Klimaschutz 204
Koalitionsfreiheit 174
KOHL, HELMUT 109, 133, 307
KÖHLER, HORST 138
Kollektive Sicherheit 333
Kommanditgesellschaft 170

Kommunalverfassung 82f.
Kommune 80, 96
Kommunikation 18, 101, 391
– massenmediale 103
Kommunikationswege 102
Konferenz über Sicherheit und Zusammenarbeit in Europa 306, 339
Konflikt 273, 288, 314
– arabisch-israelischer 319, 322
– bewaffneter 285
– ethnischer 423
– ethnopolitischer 424
– Kosovo-Konflikt 316
– kriegerischer 323
– Massenkonflik 284
– Nord-Süd-Konflikt 308ff., 403
– Ost-West-Konflikt 303ff.
– weltpolitischer 299
Konfliktanalyse 32f.
Konfliktaustragung 289, 299
Konfliktlinien (cleavages) 111
Konfliktlösung 289
Konflikttheorie 47
Konfuzianismus 395
Konsens 14, 289
Konservatismus 39, 41
Kooperationsstrukturen, überregionale 435
Körperschaften 169, 171
Krankenversicherung, gesetzliche 263
Krieg 273, 280, 299, 318, 323ff.
– asymmetrisch geführter 284, 326
– Bandenkrieg 288
– Bürgerkrieg 288, 301, 315
– Definitionen 284
– Irak-Krieg 326
– Jugoslawien-Kriege 316
– Kalter Krieg 305f.
– Kosovo-Krieg 317
– Massenkrieg 287
– moderner 286, 288
– neue Kriege 323
– Präemptivkrieg 326

– Sezessionskrieg 288, 299
– Weltkrieg 287
Kriegsökonomien 325
Kriegsursachen 285f., 300
Kritische Theorie 49
Kritischer Rationalismus 47
Kultur, politische 91f.
Kulturkreise 39, 394
– christlich-jüdischer 395
– hinduistischer 395
– islamischer 395
– japanischer 395
– sinnischer oder chinesischer 395
– Verschiebung 396
– westlicher 395f.
KÜNG, HANS 398
Kurdenproblem 321

L
Länderfinanzausgleich 75
LASSALLE, FERDINAND 42
Lebensformen 246ff.
– in Deutschland 248
Legislative 79, 124, 142
Legitimation 37
– politische 326
– rationale 37
Legitimität 37
Leitlinien gesellschaftlicher Entwicklung 217f.
Liberalismus 39f.
Lobbying 106
LOCKE, JOHN 38, 40
Lohn- und Tarifpolitik 174
Lomé-Abkommen 435
LUHMANN, NIKLAS 50

M
Maastrichter Vertrag 348, 356
MACHIAVELLI, NICCOLÒ 12, 19, 54
Macht 17, 52
magisches Fünfeck 162
magisches Viereck 161
Mandat 130
Manteltarifvertrag 175
Maoismus 68
Markt, gemeinsamer 351
Marktgleichgewicht 155

Marktregulierung 166
Marktversagen 156
Marktwirtschaft 153f.
– freie 156
– soziale 159f., 165f.
MARX, KARL 20, 43, 48f., 154, 213, 283, 390
Marxismus 48
Marxismus-Leninismus 43
Massenarbeitslosigkeit 236
Massendemokratie 103, 113
Massenkonflikt 284
Massenmedien 10, 101, 103
Massenvernichtungswaffen 297
Medien 101
– soziale Wirkungen 232
– Sozialisationsinstanz 231
Mediennutzung 104
Megastädte 415
Mehrheitsprinzip 74
Mehrheitswahl 114f.
Meinungs- und Willensbildung 87, 101f.
– öffentliche 101f.
Meinungsforschungsinstitute 29
Meinungsfreiheit 103
Menschenbild 12, 39
Menschenpflichten 401
Menschenrechte 9, 76, 399
– Durchsetzung 317
– Generationen 400
– Schutz 402
– Universalität 401
– Wandel 400
Menschenrechtsorganisationen 402
Menschenrechtsverletzungen 402
Menschenwürde 74, 78
MERKEL, ANGELA 133, 386
Migranten
– Arbeitsmigranten 256
– internationale 410
– Migrantengruppen in Deutschland 255
– Migrantenkinder 257
Migrantenprobleme 257
Migration 255, 410, 414

– Folgen 413
– Ursachen 411
Migrations- und Bevölkerungspolitik 415
Migrations- und Flüchtlingsbewegungen 312
Migrationsströme, globale 412
Milieubildung, Trends 228
Milieuforschung 228
Militärintervention 317
MILOSEVIC, SLOBODAN 317
Ministerien 132ff., 278
MINK-Schema 17
Misstrauensvotum 132
Mitbestimmung
– betriebliche 177f.
– europäische 181
Mitbestimmungsgesetz 181
Mitbestimmungsrechte 178ff.
Mittelstandsgesellschaft 214
Mobilität
– berufliche 235f.
– territoriale 222
Modernisierung 233
Modernisierungstheorie 438f.
Monetarismus 159
Montanmitbestimmung 180
Montanmitbestimmungsgesetz 178
MÜLLER-ARMACK, ALFRED 40, 159, 165
multilaterale Beziehungen 279
Multilateralismus 276
Multipolarität 271

N
Nachhaltigkeit 202f., 447
– ökologische 202, 441
– ökonomische 441
– soziale 441
Nachhaltigkeitsindikatoren 204
Nachhaltigkeitsstrategie 203f.
Nachkriegszeit 304
Naher Osten 318

Nahostkonflikt 319f.
Nation 90
Nationalstaaten 9
Nationalstolz 93
NATO 317, 327, 343f.
Nordantlantikrat 343
Neokonservatismus 41
Neoliberalismus 40
Neomarxismus 49
Netzwerk, weltweites 429
Neue Soziale Bewegungen 45
Neue Vertragstheorien 51
NGOs 341f., 430, 436f.
Nord-Süd-Gefälle 403
Nord-Süd-Konflikt 308, 311
Normen 18, 141
Normenhierarchie 144
Nuklearrüstung 298, 312
Nullwachstum 201

O
Offene Handelsgesellschaft 170
Öffentlichkeit 101
Ökoaudit 210
Ökosteuer 208f.
Ombudsman 368
Opposition 124, 129
Ordoliberale 159
Organisation
– humanitäre 425
– überstaatliche 334
Oslo-Abkommen 321
Ost-West-Konflikt 303ff., 333
OSZE 339f.
– Missionen 341
Ottawa-Konvention 296, 429

P
Palästinenser 322
Palästinensische Befreiungsorganisation 320
Parlament 123f., 126, 130f.
Parlamentarier 99
Parlamentarismus 58f., 74
Parlamentsaufgaben 126
Parlamentsausschuss 130
PARSONS, TALCOTT 16, 50, 283
Partei 107ff.
– Aufbau 108
– Aufgaben 107

– historische Wurzeln 111
– Mitgliedschaft 109
– Parteiarten 111
– Volkspartei 111
Partei des Demokratischen Sozialismus 43, 110
Parteien in Deutschland 110
– Stiftungen 451
Parteiendemokratie 107, 112
Parteiengesetz 107, 109
Parteienstaat, demokratischer 112
Parteienverdrossenheit 240
Parteienwettbewerb 107
Parteifinanzen 109
Parteilisten 97
Parteiensystem, deutsches 111
Partizipation 94, 207
Personengesellschaft 169, 170
Pigou-Steuer 205
PLATON 12, 19
Pluralismus 46f., 74
Pluralismustheorie 46, 113
policy 15
politics 14f.
Politik 8f., 14, 19
– als Beruf 100
– Dimensionen 13, 15
– europäische 372
– Europäisierung 140
– globale 427
– internationale 308
– Kern 126
– supranationale 275
– transnationale 276
– transstaatliche 275
– zwischenstaatliche 275
Politikbegriff 11ff.
Politikbereiche 10
Politikfelder 172
Politiknetzwerk 427f.
Politikprogramme 14
Politikverdrossenheit 239f.
Politikverständnis 8, 13, 160
Politikwissenschaft 18f., 21, 271
– Schulen 20
– Teilgebiete 20f.
politikwissenschaftliche

Methoden 22
politische Aktivität, Formen 94
politische Denkmodelle 38
politische Grundströmungen 39
politische Klasse 100
politische Ordnung 37
politische Orientierungen 92
politische Theorie 46
politische Wirklichkeit 10
politisches Interesse 240f.
politisches System 8
– China 67
– Deutschland 125
– Frankreich 62
– Großbritannien 59
– Nordkorea 66
– Schweiz 63
– Vereinigte Staaten von Amerika 60
Politisierung 10, 122
polity 14f.
POPPER, KARL R. 20, 47, 213
Preisbildungsmechanismus 155
Preisniveaustabilität 164
Prekariat 237
Produktionsstandort Deutschland 198
Produktionsweise, industrielle 153
Protektionismus 443

Q
qualifizierte Mehrheit 354
Quotenauswahl 29

R
Radikalismus 117
Randgruppen, soziale 249
Randschicht 251
Rat der Europäischen Union 362ff., 364
RAU, JOHANNES 138
Recht 141, 145
– Aufgaben 145
Rechtsetzung 145
Rechtsfremdheit 146
Rechtsgebiete 146
Rechtsgleichheit 75

Rechtsmittel 148
Rechtsnormen 141
Rechtsordnung 141f.
Rechtsprechung 146
Rechtssicherheit 75
Rechtsstaat 74f., 141, 145
Rechtsverordnung 143f.
Rechtsweggarantie 75
Referendum 96
Reformpolitik 307
Regierung 123f., 274
Regierungsfähigkeit 134
Regierungsfunktionen 131
Regionalisierung 271, 393
Religion 395
Rentensystem 255
Repräsentation 74, 94
Republik 9, 54, 74
Ressort 10, 133
Ressource 407
Ressourcenknappheit 407
Richter 147
Risikogesellschaft 214
Road-Map 321
Römische Verträge 354
ROUSSEAU, JEAN-JACQUES 24, 38, 94, 113
Runder Tisch 95
Rüstungsexporte 312
Rüstungskontrollpolitik 297
Rüstungswettlauf 294, 306

S
Sachabstimmung 96
Satzungen 143
Satzungsrecht 144
Schengener Abkommen 382
Schichteinstufung, subjektive 227
Schichtungstheorie 223
Schintoismus 395
SCHMIDT, HELMUT 133, 306, 355
SCHRÖDER, GERHARD 133, 176, 383
Schuldendienst 420
Schuldenerlass 422
Schuldenkrise 419
SCHUMANN, ROBERT 353
SCHWARZER, ALICE 44
Schwellenländer 310, 442f.

Selbstverwaltung, kommunale 79, 81
SENGHAAS, DIETER 49, 292
Sicherheit
- kollektive 333
- soziale 76, 165, 167f., 260
Sicherheitspolitik, deutsche 345
Sicherung, soziale 160, 162, 164
Siedlungspolitik 322
SMITH, ADAM 154, 156
SOLANA, JAVIER 365
Solidarität 218
Solidarprinzip 218
Souveränität, geteilte 430
Sozial- und Wohlfahrtsverbände 260, 263
Sozial- und Umweltstandard, deutscher 198
Sozialdarwinismus-Hypothese 283
Sozialdemokratische Partei Deutschlands 43, 110f., 116
soziale Lagen 225, 227
soziale Milieus 225, 228f.
soziale Schichtung
- der westdeutschen Bevölkerung 226
- Theorien der Verursachung 224
Sozialgesetze 260
Sozialisation 230ff.
- Kern 230
- politische 91, 94
- Phasen 230f.
Sozialisationsagenturen 94
Sozialisationsinhalte 232
Sozialisationsinstanzen 230f.
Sozialismus 39, 42
Sozialleistungen 252, 261f.
Sozialpolitik 259f.
Sozialstaat 76, 93, 259
Sozialstaatsmodelle 93
Sozialstaatsprinzip 167
Sozialstruktur 223f.
- Analyse 224
Sozialrecht 260
Sozialversicherung 168, 259f.
Soziologie 223

sozioökonomische Hypothese 283
Spaßgesellschaft 214
Staat 36, 167
- demokratischer 57, 290
- Gesamtleitung 126
- palästinensischer 322
Staatenzerfall 300
- in Ländern der Dritten Welt 300
- in Osteuropa 300
Staatsaufbau der BRD 79
Staatsbürger 87f., 101
Staatsbürgerschaft 88f.
Staatsbürgerschaftsrecht 268
Staatsinterventionen 167
Staatsvolk 87
Staatswillensbildung 108
Stabilitätsgesetz 160f.
Standortwettbewerb 197
Statistik 29ff.
Steuerreform, ökologische 209
Stichprobengröße 27
Strategie, militärische 326
Streitbeilegung 334
Streitbeilegungsprozeduren 341
Strömungen, antidemokratische 117
Strukturpolitik, globale 445f.
Strukturwandel 183, 185ff.
- gesellschaftlicher 215
- soziale Folgen 188
Subsidiarität 168, 361
Subventionen 190
Subventionierung
- negative Effekte 191
Subventionswesen, wirtschaftspolitische 190
Symbole 91
Systemtheorie 50

T
Tabelle 30
Tarifautonomie 174
Tarifpolitik 177
Tarifsystem, deutsches 176
Tarifvertrag 175f.
Tarifvertragsgesetz 175

TAYLOR, FREDERICK WINSLOW 188
Taylorismus 188
Teilzeitmodelle 235
Tendenzbetrieb 181
Terms of trade 443
Terror 328
Terroranschläge 328f.
Terrorbekämpfung 332
Terrorismus 117, 119, 328ff.
Terrornetzwerk Al-Qaida 330
Tertiärisierung 183
Texterfassung 22ff.
Teufelskreise der Armut 407
Theokratie 65
Theorien
- Kommunitarismus 51
- kritische 46
- neuere 49
- politische 46
- soziologische 223
TITO, JOSIP BROZ 315
TOBIN, JAMES 197
Tobin-Steuer 197

U
Umfrage 26f.
Umweltkonflikt 425
Umweltmedien 199
Umweltpolitik 199, 208
- Durchsetzung 207
- Instrumente 204f.
- Prinzipien 206
Umweltprobleme 199, 418
- Bewältigung 417
- Gruppen 416
- klassische 209
- schleichende 209
- Ursachen 416
Umweltrechte 400
Umweltschutz 162, 164
- betrieblicher 210
Umweltstandards, internationale 311
Umweltzerstörung, armutsbedingte 311
UNCTAD 309
UNEP 336

Ungleichheit
- auf dem Arbeitsmarkt 243 f.
- in der Familie 245
- in Einkommen und Vermögen 250
- individuelle 212
- soziale 212, 233, 249, 253, 256 f.

UNICEF 336
Unionsbürgerschaft 376
Universalismus 399
Unterbeschäftigung 158
Unterentwicklung 405 f.
Unternehmen 169
Unternehmenskonzentration 157
Unternehmensmitbestimmung 179 f.
Unternehmenssubventionen 189

V
VENRO 451
Verbände 104
- soziokulturelle 107

Verdichtungsräume 185 f.
Vereinte Nationen 294, 321, 334, 336, 432
- Friedensmissionen 317, 334, 336, 338, 344
- Hauptorgane 336
- Sicherheitsrat 335 f.
- Sonderorganisationen 335 f., 433
- Struktur 335
- Charta 274, 334
- Unterorganisationen 335 f.

Verfahren
- direktdemokratische 94 ff.
- plebiszitäre 96

Verfahrenswege
- verfassungsförmige 107

Verfassung 70, 72, 144
- der Bundesrepublik Deutschland 70
- Grundprinzipien 74
- Verfassungskern 73

- von Berlin 95
- Vorrang 74
- Weimarer 72

Verfassungsänderungen 72
Verfassungsbeschwerde 150
Verfassungsgerichtsbarkeit 148
Verfassungsorgane 126
Verfassungsrecht 142
Verhältnismäßigkeit 218
- Grundsatz 75

Verhältniswahl 114 f.
Vermittlungsausschuss 135
Verschuldung 419 ff.
- globale 419
- Ursachen 421

Verstädterung 415
Verteilungskonflikt, regionaler 250
Vertrag von Nizza 380
Verwaltung 83, 138 f.
Verwaltungsebenen 139
Verwaltungspersonal 139 f.
Vielvölkerstaat Jugoslawien 313
Vier-Sektoren-Modell 215
Vierte Welt 310
Volk 87
Völkerbund 294 f.
Völkermord 324
Völkerrecht 273
- allgemeines 273
- partikulares 273

Volksabstimmung 96
Volksentscheid 96
Volksgesetzgebung 95 ff.
Volksparteien 111
Volkssouveränität 74
Volkswillensbildung 108
Volkswirtschaft 152
VON CLAUSEWITZ, CARL 85
VON SUTTNER, BERTHA 295
VON WEIZSÄCKER, RICHARD 138

W
Wachstum
- Nullwachstum 201
- qualitatives 201
- wirtschaftliches 187

Wachstumsgrenzen 199

Wachstumsrate 201
Waffenexport 312
Waffenhandel 297
Wahlen 74, 113 f.
Wähler 113
Wahlergebnisse 116
Wahlforschung 29, 116
Wahlgesetz 114
Wahlgrundsätze 115 f.
Wahlprognose 29
Wahlrecht 115
- erweitertes 97
- für Frauen 44

Wahlsystem 114 f.
Wandel
- demografischer 253 f.
- in der Arbeitswelt 234, 255
- sozialer 212, 233
- struktureller 215

Warlords 325
Wasserkonflikt 425 f.
Wassermangel 409 f.
WEBER, MAX 12, 36, 100, 138
Wehrpflichtarmee 346
Wehrreform 346
Weimarer Republik 71
Weltbank 434
Weltbevölkerung 414
Weltbürger 91
Weltethos 398
Weltgesellschaft 213
Welthandelsorganisation 104, 434 f.
Weltkonferenzen 432
Weltkrieg 287, 295, 303
Weltordnung, unipolare 327
Weltorganisation, Modelle 294
Weltreligionen 322, 396
Weltsozialforum 393
Weltstadt 91
Weltsystem, bipolares 303
Welttextilabkommen 443
Weltwirtschaft 192
- Institutionen 433

Weltwirtschaftsforum 393
Werte 217, 238
Wertebereiche 239
Werteordnung, humane 78
Werteverfall 239

Wertewandel 238f.
Wettbewerb 154, 157, 187
– internationaler 198
Wettbewerbssicherung 160, 163
Wettrüsten 303
WILLIAMS, JODY 429
Widerstand, gewaltloser 290
Wirtschaft
– Akteure 168
– deutsche 192
Wirtschaftsbereiche 182
Wirtschaftsintegration, regionale 195f.
Wirtschaftsliberalismus 156
Wirtschaftsordnung 152f.

Wirtschaftspolitik 152, 166
– Aufgabe 182
– Einflusskanäle 198
– Grenzen 163
– nationale 198
Wirtschaftssektoren 182, 184ff., 215
Wirtschaftstheorie 166
Wirtschaftswachstum 201
Wissensgesellschaft 216
Wohlfahrt, wirtschaftliche 152
Wohlfahrtsforschung 227
Wohlfahrtspluralismus 261
Wohlstandsgesellschaft 214, 233

Z
ZEDONG, MAO 49, 67, 68
Zentralverwaltungswirtschaft 153ff.
ZETKIN, CLARA 44
Zionismus 320
Zivilgesellschaft 45
Zivilisierungsprozess 292
Zollunion 195
Zuwanderungsgesetz 268
Zweidrittelgesellschaft 214
Zwei-plus-Vier-Vertrag 277, 307

Bildquellenverzeichnis

M. Adelmann, Zürich: 44/2; aisa, Archivo iconográfico, Barcelona: 35, 39/1, 54, 133/1, 286/1, 294/1, 322/2, 354, 437, 443, 449/2; akg-images, Berlin: 38/2, 154/1, 274; Archiv der Archenhold-Sternwarte Berlin: 36, 291/2; argum-Fotojournalismus, München: 381; argus FOTOARCHIV, Hamburg: 252; Arttoday: 212/2, 231/2; Ärzte ohne Grenzen, Berlin: 425; BackArts GmbH: 444/2; BASF, Ludwigshafen am Rhein: 152, 199/2; Bibliographisches Institut & F. A. Brockhaus, Mannheim: 38/1, 44/1, 52, 55, 67, 154/2, 159, 256, 268, 285, 291/1, 295, 315/1, 396, 402, 417/1; Biedermann, A., Berlin: 266; Bildlexikon antiker Personen: 7; BMU: 207; British Features, Bonn: 158; Sebastian Bolesch/Das Fotoarchiv: 405/2; 188/1; W. Braun, Jerusalem: 322/1; Bundeszentrale für politische Bildung: 227; CDU: 109; Central Office of Information, London: 205; Comstock Images/Fotosearch: 11/2; Corbis Royalty-Free: 102, 122/2, 183/1, 233, 242, 270/3, 286/2, 403/1; Corel Photos Inc.: 25, 32/1; CvU/in-effigie.de: 183/3; Deutsche Welthungerhilfe DWHH: 406; Deutscher Bundestag: 8/1, 144/1; Deutscher Bundestag, Lichtblick/Achim Melde: 133/4; dpa/Zentralbild: 264, 423; DUDEN PAETEC GmbH: 9, 26/1, 235, 283/3, 303/1, 303/2, 405/1, 417/3; Fotoarchiv Panorama: 48, 283/2; B. Friedrich, Köln: 292; Government Information Office, Taipeh, Taiwan: 393/2; Peter Graf, Berlin: 21; Hessen Touristik Service e.V., Wiesbaden: 92/2; Kalenberg, A., Berlin: 69; Kali und Salz GmbH, Kassel: 183/2; Keystone Pressedienst, Hamburg: 353; Dr. R. König, Preetz: 310/1, 440/1; Inge Kundel-Saro, Berlin: 12/3; Liesenberg, G., Berlin: 26/2, 265, 409/2, 444/1; Mahler Heinz, Fotograf, Berlin: 11/3; Marburger Bund, Bundesvorstand: 174; Messe Berlin GmbH und BDLI: 101; MEV Verlag, Augsburg: 347, 368, 387/1; Naunapper, Leonore, Leipzig: 249/2; Nobelstiftelsen, The Nobel Foundation, Stockholm: 400, 429/1; Pettkus, J., Zepernick: 20; Photo Disc Inc.: 11/1, 22, 29, 39/2, 162, 211, 231/1, 231/3, 245, 254, 259/2, 377, 389, 417/2, 453; PHOTO DISC ROYALTY FREE: 23; picture-alliance/ZB: 244/2; picture-alliance/akg-images, Frankfurt am Main: 38/3, 45, 47, 62, 68/1, 68/2, 155, 290, 306/2, 356; picture-alliance/dpa/dpaweb: 138/3; picture-alliance/dpa, Frankfurt am Main: 8/2, 14, 18, 37, 44/3, 60, 64, 65, 70/1, 70/2, 76/1, 76/2, 88/1, 88/2, 90, 94, 95, 96, 97, 100, 113, 118, 119, 120, 121, 122/1, 133/2, 133/3, 138/1, 141, 146, 149, 151, 165/1, 165/2, 173, 176, 195, 197, 199/1, 202, 216, 219, 224/1, 224/2, 234, 241, 249/1, 253, 259/1, 269, 270/1, 270/2, 277, 280/2, 281/1, 281/3, 283/1, 294/2, 297/1, 297/2, 300, 302, 307/1, 307/2, 307/3, 310/2, 312, 315/2, 317/1, 317/2, 317/3, 325, 328, 330, 332, 333, 336, 339, 341, 346/1, 346/2, 357, 358, 364, 365/1, 369, 370, 376, 378, 380, 383, 385, 386, 387/2, 393/1, 397, 398, 403/2, 404, 405/3, 411, 416, 429/2, 429/3, 433/1, 433/2, 440/2, 444/3, 447, 449/1; picture-alliance/dpa/EPA: 365/2; picture-alliance/dpa; Elsner, Erwin: 12/1; picture-alliance/maxppp: 12/2; Pitopia/Anne-Kathrin Gantner, 2006: 392; Presse- und Informationsamt des Landes Berlin/Landesbildstelle, Berlin: 306/1; Presse- und Informationsamt des Landes Berlin/Schweger + Partner, Berlin/B. Kroll: 169/1; RHEIN-NECKAR-ZEITUNG, Heidelberg: 49; Rüger/BMF: 134/2; Ruhmke, D., Berlin: 85, 123/1, 123/2, 134/1, 135, 144/2, 169/2, 450; Ruhmke, Stefan, Berlin: 278; Schlimme, W., Rehfelde: 409/1; Schneider, M., Neuenhagen: 138/2; Siemens AG: 130, 244/1; State of Israel, Government Press Office, Jerusalem: 270/4, 320; Dr. Martin Stelzig: 8/3; Süddeutscher Verlag Bilderdienst, München: 320; Techniker Krankenkasse, Hamburg: 212/1; U. S. Information Service, Bonn: 293; ullstein-Granger Collection: 167; ullstein bild, Berlin: 87, 92/1, 192, 280/1, 281/2, 289, 311, 315/3, 355, 382, 424; Volkswagen Presse: 188/1, 188/2; Andreas Zeise, Berlin: 32/2

Titelbild: ImagePoint, Zürich

Internet und DVD – so gehts ...

Die **Icons** am oberen Rand des Bildschirms führen dich zur Startseite des Lexikons zurück, starten das **Wissensnetz**, den **Zeitstrahl** oder bringen dich zum Schülerlexikon im Internet.

Zu den hunderten Themen des Lexikons gelangst du über das Inhaltsverzeichnis, das Register von A–Z oder über die Profisuche. Mit der **Profisuche** kannst du auch nach mehreren Begriffen gleichzeitig suchen oder dir die interessantesten Medien der DVD anzeigen lassen.

Nach dem Klicken auf einen Absatz des Inhaltsverzeichnisses klappt das Menü auf und es werden dir alle **Themen**, die zu diesem Absatz gehören, angezeigt.

Durch einen Klick auf ein **Bild** in der Medienleiste wird dieses vergrößert dargestellt oder es laufen z. B. **Animationen** und **Hörbeispiele** ab.

Durch einen Klick auf eines dieser **Suchwörter** springst du sofort an die entsprechende Stelle im ausführlichen Text des Themas.

Über „Thema anzeigen!" gelangst du zum **ausführlichen Text** mit Abbildungen, Grafiken, Audios, Animationen, Gesetzestexten usw.

Die **verwandten Themen** listen alle Beiträge auf, die einen inhaltlichen Bezug zu dem Thema haben, das gerade angezeigt wird.

Die Scheib

Die DVD enthält mehrere Hundert Fachthemen. Diese Themen bestehen aus einer kurzen Annotation ❶ und einem dazugehörigen Langtext ❷. In der Annotation sind wichtige Begriffe aufgeführt, die direkt mit den entsprechenden Textabschnitten im Langtext ❸ verknüpft sind.

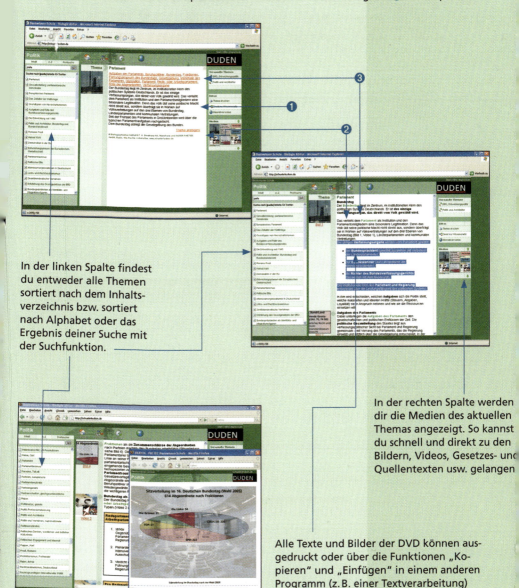

In der linken Spalte findest du entweder alle Themen sortiert nach dem Inhaltsverzeichnis bzw. sortiert nach Alphabet oder das Ergebnis deiner Suche mit der Suchfunktion.

In der rechten Spalte werden dir die Medien des aktuellen Themas angezeigt. So kannst du schnell und direkt zu den Bildern, Videos, Gesetzes- und Quellentexten usw. gelangen

Alle Texte und Bilder der DVD können ausgedruckt oder über die Funktionen „Kopieren" und „Einfügen" in einem anderen Programm (z. B. einer Textverarbeitung) weiter verwendet werden.

Internet und DVD – so gehts ...

Die **Icons** am oberen Rand des Bildschirms führen dich zur Startseite des Lexikons zurück, starten das **Wissensnetz**, den **Zeitstrahl** oder bringen dich zum Schülerlexikon im Internet.

Zu den hunderten Themen des Lexikons gelangst du über das Inhaltsverzeichnis, das Register von A–Z oder über die Profisuche. Mit der **Profisuche** kannst du auch nach mehreren Begriffen gleichzeitig suchen oder dir die interessantesten Medien der DVD anzeigen lassen.

Nach dem Klicken auf einen Absatz des Inhaltsverzeichnisses klappt das Menü auf und es werden dir alle **Themen,** die zu diesem Absatz gehören, angezeigt.

Durch einen Klick auf ein **Bild** in der Medienleiste wird dieses vergrößert dargestellt oder es laufen z. B. **Animationen** und **Hörbeispiele** ab.

Durch einen Klick auf eines dieser **Suchwörter** springst du sofort an die entsprechende Stelle im ausführlichen Text des Themas.

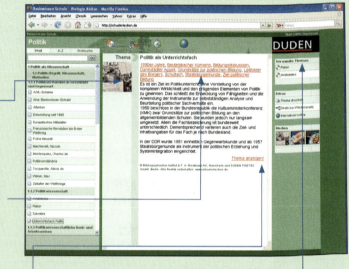

Über „Thema anzeigen!" gelangst du zum **ausführlichen Text** mit Abbildungen, Grafiken, Audios, Animationen, Gesetzestexten usw.

Die **verwandten Themen** listen alle Beiträge auf, die einen inhaltlichen Bezug zu dem Thema haben, das gerade angezeigt wird.

e im Buch

Jedes Thema verfügt neben dem Text über verschiedene Medien, die in einer separaten Medienspalte in der Mitte des Bildschirms aufgelistet werden. Dies können u. a. sein: Bilder, Videos, Flash-Animationen, PDF-Dateien und vieles mehr.

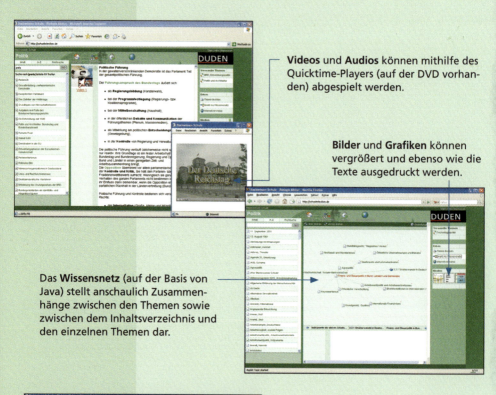

Videos und **Audios** können mithilfe des Quicktime-Players (auf der DVD vorhanden) abgespielt werden.

Bilder und **Grafiken** können vergrößert und ebenso wie die Texte ausgedruckt werden.

Das **Wissensnetz** (auf der Basis von Java) stellt anschaulich Zusammenhänge zwischen den Themen sowie zwischen dem Inhaltsverzeichnis und den einzelnen Themen dar.

Über den **Zeitstrahl** hast du einen schnellen Zugriff auf historische/aktuelle Ereignisse oder auf Biografien von Persönlichkeiten.
Die Nutzung des Zeitstrahls setzt das Flash-PlugIn (auf der DVD enthalten) für deinen Browser voraus.